Die Sprache der Basa in Kamerun : Grammatik und Wörterbuch

Georg Schürle

Copyright © BiblioLife, LLC

This book represents a historical reproduction of a work originally published before 1923 that is part of a unique project which provides opportunities for readers, educators and researchers by bringing hard-to-find original publications back into print at reasonable prices. Because this and other works are culturally important, we have made them available as part of our commitment to protecting, preserving and promoting the world's literature. These books are in the "public domain" and were digitized and made available in cooperation with libraries, archives, and open source initiatives around the world dedicated to this important mission.

We believe that when we undertake the difficult task of re-creating these works as attractive, readable and affordable books, we further the goal of sharing these works with a global audience, and preserving a vanishing wealth of human knowledge.

Many historical books were originally published in small fonts, which can make them very difficult to read. Accordingly, in order to improve the reading experience of these books, we have created "enlarged print" versions of our books. Because of font size variation in the original books, some of these may not technically qualify as "large print" books, as that term is generally defined; however, we believe these versions provide an overall improved reading experience for many.

Die Sprache der Basa in Kamerun

Grammatik und Wörterbuch

von

† Georg Schürle
Missionar

Alle Rechte vorbehalten

HAMBURG.
L. FRIEDERICHSEN & CO.
(Dr. L. & R. FRIEDERICHSEN)
1912.

Die „Abhandlungen des Hamburgischen Kolonialinstituts" werden vom Professorenrat des Instituts in zwangloser Folge herausgegeben. Sie sind zu beziehen durch den Buchhandel oder direkt von der Verlagshandlung *L. Friederichsen & Co.* in Hamburg. Alle Anträge und Anfragen, die die Herausgabe betreffen, sind an den Unterzeichneten zu richten, der auch die druckfertig einzusendenden Manuskripte und reproduktionsfähigen Vorlagen für die Abbildungen entgegennimmt.

Hamburg 36, Edmund Siemers Allee.

Seminar für Kolonialsprachen.

D. **Carl Meinhof,** LL. D.
Professor der afrikanischen Sprachen
am Hamburgischen Kolonialinstitut.

Druck von J. J. Augustin in Glückstadt und Hamburg.

Vorwort.

In dem Nachlaß des Basler Missionars Georg Schürle, der von 1897—1908 in Kamerun tätig gewesen war, befanden sich einige wertvolle Manuskripte, darunter ein Manuskript eines Wörterbuches der Basa-Sprache. Nach einer Aufmunterung von meiner Seite hielt es seine Witwe für ihre Pflicht, dieses Wörterbuch zum Druck vorzubereiten und es damit der Wissenschaft und der Mission zu erhalten. Es versteht sich von selbst, daß ein Werk, an das der Verfasser selbst nicht die letzte Hand legen konnte, allerlei Mängel enthält. In dem Bewußtsein, daß hier noch im Einzelnen zu feilen war, hat der Verfasser im Frühjahr 1909 mit mir längere Zeit gearbeitet, um neue Gesichtspunkte in phonetischer und grammatischer Hinsicht zu gewinnen und mit diesen ausgerüstet an Ort und Stelle das Manuskript zu vollenden. Leider ließ sich das nicht mehr ausführen. Am 13. Oktober 1909 riß ihn ein früher Tod hinweg. Bei einer Durchsicht des Buches wird man aber gewahr werden, daß darin sehr wertvolle Schätze stecken, die nicht ungenützt verloren gehen dürfen. Die Bescheidenheit des Verfassers und sein Pflichtbewußtsein ließen ihn das Buch als unvollendet betrachten, das für andere bereits einen hohen Grad von Sachkenntnis bewies. So haben wir der Witwe zu danken, daß sie das Werk des Gatten nicht aufgab, sondern ihm zum Druck verhalf. Kleine Ungenauigkeiten, wie sie dem Leser gelegentlich auffallen werden, haben ihren Grund hierin. Die Herausgeberin hat hier mit leiser Hand ausgeglichen, hat aber im Zweifelsfalle lieber die Verschiedenheit beibehalten, als daß sie nach Gutdünken im Interesse der Gleichförmigkeit geändert hätte.

Die Grammatik, die dem Buche beigefügt ist, war schon durch Umschrift vervielfältigt. Aber die wenigen vorhandenen Exemplare waren verkauft, und so war es ratsam, auch die Grammatik mit abzudrucken. Grammatik und Wörterbuch stammen aus verschiedener Zeit und zeigen deshalb gelegentlich kleine Abweichungen voneinander, die aber beim Gebrauch nicht stören werden. Der Verfasser hat geschwankt in der Schreibung z. B. von *j*, *ǰ*, *tj* und war mit seinen Ergebnissen selbst noch nicht zufrieden, er wendet einmal auch die Schreibung *ds* an, benutzt für die verkürzten Vokale die Zeichen *ạ*, *ị* etc., während er diese Vokale früher durch kleineren Druck andeutete. Gelegentlich erscheinen mit ∧ und ∨ bezeichnete Doppeltöne, über die nähere Angaben nicht gemacht sind. Das alles stört aber den Gebrauch des Buches nicht wesentlich. Die Sprache ist schon an sich wissenschaftlich sehr interessant, und da die Duala seinerzeit die Basa verdrängt haben, ist das Studium ihrer Sprache auch für die Erforschung des Duala von Nutzen. Ich habe hierauf schon in meinem „Grundriß einer Lautlehre der Bantusprachen“, 2. Aufl.. Berlin 1910, S. 159 f. aufmerksam gemacht. Aber abgesehen von dem Nutzen für den Sprachforscher ist das Buch wertvoll für den Ethnographen, den Beamten und Geschäftsmann, da es eine Fülle von wichtigen Mitteilungen über das Volk der Basa enthält.

Über den Umfang des Sprachgebietes schreibt der Verfasser in einem Bericht, den er 1906 nach Basel sandte, folgendes:

„Das Basa beginnt ungefähr eine Stunde hinter Duala (östl.), zieht sich von da ins Longasi- und Ndonga-Gebiet, dann nach Edea-Dahomey an die Nyongfälle, weiter hinüber bis an die Grenze von Bati, einen Tag vor Lolodorf (Sọng Lolẹ = Grab Lole's), von da der Grenze von Bati entlang bis einen Tag vor Yaonde (= Land der Erdnüsse). Von da an den Sanaga, bis wo der Mbam einmündet, weiter den Mbam aufwärts zu unbekannter Grenze in der Nähe von Bamum. Auf der anderen (westl.) Seite zieht sich die Grenze von Duala das Wurigebiet hinauf bis an die Mündung des Dịbombe, dann dem Tal des Dibombe entlang bis in mir unbekanntes Gebiet. Dazu wird es auch verstanden von dem Edeastamm, ferner von den Bakoko und Batanga. Es ist also ein Gebiet, dem gegenüber das Dualagebiet beinahe verschwindet, das überhaupt alle anderen Sprachgebiete der Küstenländer an Ausdehnuug weit übertrifft. Dadurch dürfte es meinen Vermutungen nach manche Dialekte haben, die gewöhnlich nicht zum Basa gerechnet werden. Ich glaube sagen zu dürfen, daß Basa diejenige Sprache ist, mit der alle anderen Sprachen des Küstengebiets näher verwandt sind als mit Duala.

An einer anderen Stelle fand sich die Notiz:

„Basa ist etwa so groß wie Württemberg und Baden“.

An Dialekten werden erwähnt: Ndogobisọl, Mangala, Ediẹ (Edea), Yabi, Bikọk, Bajob. Die entsprechenden Worte des Duala werden mit D. bezeichnet. Abk. = Abkürzung; Abl. = Ableitung. Die übrigen Abkürzungen werden ohne weiteres verständlich sein.

Hamburg, Juni 1912.

Carl Meinhof.

Inhalt.

4. Vom Adverb.

5. Vom Pronomen.

6. Vom Verb.

Wörterbuch.

Grammatik des Basá.

Die Schriftzeichen.

Für das Basa benutzen wir die Schriftzeichen des Deutschen mit Ausnahme von c q v x z. Auch das f kommt nur selten vor

Zu unsern deutschen Schriftzeichen haben wir noch folgende nötig:

ẹ wie ä in „Väter“.
ọ wie englisch „all“, ọ = *o* wie o in ohne
ã Nasallaut wie französ. „lentement“, z. B *ńwã* Grenze.
õ „ „ „ „nom“, z. B. *mõ* Öl.
ũ „ z. B. *mi hũ* ich gehe heim
ẽ „ wie franz. „main“ z. B. *mụẽg* blitzen.
ĩ „ z. B. *nĩhinga* schwanken.
ń wie „eng“ (süddeutsche Aussprache).
ńg „ „eng“ (norddeutsche Aussprache).
g „ „gut“.
ǧ „ *γ* in „sagt“ (norddeutsche Aussprache), *ńgandaǧ* viel.
j „ *dj* (muß man hören), z. B. *jis* Auge.
ǰ „ *djsch* (muß man hören), z. B. *ǰai* Blätter.
r „ ist nicht das scharfe deutsche r, es klingt an *l* und *d* an (man muß es hören, z. B. *ǰorót* Sterne).
y wie das deutsche j in „Jahr, jagen“.
w ist nicht das deutsche „w“, sondern das engl. w in „water“.
´ Zeichen für starke Betonung.
` „ „ schwache Betonung; z. B *bód bà* zwei Männer, *bòd báã* drei Männer.
˘ Zeichen für rasche Aussprache
¯ „ „ gedehnte Aussprache.

Die genaue Bezeichnung von Betonung, rascher und gedehnter Aussprache wird natürlich für gewöhnlich nicht angegeben, sondern dient nur als Fingerzeig beim Erlernen der Sprache; dagegen muß z. B. *e* und ẹ auch beim Schreiben genau bezeichnet werden, z. B. *Ndogonje* und *Ndogonjẹ* sind zwei ganz verschiedene Stämme, *õ* das Ohr, ọ keimen u. a. m.

Verdoppelungen von Vokalen und Konsonanten sind im Basa, wie in andern Bantusprachen unzulässig, daher auch *Bāsā*, nicht *Bassa* (beide *a* sind lang, daher sind die zwei *ss* als Schärfungsmittel ein orthographisches Unding).

Die Bezeichnung unseres Sprachgebietes als Bakoko-Gebiet ist unrichtig. Auch manche geographische Bezeichnungen auf Karten werden sich dem, der die Basasprache einigermaßen versteht, als unzutreffend präsentieren, z. B. die Bezeichnung des Sanaga als Bakoko „*Lom*". *Lom* (Basa) heißt einfach Fluß, auch der Nyong heißt *lom;* zur Unterscheidung heißt der Sanaga *lom lipúbi* (weißer Fl.), und der Nyong *lom lihíndi* (schwarzer Fl.); ferner *Hikoa*-Berge: *hikoa* heißt schon an und für sich „Berg".

Der Basastamm wird von dem Batistamm „*Mbele*" genannt (cf. Karte von v. Stein, *Mwele*).

Die Eingeborenen heißen ihre Sprache *hob likol* (Sprache des Ostens).

I. Einführung in die Sprache.

§ 1. Das Hilfszeitwort „haben".

Präsens.

Mi gwé ich habe	*mi gwé beme* ich habe nicht
i gwé du hast	*i gwé be* du hast nicht
a gwé er hat	*a gwé be* er hat nicht
di gwé wir haben	*di gwé be* wir haben nicht
ni gwé ihr habt	*ni gwé be* ihr habt nicht
ba gwé sie haben	*ba gwé be* sie haben nicht.

mi gwé? habe ich? *a gwé be?* hat er nicht?

Regel 1. Zur Unterscheidung von „wir" und „ihr" (1. und 2. Person Mehrzahl) steht:

běhe di gwe wir haben, *bē ni gwe* ihr habet; viele sprechen auch *běh ni gwe* wir haben; manchmal hört man auch *u gwe* statt *i gwe*, *du gwe* statt *di gwe*.

Regel 2. Die Negation heißt *be*, in der 1. Person Einzahl *beme* (= *be me*; *me* cf. § 6).

Regel 3. Die Frage wird gekennzeichnet durch den Frageton und gerade Wortstellung. Ist die Frage nicht besonders ersichtlich, so steht am Schluß des Fragesatzes *e?* Steht in der Frage ein Fragewort, so steht dasselbe gewöhnlich am Schluß, will man es aber besonders hervorheben, so stellt man es an den Anfang, cf. das *ki* im Nachfolgenden.

Regel 4 Im Basa steht wie in den andern Bantusprachen nach dem Nomen auch noch das Subjektsfürwort, z. B. *Bebga*[1]) *a gwē ṅgwŏ*, *Bebga* er hat einen Hund.

kī? was?	*ṅgwŏ* Hund, Hunde
ṅgándaǵ viel, auch sehr	*kembe* Ziege, Ziegen
ṅgándaǵ ki yága sehr viel	*kŏb* Huhn, Hühner

---

[1]) Eigenname Übersetzung der Übungen s. S. 9.

tǫ́-jàm nichts	*nùga* Fleisch
ndèg ein wenig	*màog* Palmwein
tǫ̀-ndèg auch nicht ein wenig	*mõ* Öl
ndegᵉ sii ein klein wenig	*maléb* Wasser
lǫǹnì und	*sìba* Tabak
ndĭ aber, und	*bijeg* Essen
ndígi nur	*makàbo* Makabo
tǫ̆ oder, auch	*makúbe* Bananen
ē ja!	*makǫ̀ndǫ* Pisang
hę́ni / *kǫ̀b* } nein! nichts.	*kǫ́n* Reis
	ǹkàndo Stockfische.

Regel 5. Das Hauptwort hat weder bestimmten noch unbestimmten Artikel. Bei manchen Hauptwörtern ist Einzahl und Mehrzahl gleich (Spezielles später!)

Regel 6. „*Ndegᵉ sii*" ᵉ ist euphonisches *e*, man lasse es sich vorsprechen. Bei „*sii*" sind zwei *i* hörbar

Übungen. *1. Ntamak* [1]) *a gwe ǹgandaǧ kob, ndi a gwe be kęmbę. 2. Bē di gwe ǹgandaǧ makabo, ndi behᵉdi gwe ǹgandaǧ makǫndǫ. 3. I gwe kı? Hęni! K 'ĭ gwe (= ki i gwe)? Mi gwe bĕmę tǫ-jam. 4. I gwe maleb ę? Hęni, mi gwe bĕmę tǫ ndegᵉ sii. 5. Nug* [1]) *a gwe ndigi ndegᵉ makŭbe. 6. Bē di gwe be kęmbę tǫ kob ę? Di gwe ndigi kob, ndi di gwe be kęmbę. 7. Di gwe be maog, tǫ nuga di gwe be.*

8. Ich habe Huhn und Makabo. 9 Sie haben Fleisch, aber sie haben keinen Reis oder Pisang. 10. Hast du nicht etwas Palmwein? Nein, ich habe keinen (ich habe nicht). 11. Was habt ihr? Nichts (nein). Was habt ihr? Wir haben nichts. 12. Wir haben kein Fleisch, auch Öl haben wir keins (nicht). 13. *Ndǫǹ* hat viel Pisang und Ziegen und Hühner. 14. Hast du keinen Tabak (hast du nicht Tabak). 15. Ich habe auch nicht ein wenig. 16. Habt ihr viel Essen? Nein, wir haben nur ein wenig.

§ 2. Das Hilfszeitwort „sein".

Gegenwart.

Mí ye ich bin	*mi tábemę* ich bin nicht
ĭ ye du bist	*i tábe* du bist nicht
á ye er ist	*a tábe* er ist nicht
dí ye wir sind	*dį tábe* wir sind nicht
ni ye ihr seid	*ni tábe* ihr seid nicht
bá ye sie sind	*ba tábe* sie sind nicht.

Heutige Vergangenheit.

Mi bág ich war	*mi bágᵃ bémę* ich war nicht
usw.	*i baǧᵃ be* du warst nicht usw.

Fernere Vergangenheit.

Mi bĕ́ ich war	*mi bé bemę* ich war nicht.
usw.	*i be be* du warst nicht usw.

[1]) Eigenname.

Regel *a tábe* er ist nicht da, *a tá ha be* er ist nicht mehr da, *a yi* er ist noch da.

Regel 1. Das ª in *mi bag̃ª bem̱e̱* ist euphonisch.

Regel 2. Die heutige Vergangenheit bezieht sich nur auf den heutigen Tag, die fernere Vergangenheit auf gestern und weiter zurück; z. B. *mi bag̃ª Mañga* ich war in *Mañgala* (sc. heute), *mi be Mañga* ich war in *Mañgala* (sc. gestern oder noch früher).

Regel 3. Bei gewöhnlichen Ortsbestimmungen ist keine besondere Präposition nötig, nur zur besonderen Hervorhebung wird eine solche gesetzt, z. B. *a ye ndab* er ist im Haus; *a ye mu ndab* er ist im Haus drin.

he̱? wo?
hánã, múnu hier
hằ, Abkürzung von *hanã*
nyò̱ dort
mu drinnen
bè̱b vielleicht
ke̱ ki wann? § 1. Regel 3
hánanǒ̱́ jetzt, gerade
kwàñ früher, vor alter Zeit
be̱hḗ̱ einst, seit langer Zeit
gwea lang, lange Zeit
hà weit (entfernt)
be̱be̱ nahe

lè̱n heute
yắni morgen, gestern.
nǒ̱́mã übermorgen, vorgestern
maómda in 3 Tagen
le̱n mắnã } in 4 Tagen / vor 4 Tagen
ñgwắle̱n in 5 Tagen
le̱n matán in 5 Tagen
„ *masámal* in 6 Tagen
„ *masambǒ̱́g̃* in 7 Tagen
„ *jŭè̱m* in 8 Tagen
„ *bǒ́* in 9 Tagen
„ *jo̱m* in 10 Tagen.

Regel 4. Die Tagesbezeichnungen beziehen sich auf die Vergangenheit und Zukunft, steht z. B die Vergangenheit mit *yani*, so heißt *yani* gestern, stehts dagegen in der Zukunft, so heißts morgen.

mbédege Hof, außen, draußen
ndáb Haus
mbái Heim, Daheim
ñkò̱ñ Stadt
bǒ̱m Markt

lò̱m Fluß
wǒ̱m Garten, Pflanzung
libóñ Strand, engl. beach
bikái Busch
likó̱l Osten

Übungen. *1. Mbe̱le̱g ă ye hé̱? A tábe hanã. 2. A bag̃ª munu hanano̱, be̱b a ye mu ndab. 3. Ba bé hánã ke̱ ki? Ba be no̱mã. 4. Mbo̱g* (Name) *loñ ni Bebga ba ye likol. 5. A be bikai yáni. 6. J bag̃ª nko̱ñ le̱n e̱? He̱ni, mi be maomaã. 7. Ñgo̱mbe̱l a ye mbai? Ko̱b, a ta be mbai, a ye wo̱m* (*Ñgo̱mbe̱l* Name; *Ñgo̱* ist Zeichen des weiblichen Namens). *Bĕhᵉ di be bikai le̱n masamal, ndi bē di be ñgwale̱n. 9. Mi bag̃ª beme̱ Bikó̱k* (Stamm) *be̱he̱ 10. Batî* (Stamm) *ba tabe be̱be̱, ba ye ha ñgandag.*

11. *Nug* ist nicht hier, wo ist er? Er ist am Strand, vielleicht ist er auch auf dem Fluß. 12 Wann waret ihr in der Stadt? Wir waren heute in der Stadt. 13 Sie waren vor 7 Tagen im Busch. 14. Ich war vor 5 Tagen im Osten, du warst seit lange nicht dort. 15 Wo ist *Penda* oder *Nug? Penda* ist hier im Haus, *Nug* ist im Garten draußen. 16. War *Ñgo̱mayó* gestern zu Hause (daheim)? Nein, sie war auf dem Markt. 17. Sie war gerade hier im Haus. 18. Sie sind nicht draußen. 19. Die *Nyabi* sind nicht weit, sie sind sehr nahe (nahe sehr).

§ 3. Die wichtigsten Formen des Zeitworts.

Infinitiv *kẹ̄* gehen.

Präsens.	Futurum.
Mí ṅkẹ ich gehe	*Mí ṅkẹ* ich werde gehen
usw.	ich gehe.
1 Heutige Vergangenheit.	2. Fernere Vergangenheit.
Mi ṅkẹ́ ich ging	*Mi bí kẹ* ich ging.

Regel 1. Die heutige Vergangenheit findet nur auf den heutigen Tag Anwendung, für gestern und früher Geschehenes steht die fernere Vergangenheit, cf. § 2, Reg 2. Die weiteren Formen und deren weiter gehende Unterscheidungen folgen in der systematischen Grammatik.

Regel 2. Gegenwart und Zukunft werden gleich betont, eigentlich ist diese Zukunft nur Gegenwart, auch im Deutschen gebrauchen wir häufig die Gegenwart in der Zukunft: morgen reise ich ab. Gegenwart und heutige Vergangenheit unterscheiden sich nur in der Betonung, *mí ṅkẹ* und *mi ṅkẹ́*.

Regel 3. Das *i* in der 2. Person Einz. *i ṅkẹ* ist so kurz, daß man geradezu nur *'ṅkẹ́* hört.

Regel 4 Der Bildungskonsonant der Gegenwart, Zukunft und 1. Vergangenheit ist

m bei *b* und *p* als Anlaut des Infinitivs
n „ *d t l s y j* „ „ „ „
ṅ „ *m w g k h* und Vokal *e* „ „ „ „

Bei *n* steht kein Bildungskonsonant. Beispiele folgen in den Wörtern

lǫ̆ kommen, *mi nlǫ* ich komme
jẹ̆ essen, *mi njẹ* ich esse
kǫ̆n krank sein, *mi ṅkǫn* ich bin krank
gwẹ̄l tun, *mi ṅgwẹl*
sómbol suchen, wollen, *mi nsombol*
sǫ̆mb kaufen, *mi nsǫmb*
núṅul verkaufen, *mi nuṅul*
yī wissen, *mí nyi*
tẹ́hẹ sehen, *mi ntẹhẹ*
bẹ̆d hinaufsteigen, -gehen *mi mbẹd*
hū heimgehen, *mi ṅhū*
jǫ́ǧǫb das Baden
kǫ́n njàl Hunger haben
kǫ́n nyū̆ Durst haben
māl fertig sein, *mi mal*
nàṅal hinliegen, *mi náṅal*
wǫ́ sterben, *mi ṅwǫ*
ẹ̄ weinen, *mí ṅẹ*
a ṅkẹ lǫ̆ er geht schlafen (*lǫ* Schlaf)
mi ṅkẹ náṅal ich gehe schlafen (eigentl. mich niederzulegen)
gwẹ̄l nsǫ́n arbeiten (Arbeit tun)
ōd nsǫ̀n schnupfen
od mbẹ rauchen
libùm Bauch
ṅǫ́ Kopf
pǭ Geschwür, Geschwüre
sìnda eine Fußkrankheit.

Übungen. *1. (I) nsombol ki? Mi nsombol bijẹg. 2. A nuṅul kob. 3. A bi lǫ yani 4. A' nlǫ yani. 5. A bi hu lẹn masambǫg. 6. A ṅgwẹl be nsǫn lẹn, á ṅkǫn. 7. I ṅod nsǫ̀n ṅgandaǧ ki yaǧa. 8. Ba nlǫ nuṅul makabo. 9. Mi ṅkẹ sombol maog. 10 Bē di mal jẹ ẹ? E, di mal. 11. Penda a ṅkẹ́ hẹ? Mí nyi bemẹ. 12. (I) ṅkẹ hẹ́? Mi ṅkẹ jǫǧǫb. 13. Bē di bi lǫ kẹ ki? Ṅgwalẹn.*

14. Bĕh di nsombo bed nomã. 15. Mi hu ã! (*ã* Zeichen des Zurufs). *16. Ba mbéd ńkoń e? E, ba bi bed yani. 17. Mi ńkon njal. 18. Mi ńkon ńo* (ich habe Kopfweh). *19. A ńwó. 20. I' ńe ki?*

21. Sie sind heute heim gegangen. 22. Ich werde morgen in den Osten gehen. 23. Hast du Hunger? Nein, ich habe keinen Hunger, aber ich habe sehr Durst. 24. Ich gehe Essen suchen (ich gehe suchen Essen). 25. Willst du Makabo oder Pisang? Ich will Makabo. 26. Ich habe Nug heute nicht gesehen, ist er krank oder wo ist er? Er hat Bauchweh. 27. Willst du nicht gehen Essen kaufen? Ich will. 28. *Seğe* ist heute gestorben. 29. *Ńgombel* weint sehr, ist sie krank? Ihr Fuß tut ihr weh (sie ist krank *sinda). 30.* Er schläft. 31. Wir sind vorgestern gekommen. 32. Sie gingen schlafen (liegen). 33. Er ist im Baden. 34. Er raucht sehr (stark). 35. Ich gehe! (Zuruf.)

§. 4. Vom Imperativ.

Der Imperativ hat verschiedene Formen, es sei aber hier zum Anfang nur eine Art der Einzahl behandelt.

Regel 1. Die gewöhnliche Form des Imperativ lautet in der Einzahl gleich wie der Infinitiv; *lo* kommen, *lo!* komm!

Regel 2. Die Negation des Imperativs heißt *bań; ke bań* geh nicht! *hoya bań* vergiß nicht!

pála schnell machen
hàbi weg gehen
tóho abwischen
sóhe bitten
pód sprechen
kál singen
bòń machen
bèm warten
tèmb zurückkehren
yéğele hanã bleib da!
ho anstreichen, salben
télеb aufstehen
so waschen, Zimmerboden aufwaschen
seń putzen, reiben, bürsten, bügeln
nàna bringen
héya wegtun
hóya vergessen
yòń nehmen
kōs empfangen, bekommen
sōs hinuntergehen
móm ruhig sein.

Regel 3. Das *s* am Schluß der Zeitwörter verwandelt sich in *h*, wenn das Zeitwort mit seinem Schluß-*s* nicht am Schluß eines Satzganzen steht, sondern wenn es sich eng mit einem nachfolgenden Wort verbindet, und zwar klingt dann der vor dem *s* stehende Vokal nach, *soh si* geh hinunter! *A bi koh bijeg; behe* wir? (= *beh e?*), aber *a bí kos.*

há mehr
ki sonst, auch
hála so, auf diese Weise
hála be nicht so!
yağ zu
ni nun (und)
bol zerbrechen
kéneg geh! *bē kená* gehet!
ã Kùmba Anrede von einem Mann an eine Frau
a Ńgwam (ńgwa yem) Anrede an einen Mann = Freund
lóńge gut
lóńgelońge sehr gut
makéni laut
mayèmbe leise, sachte

tē stellen
bē lonă kommet!
sas kehren
ló le komm doch, komm einmal!
bénge le sieh doch!
tehe ki „ „
nun ki „ „ } diese 3 Arten sind gebräuchl.
bég gib her!
(i) yī mbó gehts dir gut?
noğ e? verstanden?
a Ndoṅ e! Vokativ

ṅgui Kraft, kräftig, fleißig
ṅgómin Gouverneur, Bezirksamtmann
ndom Streiche, Prügel
sohosoho bitte! d. h. bitte sehr
báṅga Wahrheit
pod bilémbe lügen (Lügen reden)
kondá Stuhl, Stühle
tómbeli Glas (Trinkglas)
tébeli Tisch
kad Buch, Papier.

Übungen. *1. Bem ndeg! 2. Ke beṅge, ki ba mboṅ nyo! 3. Boṅ hala! Halabe! 4. Teleb baṅ, gwel nsón! 5. J mpod bilembe ṅgandag, bon ha baṅ hala, ki i ṅkoho ndom. 6. Gwel ni ṅgui! 7. So tombeli loṅgeloṅgé, toho ki tebeli. 8. Habi hanā, ke teleb nyo! 9. K'i ṅe? E ha baṅ! 10. Pala ke yag[a] ṅgomin! 11. Pod makeṅi! 12. Mom le! 13. Pala nana kad, noğe? E, mi nog, mi mpala. 14. Mi nsombo ha beme tehe hala, be di noğ e? E, di nog. 15. J nsombo siba? Beg! 16. Hu baṅ, yeğele hanā! 17. Hoya baṅ, ki mi mpod! 18. Kenege ni! 19. Sohosoho, pod baṅga!*

18. Was stehst du hier? Geh fort! 19. Sprich leise! 20. Arbeite, schlaf nicht! 21. *Nug*, komm her! 22. Freund, warte ein wenig, ich komme! 23. Er hat gestern auf der Regierung Prügel bekommen. 24. Warte nicht mehr, komm morgen wieder, verstanden? Ja, ich habs verstanden. 25. Sieh doch, was sie dort bringen! 26. Ihr habt sehr gelogen! — Wir? — Ja, ihr. 27. Warte draußen! 28. Bitte, sprich nicht so schnell! 29. Zerbrich das Glas nicht! 30. Zerbrich kein Glas mehr! 31. Stell den Tisch und die Stühle hieher! 32 Kehre das Zimmer *(ndab)!*

§ 5. Das Personal-Pronomen.

Es gibt 2 Arten desselben, eine selbständige und eine, die nur bei der Konjugation vorkommt. Letztere heißt *mi, i, a, di, di, ba.* Das selbständige Personalpronomen heißt:

mé ich (mir mich)
ué du (dir dich)
nyé er, ihm, ihn, sie, es

bés wir (uns)
be ihr (euch)
bó sie (ihnen, sie)

Die 3. Person *nye* und *bo* bezieht sich nur auf Personen (I. Klasse), sie verändert sich je nach der Klasse, zu der das Hauptwort gehört (folgt später!)

meni zu mir
ueni zu dir
nyéni zu ihm

beheni zu uns
béni zu euch
bóni zu ihnen.

Regel 1. Zur Hervorhebung bedient man sich beider Arten von persönl. Fürwörtern, z. B. *me mi ṅke.*

mí lo? soll ich kommen?
darf ich kommen?
a sos er soll hinuntergehen!
er darf hinuntergehen!

dṅgis Taschentuch, Kopftuch
mbot Kleid
bikáta Schuhe
nyopínya Strumpfe

a kéneg er soll gehen!
mi nébe ich willige ein
ich bin einverstanden
mi ntób beme ich bin nicht einverstanden
bóga bes! wir wollen gehen!
bog vorwärtsgehen!
mè bé oder *ha mè bé* nicht ich, ich nicht
lé daß
njé wer, wen?
beh é? wir?
inyúki warum?
inyuhala darum
itomlé denn
yā eben, wohl
ṅgi auf
si unter
yáṅga umsonst, ohne Grund
njel Weg
ṅkū́ Kasten, Kiste
kwem Koffer
ṅgóbe hiē Zündholzschachtel
túṅgen Lampe, Licht
táueli Handtuch, Serviette
kóti Joppe
tambá Hut
jēl, weigern
yéga führen, begleiten, grüßen
kébe schenken c. Dat.
hóla helfen
tónda lieben
tī geben
dúhul fortjagen
sébel rufen
bī aufbewahren
ha hineintun
mū́ás lassen
áṅle sprechen mit
núnda zeigen 3. und 4. Fall
nō̆te versuchen, probieren
tí kàd Brief schreiben
tína me kad schreib mir
hō sich beeilen
bēb schlagen
kúe anzünden
lem auslöschen
hába anziehen
se reinigen, bürsten
nána bringen, 3. und 4. Fall.

Es ist eine Reihe Worter hier aufgeführt, damit der Anfänger sich leicht einige Sätze für den ersten Hausgebrauch zurecht stellen kann.

Übungen. *1. Mi nlo bēni yani. 2. A bi tina me kad nómā. 3. Nj'a (nje a) bi gwel hala, ue be? 4. Nana me tuṅgen! 5. A bi kebe me ndeg*[e] *maog. 6. Ka nye lé a lo meni yani! 7. A nsebe ue. — Nje me? E, ho pala! 8. Sebe nye lé a nunda beh njel! 9. Te tuṅgen ṅgi tebeli! 10. Ti me siba mi od. 11. Ba ntob be lo inyuki? Mi nyi, yaṅga. 12. A bi ti be bē to jam? 13. Yega me bikai! 14. Bĕh di gwe ṅgandag bijeg, ndi bē di gwe ndigi ndeg; itomle bĕh di ṅgwel nson ṅgandag, ndi bē di ntob be. 15. Mi nlo ueni aṅle ue. 16. Nj'a nsebe me? Ue be! 17. Ke ti nye siba. 18. A lo ha baṅ meni, ki mi nduhu nye. 19. Hola me, ki mi ṅkebe ue (sc. jam). 20. Teleb baṅ yaṅga, lo hola bo!*

21. Sag ihnen, sie sollen nun kommen! 22. Was hast du getan? Wer? ich? Ich habe nichts getan. 23. Was habt ihr getan? Wir? 24. Wen hast du gerufen? Dich nicht! 25. Wer hat mich gerufen? 26. Bitte, gib mir ein wenig Wasser! 27. Sie baten ihn sehr, aber er weigerte sich 28. Geh und hole ein Glas 29. Bring mir einen Stuhl! 30. Ich will ihn nicht mehr bei mir. 31. Er soll nicht mehr hierher kommen, sonst jage ich ihn fort. 32. Hast du keinen Schnupftabak, daß ich schnupfe (cf 10). 33. Ich habe keinen Tabak mehr, schenk mir ein wenig! 34. Bring mir Wasser, daß ich trinke — schnell

bring! 35. Ihr wollt wohl Essen und Kleider, aber ihr wollt nicht arbeiten 36. Er versucht Basa zu sprechen (Basa sprechen *po̱d likol).* 37. Ich liebe ihn nicht mehr, er hat sehr gelogen.

Übersetzungen der Übungen.

§ 1.

1. *Ntamag* hat viele Hühner, aber er hat keine Ziegen. 2. Ihr habt viele Makabo, aber wir haben viel Pisang. 3. Was hast du? Nichts. Was hast du? Ich habe nichts. 4. Hast du Wasser? Nein, ich habe auch nicht ein wenig. 5. *Nug* hat nur wenig Bananen. 7. Habt ihr keine Ziegen oder Hühner? Wir haben nur Hühner, aber wir haben keine Ziegen. 7. Wir haben keinen Palmwein, auch Fleisch haben wir keins.

8. *Mi gwe kob loṅ ni makabo. 9. Ba gwe nuga, ndi ba gwe be kon to̱ mako̱ndo̱. 10. I gwe be ndeg^e maog e̱? He̱ni, mi gwe beme̱. 11. Be di gwe ki? He̱ni. Ki di gwe? Di gwe be to̱-jam. 12. Di gwe be nuga, to̱ mô di gwe be. 13. Ndo̱ṅ a gwe ṅgandag mako̱ndo̱ loṅ ni ke̱mbe̱ loṅ ni kob. 14. I gwe be siba e̱? 15. Mi gwe beme̱ to̱-ndeg. 16. Be di gwe ṅgandag bijég e̱? Ko̱b, di gwe ndigi ndeg.*

§ 2.

1. Wo ist *Mbe̱le̱g?* Er ist nicht hier. 2. Er war gerade hier, vielleicht ist er im Haus drinn. 3. Wann waren sie hier? Sie waren vorgestern (hier). 4. *Mbo̱g* und *Bebga* sind im Osten 5. Er war gestern im Busch. 6. Bist du heute in der Stadt gewesen? Nein, ich war vor 3 Tagen (dort). 7. Ist *Ṅgo̱mbe̱l* zu Hause? Nein, sie ist nicht zu Hause, sie ist in der Pflanzung. 8 Wir waren vor 6 Tagen im Busch, aber ihr waret vor 5 Tagen dort. 9. Ich war seit lange nicht (mehr) in *Biko̱k.* 10. Die *Bati* sind nicht nahe, sie sind sehr weit.

11. Nug a tabe, a ye he̱? A ye liboṅ, be̱b a ye ki lo̱m. 12. Bē di be ṅko̱ṅ ke̱ ki? Di bag̃^{a} ṅko̱ṅ le̱n. 13. Ba be bikai le̱n masambo̱g. 14. Mi be likol le̱n matan, i be be nyo̱ be̱he̱. 15. Nug to̱ Penda ba ye he̱? Penda a ye ndab, Nug a ye nyo̱ wo̱m. 16. Ṅgo̱mayo a be mbai yani? Ko̱b, a be bom. 17. A baga ndab hanano̱. 18. Ba tabe mbedege. 19. Nyabi ba tabe ha, ba ye be̱be̱ ṅgandag.

§ 3.

1. Was willst' du? Ich will Essen. 2. Er verkauft ein Huhn. 3. Er kam gestern. 4. Er kam heute 5. Er ist heut vor 7 Tagen heimgegangen. 6. Er arbeitet heut nicht, er ist krank. 7. Du rauchst sehr viel. 8. Sie sind gekommen, Makabo zu verkaufen. 9. Ich gehe Palmwein zu suchen. 10. Seid ihr fertig mit essen? Ja, wir sind fertig. 11. Wo ist Penda hingegangen? Ich weiß nicht. 12 Wo gehst du hin? Ich gehe baden. 13. Wann seid ihr gekommen? Vor 5 Tagen. 14. Wir wollen morgen hinaufgehen (d. h. ins Innere hinein, es steigt von Edea aus landeinwärts etwas an, daher der Ausdruck hinauf gehen. „*Mi ṅke̱ liboṅ* ich gehe an den Strand“, ist der Ausdruck, wenn man vom Innern nach Edea, das am Strande des Sanaga liegt, herausgeht). 15. Ich gehe heim! 16. Sind sie in die Stadt hinauf? Ja, sie sind gestern hinauf. 17. Ich habe Hunger. 19. Er ist gestorben. 20. Was weinst du?

21. Ba hu le̱n. 22. Mi ńke̱ likol yani. 23. (I) ńko̱n njal e̱? Ue̱ni, mi ńko̱n beme̱, ndi mi ńko̱n nyu ńgandag. 24. Mi ńke̱ sombol bije̱g. 25 I nsombo makabo to̱ mako̱ndo̱? Mi nsombo makabo. 26. Mi nte̱he̱ beme̱ Nug le̱n, a ńko̱n to̱ a ye he̱? A ńko̱n libum. 27. I nsombol be ke̱ so̱mb bije̱g e̱? Mi nsombol. 28. Se̱ge̱ a ńwo̱ le̱n. 29. Ńgo̱mbe̱l a ńe̱ ńgandag, a ńko̱n e̱? A ńko̱n sinda. 30. A ye lo̱. 31. Di bi lo̱ no̱mã. 32. Ba ńke̱ nańal. 33. A ye jo̱go̱b. 35. A ńod mbe̱ ńgandag. 36. Mi ńke̱ ã!

§ 4.

1. Warte ein wenig! 2 Sieh (geh sehen), was sie dort machen! 3. Mach es so! nicht so! 4. Steh nicht (still), arbeite! 5 Du hast sehr gelogen, tu das nicht mehr, sonst bekommst du Streiche. 6 Arbeite fleißig! 7. Wasche die Gläser sehr gut, wisch auch den Tisch ab! 8. Geh hier weg, steh (geh stehen) dort hin! 9. Was weinst du? Weine nicht mehr 10 Geh schnell aufs Bezirks-Amt. 11. Sprich laut. 12. Ruhig! 13 Schnell bring das Buch, verstanden? Ja, ich habe verstanden, ich bring es schnell (ich mache schnell). 14. Ich will das (so etwas) nicht mehr sehen, habt ihr verstanden? Ja, wir haben verstanden 15 Willst du Tabak haben? Gib her! 16. Geh nicht heim, bleib hier. 17. Vergiß nicht, was ich gesagt habe. 18. Geh nun! 19. Bitte, sprich die Wahrheit.

18. I nte̱le̱b ki hana? Ke̱ne̱g! 19. Po̱d maye̱mbe̱! 20. Gwe̱l nso̱n, ke̱ bań lo̱! 21. A Nug, lo̱! 22. A ńgwam, be̱m ndeg, mi nlo̱. 23. A bi koho ndom yani yaga ńgo̱min. 24. Be̱m ha bań, temb yani, no̱ge̱? E, mi no̱g. 25. Beńge̱ le̱, ki ba nana nyo̱! 26. Be di bi po̱d bilembe̱ ńgandag. Beh e̱? E, bẽ. 27. Be̱m mbedege! 28. So̱hoso̱ho̱, pala bań po̱d hala! 29. Bo̱l bań tombeli! 30. Bo̱l ha bań tombeli. 31. Te tebeli loń ni konda hańã. 32. Sãhã ndab!

§ 5.

1. Ich werde morgen zu euch kommen. 2. Er hat mir vorgestern (einen Brief) geschrieben. 3. Wer hat das getan, nicht du? 4. Bring mir die Lampe! 5 Er hat mir etwas Wein geschenkt. 6. Sag ihm, er soll morgen zu mir kommen. 7. Er ruft dich. Wen, mich? Ja, schnell schnell. 8. Ruf ihn, er soll uns den Weg zeigen. 9. Stell die Lampe auf den Tisch. 10. Gib mir Tabak, daß ich rauche. 11 Warum wollen sie nicht kommen? Weiß ich's? Ohne Grund. 12. Hat er euch nichts gegeben? 13. Begleite mich in den Busch! 14 Wir haben viel Essen, aber ihr habt nur ein wenig; denn wir arbeiten sehr (tüchtig), aber ihr möget nicht (arbeiten). 15. Ich komme dich zu sprechen. 16. Wer ruft mir? Nicht dir. 17. (Geh) gib ihm Tabak (geh ihm T. zu geben) 18. Er soll nicht mehr zu mir kommen, sonst jage ich ihn fort. 19. Hilf mir, dann schenk ich dir etwas. 20. Steh nicht leer (ohne Grund) da, komm ihm zu helfen!

21 *Ka bo̱ lé̱ ba lo̱ ni! 22. I bi gwe̱l ki? Nje̱ me̱? Mi bi gwe̱l beme̱ to̱jam. 23. Bẽ di bi gwe̱l ki? Beh e̱? 24. I nsebe nje̱? Ue̱ be! 25. Nj'a nsebe me̱? 26. So̱hoso̱ho̱ ti me̱ ndege maleb! 27. Ba bi so̱he̱ nye̱ ńgandag, ndi a bi jel. 28. Ke̱ nana tombeli. 29 Nana me̱ konda. 30. Mi nsombo ha beme̱ nye̱ me̱ni. 31. A lo̱ ha bań hana, ki mi nduhu nye̱. 32. I gwe be nsòn, mi od. 33. Mi gwe*

ha beme siba, kebe me ndeg. *34. Nana me maleb, mi nyo, ho pala!* *35. Be di nsombo ya bijeg loň ni mbot, ndi di ntob be gwel nson.* *36. A note pod likol.* *37. Mi ntonda ha beme nye, a bi pod bilembe ňgandag (ňgandag bilembe* = viele Lügen).

II. Flexions-Lehre.

1. Vom Nomen

§ 6. Von den Präfixen.

Es gibt Hauptworter mit Präfixen und Hauptwörter ohne Präfixe. Es besteht das Bestreben der Sprache, die Präfixe immer mehr abzuwerfen. Dieser Prozeß kann heutzutage gut beobachtet werden. Er ist zurückzuführen auf hastiges und bequemes Aussprechen; z B. *hiloga (hi* Präfix, *loga* Stamm), meistens hört man nur *loga* der Knabe; ferner *titi* Geist, ohne Präfix, in *Mańgala* hort man noch *ititi,* Präfix *i;* ferner *ntomba* Schaf, ohne Präfix, früher *untomba* (Präfix *u*).

§ 7. Von der Mehrzahlbildung.

1 Hauptwörter, die schon in der Einzahl ein Präfix haben, bilden die Mehrzahl durch Umwandlung dieses Präfixes in ein anderes, *mulom* Mann, *balom* Männer, *dikube* Banane, *makube* Bananen.

2 Hauptwörter, die in der Einzahl kein Präfix haben, teilen sich in 2 Arten.

a) in solche die in der Mehrzahl ein Präfix annehmen, *ko* Fuß, *mako* Füße, *naň* Bett, *binaň* Betten; *ňkoň* Stadt, *miňkoň* Städte.

b) in solche, die in der Mehrzahl gleich lauten, wie in der Einzahl, die also gar keine Veranderung erfahren; die Einzahl oder Mehrzahl muß man aus dem Zusammenhang feststellen, *kembe,* Ziege, Ziegen.

Geschlechtswörter hat das Basa nicht.

§ 8. Von der Deklination.

Dieselbe bringt nur den Genitiv zum Ausdruck. Dativ und Akkusativ lauten gleich wie der Nominativ, die Genitiv-Bildung ist

1. eine vollständige, wenn das regierende Nomen ein Präfix hat, dann wird die Genitiv-Bildung einfach mittelst des Präfixes vollzogen, *dikoga di ndab* die Türen des Hauses, *makoga ma ndab* die Türen des Hauses.

2. eine unvollständige, wenn das regierende Nomen präfixlos ist. In diesem Fall wird das regierte Nomen dem regierenden ohne weiteres nachgestellt, *nuga bikai* Tier des Waldes; aber *binuga bi bikai* Tiere des Waldes; *kembe Nug* Ziege (oder Ziegen) von *Nug.*

§ 9. Die vom Nomen abhängigen Wortarten.

Dieselben sind:

1. Solche ohne selbständigen Stamm. Sie lauten entweder wie das Präfix des Nomens, wenn es ein solches hat, oder wie der frühere Präfixvokal, den das Hauptwort mit der Zeit abgeworfen hat, *u* oder *i,* vergl. die Tabelle § 10, vertikale Rubrik 2! Hierher gehören:

a) das Subjektsfürwort 3. Pers. Einz. und Mehrzahl *di kondo di holol* der Pisang ist reif, *ma kondo ma holol;* aber *ntomba u ntat* das Schaf blökt (sprich: *ntomba 'ntat*[1]) *mintomba mi ntat.* Bei Personen heißt das Subjektsfürwort jedoch *a* und *ba, man u ñkon* das Kind ist krank, *bon ba ñkon.*

b) das hinweisende Fürwort; *di kondo di* jener Pisang, *di kondo dini* dieser Pisang, *ntomba u* jenes Schaf, *ntomba unu* dieses Schaf; *kembe i, kembe ini.*

c) das bezügliche Fürwort (Relativ) *makondo, ma a nti me, mud, nu a bi beb nye, kembe, i mi bi somb.*

2. solche mit selbständigem Stamm.

α) derselbe beginnt mit einem Konsonanten.

Hierher gehört

d) das Eigenschaftswort

keñi groß — *bé* schlecht, bös
titiki klein — *lam* gut, schön
pe anderer — *sona* ganz, alle.
hogi ein Teil

Hier gelten folgende Regeln:

aa) Hat das Nomen regens ein Präfix, so tritt dieses vor den Stamm des abhängigen Worts, *dikabo dikeñi, maog mana ma ye malam, dibato dini di ye dilam.*

bb) Hat das Nomen regens kein Präfix, so tritt das abhängige Wort entweder ebenfalls präfixlos auf, wenn der frühere abgeworfene Präfixvokal *i* ist, oder erhält den Präfixkonsonanten *ɲ*, resp. *m*, wenn das frühere abgeworfene Präfix *u* war. Beispiele: präfixlos *kembe keñi,* mit Präfixkonsonanten *ntomba ñkeñi.*

Ob der frühere Präfixvokal *u* oder *i* ist, kann aus der Tabelle § 10 ersehen werden. Übrigens wird die Sache näher behandelt bei den 6 Nominalklassen.

β) derselbe beginnt mit einem Vokal.

Hierher gehören:

e) das besitzanzeigende Fürwort (Possessiv)

-em mein — *-es* unser
-oñ dein — *-nan* euer
-e sein — *-ab* ihr

f) die Zahlwörter 1—7: *-añe* wieviele?
-ada 1, *-à* 2, *-áã* 3, *-nã* 4, *-tan* 5, *-samal* 6, *-sambog* 7.

g) das Objektsfürwort
-o ihn, es sie; Mz. sie

Ausnahme: I. Kl. Einz. *nye.*

Für diese abhängigen Worter β e f g gelten folgende Regeln:

aa) Hat das Nomen regens ein Präfix, so tritt Assimilation ein; e, *dibato jem (= diem),* f) *dibato jada (diada), mabato mà, mabato máã, mabato mánã, mabato matan* usw. g) *a bi ti me jo (= dio)* er gab es mir (nämlich das *dibato), a bi ti me mo (= mao)* er gab mir sie (die *mabato).*

---

[1]) Bei Häufung von 2 Vokalen wird der 2. ausgeworfen.

bb) Hat das Nomen regens kein Präfix, so tritt als konsonantischer Anlaut *y* auf, wenn der frühere Präfixvokal *i* war oder *w*, wenn der frühere Präfixvokal *u* war (cf. d, bb; *u* entspricht also *u (m) w*, und *i* entspricht *y*): *ṅgwo̱ ye̱m* mein Hund, *ṅgwo̱ yada*, *ṅgwo̱ tan*, *sebe yo̱* (rufe ihn, den *ṅgwo̱*): *ntomba we̱m*, *ntomba wada*, *mintomba ma*, *mintomba mâā*, *mintomba minā*; *mi nuṅu wo̱* ich verkaufe es (das *ntomba*), *mi nuṅu mo̱* ich verkaufe sie (die *mintomba*).

§ 10. Die Nominalklassen.

Sämtliche Nomina können gemäß ihrer Präfixe in der Einzahl und Mehrzahl, resp. gemäß des Fehlens der Präfixe in 6 Klassen eingereiht werden. Es werden im folgenden mit den Nomina zugleich deren hauptsächlichste abhängigen Wörter behandelt. Zuerst mögen zur Übersicht sämtliche Klassen mit den Hauptbildungsformen der abhängigen Wörter aufgeführt werden.

Klasse	Einzahl Mehrzahl	Ohne selbständige Stämme	Mit selbständigen Stämmen	
			Kons. Anlaut	Vok. Anlaut
I.	*mûd* der Mann *bôd* die Männer	*a* er sie es *nu* jener *ba* sie *ba* jene	*ṅke̱ṅi* *bake̱ṅi*	*we̱m* *be̱m* (ihn *nye̱*)
II.	*ntómba* Schaf *mintómba* Schafe	*u* *mi*	*ṅke̱ṅi* *mike̱ṅi*	*we̱m* *me̱m*
III. a.	*kō* Fuß *makō* Füße	*u* *ma*	*ṅke̱ṅi* *make̱ṅi*	*we̱m* *me̱m*
III. b	*dikòndo̱* Pisang *makòndo̱* „	*di* *ma*	*dike̱ṅi* *make̱ṅi*	*je̱m* *me̱m*
IV.	*hinúni* Vogel *dinúni* Vögel	*hi* *di*	*hike̱ṅi* *dike̱ṅi*	*hie̱m* *je̱m*
V.	*naṅ* Bett *bináṅ* Betten	*i* *bi*	*ke̱ṅí* *bike̱ṅi*	*ye̱m* *gwe̱m* (es *gwo̱*)
VI.	*ké̱mbe̱* Ziege *ké̱mbe̱* Ziegen	*ī* *ī*	*ke̱ṅi* *ke̱ṅi*	*ye̱m* *ye̱m*

§ 11.

I. Klasse.

Personenklasse.

mûd, *bōd* Mensch [1])
munlóm, *bolom* Mann
saṅ, *bo̱saṅ* Vater, Herr
táda, *bo̱tada* mein Vater

[1]) entstanden aus *mu-od*, Mz. *bo-od*; cf. *mu-da*, *bo-da*.

mudā bodā Weib
nlom balóm Mann als Gatte
muá[1]) *ba* Frau als Gattin
nyaṅ banyáṅ Mutter
nlal[2]) *balál* Onkel, Vetter
ṅkána bakana[3]) Weiße
ṅkēn bakén Fremder

sóṅ dein Vater (*isóṅ*)
nyùṅ deine Mutter
ini boni, } meine Mutter
kē bokē }
man bon[4]) Kind
māṅgę̄ bōṅgę̄ Knabe
nígi banigi Schüler.

Ausnahmen:

maleéd baleed Lehrer
ṅgwę̀ndę baṅgwęndę Messer
ṅkwátę baṅkwatę Buschmesser

homa Ort, Platz (Mz. *bahoma*)
nōb Regen (Mz. *banòb*)
sépę Wasserfall (Mz. *basępę*).

Übersicht der abhängigen Wortarten.

Einzahl Mehrz.	1. Genet.	2. Subjekt-Fürwort	3. Hinweis. Fürwort	4 Eigensch.-wort	5. Zahlwort	6 Besitz-Fürwort	7. Objekts-Fürwort
mud	—	*a*	*nu (nu)*	*ṅkeṅi*	*wada*	*wem*	*nyę(=nuę)*
bod	*ba*	*ba*	*ba (na)*	*bakeṅi*	*bà*	*bem*	*bo*

Genitive (1):

mud bilembe, bod ba bilembe Lügen (Mensch der Lügen)
ṅkána bàsi Missionar (Weißer der Mission)[5]), Mz. *bakana ba basi*
ṅkana ṅgomin ein Weißer der Regierung, Mz. *bakana ba ngomin*
ṅkána nyuṅgá Kaufmann (Weißer des Handels)
mán Máṅga ein Mangalamann (Sohn von Mangala, Mz. *bon ba M.*, cf. Hebr. בְּנֵי יִשְׂרָאֵל).
man solda Soldat
mán likòl Mann aus dem Osten
man Nug Sohn von *Nùg* oder Mann von *Nug*

mán kè } mein Bruder, meine
mán íni } Schwester (Sohn, Tochter meiner Mutter, die mich geboren hat, also leibliche Schwester, Mz. *bon ba 'ni*).
mán táda mein Bruder, Schwester, die gleichen Vater haben. Mz. *log tada*
máā sáṅ Bruder, Schwester. Mz. *log saṅ* (gleicher Vater)
má nyàṅ Bruder, Schwester. Mz. *log nyaṅ* (gleiche Mutter)
maleed Moṅgo Lehrer von *Moṅgo*
ṅmuéd mbái Hausvater, Hofherr.

---

[1]) auch *ṅmua* oder *ṅwa*.
[2]) aus *nulal*, cf. das hinweisende Fürwort.
[3]) gehort eigentlich zur II. Kl. Mz. *miṅkana*.
[4]) aus *muan, boan (Bakoko mon bon)*.
[5]) *basi* stammt aus dem Efik, *obase* = Gott.

Hinweisendes Fürwort (3):

man núnu dieses Kind	*man nu* jenes Kind
bon bána diese Kinder	*bon ba* jene Kinder
nje núnu wer das?	*bonje bána* wer diese?
me núnu ich bin es	*behe bána* wir sind es
me Núg ich *Nug*	*behe Núg loṅ ni Ntámak.*

Eigenschaftswort (4):

man nlam ein schönes Kind, *bon balam* schöne Kinder
man nlam nunu das ist ein schönes Kind, *bon balam bana*
man nunu a ye nlam, bon bana ba ye balam
mud npē ein anderer Mann, *bod bape*
mud mbē ein böser Mensch, *bod babē* böse Menschen
a ye mbe er ist bös, *ba ye babe*
mud nyesona der ganze Mensch, *bod basona* oder
bod bobasona alle Menschen
bebasona ihr alle, *bobasona* sie alle, *behebasona* wir alle
bod bahogi etliche Menschen

Zahlwörter 1—7 veränderlich; 8, 9, 10 lauten gleich. *Baṅe* wieviele? *wada* 1, *ba* 2, *báã* 3, *bánã* 4, *batán* 5, *basámal* 6, *basambōǧ* 7 (*juem* 8, *bō* 9, *jom* 10).

Besitzanzeigendes Fürwort (6):

mán wèm mein Kind	*bón bèm* meine Kinder
„ *woṅ* dein Kind	„ *boṅ* deine Kinder
„ *we* sein Kind	„ *be* seine Kinder
„ *wes* unser Kind	„ *bes* unsere Kinder
„ *nan* euer Kind	„ *banan* eure Kinder
„ *wab* ihr Kind	„ *bab* ihre Kinder.

Übungen. *1. A' nì, lo, ṅkana nu! 2. Ini a bi wo, ndi tada 'yi ngi. 3. Sebe mud wèm! 4. Bónje bà, sebe bo! 5. Mi gwé bón bánã, ba bolóm bà loṅ ni ba bodá bà; báã ba ye meni, wada 'ye hiòṅk. 6. Sepe wehe a ye ṅkeni, a ntogo ṅgandag. 7. Nob ṅkeni a no len. 8. Maleed a niga bon bes. 9. Bod boṅ basona ba ye baṅe? Ba ye ndigi basambog, bahogi ba ye bikai, bape ba ṅke likol. 10. Hala a tabe nlam. 11. Máã soṅ a ye he? Nye nunu. 12. Bonje banã? Ba ye (ya) boda ba tada. 13. Bon bem basona ba ye sukulu.*

14. Dieser Regen rauscht sehr. 15. Wieviel Buschmesser hast du? 16. Dieser Ort ist nicht schön, zeig mir einen andern! 17 Wer ist das? Mein Bruder. 18. Jeder Mann hat zwei Buschmesser bekommen. 19. Wieviel Weiber hat er? Sechs. 20. Dieses Messer ist nicht mehr scharf, schleife es! 21. Dein Mann ruft dich 22. Dieser Mann betrügt dich, er ist sehr böse 23 Seine Kinder sind alle gestorben. 24. Wir suchten sie überall. 25. Rufe den Hofherrn.

no regnen	*sukulu* Schule
togo rauschen	*hi mud* jedermann
nigi lernen	*homa nyesona* überall

niga lehren
log betrügen
hol schleifen
a yi ṅgi er ist noch am Leben
ho̱ scharf sein
hioṅk Westen.

§ 12.

II. Klasse.

ntómba mintómba Schaf
ṅkò̱ṅ miṅko̱ṅ Dorf
ṅku miṅku Kiste, Kasten
nsukút minsukut Sack
nlóṅga minloṅga Eimer
ṅkàndo miṅkando Stockfisch
ntóko mintoko Wurst
ṅkogó mi- Zuckerrohr
ṅkóga mi- Sand
ṅkò̱g mi- Baumstamm
nló̱b mi- Angel
ṅgwa mi- Tag
ṅwa mi- Grenze
ṅé̱m miṅe̱m Herz
ṅó̱ miṅo̱ Kopf
mbṅ̄ Atem, Hauch, Geist
wó̱ṅi Furcht
móṅgo Kanu
múî Jahr
wó̱m ṅo̱m Garten.

Eigenschaftswörter.

nhád minhad angesehen
ṅgwàṅ miṅgwaṅ reich
ṅkó̱da miṅko̱da krumm
mbóṅgo mimboṅgo } lang
ntandâ mintandâ } lang
nlaṅga minlaṅga schwarz.

Übersicht der abhängigen Wortarten.

	1.	2.	3.	4.	5.	6.	7.
Einz. Mehrz.	Genet.	es sie	(dieser, diese) jener, jene	groß große	ein zwei	mein meine	es sie
ntomba *mintomba*	— *mi*	*u* *mi*	*u (unu)* *mi (mini)*	*ṅke̱ṅi* *miṅke̱ṅi*	*wada* *mà*	*we̱m* *me̱m*	*wo̱* *mo̱*

Beispiele:

1. *Nlóm ntómba, balom ba mintomba* Hammel
sáṅ ṅkò̱ṅ Häuptling, *bo̱saṅ ba miṅko̱ṅ* die Herren der Dörfer, *bo̱saṅ ba ṅko̱ṅ* die Herren (Väter) des Dorfes, *saṅ miṅko̱ṅ* der Herr der Dörfer.
móṅgo táda das Kanu meines Vaters
móṅgo mi táda die Kanu meines Vaters.
máṅ mùd ein Ältester, ein gereifter Mann
máṅ mi bòd die Ältesten
în ntómba, miin mi mintomba Mutterschaf, *man ntomba* Lamm.

3. *Ṅkò̱ṅ únu, nko̱n ṅ̂, miṅko̱ṅ míni, miṅko̱ṅ mî, moṅgo unu, moṅgo mini, wo̱m u, ṅo̱m mi.*

4. *Nlóṅga mpê̱, minloṅga mipe̱, mintómba mihò̱gi, ṅko̱ṅ wo̱sona, miṅko̱ṅ mo̱sona (mo̱misona).*

5. *Moṅgo wada, moṅgo mà, moṅgo máâ, mínâ, mitán, misámal, misambó̱g, máṅe̱ (miaṅe̱)*

6. *Ntomba wem* *mintomba mem*
„ *won* „ *mon*
„ *we* „ *me*
„ *wes* „ *mes*
„ *nan* „ *minan*
„ *wab* „ *mab.*

7. *Mi nuňu wo* ich verkaufe es (das Schaf), *mi nuňu mo* ich verkaufe sie (Mz.).

Übungen. *1. Ke sombo mimboňgo mi miňku mà! 2. Nku unu u nyet ňgandag, mi nla beme bege wo, ti me mpe! 3. Moňgo mini mi ye miňkoda, mi tabe milam. 4. Ňem woň u ye mbe ňgandag, pubuhu wo! 5. Nkoň wosona u ňkon nye woňi. 6. Mbu Job u ye miňem mi bon be. 7. Mintomba maňe ma ye ndab e? Mitan. Pemehe momisona! 8. Ňwã wom wem unu.*

9. Diese Stockfische sind schlecht, bitte, gib mir andere! 10 Jage diese Schafe fort, sie blöken sehr. 11. Die Herzen aller Menschen sind böse. 12. Wie alt ist er? Sechs Jahre alt 13. Was kostet dein Schaf? 14. Schlachte den großen Hammel! 15 Meine Mutter hat 2 große Gärten.

beň fortjagen (von Tieren)
tat blöken
bege tragen
la können
Job Gott
kon woňi sich fürchten
kon jam woňi etwas fürchten
pubus reinigen
pemes heraustun, -lassen
jubu hineintun
he kosten
a gwe mu wada er ist 1 Jahr alt
nol töten, schlachten.

§ 13.

III. Klasse.

a. Einzahl ohne Präfix.

kò ma- Fuß
ó maó Ohr
nyò manyò Mund
wó mó Hand
bèl mabèl Schenkel, Schlegel
sú masú Gesicht
hób mahób Sprache, Palaver
léb maleb Quelle, Bach
ũ maũ Nacht
kon makon Krankheit
hoňol ma- Gedanke
maóň Bauarbeit, Gebäude
maléb Wasser
màog Wein
mõ Öl
majel Blut
masẽ, *mahàg* } Freude
mítiň Gottesdienst
malòga Betrug
mapób Herrlichkeit
áne Herrschaft, Reich.

Übersicht der abhängigen Wortarten.

	1.	2.	3.	4.	5.	6.	7.
Einzahl Mehrzahl	Genet.	es sie	(dieser, diese) jener, jene	groß große	ein zwei	mein meine	es sie
ko *mako*	— *ma*	*u* *ma*	*u (unu)* *ma (mana)*	*ňkeňi* *makeňi*	*wada* *mà*	*wem* *mem*	*wo* *mo*

Beispiele:

1. *Bẹ́l ntómba, mabẹ́l ma ntómba mabẹ́l ma mintómba.*
4. *Hǫ́b mpẹ̄, ũ wǫsóna, maũ masóna (mǫmasona), kǫ́n mbẹ̄, makǫ́n mabẹ̄.*
5. *U wáda, maũ mà, máã, mánã, matán, masámal, masambǫ́g, máńẹ?*
6. *Ko wẹ́m, wǫń, we; wes, nan, wab; mako mẹm, mǫń, me; mes, manan, mab.*

Übungen. *1. Anẹ wǫń u lǫ! 2. Mbǫg a bi wǫ u .'nu. 3. Ba gwe hǫb ńkẹńi ńkǫń. 4. Mō ma tuńgẹn ma mal. 5. J ńkań su wǫń ńgandag. 6. Mǫ mǫń ma mpob be, kẹ sǫ mǫ! 7. Maleb ma yi masamal, ndi di mpam yag*[a] *Mandẹń. 8. Mi bi kẹ bemẹ lǫ u 'nu wǫsona. 9. Maog mana ma ye ma boda, mi nsombo (ya) ma bolom. 10. Nana mẹ maleb ma hie masona! Mahǫgi ma ńkoba. 11. Pilihi maleb ma kafe! 12. Pǫd hǫb likol mi nǫgǫ wǫ. 13. Petro a bi kid ō Malko.*

14. Ist der Schlegel des Schafes noch nicht fertig? 15. Wir haben die ganze Nacht gearbeitet. 16. Seine Freude ist groß. 17. Bring mir anderes Wasser, dieses ist nicht schön. 18. Schütte dieses kalte Wasser aus, bring mir heißes. 19. Das Blut ist rot. 20 Bring mir weißen Wein! 21. Meine Gedanken sind nicht eure Gedanken. 22. Ist dein Palaver noch nicht fertig? Ich habe zwei, eins ist aus, das andere bleibt noch. 23. Dein Wein ist nicht gut, er ist wild. Versuche diesen, der ist süß. 24. Siedet das Wasser des Tee noch nicht? 25. Er freut sich.

nẹ süß sein
nyai wild sein
kid abhauen
kań su die Stirn runzeln
kǫ́n masẽ (mahag) sich freuen
maléb ma hiẽ heißes Wasser (Wasser des Feuers)
maléb ma súni kaltes Wasser
pob hell sein, weiß sein, *maog ma mpop* relativ. weißer Wein
kóyob rot sein
hénd schwarz sein
pél sieden intrans.
pilis sieden trans.
bẹl fertig, gar sein
i málag[a] *bé* es ist noch nicht fertig (aus)
i mbélẹgẹ bé es ist noch nicht gar
kób, sób ausschütten
kóba, sobi ausgeschüttet, ververschüttet.

§ 14.

b. Einzahl mit Präfix.

dikàbo ma-
dikǫ̀ndǫ ma- Pisang
dikúbe ma- Banane
dijẹ̃ ma- Ei
dibondó ma- Tasse, Becher, Krug
diwánda ma- Freund
-likogá ma- Türe
-likóga ma- Steuer
-likǫ̀ń ma- Spieß
lipúbi Licht, Helle
libàto ma- Tuch
libóń ma- Strand
libùm ma- Bauch
lihíndi ma- Schmutz
libám, ma- Brett
liẽn maẽn Palme
lẹ̃ndẹ maẽndẹ Schere
litám ma- Frucht
likè ma- Reise
libẹ̃ ma- Bosheit
lisúg Ende, Schluß

lǫm Fluß, Strom
lihẹ̄b Kälte, Fieber
lòm lihíndi der schwarze Fl. (Nyong)

libànga, mànga ähnlich der Dikabo
lǫm lipubi der weiße Fl. (Sanaga)

jís mis Auge
jól mol Nase, Name
jǫ́n mǫn Hacke
jñ mu Herd

jádẹ madẹ Bausch
jòga moga Teil
jàda mada Teil
jàm mam Ding, Sache.

Regel: Beginnt der Stamm dieser Hauptwörter mit einem Vokal, so tritt Assimilation ein: *jís* z. B. entstanden aus *di-is; mis* aus *ma-is*.

D und *l* fließen oft so ineinander über, daß man manche Wörter mit *d* oder *l* schreiben könnte, besonders die mit - bezeichneten.

Übersicht der abhängigen Wortarten.

Paradigma	1.	2.	3.	4.	5.	6	7.
dikǫndǫ *makǫndǫ*	*di* *ma*	*di* *ma*	*di (dini)* *ma (mana)*	*dikẹni* *makẹni*	*jada* *mà*	*jẹm* *mẹm*	*jǫ* *mǫ*

Die Mehrzahl ist vollständig gleich der der Abteilung a. dieser Klasse, in der Einzahl ist *jada* entstanden aus *di-ada, jẹm* aus *di-ẹm, jǫ* aus *di-ǫ* (resp. *li-ada)*.

Das besitzanzeigende Fürwort lautet ganz regelmäßig: *jẹm, jǫn, je, jes, dinan, jab; mẹm* usw

Die Genetiv-Bildung geschieht in Einzahl und Mehrzahl mittelst Präfix.

Übungen *1. Lien lini li ye lilam. 2. Lendẹ lini li hǫ ha be, hol jǫ. 3. Dikube dini di hologa be? E, di holol, di kǫl jǫ. 4. Lisug li ňkǫň wehe dini. 5. Majẹ ma kob mana, ma nsombo minlǫb. 6. Jol je lẹ njẹ? Nyẹ Nkondok. 7. Makabo mǫň ma nsombo ki? Miňǫ mi siba ma. Hẹni, ma ye matitiki, mahǫgi ma ye ki mabẹ ňgandag! 8. Kẹ nana mimboňgo mi moň minũ! 9. Bǫl baň dibondo jẹm! 10. Yib dikoga dini, yibil di. 11. Dibondo di bo.*

12. Wie heißt dieser Mann? 13. Deine Eier sind schlecht. 14 Dein Tuch ist sehr schmutzig (*di gwe mahindi)*, wasche es. 15 Mein Tuch ist zerrissen. 16. Diese Tasse ist sehr schön. 17. Hier sind Makabo, schäle sie! 18 Ich bitte dich um deine Schere. 19. Ich kaufte zwei neue Tücher. 20. Koche mir Makabo und Huhn!

hólol reif sein
bẹ́l makǫndǫ Pisang setzen
sal makabo Makabo stecken
sẹbẹ makabo Makabo schälen
kóbol makǫndǫ Pisang schälen
kǫl makǫndǫ Pisang abhauen
yíb zumachen
yibíl aufmachen
kwés zuschließen

mabumbulẹ́ Ernte
lǫ́l bitter sein
bái sauer sein
yónos voll machen, füllen
yǫ́n, yóni voll sein, gefüllt
libùm li nkǫ́gǫ mẹ der Bauch tut mir weh
libùm li mbáha mẹ ich habe Durchfall

kwíhil aufschließen
lámb kochen (4. Fall)
lémbe kochen (3. Fall)
ōm senden (4. Fall)
ómle̱ senden (3. Fall)
bó̱l zerbrechen; *bō* zerbrochen
wás zerreißen; *wehi* zerrissen
yó̱ndo̱ oder *mo̱ndo̱* neu
búmbul ernten

lihéb li gwé me̱ ich habe Fieber
só̱he̱ inyu bitten um
to̱ mud niemand
to̱ jam nichts
nje̱ a gwe jam dini? wem gehört dieses Ding?
jol jo̱ň le̱ nje̱? dein Name wer? wie heißt du? Antwort: ich —.

§ 15.

IV. Klasse.

-hinuni dinuni Vogel
hikóa di- Berg
hikó̱a di- Schnecke
-hiló̱ga di- Jüngling (Jünger)
-hiňgò̱nda di- Jungfrau
-hidiba di- Schlüssel
-hikó̱ta di- Pfeife
-hibé̱ di- Topf
hinṓ di- Zehe, Finger
hisó̱n di- Ameise
hinyó̱ň di- Moskito
hikála di- Sandfliege
hiái ǰái Blatt (auch *hiaiyá̆*)

hiài ǰài Geschlecht (Menschen-)
hiodót ǰodot Stern (*hiorod*)
hio̱bi ǰo̱bi Fisch
hiimba ǰimba Feder (Vogel-)
hiòň ǰoň Haar
hiḗ Feuer
ǰḗ Feuerholz
hiòňk Westen, Europa
-hilṓ Schlaf (*lo̱*), Tag, Tagreise
-hisì Erde (*si*)
hída Rauch
hìlòba Pfeffer
hiangā Sonne.

Regel 1. Häufig werden diese Wörter auch ohne Präfix gebraucht, besonders aber die mit - bezeichneten. Die Flexion vollzieht sich jedoch mit Präfixen

Regel 2. Beginnt der Stamm mit einem Vokal, so tritt in der Mehrzahlbildung Assimilation ein, cf. § 14: *hi-ai, di-ai* = *ǰ-ai.*

Übersicht der abhängigen Wortarten.

	1.	2.	3.	4.	5.	6.	7.
hinuni *dinuni*	*(hi)-* *di*	*hi* *di*	*hi (hini)* *di (dini)*	*(hi) ke̱ňi* *dike̱ňi*	*hiada* *dìba*	*hie̱m* *je̱m*	*hio̱* *jo̱*

1. Hilo̱ga hi maleed oder *(hi) lo̱ga maleed, dilo̱ga di maleed, dilo̱ga di baleed.*

4. Hilo̱ga hike̱ňi oder *hilo̱ga ke̱ňi* oder *lo̱ga ke̱ňi, dilo̱ga dike̱ňi.*

5. Hilo̱ga hiada, dilo̱ga diba, dáā, dínā, ditán usw. *daňe̱.*

6. Hilo̱ga hie̱m hio̱ň hie, hies hinan hiab; dilo̱ga je̱m usw.

Übungen. *1. Dijḗ di kob di nsombo ki? Hiai siba hiada. 2. J̌òňjó̱ň di ye mimboňgo ňgandag, e̱ndi ňo̱ wo̱ň! 3. Hidiba sapi 'ye he̱? Hi nimil. Ke̱ sombo hio̱! 4 Bo̱ga bes, di ke̱ no̱l ǰo̱bi! Me̱ ni ňke̱ nlo̱b. 5. Iho̱ble̱ mud a ňke̱ So̱ň Sak, ki a nlal njel dilo diba*[1]). *6. Hikota hiem hi ye he? Hio hini. 7. Sohosoho, ti me hikota hioñ, mi od! 8. Hidiba nku wem hi nimil. 9. Di kenegé jab. 10. Ke baha jĕ. 11. Hiĕ hi ndigihi me. 12. Kota 'nleg. 13. Hiañga hi mbeye si hiosona. Jòñ jóñ dí ndibida.*

14. Die Moskito stechen, sie sind sehr lästig. 15. Dieser Berg ist sehr hoch. 16. Er hat meine Pfeife zerbrochen. 17. Unser Topf ist zersprungen, wir bitten dich um einen andern. 17. Wieviel Fische hast du? Sind das alle? Nein, etliche sind noch in meinem Kanu. 18. Wo sind meine Schlussel? Hier sind sie. 19. Die ganze Erde ist voll der Herrlichkeit Gottes. 20. Zünde Feuer an! 21. Fache das Feuer an! 22. Geh und spalte Holz! 23. Der Topf ist heiß. Was willst du für deine Makabo? 3 Blätter Tabak. Freund *(a ñgwam)* ich gebe dir 2. 24. Er kann gut schwimmen.

bài scheinen, leuchten
béye bescheinen, beleuchten
pùwe fliegen
hog schwimmen
nyògi das Schwimmen.
lal übernachten
èndi ñó den Kopf scheren
kéhi hoch sein
bŏga zerbrochen
díbida kraus sein
nòñă lästig sein
kòga stechen
nímil verloren sein
túbi zersprungen sein
lóñ brennen, lodern
dígis verbrennen
lèg heiß sein
kóda hiĕ Feuer anzünden
húe hiĕ Feuer anfachen
báha jĕ Feuerholz machen, Holz spalten
jab jĕ Feuerholz holen (im Busch) *mi ñke jab* (sc. *je)*
sápi Vorratskammer
kámbi Speiseschrank
ló gwé me ich habe Schlaf *(hilo hi gwe me)*.

§ 16.

V. Klasse.

nán binañ Bett, Nachtlager
nán bi- Kehricht (Mz. gebräuchlicher für gewöhnlich)
sèl bi- Korb
sèm bi- Blume, Blüte (auch *ñges mañges)*
káta bi- Stiefel
nugá bi- Tier (nur Einz Fleisch)
bòm bi- Markt
bóm bi- Schaufel; Wand
é bé (aus *bie)* Baum, Mz. *bē* Arznei
bè bibē Grube, Loch
pès bi- Teil, Stück
pós bi- Flasche
kék bi- Stock
tuñgen bi- Lampe
sáo bi- Feder (z. Schreiben)
kídig bi- Stückchen
bañga bi- Wort
lòñ bi- Land
lém bi- das Bar (als Einheit, Wert 50 Pf)
lém bi- Sitte, Brauch
béba bi- Sünde
lóñge bi- Güte, Wohltat

[1]) Eigentlich 2 Schläfe, also 3 Tage.

tóṅ bi- Palmkern
kẹ́gẹla bi Morgen
kokóa bi- Abend
njámuhā binj- Tag (zum Unterschied von Nacht)
bijẹ́g Essen
bitèk Erde
bikái Gras, Wald
bilẹ́mbẹ Lüge.

Eigenschaftswörter

béba bi- böse
lọ́ṅgẹ bi- gut
hól bi- hohl, leer
kídig bi- halb, stückweise
jóṅ bi- dumm
seheg bi- unsauber.

Übersicht über die abhängigen Wortarten.

Paradigma	1.	2.	3.	4.	5.	6.	7
naṅ	—	*(i)*	*i (ini)*	*kẹṅi*	*yada*	*yẹm*	*yọ*
binaṅ	*bi*	*bi*	*bi (bini)*	*bikẹṅi*	*biba*	*gwẹm*	*gwọ*

1. Nuga bikai, binuga bi bikai, poho maog, bipoho bi maog, kidig siba = 1/2 Blatt Tabak.

A ye beba mud er ist ein böser Mensch (*mud mbẹ*)

ba ye bibeba bi bod sie sind böse Menschen (*bod babẹ*).

3. u. *7. Yọ ini* da ist es, *gwọ bini* da sind sie.

4. Poho pẹ eine andere Flasche, *bipoho bipẹ* andere Flaschen.

5. Yada, biba, bāā, binā, bitán usw. *gwaṅẹ?*

6. Yẹm yọṅ ye yes nan yab; gwẹm gwọṅ gwe gwes binan gwab.

Übungen. *1. Kebe mẹ kidig siba! 2. Ha mẹ kidig maleb mu tombel 3. Kek ini 'ye ṅkọda. 4. Bikek bini bi ye miṅkọda. 5. Bog° kek ini. 6. Ke i mbugi. 7. Tuṅgẹn yẹm i mbō. Nsukut maṅ u hẹ bilem bisamal. 8. Lọ yọṅ b hi kẹgẹla lọṅ ni hi kokoa. 9. Sẹ bikata gwẹm bini binā! 10. Sẹl yọṅ makabo yoni be.*

11. Die Blumen deines Gartens sind schön, sie riechen auch gut (oder si haben einen guten Geruch). 12. Die Früchte dieses Baumes sind nicht gut, si sind sauer, die jenes sind süß. 13. Alle Stöcke sind abgebrochen. 14. Wo is meine Feder? Da ist sie. 15. Wo sind meine Federn? Da sind sie. 16. E ist eben ein dummer Mensch. 17. Deine Arznei war sehr gut, ich bitte dic wieder um diese. 18. Ich habe gute Arzneien. 19. Die Erde dieser Grube riecl sehr schlecht. 20. Vergib uns unsere Schulden (Sünden). 21. Mach mir mei Bett. 22. Mach mir ein Bett. 23. Trage diese leeren Flaschen fort. 24. Diese Baum trägt keine Früchte mehr.

núm matám Früchte tragen
báṅ machen, neu machen
béṅe machen (3. Fall)
tíbil machen, verbessern
tibilẹ́ machen (3. Fall)
bóg abbrechen
búgi abgebrochen
num bisẹ́m blühen
kiha tèk Erdscholle
bikiha bi bitèk (Mz.)
bọl bikiha / *nyugudẹ* } zerbröckeln
sáṅga bitèk Erde ebnen
súṅ núga Stück Fleisch; *bisu*

muehél vergeben
kéna forttragen
léb wegwerfen
hō̆ zudecken
númb riechen (intr.)
tém graben
sḗ putzen, wichsen

gwél béba Böses tun, sündigen
mán toṅ Palmkern (das Innere)
maṅ mi bitoṅ (Mz.)
maṅ Kern (cf. *moṅgo* Kl. II)
pód bilémbe lügen
njiṅ Geruch.

§ 17. Abweichende Mehrzahlbildung.

yálag gwalag Nagel, Kralle
yél gwel Laus
yóm gwom Ding, Sache; Yams, und zwar als Kollektiv
gwéd Krieg (nur Mz.) auch Name

yă gwā Lied
yō̆ gwō eine Yamsart
yoṅgō̆ gwoṅgo Chamäleon
ylha gw- Träne
yă gwā leichtsinnig.

Regel. Die Mehrzahlbildung dieser Wörter weicht von der regelmäßigen ab, jedoch werden die abhängigen Wortarten ganz regelmäßig konstruiert.

Beispiele: *1. Gwed bi Mala a be diwanda jem (Gwed,* der Sohn des *Mala). 2. Gwalag bi nje bi ho. 3. A ye ya yā mud; ba ye ya gwa bi bod. 4. Gwa bini bi ye bilam ṅgandag. 5. Job a ntoho gwiha gwobisona mihi mes.*

tób yá singen (Lied aussprechen)
kúnduhu gwíha Tränen vergießen
njḗ Leopard.

§ 18. Wörter mit gemischter Flexion.

ndáb mandáb Haus
mbái mambái Heim, Heimat
njél manjel Weg
mbóǵ Hof, Gehöfte

mbédege mambédege (auch *mbegede)* Hof, Hofplatz
nyu manyu Leib.

Regel. Diese Wörter bilden die Einzahl nach Kl V, die Mehrzahl nach Kl. III (Kl. III a hat entweder Vokal oder einfachen Konsonanten als Anlaut, hier aber *m* oder *n* mit einem andern Konsonanten).

Beispiele: *1. Nkana a bi bom mbogo yem yosona. 2. Ba bi bom mambogo mehe momasona. 3. Manjel ma liboṅ ma ye mà, ini 'ye bebe, ī ye nónogă, ini 'ye be, ī ye lam, kil ī! 4. Ndab maleed yo i. 5. Mi nsombo oṅ mandab mem masona mondo.*

bóm plündern
kíl einen Weg gehen
nónogă, hà weit

hă hier
oṅ bauen.

§ 19.

Klasse VI.

kób Huhn
kémbe Ziege
ṅgwó Hund

sóṅ Mond
sòṅ Grab
nyémb Tod

mbō̆ Samen
mbóṅ Zeuge, Zeugnis

njǫg Elefant
njé Leopard
ṅgòi Schwein
ṅgẹ́ṅ Glocke
mbǫ́m Stirne
kẹ́l Tag (Tageslänge)
kè Mal, mal
ṅgèda } Zeit
kèk }
tǫ́g Löffel

njàl Hunger
nyū Durst
ṅgòṅ Durst, Verlangen
ṅgā Gewehr
bàs Salz
lǫmbǫ́ Zucker
mbàha Mais
njèg Irrsinn, Verrücktheit
ṅgǭ Erbarmen, Mitleid, Gnade

mbẹ́pi Tornado
mbèǵẹ Last
bìbẹ Schweiß, Hitze
nǫ̀m Leben, leben
pán Teller, Schlüssel (Email)
tandẹ Teller (Porzellan)
kàd, kalati Buch, Papier
ṅgǫbi Schachtel, Dose.

Übersicht über die abhängigen Wortarten.

	1.	2.	3.	4.	5.	6.	7.
kẹmbẹ	—	*(i)*	*i (ini)*	*kẹṅi*	*yada*	*yẹm*	*yǫ*
kẹmbẹ	—	*(i)*	*i (ini)*	*kẹṅi*	*bà ā̃ā*	*yẹm*	*yǫ*

1. Sǫṅ Sak (Grab des *Sak*), *Sǫṅ Ndǫṅ* etc. als Ortsbezeichnungen. *Ṅgǫ Jǫb* die Gnade Gottes; *man ṅguǫ* ein junger Hund, Mz. *lǫn ba ṅgwǫ; man kob* ein junges Huhn etc.; *tog ṅkana* Löffel eines Weißen, d. i. ein metallener Löffel zum Unterschied von den hölzernen der Eingeborenen; *Njǫg-Sǫb* d. h. *Njǫg* Sohn des *Sǫb*.

3. 7. Kob yǫ i da ist das Huhn, da sind die Hühner.

4. 5. Hier wird ein euphonisches *i* vorgesetzt, wenn der Auslaut des vorhergehenden Worts ein Konsonant war, z. B. *kob ⁱkẹṅi, kob ⁱtan*.

6. Einz und Mz.. *yẹm yǫṅ ye yes nan yab.*

Übungen. *1. Njẹ́ a gwé tog íni? 2. Kẹ́mbẹ yǫṅ íni. 3. Mbeǵẹ íni 'nyet, tí mẹ pẹ́. — Yǫsóna 'mál. 4. Ṅgẹṅ mitiṅ i mpǫd ke ba. 5. Mbǫd yẹm i ṅwehi, mi nsombo koṅo yǫ. 6. Nlom kob a bi ǫṅ ke ba. 7. Lǫg tada yẹm ini. 8. Beb kẹmbẹ i numb beba. 9. A Jǫb jẹm, kǫn mẹ beba mud ṅgǫ! 10. Ṅgǫṅ siba 'gwe mẹ. 11. Ṅgeda naṅal ini! 12. Bẹl mbaha! 13. Mi gwe ṅga ṅgui* (Karabiner). *14. „Soden" a gwe ṅga nǫb* (Revolverkanone, aus der es Kugeln „regnet") *15. A bi lẹṅ njǫg loṅ ni ṅga ā̃ā.*

16. Ein großer Tornado war heute Nacht, er stürmte sehr. 17. Es ist jetzt Zeit zum Essen. 18. Wir haben Hunger. 19. Wem gehören diese Lasten? 20. Sie verbergen das Grab des *Sak*. 21. Wir riefen ihn dreimal, aber er weigert sich zu kommen. 22. Er schoß zwei Schweine auf einen Schuß. 23. Schlachte den großen Hahn. 24. Die Henne hat sieben Küchlein.

ṅugubẹ Wind
mbǫ́d Kleid
wás zerreißen
wéhi zerrissen sein
kòṅo nähen
pǫ́d läuten (intr.)
podos läuten (4. Fall)
ṅgā mpǫ́d es hat geschossen

sǒ verbergen
hòṅ stürmen
pẹ́p wehen
lẹ́b wegwerfen
kǫ́nd bellen
ǫ́ṅ krähen
ṅgǭbi hiẽ Zundholzschachtel
bẹ́b-kẹmbẹ Bock

lẹ̀ń ŋgă schießen
nyú gwé mẹ̀ ich habe Durst
ŋjàl gwé mẹ̀ ich habe Hunger
kọ́n njèg irrsinnig sein
ŋjẹ a gwe wem gehört?
gwẹl wanda } Staat machen
„ *nań* }
kẹ́l nyẹ́ der Morgen dämmert
kọ́n mud ŋgọ̄ sich über jemand erbarmen

log-táda Brüder
tog ńkána Metallöffel
mán tog kleiner Löffel
ŋgeda kẹ́gẹla morgens
„ *njamuhă* tagsüber
„ *kokŏă* abends
„ *jú* nachts
„ *sèb* Trockenzeit
„ *mbèń* Regenzeit
mán-kob junges Huhn.

2. Vom Eigenschaftswort (Adjektiv).

Die Eigenschaftswörter gliedern sich in folgende Arten:

1. vom Nomen regierte Eigenschaftswörter;
2. selbständige Eigenschaftswörter, die ihre eigenen Präfixe haben;
3. die Eigenschaft wird durch ein abstraktes Hauptwort ausgedrückt;
4. die Eigenschaft wird durch ein Zeitwort ausgedrückt;
5. die Eigenschaft wird durch Partizipien ausgedrückt.

§ 20. Vom Nomen regierte Eigenschaftswörter.

-kẹńi (von *kẹń, kẹńẹb*) groß werden
-titiki (von *kidig, kid* abschneiden, kleiner machen, eigentlich *tikidi*, cf. *mbedege* und *mbegede*)
-lam (von *lama* gut sein)

-bẹ (von *beba* bös)
-họgi etliche (von *joga* Teil)
-pẹ ander
-sona ganz, alle
-pubi weiß (von *pob*)
-hindi schwarz (von *hend*)
-mbẹ was für ein.

Die Präfixe lauten in den 6 Klassen folgendermaßen:

I.	II.	III.	IV.	V.	VI.
n (m)	*n (m)*	*n (m) di*	*(hi)*	—	—
ba	*mi*	*ma*	*di*	*bi*	—

z. B *mud nlam, mud mpẹ, mud hindi* (cf. § 3, Regel 4), *a ye nlam, a hịgba mud mpẹ, a ye hindi* (nicht *nh-* . .); *ba ye balam, bod bapẹ, bod bahindi, ba ye balam, ba ye bahindi* — *ntomba mpupi, mintomba mipupi, u ye mpupi, mi ye mipupi, mintomba mihọgi* — *leb ntitiki, maleb matitiki, leb unu 'ye ntitiki, maleb ma ye matitiki* — *dikube dilam, dikube di ye dilam* — *hinuni (hi) pubi, dinuni dipubi, hinuni ye pubi, dinuni di ye dipubi* — *kata hindi, bikata bihindi, kata ye hindi, bikata bi ye bihindi* — *tog titiki, tog (i) ye titiki.*

Anmerkung 1. Statt *-sona* steht auch nur *so* (ohne Suffix). Zur genauen Unterscheidung der Person oder zur Hervorhebung kann es auch doppeltes Präfix annehmen, z. B. *bọbaso* sie alle, *bebaso* ihr alle, *behebaso* wir alle In der 3. Person erhält es naturgemäß die Präfixe der 3. Person Einzahl und Mehrzahl, die Objektsfürwörter. Also lautet es:

I.	II.	III.	IV.	V.	VI.
nyẹs . . .	*wọs* . . .	*wọs (jọ) dis.*	*họs* . .	*yọs* . .	*yọs* . .
(bọ)bas . . .	*(mọ)mis* . .	*(mọ)mas* . .	*(jọ)dis* . .	*(gwọ)bis* . .	*yọs* . .

Anmerkung 2. *họgi* hat naturgemäß nur Mehrzahl

Anmerkung 3. — *mbe̱* kann auch vor seinem Hauptwort stehen; a Präfix nimmt es das hinweisende Fürwort an,

numbe̱ mud nu	oder	*mud numbe̱ nu?*
bambe̱ bod ba	oder	*bod bambe̱ ba?*
umbe̱ ntomba	oder	*ntomba umbe̱?*
mimbe̱ mintomba	oder	*mintomba mimbe̱?*
limbe̱ libato	oder	*libato limbe̱?*
imbe̱ kob	oder	*kob imbe̱?* usw.

Übungen. 1. So ist es recht. 2. Es ist recht so. 3. Sie haben uber geplündert. 4. Ich bin ein Schwarzer. 5. Wir Schwarzen fürchten euch Weiß 6. Er kaufte gestern 2 weiße Tücher. 7. Ein anderer Mann. 8. Was für einer 9. Was für eine Flasche? was für Flaschen? 10. Ein schwarzes Schaf. 11. D Leopard hat das ganze Schaf aufgefressen *(dedi)*. 12. Alle deine Eier sin schlecht. Nein, etliche sind gut.

§ 21. Selbständige Eigenschaftswörter.

I. Kl.

só̱so̱, so̱[1]) *ba-* großmächtig
nye̱ñgé̱, baye̱ñge̱ faul

II. Kl.

ñgwàñ mi- reich
nhàd - - ehrenvoll
mbóñgo - - } lang
ntandá - - } lang
nkó̱da - - krumm
nkùñge̱ - - stark
mbámag - - schwach (eigentlich Partizip)
nláñga - - schwarz
mán alt, gereift
mĩmba mĩmba ganz z. B. *mimba pos* eine ganze Flasche (*mimba* kommt in den Südstämmen vor, *ñgim* in den nördl.).

IV. Kl

hiyénde̱ di- sehr klein
hiyé̱ba - - arm cf. *liye̱b* VI. Kl.
hikídiga - - klein cf. *kidig* II. Kl.
hibóga - - lahm cf. *bog bi-*V. Kl.
(hi) sĩĩ di- sehr klein

V. Kl.

béba bi- bös. schlecht (sittl
ló̱ñge̱ - - gut, recht (sittl.)
sehḗg - - leichtsinnig
púba - - weiß
kidig - - kurz
hól - - hohl, leer
jóñ bijóñ dumm
yã́ gwã́ leichtfertig

VI. Kl.

ñgìm ganz (Basa)
yómí lebendig
mó̱ndó̱ (yo̱ndo̱) neu
yàñga } umsonst
ye̱mé̱ } umsonst
séb gerade
ñmuḗ ruhig
bañgá weidlich
ndòñgó, nur mit der Negatio gebraucht: nichts Besondere [Sonderliche
liye̱b arm
ñgiñgiba stumm (im Norden)
mbúg stumm (im Süden)
ndó̱g taub
ndím blind
ndèg wenig
ñgándag viel.

[1]) *Basó̱* oder *Edie̱*, fälschlich *Edea* genannt, heißt also die mächtig Großen, cf *ba ba ñgo̱g* Felsen, *ñgo̱g* Stein.

Anmerkung 1. Diese Eigenschaftswörter haben selbständige Stellung, werden jedoch auch in Verbindung mit einem Hauptwort gebraucht. Sie stehen in diesem Fall vor dem Hauptwort, sind also von diesem unabhängig, *a ye longe* oder *a ye longe mud; ba ye bilonge* oder *ba ye balonge bi bod — kek 'ye ńkoda, bikek bi ye mińkoda, i ye ńkoda kek, bi ye mińkoda mi bikek — mi ye mań mud, di ye mań mi bod — mi ye liyeb (mud liyeb* oder *hiyeba mud), di ye liyeb (bod ba liyeb* oder *diyeba di bod) — mi gwe libato li mondo (mabato ma mondo), dibato di ye mondo (ma ye mondo).*

Anmerkung 2. *liyeb, liyomba* und *wanda* stehen, wenn sie mit einem Hauptwort in Verbindung treten (attributive Stellung) nach dem Hauptwort. Das Hauptwort für *wanda* heißt nicht *mud*, sondern *mańge, a ye wanda, ba ye wanda, a ye mańgé wánda, ba ye bońgé ba wánda — mud liyeb* (cf. Anm. 1).

Anmerkung 3. *Ńgińgiba, mbug, ndog, ndim, muẽ (ńmuẽ)* stehen, wenn sie attributivisch gebraucht werden, entweder vor oder nach dem Hauptwort, *a ye ndim (ndim mud* oder *mud ndim).*

Anmerkung 4. Manche dieser obigen Eigenschaftswörter sind hie und da als Hauptwörter zu hören. Es ist nötig, daß sie sich als solche mehr einbürgern, z. B. *longe, beba, ńgwań, liyeb, nhad. Longe ye, bilonge gwe, ńgwań we, liyeb jes* etc.

Übungen. *1. Puba kembe' nimil* (oder *kembe pubi). 2. Bipuba bi kembe. 3. Nana me hol poho yada (bihol bi bipoho bà, bàa, binã). 4. A ye yă yă mud. 5. A ntemb ki yoma. 6. A tabe mud ndońgo.*

7. Sie ist ein schlechtes Weib. 8. Ich werde euch neue Herzen geben. 9. Der Geist Gottes macht lebendig (machen *timbis*). 10. Er gab mir die Arznei umsonst 11. Er schlug mich umsonst. 12. Gott will dein Herz ganz. 13. Lieb ihn mit ganzem Herzen! 14 Ihr seid sehr leichtfertig.

§ 22. Bezeichnung der Eigenschaft durch ein abstraktes Hauptwort.

lihán ma- Frechheit, frech
yàg Stolz, stolz
makéńge List, listig
ńgùi Kraft, Stärke, stark
ńém Herz, Mut, beherzt, mutig
ndáń / *njámbila* } Händelsucht

njòń Neid, neidisch
sẽ Habsucht, habsüchtig
wím Geiz, geizig
hiẽ Feuer, Hitze, heiß
kíla njòń neidisch sein
njõ Grausamkeit, grausam.

Prädikative Stellung.	Attributive Stellung.
a gwe lihán be gwe mahan) er ist frech	*a ye mud lihán (bod ba ma-)* er ist ein frecher Mensch
- - *yag, ba gwe yag*	- - *mud yàg (bod ba yag)*
- - *makéńge*	- - „ *makéńge*
- - *ńgùi*	- - „ *ńgui*
- - *ńém (ba gwe mińem)* usw.	- - „ *ńém* usw.
maléb ma gwé hiẽ	*maléb ma hiẽ mána*
a ńkíla njòń oder *a gwé njoń.*	*a ye mud njòń.*

ba ye ńém wáda sie sind einmütig.

§ 23. Zeitwörter, welche eine Eigenschaft ausdrücken.

(Die Wörter sind alphabetisch geordnet.)

bám }
bái } sauer sein
bèna häufig sein, etwas tun
**béndí* gebückt sein (im Deutschen Partizip, im Basa Eigenschaftsform)
bọmb schwach sein
hénd schwarz sein
họ́ schnell, scharf, schlau sein
họ́i leicht sein
**hūdi* gebogen sein
**kḙ̀hi* hoch sein (*kahab*)
**kōdi* krumm sein
kòn hart sein
kọ̀n krank sein
kóyob rot, reif sein
lḙ̀d zäh, hart sein
lọ̀l bitter sein
nyái wild sein
nùm trocken sein
**nehi* offen sein
nìma geizig sein
nọ̀m lebendig sein
pála schnell sein
pàg eng
pób weiß, hell, rein sein
pọ̀họla händelsüchtig sein
púlḙ früh dran sein
**sédi* schief sein (*sedḙb*)
**súnḙ, suni* kühl sein
sḙ̀ndi schlüpfrig sein
séb habsüchtig sein
tḙ́ aufrecht, gerade sein
tól häufig sein
ún alt sein
únub zornig sein
wá müde sein
wọ tot sein
wéhi zerrissen sein (Part.)
**yóni* voll sein
yígida zitterig sein
yọ̄ naß sein

a nyi jam er weiß etwas, er ist weise.

Anmerkung 1. Diese Zeitwörter drücken die Eigenschaft prädikativ aus, *maog ma mpob* der Wein ist weiß, *a nyi jam* er ist weise. Soll die Eigenschaft attributiv ausgedrückt werden, so geschieht dies in Form eines Nebensatzes, *nana maog ma mpob* bring Wein, welcher weiß ist, *a ye mud a yi jam haba bañ libato li nyọ. Ti mḙ ñgwḙndḙ a họ.*

Anmerkung 2. Die Wörter, die auf *i* endigen (mit * bezeichnet) werden ohne Bildungskonsonanten konjugiert *kek i kodi, dibondo di yoni,* ebenso *kek i te,* aber *njḙl i nsḙndi* (Näheres beim Zeitwort).

Übungen. 1. Er ist sehr geizig. 2. Ich bin müde 3. Dieser Stock ist krumm, bring mir einen geraden. 4. Das Dach ist schief. 5. Mein Buschmesser ist nicht scharf. 6. Diese Früchte sind bitter. 7. Die Türe steht offen. 8. Sie haben harte Herzen (zähe). 9. *Ndogonlet* hat hohe Berge. 10. Mein Kleid ist eng. 11. Diese Früchte sind selten (*pọmbḙ*), jene dagegen (*nde*) sind häufig. 12. Du hast ein zerrissenes Kleid an.

§ 24. Partizipien als Eigenschaftswörter.

Die Partizipien (der Vergangenheit) werden auf zweierlei Weise gebildet.

Partizip I.	Partizip II.
-*bọmbga* schwach, weich	*mbọmbọg mi-*
-*họga* schnell, scharf	*họg* - -
-*lḙdga* zäh, hart	*nlḙdḙg* - -

- *no̱mga* lebendig	*no̱mo̱g*	*mi-*
- *pobga* weiß, rein	*mpobog*	- -
- *waga* müde	*ṅwag*	- -
- *wo̱ga* tot	*ṅwo̱g*	- -
- *wehega* zerrissen	*ṅweheg*	- -
- *holaga* leer	*holag*	- -

Regel. Partizip I erhält das Präfix der Klasse, der sein Nomen zugehört, Partizip II hat eigenes Präfix, *muṅe̱m mab mi ye minle̱dga* oder *mi ye minle̱de̱g; baṅgwe̱nde̱ bana ba ye baho̱ga, ba ye miho̱g; a ye ṅwo̱ga, ba ye bawo̱ga, ba ye miwo̱g; libato li ye numga, li ye numug, ma ye manumga, ma ye minumug; e̱ ini ye be̱lga (mbe̱le̱g), be̱ bini bi ye bibe̱lga (mimbe̱le̱g)*

Näheres über das Partizip folgt beim Zeitwort.

Übungen. 1. Die Bananen sind gereift. 2. Wir sind sehr ermüdet 3 Mein Tuch ist durchnäßt 4. Er ist sehr alt geworden. 5. Er ist erkrankt gewesen. 6. Er ist sehr geschwächt. 7 Er ist ein gealterter Mann. 8. Das ist ein zähes Huhn

§ 25. Die Steigerung.
(Komparation.)

1. Die Steigerung wird umschrieben durch „*lo̱* übertreffen" oder „*yembe* übermögen" im Sinn von „mehr als."[1])

1. Form
- Komparativ: *Tada a ye ṅgwaṅ lo̱ so̱ṅ*
  Mein Vater ist reich mehr als dein Vater
- Superlativ: *Tada a ye ṅgwaṅ lo̱ bod bo̱basona.*
  Mein Vater ist reich mehr als alle Leute

oder:

2. Form
- Komparativ: *Tada a nlo̱ so̱ṅ ṅgwaṅ*
  Mein Vater übertrifft deinen Vater an Reichtum
- Superlativ: *Tada a nlo̱ bod bo̱basona ṅgwaṅ*
  Mein Vater übertrifft alle Leute an Reichtum

oder

3. Form
- Komparativ: *So̱ṅ a ṅko̱b be tada ṅgwaṅ*
  Dein Vater erreicht nicht meinen Vater an Reichtum
- Superlativ: *Bod bo̱basona ba ṅko̱b be tada ṅgwaṅ*
  Alle Leute erreichen nicht meinen Vater an Reichtum

Von vorstehenden Formen ist vielleicht die 2. die am häufigsten gebrauchte, die 3. ist selten Statt *lo̱* kann überall ebenso gut *yembe* stehen. In der Form kann auch *lo̱* stehen statt *ko̱b*, doch ist damit mehr eine Gleichstellung als Zurückstellung ausgedrückt In der Anwendung ist dies zu berücksichtigen.

2. Die Steigerung kann umschrieben werden durch „*tibil* verbessern, deutlicher etw. tun", *tibi ka me̱* sag es mir deutlicher! *Mi ntibi beme̱ no̱g* ich habs nicht deutlich gehört. *Tibi nigi yo̱ lo̱ hala!*

3. Eine absteigende Steigerung wird auf folgende Weise ausgedrückt: *a tabe nye̱ṅge̱ ki ue̱ (ki* oder *ue̱)* er ist nicht so faul wie du.

---

[1]) *Tada a ye ṅgwaṅ lo̱ hala* mein Vater ist reicher (als so).

4. Die Gleichstellung wird bezeichnet·
Tada loṅ ni sọṅ ba ye ṅgwaṅ ka yada mein Vater und dein Vater sind gleich reich
oder:
Tada a ye ṅgwaṅ ka yada uẹ sọn (oder *ki* oder *ni)* Mein Vater ist reich gleich wie dein Vater.

5. Eine Verstärkung der Steigerung oder die Bezeichnung einer Eigenschaft in hohem Grad geschieht wie folgt: *Tada a nlọ sọṅ ṅgwaṅ ṅgandag* (oder noch stärker *ṅgandag ki yaga)* oder absteigend: *a tabe ṅgwaṅ ṅgandag; a ye hiṅgwaṅ-ngwaṅ* (er ist mittelmäßig reich), *a ṅkọn ndeg* (oder: sehr wenig *ndeg sii).*

6. Erhält das Eigenschaftswort Präfix oder Präfixkonsonanten, so geschieht das der Nominalklassen gemäß *Bikẹṅi* steht für Größe, *hiyẹndẹ* für Kleinheit.
Mi ye nkẹṅi lọ uẹ oder *mi nlọ uẹ bikẹṅi.*
Mi ye ṅkẹṅi lọ bebaso oder *mi nlọ bebasona bikẹṅi,*
I nkọb be mẹ bikẹṅi, bebasona di ṅkọb be mẹ bikẹṅi.
Di ye bikẹṅi ka yada, mi ye bikẹṅi ka yada ni uẹ.

7. Idiomatische Steigerungen sind:
a ye mẹ maṅ er ist älter als ich oder *a ye mẹ nubisu*
a ye mẹ man er ist jünger als ich oder *a ye mẹ numbus*
maṅ mud ein Älterer, *maṅ mi bod* Älteste.

Übungen. *1. Unu ṅkọṅ u ye nkẹṅi lọ u. 2. Maleb mana ma gwe hie lọ ma. 3. Ndab ini 'nyembe i lọṅgẹ. 4. Bē di ye gwa ka yada. 5. Ntamag a tabe lọṅgẹ mud uẹ Nug. 6. A ṅkọn lẹn lọ yani. 7. Mi ye bebasona maṅ. 8. Bọbasona bi ṅkoho bijẹg ka yada. 9. Behe bahindi basona di tabe ka yada, bahọgi be gwe bilẹm bilam lọ ba. 10. Pọd ṅgi lọ hala*

11. Dieser Berg ist höher als jener. 12. Ich habe mehr Fische als du 13. Nein wir haben gleich viel. 14. Wir sind so stark wie ihr. 15. Mache meinen Tisch schöner. 16. Wische den Kasten besser ab als nur so. 17. Er ist jünger als wir alle. 18. Wir sind alle gleich alt. 19. *Bọtọg* ist viel älter als wir. 20. *Bijọga* ist nicht so alt wie *Ndepi.*

3. Vom Zahlwort.

(Numerale.)

§ 26. Übersicht.

I. Grundzahlen (Kardinalia).
  1) Der Zahlenraum 1—9.
  2) Die Zehner und ihre Potenzen.
  3) Zwei- und mehrstellige Zahlen mit und ohne Benennung.
  4) Bezeichnungen für das Rechnen.
II. Ordnungszahlen (Ordinalia).
III. Zusammengesetzte Zahlwörter.
IV Unbestimmte Zahlwörter

§ 27. Die Zahl bei den Schwarzen.

1. Das Zahlensystem ist das Zehnersystem Beim Kaufen und Verkaufen werden jedoch die Waren zu fünf abgezahlt. Werden einzelne Sachen an den Fingern aufgezählt, so wird mit dem kleinen Finger als „eins“ begonnen. Werden sonst in der Rede Zahlenangaben gemacht, so zeigt der Sprechende die Zahl mit den Fingern, der Angesprochene spricht die Zahl aus, *a bi ti me ntomba ń* (er zeigt dabei 1) — der andere erwidert: *wada; a bi ti me mintomba mî-ma; a bi ti me dikondo ń — jada*
a bi ti me makondo mâ — ma etc. (Einzahl *n*, Mehrzahl mit dem Präfix der Klasse).

2. Gezeigt wird 1 mit dem Zeigfinger
2 mit dem Zeig- und Mittelfinger
3 „ dem Zeig-, Mittel- und Goldfinger
4 „ den 4 zusammenstehenden Fingern
5 „ allen 5 Fingern
6 „ je 3 Fingern jeder Hand
7 „ 3 und 4 Fingern
8 „ je 4 Fingern
9 „ mit einem Daumen
10 „ beiden Händen ineinandergelegt oder geballt, wobei die Knöchel an Knöchel kommen.

3. Die Einheit des Wertes bei den Eingeborenen ist das *lem* (Bar) Mz. *bilem*, Wert 50 Pfennig.
bilem 3 = *mbeṅgilan* 1 (II. Kl.) eingeführte Bezeichnung. Bei Tüchern *mbeṅgilan* 1 = *bilem* 2.
„ 5 = *keki* 1 (VI Kl.) ebenfalls eingeführt. Bei Tüchern *keki* 1 = *bilem* 4.
„ 10 = *mbom* 1 (VI. Kl.) in Geldwährung also 5 Mk aber als Waren 12 *bilem* = *mbom*.
„ 100 = *mbogol* 1 = 10 *mbom* (*mbogol* VI. Kl.)
„ 1000 = *hidun* 1 (IV. Kl.)

Da nun 1 *mbom* = 12 *bilem* ist, so hatte also bei 10 *mbom* das *mbogol* mehr als 100 *bilem*. Da nun diese Rechnung ein Durcheinander geben würde, hat man für 10 *mbom* den Ausdruck *hiko* (IV. Kl.). Handelt es sich um Geldbeträge, so ist 1 *mbogol* = 1 *hiko* = 100 *bilem*, andernfalls hat aber das *hiko* mehr *bilem* als nur 100. So kommt es, daß bei Aufzählungen z. B. von Leuten, wo es stückweise hergeht, *mbogol* steht, während man bei Waren im Handel, in der Heimat usw. nach *mbom* und *diko* rechnet.

§ 28. Der Zahlenraum 1—9.

1. Vom Nomen abhängige Zahlwörter 1—7 und wieviel?
-ada, -a(ba) -áā, -nā, -tan, -sámal, -sambóǧ, -añe?

Kl I. *wada, bà, báā, banā* etc. — Kl. IV. *hiada, díba, dáā, dinā*
II. *wada, mà, máā, minā* etc. — V. *yada, bà, báā, binā*
III. *wada, jada, mà, máā, mánā* — VI. *yada, bà, áā, nā.*

5, 6, 7 bilden sich wie 4; 2 ist unregelmäßig.

Beim unbenannten Zählen steht *pog* statt *-ada*. *Pog* heißt „übrig bleiben" eins bleibt übrig von 9 auf 10. Daher wird 9 mit dem Daumen gezeigt. Da Zeigen mit dem Daumen bedeutet auch „dummer Kerl", dem eins ir Kopf fehlt.

Die Zahl „eins" wird oft gebraucht, ohne auf die Anzahl Bedeutung z legen, sondern im Sinn des unbestimmten Artikels, *mud wada a bi lo meni* e kam ein Mann zu mir.

„Beide" heißt:

1. Kl. *boba*, 2. Kl. *moma*, 3. Kl. *moma*, 4. Kl. *jodiba*, 5. Kl. *gwobib*
6. Kl. *yoba*.

„Auch nicht einer" *to wada*, *to jada*, *to yada*, je nach der zugehörige Klasse.

wada wes	einer von uns	*nje wes*	wer von uns?
wada nan	„ „ euch	*nje nan*	„ „ euch?
wada wab	„ „ ihnen	*nje wab*	„ „ ihnen?
nje nan?	Einz.	*nje nan wada?*	
bonje ba nan?	Mehrz.	*bonje ba nan bà?*	

„Es sind", muß stets zurückbezogen werden auf das Nomen, das in Red steht: *Bod bañe ba ye munu?* Wieviel Männer sind da? *Ba ye báã* es sin drei. *To mud wada a tabe* es ist kein einziger da.

2. Selbständige Zahlstämme.

juèm acht, *bő* neun, *jóm* zehn

Beispiel: *bòd juèm, makube bo;* aber *jom di bod (jom* Kl. 3 b.)

Übungen. 1 Eines Tages *(kel)* kam Gott zu Abraham. 2. Wieviel Scha sind in dem Stall (Haus)? Es sind 5 drin und 3 sind noch außen (im Hof 3. Einer von euch hat meinen Becher gestohlen. 4. Wer von euch kann mic einer Sünde zeihen? 5. Ein Mann hatte 2 Söhne; einer von ihnen sprac 6. Da ist keiner, der Gutes tue, auch nicht einer. 7. Wer von euch beide will mir helfen? 8. Es gehören mir beide Tücher. 9 Bring mir eins jen Gläser. 10 Ich werde zwei dieser Tücher kaufen.

§ 29. Mehrstellige Zahlen.

1. Die Zehner. Sie werden gebildet aus der Einzahl *jóm*, Mz. *móm (jo = di-om; mom = ma-om)*; also:

móm mà zwei Zehner;	20	*móm masámal*	60
móm máã drei „	30	*móm masambög*	70
móm mánã vier „	40	*móm ni juèm*	80
móm matán fünf „	50	*móm mbógol*	90

mbógol (6. Kl.) 100.

2. Die Potenzen. Sie werden ebenfalls gebildet wie die Zehner; also

100	*mbógol yáda*	800	*mbógol juem*
200	„ *'bà*	900	*bő kő*
300	„ *'áã*	1000	*hidùn*
400	„ *'nã*	2000	*didùn díba* etc.

3. Die Zusammensetzung der Zahlen, mittels *mbog*[1]), resp. *ni.*

11	*jom mbog° yada*	18	*jóm ni juèm*
12	„ „ *'ba*	19	„ „ *bó*
13	„ „ *'áã*	20	*mom ma*
14	„ „ *'nã*	21	„ *ma mbog° yada*
15	„ „ *'tan*	22	„ „ „ *'ba*
	etc.		etc.

85 *móm nì juèm mbòg 'tán,*
89 „ „ „ *nì bó,*
93 „ *mbogol ni 'áã* (s. Regel!)
98 „ „ *nì juèm,*
101 *mbogol yáda ni yáda* (s. Regel)
102 „ „ *ni 'bà,*
108 „ „ *nì juèm*
245 „ *'bà ni móm mánã mbòg 'tán,*
6889 *didùn disámal ni mbógol juem ni móm juem ni bő.*

Unterscheide stets *mbog* „und" und *mbogol* 100!

Regel: *Ní* kann bei 1—7 stehen, ist aber nicht das gewöhnliche; *mbog* dagegen kann nie bei 8 und 9 stehen.

Regel: Zwischen Zehner und Einer heißt das Bindewort *mbog* bei den Zahlen 1—7, *ni* bei 8 und 9 und 100 (resp. 90), wenn *mbog* direkt auf *mbogol* folgt (euphonisch)!

Übungen. 1: 78; 2: 87; 3: 89; 4: 98; 5: 107; 8: 109; 9: 281; 10: 7809

§ 30. Die Benennung der Zahlen.

1. Die Tage.

lèn heute	*le(n) masámal* heut in 6 Tagen
yáni morgen	„ *masambőg* „ „ 7 „
nőmã (no mã), übermorgen	„ *juèm* „ „ 8 „
mao máã (mau máã) 3 Nächte, in 4 Tagen	„ *bő* „ „ 9 „
	„ *jőm* „ „ 10 „
ṅgwálèn (ṅgwă Tag), heut über 5 Tage	„ „ *mbòg yáda* „ 11 „
	„ „ „ *'tán* „ 15 „

Anmerkung. *lemáa (= len maa)* und *lemana* und *lematan* kommen sehr selten vor, die Bildung mit *len* beginnt erst mit 6.

Ṅgwalen ist meistens der Tag der Termine, aber der lügenhaften. Wird ein Versprechen auf *ṅgwălen* gegeben, so weiß man schon zum Voraus, daß es nicht gehalten wird *(ṅgwă* Dauer von 5 Tagen).

Die Tänze oder Trauerfeiern werden auf den 9. Tag angesagt.

2. Verschiedene Namen zur Benennung.

6 Männer *bòd basámal*
9 „ „ *bő*

---

[1]) Von *bog* übrig sein, *mbog* Hauptwortbildung, der Rest. *mbuga bijeg* das übrige Essen.

10 Männer *jóm dì bòd*
20 „ *móm mā̆ mà bòd*
79 „ „ *masambǫ́g mà bòd nì bō̆*
85 „ „ *nì juę̀m* „ „ *mbog 'tan* (nicht *b a tan*, *mbog* ist 6. Kl.).
347 „ *mbogol bod áā̆ ni mom manā̆ mbog sambǫg*
6429 „ *didun di bod disamal ni mbogol 'nā̆ loṅ ni mom mà ni bo*

Regel 1. Da *mbog* 6. Kl. also präfixlos ist, steht auch die nachfolgende ihr zugehörige Zahl ohne Präfix, cf. oben 85 Männer! Ist dagegen das Bindewort *ni*, so treten die nachfolgenden Zahlwörter mit Präfix auf; 14 Männer *jom di bod ni b a na* (vergl. jedoch die vorhergehende Regel über *ni* und *mbog*)

Regel 2. Da die Zahlwörter 1—7 vom Nomen abhängig sind, so stehen sie natürlicherweise auch in den Verbindungen mit den Präfixen des sie regierenden Nomens, *juęm* und *bo* schließen sich jedoch präfixlos an. Da *jom* selbst Nomen ist, so regiert es die ihm zugehörigen Zahlwörter mit seinen Präfixen *di* (Einz.) und *ma* (Mz.).

Regel 3. Hat die Benennung noch eine attributive Bestimmung, so schließt meistens das Zahlwort den ganzen Komplex von Benennungen ab; *bį bikę́ṅi bà* zwei große Bäume; *bę̄ bi wǫ́m wę̀m bikę́ṅi bà* oder *bę̄ bikę́ṅi bi wǫ́m węm bà* zwei große Bäume meines Gartens.

Regel 4. „Es sind, es waren" werden umschrieben wie folgt: Es sind 4 Männer draußen *bod bánā̆ ba ye mbédege;* es sind *makabo* da *makabo ma ye* (es waren *ma bē̆* oder *bág).*

Übungen. 1. Zwei große Knaben. 2. 15 Ziegen. 3. 82 Eier 4. 88 Bäume. 5. 99 Schafe. 6. 889 Männer. 7. Diese 5 kleinen Kinder 8. 17 starke Männer meines Vaters. 9. Er gab mir 2 große Hühner. 10. Es waren 12 starke Männer. 11. Wieviele Fische hat er gefangen? (getötet). Es waren 29. 12. Ich will eine Last (haben). Es ist keine einzige mehr da.

§ 31. Die Ordnungszahlen.

Eigentliche Ordnungszahlen gibt es keine, sie werden umschrieben, und zwar

1) mit Präpositionen: erst *-bisu*, letzt *-lisug* oder *mbus*.
2) mit Zeitwörtern: und zwar am häufigsten mit *yonos*.

Die Umschreibung wird gebildet mittelst des Relativs.

Beispiele:

I. Kl. *nubisú* der Erste
nú a nyónoh bà der Zweite
nú a nyónoh báa der Dritte usw.
nú lisúg } der Letzte
nu mbús }

V. Kl. *yā̆ bisú* das erste Lied
yā̆ 'nyónoh bà das zweite Lied usw.
yā̆ lisúg das letzte Lied.

Anmerkung 1. Bei Aufzählungen, wo man gewöhnlich 1, 2, 3, usw „endlich" ordnet, ist gebräuchlich

1) *jàm dí bisú* oder *jàm dí di mbódol*
2) *di dí nọ̀ṅ*
3) „ „ *gwè*
4) „ „ *kéhi*
5) *di lisúg, di dí nsòg*

Anmerkung 2. Der Erstgeborene *nu máṅ (maṅ* Ältere), oder
nu mbóm (mbom Alter), oder
nu bisú (aber weniger in diesem Sinn).

Der Nestkegel *sóg° libùm* oder in der Mehrzahlform, aber mit Einzahlbedeutung: *basóg libùm.*

bog der erste sein, *máṅ mud* ein erwachsener Mensch
sog der letzte sein. *mbóm mud* ein alter Mann.

Anmerkung 3. „Wir singen Nr. 6": *di ntób yā́ 'nyónoh bisámal.* Wir lesen Kapitel 4: *di ṅáṅ pẹ̀h 'nyónoh bínā.*

Wie heißt das 7. Gebot: *mbén, i nyónoh sambọ̄g, i ye kí?*
Er kam vor 6 Tagen: *a bí lọ lẹ́masámal;*
ich gehe in 5 Tagen: *mí ṅkẹ ṅgwā́lẹn;*
mein erstes Kind: *mán wẹm nu bisú;*
am 4. Tag schuf Gott die Sonne: *ṅgwá u nyonoh mínā Jọ́b a bí kol hiaṅgā́* („am" wird nicht besonders übersetzt).

Übungen. 1. Ruben war der erstgeborene Sohn von Jakob (von *nu),* Benjamin war der letzte. 2. Ich war der erste, *Ntamag* der letzte. 3. Wir singen Nr. 17, die zwei ersten Verse 4 Schreib Geschichte Nr. 16, den 2. Abschnitt ab! 5. Lernet Spruch 20 und 21 des 2. Teiles auswendig! 6. Wir singen Nr. 21, die 2 letzten Verse. 7. Wir lesen Matth. 5, 44—48. 8. Wie heißt das 8. Gebot?

Geschichte *miṅáṅ*
Abschnitt, Teil } *jòga, mòga*
Spruch *pẹ̀s bi-*
Vers *libẹ́n ma-*
abschreiben *lòs*
Bibel *kàd Jọ́b*

kad Matéo Matthäus
ṅígil ni ṅọ́ auswendig lernen (mit dem Kopf)
kad gwā́ Liederbuch
„ *bipẹ̀s* Spruchbuch
lọ́ bis
Kapitel *pẹ̀s, bi-*

§ 32. Zusammengesetzte Zahlwörter.

1. Distributiva: je, jeder *hi* (seltener *kẹg*):
hi mud, hi jam, kẹg mud jedermann, jedes Ding oder *mud mud, mud ni mud, hi mud ni mud* jedermann.
wada wada einer nach dem andern,
bà bà je zwei.

Beispiele: *1. Ti hi mud jai di siba diba! 2. Ba lọ wada wada! 3. Ba lọ banā banā! 4. Mud mud a nẹbẹ lẹ: E (nẹbẹ* antworten). *5. Kẹg mud ni je jam* (jeder besondere Mensch hat auch seine besondere Angelegenheit).

2. Multiplikativa· fach, mal: *ke* steht bei Zahlenbestimmungen, *lisàṅ* steht bei Zeitbestimmung (v. *saṅ), libómb* wie *lisàṅ,* aber besonders beim Aufzählen von Häufchen etc., von etwas, das sich wiederholt.

Beispiele: *1. Ke yaṅe i be nyeni? Ke yada. 2. Lisaṅ lipe mi nana u jam* (wann ich wieder komme). *3. Mi bi nunda bē hala mabomb máā* (3 mal d. h. an 3 Schultagen). *4. Mi bi kal ue hala ke 'nā* (4 mal, d. h. 4 einzeln mal, direkt aufeinander). *5. Sakeo a bi timbih* (vergelten) *mam ke 'nā. 6. be be meni to ke yada.*

3. Spezialia. -lei (Art und Weise) *ndòṅ mandòṅ. 1. Mi bi nog hob un mandoṅ mà. 2. Maén ma ye mandoṅ máā.*

Weitere Wörter der Art und Weise s. Adverb.

Als Fremdwort hat sich eingebürgert *kà yadá* einerlei; *yé mè kà yadá* e ist mir einerlei (gleich), das ursprüngliche Wort dafür ist aber *ndí làṅ* einerle gleich; aber im Sinn der Verwunderung, sonst heißt einerlei *hiuṅgu hiada* (vo *oṅg* ähnlich sein), *bibaṅga bini bi ye ndigi hiuṅgu hiada.*

4. Partitiva:

-tel, Teil *jòga, mòga.*

Ti me joga gib mir einen Teil davon;

$^1/_4$ *joga jáda di mánā* (oder *inyu mánā);*

$^3/_5$ *moga máā inyu matán.*

§ 33. Unbestimmte Zahlwörter.

ndèg wenig	*ndeg jam* eine Kleinigkeit
ṅgàndag viel	*ṅgandag bod* viele Menschen
jòga ein Teil	*joga li bod* ein Teil (Bruchteil)
hi- jede —	*hi mud* jedermann
to- niemand, kein	*to mud* niemand; *to jam* nichts
-sóna all	*bod bobasona*
-pe ander	*mud numpe*
-hógi Teil	*bod bahogi* ein Teil (allgemein)
kínje was für ein?	*kinje mùd, kinje ntomba?*
-mbē was für ein?	*númbe mùd* oder *mùd numbē?*
(Kl. I—VI).	*úmbe ntómba* oder *ntómba 'mbē?*
	mimbe mintomba oder *mintomba mimbe?*
	limbe jam oder *jam limbe?*
	mambe mam oder *mam mambē?*
	imbe kembe oder *kembe mbe?*
-hē was für ein?	*núhē mùd* oder *mud nuhē?*
(Kl. I—VI).	*bahe bod* oder *bod bahē?*
	lihe jam oder *jam lihe?*
	usw.

Anmerkung. Unter den Ausdrücken für „was für" steht *mbe* als an allgemeinsten oben an, dann ist *ki nje* vertreten, *he* kommt am wenigsten vo

§ 34. Das Rechnen im Schulunterricht.

tob angeben (eine Zahl)	*àṅ* zählen, zusammenzählen rechnen
yìmbiné, bi- Zeichen	
litón, ma- Punkt	*soṅgol* ebenso

táňga, -Zahl
nlòň, mi- Linie
kìd nlòň unterstreichen
tànd nlòň eine Linie ziehen
tànd ňàmb „ „ „
(*ňamb* ein Hof, der schnurgerade ist).
litàndag Strich
libe̱na Schleife

ăňga midňga das Rechnen, die Rechnung
hèya abziehen
bo̱ň kè multiplizieren
„*po̱g ke yada*“ Einmaleins
kab dividieren
păd / *sĕb* } kerzengerade
nĕň schnurgerade
nlòň u tĕ die Linie ist gerade

bikedle̱ bi ňgi Überschrift (v. *kedel* schreiben).

yada ni yada bi ye biba,
biba ni yada bi ye báă,
báă ni báă bi ye bisamal,
mom mă mbóg nă i heya bisamal bi nyegele̱ jom ni jue̱m,
po̱g ke yada bi ye biba,
bină ke 'nă bi ye jom mbog samal,
mom mă i kábină gwo̱ bitan bi ye ya bină.
(*kabină* = *kab ni*).

4. Vom Adverb.

§ 35.

1. Adverbien des Orts.

a) Eigentliche Adverbien.

hé̱ wo? (Fragewort)
to̱ hé̱ wo nur immer
hăna hier, da
múnu hier (innen)
mŭ dort (innen), drinnen
hé̱d wo (ohne Frage)
bèbe̱ nahe
nyō̱ dort (ferner gelegen)

nyo̱nó̱ hier herum, hierher
nyŏ̱ dorthin
hă dort (näher gelegen)
hà weit, weit weg
nŏ̱ Abkürzung von *nyo̱nó̱*
(*Maňgala* haben noch: *nó̱no̱g* oder *nó̱no̱ga* weit)

Die Ton- und Dehnzeichen sind sehr zu beachten!!

nyo̱no̱ allein steht auf die Frage „wo?“ und zugleich „wohin?“

Nje̱l íni 'yé hà e̱? Ist dieser Weg weit?

Nyo̱di hána pam nyō̱ yag Ntámag likè jé lé̱la? Wie weit ist es von hier bis zu *Ntamag?* oder

Nyo̱di hána pam nyō̱ maléb máňe̱ (oder *miňkò̱ň máňe̱*)? Von hier bis dort sind es wieviele Bäche (oder Landstriche)? Die Wegstrecken rechnen die Schwarzen nach Bächen, die man überschreiten muß. Was zwischen den einzelnen Bächen liegt, heißt *ňkò̱ň minko̱ň*.

Was weiter entfernt ist, wird nach „Schläfen“ *dilŏ̱* berechnet. Dabei ist aber zu beachten, daß, wenn man einmal schläft (übernachtet), es 2 Tagereisen sind; nach *Yaunde* sind es 4 *dilo̱*, also 5 Tagereisen. Ob der letzte Tag voll zu rechnen ist, muß man eben extra fragen, wenns nicht gleich bemerkt wird.

Will man die Tagereise in Stunden für sich bestimmen, so fragt mar *Nyodi hána kégela tútu pam nyǒ, jób he?* (*job* Sonne). Geh ich von hier we früh 6 Uhr und komm dort hinaus, so steht die Sonne wo?

A ye hę̂? wird häufig zusammengezogen *a yę̂?* eigentlich *a y'ę̂? Ntáma a y'ę̂? Kób i y'ę̂?*

Beispiele: *1. To hę́ i ňke, mi ňóň ue. 2. A ňkę́ mu ndáb* (aber nich *a ňkę mu; mu* kann nur in Verbindung mit einem Hauptwort bei Zeitwörter der Bewegung stehen, ebenso *munu, nyǒ,* cf. oben die Bedeutung der Wörte bei denen Ruhe oder Bewegung unterschieden ist). *3. A tábe mú, a ye múm 4. Mí nyi beme, hed á ye. 5. Ndogotíndi ba tábe bèbe, bá ye hà. 6. A tábe nyo no,*[1] *a ye nyǒ. 7. A ňkę́ nyǒ. 8. A tábe hà, a ye hána. 9. I nló nyóno 10. Ba ló no.*

§ 36.

b) Adverbiale Hauptwörter.

ňgì oben; hinauf
sí unten;[2]) hinunter, her . .
mbédge / *púbi* außen, hinaus
keté innen, hinein
póla mitten, zwischen
bísû vorn[3]); vor, voraus
mbûs hinten; zurück
hóma nyesóna überall
to hóma nirgends
ňę́m mitten drin; hinein
mbái zu Hause
wǒ walom rechts
wǒ wáę̂ links
a tábe hómâ er ist nicht wei weg.

ňę́m njèl das Herz des Weges, d. h. halbwegs
ňę́m ú mitten in der Nacht
ňę́m njámuhâ mittags (Mitten am Tag, 12 Uhr)
páň, kekí neben (als Hauptwort Seite) cf. Präpositionen!
ňę́m ňgì mitten im Himmel, im Zenit
ňę́m ndáb mitten im Haus
ňę́m kéte mitten drinn, mitten hinein.

Adverbialisch kann *ňem* nicht für sich allein stehen; eigentlich ist e Hauptwort und bewahrt sich diesen Charakter auch in adverbialer Verbindung

Die Adverbien des Orts lauten in Verbindung mit Zeitwörtern der Ruh und Bewegung gleich: *a ye sı* er ist unten, *a ňke si* er ging hinunter.

Übungen. *1. A yé ňgi? Héni, a yé si. 2. Bóg bisú! 3. Á bi tèm mbus. 4. A tábe hána, á ye bísû. 5. A tábe mbái. 6. A ňkę́ be hóma. 7. Mi bá béme to hómá. 8. Bę́m mbédge! 9. Béňge baň wo wálom to wáe, kę́ ndígi bisû*

ňgí yê drauf hinauf
sí yê darunter hinunter
kéte yê darin hinein,
ňę́m kéte we in dasselbe hinein, innerhalb
mbúh[u] *ye* dahinter
póla ye dazwischen
wǒ wê wálôm rechts davon
wǒ wê wáe links davon
mbái ye zuhause

---

[1]) Für sich stehend wird betont *nyonó,* in Verbindung *nyóno.*
[2]) im Unterschied vom *hisí* Erde.
[3]) Als Hauptwort wird betont *bisú,* cf. später Regeln der Betonung!

mbédge ye draus, hinaus, außerhalb
bisú gwe davor
páñ ye / *ke̱ki ye* } daneben[1])
múnu si hier unten
nyó̱ ñgì dort oben
nyó̱ bisú dort vorn.

Übungen. *11. A yé mbái ye. 12. Bí yo̱ ñgí ye!* (gleich, ob Kasten oder Tisch etc.). *13. Há yo̱ ke̱te ye! 14. Yésu á bi lò̱ múnu si. 15. Té̱le̱b páñ tébeli; té̱le̱b bañ mbúh ye, té̱le̱b páñ ye (ke̱ki ye)! 16. Té̱le̱b páñ ye wò̱ wáe!*

Die Übungen können erst weiter ausgedehnt werden beim Lokativ des Zeitworts.

§ 37.

e) Adverbiale Zeitwörter.

Im Deutschen sind diese Zeitwörter zusammengesetzte, und zwar solche, die eine Bewegung ausdrücken; z. B.

job hinein-, hereingehen
pam hinausgehen, resp. herauskommen
be̱d heraufkommen, hinauf-
sos herunter, -hinunter gehen (-kommen)
lō̱ / *tagbe̱* } vorbeigehen
nyo̱di / *o̱dbe̱* / *habi* } weggehen
yegele̱ zurückbleiben
yib zumachen
yibil aufmachen
yen hinsitzen
te̱le̱b aufstehen, *te* aufstellen
le̱l überschreiten, hüpfen über
yab übersetzen
ho umgeben, aufwickeln
pa emporheben
bog vorausgehen, vorn sein
sog zurückbleiben = hinten sein
bude̱ zudecken = drauf decken
hue̱ zudecken = ausfüllen (z. B. *húe̱ bé̱* eine Grube zudecken
jé bé̱ ebenso)

etc.

Diese Zeitwörter können mit Adverbien verbunden werden, *sóh si! pam mbedge! a mbog bisu.*

Die transitiven ziehen ihr Objekt zu sich; *lé̱l nkò̱k! hō̱ hikó, yab léb, pā mis!* (als Imperativ; der Infinitiv wird betont *pà mís).* etc.

Regel: Steht im Fragesatz mit *he̱* wo? das Zeitwort mit Objekt, so steht das adverbiale Fragewort *(he̱)* vor dem Objekt. In der geraden Wortfolge steht jedoch zuerst Objekt, dann Adverbiale: z. B. *mi bí he̱ yo̱? Bī yo̱ ñgi tebeli; a bi ke̱na he̱ yo̱? A bi ke̱na yo̱ mbái ye.*

Die Beispiele können sich hier vorerst nur ausdehnen auf Zeitwörter der Bewegung, da bei denen der Ruhe der Lokativ eintritt.

2. Adverbien der Zeit.

§ 38.

Eigentliche Adverbien.

hánanó̱ jetzt
gwéñ ziemlich lang
yíle̱ / *ló̱le̱* } bevor, ehe

---

[1]) Von *páñ* und *ke̱ki* (d. h. Seite) ist nur die possessive Adverbialbildung gebräuchlich; allerdings heißt das Hauptwort *like̱ki* (für sich stehend).

yós, yoha schon länger
kwàn, *kobá* uralt, seit ur
kwànkwàn, koba koba Verstärkung des vorigen,
behē schon lang
konkon fortwährend, im Sinn bis dort hinaus; auch Verstärkung: *kon kon kon* . . .
lèn heute
yáni morgen
etc.

1. A nké gwéâ er ist schon ziemlich lang fort (gegangen). *2. A nló gwéâ 3. A bé nyó yós. 4. Jam díni di bi bódol kwánkwàn (koba koba). 5. A bi bél nye kónkón, a muáh nye*[1]). *6. Jē bē bíni, lóle i nké nànal. 7. Á bí je, nd to a nke*[2]). Weitere Beispiele können erst bei den Temporalsätzen folgen.

§ 39.
Zusammensetzungen.

ké kí wann? (aus *kel ki*)
ngeda mbé? oder *imbe ngeda?* wann?
ngèda wann (im Temporalsatz)
kunda yáda sofort, in einem Augenblick
ndí tò[2]) nachher, dann, und dann hernach
mbúh yê hernach
ke pé, *lisan lipé*, *libomb lipé* ein ander mal
ke yáne? wie oft?
kè ngàndag oft
to ke yáda niemals
ha be nicht mehr *(a nké ha bé)*
ndúgi zuerst, vorher
ndèg yòn einige Zeit etwas (Zeit)
ndeg ngéd bald
yòn yòn immer wieder, alle Augenblicke
kégela, bikégela, *ndè kégela*, *ngèda kégela* morgens
njámuhā, bi-, *ngèda-, ndè-* am hellen Tag, bei Tag
kokóa, bi-, *ndè-, ngeda-* abends
jū, ngeda- abends
behé yâgâ schon sehr lang
ngen Stunde
mi gwe be me pola ich habe keine Zeit
kegela yáni morgen früh
kegela nóma übermorgen früh
kokoa yáni morgen abend
ngeda hóga etliche Zeit, zeitweilig
ke hógi etliche mal
ngeda yosóna allezeit, immer
kel yosóna alle Tage, allezeit
hí kel täglich
yóha kel in alten Tagen, in alter Zeit, früher
kel yáda eines Tags, „einmal"
to kel yáda niemals.

1. Yon yon a nlo behni. 2. A be nyo ndeg yon. 3. A lo ndeg nged 4. Mi gwe beme pola hanano, lo mbuh je bikokoa. 5. Lo meni bikegela. 6. Nikodemo a bi lo yag Yesu ju. 7. Nje i bi gwel kembe yem njamuhā 8. A bé lo méni yóha kél, ndí hánanó a nló ha be tó kē yáda. 9. Kel yada a bi bed ngi hikoa. 10. Mi ye je hanano, mā lo mbuh ye (mi ye je ich bin am Essen). *11. A be hána ké kí? 12. Á lo kí ke pē? (pē* gedehnt in der Frage!) ebenso kann

[1]) Nach *konkon* steht die vollendete Vergangenheit (s. Verb.!)
[2]) *Yile, lole, ndi to* haben stets das Präsens nach sich.

stehen: *lisáṅ lipḙ́).* *13. Sébel nyḙ kunda yáda!* *14. Mi mbḙ́m uḙ bḙhḙ̂!* (der Ton wechselt hier *mi mbḙ́m* im Satz, alleinstehend aber: *mí mbḙ̀m).* *15. Mí mbḙ́m uḙ gwéâ.* *16. Jḙ́ ndúgi, ndí tǫ 'nlǫ!*

§ 40.

Zeitwörter.

bḙ̀mb } dauern, lang bleiben,	*bà* zuerst sein
nǫ̀m } lang ausbleiben	*bóg* zuerst sein, der erste sein
púlḙ frühzeitig sein	*sóg* zuletzt etwas tun, enden
nyá zuerst etwas tun (Formzeitwort)	*pála* bald, schnell etwas tun
	tiṅha spät, langsam etwas tun

Von den Wörtern „zuerst sein" ist das Formzeitwort *nyá* das gebräuchlichste. Als Formzeitwort kann es nie allein stehen, es steht zwischen persönl. Fürwort und Zeitwort, während *ndugi* nach dem Zeitwort steht, oder, wenn zur Verstärkung gebraucht, nach dem Formzeitwort.

1. Nyá ndúgi jḙ̀ (oder *nyá jḙ ndúgi!)* *2. Mí nya kḙ ndúgi jǫ́gǫ̂b ndí tǫ mí nlǫ.* *3. Mí mba kédel kàd, mbúh yê mí nkḙ jǫ́gǫ̂b.* *4. Mí nsombol púlḙ nyǫ́di kḙ́gḙla.* *5. A' bi bḙmb bikái.* *6. A' bi bog° bǫ́l mbédege.* *7. Kḙ́nḙg ndìgi, ndi bḙ́mb baṅ, mi mbḙ́m uḙ.* *8. J mbḙ́mb ndeg yǫṅ.* *9. Mí bi pála náṅal.* *10. J bi tíṅha lǫ̀.*

§ 41.

Bestimmung einer Zeitdauer.

Die hauptsächlichsten Umschreibungen sind folgende:

dilǫ́ dáṅḙ? ṅgḙ́ṅ yáṅḙ? muí máṅḙ etc. wie lange? (je nachdem eben die Zeitdauer sein mag).

Als Zeitwort der Dauer steht *bḙmb,* auch *nǫm*

bòdol } von . . . an, seit . .
lǫ̀ }

pámnā bis (wenn der Zeitraum abgeschlossen ist)

lǫ̀ bis; z. B. *lǫ́ bílḙn* bis heute (wenn der Zeitraum noch nicht als abgeschlossen gelten kann, es darf angenommen werden, daß es ferner auch so sein wird)

bòdol ṅgèda mbḙ̂ von wann an? oder: *lǫ̀ ṅgèda mbḙ́?*

bòdol yáni bǫ́l lḙ̀n von gestern auf heute; oder *lǫ̀ yáni bǫ́l lḙ̀n*

lǫ bílḙn oder *lǫ bílḙn bíni* bis heute, im Sinn: bis auf den heutigen Tag, bis in diese Tage herein.

lǫ maṅgḙ we von Jugend auf

lǫ bibodol von Anfang an

bodol ṅgeda Noa pamnā ṅgeda Abraham.

1. A ye mud lijǫ (Kampf) *lǫ maṅgḙ we.* *2. I be hala lǫ bibodol bi si.* *3. Gwed bi 30 ma mui bi bi bḙmb bodol 1618—1648.* *4. Bismarck a bi wel 30. Yuli 1898 (mom maā ma dilǫ di Yuli, mui u nyonoh . . . .).*

§ 42.

Verschiedene Zeitbezeichnungen.

1. Das Jahr ist ein Sonnenjahr; es beginnt mit dem Einsetzen der Trockenzeit, wann Busch gehauen wird für neue Pflanzungen, im November.

Sèb i nyẹ die Trockenzeit beginnt; *mayẹ́ mà sèb* der Beginn der Trockenzeit. *Mbèṅ i nsui* oder *mbeṅ i ṅkwọ* die Regenzeit beginnt, *masuinẹ ma mbeṅ* oder (selten!) *makwel ma mbeṅ* das Einsetzen der Regenzeit. *Hilondẹ hi ṅkwọ* die Übergangszeit setzt ein. *Ṅgeda miṅkuẹ* die Tornadozeit.

múi munẹ́ dieses Jahr

múi mbọ́g vergangenes Jahr.

2. Der **Monat** ist der Mondmonat von 28 Tagen

Sóṅ i ntā́ der Mond ist wieder erschienen (nach Neumond). *Matel ma soṅ* (der Mondanfang) ist immer ein freudiges Ereignis. Allenthalben wird zu ihm gebetet, jeder Hausvater ruft Kind und Kegel zusammen, dankt für alles Glück, das ihm in der letzten Periode widerfahren, spricht seine Zuversicht aus, daß ihm auch in diesem Monat kein Unheil begegnen werde.

nsánẹ sóṅ der „neue" Mond, wenn er noch schwach ist

soṅ i ye nsanẹ er leuchtet noch schwach (in den ersten 4—5 Tagen)

sóṅ i ṅhólol libòm der Mond ist ausgewachsen wie ein *libom* (d. i. eine große, harte Palmkernart) d. h. Vollmond

soṅ i ẹgi ndeg der Mond ist etwas angebrochen, d. h. er nimmt ab

soṅ i ẹgi ndeg lisọṅ er ist abgebrochen als ein Zahn (bei zu- und abnehmendem Mond)

maholẹnẹ ma soṅ die Vollmondszeit

maegnẹ ma soṅ die Zeit der Abnahme

madimil ma soṅ die Zeit des Neumonds (*madimil* v. *lem* erlöschen)

soṅ i nlem der Mond ist erloschen.

Die Mondzeiten sind sehr wichtig, weil sie zur Bestimmung von Terminen usw. gebraucht werden,

z. B. *mā lol nsanẹ soṅ* (*lol* ist Temperativ von *lọ*),

a nyen mẹni mintọlọl mi soṅ mà ni kidig soṅ i ye ṅgi er ist bei mir zwei vollendete Monde und den Teil dessen, der drüben ist (*tọlọl* ganz und gar vollenden).

ma lol maholẹnẹ ma soṅ etc.

3. Die **Woche** ist neu eingeführt. Die übertragene Bezeichnung für Sonntag, *sọndi* hat auch die Bedeutung von Woche angenommen.

ṅgwa sọ́ndi Sonntag

yáṅga kẹl leerer Tag, ohne Bedeutung, d. h. Werktag

sọ́ndi bà zwei Wochen

ṅgwa ṅkẹṅi Festtag

(*ṅgwa* Tag, dient zur Bezeichnung von bestimmten Tagen, sonst *kẹl*, Reisetage sind *dilọ* (Einz. *hilọ*).

4. Der **Tag** *kẹl* (in der Bedeutung Tageszeit = Tag im Unterschied von *ū* Nacht beginnt mit *mayẹ ma kẹl* (3 Uhr morgens mit dem 1. Hahnenschrei) also Morgengrauen;

kẹl i nyẹ der Tag bricht an

kẹl i ṅmuaya der Tag ist glockenhell (6 Uhr morgens)

mayel ma kẹl heller Tag (6 Uhr)

kel i ňkandi } der Tag heitert sich auf, morgens oder auch den Tag
kel i ňkandla } über, wenn er trüb war

kegela tutu morgens um ½6, Morgenfrühe.

Zur weiteren Bezeichnung der Zeiten dient der Stand der Sonne. Dieselbe kugelt abends in ihre Kiste hinunter, die dann die Nacht über von den Männern des Himmels von Sonnenuntergang nach Sonnenaufgang befördert wird. Morgens öffnen sie die Kiste, so daß sie wieder herauskann. Sie läuft dann von selber am Himmelsgewölbe hin. Über dem Himmelsgewölbe ist ein großes Meer, von dem der Regen herkommt. Über dem Meer wohnen die geschwänzten *bod ba ňgi*. Wenn einer unverschämt sich dort aufführt, wird er in das Himmelsmeer geworfen. von dem schon mitunter einer zu uns herabgefallen ist, wie auch Krebse und Fische öfter aus dem Himmelsmeer zu uns herabfallen. In der Regenzeit senkt sich die Sonne und der Mond weiter herunter.

jób li mpám } die Sonne geht auf, auch *job di ndumbul*
„ „ *núyul* }

mapémel ma j. }
manuyéne ma j. } Sonnenaufgang
madúmbŭle ma j. }

jób di ňómnyā Zeit, wo sie noch nicht sticht; *maomnyā ma j.* 8—9 Uhr
„ „ *náň* Zeit, wo sie ausgewachsen ist; *neňa j. manaň j.* 12 Uhr
„ „ *mbúgi* Zeit, wo sie sich neigt; *buga j.* 1—3 Uhr
„ „ *nsíndi* Zeit, wo sie untergeht; *masindine ma j.* Untergang
„ „ *mbìiňge* Zeit, wo sie kugelt (in die Kiste); *mabiiňgene ma j.*
„ „ *nsós* die Sonne geht unter
„ „ *nkè* die Sonne rückt vor
„ „ *mbág ňô* die Sonne neigt den Kopf (1—2 Uhr)

kokóa bód bòd Abenddämmerung

ŭ 'nsúde } die Nacht bricht an (*sude* zuziehen)
ŭ 'ňkéb }

ŭ 'bi jé me die Nacht überfiel mich
njéň-njéň ňém ŭ (auch *mau*) mitten in der Nacht
a nyódi ni jíbe mís er ging bei Nacht weg
da ból ni jíbe wir werden bei Nacht hinauskommen
da ból ni són „ „ „ Mondschein hinauskommen
mā lo ndè buga j.
„ „ „ *mpemel ma j.*
„ *lol masíndine ma j.* (auch *ndè masindine*) temporal! daher *lol*
„ *lol mapémel ma j.* (*mapemel* Temperativ, daher auch *lol*)
„ *lo mapám j.* (*mapam* ist gewöhnliche Form, daher *lo*).

§ 43.

3. Adverbien der Art und Weise.

a) die Beschaffenheit drücken aus:

lélâ } wie?
lá }

linyóňga li jam líni so etwas
mayèmbe leise, sachte (von *yemb*)

hála } so
lána }
kí } wie (modal)[1]
kikí }
ndóṅ jam ínî so etwas[2]
kíli jàm[3]) etwas ganz merkwürdiges

makéṅi laut
matítiki leise
mbèṅe langsam
yàṅga } umsonst, vergeblich; ohne Grund, wegen nichts.
yemé }

b) den Grund drücken aus:

ítomkí } warum?
inyúkí }
ítomlé } weil; denn
inyúlé }

íkí wozu?
ínyuhala deswegen
ndomlé doch, dennoch, scheint doch, ja, wahrhaftig.

Weitere können erst später folgen (Syntax!)

c) den Grad drücken aus:

ndèg ein wenig
ndeg sii ein ganz klein wenig
ndeg sii hãna ein Minimum (wird zugleich am Daumen und Zeigfinger gezeigt) nagelsgroß
ngìm ganz (als Ganzes)

ṅgàndag viel
ṅgàndag ki yága sehr viel
yõm sonderlich
báṅgá recht, richtig, ordentlich; der Rede wert (wenn negativ gebraucht).

Weitere Redensarten über „sehr wenig" s. Wörterbuch unter *jis!*

d) Eine Bejahung oder Verneinung drücken aus:

í ja
héni (Maṅgala) } nein
kòb (Ndogobisol) }
tó ndèg } gewiß nicht (stets mit Negation)
(hi) kòba }
be Negation im Indikativ, auch zur Bejahung als Frage
baṅ Negation im Imperativ
lã so (zusagend)
ṅgà nicht wahr? doch, ja
ṅgá, lógi (das Gewehr hat getroffen), stimmt, richtig, natürlich, selbstverständlich; scheinbar; *ṅgã* gezwungen
yã eben, doch
ni madiga im Ernst, ernstlich (von *diga*)

ndílaṅ (ndi la) als Antwort, ist mi
wê selbstverständlich [gleicl
yíboṅ (= *yi boṅ* sc. *bod* d. h gedenke deiner (verstorbenen) Angehörigen, al Schwur; „sicherlich, ganz gewiß" ist der Sinn davon
balóṅe? (ba loṅ e?)
loṅ der Verstorbene, *ba* etwa wohl; Sinn: etwa als Verstorbener? *Baloṅe* ist stets eine spitzige Antwort, etwa „bist noch bei dir?" der Sinn ist: „sicherlich nicht"
tói wirklich, tatsächlich
mabái } wahrlich, in Wahrheit
péleh }

---

[1]) *kí* was? *kì* auch.
[2]) *ndoṅ (lindoṅ ma-), linyoṅga ma-* Art und Weise; *ndoṅ jam ini* oder *lindoṅ li jam lini.*
[3]) ebenso: *lisúg li jam!*

e) Eine Begrenzung der Aussage drücken aus:

bêb } vielleicht
bébeg
bébeg ungefähr
bèbe nì annähernd
ndígi nur

bǒ ungefähr } Betonung!
bǒ genau
jáṅjaṅ gerade aus (Zehner etc.)
jáṅ ni ṅǒ genau
nì jèṅ mit Absicht, absichtlich,

unabsichtlich = nicht mit Absicht *(be . . . ni jèṅ)*.

kí sonst (mit nachfolg. Futur.); häufiger ist jedoch: *tiga: je baṅ, ua tiga wo* iß nicht, sonst wirst du sterben (du möchtest, du könntest sterben)

tén besonders (leider reißt die Duala-Basaform *loṅgeloṅge* ein!) *ten yaga* ganz besonders; *ndi ue ten* aber besonders du; *ndi ten yaga le ue* aber ganz besonders du

ṅǒ hauptsächlich, vor allem *(ṅǒ* Kopf); *ndi ṅo le* (auch *ndi ten le), nyo baṅ maog* vor allem trink keinen Wein! Verstärkt *ndi ṅo yaga le.*

ha beh ausgenommen, mit Ausnahme von . . . außer, *ha behe ue* (von *bes*)

ndígile außer (= nur)

ibábele (i ba be le) es sei denn

bèb le falls

habéle (ha be le) ohne daß

ṅgì ohne, *ṅgi bijeg* ohne Essen

Weiteres in der Syntax!

f) Zeitwörter, die eine Art und Weise ausdrücken[1]):

tíbil etwas besser, genauer tun
kònde fortfahren etwas zu tun
bêna häufig sein, häufig etwas tun
tól viel sein
túlus viel machen
pòmba selten sein, selten etwas tun
tú vorbei sein mit etwas
díga ernstlich etwas tun. ernst sein
nogí spitzig liegen oder sitzen
sùhul kíṅ (die Stimme senken) tiefer singen

pála } schnell etwas tun
hǒ
tìṅha zögernd etwas tun
tiní } andauernd etwas tun
tèṅgbe
lòha etwas übertreiben [2])
diíib auf eine böse Art etwas treiben
ábla gierig essen
kúbla gierig trinken
bédeh kíṅ (die Stimme erheben) höher singen.

Die Steigerung ist dieselbe wie die der Eigenschaftswörter.

Regel. Nach objektiven Zeitwörtern folgt zuerst die adverbiale Bestimmung, dann das Objekt; *a bi bad la nye* was fragte er ihn? *Mi boṅ la nye?* was soll ich mit ihm machen? *La* steht hier immer im Sinn von *ki;* ebenso *mi boṅ la?* Was soll ich machen? *Nye la?* Was (sagt) er?

Beispiele:

Zu a). *1. Bóṅ kī mu ṅkál ue! 2. Pód ha baṅ ndòṅ jàm ìni! 3. Pód*

[1]) Die Betonung bezieht sich auf den Infinitiv.

makéni! 4. *A bi sóhe nye yànga.* 5. *Pód mbène!* 6. *A bi kál là uè?* 7. *Uè lá? mi nogo béme lónge!* — *Lélâ?* (Alleinstehend kann nicht *la* stehen!). 8. *Kál me, ki a bi bád uè!*

Zu b). 1. *Sóho, tí mè ngwènde wôn!* — *Itomki?* (*Íki?*) 2. *I bi gwél be nsón, ínyuhala mi nti béme ue bijég.* 3. *Mi nti béme ue bijég, itomlé i be nyengé* 4. *Ndomle i níb kób yem!* (sc. obgleich du leugnest). 5. *Ndómle i nyó maog* (sc. Ich habe angenommen, du trinkest keinen). 6. *Ndómle bijég gwobisóna bi mál e?*

Zu c). 1. *Kòn wé u tá be yóm.* 2. *Maleed núnu a tá be bánga.* 3. *Ti nye ném won ngìm!* 4. *A bi hémle* (glauben) *ni ngìm yé ndab.*

Zu d). 1. *A bi béb mè ngàndag ki yága!* — *Là! Balóne!* — *Yíbon, hémle me.* 2. *I ye tói béba mud.* 3. *Mi bí kon ngàndag.* — *Tói è?* 4. *A ye nyénge péleh!* 5. *Yesu a ye Mán Jób mábâi.* 6. *Mi nebe béme ngalógi.* 7. *Ngalógi, ma bon, ki i mpód.* 8. *Kí i nsombol?* — *Ngà i nsébel me!* 9. *A bí ke yáni ngà? Wé!* (Sinn: Was fragst du noch? du selber hast es ja gesagt!) 10. *A nke he? Nyeni be e!* (denn du selber hasts ja gesagt). 11. *Njé a mbon hála? Me be e!* (doch ich, du selber hasts mich doch geheißen). 12. *A lo lén e? Balone*[1] *yáni bé e!* 13. *Mi bon lá? Ndí lan!*[2]).

Zu e). 1. *Beb á nlo.* 2. *A bí nebe ndígi ngā.* 3. *Ba bé ndígi bod báā* 4. *Ba bé bò jóm.* 5. *Ba bé bó bő* oder *ba bé ján ni nő bő.* 6. *Ba bé ján ni ni jóm di bod ni bő.* 7. *Mi bi bol béme nsòngo ni jèn.* 8. *Bébeg ba bé móm mà mà bòd* oder *ba bé béleg móm mà mà bòd. Héni, ba bé jánjan móm ma.*

Zu f). 1. *Tíbil kal me!* 2. *A nkonde bad nye.* 3. *A mbena lo beh^eni* 4. *I nlóha bédeh kín yon.* 5. *A ndiga kal me.*

§ 44. Spezifische Gradbezeichnungen der Art und Weise.

jodót di mbon muég muèg die Sterne strahlen, funkeln, glänzen
„ „ *mueg (mbai) jébjèb* die Sterne glitzern, gleissen (unruhig)
„ „ „ „ *mèd mèd* die Sterne flimmern
„ „ „ „ *mén mèn* die Sterne funkeln (ruhig!)
són i mbài pén (nicht *mueg!*) der Mond scheint klar, hell, silberhell
„ „ „ *mà* der Mond scheint (erfüllt alles mit seinem Licht) (*lom a ye mà* der Fluß ist frei, offen)
job di mpam njòm die Sonne geht rot auf
„ „ *nsoble sòm* „ „ „ „ unter
jam díni dí mbai bàm dieses Ding glänzt prächtig, intensiv
„ „ „ *mpob púm* „ „ ist weiß, rein etwa wie Schnee
„ „ „ *nkoyob njòm* oder *béletete* oder *bèm*, durch und durch rot oder gelb, feuerrot, goldgelb
jam dini dí hend hiú ist dunkelschwarz
ú 'nkeb súdsud (v. *sude*) die Nacht ist vollständig eingetreten

---

[1]) In gleichem Sinn könnte die sehr häufige Redensart stehen! *len númbé!* Was für ein Heute, d. h. woher auch! *I nkon woni? Woni ki!* Woher auch! *A ye bebe? bebe he?* Wo auch!

[2]) drückt stets eine ärgerliche Antwort aus: Tu, was du willst!

nọ́b á nọ̀ sòm der Regen prasselt (auch *hom* rauscht = *som)*
„ „ „ *bílibíli* der Regen schauert, schüttet
„ „ *nlẹ́gda dígdìg* der Regen regnet in Strömen
„ „ *ǹmuàmlẹ muàm* der Regen regnet fein, leicht
„ „ *nsẹm kwẹ́ǹ* (oder *muẹ́ǹ)* der Regen hat auf einen Schlag vollständig aufgehört
jam díni di núm muẹ́ǹ ist vollständig trocken
a mpam muẹǹ mu saǹ i er ging vollständig (unversehrt) aus dem Streit hervor
mbẹ́pi 'ǹhòǹ bìm der Sturm stürmt mächtig
mbàmbad i mbám bágădăgă der Donner rollt, d. h. es donnert
„ *í ǹmùẹg mẹ̀d* der Blitz blitzt, d. h. es blitzt, *(mbambad* ist Blitz und Donner)
ǹkọ́ǹ ǹgă 'mpọd kọ́ǹkọ́ǹ der Lauf des Gewehres klingt kling kling
a mpọd kọ́ǹkọ́ǹ er hat gesprochen bis dort hinaus
kék ì mpọ̀d kóǹkóǹ (o nicht *ọ!)* der Stab klingt *koǹkoǹ*
a náǹ kóǹkóǹ er ist ganz ausgewachsen
ǹgẹ́ǹ kẹ́ǹi 'mpọ́d bóǹ-bóǹ eine große Glocke klingt bim bam
ǹgẹ́ǹ títiki 'mpọ́d yẹ́ǹgẹlẹ yẹ́ǹgẹlẹ eine kleine Glocke klingt kling kling
ǒ u nlọ́nd mẹ wáǹ das Ohr klingelt mir
a mbámb mọ̄ tǒ er hat in die Hände geklatscht klatsch
dibondó di ǹkwọ́ kóǹgolóǹ der Krug fiel . . . (schetterte)
tóg i ǹkwọ jáǹgaláǹ der Löffel fiel . . . (klirrte)
màm ma ǹkwọ jáǹgolóǹ die Sachen fielen . . . (wetterten)
mọ́ni mi ǹkwọ jáǹ das Geld klingt
ǹgọ̀gọ kẹ́ǹi 'ǹkwọ́ túmtùm ein großer Stein fällt bum
ǹgọ̀gọ títiki 'ǹkwọ́ ndìǹ-ndìǹ ein kleiner Stein fällt bim
ǹgă 'mpọd kū̆ tŏm̄ das Gewehr knallt puff (mit Handelspulver dumpf)
ǹgă ǹkána 'mpọd bòm oder *ndòm* (heller Knall, Schuß), (der Karabiner knallt bàrr)
i ǹkwọ́ kọ́gọlọ́ es hat geklappert (etwa ein Bleistift)
hinúni hi mpùwẹ púgpùg der Vogel fliegt . . . .
kób i mpùbla pùbpùb das Huhn flattert
hibẹ̄ hi mpél pọ́dọpọ̀dọ der Topf brodelt
hibẹ̄ hi ọ́mdẹ ndòm (sọ̀m) der Topf brodelt; übertragen:
leb u nsóblẹ sòm der Bach gießt sich herab
leb u ọ́mdẹ họ̀m der Bach rauscht, plätschert
bod ba ǹhumbẹ húmhùm die Leute murmeln; übertragen:
leb u ǹhúmbẹ hùm der Bach murmelt
hilĕba hi ye hinjẹ́ǹ njẹ́ǹ die Quelle ist sprudelnd
hiẽ hi nlọǹ tọ́ǹtọ̀ǹ (v. *tọǹgbẹ)* das Feuer flackert
poh 'ye pọ́gọdọpọ́gọdọ die Flasche ist eng
dijẽ̱ dí mbọ̀mb fọ́dfọ̀d das Ei ist flaumweich (weiches Ei)
maléb mà mpòb pẹ́ǹgệndẹ́ǹgệ das Wasser ist klar, rein
mi nyí jàm díni ǹgẹ́ndệǹgẹ́ndệ ganz genau

mi ntḙ́hḙ jǫ̀ hḙ́dḙ hḙ́dḙ (dihḙ́ddihḙ́d) ich habs klar gesehen
mi nǫ́gǫ jǫ̀ mabái mabái (pḙ́lḙh pḙ́lḙh, sḙ́glḙ sḙ́glḙ) ich habs deutlich gehör
a ṅgwéh mḙ hǫ́dǫhǫ́dǫ (táh tàs) er liebt mich innig
mi mál báh bàh (púm) ich bin ganz und gar damit fertig (oder z. I
Wein bis auf die Neige)
dibóndo di nyǫ́n tí der Krug ist eben voll
a ṅwǫ́ pódôpódó (jágâdâ) er ist maustot
a ním mḙ̀ wǫ̀ jágâdâ er beneidet mich darum ganz und gar
a ye béba mud jágâdâ oder *pǫ́gǫpǫ̀gǫ* durch und durch
a nún mḙ sǒm̄ er sah mich lange an
á nǫl ǰág ǰág er lachte grad hinaus
a mpémel mḙ̀ nyḙ̀ṅ er erschien mir urplötzlich
a nlǫ́ mḙ̀ hiḙ́h hiḙ́s er übertrifft mich ganz und gar
ba ṅkíṅa mḙ̀ hiǎm sie schlossen mich von allen Seiten ein
a nlǫ́ juḙ̀ er kam sachte, unbemerkt
á nsḙhla tḙ́m tḙ̀m oder *tḙ́b tḙ̀b* er zittert wie Espenlaub
á nsḙhla ndíṅ ndìṅ oder *ndḙ̀ṅdḙ̀ṅ* er fährt zusammen
á njel ndíṅ ndíṅ er weigerte fort und fort
a tḙ̌ séb oder *pǎd*, er steht gerade (kerzen-) von großen Sachen
pḙ́ṅ likǫ̀ṅ i tḙ̌ pḙ́d er ist gerade (kerzen-) von kleinen Sachen
njḙ́l 'tḙ̌ nḙ́ṅ der Weg ist gerade (d. h. schnurgerade, horizontal)
ba ǫ́ṅ jǫ́gǫd jǫ́gǫd sie haben dicht zusammengebaut (*ba mpandna* si
haben weit auseinander gebaut)
a béga sóyâ tḙ́gatḙ̀ga er trägt den Teller vorsichtig
a nyéga nyḙ̀ tḙ̀tḙ̌ er führt ihn Schritt für Schritt
á ṅkḙ tǫ́b tǫ́b (v. *tǫbǫl* täppeln) er täppelt
a ṅkḙ tḙ́ṅgḙ tḙ̀ṅgḙ er geht wackelnd
a ṅkḙ bǫ́na bǫ́na (v. *bon)* er geht behutsam, duckmäuserig
ba ntḙ̌ (oder *ba nlḙṅ) dilèla hélele* sie (nur die Weiber) singen Beifal
a mbáh (h)inǫ́[1] *(likǫa) báṅ báṅ* er schnalzt mit dem Finger (aus Ärge
oder Zorn oder Schmerz)
a nǰámla ǰǎd er schnalzt mit den Lippen (vormachen lassen!)

§ 45. Redensarten, die eine Art und Weise ausdrücken.

A' ṅǫṅ wḙ́ ṅgǫṅǫ̌ er schleicht (träg) wie ein Tausendfüßler
A mbǫ́ṅǫl wḙ́ ṅgǫṅǫ̌ er drückt sich herum wie ein Tausendfüßler
A njóṅob hǎ tí er ist dumm, ganz wie ein Stundenvogel
A mbǫ́mb kǐ pógâ er ist schlaff (energielos) wie *poga* (ein Spinatkraut
A' nsḙhla wḙ́ mbóbá er zittert wie die Zitterameise (dieselben sind klein
gelb, hängen sich in zitternden Klumpen zusammen an Äste)
A' ndḙ́ṅg wḙ́ libúi li léb er schwankt hin und her wie ein Baumzwei
im Bach
A nyéni hǎ ṅgánda er ist hager wie *ṅganda* (eine Schlingpflanze)

---

[1]) Man hört nur ein *h*.

A béi wę́ nsùh'làga er ist dünn wie eine Sichelwespe *(bei* v *bayab)*
A ṅgéṅgi wę́ nyíg er ist platschig wie ein Stachelschwein
A ṅgéṅgi wę́ jála er ist platschig (plump) wie ein Taschenkrebs *(ṅgeṅgi* v. *ṅgaṅgab)*
A héṅgi wę́ hikòṅ er macht sich breit wie eine Kröte *(heṅgi* v. *haṅgab)*
A nyóṅgi wę́ liṅgáṅg er ist stelzig (hochbeinig) wie ein Moskito (die hochbeinige Art, nicht die gewöhnliche, allgemein beliebte)
A núna tǫ̀ wę́ ntómba er stiert in die Welt hinein wie ein Schaf
A ṅhéndę mís (a mpubuh mis) wę́ libáṅga, lę́ li nsę́mb hiè̃ er schaut dumm wie eine *libaṅga* (Makaboart), die dem Feuer ausweicht (er läßt das Weiße vom Auge sehen; es ist ein Zeichen der Dummheit; eine *libaṅga*, die im Topf neben draußen lag, ist nicht gekocht und sieht noch weiß aus)
A ṅkwę́ṅę míh wę́ tòlo oder *wę́ hisẽ̀* er sieht lebhaft drein wie eine Maus oder eine Antilope
A' ṅmua mís wę́ tòlo (hisẽ̀) er sicht sich vorsichtig um wie . .
A ṅkói masǫ̀ṅ węngǫ̃ koi, lę i bémbi káṅgá er sperrt das Maul auf (hat die Zähne voneinander) wie ein Affe, der auf der Darre geräuchert wird *(bembi* von *bamb, koi* von *koyǫb)*
A nyĩ masǫ̀ṅ wę́ pã́, lę i bembi saṅgá er bleckt die Zähne wie ein Eichhörnchen, das auf der Darre getrocknet wird *(saṅga = kaṅga)*
A ṅhénd hiṹ wę́ sibkálag er ist schwarz wie Ebenholz
A kúyi bẽ̀ oder *a kuyi tò hà manǫ̀ṅgǫ ṅgǫ̀ĩ* er ist rot (hellfarbig) wie ein Eber (der groß und ganz rot ist); *kuyi* von *koyob; bẽ̀* Abkürzung v. *belete* (nicht Negation! *be = to* drückt die Intensivität aus)
A' nyǫgla wę́ nsǫ́ṅ er krümmt sich wie ein Wurm *(nyǫgla* sich krümmen und tappig sein, ungelenk sein)
A' mbǫ̀i nyṹ wę́ yoṅgǫ̃ er tut sachte wie ein Chamäleon *(bǫi nyu* seinen Körper sachte bewegen)
A húgi hǫma wáda wę́ kób, lę i ye majẽ̄ er hockt auf einem Platz, wie ein Huhn, das legen will (er brütet vor sich hin); *hugi* v. *hugub*
A ntóbǫl ki hisẽ̄ er schleicht vorsichtig wie eine Antilope
A ndǫ́dla wę tótǫ er schlottert wie ein *totǫ* (ein schlotteriger Fisch)
A yúmbi wę́ bǫ̀d dibǫ̃mã́ er hängt ein Gesicht herunter wie ein Hummelnest *(bǫd* Sack, *diboma* ein Hornisse)
A kéi wę́ bǫ̀d bakę́ya er hängt da wie der Sack der Sklaven (die Tasche der Sklaven ist weich, aus Schnüren, *ṅkęya* Sklave, ein eigentlicher, der ganz rechtlos ist im Unterschied von *ṅkǫl* oder *man libí* Höriger)
A ṅkéli wę́ póhlę er ist spröde wie ein Topf, Stück (aus Gußeisen)
A' numb tútu hà ṅjuái er stinkt gerade wie eine Spitzmaus
A péni wę́ kói, lę i péni sigá er hängt da wie ein Affe in der Falle
A nsógol mih wę njẽ̀ er rollt die Augen wie ein Leopard
A ṅkǫ́hǫl míh wę́ likùn er macht seine Augen nur halb zu wie die Eule (d h. er hat große Augen)

A' ǹàgla wẹ múda jẽm er ist reizbar wie eine schwangere Frau

A níma hă hisíd mbòǹ er ist geizig wie ein Giftmischer (*hisid* v. *sid* streichen, *mboǹ* Totenknochen)

A nlóǹ wẹ lúǹa mbìǹ er ist wurmstichig wie ein wurmstichiger Pfosten (d. h. er hat überall Ausschläge)

Ǹjádag ŭ, hà ǹjànjad spritzig sein das, d. h. der ist spritzig wie Feuerfunken

A' njàd hà ǹjànjad er ist spritzig wie .... (*jad* spritzen, sprühen)

A muáya mih wẹ́ mùd manyànya er hat einen stechenden Blick wie ein Tobsüchtiger (*muaya* fackeln)

A' ǹkùmbi wẹ́ pẽ er ist schieferig (hat Schinn) wie eine Puffotter

A' yè ǹgwàǹ wẹ́ túyẹ er ist reich ganz wie die Brandung

A nsẹ́ndi kọ̀ hà ǹgọ̀ er hat eine glatte (schöne) Haut wie der *ǹgọ̀* (ein Fisch)

A mpób masọ̀ǹ wẹ́ bikọ́m er hat weiße Zähne wie *bikọm* (*kọm* ist eine weiße, gute Frucht)

A yógi hà tòǹ ǹgáǹ er ist reich (ist voll) wie eine Palmkerntraube

A ǹhénd tăbatàba hà ndúndi er ist schwarz wie *ndundi* (eine Pflanze zum Matten flechten, gibt die schwarzen Züge)

A ǹmuáh^a likàb jé wẹ́ mbó pŏga er streut Geschenke aus wie den Samen der *poga* (Spinatkraut)

A' yè minìg minìg wẹ́ muẹ́l pă er ist scheckig wie der Schwanz des Eichhörnchens (selbstverständlich des afrikanischen)

A' yè biyọ̀ biyọ̀ wẹ́ bọ̀ndọ kói er ist zottig wie der Teufelsaffe

A muámbi wẹ́ lisọ́ǹgọ li láǹ (*lisọǹgọ* = *hipelẹ*) er ist fettig wie ein Salbfläschchen (*lisọǹgọ* ist die Schale einer Frucht, in der man die Salbe aufbewahrt)

A gwé mambíd wẹ́ họ́d er hat Runzeln wie ein Netz (*họd* ist das Netz zum Einfangen von Wild)

Mi nlọ̃ uẹ̀ kí njọ̀g 'nlọ̃ hisẽ ich bin stärker als du, wie ein Elefant stärker ist als eine Antilope

Mi mbámda uẹ kí pági a mbámda ǹkọ́ǹ ǹgă ich werde dich klemmen, wie der Mandrill den Gewehrlauf klemmt

A mpúẹ mpŭgẹ, hà likẽ hà bẽ ì er fliegt (Flug), (das ist) kein Laufen mehr (das 1. *ha* in Verbindung mit *be* = nicht; das 2. *ha*, unmittelbar nach *like*, ist gleich „mehr"; *i* ist hinweisendes Fürwort)

A' mpóẹ hà ǹgẽ er schwätzt (viel) gleich dem *ǹge* (der Fetisch eines Geheimbundes)

A gwé ǹẹ́m ǹgòmb er hat ein zähes Leben wie ein *ǹgomb* (eine kleine Krokodilsart)

Má gwẹ́l uẹ̀ magwẹ̀la ma (hi)kombád, mbúlbẹgẹ ich werde dich anfassen wie ein *hikombad* (eine Krokodilsart, ca. 60 cm lang, aber breit; *ǹgòmb* ca. 1 m lang), mache die Augen zu (der *hikombad* beißt sich fest, schließt die Augen und läßt nie mehr los)

A béga ǹgìm tòǹ, ba nsébel ǹọ́ er trägt eine ganze Palmkerntraube, die man Kopf heißt (Schmähwort für jemand, der einen dicken Kopf hat)

A ńhiómnâ ńébel jól le̱ hű er trägt einen Humpen mit sich herum, sein Name ist Magen: wird auf jemand angewendet, der trinken kann wie ein Kamel, dessen Magen wie ein *ńebel* ist

Ńgindbátó̱ jàm nyé̱n a ńgwé̱l nyé̱, bă wib kì ù? *Ńgindbátó̱* ist eine giftige Raupe, deren Biß äußerst brennend ist: Etwas äußerst Schmerzliches haben sie ihm angetan, so daß es kein Diebstahl mehr ist

A tighé̱ne̱ uè̱ mbúh mabè̱l mú jàm lì, tò̱ muàh jó̱ wenn ihm der Schenkelmuskel zittert wegen dir in einer Sache, dann laß sie (Wenn jemand im Ernst schimpft, dann muß ihm die hintere Schenkelmuskel zittern)

A ńjógle̱ me̱ mís ńjòg-ńjòg er sieht mich mit wilden Augen an.

5. Vom Pronomen.

§ 46. Das persönliche Fürwort.
(Personal-Pronomen).

Es gibt 2 Arten:

1. Das für die Konjugation gebräuchliche (§ 9, a), das natürlicher Weise nur subjektiv stehen kann. Es entspricht den 6 Nominalklassen.

Soll das Subjekt verstärkt werden, so stellt man ihm noch das eigentliche persönliche Furwort vor, *me̱ mí ńke̱.*

2. Das für sich alleinstehende Fürwort (§ 5) Es heißt in allen 4 Fällen gleich, ist also zugleich subjektiv und objektiv. Die 1. und 2. Person Einzahl und Mehrzahl ist natürlich nur persönlich anwendbar und lautet darum stets gleich, während die 3. Person Einz. und Mehrz. gemäß den Nominalklassen sich ändert.

Übersicht.

	Klasse	1.	2.	3.	4.	5.	6.
Subj.	Einzahl	*mi i a*	*u*	*u di*	*hi*	*i*	*ĭ*
	Mehrzahl	*di ni ba*	*mi*	*ma*	*di*	*bi*	*ī*
Obj.	Einzahl	*me̱ ue̱ nye̱*	*wo̱*	*wo̱ jo̱*	*hio̱*	*yo̱*	*yo̱*
	Mehrzahl	*bes bē bo̱*	*mo̱*	*mo̱*	*ǰo̱*	*gwo̱*	*yo̱*

Eine Verstärkung drücken folgende Formen aus:

Kl. 1 2 3 4 5 6

a. *me̱n, ue̱n, nye̱n; wo̱n; wo̱n, jo̱n; hio̱n; yo̱n; yo̱n*
beh bo̱n, bē bo̱n; bo̱n; mo̱n; mo̱n; ǰo̱n; gwo̱n; yo̱n.

Beispiele: *1. Bē bó̱n mi nsébel* euch habe ich gerufen. *2. Ntomba unu wó̱n mí nsombol. 3. Hilóga híni hió̱n mi mbád.*

b. Die reflexive Form „selbst" *-me̱dé̱:*

me̱me̱dé̱, ue̱me̱dé̱, nye̱me̱dé̱, wo̱me̱dé̱, jo̱me̱dé̱ hio̱me̱dé̱ etc.
beh'me̱de̱, bēme̱de̱, bo̱me̱de̱, mo̱me̱de̱, mo̱me̱de̱, ǰo̱me̱de etc.
Me̱me̱dé̱ mí ńke̱. Mi ntéhe̱ nye̱me̱dé̱.

c. „allein" *-táma:*

metáma, uetáma, nyetáma, wotáma, jotáma etc.
beh'tama, bētama, botama, motama, motama etc.

Nyetáma a bì lò. Mi nsómbol uetáma.

d. „einzig und allein" *-pógi:*

mepógi, uepógi etc. *beh'pogi, bē̆pogi* etc. *Hémle ndigî Jób nyé-pógi. Mepógi le mi bi non nyé.*

e. „auch" durch Anhängen von *g* an das Pronomen:

mèg auch ich; *uèg* auch du; *nyég* auch er; *wóg, jóg, hiog, yog*
béh bôg; bé bôg; bog; mog, mog, jog, gwog.

Béh bôg dí ìke. Bod bána bóbasono bóg ba bí nyodi.

f. die reziproke Form „einander" wird ausgedrückt durch *wáda ni nú* in Verbindung mit dem Suffix *nã* des Zeitworts. *Wada ni nu* ist dem Duala entsprechend eine Neubildung; die alte, vollständig genügende Form ist nur das Zeitwort mit *nã; ba bí bébnã (wáda ni nú)* sie schlugen einander, *ba bí pòdhanã bó bà* sie (zwei) sprachen miteinander, *ba bí pòdhanã bó ni bó* sie sprachen miteinander (mehrere: sie mit ihnen). Weiteres s. Verb!

Redewendungen mittelst des Personpronomens.

béh uè ich und du (nicht *me!* auch nicht *ni!*) aber *uè nì uè!*
béh mùd ich und jemand anderes
bé mùd du und jemand anderes
béh Ntámak ich und *Ntamak,* wir . . .
bé Ntámak du und *Ntamak,* ihr . . . .
me ué lē: ich (sage) zu dir. } Wenn ich meine Rede unterbrechen
me bé lé: ich (sage) zu euch. } mußte, dann kann ich nachher wieder fortfahren mit den Worten *me ué lē:* in der Einz. oder *me bē lē.* Ebenso kann es gebraucht werden zu einer Wiederholung, um sie etwa eindringlich zu machen

Yésu nyê: . . . . es folgt eine wörtlich angeführte Rede.

Sáñgo nyē: . . . Voraus geht, daß der *sañgo* etwa zu seinem Lehrer etwas gesagt hat, das er den Leuten sagen soll. Der Lehrer beginnt *sañgo nye* und führt es wörtlich aus.

Ñgómin nyé lē: (beachte *le!*) der *gobina* hat etwas gesagt, sein Übersetzer fährt umschreibend, nicht wörtlich fort, zu erzählen was er gesagt.

mé ã (ich — sage): Wenn ich etwas sagen will, daß gewiß alle auf mich hören sollen, leite ich ein mit *mé ã* . . . der Zuhörer (oder die Zuhörer) müssen dann erwidern: *ĩ;* dann nach dieser Zustimmung kann ich meine Äußerung tun. Sehr häufig wird die Rede, besonders um sie anschaulich zu machen, mit *me* durchsetzt.

sañgo nyé ã: der *sañgo* hat etwas etwa zu seinem Jungen gesagt, das er den Leuten ausrichten soll. Der Junge geht und beginnt seine Rede *sañgo nyé ã.* Es erfolgt das *ĩ* und er läßt dann seinen Schwall losbrechen, schiebt manchmal wieder *nye* oder *sañgo nye* ein.

bėna màm mọṅ du und deine Sachen (nicht eure!)
bọna màm máb sie und ihre Sachen
bé nì màm mánán ihr und eure Sachen
bọ́ nì màm máb sie und ihre Sachen.

Regeln: 1. Steht eine Häufung von Subjekten bei nur einem Prädikat, so steht meistens das Fürwort des letzten Subjekts als Subjektsfürwort, seltener das der 1. Klasse in der Mehrzahl *ba*. Als Objektsfürwort wahlt man meistens auch das des letzten oder *bọ*. Steht ein Kollektiv in Rede, so bezieht man die einzelnen Subjekte auf dasselbe. Die in Fabeln oder Sprichwörtern auftretenden Tiere werden als Personen, also als Zugehörige der 1. Klasse behandelt.

Nsàṅ ni masẽ bá ye masọ́da makẹ̄ṅi; *Yesu a ntí bọ́* Friede und Freude sind große Segnungen, Jesus gibt sie.

Njẽ, kói, hisẽ bí ye binúga bi bikái der Leopard, der Affe, die Antilope sind Tiere des Waldes.

Kúl á bi kal lẹ́: Mi kóli áb malẽb mú lẽb die Schildkröte sprach: ich vermag Wasser zu schöpfen aus dem Bach.

2. Stämme und Städte nehmen als Pronomen das derjenigen Klasse, dem das Nomen zugehört; *Maṅgà ma ye nyọ likol; Ndogobisọl i gwe ṅgandag bod; Yerusalem yọsona i bi kẹ yag Yohane.*

3. Manche persönliche Fürwörter müssen im Deutschen als unpersönliche wiedergegeben werden, z. B.

lihẹ́b lí gwè mẹ̀ es friert mich, ich habe Fieber
njàl 'gwé mẹ̀ es hungert mich
nyúh 'gwé mẹ̀ es dürstet mich
ṅgóṅ 'gwé mẹ̀ es verlangt mich
mahàg má gwè mẹ̀ } es freut
masẽ má gwè mẹ̀ } mich
bod báa ba nlọ́ es kamen 3 Männer
maòg ma tá ha be es ist kein Wein mehr da.

jìbẹ dí ye es ist finster
hìbẹ 'yé es ist heiß
mbàmbad í ṅmùẹg es blitzt
mbàmbad í mbam es donnert
nòb á nọ̀ es regnet
hugùlẹ 'mpẽb (mpẹp) es geht ein Wind

§ 47. Das Besitz anzeigende Fürwort.
(Possessiv-Pronomen).
Vergl. § 9, e und Tabelle S. 13.

1. Dasselbe steht für gewöhnlich nach dem Nomen, kann aber auch zur Hervorhebung vorn stehen; *ti mẹ libatọ jẹm* gib mir mein Tuch; *tí mẹ jẹ́m libàto* gib mir mein Tuch!

2 Steht das Possessiv für sich, so bezieht es sich auf sein Substantiv zurück, *mi nsombol bémẹ libato jọ́ṅ, ti ndígi mẹ jẹ́m. I gwé ṅgàndag mìnlọ́b, tí mẹ wẹ́m wáda* du hast viele Angeln, gib mir die meinige eine (im Sinn von: gib mir eine davon); *tí mẹ mẹ́m mà* gib mir (schenk mir oder verkaufe mir) zwei davon. *I gwé ṅgàndag sìba, tí mẹ hiẹ́m hìài hiáda* du hast viel Tabak, gib mir ein Blatt davon; *tí mẹ́ jẹ́m jái dìba* gib mir zwei Blätter davon *Ndáb íní ì yè yẹ̀m* dieses Haus ist das meinige (gehört mir). *Mán núnu à yè wẹ̀m* dieses Kind gehört mir; *bọ̀n bána bá ye bẹ́m* diese Kinder gehören mir.

3. Nachfolgende possessive Verbindungen haben präpositionale Bedeutung
nyu, tom wegen für; *ṅó* statt (stets nur Einzahl).

nyu yém	wegen	meiner,	für mich;	*tom yém*	(ja nicht: *nyu me!!*)
nyú yòṅ	„	deiner,	„ dich;	„ *yóṅ*	
nyú ye	„	seiner,	„ ihn;	„ *yé*	
„ *yes*	„	unser,	„ uns;	„ *yés*	
„ *nan*	„	euer,	„ euch;	„ *nán*	
„ *yab*	„	ihnen,	„ sie;	„ *yáb.*	

ṅó wem	anstatt	meiner
„ *woṅ*	„	deiner
„ *we*	„	seiner
„ *wes*	„	unser
„ *nan*	„	eurer
„ *wab*	„	ihrer

nyu, tom, ṅo werden vollständig als Nomina behandelt (*nyu* Körper, *tom* Ursach
ṅo Kopf).

Merke: Die Bedeutung von *nyu* „wegen" kann hier noch nicht mit Be
spielen belegt werden, weil bei ihr die Adverbialform des Zeitworts steh
muß, z. B. *mi ṅkil Nyàbi nyú yòṅ* ich gehe deinetwegen nach *Nyabi* (um di
etwa zu sehen), aber *mi ṅke Nyabi nyu yoṅ* ich gehe für dich nach *Nyabi (k*
ist Adverbialform, Lokativ, von *ke).*

Yésu a bí wo nyú yes (für uns). *A bi kál me nyú ye* (er sagte mir v
ihm (Person) oder: er sagte mir davon (Sache); *mi nsombol sá ṅó woṅ* i
will an deiner Statt bezahlen.

4. Bei Zusammensetzungen steht das Possessiv nach seinem Nomen; *bé*
ṅém we die Sünde seines Herzens, *béba ye ṅém* sein sündiges (böses) Her
bibéba gwab bi miṅém ihre bösen Herzen; *sáṅsaṅ yè ṅgwà* sein väterlicher Freun
ṅgwa ye ṅém sein Herzensfreund

§ 48. Das hinweisende Fürwort.
(Demonstrativ-Pronomen).
Vergl. § 9, 1. b.

1. Dasselbe steht nach seinem Nomen; in einzelnen Fällen kann es au
vor demselben stehen und hat dann die Bedeutung von „so ein" *mud nú*
dieser Mann; *núnu mud* so ein Mensch (in der Bedeutung gleich *ini ndoṅ mud*
jam líni diese Sache; *dini* (*líni*) *jam* so etwas.

2. In Verbindungen, wenn dem Nomen Attribute beigelegt sind, steht d
Demonstrativ nach den Attributen, *njel bé íni* oder *béba njel íni* dieser schlech
Weg (*ini* bezieht sich auf *njel* zurück); *ndóṅ nhád mud íni* so ein reicher Man
makabo mém makéṅi mána; schwulstige Verbindungen werden, wie im Deutsche
vermieden.

3. Sehr gang und gäbe sind Demonstrativ-Verbindungen an Stelle v
Sätzen: *ṅgèda íni!* = Zeit ist diese, d. h. es ist Zeit sc. zum Essen etc. *Li*
líni! Reise diese, d. h. Gehst du auf die Reise? (Zuruf eines Vorübergehenden
mahú mána Heimkehr diese? cf. Duala: *timba din!* etc. *Ṅgèda jé!* es i
Essenszeit (= *ṅgeda je ini).*

Ebenso: *mę núnu* ich dieser, d. h. da bin ich.
nyé núnu da ist er
béh bána, bē bána, bo bána.
wo unu, mo mini; jo dini, mo mana; hio hini, ǰo ḍini; yo ini, gwo bini; yo ini.

1. A Tonye! — Me núnu! 2. Bébga a ye hé? Nyé nùnu. 3. Hidìba hi ṅkú wem hi ye hé? — Hió hìni.

4. Demonstrative Bildungen sind ferner:
Yesu nu Nasaret Jesus von Nazaret; *wada nu dilóga jé* einer von seinen Jüngern; *wada ni nu* einander
I Yesu nunu dieser Jesus.
á bod bána! ihr Leute! (Zuruf in der Mehrzahl).
á mud núnu du! (mit der Nebenbedeutung: du sonderbarer Mann da!) Will man einen einzelnen Unbekannten anrufen, ohne spitzige Bemerkung, so ruft man einfach *á ṅgwàm!*

5. „Derselbe“ wird übersetzt 1. mit *nyand — tẽ* oder seiner Abkürzung *nya -te.*[1]) *Nya* ist inflexibel, *-te* wird vom Nomen regiert; 2. mit *nlelem* (ob nicht vom Duala herübergenommen, konnte ich noch nicht feststellen). „Ebenderselbe“ *nyá — tẽ lę. Nyana mud nte (nya mud nte) lę ā ṅkond mę* derselbe Mann hat mich gescholten (Duala: *moto mene a kimedi mba). Nya* kann auch ganz wegfallen und nur *-te* wird beibehalten: *mud nté; mi ṅkál nyé nyá jam lité ké bà; hidìba hitẽ hi nyíbil ṅkú wòṅ nì wém; a gwé nyá ndoṅ bikáta (bi)té ki mę; a bi kal mę nyá béba jam té kí uę. Mí nsombol nlèlem wém dibondó* (der Junge hat meine Tasse zerbrochen; um ihn schwer anzutreiben, sage ich *mi nsombol nlelem wem dibondo,* was natürlich unmöglich ist).

§ 49. Das fragende Fürwort.
Das Interrogativ.

1. Dasselbe lautet:

Einz. *njé?* wer? Mz. *bonjé?*	*-to nje* irgend jemand, *to bonje*
ki? was? (Mz. ebenso)	*to ki* irgend was
kinje, *-mbe*, *-he* } was für ein (Mz. ebenso)	*to kinje*, *to -mbe*, *to -he* } irgend jemand, irgend was

(cf. S. 36!)

njé a gwe jam díni? wem gehört dieses?
mén mi gwé oder *di ye jém.*

Wenn ich fragen will: „wer hat das getan“ und ich weiß, daß nur einer es getan haben kann, frage ich: *njé a mbóṅ hála?* Können es aber nur mehrere getan haben, so frage ich: *bonjé bá mboṅ hála? Bóṅ, to kí a ṅkál uę!* Tu, was irgend er dir sagt, oder *to kínje jam, to límbe jam* etc.
njé núnu? wer ist das? *bonjé bána?* wer sind diese?
njé nunu? wer ist das? *mę núnu* ich bin es; *nyę nunu;*

---

[1]) *nya* gerade, *te* selb-, *nya -te* gerade der, gerade derselbe; *te* für sich allein: „derselbe“.

njé̱ nunu? Me̱ Ntámag ich *N.*
bo̱nje̱ bana? beh bána, bó̱ bana;
ue̱ njé̱? wer bist du?
bé̱ bo̱njé̱? wer sind diese?
bé ni ye ndog kí? wer seid ihr? (dem Stamm nach?) *beh Ndogonjue̱.*

2. Abkürzungen:
a ye mud wé̱n? wem gehört er?
ba ye bod bé̱n? wem gehören sie an?
kad yé̱n? ntomba wé̱n? mintomba mé̱n? liko̱ndo̱ je̱n? hikó̱ta hié̱n? bisóya gwé̱n? nyú yé̱n? („für wen?“) aber auch: der Körper wessen? z. B. *nyu ye̱n i ńkańla be?* der Körper wessen schaudert nicht, d. h. wem gruselt es nicht?)

§ 50. Das rückbezügliche Fürwort.

Das Relativ.
Vergl. S. 12

Die Form für dasselbe ist die demonstrative für „jener“, *nu, ba; u, mi; di ma* etc. Wenn nicht absolut notwendig, wird auch diese Form weggelassen und die Stellung allein genügt, das relative Verhältnis auszudrücken.

1. Nána mè̱ kàd, mi bí koh yáni (bring mir das Buch, (das) ich gestern bekommen habe). *2. Jó̱b a nógoh bó̱basona, ba nyán nyé̱* Gott bestraft alle, die ihn verachten. *3. Ntomba, mi bí so̱mb nó̱mã, wó̱ unu, 4. Hidìba hité, hi nyíbil ńkú we̱m, hió̱ hini. 5. Nyá mud nté, a bi béb me̱, nyé̱ nunu. 6. Njé̱ a nla tób masé̱ ma bé̱d, ā yéga nyé̱ni* wer kann aussprechen die Freude von denen, (welche) er wird zu sich führen (*ā yega* Futurum).

nu a kann zusammengezogen werden in *mue̱d* welcher, Mehrzahl *be̱d* welche.

7. Nú a mbó̱ń hála, mi mbéb nyé̱ (mue̱d a mbo̱ń hala); bá ba mbo̱ń hála oder *bé̱d ba mbo̱ń hála . . . 8. Mud nú, a mbo̱ń hala, a ńko̱h masó̱da* (Segen); *be̱d, ba mbo̱ń . . . .* oder *ba ba mbo̱ń . . .* oder *be̱d bod, ba mbo̱ń . . . ;* etwas unbestimmter: *to̱ nje̱ a mbo̱ń hala . . ., to̱ bo̱nje̱ ba mbo̱ń hala . . ., to̱ be̱d ba mbo̱ń hala . . .*

§ 51. Das unbestimmte Fürwort.

Das Indefinitum.

to̱ njé̱ wer	*to̱ kínje̱ mud* irgend einer	*mud, bod*	zur Bezeichnung von „man“.
to̱ kí was	*ndèg jàm* etwas	*ba* sie	
hí mud jedermann	*tò̱ jàm* nichts	*di* wir	
tò̱ mùd niemand	*bahó̱gi* einige	*hi mud*	

§ 52. Das Ausrufewort.

Die Interjektion.

Dieselben muß man sich vorsprechen lassen, weil sie zum größten Teil mit einem Sington gesprochen werden.

1. Zuruf: *a Ntamag é̱! ló̱ ō!* Merke: Bei Namen steht am Schluß *e*, sonst im Zuruf *o!*

2. Eigentliche Interjektionen:
wéê ach! o weh! bei einer überraschenden Trauerbotschaft
wē kekéte kē im Streit, wenn er blutig ausartet.
yá yá o! Schmerz
yǒ ach! Mitleid
yô aber auch!
yá was! Überraschung und Erregung; auch *yǒ*
yà potz Tausend: lächerliche Überraschung
hēā aha! da spukts!
wēēⁱ / *wōōⁱ* } Verwunderung über etwas Großartiges; ah!
tuluñ Ruf bei einem jauchzenden Tanz *(masòhobe)*.
jǒ, jǎ gsch! Laut beim Treiben der Tiere.
helelelel.... Beifallsjodler der Frauen mit vibrierender Stimme und an den Mund gelegter Hand; das Jodeln heißt *hiléla di* —; *leñ dilela* jodeln.

3. Uneigentliche Interjektionen.
tói e! was!
yiboñ! sicherlich (S. 44)
balóne! sicherlich nicht!
wê selbstverständlich
là so! [Schmerz
ē á ni! oder *ē á ye o o!*
a log tada yem! od. *a logⁱ soñ!* wenn man notgedrungen etwas tun muß
hē tá è! oder *ta ē tèñ!* oder *ta ē kid koñ!* Jubel beim Empfang (Worte ohne Sinn!).

6. Vom Verb.

§ 53.

A. Seine Bildungsklassen.

Das Verb ist überaus mannigfaltig in ursprünglichen Formen und in Neubildungen. Doch ordnen sich alle ursprünglichen Formen mit ihren Neubildungen in fünf, stufenmäßig aufeinander folgende Klassen und zwar so lückenlos, daß das Verb als überaus schönes, harmonisches Ganze sich aufbaut, wie man es in einer Negersprache nicht vermuten sollte.

Ich stelle die Bildungsklassen (A) der Konjugation (B) voran, weil so die Konjugation sich viel einfacher gestaltet. Auch aus dem logischen Aufbau sich ergebende Gründe erfordern zwingend diese Anordnung.

Die mannigfaltigen Formen des Verbs mit der Originalität der Syntax und dem Reichtum des Vokabulars zusammen erzeugen eine Feinheit und Vielgestaltigkeit, die z. B. dem Duala entfernt nicht eigen ist.

§ 54.

1. Klasse.

Sie umfaßt sämtliche Intransitiva (Zeitwörter, die keine Ergänzung verlangen). Die meisten haben konsonantischen Auslaut, wenige vokalischen, eine kleine Zahl ist zweisilbig, etliche haben neben der intransitiven Bedeutung au transitive (können eine Ergänzung zu sich ziehen, müssen aber nicht).

Intransitiva können aber transitive Bedeutung erhalten durch Neubildunge Kausativa genannt, weil sie ein Bewirken, Machen, Tunlassen ausdrücke

a) Der Kausativ der einsilbigen Intransitiva mit vokalische Auslaut.

Regel. Einsilbige Intransitiva mit vokalischem Auslaut erhalten kaus tive Bedeutung durch Ablautung und Anhängen des kausativischen *s*, dieses wird im Zusammenhang des Satzes *h*. Nach dem *h* klingt bei der Aussprac der Ablautungsvokal leicht nach (euphonisch), bei der Ablautung wird

a zu *e* — *e̱* zu *e* — *o* zu *u*
e „ *i* — *i* „ *e* — *o̱* „ *o*
u bleibt *u*.

Beispiele Intr. *wa* müde werden, kaus. *wes* müde machen; *ho̱b wo̱ṅ ṅwehᵉ me̱; no̱* regnen, *nos* regnen lassen, *Jo̱b a noh no̱b* Gott läßt (den Rege regnen

je̱ essen, speisen, *jes* speisen tr., *o̱* keimen, aufgehen, *os* keimen lassen, *wă* müde werden, *wes* müde [machen.

no̱ regnen, *nos* regnen mache lassen, *so̱* fliehen, *sos* zur Flucht v helfen, entführen.

Etwas veränderte Aussprache haben:

jŏ̱ kämpfen, *jos* bekämpfen, *a njohᵘ me̱ (u* nachklingend, nicht *o)*
lō̱ vorbeigehen, *lōs* vorbeilassen, *lohᵘ me̱* laß mich vorbei!

Unregelmäßige Ablautung haben:

nyo̱ trinken, *nyus* tr. lassen
ke̱ gehen, *kis* gehen lassen
yen sitzen, *yis* setzen

kwo̱ fallen, *kwes* niederstoß fallen lassen
wo̱ sterben, *wes* sterben lass

b) Der Kausativ der einsilbigen Intransitiva mit konsona tischem Auslaut.

Beispiel: Intr. *po̱d* sprechen, kaus. *podos* sprechen machen, d. h. sprech mit; *mi nsombol podohᵒ ue̱* ich will mit dir sprechen, dich sprechen.

Regel 2. Der Kausativ dieser Art Intransitiva wird gebildet, indem m den ursprünglichen Vokal ablautet und ihn in einer zweiten Silbe nachkling läßt mit schließendem *s*.

mal fertig sein,	*meles* fertig machen
pam hinausgehen,	*pemes* hinaus tun, lassen
bai scheinen, leuchten	*beyes* scheinen lassen, leucht lassen, beleuchten
hend schmutzig sein,	*hindis* beschmutzen
pel sieden intr.,	*pilis* sieden tr. [brenn
leg heiß sein,	*ligis (digis)* heiß machen, v
be̱l gar sein,	*beles* gar kochen
be̱d hinaufsteigen,	*bedes* hinauftun

hel wundern,	*heles* wundern tr.
bemb warten,	*bembes* warten lassen
yeb arm sein,	*yebes* arm machen
un alt sein,	*unus* alt machen
pod sprechen,	*podos* sprechen tr.
noi ruhen,	*noyos* ruhen lassen
hol wachsen,	*holos* wachsen lassen
nom leben,	*nomos* Leben geben
hog schwimmen,	*hogos* schwimmen lassen
bomb ermatten,	*bombos* ermatten tr.
tomb zart sein,	*tombos* zart machen
job hineingehen,	*jubus* hinein lassen
bog vorausgehen,	*bugus* voraus schicken
sog hintennachgehen,	*sugus* hintennach gehen lassen
pob rein sein	*pubus* rein machen
bol viel sein	*bulus* viel machen
tol häufig sein; versäumen,	*tulus* häufig machen, versäumen tr.

sos herunterkommen, *suhul* heruntertun

(*lama* schön sein), *lemes* gefallen, *a ye nlam, a nlemeh beme me.*

Viele Verba bilden auch einen Kausativ mit den Suffixen *ha* und *he* und erhalten dadurch eine besondere Bedeutung, zum Teil wird „tun machen“ und „tun lassen“ genau unterschieden,

kon krank sein, *a ńkonoh me* er ließ mich krank werden, *a ńkonha me* er machte mich krank.

kon wóńi sich fürchten, *a ńkon me wońi* er fürchtet mich; *a ńkonha me wońi* er machte mir Furcht, Angst;

kon masē sich freuen, *a ńkónha me masē* er erfreute mich;

lō vorbeigehen, *loha* übertreiben, *a nloha mam momasona;*

a bi lemha bo er versöhnte sie (v. *lama);*

ba bi gwelha nye sie ertappten ihn (v. *gwel);*

a bi yebha me er hat mich übergesetzt (v. *yab);*

a bi kidha me er hat mich aufgehalten (v. *kid);*

ba mbegha me sie überreden mich (v. *beg);*

a nyeghe njel er ebnet den Weg (v. *yeg);*

nol lachen, *á nol* er lacht, *a nol me* er verlacht mich, *i noholá mè* es macht mich lachen, entstanden aus dem Kaus. *nolos, noloha;* häufig tritt eine Umkehrung der Konsonannten ein, so hier aus *noloha nohola,* ebenso *beghe* aufreizen und *behege, begha* und *behega.*

c) Kausativa der zweisilbigen Intransitiva.

tode aufwachen,	*todol* aufwecken	*hebe* aufwachen,	*he* aufwecken
tuge auferstehen,	*tugul* erwecken	*nigil* lernen,	*niga* lehren
nimil verloren sein,	*nimis* verlieren	*tańgal* leiden,	*teńga* plagen.

d) Intransitiv und transitiv zugleich.

beńge̱ schauen	*nib* stehlen	*tań* verleugnen	*he̱ń* ändern
konde̱ hinzufügen	*yi* wissen	*tam* bereuen	*sombol* wollen
bad fragen	*lamb* kochen	*se* verehren	*bodol* anfangen
ti geben	*kos* erhalten	*no̱l* töten	*sebel* rufen

Übungen. *1. Mi mal je̱; mi meleh^e bije̱g gwe̱m. 2. Ko̱n we u bi unuh^u nye̱ ńgandag. 3. I mbedeh^e nsa makabo mo̱ń, suhul ki wo̱, u nlemeh^e beme̱ me̱ hala; — konde̱ suhul wo̱! 4. I bi hindih^i mbo̱d yo̱ń yo̱sona hanano̱. 5. Ke̱mbe i mpam, pemeh ki mintomba hanano̱. 6. Makabo ma mbe̱l? — Pala beleh mo̱! 7. Jo̱b a ńoh^u bikai, a noh^o ki no̱b. 8. I nsombol tuluh lo̱ńge̱ yo̱ń yo̱sona? 9. A ntol sukulu; ba ntuluh nye̱ sukulu.*

10. Du hast dein Tuch sehr schmutzig gemacht, reinige es! 11. Deine Sprache macht uns lachen. 12 Der Palmwein hat ihn krank gemacht. 13. Schick *Ntamag* voraus! 14 Dein Palaver ermüdet mich. 15. Gott läßt die Sonne scheinen. 16 Wir wollen dich sprechen. 17. Er ließ mich lange *(ńgandag)* warten.

2. Klasse.

§ 55.

Sie umfaßt diejenigen 2silbigen Transitiva, für die bezeichnend ist, daß beide Silben gleichen Vokal haben und mit *l* auslauten. Sie hat 3 Bildungsformen.

a) Zweisilbige Transitiva mit Reflexivbildung.

Manche dieser gebildeten Reflexiva haben auch Passivbedeutung, die näheren Umstände lassen das erkennen.

Regel. 1. Die Reflexivform der Transitiva wird gebildet, indem man einfach *a* anhängt. Ist in der Mitte des betreffenden Wortes nur ein Konsonant, so fällt der nachfolgende Vokal aus aus euphonischen Gründen, so daß es aussieht, als ob *la* an die erste Silbe angehängt wäre, *tomol, tom-la.* Bei zwei Konsonanten in der Mitte bleibt in der Regel der nachfolgende Vokal, ebenso bei *h.* Aber auch hier kann ohne Fehler der Vokal ausgeworfen werden, cf. im Deutschen: sehet, seht! *puńgul, puńgula, pahal, pahala.*

me̱me̱l bewundern	*me̱mla* sich bewundern
tomol klopfen	*tomla* sich klopfen
he̱ńe̱l verändern	*he̱ńla* sich verändern
sogol schälen	*sogla* sich schälen
se̱ge̱l ordnen	*se̱gla* geordnet sein
tabal heilen	*tabla* geheilt sein
tibil verbessern	*tibla* verbessert sein
nuńul verkaufen	*nuńla* verkauft sein
kedel schreiben	*kedla* geschrieben sein
puńgul durcheinander machen	*puńgla* durcheinander sein
pahal bekennen	*pahala* ist bekannt
ho̱ho̱l auflösen	*ho̱ho̱la* sich lösen

yahal tadeln — *yahala* getadelt werden
tohol retten — *tohola* gerettet sein
himbil entfernen — *himbila* sich entfernen
kogol strecken — *kogla* sich strecken
nahal öffnen — *nahala* sich öffnen.

a ńkogla er streckt sich (nach dem Schlaf)
a nahala er gähnt
ba ńkagla sie krabbeln.

Die Bedeutung mancher dieser Wörter ist eine umfangreiche, sie ist im Wörterbuch behandelt, ist nicht Sache der Grammatik.

b) Transitiva mit Reflexiv-Präteritumbildung.

Das Präteritum zeigt an, daß die Handlung in einen Zustand übergegangen ist (Präsens Perfecti), der im Präsens gedacht ist.

Regel 2. Das Präteritum bildet sich, indem sich die zweite Silbe des Verbs in ein *i* verdichtet.

sańgal ebnen	*sańgla* sich ebnen	*sańgi* eben sein
sundul herabziehen	*sundla* herabrutschen	*sundi* herabgerutscht
sindil fallen machen	*sindla* fallen (v. Wasser)	*sindi* gefallen sein
sodol herausziehen	*sodla* sich herausschaffen	*sodi* herausgegangen
sendel schief stellen	*sendla* sich schief stellen	*sedi* schief sein
lohol verletzen, schürfen	*lohola* sich verletzen	*lohi* verletzt sein

mi ńke nańal ich gehe mich zu legen (schlafen),
a nńi er liegt (meistens mit der Beibemerkung: krank).

3. Klasse.

§ 56.

Hierher gruppieren sich einsilbige Transitiva. Sie lassen verschiedene Bildungen zu:

a) Einsilbige Transitiva mit Präteritum.

hol schärfen — *ho* scharf sein
obos verderben — *obi* verdorben sein
yonos füllen — *yoni* voll sein
kweyes vergnügt machen — *kwai* vergnügt sein
kob ausschütten — *kubi* ausgeschüttet sein
sob verschütten — *sobi* verschuttet sein
tob durchlöchern — *tubi* durchlöchert sein
peg anspießen — *pigi* angespießt sein.

b) Einsilbige Transitiva mit Reflexivsuffix *ba* und Präteritum.

nid stutzen	*nidba* sich stützen	*nidi* gestützt sein
tos abwischen	*tohba* sich abwischen	*tohi* abgewischt
gwel halten	*gwelba* sich halten	*gwe* haben
keg hauen	*kegba* sich hauen	*kega* gehauen sein

bog abbrechen tr.	*bogba* abbrechen intr.	*bugi* abgebrochen sein
bo̱l zerbrechen tr.	*bo̱lba* zerbrechen intr.	*bō* zerbrochen sein
pad abreißen	*padba* reißen intr.	*pedi* abgerissen sein
ko̱da versammeln	*ko̱dba* sich versammeln	*kodi* versammelt sein
kan spalten	*kanba* sich spalten	*keni* gespalten sein.

c) Transitiva mit verschiedenen Reflexivsuffixen.

kad übermögen	*kadba* sich überheben
po̱m spitzen, fein machen	*po̱mba* selten sein
ted zertreten	*tedba* sich zerteilen
nib stehlen	*niba* sich wegstehlen
keb drehen	*keba* sich drehen
hŏ bedecken	*hoba* sich bedecken
pogos bewegen	*pogha* sich bewegen (zittern, schaukeln)
nyiṅgis bewegen	*nyiṅgiha* sich regen
wad kratzen	*wedha* sich kratzen
yi' wissen	*yihe̱* sich in acht nehmen
pa aufheben	*pahe̱* sich erheben, zu sich kommen (bei Scheintod).

Übungen. *1. Ṅgwe̱nde̱ nunu a hō̱ be, hol nye̱! 2. Dibondo di bo. 3. Ntamag a mbo̱l ṅgo̱g, Nug a mbòl mabam. 4. Bod bo̱basona ba kodi. 5. Mi ṅke̱gba. 6. Kek ye̱m i bugi. 7. Mbo 'ṅgwe̱lba biteg. 8. Gwe̱lba' kek. 9. Nsiṅga ke̱mbe̱ 'pedi. 10. Bod ba ṅko̱dba ndab. 11. Bog baṅ mbamba. 12. Bibaṅga gwe̱m bi bi nyingih ṅe̱m we. 13. Minje̱b mi bē̱ mi nyiṅgiha* (oder *nyihiṅga). 14. A nidi kek ye. 15. Mi ṅwedha. 16. A bi keba nje̱l pe̱. 17. Yihe̱!*

4. Klasse.

§ 57.

Hierher ordnen sich zweisilbige Reflexiva, endigend auf *b* und zwar mit dem Charakteristikum der Wiederholung des Vokals der ersten Silbe in der zweiten. Es gibt folgende Bildungen:

a) Reflexiva mit Präteritum.

yo̱do̱b sich ärgern	*yudi* geärgert
yodob sich verstecken, ein Rohr etwa, daß nichts mehr durch kann,	*yudi* versteckt
yombob sich herunterhängen	*yumbi* herunterhängen
mo̱do̱b stumm werden	*modi* stumm sein
nyo̱ṅgo̱b sich hochbeinig machen	*nyoṅgi* hochbeinig sein
haṅgab sich breit machen	*heṅgi* breitspurig sein
bayab schmächtig werden	*bei* schmächtig sein
hugub hocken	*hugi* hockend sein
pidib heikel tun	*pidi* heikel sein
yo̱ndo̱b	*yondi*

logob sich schmücken	*logi* schmuck sein
mumub sich in Gedanken versenken	*mumi* schweigsam sein
yadab } *neñeb* } schleckig tun	*yedi* } *neñi* } schleckig sein
keleb abspringen	*keli* spröde sein
nogob sich spitzig setzen, sich spitzig legen	*nogi* spitzig sitzen, spitzig liegen.

Übungen. *1. A nogi moñgo. 2. Kad i nogi tebeli. 3. A mpidib ñgandag. 4. A nyadab. 5. Nsiñga 'yumbi. 6. Kob i yudi* (es hat etwas im Hals stecken). *7. A bei ñgandag ni maog. 8. Dinyoñ* (Moskito Pl.) *di nyoñgob.*

b) Reflexiva mit Präteritum und Kausativ.

hinib sich verbiegen	*hini* verbogen sein	*hin* verbiegen
teleb sich erheben, aufstehen	*tē* stehen	*tē* aufstellen
keñeb sich vergroßern	*keñi* groß sein	*keñes* vergrößern
yendeb sich verkleinern	*yendi* klein sein	*yendes* verkleinern
koyob rot werden	*kui* rot sein	*kuiba* rot machen
ombob stutzen	*umbi* stutzig sein	*umbus* stutzig machen
eñgeb sich kleiden	*engi* gekleidet sein	*eñg* kleiden
nahab sich öffnen	*nehi* offen sein	*nahal* öffnen
yandab sich spreizen	*yandi* gespreizt sein	*yandal* spreizen
gwañab sich bereichern	*gweñi* reich sein	*gweñes* reich machen
hadab sich Ansehen erwerben	*hedi* angesehen sein	*hedes* angesehen machen
bandab sich bücken	*bendi* gebückt sein	*bend* beugen
yogob sich befriedigen	*yogi* zufrieden sein	*yogos* befriedigen
koñob sich auf die Seite legen	*koñi* auf der Seite liegen	*koñ* auf die Seite legen.
ñgañgab sich plump machen	*ñgeñgi* plump sein	

Übungen. *1. A bemi winda ye. 2 Nkoñgo 'ñgañgab. 3. Di bendi kel yosona* (d. h. bei der Arbeit, will sagen: wir arbeiteten den ganzen Tag, *bandab* das Bücken der Weiber bei der Arbeit). *4. A gweñi ñgandag. 5. Ndab i nehi* (d. H. steht offen, wir sagen: die Türe ist offen). *6. Mi ñkeñeh wom wem. 7. Kwem yem i hini. 8. Kuiba makabo* (mach die Makabo rot, d. h. gieß Palmöl dran). *9. E i yandi* (d. h. er blüht). *10. Ñku 'ñkoñob, te wo! 11. A nyandab njel.*

5. Klasse.

§ 58.

Die Verba dieser Klasse haben die reichhaltigste Bildung. Sie sind von Natur aus transitiv, haben dann Reflexiv- und Präteritumbildung. Eine neue Bildung ist die adversative Form, eigentlich die Wiederherstellung der ersten, *yib* zumachen, *yibil* aufmachen. Diese adversative Bildung kann auch die reflexive Form annehmen, *yibla*.

Transit.	Reflex.	Präterit.	Adversativ	Reflex. d. Adv.
so verbergen	*so̱lo̱b* sich verbergen	*soli* verborgen	*so̱lo̱l* enthüllen	*so̱la* sich enthüllen
hod beugen, biegen	*hodob* sich bükken	*hudi* gebückt	*hudul* strecken	*hudla* sich strekken
bude̱ zudecken	*budub* sich bedecken	*budi* zugedeckt	*budul* aufdecken	*budla* sich aufdecken
ad vereinigen	*adab* sich vereinigen	*edi* vereinigt	*adal* lösen	*adla* sich lösen
se̱d schief stellen	*se̱de̱b* sich schief stellen	*sedi* schief sein	*sedel* aufrichten	*sedla* sich aufrichten
bag flechten	*bagab* sich flechten	*begi* geflochten	*bagal* aufflechten	*bagla* sich aufflechten
o̱d anhängen	*o̱do̱b* anhangen	*odi* anhangen	*o̱do̱l* trennen	*o̱dla* sich trennen
sag fällen	*sagab* sich legen auf etwas	*segi* liegen auf	*sagal* heruntertun.	*sagla* sich senken
hō wickeln	*hoba* sich wikkeln	*hui* aufgewickelt	*hu* abwickeln	*hua* sich abwickeln
teń anbinden	*teńeb* sich binden	*tińi* gebunden	*tińil* losbinden	*tińla* aufgehen
kań binden	*kańba* sich binden	*keńi* gebunden	*kańal* aufbinden	*kańla* sich lösen
ko̱b knüpfen	—	*kobi* geknüpft	*ko̱bo̱l* aufknüpfen	*ko̱bla* sich aufknüpfen
dibe̱ verwickeln	*dibda* sich verwickeln	—	*dibil* abwickeln	*dibla* sich verwickeln
tinde̱ verschieben	*tindba* sich verschieben	*tindi* verschoben	*tindil* zurückschieben	*tindla* sich zurückschieben
yib zumachen	(*yibe̱* sich versenken)	*yibi* zu sein	*yibil* aufmachen	*yibla* sich aufmachen
ke aufhängen	*ke̱b* sich aufhängen	*kei* aufgehängt sein	*ke̱ye̱l* herabnehmen	*ke̱ila* sich herabschaffen
kes hoch machen	*kahab* sich erhöhen	*kehi* hoch sein	*kahal* erniedrigen	*kahla* sich erniedrigen
was zerreißen	—	*wehi* zerrissen	*wahal* zusammenlegen	—

N. B. *ke* aufhängen, *ke̱b* sich aufhängen ist nicht der Ausdruck für „sich erhängen" (Selbstmord begehen). Diese Wendung heißt: *a nidba* er hat sich erhängt, *a nidi e̱* er hängt am Baum; aber *a nidba kek ye* er stützt sich auf seinen Stock.

Übungen: *1. Hod wo̱* (d. H. biegen, krümmen, d. h. höhlen). *2. Kek i hudi, hudul yó̱! 3. Mbo̱d yo̱ń i ńko̱bla* (aufgeknöpft), *ko̱b yo̱! 4. Nyo̱ i hui* (gerollt). *5. Mi ndibda, soho, dibil me! 6. Dikoga di yibi, yibil jo! 7. Koi 'segi ńgi e. 8. Ba bi sag e ini ńgi i, ba nla be sagal yo. 9. Hob we u segi* (schwebt noch). *10. Kob 'budi ngi maje. 11. Bude ńku* (stürze die Kiste um). *12. Gobina a bi bude nye yani* (d. G. hat ihn gestern übers Faß gelegt). *13. A ńkeyel ńga ye, a ńke ki yo. 14. Kob i ntińla. 15. Nsińga 'hua, ho wo! 16. A soli bikai, ba ńke solol nye.*

§ 59. Übersicht der Bildungsklassen.

Klasse	Intr.	Trans.	Reflex.	Präter.	Kausat.	Advers.	Reflex.
1.	a) *je* b) *job* c) *tode* d) *beńge*				*jes* *jubus* *todol* *beńge*		
2.		a) *tabal* b) *sodol*	*tabla* *sodla*	 *sodi*			
3.		a) *sob* b) *bog* *bŏl* c) *ted* *pogos* *yi*	 *bogba* *bolba* *tedba* *pogha* *yihe*	*sobi* *bugi* *bō*			
4.			a) *bemeb* b) *keńeb* *eńgeb* *koyob*	*bemi* *keńi* *eńgi* *kui*	 *keńes* *eńg* *kuiba*		
5.		*hod* *ho*	*hodob* *hoba*	*hudi* *hui*		*hudul* *hu*	*hudla* *hua*

§ 60. Übersicht der Suffixe.

-la.

Es ist reine reflexive Form, das Subjekt befindet sich in einer Handlung, die einem Zustand zustrebt.

memla sich bewundern
nahala sich öffnen (gähnen)
sehela zittern } ein sich
sigla erschrecken } schütteln
bagla sich entscheiden
lohola sich schürfen
pińgla sich neigen
kubla sich unten durchlöchern
abla sich füllen, voll fressen
puńgla sich aufregen
tomla sich schlagen, stoßen, klopfen
handla sich auftun (Blüten u. dgl.)
sogla sich abschälen
kobla sich lösen, aufgehen
sodla herausgehen
tabla sich erholen.

-ba.

Es bezeichnet ein sich Drängen in einen Zustand.

honba sich gedulden
adba sich vereinigen
kegba sich verwunden
sogba sich gierig gebärden
kedba sich gleich machen
kadba sich überheben, prahlen
seńba sich reiben
yońba sich streifen
końba sich beiseite stellen
kańba sich einengen
tedba sich quetschen
niba sich wegstehlen
padba sich beeilen
tindba sich knittern
nidba sich stützen, sich erhängen (töten)
hedba, *gweńba* sich bereichern
keńba sich umgeben.

-be.

Die Intensivform von *ba.*

adbe sich vereinigen
odbe sich wegbegeben
pàgbe sich stauen, stecken bleiben
humbe murmeln
nyagbe auf den Zehen gehen
holbe sich freuen
tībe sich tauchen (in die Tiefe)
hihibe sich beschweren
yibe sich bücken, sich tauchen (stehend)
jogbe sich erschließen (Blumen)
yogbe laut sein
kigbe stottern
podbe daneben treten
tonbe flackern.

-da.

Drückt eine Tätigkeit aus, die sich gleichmäßig wiederholt.

bańda hinken
bomda sich stoßen
togda zappeln
hegda sich verborgen halten, mißtrauisch sein
nogda fühlen
legda sich füllen, stauen
túgda sich regen
dibda sich verwickeln
yogda aufgeregt, kopflos sein.
yogda sich gehen lassen, schlappig sein
yobda sich falsch ausdrücken, [irren
yigda sich schütteln.

-de.

Intensiv von *da.* Wiederholtes langsames Tun.

togde murren
yobde ni hob schwätzen
omde murmeln
sode verschwinden, *a nsode njel* (hinter einem Berg etc.)
migde hinken
sude sich zuziehen, *kel i nsude* es wird Abend.

Transitiv sind folgende Wörter:

bogde zuschnüren
sude zuschnüren (tr. und intr.)
sańde abhacken
nyegde fein schneiden
nyugde zerbröckeln
sugde aufrütteln
wagde übereilen, überhudeln
kogde stechen, beißen
migde hinken, *a migde like* er geht hinkend (auf beiden Füßen).

§ 61. Kasusbildung (Allgemeines).

Das Subjekt steht naturgemäß im Nominativ, die anderen Fälle werden durch das Verb ausgedrückt und zwar:

1. Das Objekt von *hoṅol* wird mit dem Genitiv übersetzt, *hóṅol mè* gedenke meiner.
2. Bei einigen wenigen wird das Objekt mit dem Dativ übersetzt:
   sā bezahlen, *kal* sagen, *hŏla* helfen, *kónde* hinzufügen hat im Deutschen den Dativ der Person und den Akkusativ der Sache.
   Sehr reichhaltig ist die Bildung des Dativs durch Ablautung und Suffixe am Verbum.
3. Das Objekt der Transitiva und Kausativa übersetzt man mit dem Akkusativ.

§ 62. Dativbildung.

1. Durch Ablautung bei einsilbigen Verba; diese Bildung wird oft mit Präposition wiedergegeben.

a) Vokalischer Auslaut hat einfache Ablautung:

nō regnen, *nol; nob a nol me* der Regen hat mich überfallen
wŏ sterben, *wel; Yesu a bi wel bes* Jesus ist für uns gestorben
kwŏ fallen, *kwel; nyo 'ṅkwel me* die Schlange ist an (auf) mich gefallen
a ṅkwel bẽ er ist an die Grube gefallen (an den Rand)
a ṅkwo bẽ er ist in die Grube gefallen (hinein)
jŏ kämpfen, *jol; a ṅjól me sàṅ* er kämpfte für mich
a njóh^u me sàṅ er kämpfte gegen mich
lŏ kommen, *lol; a nlo meni* er kam zu mir, *a nlol Bikok* er kam von B.
sŏ waschen, *sol; sol me mbod yem* wasch mir mein Kleid!
bŏ dìse wahrsagen; *ból me dìse* wahrsage mir!

b) Konsonantischer Auslaut hat intensive Ablautung:

bad fragen, *bédel me bayóṅ* frag die Geister für mich
bed hinaufsteigen, *a mbedel me* er steigt an mir hinauf, mit der Bedeutung: er erkühnt sich gegen mich
nol töten, *nolol me kob* schlachte mir ein Huhn!
kos bekommen, *mi ṅkuhul ue hisẽ* ich hab dir eine Antilope bekommen (gekauft oder geschossen, nicht gerade im Sinn von: geschenkt bekommen)
nog hören, *a nogol be me* er hört nicht auf mich, er gehorcht mir nicht
bai scheinen, *hiaṅga hi mbeyel bes* die Sonne scheint uns
lamb kochen, *a nlembel me* er kochte mir, kann 1. heißen: er kochte mir (tatsächlich) 2. er schenkte mir ein Huhn und Makabo, (das ich kochen lassen kann)
kid hauen, *kidil bo kob* zerhaue ein Huhn über ihnen (relig. Gebrauch)
pod sprechen, *a mpodol beh basona* er spricht im Namen von uns allen, er spricht für uns (gut für uns)
kon fühlen, *mi bi konol kad yoṅ masẽ* ich freute mich über deinen Brief.

N. B. Verwechsle nicht die Kausativbildung mit dieser Dativbildung! *nsombol podoh ue* er will dich sprechen, *a mpodol ue* er spricht für dich. —

2. durch Suffixe, bei den zweisilbigen Verba endigend auf *l*:
añal erzählen, *añle me jam dini* erzähl mir diese Sache
begel um Hilfe rufen, *a mbegle bod* er ruft den Leuten,
pahal bekennen, *a bi pahale me mam momasona*
toñol erklären, *toñle me hob woñ*!
lombol, a nlomble me njeg er beschwört mir einen Fetisch (gegen mic
pihil spritzen, *a mpihle me* er hat mich gespritzt
pebel sehen nach, *a mpeble me* er sah nach mir.

Merke aber:
nigil lernen, nachmachen, *a nigle me* er macht mich nach (spöttisch)
a niga me er lehrt mich
bĕgel aufhelfen, *bĕga mè* hilf mir auf, *ba bĕga bitèg* sie tragen Erd

Weitere Ausnahme:
bum rösten, *búmle mè mbàha* röste mir Mais!
wañ braten, *wáñle mè núga* brate mir das Fleisch!
om senden, *ómle mè kàd* schick mir einen Brief!

3. durch Ablautung und Suffixe:
sóhob verleumden, *a nsohobéne me (a nsohene me)* er hat mich ve leumdet
únub zürnen, *a unbéne me* er zurnt mir
kóyob rot werden, *a kuiéne nyè mís* er hat rote Augen gegen ihn v(lauter Blicken auf ihn, Sinn: er trachtet ihm nach, ihm etw Böses zuzufügen, ihn zu töten
béghe reizen, *a mbéghe ñgwŏ, a mbeghéne mè ñgwŏ* er hetzt den Hu auf mich
híhe drücken, *wŏ wè u hihéne mè ñgùndag* seine Hand liegt schwer auf m
bálal mís die Augen nur halb öffnen, *a mbaléne mè mis* er sieht mi mit nur halb geöffneten Augen an
pam her-, hinausgehen, *pemes* herausgeben, *a bi pemhéne bò mán wè* gab ihnen seinen Sohn heraus
yódob sich ärgern, *a nyodobéne njé?* er ärgert sich über wen?

§ 63. Die Präpositionalform.

Dieselbe wird gebildet durch das Suffix „*nă* mit, miteinander".

1. Transitive Form („mit"):
lŏ kommen, *lónă yò* komm mit ihm (bring es)
kĕ gehen, *kénă yò* geh mit ihm (trag es fort)
yab übersetzen, *a bi yábnă mè* er setzte mit mir über
gwē das Passiv von *gwăl* gebären, also: geboren werden, *a ñgwēnă té bawóga* er ist geboren (mit der Anlage), Verstorbene zu sehe
a ñgwēnă ndím mùd er ist (als) blind geboren, (als blinder Man
păm hinausgehen, *bódol hána pámnă mbái yè* hier anfangend bis hina an sein Heim, d. h. von hier bis zu ihm; *bódol ñŏ mbái kú*

muel mbai (kuna v. *kundul* hinabgehen) vom Kopf seines Heims bis hinab zum Schwanz, d. h. von oben bis unten.

2. Intransitive Form (reziprok.: „einander"):
ba bi kah^a gwálnă sie fingen an einander zu gebären (zeugen), d. h. sie fingen an Kinder zu zeugen (sc. *wada ni nu)*
lō, ba nlōhánă sie gehen aneinander vorüber
ba nloă bé sie übertreffen einander nicht, sie sind gleich
yi, ba nyină sie kennen einander, sie sind bekannt
beb, ba mbebnă sie schlagen einander,
tehe, ba ntehenă sie werden einander sehen, sie scheinen, *i ntehenă ndigi hala* es scheint nur so; *a ntehenă* er ist sehend, er sieht, *mi nsombol tehenă* ich möchte sehend werden.

3. Adjektive Form:
nol töten (auf irgend eine Weise),
e ini 'nola dieser Baum ist giftig; *kon unu 'nola* diese Krankheit ist tötlich
kogol beißen, stechen (von der Schlange, Moskito etc.), *ñgwó 'ñkōga* der Hund ist bissig, beißt gern
om stechen (von Dornen, Nagel etc.), *bilō bi óma* die Dornen stechen (sind stechig).

B. Die Konjugation.

§ 64.

Übersicht.

Durch die Konjugation kommen folgende Beziehungen zum Ausdruck:

1. die Person: erste, zweite, dritte.
2. die Zahl (Numerus): Einzahl, Mehrzahl (Singular, Plural):
   1. Person Einzahl: *mi* ich; Mehrzahl: *di (du)* wir
   2. Person Einzahl: *i (u)* du; Mehrzahl: *ni* ihr
   3. Person richtet sich stets in Einzahl und Mehrzahl nach der betreffenden Klasse des Nomens, auf das es sich bezieht (cf. Lehre vom Nomen).

3. die Zeit (Tempus). Es gibt wohl Gegenwart, Vergangenheit und Zukunft, doch können sie, wenn nötig, durch ein und dieselbe Form, nur durch veränderten Ton ausgedrückt werden. Es ist daher der Betonung große Aufmerksamkeit zuzuwenden. Im Zusammenhang innerhalb des Satzes tritt sogar der Ton in den Hintergrund und die Zeitlage wird nur durch die Nebenumstände erkannt. Es tritt eben das Zeitverhältnis überhaupt mehr in den Hintergrund, sobald keine Mißverständnisse entstehen können. Dagegen wird mehr auf logische, örtliche und andere Verhältnisse Nachdruck gelegt (cf. im folgenden die Adverbialform und den Durativ), ferner darauf, ob eine Handlung noch andauernd oder vollendet, abgeschlossen, in einen Zustand eingetreten ist. Es wird daher immer zwischen Handlung und Zustand unterschieden werden müssen

4. die Redeweise (Modus):
a) der Indikativ (bestimmte Redeweise) zur Bezeichnung der wirk-

b) der Konjunktiv (unbestimmte Redeweise) bezeichnet die Han lung bloß als etwas Gedachtes, ist daher möglich oder nicht.

c) der Konditionalis: die Aussage ist bedingt oder abhängig v einem in Frage stehenden Umstand.

d) der Durativ drückt das Verhältnis der Dauer einer Handlung einer andern aus.

e) der Adverbiativ, eine Redeweise, die von einer adverbialen B stimmung regiert wird, je nachdem dieselbe ist, unterscheidet man 1. d Lokativ, 2. den Temporativ, 3. den Modalis, 4. den Medialis, 5. den Instrumental

f) der Imperativ, die befehlende Redeweise.

5. das Geschlecht (Genus). Man unterscheidet:

a) das tätige Geschlecht (Activum),

b) das leidende Geschlecht (Passivum).

§ 65. Konjugation des Hilfszeitworts.

Zeiten	Handlung: *bà* sein	Zustand: *bana* haben
Gegenwart	*mí ye* ich bin *mi tá beme* ich bin nicht	*mi gwē* ich habe *mi gwe beme* ich habe nich
Heutige Vergangenheit	*mi bag* ich war *mi bag beme*	*mi bág mi gwē* ich hatte *mi bag béme mi gwē* oder *mi bág mi gwē beme*
Frühere Vergangenheit	*mi bē* ich war *mi bē beme*	*mi bē mi gwē* ich hatte *mi bé beme mi gwé* oder *mi bē mi gwē beme*
Zukunft	*mā ba* ich werde sein *uā ba* etc. *ā ba* *dā ba* *nā ba* *bā ba* *ma ba beme*	*ma bana* ich werde haben *ua bana* etc. *ā bana* *da bana* *na bana* *bā bana* *ma bana beme*

mā ba entstanden aus *mi a ba* (Assimilation); *Bikok* = Dialekt: *ma ga b*
mi ñke ba ist unzulässig, da es Bakoko ist, von Bakokohändlern und Bakok lehrern aus Bequemlichkeit und Unkenntnis der eigentlichen Form so gebrauch Die Form *mi ñke gwe* ist falsch.

gwe ist das Präteritum von *gwel*.

Bei der Negation tritt stets in der 1. Person Einzahl Duplikation d Fürworts ein, aber nur in der ersten.

Um das Hilfsverb „werden" auszudrücken gebraucht man: *temb, hieb yila*; *a hieba beba mud* er wurde (er verwandelte sich in) ein böser Mensc *Yesu a bi yila mud* Jesus wurde ein Mensch (*yila* anstelle treten von); *a nten á mbà* er pflegt zu sein, *a mba a ňke wom we ňgeda kokoa* er pflegt abends in seinen Garten zu gehen (cf. § 66).

Übungen. *1. Ma ba ueni kegela. 2. Ma bana ňgandag ňkus. 3. A ba ňgwaň. 4. Mi nsombol ba man woň. 5. I nla be ba hala. 6. A be Bikok ngma, heni, a bag len. 7. Mi be mi gwe beme to dikabo jada. 8. Makabo ma ba ňgandag ki yaga mu unu, yag gwō gwa ba. 9. Ke ki na ba meni? 10 Njal ya ba be mu unu, da bana bijeg ňgandag.*

Das regelmäßige Zeitwort.

§ 66. Das Präsens.

Das Präsens (die Gegenwart) steht

1. beim Beginn einer Handlung
2. bei der Andauer einer Handlung oder ihrem Übergang in einen Zustand.

1. Der Beginn einer Handlung.

a) Das eigentliche Präsens. Zu dessen Bildung dienen Bildungskonsonanten (abgeschliffene Präfixe) s. § 3, Regel 4. Der Ton ist auf dem Fürwort, *mí ňkè, á ňè, á nàňal;* aber *a nsébel uè* der Ton wird verschoben, *a ňwá* er ist müde, wird als schon eingetretener Zustand, als Vergangenheit gedacht, daher die Betonung des Verbs.

Manchmal wird der Eintritt der Handlung sowie ihre Beendigung durch die Verbindung mit einem andern Zeitwort hervorgehoben. Diese Bildungen sind sehr häufig: *a ňkah jè* er fängt an zu essen, *a mál jè* er ist fertig mit essen.

b) Das Futurum Präsentis (Gegenwart mit Zukunftsbedeutung) gerade wie es auch im Deutschen gang und gäbe ist, *mí nlo* ich komme (sofort), ich werde kommen. Man redet z. B. mit jemand, geht schnell weg, um etwas zu holen oder dergl., dann heißt es beim Weggehen *mí nlò* (beachte genau die Betonung!) ich komme gleich wieder.

Nach „*ilole, yile* ehe, bevor" steht immer, auch wenn wir im Deutschen Vergangenheit haben. im Basa die Gegenwart, im Nachsatz erst die Vergangenheit, *ilole a ňke naňal, a bi nyo bē* ehe er zu Bett ging, trank er noch Arznei. Näheres Syntax!

2. Bei Eintritt eines Zustandes.

a) Der Infinitiv Präsentis zur Bezeichnung einer andauernden Handlung, die als Zustand gedacht wird, *mi ye je* ich bin am Essen, *a ye sombol bijeg* er ist beim Essen suchen, *di nlo pam* wir sind am Hinaus-Kommen (aus dem Wald etwa), wir kommen allmählich hinaus.

b) der Aorist Präsentis zur Bezeichnung einer sich wiederholenden Tätigkeit, *ňgandag bod i ye i nlo mitiň ňgeda yosona* viele Leute kommen gewöhnlich in den Gottesdienst (pflegen zu kommen), *a y'a ňke wom we ňgeda kokoa* er geht gewöhnlich abends in seinen Garten.

c) Das Perfektum Präsentis (Präteritum mit Präsensbedeutung), die eigentliche Zustandsform in der Gegenwart, steht zur Bezeichnung einer Handlung, die abgeschlossen und in einen noch gegenwärtigen Zustand übergegangen ist, *a nini* er liegt von *a nanal* er legt sich; *a bendi* er ist gebückt (in gebückter Stellung) von *a mbandab* er bückt sich; *i bugi* er (der Stock etwa) ist abgebrochen, von *a mbog yo̱*.

§ 67. Das Perfekt.

Das Perfekt, die Vergangenheit, drückt aus, daß eine Handlung oder ein Zustand zur Vollendung gekommen ist, und zwar ist von Wichtigkeit, ob dies erst heute oder schon früher geschehen ist, daher ist heutige und frühere Vergangenheit zu unterscheiden, es kann absolut nicht die heutige stehen, wo die frühere stehen sollte oder umgekehrt. Selbstverständlich konnte eine Handlung oder ein Zustand lange Zeit zurück andauern, aber wenn sie erst heute zum Abschluß kam, kann nur die heutige Vergangenheit stehen. Nur wenn der Abschluß länger als heute zurückliegt, steht die frühere Vergangenheit.

1. Die Handlung.

a) heutige (jüngste) Vergangenheit: *mi njḛ̀* ich habe gegessen (achte auf die Betonung!), *mi nánal* ich legte mich hin.

Zur näheren Bestimmung gebraucht man: *mi mal je̱* ich bin fertig mit essen, *mi ma je̱* ich habe bereits gegessen.

b) frühere (fernere) Vergangenheit hat folgende Formen:

mí bì kḛ̀ ich ging und bin noch fort,
mì bí kḛ̀ ich ging, aber bin schon wieder da,
mí bi nanal ich legte mich hin,
mi bí sebel nyé̱ ich habe ihn gerufen,

Auf die Betonung ist sehr zu achten!

2. Der Zustand.

a) jüngste Vergangenheit:

α) Die eigentliche jüngste Vergangenheit:

mi bág jḛ̀ ich war beim Essen (Präsens: *mí ye jḛ̀*),
mi bág sèbel nyé̱ ich war fort ihn zu rufen,
mi bag mi nini ich lag (NB. Duplikation des Fürworts)!

β) Der Durativ, eine sehr charakteristische, viel gebrauchte Form, die eine Handlung besonders auffällig bezeichnet, wozu wir im Deutschen immer eine Konjunktion gebrauchen. — Der Durativ wird im nächsten Paragraphen extra behandelt.

b) fernere Vergangenheit:

mì bé jḛ̀ ich war am Essen,
mì bé sèbel nyé̱ ich war fort ihn zu rufen,
mi be mi nini ich lag (NB. doppeltes Fürwort bei den Präterita!).

§ 68. Der Durativ.

1. Seine Bildung geschieht durch Anhängen von *ag* an den Infinitiv; *a* wird assimiliert, wenn das Verb mit einem Vokal auslautet, *sebel seblag, lo̱ lo̱g;* aber *ke̱ ke̱ne̱g, hu huag;*

nje̱ a seblag^a me̱? wer hat mir soeben immer gerufen?

a gwadag[a] me er hat mich immer gestupft.

mi kalag[a] ue jam dini ṅgeda yosona ich hab dir doch dies immer gesagt.

2. Seine Bedeutung.

a) als Vergangenheit der Dauer s. § 67.

b) als gnomisches Präsens. Er dient da zur Bezeichnung von allgemein giltigen Behauptungen, Eigenschaften, Sitten, Gewohnheiten, besonders bei markanten Aussprüchen und Sprichwörtern, *seb 'kandlag miṅkuṅge* die Trockenzeit belebt die Gebrechlichen, z. B. ich gehe an einem Faulen vorbei, er repariert gerade sein Dach, durch das es ihm bei dem letzten Tornado seine ganze Hütte verregnet hat, ich sage höhnisch: *seb* . .

3. Der Durativ kann durch „*ṅgi* noch" verstärkt werden, *a ṅgi konog* oder *a ṅginda konog* er ist immer noch krank, *a ṅgi kweṅlag mis* er hat immer noch lebhafte Augen (hat noch keinen Schlaf), *mi ṅgi gwe bijeg* ich hab noch Essen, *a ṅgi yi* er ist noch da, er ist noch am Leben.

4. Die Negation:

a) mit dem Durativ in der Bedeutung „noch nicht, immer noch nicht, doch nicht".

à lòg[o] bé er ist noch nicht gekommen,

a jeg[e] bé er hat noch nicht gegessen,

a pamag[a] bé er ist noch nicht hinaus,

a nyodag[a] bé er ist noch nicht fort,

a hoiga bé to jam er hat doch noch nie etwas vergessen.

b) mit „*ṅgi* noch nicht, immer noch nicht, ohne" („ohne" steht bei Hauptwörtern).

a ye ṅgi podog er hat noch nicht gesprochen,

a ye ṅgi lo er ist noch nicht gekommen,

jam dini di be ṅgi tea kwaṅ dies wurde früher noch nicht geschen (*tea* ist Passiv von *tehe*).

§ 69. Das relative Perfekt.

Dasselbe dient zur Bestimmung des Zeitverhältnisses zweier Sätze zueinander. Es kann daher erst eingehend in der Satzlehre behandelt werden.

1. Die Handlung: *mi ke*, z. B. *ki a bi tehe me, ni nye a sebel me* als er mich sah, rief er mich; der Hauptsatz wird meistens mit *ki* eingeleitet, der Nachsatz mit *ni*, s. Temporalsätze!

2. Der Zustand: *mi keneg*, s. ebenfalls Temporalsätze!

§ 70. Das Futurum.

Es hat doppelte Bezeichnung:

1. eine Handlung wird eintreten. Man kann sich dabei zweier Formen bedienen:

a) das eigentliche Futurum drückt die Handlung in der Zukunft geschehend aus Es wird gebildet durch die Partikel *ā* (Bikok-Dialekt *ăgă*) und zwar folgendermaßen:

mi a lo̱ (Biko̱k *mi aga lo̱*), aber gesprochen: *ma lo̱, ua lo̱,*
ā lo̱ (enstanden aus *a a lo̱*), *na lo̱* (aus *ni a lo̱*) *da lo̱* (*di a lo̱*),
bā lo̱ (*ba a lo̱*); *ā te̱le̱b, ā bandab, da sebel, bā nañal.*

Merke *ā* und *bā* werden mit Strich geschrieben zum Zeichen, daß hier *a* steht. Daraus kann man in der 3. Person das Futurum erkennen, in de andern Personen ist es erkenntlich an der Assimilation.

b) Das Futurum Präsentis wird häufig gebraucht wie bei uns i Deutschen, *mí nlò̱* ich komme (sofort) etc.

2. Eine Dauer wird eintreten:

a) Das Futurum der Präterita: *ma bendi* (*mi a bendi*) etc.

b) Das Futurum Infinitivi, *a ba je̱* er wird am Essen sein

c) Das Futurum Aoristi, *a ba 'nlo̱* (aus *a ba a nlo̱*) er pflegt in de Gottesdienst zu kommen, *a ba a bendi.*

NB. Die Formen mit *ke̱*, z B *mi ñke̱ lo̱* sind aus dem Bakoko und sin von Bakokohändlern und Bakokolehrern, auch Bakokodolmetschern d Regierung ins Basa herübergeschleift worden, wie auch viele andere Wörte die sie in Basa nicht gewußt, z. B. *ko̱kse̱* (gesprochen *ko̱chse̱*), strafen statt *nog* gehorchen machen, *kane̱* beten statt *lombol.* Wenn dann der Missionar solch Lehrer als Sprachlehrer und Übersetzer hat, so sagen sie ihm natürlich ihr Formen, deren Unrichtigkeit man erst später merkt und dann erst ausmerzen kan

Anmerkung. Das Futurum kann auch relativisch stehen, dann steht d Vordersatz in der Vergangenheit, der Nachsatz in der Zukunft, *iho̱ble̱ mi mal,* *ma sebel ue̱* (*ki mi nsebel ue̱*) wenn ich fertig bin, werde ich dich rufen. *iho̱b mi nti nye̱ bije̱g, ki ma sebel ue̱* wenn ich ihm Essen gegeben habe, so werd ich dich rufen. Natürlich kann auch ein anderes Satzverhältnis eintreten, durc das auch der Vordersatz futurisch zu fassen ist Näheres folgt in der Synta:

§ 71. Zusammensetzung der Zeiten.

Zur näheren Aussage werden sehr häufig Zusammensetzungen gebrauch wie sie seither schon angedeutet wurden:

a ñkah je̱ (*a ñkahal je̱*) er fängt an zu essen,
mi nlo̱ mal ich bin am fertig werden,
mi mal kedel ich bin fertig mit schreiben,
a ñgi kedlag er schreibt noch (auch: *a ñginda kedlag*),
ma ba ñgi kedlag ich werde noch am schreiben sein,
di ye ñgi je̱ wir sind noch nicht am essen,
di ye be̱be̱ ni pam wir sind nahe daran hinauszukommen,
a y' a ñke̱ er pflegt zu gehen,

ferner die Verbindungen mit:

te̱he̱, mi nte̱he̱ nye̱ a nlo̱ ich sehe ihn kommen (Gegenwart),
mi bi te̱he̱ nye̱ a nlo̱ ich sah ihn kommen (Vergangenheit),
ma te̱he̱ nye̱ a nlo̱ ich werde ihn kommen sehen (Zukunft)
no̱g, mi no̱g nye̱ a mpo̱d ich hörte ihn sprechen (Gegenwart),
mi bi no̱g nye̱ a mpo̱d (Vergangenheit),
ma no̱g nye̱ a mpo̱d (Zukunft),

muas, a muah nye a ṅke er läßt ihn gehen (Gegenwart)
a bi muah nye a ṅke (Vergangenheit)
ā muah nye a ṅke (Zukunft).

§ 72. Formzeitwörter.

la, a) können (physisch und moralisch) *mi nla hog* ich kann schwimmen, häufig in der Verbindung mit *ye, mi ye mi nla hog.*
b) dürfen, *mi ye le mi ke? (le* daß) darf ich gehen? *i ye le i ṅhu* du darfst heimgehen.

yi können, wissen, *mi nyi aṅ kad* ich kann lesen

lama müssen, *mi nlama hu* ich muß heimgehen

sombol wollen, *mi nsombol aṅle ue* ich will mit dir reden

nya vorher etwas tun, *mi nya eme ndugi* (*ndugi* zuerst), ich will zuerst vorher träumen (über etwas, deutsch: vorher schlafen über etwas), *mi nya log mis* ich will zuerst die Augen betrügen, d. h. schlummern

tig, tiga, je baṅ ua tiga wo iß nicht, du möchtest sterben (stets mit dem Futurum), *te baṅ bijeg gwoṅ hana, siṅgi ya tiga je gwo* stell dein Essen nicht hieher, die Katze möchte es fressen

teg noch weit sein von etwas, *a teg be wo* er ist nicht weit vom Sterben.

§ 73. Der Imperativ.

1 Der Imperativ hat Einzahl und Mehrzahl, bei der Mehrzahl wird „*bē* ihr" vorgesetzt, zudem erhält das Verb ein Suffix, Einz. *kē* geh! Mehrz. *bē kēnā* gehet!

2. Der Imperativ hat eine einfache und eine Intensivform, die einfache Form bezeichnet den Eintritt der Handlung, beziehungsweise den Befehl dazu; die Intensivform bezeichnet den Befehl zur Fortdauer der Handlung, beziehungsweise die wiederholte Aufforderung zum Beginn der Handlung, also·

Einz. *kē* geh! Intensivform *keneg* geh weiter, geh doch!
Mehrz. *bē kená* gehet! Intensivform *keṅgana* gehet weiter, gehet doch!

3. Der Imperativ kann noch gesteigert werden mit *le* und besonders *ni:*
lō lè komm einmal, komm doch! *boṅ le hala* tu doch einmal so!

Die Steigerung steigt folgendermaßen an:

Einz. *ke* geh! *keneg* geh weiter! *keneg ni* geh doch weiter!
Mehrz *bé kena* gehet! *bē keṅgana* geht doch! *bē keṅgana ni* gehet doch endlich einmal!

Einz. *ōd* zieh! *odog* zieh doch, zieh weiter! *odog° ni* zieh doch weiter!
Mehrz. *bē óda* ziehet! *bē odgana* ziehet doch! *bē odgana ni* ziehet doch endlich einmal!

4. Die Negation beim Imperativ heißt *baṅ, ke baṅ* geh nicht! Bei der Negation steht weder Mehrzahl- noch Intensivbildung, also *bē ke baṅ! bē boṅ baṅ hala!* (nicht: *bē boṅa baṅ!)* Sehr häufig wird, wie im Deutschen, bei der Negation die Sollensform angewendet, Einz. *i* du, Mehrz. *ni* ihr, z. B. *i nol baṅ*

du sollst nicht töten! *i nib bañ* du sollst nicht stehlen! *bē ni nol bañ* ihr sol nicht töten! *bē ni nib bañ* ihr sollt nicht stehlen!

5. Die Bildung des Imperativs richtet sich darnach, ob das Verb vc kalischen oder konsonantischen Auslaut hat, ob es ein- oder zweisilbig ist. Si gestaltet sich wie folgt:

1. Einsilbige Wörter mit vokalischem Auslaut:

Handlung (einfach)		Zustand (intensiv)	
Einzahl	Mehrzahl	Einzahl	Mehrzahl
lo	*bē londá*	*lóg*	*bē lóga*
je	*bē jena*	*jeg*	*bē jega*
ke	*bē kená*	*keñeg*	*bē keñgana*
hu heimgehen	*bē huna*	*huag*	*bē hugana*
ho mach schnell	*bē hoa*	*hog*	*bē hogana*
ti gib!	*bē tina*	*tinag*	*bē tiñgana*

2. Einsilbige Verba mit konsonantischem Auslaut:

somb kaufe!	*bē somba*	*sombog*	*bē sombgana*
pam geh hinaus	*bē pama*	*pamag*	*bē pamgana*
gwel halt fest	*bē gwela*	*gweleg*	*bē gwelgana*
pod sprich	*bē poda*	*podog*	*bē podgana*
jób hinein!	*bē joba*	*jobog*	*bē jobgana*

3. Zweisilbige Verba mit vokalischem Auslaut:

pala mach schnell	*bē pálana*	*palga*	*bē palgana*
hola hilf	*bē holána*	*holga*	*bē holgana*
heya tu weg	*bē hēna*	*hega*	*bē hegana*
nyodi geh weg	*bē nyodána*	*nyodga*	*bē nyodgana*
sohe bitte	*bē sohána*	*sohega*	*bē sohegana*

4. Zweisilbige Verba mit konsonantischem Auslaut:

sombol suche!	*bē sombléna*	*sombolag*	*bē sombolgana*
sebel ruf!	*bē sebléna*	*sebelag*	*bē sebelgana*
yibil mach auf!	*bē yiblana*	*yiblag*	*bē yibilgana*
teleb steh auf!	*bē telebana*	*telebga*	*bē telebgana*

Anmerkung 1. Die Steigerung des Imperativs kann auch auf folgend Weise umschrieben werden: *ód* ziehe! *kondé* d. h. zieh stärker! *lō hála* noch mehr

Anmerkung 2. Die Negation kann verstärkt werden durch *to*: *noñ t bañ* folg ja nicht!

§ 74. Der Infinitiv.

1. Der reine Infinitiv. Er dient

a) zur Bildung des Futurums und des relativen Perfekts, *ma ke* icl

b) zur Bildung von Zusammensetzungen entweder als Objekt bei den Formzeitwörtern oder zur Angabe des Ziels oder Zwecks nach Verben der Bewegung und der Ruhe:

A nla hog. I nla ke nañal. A bi ke somb bijèg. A te bem ue. A nyen je. Lo hola me! Ke nana me konda! A bi hola me seg bikai (Gras hauen). *A niga me añ kad. Pala bog bisu. Ho pala!*

2. Der substantivierte Infinitiv. Behält der Infinitiv den Charakter des Zeitworts, so wird er in die 3. Nominalklasse eingereiht, hat er denselben abgeworfen, so gehört er der 6. Klasse an.

3. Klasse:	6. Klasse:
hoñol, ma-, Gedanke	*nom, -*, Leben
ane, ma-, Reich	*gweha, -*, Liebe
sohe, ma-, Bitte	*weha, -*, Schatz
sombol, ma-, Wille	*neha, -*, Süßigkeit.

Bei manchen Verba ist nur die Mehrzahl gebräuchlich. sie dienen meistens als Zuruf oder Anrede, z. B. wenn ich von der Reise nach Hause reite, ruft mir der Vorübergehende zu: *mahu mana?* Heimreise dies? Ebenso: *make mana?* Reise dies (gehst du auf die Reise)? *mae mana* Ausgrasen dies etc.

Eine weitere substantivische Wendung ist folgende:

ke unu a ñke d. h. soeben ist er fort, *lo unu mi nlo* gerade eben bin ich gekommen etc.

§ 75. Das Partizip.

Es trägt den Charakter eines Hauptworts oder Eigenschaftsworts mit Einzahl- und Mehrzahlbildung Es ist im Umgang sehr fein und beliebt.

1. Das Partizip mit wechselndem Präfix. Das Präfix richtet sich stets nach dem Präfix des Substantivs, dem sein Partizip angehört. Seiner Bedeutung nach bezeichnet dieses Partizip den Abschluß einer Handlung.

-numga trocken	*-wehᵉga* zerrissen
-ledga hart	*-holaga* reif
-loga gekommen	*-konga* nicht mehr krank (Abschluß des Krankseín, also krank gewesen).
-boga zerbrochen	

2. Das Partizip mit festem Präfix gehört der 2. Klasse zu. Es bezeichnet einen eingetretenen Zustand.

numug, mi-, trocken	*nimlag, mi-*, verloren
mbeleg, mi-, gar	*nholag, mi-*, reif
ñwehag, mi-, zerrissen	*nkeneg, mi-*, flüchtig (wird wohl fliehen, z. B. ein Sklave)
nledeg, mi-, hart, zäh	
malag, mi-, fertig	*nsemeg, mi-*, der verkauft wird.

Der Gebrauch des Partizips.

1. Der attributivische Gebrauch: *a nib mimbelegᵉ mem mi makabo. A nana me nimlag wem hidiba. A heba ñwehag libato;* aber: *a heba koyob libato.*

2. Der prädikative Gebrauch: *hidiba hiem hi ye nimlag. Mbō 'ye*

ǫ̇ga (der Samo ist aufgegangen). *E 'ye mbẹlẹg* (v. *bẹl* setzen). *Makọndọ ma y*
maholaga. A ye ṅkọnga mud; a ye ṅkọnọg mud.

3. der substantivierte Gebrauch: *A ye nlọga* er ist schon gekommen. *A tugẹ bawọga. Libato jẹm li bag ṅwehag. A ye ṅkọnga.*

Charakteristisch ist folgendes Intensivum:

a ṅkẹ ṅkẹnẹg er geht nur, eben
a mbeb mbebeg er schlägt nur
a mpọd mpọdọg er spricht nur
a ṅkọn ṅkọnọg er ist nur, ebe krank
a nlọ nlọg er ging nur vorbe
i ṅwehi ṅwehag es ist völlig zerrissen.

Anmerkung. Zu beachten ist die Orthographie der Verba, die auf *ṅ* endigen, sie erhalten vor dem partizipialen *g* keinen Punkt, also *kọnga* (nich *kọṅga*).

§ 75. Übersicht über den Indikativ Aktiva.

	Handlung	Zustand
Gegenwart	*mí njẹ* ich esse *mí náṅal* ich lege mich	*mi ye jẹ* ich bin am essen *mi ye mi njẹ* ich pflege zu essen *mi niṅi* ich liege *mi ye mi niṅi* ich pflege zu liegen
Jüngste Vergangenheit	*mi njẹ́* ich habe gegessen *mi náṅal* ich habe mich gelegt	*mi bag jẹ* ich war am essen *mi bag mi niṅi* ich lag Durativ: *mi jẹg* ich habe soeben gegessen *mi jẹg bemẹ* ich habe noch nicht gegessen *mi ṅgi jẹg* ich bin noch am essen *mi ye ṅgi jẹg* ich war noch nicht am essen
Ferne Vergangenheit	*mí bi jẹ* ich habe gegessen *mi bí jẹ* ich hatte gegessen *mí bi naṅal* ich legte mich	*mi bē̈ jẹ* ich war am essen *mi bē mi niṅi* ich lag
Bedingte Vergangenheit	*mi kẹ* da ging ich	*mi kẹnẹg* da ging ich weiter
Zukunft	*ma jẹ* ich werde essen *ma naṅal* ich werde mich legen	*ma ba jẹ* ich werde am essen sein *ma niṅi* ich werde liegen *ma ba mi niṅi* ich werde liegen
Befehlsform	*jẹ* iß! *bē jẹna* esset!	*jẹg* iß doch! *bē jẹga* esset doch!
Mittelform	*-jẹga* gegessen	*njẹg, mi-,* gegessen

§ 76 Das Passiv (Leideform).

Das Passiv dürfen wir nicht so oft anwenden als wir in unserm deutschen Gefühl haben; es wird oft umschrieben mit der 3. Person Mehrzahl Indikativi oder auch durch das Partizip, z. B. er wurde getötet *a bi nola* oder: sie töteten ihn (sie als unbestimmt) *ba bi nol nye;* der Baum wurde gesetzt *e 'mbela* oder der Baum ist gesetzt *e 'ye mbeleg.*

Die Transitiva bilden ihre Passivform direkt aus sich heraus, die Intransitiva und Reflexiva dagegen aus ihrer Kausativform, z. B. transitives *kob,* passiv *kuba,* intrans. *mal,* kausat. *meles,* pass. *meleha,* refl. *gwaňab,* kausat. *gweňes,* pass. *gweňeha.*

1. das Passiv der Transitiva:

a) Transitiva mit *l*-Auslaut erhalten *a* am Schluß gleich der Reflexivform, in der Mehrzahl *ana:*

puňgul, pungula durcheinander geworfen werden
tomol, tomla genagelt werden
kedel, kedla geschrieben werden
hohol, hohola aufgelöst werden
tohol, tohola erlöst werden
yahal, yahala getadelt werden
tabal, tabla geheilt werden
tibila verbessert werden.

b) mit konsonantischem Auslaut erhalten Ablaut und *a* am Schluß:

hol schleifen, *hula* geschliffen werden
kob, kuba verschüttet werden
tob, tuba durchlöchert werden
hod biegen, *huda*
gwel, gwela gefangen werden
boň, boňa getan werden
sob, soba ausgeschüttet werden
nol, nola getötet werden.

c) mit vokalischem Auslaut erhalten Ablaut und das Suffix *ba:*

so, soba gereinigt werden
so, suba verborgen werden
ho, hoba angestrichen werden
pa, peba aufgehoben werden.

2. Das Passiv der Intransitiva und Reflexiva wird von deren Kausativa abgeleitet.

a) Vokalischer Auslaut:

nyo, nyuha getrunken werden
kwo, kwiha gefällt werden
je, jiha gegessen werden
o, oha gekeimt werden
wa, weha müde gemacht werden
yen, yiha gesetzt werden.

b) Konsonantischer Auslaut:

mal, meleha fertig gemacht werden
pam, pemeha hinausgetan werden
pel, piliha gesotten werden
bed, bedeha hinaufgetan werden
nom, nomoha lebendig gemacht werden
pob, pubha gereinigt werden.

(Es kann auch geschrieben werden *melha* etc.).

c. Reflexiva mit *b*-Auslaut.

gwaňab, gweňha bereichert werden
hadab, hedha beehrt werden
yogob, yogha befriedigt werden
koňob, koňha geneigt werden
keňeb, keňha vergrößert werden
nogob, nugha gebadet werden

Verschiedene Bildungen:

tehe, tea gesehen werden
benge, bengana geschaut werden
nigil, nigana gelehrt werden
tangal, tengana geplagt werden
sebel, sebla gerufen werden
hemle, hemlana geglaubt werden
sos, suhula (na) erniedrigt werd
nog, nogola gehört werden
tuge, tugula auferweckt werd
tode, todola geweckt werden
yube, yubha getauft werden
sanda, sandha zerstreut werde

Übungen. *1. Nsa makabo u bi bedha mui mbog, u nlama suhula m mune. 2. Mbedge i mpubha be longe. 3. Man a nuguhaga bé len. 4. Hob we u mpodohaga bé. 5. Majel me ma bi kuba inyu yes. 6. Mam mana ma bi t be kwan. 7. Libato jon li nsoba be longe. 8. Ñem we u bi pungla ni nyan w 9. Ba bi yahalana ngandag. 10. A bitengana ni nlo we. 11. Jam dini di bi gwe nomā.*

Das Passiv kann auch als Infinitiv gebraucht werden: *a nkola be sebl banga mud; i nla be kela, ki a bi bon; jam dini di nla be hemlana.*

Ebenso dient es zu partizipischen Bildungen:

nahalag dikoga eine Türe, die geöffnet wird
neha kad ein geöffnetes Buch
pubu pen weiße Farbe (weiß gemacht)
weha kad ein zerrissenes Buch
mimpungula mi mam untereinandergeworfene Sachen.

§ 77. Der Konjunktiv.

Der Konjunktiv (die Möglichkeitsform) bezeichnet eine Tätigkeit als blo gedacht, angenommen, gewollt, drückt daher die Möglichkeit, den Wunsc Befehl, die Nichtwirklichkeit aus.

Konjugation des Zeitworts.

	Handlung	Zustand
Gegenwart	*mi je* ich esse	*mi jeg*
Jungste Vergangenheit	*mi je* *mi he je*	*mi bag ma je* *mi bag mi ma je* *(mi bag mi nje)* *mi bag mi he je*
Fernere Vergangenheit	*mi bi je* *mi bi he je*	*mi be je* *mi be ma je* = *mi ba mi ma je* *(mi be mi nje)* *mi be mi he je*

Konjugation des Hilfszeitworts.

	Handlung: *ba*	Zustand: *bana*
Gegenwart	*mi ba* ich sei	*mi bana* ich habe
Jüngste Vergangenheit	*mi ba* ich wäre gewesen *mi bag ma ba* ich würde gewesen sein *mi bag mi ma ba* ich wäre bereits gewesen *mi bag mi mba* Aorist. *mi he̱ ba* ich wäre beinahe gewesen *mi bag mi he̱ ba* ich würde beinahe gewesen sein	*mi bana* ich hätte gehabt *mi bag ma bana* ich würde gehabt haben *mi bag mi ma bana* ich wäre bereits gewesen *mi bag mi mbana* ich würde gepflegt haben *mi he̱ bana* ich hätte beinahe gehabt *mi bag mi he̱ bana* ich würde beinahe gehabt haben
Fernere Vergangenheit	*mi ba* ich wäre gewesen *mi be ma ba* *mi be mi ma ba* *mi be mi mba* } s. oben *mi bi he̱ ba* *mi be mi he̱ ba*	*mi bana* ich hätte gehabt *mi be ma bana* *mi be mi ma bana* *mi be mi mbana* } s. oben *mi he̱ bana* *mi bi he̱ bana*

§ 78. Die modale Bedeutung des Konjunktiv.

1. Der Konjunktivus Imperativus (Hortativ). Er dient als Befehlsform der 1. und 3. Person.

Ane̱ wo̱ṅ u lo̱! dein Reich komme!

Jol jo̱ṅ di begha! dein Name werde geheiligt!

Sombol wo̱ṅ u boṅa si kĩ ṅgi! dein Wille geschehe auf Erden wie im Himmel!

Ho̱ho̱lana nye̱, a ke̱! löset ihn los, er möge gehen!

Jo̱b a hola ue̱! Gott helfe dir!

Merke: Wird der bloße Wunsch ausgedrückt, so steht die einfache Form des Imperativs, ist es strikter Befehl, so steht die Verstärkung.

Kal bo̱ lé̱ ba pala sag ihnen, sie sollen schnell machen!

Kal bo̱ lé̱ ba palgana sag ihnen, sie sollen doch schnell machen!

Kalag bo̱ lé̱ ba palgana ni sag ihnen doch, sie sollen endlich schnell machen!

A bi la be bo̱ṅ lé̱ a wo̱ baṅ? Konnte er nicht machen, daß er nicht sterbe?

a ke̱ne̱g er soll gehen!

mi pamag e̱? soll ich gehen?

mi seblag bo̱nje̱? Wen soll ich rufen?

di ke̱ baṅ nyo̱! wir wollen ja nicht dorthin gehen!

Zusammensetzungen mit *muas:*
muah nyẹ a kẹnẹg laß ihn gehen!
muah nyẹ a huag laß ihn heimgehen!
muah beh di lombol laßt uns beten!
Substantivischer Gebrauch:
muah unu! laß es! es sei genug!
bodol unu! es werde angefangen!
kẹ unu! es soll gegangen werden!
Der Imperativ mit dem Fürwort:
bogo bes! laß uns gehen! (du und ich, als Einzahl)
bogạ bes! laßt uns gehen! (ihr und ich, als Mehrzahl).
2. Der Konjunktiv Konzessivus dient zum Ausdruck des Zugeständnisses, *i bá la* oder *i bá ha* (= *hala*) es sei so!
A bodol tọ ki, a mbahala möge er anfangen, was es sei, er bringts hinau
Ma ba uẹni, tọ hẹ́ 'ǹkẹ̀ ich sei bei dir, wohin du auch gehst
Jọb ā pemeh mam mọmasona, má ma ba malam, má ma ba mab
Gott wird alles offenbar machen, das was gut sei, das was böse sei
3. Der Konjunktiv Optativus drückt den bloßen Wunsch aus, ohn auf die Erfüllung mit Bestimmtheit zu rechnen:
A lọ tọ käme er doch!
A pala tọ lọ käme er doch schnell!
4. Der Konjunktiv Irrealis (Nichtwirklichkeit),
a) wenn der Redende von der Unerfüllbarkeit seines Wunsches überzeugt ist
A be tọ lẹ a pala lọ wenn er doch schneller gekommen wäre!
Mi be tọ lẹ mi hemlẹ wenn ich doch geglaubt hätte!
A ba t'a yi wenn er doch noch am Leben wäre!
b) In Verbindung mit einem Adverb:
Mi hẹ́ kwọ̀ ich wäre beinahe gefallen
Hajo mi hẹ kwọ um ein Haar war ich beinahe gefallen.
5. Der Konjunktivus Potentialis (der Möglichkeit), die Handlun kann möglicherweise, vermutlich eintreten, partizipiale Verbindung.
a) die Möglichkeit:
a ye bǎ lọ er kann kommen, die Möglichkeit ist da, der Zeit halber et
a ye ba kẹ er kann gehen
a tabe ba lọ er kann unmöglich kommen.
b) die Vermutung:
a ye ba kẹǹga er möchte fort sein
libato li ye ba numga das Tuch sollte schon trocken sein
makọndọ ma ye ba koibaga der Pisang sollte reif sein
makabo ma ye ba bẹlga die Makabo könnten gar sein
makube ma ye ba holaga die Bananen sollten gelb sein
a ye ba lọga er sollte schon gekommen sein
Anmerkung 1. Eine kausative partizipiale Verbindung ist folgende:
a ye nupodohẹ ist er zu sprechen?
ba ye bapodohẹ sind sie zu sprechen?

Anmerkung 2. Der praktischen Übungen halber sei vorausgegriffen und die Konstruktion des einfachen Konditionalsatzes gegeben.

Die Fügewörter sind *bale* und *ki*.

Gegenwart: *bale a lo, ki dí nke* wenn er käme, würden wir gehen.

Jüngste Vergangenheit: *bale a lo, ki dí ňke* } wenn er gekommen wäre,
Ferne Vergangenheit: *bale a bi lo, ki di bi ke* } wären wir gegangen.

bale a bi lo, ki di ňke wenn er gekommen wäre, würden wir gehen.

Gegenwart: *bale a ba hana, ki mán kè a ňwo be* wenn er hier wäre, würde mein Bruder nicht sterben.

Zukunft: *bale a ba hana, ki ā wo be* wenn er hier wäre, würde er nicht sterben.

Jüngste Vergangenheit: *bale a bag hana, ki man ke a ňwo be* } Wenn er
Ferne Vergangenheit. *bale a be hana, ki man ke a bi wo be* } hier gewesen wäre, wäre er nicht gestorben.

§ 79. Die Adverbialform.

Die Bildung der Adverbialform ist dieselbe wie die der Dativform § 62.

Die Adverbialform drückt die verschiedenen Beziehungen der Tätigkeit aus.

1. Die lokale Beziehung (der Lokativ). Da die örtliche Beziehung nicht durch eine Präposition ausgedrückt wird, so geschieht es durch das Verb. Der Lokativ bezeichnet sie auf die Frage wo? Es wird also dadurch eine Tätigkeit ausgedrückt, die an einem festen Ort sich vollzogen hat; es tritt also kein Ortswechsel ein. Zur Hervorhebung des Orts steht häufig ein *le;* also *a nke wom we* er geht wohin? in seinen Garten, aber: *a ňkil wom we* er geht wo? in seinem Garten (herum) d. h er spaziert in seinem Garten umher.

Übungen. *1. A ňke bikai; a ňkil bikai. 2. A bi bolol liboi ňgi sòň (bolol* v. *bol* zerschlagen, *liboi* Kalebasse) *3. Hed mued-bikai a nolol, a ntól hà bè hà* (Sprichwort, *mued-bikai* Jäger, *nolol* von *nol, tol* ausbleiben, fehlen). *4. Hed mud a nsuhle nyemede, hóma bìm 'yene, nyo ki le ňgo Job 'ňkundi si (bìm* Stille, *ňgō* Huld). *5. Yag Yesu le mud a ňkuhul ňgui. 6. A bi momol kede ndeňga ye yosona (momol* v. *mom). 7. Yen si! A nyene he hanano; a yine he hanano. 8. Mi lembel he? (lembel* von *lamb) 9. Nom 'ntagbene bod bobasona. 10. A mboň we a nsombol nomol munu ňgeda yosona. 12. A bi la be pemel ndeňga ye. 13. Nyeni le mi nsombol wel* (von *wo). 14. A mpam ndab ye; a mpemel ndab ye. 15. A mbeňge ndab ye; a mbeňgene ndab ye. 16. A ntohol mō kumul* (Redensart) *(tohol* von *tos* abwischen, *kumul* Baumstumpf, er wischt seine Hände an einem Baumstumpf ab, d. h. er gibt all seine Hoffnung auf). *17. A ňkehene mbombógi (mbombogi* sind die Kerbe der Palme, in die man tritt beim Ersteigen der Palme, er richtet in den *mbombogi* der Alten und das ist der Inbegriff von: er richtet gerecht). *18. A nsagne liboň (sag* den Keim einer Krankheit bekommen, *sagi* der Keim einer Krankheit, also auch: *a nyonol sagi liboň). 19. Keda jam, mi gwene wō (keda* raten).

2. Die temporale Beziehung (Temporalis). Er steht auf die Frage, wann ist die Handlung vollzogen worden innerhalb einer bestimmten Zeit,

auf die das Augenmerk besonders gelenkt werden will. Als Fügewörter diene „als — da, *ṅgeda — ni*".

Übungen. *1. Ṅgeda di bagne je, ni bo ba gwel nye* (es will betont werden daß er gerade zur Essenszeit gefangen genommen wurde); aber *ṅgeda di ba je, ni bo ba gwel nye* (es will hier nur berichtet werden, daß er gefange genommen worden ist, die Zeit ist Nebensache). *2. A bi lol ṅgeda, mi ben nyo. 3. Ṅgeda ba jel, ni Yesu a yoṅ dibondo. 4. Ṅgeda di bi seblene ue, a l so. 5. Ṅgeda a bi lol, yo ini.*

3. Die modale und kausale Beziehung (Modalis, Kausalis Er steht auf die Frage warum? wie? also zur Begründung, um die logisch Beziehung zweier Handlungen zueinander zu begründen mittelst besondere adverbialem Bestimmungswort, besonders *le, la nyen, hala le, inyuhala le, itoml hala le* deshalb (betont).

Übungen. *1. La nyen mi mbibil nye. 2. Hala le* (erweitert *ha hála ni l le) mi ṅkelel lé ke baṅ nyeni! 3. Inyuki* (betont) *a bi kuhul ndeṅga ye yosona* (In der gewöhnlichen Frage steht nur *kos). 4. Inyuki a bi lol be to! 5. Itom hala le a bi bedel le: Ki 'ṅgi somblag me? 6. Inyu lipem li Job le n nsomble be me pala kil nyo (lipem* Ehre).

4. Mediale Beziehung (Medialis) um die objektische Beziehun auszudrücken auf die Frage wem? für wen? für was, wegen (cf. § 47).

Übungen. *1. A bi timbhene me mam momasona. 2. A bi kuhul ndo inyu yoṅ. 3. I nsomble maleb mana inyu yen? 4. Mi gwene ue hiun. 5. A unbene ue. 6. A ṅkil me jab (jab* Feuerholz holen). *7. Mi nyi beme jam, mbo 'ndibene me (mbom i ndibe me* das Glück hat mich verlassen).

5. Instrumentalis, um das Mittel oder Werkzeug zu bezeichnen, m dem eine Handlung vollzogen wird auf die Frage womit? wodurch?

Übungen. *1. A bi sihil me hisŏ* (er schlug mit einer Rute). *2. A ṅeb dibondo maleb. 3. Mi gwe beme ṅebel (hala a ye le: mi gwe beme jam mi ṅeb maleb). 4. Mi gwe beme kek, mi mbibil nye. 5. Mi keṅel nye ki? 6. Mi lemb ki? Hibe hni! 7. Ti me hiai hioṅ mi nyol. 8. Jel 'tabe (jel* von *je,* d. h. etwa das man dazu ißt, d. i. Fleisch oder Fisch).

§ 80. Die Konjunktion.

(Das Bindewort.)

1. Die Bindewörter dienen zur Verbindung einzelner Wörter und Sätz Dadurch bringen sie das Gedankenverhältnis derselben zum Ausdruck. Dassel kann so stark geschehen, daß das Verb des Satzes in Mitleidenschaft gezog und die ausgedehnte Anwendung der Bindewörter erst in der Satzlehre erwies werden kann.

2. Die Konjunktionen sind ursprünglich größtenteils pronominale Adverbie

3. Sämtliche Konjunktionen sind inflexibel.

4. Der Form nach kann man eingliedrige und zweigliedrige, der Bedeutu nach beiordnende und unterordnende unterscheiden.

lòṅ nì und, zur Verbindung von Wörtern

nì und, Abkürzung von *loṅ ni*

wè, weṅgo, weṅgole als ob

ṅgo wegen [Wort

lè zur Hervorhebung ein

ní da, zur Einführung eines temporalen Nebensatzes,
ndi und (bei Sätzen), aber, dagegen, sondern
ndígi nur, dagegen, aber auch
ndígile außer, es sei denn
ya eben, auch
yaga sogar
kì auch, wieder
kí wie, gleichwie
kikí wie, gleichwie
kíkì was noch?
lākí da
toláki obgleich
kíle ob
ndómle doch, dennoch

lè daß, damit
hála so, verstärkt *hála lè*
ha hála ni bēle gerade deswegen, eben deswegen
hana ni nyen also, hiemit
ha-be nicht
habēle ohne daß
ńgi ohne
bań nicht (beim Imperativ)
to! doch!
ndínā geschweige
kombógi damals
ńgeda als, da
yíle / *ilole* ehe, bevor
égele wohl oder übel.

Übungen. *1. Ndi la k' a ńke, mi boń la? 2. Mi boń la ndigi? 3. Ke ya! 4. Bad nye, kile a mal. 5. I mpod ya bilembe, tolaki i nyi le beba ini. 6. A gwe be libato, ndina sińlet. 7. Mi ńke ndigi Soń Sak. 8. A mboń, weńgole nyen a ye mued mbai hana. 9. Ha inyu biolo gwotama be mud a nomol. 10. A nsombol ńkus, habēle a ńgwel nsón (ńgi nson) 11. Mi nyi beme, kile a yi, kile a nyodi. 12. Mud a nla be job ane ńgi, ndigile a nyila mud mondo. 13. Tolaki mi bi sohe nye, a bi nyodi ya.*

§ 81. Die Präposition.

(Das Vorwort).

Die Beziehungen, die die Präpositionen zum Ausdruck bringen, sind ursprunglich räumliche, werden aber übertragen zu Beziehungen der Zeit, der Weise oder der Ursache. Auch viele Zeitwörter drücken ein örtliches Verhältnis aus, so daß bei ihnen eine Präposition ganz entbehrt werden kann; z. B. *a ńke ńkoń* und *a ńkil ńkoń*.

1. Eigentliche Präpositionen, bezw. präpositional gebrauchte Substantiva (cf. § 36 b).

nì / *lòń nì* / *yàg* mit, samt, auch
ni zu. *meni* zu mir etc. *bebe ni* nahe zu
-nā § 63, S. 68. 69 *kenā yo* geh mit ihm, d. h. trage es fort!
kí gleichwie
kikí nach, gemäß
ńgi oben, auf, über *ńgi* - - - oberhalb

pola zwischen
bisu vorn, *bisu* - - - vor
mbus hinten, *mbuh* - - - hinter
pań / *keki* neben S. 38
pes seit, *ini pes* diesseits, *i pes* jenseits
ńo statt, *ńo* - - - anstatt
nyu statt, für, *nyu* - - für
tom um willen, *tom yoń*
ńgo wegen, *ńgo yen* wegen was?

si unten, *si* - - - unterhalb
mbédge, *púbi*, *mbús* } außen; *mbedge* - - - etc. außerhalb
kede, *ñem kede* innen, *kede* - - - innerhalb

ñgeda während
bebe ni nahe an, unweit v(
ñkàñga entlang
pamna, *lo*, *bol* „bis" s. § 41 S. 41!

Kel i nyonoh samal Yesu a bi kal - - - „Am" 6. Tage etc
Dilo dini Yesu a bi kal - - - „in" jenen Tagen sagte J. etc.
Soñ beh ni mabe errette uns von den Übeln! (Sinn: sie haben mi(nicht überfallen).
Soñ beh mabe errette uns aus den Übeln (wir befinden uns mitten drin

2. Zeitwörter, die ein präpositionales Verhältnis ausdrücken. s S. 39, § 37

Übungen. *1. Di ñkil ñkañga njel 2. Abraham a bi nol ntomba ño m(we. 3. Mi bi koh ndeñga ini yosona tom yoñ. 4. A bi kebel me kob ba, yo ntomba a bi kebel me. 5. Te ñku unu ñgı u! 6. Té wò ñgi ye? 7. A bi u bebe ni Yaunde. 8. A bi nib ñgeñ yem, ñgeda mi be je. 9. Te bipoh bini i: pes, bi i! 10. A ñhoñol suhul me si ye. 11. Noñ me mbus! 12. A bi kil bi: gwem. 13. Temb me mbus! 14. Mi gwe beme ñgeda hanano, mi nlo mbuh y 15. Di nsombol nog bisu.*

Wörterbuch.

Basa-Deutsch.

A.

a er, sie, es (in der 1. Kl.), Mehrz. *ba,* Betonung: *á ňkę* er geht, *a ňkę́* er ging.

á dient zur Bildung des Vokativ, *á Ntàmag!* du Ntamag!

ā̃ nun, jetzt (als Zuruf), *mi ňkę́ ā̃* ich gehe jetzt, *mi hū̃ ā̃* ich gehe jetzt heim, *hę̄ ā̃!* aufgepaßt jetzt!

āb (D. Abl. *bwàbá*) schlank sein, *liē̃n li ňàb* die Palme ist schlank, Kaus. *ebes, a ňébèhe ndómbòl ye* er betete lang.

ā́b (D. *àbà*) schöpfen (meistens in der Verbindung mit *maléb* Wasser), *áb màléb* Wasser schopfen, *kę̄ āb màlēb* Wasser holen, *ēbèl* schöpfen mit . ., schöpfen für . . (Dat., Instr. u. Lok.). *ébèl mę maléb* schöpf mir W.. *ébèl támbà yǫň* schöpf mit deinem Hut; *ňébel, mi-* ein Gefäß oder Blatt zum Schöpfen; *liēbèl, ma-* (Lok.) Schöpfplatz; *ēbès* schöpfen lassen, *ēbèhe bǫ m.* sie sollen W. schöpfen

abal (Inversiv v. *ab*), *abal hob* sich in ein Palaver mischen; *abala* alles verschlingen, seis auch Schmutz, nicht wahlerisch sein, darüber herfallen *a ňabala.*

ad (D. *látà*) tr, 1. zusammentun, zusammenfügen, vereinigen, zusammenfassen (Adv. Ergänz. *tahatas* wie zusammengeleimt); Abl. *ňada, mi-,* Paar, *miňada mi makube ma* zwei Zwillingsbananen, *miňada mi nyaga maā̃* drei Paar, Joch Ochsen; *biedél* Zusammenfassung (z B. einer Predigt); 2. einholen, *mi ňad nyę* ich hab ihn eingeholt, *biédel* das Einfangen; *edi* (Zustandsform) vereinigt sein, *a edi mę nyu* er hing an mir; *edę* 1. kleben, 2. j. etw. anhängen, *a ňedę nyę lindęňg* er hat ihn verflucht (*lindęňg* Fluch); Abl *ednę, bi-,* Briefmarke, Siegel; 3. zeihen, beschuldigen, verdächtigen, in Beziehung bringen, *a ňedę mę wib* er zeiht mich des Diebstahls (cf. *bęb*). *adba, adnā̃* 1 sich vereinigen, Gemeinschaft haben, Beziehung haben zu einander; 2. als Hauptw.: Gemeinschaft, Vereinigung, Berührung, Beziehung; *adbę* (Intensiv des vorigen): 1. sich hängen an, sich eng anschließen an, *ádbę̀ mę mbús!* kannst mir hinten herum! 2. innige Gemeinschaft haben, Beziehungen haben, *a ňadbę loň ni nyę* er hat sich ihm angeschlossen; *ádbàna* klebrig sein, z. B. *ndę* der Saft des Pisang, *ndę i ňadbana; ádàl* (Invers. v. *ad*) wegnehmen, auseinander tun, was geklebt ist auflösen, *ádàl kǫ* die Buchdecke losmachen.

adala entwöhnen, — *man ni libe.*

ā̃g vorwerfen, *a ňag mę j. dini* er hat mir das vorgeworfen;

ágal anfahren, *a ňagal nye; agla* auffahren. aufbegehren, aufbrausen, *a ňagla; ňagla, mi-,* das Auffahren etc.
amb (D. *lámbà*), *amb hiandi* eine Falle stellen (zum Unterschied von *som* auf den Anstand gehen), *amb nyu* sich zusammennehmen; Hauptw. *jamb* (s. d).
ámbile (s. *amb*), auch *embile* (D. *lámbè*) die Ohren herstrecken, die Ohren spitzen, zuhören, *mi nla habeme amble hob unu* ich kann diesem Palaver nicht mehr zuhören.
ándal (D. *làndà*) kriechen (Gras, Ameisen, Schlangen, Krankheit, z. B. *ňgumba*), zu unterscheiden von *taye* kriechen, aber recht träg und platt;
ándal, s. vor. (Abk. v. *hiandal, j.-*) eine Grasart, kriecht auf dem Boden.
ane, auch *ene,* v. D. *janea,* 1. als Zeitw. herrschen über, beherrschen, regieren tr., 2. als Hauptw. (Kl. III.a.): *ane, maane* das Herrschen, Regiment, Reich, *ánè ňgì* Himmelreich, *ane Job* Reich Gottes; *ňane baane* Herrscher.
aň schnüren. zusammenbinden, *aň nted* die *nted* zusammenschnüren, *aň fos (kabila)* das Pferd satteln, *aň* Stützen um einen Baum binden daß man hinaufsteigen und ihn weiter oben abhauen kann (Brauch der Schwarzen).
aň „nicht wahr" bei Zauberformeln zur Bekräftigung derselben anstatt des „Ja".
áň 1. aufzählen, zählen (cf. *songol*) *áň mòm* oder *áň ňkůs* Rechnung halten abrechnen; *ňaňga, mi-* Rechnung 2. übtr.: lesen, *áň kàd* ein Buch einen Brief lesen; 3. halten für, *a ňaň nyemede we loňge mud* er hält sich selbst für einen braven Menschen.
aňal (s. *áň*) (D. *láňgwà*) erzählen. verkündigen; loben (d. h. erzählen vor j.) *minaň* Erzählung, Geschichte, Verkündigung.
aňle (s. *aň*) jemand etwas erzählen, *aňle me minaň mi nyemb Yesu* erzähl mir die Geschichte vom Tod Jesu.
aňgis, —, (v. D. *wáňgìsi*), Kopftuch Taschentuch, *aňgihi nyò* Serviette

B.

bá anfangen, zuerst etwas tun, zuerst sein (cf. *boy, ndugu*), *i bá hoble i ňke, lo kal me* wenn du gehen willst, so komm und sag es mir; Abl. *bala* sich abnutzen, sich abschleifen, *mbala* ein abgetretener Stein; *behel* (Inversiv v. *ba*) vollenden. *behel nuga* ein Tier vollends erlegen, *behel mud* jemand zu Tode bringen durch Ärger u. dgl.
ba, Mz. v. *a,* sie.
bà sein, *i ba ha* (= *hala*) es sei so, laß so, *i ba baň hala* oder *i nlama be ba hala* es sei nicht so, *a ye wē bà* oder *a nyene wē bà* es steht besonders, für sich, es hat seine eigene, besondere Bedeutung, *á mbà* er pflegt zu sein; *ibale, ibabele* es sei denn (cf. *ndigile*); *bana (ba na* sein mit) haben; *bag* war (heutige Vergh.)
bà aber auch, *ba mi boň la* was soll ich aber auch machen? *ba he mi yene* wo soll ich aber auch mich hinwenden?
bá wenn — *wē* so; *bale* . . . wenn (beim Kondit.), *ki* so . . . (Vergangenheit). *bale a be hana, ki mán kè a bi we be* wenn er hier gewesen wäre, so wäre mein Bruder nicht gestorben; Gegenwart: *bale a ba hana, ki mán kè a ňwo be* wenn er hier wäre, so würde mein Bruder nicht sterben.

bà seihen; Hptw. *baęnę*, Abk. *bânê*, *bi-*, Seiher.

bá ausschlachten, Fleisch verteilen.

báb wärmen, aufwärmen, *bab bijęg* das Essen aufwärmen; *nuiyę* ist jedoch gebräuchlicher als *bab; nuiyę bijęg*.

baba (Refl. v. *ba* sein) sich halten zu, sein mit, *yaga nę u baba ni Yesu* auch du warst mit Jesu; adv. Ergänzung dazu: *tahatas* sehr, „wie geleimt", *a bi baba loñ ni nyę tahatas;* Hptw. *libaba*.

bǎbàl verletzen, tr.; *kúmul i mbábàl mę* der Baumstumpf hat mich verletzt; *mi mbabla* ich hab mich verletzt; Hptw. *mbǎbà* Verletzung.

bábi bi-, Wabe, *bibabi bi wē* Honigwaben, *bibabi bi mahindi* Dreckfetzen, wenn jemand schon lang nicht mehr gebadet hat.

bád fragen, fragen nach, erfragen, *a mbad uę* er fragte dich (du warst anwesend), er fragte nach dir (du warst abwesend), *a mbad njęl* er fragt nach dem Weg, *a mbad mbadag* er fragt nur; *mbàdaga mimb-* Frage, *yimbinę mbadaga* Fragezeichen; *bedel* fragen für.

báda aufheben (vom Boden), in die Höhe halten, wegnehmen, finden, *bada lipeb* heb den Papierschnipfel auf *mi mbada lihindi njęl* ich hab den Bleistift auf dem Weg gefunden.

bág war, s. *ba!*

bàg neigen, auf die Seite legen, *bağa ñó* den Kopf auf die Seite legen, *joḅ li mbağa ñó* die Sonne neigt sich (nach 12 Uhr), *bağaba* sich auf die Seite begeben, *a mbağaba nyę* er ließ ihn vorbeigehen, *bağabá njèl* geh aus dem Weg!

bág in Verbindung mit *ñó* die Haare flechten, eigentl. den Kopf flechten, *boda ba mbağa ñǫ*.

bagahę wetzen (*tęndę* streichen), Abl. *mbagahę* ein abgetretener Stein, auch *mbala* genannt.

bagal entscheiden, urteilen, richten, *a mbagal kę* er ist doch gegangen (er entschied das Gehen), *bagal ñka* ein Palaver schlichten; *mbagi* Urteil, Richterspruch; *bágla* sich entscheiden, sich trennen, *a mbagla bǫna nyę* (*bǫna nyę* = *bǫ na nyę* sie und er, im Deutschen: er und er) sie haben sich getrennt (eigentlich er hat sich von ihm getrennt).

baha likǫ́a schnalzen mit der Hand.

bahaba ganz und gar, mit Stumpf und Stiel, daß nichts mehr übrig ist, *i mal bahaba* es ist ganz aus, ganz leer.

bahabas für immer *a heya nyęmb* —

báhàl, 1. spalten (nur bei Feuerholz gebräuchlich), *báhàl jȩ̀* Holz spalten, *báhàl njèl* einen Weg verlegen 2 nützen, Gewinn bringen, gewinnen, tragen, einbringen, eintragen (cf *sǫlbanę*, *tǫibanę*), *i mbahal mę schilling yada* ich gewann 1 Mk., *a mbahala* es gelang ihm, er richtete etwas aus; *mbahal* Gewinn, *libahalę* Aussicht, *libahalę li tahabe* es nützt nichts mehr, es ist keine Aussicht, Hoffnung mehr da.

bàhal grimmen, schneiden, weh tun (vom Bauch), *libum li mbahal mę* ich habe Bauchweh. Durchfall; *bahala* abführen, *bȩ̀ bi mbahala* Arznei, welche abführt, Abführmittel; Hptw. *mbahal* Durchfall, *mbahal 'gwe mę* ich habe Durchfall.

bái sauer sein v. *bayab* (nicht umgekehrt!)

baí (Betonung!) sauer sein, *matám ma mbái* die Früchte sind sauer; (*lǫl* bitter sein).

bài, intr., 1. glänzen, strahlen, scheinen, leuchten, blinken, blank sein, hell sein, hell geben, *hiangá hí mbài* (achte auf die Betonung!) Die Sonne scheint etc., ähnlich *mueg*; *beyes* bescheinen, beleuchten, belichten, bestrahlen, scheinen lassen, *hianga hi mbeyehe hisi* die Sonne beleuchtet die Erde, *Job a mbeyehe hianga* Gott läßt die Sonne scheinen; *beyel* scheinen mit dem Dat., *hianga hi mbeyel bes* die Sonne leuchtet uns. 2. brennen, stechen, *hiẽ hí mbaí mè* das Feuer hat mich gebrannt, *hiẽ hí mbài* (Betonung!) das Feuer gibt hell, *hiangá hí mbaí mè* die Sonne hat mich gestochen (sticht mich); *libayag* das Scheinen.

bàko, log-, der goldene Glanz der untergehenden Abendsonne. (Es knüpft sich eine Geschichte daran.

bála anfeinden, feind sein, *a mbala me*; *libála* Feindschaft; cf. *ò* hassen, *bà* Haß.

bala v. *ba*, s. d.

balal, in Verbindung mit *mis*, *balal mis* die Augen nur halb öffnen (wie im Schlaf); *a mbalene me mis* er sicht mich mit halboffenen Augen an.

bale (ba le) s. *ba!*

bale, bi-, (N.), *bas, bi-*, Schuppe.

balóne, s *lon!*

bàm eine Spinatart, s. *nsanga!*

bám, intr., 1. schelten (auch *kond*), *a mbam me, a nkond me* er schalt mich, *a mbám ngwó* er schalt den Hund (er soll ruhig sein), *a mbemle me ngwo* er reizte den Hund gegen mich (cf *sube! su, beges, soeye*), *mbamaga mud* ein stämmig, starker Mensch; 2. donnern, *mbambad* Donner, *mbambad i mbam* es donnert

bám verbieten.

bamal, tr., anfahren, *a mbamal me*, *bamla* auffahren, aufbrausen, *a mbamla.*

bamaomla die Gesandten (cf. *om*).

bámb, tr., 1. trocknen, räuchern, *bamb libato to jobi* ein Tuch oder Fische trocknen, räuchern; 2. klatschen, patschen, *bamb mõ* in die Hände klatschen, *bamb biteg* die Erde glatt klopfen, *hibamb* der Klopfer, Patscher (aus dem Stiel einer Palmrippe gefertigt); 3. etwas flach legen (cf. *kon* etwas auf die Seite legen, *sed* schief legen) *bambab (bembi)* sich flach legen (nur v. Sachen), *kàd i mbambab gwèwẽ* oder *i nini gwègwẽ* das Buch liegt flach (aber offen), *i nni mbámba* es liegt flach (aber zu).

bambe (s *bamb*), *'bambe mud* ein dummer, stumpfer Kerl.

bàmbele ausweichen, *á mbambelé njèl* er geht vom Weg ab, *léb u mbambele hikóa* der Bach weicht dem Berg aus, *á mbambelé mè* er ging mir aus dem Weg

bambógi (ba-mbogi) etliche andere.

bàmbda (v. *bamb*) einklemmen, einzwängen, *mi mbambda hino hiem* (Refl u Tr), ich hab mich geklemmt

bàmkogo, bi-, Salamander.

bàn, bi-, 1. Schuppenschild (wie vom Krokodil, hart); 2. eine Zaubermedizin, die an einen Stock gebunden wird.

bán, 1. drücken, hinunterdrücken, bedrücken (cf. *nyeneb*), *a mban miñem* er ist hartherzig, herzlos, unbarmherzig, *a mbend bo ñem*; Lok *benel*; *babeni* die Bedrückten. *banal babeni* die Gebundenen lösen; *bándab (bendi)*, auch *kwañab (kweni)* sich hinunterbücken mit durchgedrückten Knien zur Arbeit, wie die Weiber, zu unterscheiden v. *hodob, sonob*; *a béndi* sie ist gebuckt, *a béndi nsón* sie ist bei der Arbeit, *bandab!* arbeite! (bücke dich zur Arbeit); Abl *bibebéndi* s. d.; *bend,* tr., beugen, abhalten, *a mbend nye* er hielt ihn ab; *bend ńem* hartherzig sein, *a mbend bo ńem* er ist hart gegen sie; *hibandi* abgek. *bandi, a gwe hibandi hi nyu* er ist schmächtig; 2 bannen, bezaubern, z. B. wenn jemand gestorben ist, legen sie etliche Zweige auf ihn, daß er nicht herauskann, d. i. *ba mban nye;* ebenso *ba mban mabe* sie bannen das Böse d. i. das Übel (es wird Medizin an einen Stab gebunden und dieser wird über den Weg gelegt); *ba mban nob to ńkue to mbepi* man bannt den Regen oder Platzregen oder Sturm (es wird Medizin in den Weg gelegt, darauf ein Bananenblatt, dann wird dreimal ein Stein drauf geschlagen und zu jedem Schlag gesprochen: *mi si me mbepi, mi si me ńkue* ich will keinen Sturm, ich will keinen Platzregen); Abl. *libán* s. d.!

baná Harz.

bana (*ba na* sein mit) haben.

banal (Invers. v. *ban*) lösen.

banańga Erwachsene (v. *nań*).

bandal klemmen.

bande, Abk. v. *hibande* (v. *ban*), Ring.

bane (Lok. v. *ba* sein) haben, *a y' a mbane nye ndege ńgwèl* er pflegt eine kleine Unterhaltung bei ihm zu haben.

bǎné, bi-, (v. *bǎ* seihen) Seiher (Instrumentalis).

bàń, 1. „nicht" beim Imperat., sonst aber *be; ke bań* geh nicht, *bel bań* tu es ja nicht! beileibe nicht! 2. „erst", steht in Temporalsätzen zur ausdrücklichen Bezeichnung, daß eine Handlung des Temporalsatzes vollständig abgeschlossen war, als die des Hauptsatzes begann; *ńgeda a bi tehe bań nye, ni ny' a hu* als er ihn gesehen hatte, kehrte er heim (dann erst . . . oder: erst als er ihn gesehen hatte . . . .).

bań machen (im Sinn von zimmern, schreinern, sonst *boń*), *ba mbáń bìkaga, mińkū, màkōgā* man macht Bettstellen, Kisten (Kästen), Türen; *bibeńel* (Instr.), Werkzeuge zum Schreinern; *beńel* Dat.

bańal schonen, verschonen; Sprichw.: *nyemb i mbańal be to mud* der Tod verschont niemand, *a mbáńàl ńkuhu wé* er schont seine Waren, d h. er geizt; Abl. *hibańal,* s. d!

bańda hinken (wegen Geschwür am Fuß oder dgl.), *á mbànda* er hinkt; Hauptw. *bańdag.*

bańga, bi-, 1. Wort; 2. wahr, echt, recht, richtig, wirklich, ordentlich, sonderlich, bedeutend, der Rede wert (steht immer in Verbindung mit einem Hauptw.), *a mpod be bańga mam* er redet nicht die Wahrheit, *ńkog u tabe bańga* der Baumstamm ist nicht sonderlich, *a ye bańga mud* er ist ein waidlicher Mann, *u bi kebel be me bańga jam* du hast mir nichts Rechtes geschenkt, *bańga bod* rechte Leute, *a ye bibańga* er ist sauber, schön („nett"), *bibańga bi ńkoń si* die Schönheit der Welt; — vergl *mabái, tói, peles!*

bańga lauter.

bańgándà, Mz v. *ńgándà* (1. Kl.), eine Schlingpflanze.

baòmbe, Mz. v. *òmbe* (1. Kl.), die gerollten Spitzen der Makaboblätter, aus denen ein Spinat gekocht wird.

bàs, —, das Salz; *súń bàs* oder *lìjé lì bàs* ein Stück Salz (*lìje* Ei), *hikéd hì bàs* ein Abschnitt Salz, aus einer Rolle, einem Trichter voll heraus, *wō bàs* eine Handvoll Salz, *liné lì bàs* der Geschmack des Salzes, *ntẹ́d bàs* ein Tragkorb voll Salz (Wert 1 M.), *pǫ́mbẹ̀ bàs* eine Rolle, ein Trichter voll Salz (Wert 25 Pf.), *bahạ i nsǭ* es ist zu viel Salz drin (s. *sǫ*)

bás anzünden, *béhẹ̀l mẹ ṅgǫ́bẹ̀ hiẽ* zünde mir ein Streichholz an (eigentlich eine Streichholzschachtel).

bás abschuppen, er schuppt den Fisch ab *a mbahạ hiǫbi; bás, bi-,* 1 Schuppe (N.: *balẹ, bi-*); 2. Unrat (z. B. in den Kürbiskernen drin).

basẹ̀hẹ, Mz. v. *sẹhẹ* (1. Kl.), Messing- oder Stahlkette, *sẹ̀hẹ wáda* ist ein Glied, *basẹhẹ* die ganze Kette (eine kleine Kette für Schlüssel z. B.), *mǫ́d, —,* eine Perlenkette.

bási, bi-, Knopf, auch *bǫtin, —.*

bàsi Mission (v. Efikwort *Obase* Gott); *ṅkáná bàsi* Missionar; *mán bàsi* ein Angehöriger der Mission.

batú njǫ̀g, Einz. und Mz gleich, große, harte Früchte im Urwald, die selbst Elefanten nicht aufbeißen können.

bayab (davon *bai* sauer sein), sich zusammenziehen, eingehen, abzehren, schmächtig werden *(a bei), maǫg ma mbeyeh nyẹ* der Wein macht ihn schmächtig.

bayenẹ Beisassen.

báyodo, Einz. *yodo,* Gottesanbeterin, auch *ṅkǫ̀gǫ-ṅgǫ̀nd.*

bayoma Weide.

bè oder *tò* rotgelb.

bĕ (mit verschiedener Betonung) nicht (bei der Konjugation) *á ṅkẹ̀ bè* er geht nicht, *ā ṅkẹ̀ bĕ* er wird nicht gehen, *à ṅkẹ́ bè* er ging nicht, *a tabe* er ist nicht *(a ta be), hálà bè* nicht so! *hà mẹ̀ bĕ* nicht ich, *habĕlẹ* ohne daß.

bẹ̄ etwas, das vertieft ist: 1. Abk. v. *hibẹ̄* Topf, *bẹ̄ hini* dieser Topf; 2. *bẹ̄, bi-,* Grube, Loch, Pfütze, Fallgrube für das Wild, auch Elefanten; *tém bẹ̄* eine Grube graben *suhul bẹ̄* die Grube tiefer machen *hǒ bẹ̄, kindẹ bẹ̄* die Grube zudecken mit Laub etwa, daß das Wild si[ch] nicht sehen soll; *jẽ bẹ̄* oder *hú bẹ̄* das Loch, die Grube zuwerfe[n] (*húẹ* ist ein Ausfüllen, *jẽ* mehr nu[r] ein Verwischen).

bĕ 1. ihr, *be ni* 2. war, 3. anfangen *libĕ* Anfang.

bẹ̄, Mz. v. *ẹ̄* Baum, Arznei, s. *ẹ̄!*

bẹ̄, Abk. v. *bǫnjẹ* was für, welche, *bo[t] bẹ* welche Männer?

bẹ̄ 1. (Adjektiv mit Präfixen) wüst schlecht (*bẹ* bezieht sich auf Ästhestische, *beba* aufs Moralische) *a ye mbẹ̄* er ist wüst, Mz. *ba ye babẹ, a ye beba mud* er ist ei[n] böser, schlechter Mensch (moralisch) *makabo mana ma ye mabẹ* dies[e] Makabo sind schlecht, *a mbǫṅ man mabẹ* er treibt böse Sachen, *njẹ 'ye bẹ* der Weg ist schlecht, *mbǫ̀n bẹ̄* Unglück (eigentlich böses Geschick, s. *mbǫ̀m*); *libẹ, ma-,* Böses Übel, Unheil, z. B. Krankheit, Unglück, Armut, das Versagen de[s] Gewehrs, *libẹ li ṅgwẹl mẹ lẹn* es is[t] mir heute etwas Böses zugestoßen z. B. eine Trauerbotschaft, ein[e] Schlange lief über den Weg.

bẹ̄ (v. *bẹb*), 2. Gegenteil v. *bo,* nich[t] gern haben, nicht leiden können jemand bos sein, nicht gut sein abgeneigt sein, Abneigung haben *á mbẹ́ mẹ̀* er kann mich nicht leiden er ist mir bös, *kẹ́mbẹ̀ 'mbẹ̄ njé* di[e] Ziege kann den Leoparden nich[t] riechen, *núgà 'mbẹ́ nyẹ* das Wil[d] meidet ihn; *libẹna* Abneigung. da[s] Bössein; *á mbẹ̀na* er ist alle[n] Menschen bös.

bĕb schlagen, *a mbeb mẹ* er hat mic[h] geschlagen, *ṅgá· 'mbeb* das Geweh[r] hat geschlagen, d. h. der Schuß ging daneben; *béb kémbê̱* unverschnittener Bock, *i mbéba* er schlägt immer (mit seinem Bein) d. h. er ist geil.

béb, bi- Lippe.

bèb, bébeg vielleicht, *bèb a nló* vielleicht ist er gekommen.

bèb, bi- Pfand.

bè̱b 1. anbinden an eine Stütze, *ba mbe̱b liko̱ndo̱* man bindet die Plante an (an eine Stange), zu unterscheiden v *añ!* 2. zeihen, *a mbéb nyè̱ wib* er zeiht ihn des Diebstahls (eigentlich er bindet ihn an an Diebstahl) *a mbébè̱ kò̱n* (eigentlich *bebbe̱* Refl.) er stellt sich krank.

be̱b (das Zeitwort v. *bè̱)* schlecht, wüst sein; *a mbé̱b njiñ* er riecht schlecht, er stinkt (er ist schlecht betreffs des Geruchs), *a mbéb hiún* er ist bös, zornig, *a mbe̱b je̱* er ißt wüst; *bebes* mißbrauchen, schlecht machen, verhunzen.

beba (v. *béb*) geil sein.

beba, bi-, (v. *be̱b*), Eigenschafts- und Hauptwort, bös, sündig, Bosheit, Sünde (also moralisch), *a ye beba mud* er ist ein böser Mensch, ein sündiger Mensch, ein Sünder, Mz. *ba ye bibeba bi bod; beba ye̱m i nloha ke̱ñi* meine Sünde ist zu groß; *bibeba binan bi ñkab bē ni Jo̱b* eure Sünden scheiden euch von Gott; *muehél mè̱ bibébà gwè̱m* vergib mir meine Sünden; *muehela bibeba* Vergebung der Sünden.

bebe̱ s. *bè̱b*.

bè̱be̱ (cf. *bè̱b* vielleicht) nahe, nahe zu, nahe an, nahe bei, annähernd, ungefähr, beinahe, *ló mé̱nì bè̱be̱* komm nahe zu mir, *di nló bè̱be̱ nì Bìko̱k* wir kamen nahe an *Biko̱k, ba bé bè̱be̱ nì mbógòl bòd* sie waren ungefähr 100 Mann.

bebég, bi- Geschwulst der Achselhöhlendrüsen, untsch : *kè, jód, mìb!*

bebes v. *be̱b*.

be̱d hinaufgehen, hinaufsteigen, steigen, übtr. *a mbé̱d bòd mbò̱m* (er steigt den Leuten die Stirne hinauf) er hat die Stirn. den Mut, die Kühnheit, er erkühnt sich; *bedel, a mbedel nye̱* (er steigt an ihm hinauf) er ist gegen ihn (cf. *hómb mbò̱m, kéda!*), untsch. *bedel* v. *bad* und *bedel* v. *be̱d!* *mabeda* der Norden.

bedes steigern, hinauf tun, etwas höher hinauf tun, erheben, hoch achten; *bedhe̱ne̱* (Lok.) richten auf, *a mbedhe̱ne̱ nye̱ mis* er richtet die Augen auf ihn, *a mbedhe̱ne̱ nye̱ ñga* er zielte auf ihn (er richtete das Gewehr auf ihn); Abl. *mabe̱d* Anhöhe, Anstieg, Aufstieg, Höhe.

bég gib! gib her!

beg zerstreuen, auseinandertreiben, zerbröckeln, auflösen, *a mbege̱ bo̱* er hat sie zurückgedrängt, daß sie sich auflösten und zerstreuten; *biteg bi mbega* die Erde (Schollen) wurden zerschlagen; *biteg bi begi* die Erde ist zerfallen (cf. *yùgi*), *bod bo̱bosona ba begi* alle Leute (Feinde) haben sich aufgelöst und zerstreut (sie sind als Ganzes zerbrochen).

bega (v. *be̱ge̱l*) 1. *bega me̱* hilf mir auf! 2. *a bega* er trägt, *a bega pa* er trägt ein Buschmesser

bè̱ge̱l 1. tragen tr. (eine Last), *a mbege̱l ñku* er trägt eine Kiste (Med.) *bega, a bega* er trägt; *mbè̱ge̱l* Last (= Traglast, 6. Kl.); *babe̱ge̱l* Träger; *be̱gé̱ne̱* (Instr.) Wagen; — 2. ertragen, aushalten *a mbé̱gè̱l pà* (gebräuchlich beim Schlagen mit dem stumpfen Buschmesser, als Spiel) er hält den Schlag des Buschmessers aus; der, der am längsten aushält, ist der *mbèg* Sieger, *á yè mbèg*.

bégel um Hilfe schreien, schreien (auch wenn ein Weib von ihrem Mann

Prugel bekommt). Dat. *begle, mi begle nje?* Wem soll sich rufen, zu wem soll ich rufen? *mbegela* Geschrei, Hilferufe.

beges vor anderen jemandes Taten und Eigenschaften rühmen, jemandem zureden, beistimmen, d. h. übtr. loben, ehren; *ba mbegehe nye* sie ehren ihn, stimmen ihm bei etc.; — *ō 'mbegehe me* das Ohr klingelt mir; *begehe* aufreizen, aufstacheln, *a mbegehe ngwo* er hetzt den Hund, *a mbegehene me ngwo* er hetzt den Hund auf mich, auch: *a mbemle me ngwo* (v. *bam*), indem man ihm zuruft: *sube! sube!* cf. *sù* und *soye*.

begi s. *beg!*

běhe, tr., ermahnen, Abl. *mabéhenà* Ermahnung.

behě einst, ehemals, schon lang.

behege = *begehe*, s. *beges*.

béhel 1. von *bā* anfangen, der erste sein; 2. von *bás*, s. d. 3. von *bes*, s. d. 4. übersetzen (mit Kanu).

bei v. *bayab*.

bél bàn Redensart: beileibe nicht, tu es ja nicht!

bèl, ma-, Schenkel (beim Menschen), Hinterschlegel (beim Tier), *bel wada, mabel ma*.

bél gar sein, gekocht sein, *bijeg bi mbel* das Essen ist fertig (gar), Kaus. *beles*.

bél setzen (eine Staude, einen Strauch, einen Baum), *makondo ma ye mabelga* die Planten sind gesetzt aber: *tob makabo* Makabo stecken (sowie alle Knollengewächse, weil diese beim Stecken verschnitten werden, *tob* verschneiden, auseinanderschneiden).

bél, —, der Kolanußbaum.

bèl eine Falle stellen, *ba mbel 'sē* sie fangen die Antilope in der Falle, *ba bi bel nye nyō* sie stellten ihm eine Falle im Mund, in der Rede

bèletete oder *bègetege* oder *ndōm* feuerrot, *i nkoyob le* — es ist f.; über das *le* s. d.!

bem (v. *bemeb*), *a mbem no* er streckt den Kopf hinaus, *a mbem me n*

bēm (*m* ist lang) offen frei, *homa nun a ye* — dieser Platz ist frei (ohne Wald).

bèm v. *bónbe* warten, warten auf; *l bem* oder *libemel* Versteck auf dem Anstand; Kaus. *bemes* warten lassen

bemb dauern, währen, lange bleiben *u mbemb bikai e?* Bleibst du lang im Busch? Kaus. *bembes*.

bèmba (Zeitwort) eintreiben, eintun (die Schafe); Hauptw. *bemba, bi-*, Schafstall

bembe überholen (ein Kind überholt das andere im Wachsen).

bembes v. *bemb*.

bemeb, bemi zusammenkauern, sich auf die Ellbogen stützen, sich hinaus beugen (oder heraus-).

bemel v. *bam*.

bemes 1. v. *bam*, 2. v. *bem*.

ben, — (v. *beneb*) Schild.

benā v. *be*.

bena 1 häufig sein, häufig etwas tun *a mbena lo meni* er kommt häufig zu mir; 2. übtr. gerne haben („was man häufig tut, hat man gern"), gern essen, mögen, *a mbénà bìtodo* er ißt gern (mag) *bitodo* blaue Früchte (Du. *sao.*) Hauptw. *mbèna* der Liebhaber; Sprichw. *mbèna màṅga a ntó bè likōs* der Liebhaber von *mango* versäumt nicht das Ausgrasen.

béna, Zeitw., lüstern sein nach etwas Hauptw. *mbéna*.

bend }
bendı } v. *bandab, ban*.

bēnda, seg bēnda Wache halten, stehen

bēnde, bi-, Wellblech.

beneb (zusammenhängend mit *ban*) ausweichen, sich winden, sich biegen sich krümmen, *a mbeneb* er weich aus (dem Pfeil, auch in einem Gespräch), *njel i mbeni* der Weg ist gewunden, *maben-maben* Windungen, Biegungen des Weges, übtr. *liben* Teil (eines Weges, einer Predigt), Vers

beneb sich in die Brust werfen.

benel v. *ban*.

bén fortjagen, wegjagen (v Tieren), zu unterscheiden v. *duhúl, kåd, jåd.*

beñel, bi- (v. *bañ*) Werkzeug.

bèñel bewundern, anstaunen, *a mbeñel lom* er staunt den Fluß an

béñel nichtig. *nom ini 'ye* — dieses Leben ist —.

benga, bi-, Ausbuchtung, Bucht, Hafen

beñge sehen, ansehen, betrachten (cf *nun, beñge ki, beñge le* sieh doch! sieh doch einmal!

bes wir (Objektsfürw), im Zusammenhang *beh, behe*, Frage *beh é?*

bes (beh) habehe, bobasona ba bi keneg, habehe me alle sind weggegangen, ausgenommen mich.

bés, tr , herunterwerfen, werfen, schleudern, *a mbehel me hie ko* er warf mir Feuer auf den Fuß

bi zur Bildung des Zeitworts *(mi bi je)*.

bī 1. heiraten, verheiratet sein (zum Unterschied v. *hol* verlobt sein und *kun* erwählen). *mbī* Bräutigam, *libi* Heirat. 2 aufbewahren (Du. *neñge)*, bewahren, *bī bibañga, bīne* zum Aufbewahren, *ndab i bīne bijeg* Haus zum Aufbewahren des Essens, *bī nem inyu jam* gelüsten.

bīb aufschieben, hinausschieben, cf. *mbibi, libibi.*

bib, a mbīb verabscheuen, es graust ihm vor.

bibañga (v. *bañga*) ordnungsliebend, sauber, schön, *bibañga bi ñkoñ si* die Schönheit dieser Welt.

bībe der Schweiß, warm sein

bibé, a njeh mua (ñwa) bibé seiner Frau eine Vorschrift machen

bibebendi, a ñke — (v. *bandab*) er geht gebeugt

bibégeh das Lob. Sprichw.: *bibégeh bi jeha ñge ngom* das Lob ließ den *Muñgi* seine Trommel verderben.

bibil 1. von *beb* etwas zum Schlagen 2. *bibil jam i ñgwel me* eins löst das andere ab, *bībil bi mam, bibil nyemb, bibil nob* in Stromen, *a nob bilibilibili*, Abl. *mbibi, libibi*, haufenweis, massenhaft, *a gwe bibil nson* massenhaft Arbeit.

bibodol (v. *bod*) der Anfang *(bodol)*.

biboh die Torheit (von *bóh*)

bibúbudí, a nìñi bibúbudí er liegt auf dem Bauch, von *bodob* flach liegen.

bid breiig sein (Du. *bíta, bitise*). Abl. *limbid, mbid.*

bida achten, schätzen, wert achten, *mbidiga* die Achtung, *a mbida be ndom, a mbida be ñkus, a mbída be to jam* er kümmert sich auch um gar nichts, cf. *bigda* (ist nicht so stark).

bidiga denken an, hoffen, Hauptw *mbidiga.*

bidim Vorzeichen s. *ñgañ*, cf. *njim* (Du *mbena*).

biédel (v. *ād*) die Zusammenfassung.

biedne, Hauptw. v. *ād*, zusammenfügen

biegbéne (v. *egeb*) das Wunder.

biéña (Einz. *éña*) Werkzeuge von Eisen.

bieñg (v. *eñg*) die Kleider.

big s. *pig!*

bigda, a mbigda be to jam er kümmert sich um nichts, cf. *bída.*

bigwelél das Tun, das Arbeiten.

bihegél (heg) die Schöpfung.

bihiañ, Mz. v. *hiañ*, die Messingspangen.

bihil untersuchen, verhören, *bihile* Dat.

bihíñ, goñ-, im Geheimen wegnehmen.

bihogbéne der Trost, die Erquickung, die Labung (Du. *loko*).

biiñga od. *biñge-* rollen, wälzen, kugeln, tr. und intr., *job di biiñga* die Sonne rollt hinunter (in die Kiste hinein).

bijég 1 das Essen (v. *je*), *ndiba bijeg* ein üppiges Essen, *ndiba* die Üppigkeit v. *tiba; bijeg bi Tada* das Mahl des Herrn, Abendmahl; 2. übertragen Lebensmittel, Früchte des Gartens und Feldes, alles was zum Essen ist; *bijeg bi hebla* das Essen ist angebrannt, *bijeg bi mbel, beleh*

bijéo der Obstbaum. [*bijeg.*

bikábi oder *bikabo* der Auswurf (bei Husten).

bikadba die Prahlerei, die Herausforderung; *kadba* prahlen, herausfordern.

bikai (Einz *kai,* aber nicht häufig), 1. Gras, Gräser *makoki, makai,* Elefantengras *mbombona ba-, kai toto muab bikai* Grashalm, *seg bikai* Gras hauen, *koho-* ausjäten mit der Hacke, *nub bikai* mit der Hand; 2. der Wald.

bikakañ die Spelzen des Palmkerns

bikègel (v. *keg*) Werkzeuge zum Hauen.

bikèi (Du. *eyei*), Mehrz. v. *kei;* 1 Eisen; 2. die Werkzeuge von Eisen, neben *eña bi-; pehe kei* ein Stück Eisen.

bikelél (von *kal*), die Rede, die Mitteilung, übertrag.: die Predigt

bikèmbeg (v. *kèmb*), der Rost, *i gwé bikèmbeg* es ist rostig.

bikeñi die Größe v. *keñeb, keñi* groß werden

bikèye (Du *keke makeko*), v. *keye, boñ bikèye,* derScherz, der Spaß, *a mboñ*— (oder *bitogō* oder *njòha*).

bikídboñ die Kniee, *mi ñhod* — oder *mi ñhod mabóñ* ganz hinuntergehockt, eigentl gesessen mit zurückgeschlagenen Beinen, *a ñom bikídboñ* oder *a ñom mabóñ* er kniet.

bikíl der Wandel, der Lebenswandel (v. *ke, kil*).

bikokob (v. *kob*) Sachen, die gekauft sind für den Götzendienst

bikoná (v. *kon* hart sein), *bikoná b bijeg* hartes Essen.

bikuhul die Schalen (bei Knollenfrüch ten, z. B. bei *mañga*).

bikukúnja (Einz. *kukunja*), s. dort.

bikùleñ Gewürze, *tega, bisébi bi 'nlem ñgombañ, hisáma, kinjiñ kembe, ndale sàdga, hitéga.*

bikūs (Du. *mukusa*) die Trauerzeit, de Trauerstand, die Witwen- und Wit werzeit, *a ye bikūh* sie ist in Trauer *bikūh bi gwe nye* er ist verwitwet *a mpam bikūh* sie hat getrauert *binyū* verwaist sein, Waisenstand

bilám der Schnaps.

bilamna die Bedürfnisse (v. *lama*).

bilém, a gwe bilém, a ye munlom bilen Küchenmichel.

bilèmba (Du. *lemba*), die Hexerei, ein Geheimbund.

bilémbe (*Mañg. bitembe*), die Lüge Lügen, *pod* — lügen oder *lembe* lugen

bilèn (Einz. *len*), die heutigen Tage, *i y hála ló bìlen* es ist so bis auf den heutigen Tag.

bileñel (*leñel*) Unachtsamkeit, *bileñel b*

bilibilibili s. *bibil.* [*boa*

bilō (Einz. *lo*), die Dornen.

biló (v. *lo*), das Erbrechen *kúg bilò*

bilógol das Ohrenschmalz.

bilŏh (v. *los*) *gwon bi ntagabe* die Zei der Macht ist vorbei.

bilóh (*biloha* v. *lós*), *bi ngond,* Fehl = *ñgondo,* blinde, leere *ñgondo, a y loh* ein Mensch mit verfehltem Leben *loha nom* ein verfehltes Leben.

bilòñ die Länder.

bilos die Empfindlichkeit, *a gwe bilò* er ist kindisch

bìm (Du. *pī*), *a ye bìm mùd* ein fried licher Bürger, ruhig, von *ni bīm ba ni bīm bīm* sie wurden mäus chenstill, *bīm muda* wenn ihr Mann schimpft, ist sie ruhig und freundlich gegen ihn; cf. *mue.*

bìm die Schallnachahmung von einem Fall (Baum), *mbìmba* das Geräusch.
bimàmā bi mambog freier Platz.
binán der Kehricht, der Schutt, *nan mud* der Ausbund; *binan bi bod* Auswurf der Menschheit.
bindē das Hellsehen *(Babimbi)*.
bindīl mbòm, a mbindil mbom die Stirne verächtlich runzeln; *a mbindle me mbòm*.
bindóhi, a gwe bindohi heulerisch, empfindlich; namentlich Kinder.
bīne v. *bī, ndab i bīne bijeg* Haus um Essen aufzubewahren.
binehá (von *ne*), die Süßigkeiten.
binib, a mbinib oder *a bini* er streckt die Brust vor (hohles Kreuz).
biñil wälzen, tr., *biñla* sich wälzen.
binyág-binyág (v. *nyag*), flüchtig sein, schleichen müssen, *David a be — su Saul*.
binyóñgo (v. *nyo*), das Getränk.
binyóya (v *nyoi*) das Schlafen des Fußes.
binyū das Verwaistsein, der Waisenstand, cf. *bikūh* Trauerstand von einem Mann oder einer Frau; *binyu bi gwe nye* er fühlt sich verwaist.
bìñge oder *biiñga* (Du. *biñgilane*), wälzen, kugeln, tr. und intr.
biòm Kohl und Gras, die gegessen werden; die Arten derselben sind *hisiñgi, poga, nyen* etc.
bióom (v. *om*), *ñgeda* — wenn es Tag und Nacht regnet; s. *mbeñ*.
bipáda die Fetzen
bisáene (sá) Spreu von Mais.
bisài (v. *sai, sayab*, Du. *musala*), *a ñke bisài* er ging an einen andern Platz, um gesund zu werden, wo die dortigen Leute abends zusammen kommen und *Sa* sprechen, um ihn zu segnen.
biseb, bisebela der Ruf, die Berufung, v *sebel* rufen.
bisèm die Blumen, *bisèm bi mbaha* die männlichen Blüten des Mais.
biseñhá 1. Sauerteig *maseñg* (v. *sàñ*), *biseñha bi bijeg* ein gegorenes saures Essen; 2. von *señ*, geriebene Sache, *biseñha bi mbaha*.
bisòl (von *sol* fluchen, schimpfen), der Fluch, die Schmähung.
bisosóñ, homa nunu a ye — dieser Ort hat Gräber, *bisosoñ bi Nyabi*.
bisū (*su* Gesicht, aber Mehrz. *masu* nicht zu verwechseln); *ibisu* vorwärts, *ke bisu* geh vorwärts, *bog bisu* geh voraus, *nu bisu* der Erste, *jam di (li) bisu* erstens, *kel bisu* der erste Tag, *i bisu gwe* vor ihm, *i su we* vor ihm, *a nteleb kola béh bisu* er steht vor uns.
bisúd bi mom die Baumwolle (*jom* der Baumwollbaum).
bisumblé uneben, *manjel ma bisumblé* unebene Wege.
bìt — eine kleine Art weißer Ameisen.
bitañle (Einz. *tañle*) die Schalen der *mañga*.
bitèb Augenbutter.
bitebiloñe sofort, auf der Stelle.
bitèg 1. die Erde; 2. ein Stück Land, ein Grundstück (nur in einigen Fällen), *bitèg bi begi* die Erde ist zerbröckelt, zerfallen, *beg bitèg* die Erde zerbröckeln, *sañga biteg* ebnen.
bitémbe (M. B.) statt *bilembe* die Lügen.
bitiñil der Befehl, von *teñ* binden.
bitódo (Einz. *todo*), blaue Früchte (Du. *sao*).
bitogō der Scherz, der Spaß (von *togō* antreiben, ankohlen, scherzen), *boñ bitogō* scherzen, spassen.
bitón die Palmnüsse (Einz. *tóñ*), *linya li bitoñ* Palmbrei, die gelben Häute gekocht.
bituginé die Auferstehung (v. *tuge* auferstehen).
biwéha der Schlitz

biyē abgeleitet v. *hiē, a ṅgwel* —, foppen, ausmachen, zum Besten haben, *a ṅgwelehe m.* — er neckt.

biyende die Kleinheit, die Kürze.

biyendeyende mud ein kleiner Mann.

biyéne, Mehrz. v. *yene*, der Stuhl, der Platz, wo man sich befindet

bo 1. (Du. *buma*), auswandern, wegziehen, *mabo* die Auswanderung, der Auszug, *a mbone bes* er ist zu uns hergezogen; 2. *bo* (Du. *bwea*), zerbrochen sein, zerspringen (von *bol* zerbrechen, zerschlagen), *boha libato* zerrissenes Tuch; 3. Ausruf wenn ein Tier von einem Leopard getötet wurde; der zuerst *bo* ruft, hat es. cf. *moma;* 4. (Du. *dìbúa*), neun, *bo je* 9 Feuer bei der Zauberei.

bő 1. blühen von gewissen Bäumen; *e i mbo*, Hauptw *mbo*, der Same; 2. aufspringen von Früchten, *mbom ya bo ne* das Glück wird dir sich öffnen, blühen, hold sein.

bò, bi-, der Querstreifen, die Ringel, als obs Sprünge wären (*ntende* Längsstreifen); *bò* (Du. *eboru*), der Gestank, v. *bol* faulen, *bò mud* der Faulpelz, der vor Faulheit stinkt, *bò jála i!* er stinkt aus dem Maul; *a ye bo jála* (*jala* Krebs).

bǒ (Du. *bona*) Neigung haben zu jd., Zuneigung, *á mbonā* er ist allen geneigt, gütig, *mbo* gut aufgelegt sein, *a mbo ni bod, libǒ* Zuneigung; *mbona* das Aussehen.

bo wahrsagen; *bo dise* wahrsagen mit dem Korb, s. *hise, bo ṅgamb; a mbol me dise* er hat mir gewahrsagt, (gleichbedeutend *seghe dise, a nseghene me dise*); *bo bakun* wahrsagen durch die Geister, eine Art hellsehen, *bo matóṅ* mit dem Horn.

bo sie, *boba* = *bo ba* sie beide; *bǒ* auch in der Bedeutung: „Leute" „man" *mi nog pelepeleh, ha bǒ be* ich selber habs gehört, nicht vom Hörensagen.

bob schimmelig sein, *i mbob* es ist schimmelig oder *i nsun, i ye mbóbog*

boba (von *bo* und *ba*) beide.

bòbe Arznei zum Huren.

bobile (Du. *bóbèle*) 1. betasten, befühlen *bobile kob* die Hühner fühlen *bobile maleb* das Wasser probieren 2. ausfragen über, *a mboble nye mede ni mbai ye; libòbilaga* (v. *bo bile*) die Spinne; Du. *dibobe*.

bòbla s. *libobla mud* (dick aber schwächlich) oder *hibòbhe mud.*

bóbôg, bi- (Hüften), hintere Lende.

bóbog s. *bob.*

bóboga eine Frucht, deren Kerne beim Schütteln rasseln.

bobol spinnen (v. d. Spinne).

bobol, bobla schwächlich sein; *hibobl. mud* ein schwächlicher Mensch.

bôboṅ, bi- (D. *esese*) eine Art Rabe

bod (Einz. *mud*) die Menschen.

bod (Du. *botea*), anfangen, ausgehen gründen, von *libòdog* der Same der Grund, *mbod mbai* der Gründer *libodog jem dini* Anfang, Grund *libodog* der Brei, der Klex, *a mbod tinte* er klext, *a mbod biteg* (beim Bewerfen des Hauses) sie wirft den Lehm auf Haufen.

bod hoffen.

bod zurückhalten; *a mbod man* in Sorge sein um das Kind.

bod wem mein Gut, Abl. *mbododo, a mbod nye mam* verleumden, cf. *ye bod* = anwerfen, anhängen, *bod hie* eine Zeremonie, um Unheil abzuwenden

boda (Einz. *muda*) Frauen.

bodibod weich, *libato li ye libodibod.*

bodob sich hinunterbeugen, sich hinunterdrücken, hinducken, hinliegen, sich vorwärtsbeugen, übertragen: in die Trauer kommen, weil die Leute in dieser Zeit als Zeichen der Trauer immer im Hause sind und auf der Erde liegen; *a budi libóm lisòn* er sitzt in Trauer (die Trauerzeit dauert 2 Monate); *nin libubudi* auf den Bauch legen, ganz flach, *mabódob* die Trauerzeit, das Sitzen im Staub; *David a bi bodob inyu man we* (er lag auf der Erde) *a mbudi ngi tebeli* er hat seinen Kopf auf den Tisch gestützt, *bude* drauf stürzen, *bude nku* die Kiste umstürzen, *bude kob i sel* stürze einen Korb auf das Huhn, *budne sel ini kob* deck mit diesem Korb das Huhn zu, *kob budi ngi maje.*

bodol 1. anfangen, *bibodol* der Anfang, *a bi bodo me;* 2. hoffen *a mbodol nem we yag man; mi mbodol ya ue.*

bodos Hoffnung machen (von *bod* hoffen).

bog abreißen, abbrechen, wegreißen (ein Haus)

bòg, ba- der Gorilla.

bog, bi-, v. *bog,* (D. *ebóki*), Krüppel, der irgend einen Bresten hat (blind oder lahm, zu unterscheiden von *nkunge!*).

bog 1. zuerst sein, zuerst tun, vorausgehen, vorn sein (cf. *ba, ndugu*), *mi mbōg* ich gehe voraus, *bog bisu* geh voraus, *a mbog nyo* er war zuerst dort, *a mbog ke jogob ndi to a nje* er ging zuerst zum Baden, dann aß er, neben: *a mba ke jogob* oder *a nke ndugu jogob; a mbóg mbòm* er ist großtuerisch (er ist der erste im Glück); Kaus. *buguhu nye* schick ihn voraus, *bogo bes* (Dual.), *boga bes* (Pl.) wir wollen gehen (voraus, weiter), *bog,* 2. Zustf. *bugi* abbrechen (einen Stock u. dergl.) *bog kek* brich den Stock ab, *kek i bŭgi* der Stock ist abgebrochen, d. Partiz., *kek i ye buga; bóg kog* die Finger krachen (knacken) lassen; *ba bi sebelag nye, ndi a bugi* sie riefen ihn wohl, aber er war nicht geneigt zu kommen; *a mbog nson* er brach die Arbeit ab (es ist n. mehr Zeit, zur Arbeit zu gehen, *nson u mbugi*); *a mbog me* er riet mir ab, er brachte mich ab, *hob u mbugi* das Palaver wurde nicht abgehalten, es zerschlug sich, oder *sai u mbugi,* der *sai* unterblieb, zerschlug sich; *a mbugul minka hes* er beugt das Recht; 3. niederreißen, einreißen, abbrechen; *a mbog ndab ye* er hat sein Haus abgebrochen (um ein anderes zu bauen); 4. übrig bleiben, *mud wad' á mbòg,* ein Mann ist ubrig; *bijég bí mbòg;* Hauptw. *mbugu;* Bindew beim Zahlw. *mbog.*

bòg, Kerbe einhauen; *mbogi* der Kerb, *mbóboga a mbog mbógi; bog dínyèd* er haut Engerlinge heraus aus dem Palmstamm, *a ye bōga* er sucht Engerlinge, *bog mbedge* einen Graben im Hof machen.

bòg etwas zu nahe zusammen tun, dicht gedrängt sein, Lok. *bogol* 100, *a mbog mbol ngandag* er hat die Matten zu eng (nahe aufeinander) gelegt. Hauptw. *mbog* die nahe Umgebung der Häuser, *mbol i ye boga* sie sind zu nahe, Abl *mbog; ba mbog ue mih ma mbas* sie sitzen aufeinander wie die Maiskerne; *bog mō* die Hände falten.

bog mis in die Augen gucken, ansehen, unverrückt sehen auf etwas; *a mbog me mis* er starrt mich an; *bogoh me mis* sie soll mich ansehen; *bog* Abl. *libóg libogol.*

boga, in der Verbindung *kon boga,* s. dort.

bògde zusammenschnuren

bogodo, bi-, eine Yamsart, weitere s. bei „Yams".

bogól, bi-, Fußstapfen, Füße der Tiere, cf. *pàd.*

bogol oft etwas tun; *mi bi bogol kal ue.*

bǒ̱h entfernen, absetzen; *sañ a bi bǒ̱h' maleed* der Sango hat den Lehrer von der Arbeit entfernt; *kal ye i mbǒ̱h* es ist abgelaufen, ihm abgenommen worden.

boh herausplatzen; *boha — Satan, a mboha ue̱, a njo ue̱.*

bohol einen Teil von etwas heraustun, wenn zu viel da ist; *bohol mabato mahoga, bohol ndeg maleb*

bóho̱l nachlesen, Nachlese halten (z. B. Ähren, im Weinberg)

bo̱i beschwichtigen, z. B. ein Kind, wenn es Schlaf hat; cf. *boyol.*

bo̱i nyŭ tasten, *a mbo̱i nyu,* er geht langsam, gemutlich; *bo̱yo̱g nyu yo̱ñ!*

bol viel haben, Genüge *a mbol ni mam,* vermehren *bulus; mi mbol be me̱ yi ho̱b* ich weiß nicht viel von der Sprache, *bol* Dativform v *bo̱, a mbol me̱ ñgamb* er hat mir gewahrsagt.

bò̱l verwesen, faulen, stinken (intr. *bò*), s dort, *nuga mbò̱l* (M), *nuga nobi* (B.), das Fleisch stinkt; *oba nuga* (B.) das Aas; *bo nuga* (M.) *Bō mud* der Faulpelz, Abl. *bò* Hauptw.; *mbo liko̱ndo̱* verfaulter Bananenstrunk zum Kanustopfen.

bo̱l auswandern

bǒ̱l, bi-, eine große Fliege (die nicht sticht)

bó̱l zerbrechen, zerschlagen, zerklopfen, zersprengen, sprengen, (intrans. *bō*), *dibondo di mbo; ñe̱m u mbo me̱* das Herz ist mir gebrochen, *liwo̱ li mbo* die Totenfeierlichkeit hat sich zerschlagen, *ñgand i mbo, a mbō ni hiò̱l, a njañya ni hiò̱l* er lacht gerade hinaus, *bone̱ bi bo* Scherben, *boha bi pos* eine zerbrochene Flasche (Mz. *biboha bi bipos*), *mbo ñe̱m* der Ort, wo das Herz aufhört, die Herzgrube.

bo̱l nsañ den Frieden brechen, *bo̱l bañ dibondo* zerbrich den Krug nicht *bo̱l ñgo̱g* Steine klopfen, *bo̱l libañ* ein Brett spalten, zersagen, *jam din di bi bo̱l ñe̱m we majel* dies hat ihn das Blut stocken gemacht, *ñe̱m u ū mbo majel* das Blut stockt ihn vor Angst, *ñe̱m we u mbo̱la* sein Herz ist geteilt (oder *u ñkabga*) Hauptw. *libola, mpuñga; bo̱l libel l sà* Zeremonie beim *Sa.*

bó̱l hinauskommen, kommen zu, *di mbo̱ yag Ntamak yani, bó̱l nje̱l, kan nje̱* einen neuen Weg hauen.

bóle̱, bi-, die Bremse, große und kleine

bolha (v. *bo̱l*), auswandern, sich trennen übertragen: *beh ue̱ di nla be bolha ba bolha le̱n* sie haben sich heute getrennt.

bólol, bi-, (bo̱l), ein Haufen zerschlagene Stücke von Eierschalen, Nüssen Kalabassen (von Eiern, *ñgo̱n, liñgak pos;* die ganze Eierschale *kǒ̱,* die zerbrochenen Stücke auseinander liegend *bipe̱h bi kǒ̱*).

bolom ba matut 'tol ba ñkidbe̱ge̱ ke̱mb die Leute des *Ñye,* die 3 Zeichen auf der Brust haben, pflegen die Ziege zu zerhauen.

bóm (Du. *tùmba*) ausbrennen, *bóm sinda sinda* ausbrennen.

bóm, bi-, Baumrinde z. Hauser bauen von dem Naturlaut *bom* beim Schlagen der Baumrinde

bòm, bi-, der Markt, das alte Wort heißt *jòn* bedeutet bar zahlen, *s me̱ jòn* bezahl mich bar.

bòm rösten, *bòm mbaha, bitoñ, mahoi makabo, mako̱ndo̱ ba mbom me̱ s hañ* braten.

bòm zerstören, verwüsten, plündern Hauptw. *mbuma,* die Zerstörung.

bó̱m fliehen (oder *so̱*), *bomos* zur Flucht verhelfen.

bo̱mā s *bo̱mnā.*

bo̱ma, bi-, Versammlung.

bomă antreffen, begegnen; *mi bi bomā nye njel, bomnă* einander begegnen, *di bi bomnā njel, di bi ke bomnā* einander entgegen gehen, *mi ńke bomā nye* jemand entgegen gehen.

bomb angeräuchert sein, *núga 'mbómb* das Fleisch ist (nur) angeräuchert.

bòmb, bi-, Wasserströme b. Regen, auch *mbóboń, bi-.*

bómb, ma-, mal, eigentlich *libomb* s. dort.

bòmb (á mbòmb), schwach, matt sein, ermatten.

bómba, babómba der Kletterkürbis.

bómbo lién, bibómbo Stiel der Palmbätter, die zum Schlagen der Lehmböden gebraucht werden.

bombo ño, bibombo bi miño (Schimpfwort) Dickkopf, weich sein, schwach sein, *tomb* bezieht sich auf Faulheit.

bombo Zucker (eingeführt).

bomboh nyu (Du *bobise nyolo*), an sich weich sein.

bombos, trans., ermatten, ermüden, schwächen, schwach machen, zerbröckeln

bómda (wenn der Fuß *bom* tut), stolpern (auch *tomla*) *mi mbómda kumul* ich stolperte uber den Baumstumpf, *mi mbomda pos* ich stieß mich an die Flasche. [treffen.

bomnă (v. *bomă*), einander begegnen,

bón versprechen, verheißen, *a mbón me jam* er verspricht mir etwas.

bon (Einz. *mań*) Kinder.

bonbe warten auf, *bonbe me* (neben *bem*).

bònd schwarz, *bònda jam, lindógá li ye bòndo* es ist tiefschwarz

bòndo, bi- (Du. *mbòndi*), ein schwarzer Affe (v *bond*)

bòndol verschwenderisch sein, aufhausen. *a mbòndol, a mbòndol nuga, a ye mbòndi* (trans. und refl.).

bone, a mbone er ist ausgewandert.

bóne, bi-, etwas Zersprungenes, *bone mbe* eine zersprungene Pfeife (von *bo*) cf. *bolol.*

bòń bà kòt, babòń bà kòt Schmarotzer an den Ziegen.

bóń Schallnachahmung, *ńgeń i mpod —,* die Glocke klingt kling.

bòń machen (neben *gwel* tun) bezieht sich nur auf die Arbeit, *i mboń ki* was machst du? *boń hala! mi boń la?* was soll ich machen? *boń bikeye, boń bitogō, boń njoha* Witze auf Kosten anderer, aufziehen, *a mboń mbo* er bekommt Besserung, *a mboń me njo;* Hauptw. *biboñol* das Tun.

bóń, bi-, ein Bett mit einer Matte.

boña, di bi boña yani es geschah gestern, oder *di bi gwela yani.*

boña das Gehirn (v. *boń*).

bóne 1. anfragen, vorher fragen; 2. angeben, Aussage machen.

boñha ńgo Beileid bezeugen

bòñla den Fuß an etwas stoßen, *a mbòñla.*

boñle gebrauchen; *a boñle kinje baña?* welches Wort gebrauchte er?

bòñol dienen *(babòñol); i mboñol nye lana* er hat es ihm so gemacht, so ist es gegangen; *mbòñol, ba-,* der Diener

boñol langsam umherschleichen, wie eine Schnecke — *we ńgoñó* wie ein Tausendfüßler sich herumdrücken.

boños dienen lassen.

bòó die Gewächse.

bôs bellen (von Hund und *ńgoloń*) auch *bam, ńgwo 'mbôs.*

bos herausplatzen.

bót häufeln, Häufchen machen, Pfosten setzen (bei einem Haus).

bót, bi-, die Tasche, die Rocktasche (aus Zeug); *kwa bi-* die Ledertasche

bót, a bót yem! (Mang. Bikok), Freund! (als Anrede) Basa: *kóń (yem).*

bóyog (v. *boi*) Imperativ, beschwichtigen.

bóyol m. ñem seine Hoffnung setzen auf *a mboyol man we ñem, boyol me jam dini* überlaß mir das. *bolol*

(v. *bọl*) *mẹ* zuteilen (cf. verlorener Sohn); *bóyol yẹm ṅẹm.*
bu mbén das Gesetz übertreten.
bû fortjagen *(kob, kẹmbẹ).*
bubila versengt sein, versengt werden.
búbul versengen, *bubul nyọ,* das Maul verbrennen, *a bublag hiu nyọ hana lẹn, ndomlẹ nyẹn a ṅgwẹl mam mana.*
búdê etwas umstürzen, zudecken (s. *bodob*) (zudecken mit einem Tuch *ho*); *budul* aufdecken.
budi flach liegen, *a búdi libúbudí* auf dem Bauch liegen, *a budi libóm li sọ̀ṅ* er sitzt in Trauer, bedeutet die Trauerzeit, wenn die Leute im Haus bleiben und „im Staub" liegen 2 Monate lang, *libòda* die Matten zum Decken der Dachfirst.
búdi, kob búdi ṅgi majẹ das Huhn brütet, sitzt auf den Eiern.
bū́ga zersprungen, brüchig v. *bog, kek ye buga* der Stecken ist geknickt, *buga kek* geknickt, *būga ṅkọ̀g* ein Baumstamm, der sich zur Seite gelegt hat. *būga Jọb* die Zeit um 3 Uhr nachmittags (v. *bog* brechen), *ba sebelaga nyẹ, ndi a bugi* er hat abgewendet, sich abwenden. *a gwé búga kò; a gwé libúga; a gwé búga.*
bugi v. *bog* abgebrochen sein, *kek i mbū́gi* (von *bog*), *Jọb di mbugi* die Zeit um 3 Uhr; *mbaṅa 'mbugi* Bann (als Stecken) ist gebrochen.
bugul s. *bog.*
búgụlum der Bär.
bugus (v. *bog*) vorausschicken.
búha like zurückbleiben bei der Reise aus Müdigkeit, nicht mehr weiter können; *a ntiṅha like, a mbuha mẹ mis* er ist mir aus den Augen gekommen.
bula, ma- (von *bulul*) mit Verachtung strafen.
bula ǰaǰa, a ṅgwẹl mẹ mam ma bula ǰaǰa beschummeln.
bulbẹ das Auge zumachen, tr.; *a bul* er hat das Auge zu, *sudẹ mis* die Augen zudrücken
bulul auf die Seite sehen; *a mbulul mẹ* er sah weg von mir (zuerst sieht man jemand an, dann weg) wegen Zorn, Verachtung etc.
bulus (v. *bol*) vermehren.
búm werfen, beim Ringen übermögen wie *nẹd, nẹm.*
búm, bi-, die Hinterlassenschaft.
bùmba, a mbumba schlagen, rascheln huschen, *ki i mbùmba? nuga 'mbùmba ṅgwē.*
bumbúl ernten, die Ernte, Mehrz., *mábùmbul, kèg mábùmbul.*
bùṅga treiben, forttreiben (d. Vieh).
búṅga, bi-, die Matte (für den Boden) *a ṅọṅ búṅga* er flicht Matten.
bús nicht klar sein, unverständlich; *baṅga ini 'mbuh mẹ (mbuhug).*
bùs ein Weib gebrauchen.

D.

Die Präfixe *di* und *li* werden manchmal selbst unterschiedlich gesprochen und gehört; was nicht unter *di* zu finden ist, suche man unter *li.*
dáb alles mögliche anstellen, durchtrieben sein, *a ndáb, a ye mandă.*
damda schwatzen, ausschwätzen, austragen, maulen, *a ndamda ni họb, a ye yama ndamda muda, ba ye gwama bi bindamda bi boda, a nyọ maọg, a ṅkahal ndamda.*
dáṅab händelsüchtig sein, *mud ndáṅ* händelsüchtiger Mensch, *ba ye bandaṅbag, a gwe ndáṅ.*
deṅges hin- und herjagen, herumziehen, reißen, auch bildlich.

diái (jái mái) der Fliegenklapper

díb, bi-, (v. *dibe̜*), ein Kessel in Bächen und Flüssen.

dibái, Mehrz. (Einz. *hibái*), das Wahrzeichen, das Kennzeichen.

dibámb (Einz. *hibámb*), s. dort.

dibàn̈a, Einz. *hibân̈a,* s. dort.

dibàto (libato) das Tuch, ist eingeführt, Basa-Wörter sind *kún bi-* Tuch der Männer, *likóda* od. *hikóda,* Tuch der Männer, *n̈gú* Tuch der Weiber, *dile̜bê̜ ma-* Tuch der Weiber, *dikúba* ebenso, *kéd libàto* ein Stück Tuch, ein Fleck.

díbda sich verwickeln. verwickelt sein; cf. *dib bi-*.

dibé, ma-, die Brust s. *libé.*

díbe̜ aufwickeln (eine Schnur); *mbǫm ndībe̜ me̜* das Glück hat mich verlassen, *mi nyi beme̜ jam, mbǫm i ndibe̜ne̜ me̜.*

dibêl mèl die Kolanuß, der Baum selber heißt *bèl* Mehrz. *mel, bǫl libel lí sa* Zeremonie.

dibōma eine Art Insekten (kleine).

dibū die Asche.

díe̜, lihe̜b li ndie̜ me̜ es geht kalt an mich hin.

dīga (auch *liga*) Ernst machen, ernsthaft sein, im Ernst etwas sagen oder tun, *madīga* der Ernst, wird häufig noch mit *tǫi* Wahrheit verbunden, *a ndīga tǫi* er macht in Wahrheit Ernst, *a ndiga tǫi kal hala.* Abl. *digdig* s. dort.

dìgdig, nǫ́b a ndíe̜ — es pratzelt.

digis (ligis) von *leg* heiß sein, verbrennen, *digih kad* das Papier verbrennen, *mi ndigih me̜me̜de̜* ich habe mich gebrannt (anbrennen von Essen *he̜b* s. dort).

digla, a ndigla er leidet sehr, hat große Schmerzen.

digwéne̜ s. *ligwene̜.*

Dihala Duala.

dihe̜d-dihe̜d deutlich.

dihéle der Palmkern (s. *ton̈*) *dihéle di ton̈* mit weichem Kern.

dihén s. *lihen.*

dihò kleine Wahrsagerstäbchen oder Stengel oder Blättchen, *a n̈ke̜ kéh n̈gamb, a n̈ke̜ sǫm dihò* er geht zu legen Wahrsagerei bei den Löchern der Wahrsager-Spinne, vor dem Loch derselben.

dijé, ma- ein Stück *dijē̜ di kob* Ei (von einem Huhn), *dijē̜ di bǫmbǫ* ein Stück Zucker, *maje̜ ma hiboi* kleine Bläschen in der Kalabasse; cf. *hiked!*

dijǫ́ der Kampf (v. *jǫ*) *a n̈ke̜ dijǫ.*

dijò, ma-, die Banane neben *dikube.*

dikàbo, ma-, die bekannte Knollenfrucht; die *dikabo* wurde eingeführt, damit auch das Wort. *Se̜be̜ makabo* Makabo schälen. *jubule̜ makabo, wagale̜ makabo* ausgrasen *(libuble̜).*

dikada krallige Finger, die eingezogen sind, wie das *jun* (s. d.)

dikálag, ma-, die Glut (von *kala* glosten s. dort) *kálag dùm* Ebenholz, *sìb kálag* Kohlen (die erloschen sind), *likalag li mud* oder *likwáyag li mud.*

dikele, ma-, die Heuschrecke.

dikǭ (likǫ), ma-, die Weinpalme.

dikǫblé̜ (v *kǫbǫl* befreien), losmachen, übertragen, deuten, aus der Umhüllung befreien, die Deutung

dikǫkǫ́n, Mehrz. v. *hikǫkǫ́n.*

dikǫ̀ndǫ, ma-, die Plantane, der Pisang, *ntutu, mi-,* der Strunk, der Schaft, *pág* — der Büschel, *ndè̜,* aber *ndé̜ makǫndǫ* der klebrige Saft der Frucht, *bǫl* — abhauen. *n̈ò,* aber *n̈ō dik.* eine Frucht, *n̈gòn̈gob-* dürre Blätter, *kǫ́gǫ-* die abgehauene Staude, *liboból li-* oder *l(i) adhá* (*i* kaum hörbar) oder *n̈ădâ, mi-,* zwei zusammengewachsene, *tītin̈ bi-* der Stock, der beim Abhauen unten bleibt, *mbǫ̀ likǫ̀ndǫ* ver-

faultes Stück zum Kanu stopfen, *nsóa* — gelbe Frucht, *huhṅ bi-* die Fasern.
dikǫ̀ṅ, ma-, der Spieß, *pę́ṅ* — der Schaft des Spießes.
dikǫṅ (Einz. *hikǫṅ*), kleine Fledermäuse.
dikund der Misthaufen (*likund*).
dikwayag s *likwayag.*
dikwé (von *kwe*) die Beschneidung.
dikwẹ̄ ein Vogel (Du. *ikǫkiese*).
dilâṅ, ma-, die Zwiebel (v. *làṅ*).
dilẹṅgwǭ (Mehrz. von *hilẹṅgwǫ́*) das Farnkraut.
dilǫ Tage, eigentlich *hilǫ* Schlaf, Mehrz. *dilǫ.*
dìm, bi-, das Vorzeichen, nur in der Mehrz gebräuchl., cf. *njim, a nteh[i] nyẹ bidìm, a nteh[i] nyẹ bikù* (*teh* v. *tẹhẹ*) er machte ihn sehen ein Vorzeichen, d. h. er bereitete ihm unsägliche Schmerzen.
dimbha verlieren, *ṅgwǫ 'ndimbha ntǫa* der Hund hat die Spur verloren
dimelél das Ende (räumlich).
dindámá eine Art Korb (Einz. *hindámá*).
diṅgènd, hǫma diṅgènd, roter Lehm, Laterit.
diṅgǫ́ṅ der Backenbart.
dinyǫ̀ṅgǫg, Einz. *hi-* (v. *nyǫṅg*), die Schlinge, die Falle.
diṅib, a diṅbag a wǫ es bös treiben, aufs äußerste treiben.
disẹ̄, ma-, der Palmzweig (s. *lien*).
disím, Einz. *hisím,* der Wohlgeruch, das Gewürz.
disǫm s. *lisǫm* s. *nyā.*
disǫ́m s. *lisǫm* s. *toṅ.*
ditám, ma-, die Frucht (*litam*).
diun die Zornausbrüche.
diyúg die Wade.
dǫ́dla schlottern (*tǫdla*).
dsaṅ Haar des Elefantenschwanzes.
dúg rudern.
dúg, bi-, eine Yamsart, weitere s. bei „Yams".
dúga wechseln, (*gwaṅa* verwechseln) *duga mẹ mǫni* oder *heṅha mẹ mǫni* wechsle mir Geld.
dúginā auswechseln, austauschen (etwa wenn Zwei ihre Tücher gegenseitig auswechseln), *holnā* (v. *hol*) einander helfen, abwechseln, *ba nduginā bibaṅga* sie wechselten Reden (in der Unterhaltung).
duhúl fortjagen, im Sinn von ausbieten, austreiben bei Menschen, *jàd* fortjagen, wenn jemand noch gar nicht bei einem war, *kàt* fortjagen (in die Flucht jagen), *bệṅ* fortjagen (Tiere wegjagen, wenn ein Tier etwas frißt), *jàd* fortjagen (Tiere und Menschen).
dùm der Ebenholzbaum, *kálag dùm* Ebenholz (s. *kala!*)
dùma brummen *á nduma.*
dùmbẹ übervorteilen.
dumbha täuschen, Hauptw. *ndumbha.*
dumbul aufgehen, *soṅ i ndumbul, hiaṅga hi-, mapob ma ndumbul tù* Morgenröte.
dúmda beschränkt, törichtes Zeug machen. *yoi ye dumda* das Moschustier ist dumm, *yoi ye ndumbila.*
dúṅ rauschen.

E.

ē, Du. *paua,* Busch hauen, Hauptw. *maē, mi ṅkẹ maē.*
ẹ weinen. *ẹ nlend, ẹ̄ maẹyá* beim Tod, *ẹ liwǫ́, á ię liwǫ́, ẹ̀l* beweinen.
ẹ̄, bẹ (aus *biẹ*), 1. der Baum, *ẹ̄* Einz. kurz, Mz. lang, weil *i* ausgefallen; 2. die Arznei (weil die meiste Arznei von Bäumen ist) *ẹ̄ matabla, bẹ̄ bi matabla, nsẹ bẹ* (cf. *sẹyẹl*) Arznei, die Kraft haben soll, den Gläubigern

Geduld zu geben; *be bi mbahala* Abführmittel; *be bi kuhle* Arznei zum Aufstreuen; *ẽ i mbo* der Baum bluht, Hauptw. *mbo* Same.

eb zeigen, lehren, *eble me dibato* bestelle mir ein Tuch, *eba me njel* zeig mir den Weg oder *nunda me njel, a bi eb bo, eba* anweisen. Passiv; *maèbla* die Lehre.

eba, Passiv v. *eb* anweisen.

ebel (v. *ab* schöpfen), *ebel me maleb* schöpfe mir Wasser.

ebél, mi-, Gefäß fur Wasser, eigentlich [*nebel, mi-*.

ebes s. *ab.*

ed cf. *yed* schwer sein, *á nyèd.*

ede zeihen, beschuldigen.

ede ankleben, anhaften

edi, Imperf. v. *ad* zusammenfügen.

edne, Passiv v. *ad* zusammenfügen

ẽem, beem der Traum (v. *eme* träumen). Traum deuten

eg, a bi eg (ha) bo er versetzte sie in Staunen, cf. *egeb* staunen.

ég abspringen (ein Stück von einem Teller, *i ńegi* es ist ausgebrochen, *ég, biég* oder *liég* der Sprung, die Ritze, die Zahnlucke.

egbene s. *egeb*, 1. Hauptw., 2. Zeitw.

ege, a ńege bod er übertrifft alle, *a ńege mam momasona* er ist in allem durch, *a ye egha* dto; *Job li egha* allmächtiger Gott, *mam ma eghaga* zu schwere Sachen.

egeb s. *eg!* wundern, staunen, *maegeb* die Wunder, oder *biegbéne.*

égele oder *gwàgwa* notgedrungen, wohl oder übel, *egele mi nyoń mud nunu,* (denn ich habe jetzt keinen andern).

eges in Staunen setzen.

egi ein Stück aus etwas herausbrechen, *nsońgo 'egi* (cf. aber *mugi*).

èmb hexen, **a ńemb* ist nicht gebräuchlich, dafür steht: *a nke lièmb, a ńke emb* (M.), *ńèmb* die Hexe (Du. *mot'a lemba*) *lièmb* die Hexerei (Du. *lèmba*), *mùd lièmb* der Mensch, der hexen kann (Du. *mut'a lemba* und *mom'a lemba*) *ba ńke liemb, ba ńke yoń em, ha ań em a njo me lemb* er verhext mich, er kämpft mit mir, um mich zu verhexen.

embile aufmerken cf. *amble* (s. dort!)

eme träumen (Abl *nem* das Herz), *eem, beem* der Traum

énd ńó Haar schneiden, den Kopf kurz bescheren.

eń oder *sẽ maog* Palmwein abzapfen, *eńga mińkog* ein Platz, wo Palmwein abgezapft wird an verschiedenen Stämmen, *a ńke lise*

éńa, biéńa Werkzeuge von Eisen.

eńel (v. *eń*) für jemand Palmwein abzapfen.

eńg, tr kleiden, tr. schmücken, *eńgeb* sich kleiden; *a eńgi, a neńgeb; èńg, bi-*, das Kleid

eńg, bi-, Pracht.

eńga s. *eń.*

ésa der Wahrsager, die Wahrsagerei.

ẽyō Ausruf.

F.

fás knacken lassen, *faha ńga* den Hahn (am Gewehr) losdrücken, knacken lassen

fẽb a nlo feb er kam dahergebraust wie der Wind, *a noi feb.*

fedfed, a nlo, -, Nachahmung der Tritte, getrappt, *mabato ma mal yaga fe fedfed*

fìb, a mbeb me fìb, er schlug mich, daß es pfiff

fim auf einen Sprung, einen Satz.

fodfod flaumweich.

fosi (horsi, kabila) das Pferd.

fradadafradada, yogi i mboń, —, in hoher Tonlage schreien bei Tieren (Nachttier).

fúb-fúb Explosionsgeräusch bei Pulver

G.

gwā, Mz. v. *ya* s. dort.

gwàd, 1. kratzen, *a ṅgwad me*, *hìgwègwē di-*, der Krätzer, *mi ṅwedha* ich habe mich gekratzt oder *mi héya* (von *he*); 2. stupfen.

gwagwa oder *egele* wohl oder übel, notgedrungen, *gwagwa mi nlama sa ue hala* wohl oder übel muß ich dir das bezahlen.

gwag, *ṅgond gwag* kleine Erdnüsse.

gwàgwàs ein Baum.

gwai gackern, *kob i ngwái*.

gwàl, 1. gebären, Pass. *gwe*, *a bi gwe* er wurde geboren, *hob a bi gwena* Muttersprache, Sprache, in der jemand geboren wurde (*kwal* Salz ausfüllen in Tüten) *ligwene* Ort, wo jemand geboren wurde, *a bi gwene he?* 2. *gwal bisem* blühen, Blüten hervorbringen, *gwal matam* Früchte tragen, aber *num* ist das eigentl., *gwal* ist selten; *ṅgwaṅgwali* frühtragend.

gwálâg die Nägel, Einz. *yalag* (an Fingern oder Zehen).

gwale (v. *gwal*) die Nachgeburt.

gwàmbe (Ndogobis.) s. *njembe* in Basa.

gwána (*ṅgwam*) die Anrede, *a ṅgwana!* (Du. *ndol' am*) mein Lieber.

gwáṅa, 1. vermischen, vermengen (Du. *pulisane*) *a ṅgwaṅa bijeg*, *a ntodol be to jam*, *bijeg bi ṅgwaṅnā*, 2. verwechseln, 3. ausfüllen (Salz in Tüten).

gwànab reich werden, *ṅgwaṅ* der Reichtum (*kwaṅab* sich bücken), *gweṅes* reich machen. *gwenel a ṅgweṅel wib.*

gwe (v. *gwel*), 1 haben, *mi gwe* ich habe, *mi bag mi gwe*, *mi be mi gwe* ich hatte; *liheb li gwe me* ich habe Fieber, *mayod ma gwe me* ich bin ärgerlich, Abk. *mbē yen*, *yen ini mbē* wem gehört diese Pfeife, *man wen*, *wen nunu man* wem gehört dieses Kind; 2. Passiv v. *gwal*.

gwéa (hie und da auch *bwea*) lang früher (d. h. vor etlichen Tage *a nlo gwéa* er ist schon früher g kommen, *a yi meni gwéa* er schon seit länger bei mir, *koba* v ganz kurzer Zeit, *behe* uralt.

gwea, *a ṅgwea* festgehalten, *hinuni ṅgwea mako*, *mud a gwenaga n* Sprichw.: der Vogel wird an d Füßen gefangen, die Mensch werden am Mund gefangen.

gweba sich zeichnen, *a gweba „Yehow* er zeichnet sich mit Y.

gweb das Gesäß.

gwēb, *a nlol me gwēb* er kam soglei hinter mir drein, *a nyodi gweb* hurt frisch, einer hinter dem ander cf. *hum*, *kuṅgulu*, *mág*.

gwèd, *bi-*, 1. (v. *gwad*), Krätzer *hìgwèg* (*kwèd*); 2. v. *keg* der Krieg; häufiger Name.

gwegwé wagerecht, flach,
a mbambad- }
a niṅ- } er liegt flach.

gweha, s. *gwes*.

gwehenā s. *gwes*.

gwel (Einz. *yel*), die Läuse.

gwel, 1. tun, *a ṅgwel wanda* Sta machen (zeitweise) nicht wie *logo a ṅgwel me jeṅ* er hat mich absich lich geärgert, *ba gwel nye may* sie haben ihn wild gemach 2. halten, festhalten, fangen, g fangen nehmen, *gwelel me hise* fa mir, *gwelha kek* halte dich an de Stock, *gwel dibato hana* halt d Tuch hier, *gwel nye* halt ihn fes *ṅem we u ṅgwela* sein Herz ist a gefaßt (gefangen); 3. arbeite *gwel nsón*, *gweleh nye nson* laß ih arbeiten, mache daß er arbeite *gwelel* arbeiten für, *gwela* geschehe *jam dini di bi gwela yani*, *ṅgw nsón* ein fleißiger Mann, *ṅgwelel* d

Arbeiter, *bigwelël* das Tun, das Arbeiten, *gwel;* 4. anfassen, greifen, *ligweleg,* Hauptw. Griff.

gwela (gwel) geschehen, *a ngwel me jeñ* er hat mich absichtlich geärgert, *a ngwela jeñ.*

gwelba sich befestigen, sich halten, *banga Job i ngwelba ñem mud, mbo 'ñgwelba wom* es hat Wurzel gefaßt.

gwelé, bi-, Gefäß für Wein

gwelel, bi-, (v. *gwel*), das Werkzeug.

gwélem (v. *gwel*), *ba-,* die Schlinge.

gwèles (v. *gwel*), antreiben, tun machen, tun lassen.

gwelha sich halten, s. *gwel* halten, ertappen, erwischen.

gwèlhe übergeben.

gwem jobi (tjobi) fischen (mehr gebräuchlich *og*), *gwem* wird beim Fangen von Tieren gebraucht, Treibjagd.

gwèñba, *gweñes* (v. *gwañab*), reich machen, ebenso *hedes hedba.*

gwês lieben, gern haben, *mi ñgweh ue* ich hab dich lieb, *ba ñgwehenā* sie haben einander gern, sie vertragen einander, *gwehnā* die Liebe, *ba ñgweha* sie wurden versöhnt, *Yesu a bi gweha bod ni Job* J. versöhnte die Menschen mit Gott, *ligwiha* die Versöhnung, cf. *bena.*

gwî die Augenbrauen, *gwi bi mis,* Mz. v. *yî* s. dort!

gwiha die Tränen, Einz. *yiha* (s. dort), *kob gwiha* Tränen vergießen

gwò aufstoßen.

gwólol, tē —, ein Geschrei verführen, Radau machen.

gwòm Yams, Einz. *yom.*

gwoš glucken (v. d. Gluckhenne).

H.

há dort.

hà Abkürzung v. *hana* hier.

hā fern.

hà ganz genau, ganz gerade wie

hà Abkürzung v. *hala* so, *ba ha* gut so (es sei so).

ha — be zur Verneinung (*hala be* nicht so), *ha me be* nicht ich, *ha pag,* auch *hapag, a ñha pag* er ist unermüdlich, unersättlich, tut etwas über das Maß, *yeñge yoñ i ñha pag* deine Faulheit ist über die Maßen, *ha nya ñgalag* (eine stehende Redensart) es ist nicht eine Art Gerücht, es ist wirklich so = wahrhaftig ganz gewiß (= Du. *o ka mbale*).

ha, 1. hineintun in etwas (zum Unterschied *bī* aufbewahren *kehe* legen auf etwas), *ha maog, hel me maog, heh me hob unu mahoñ, ha mahoñ;* 2. anziehen *ha nye mbod, a ha nyemede mahindi, há mè hà* geh mir weg (Redensart), *ha mud mō* jemand umfassen.

ha aushelfen mit etwas, Hauptw. *lihána.*

ha verwandt sein, *liha* die Verwandtschaft, *behe ue di ñhā.*

ha jo um ein weniges, um ein Haar.

haba anziehen, *haba mbod* zieh das Kleid an, *heba* an haben, *a heba tamba* er hat einen Hut auf, *ha nye mbod* zieh ihm das Kleid an.

habèle ohne daß.

habes (h) s. *bes!*

habi (vergl. *nyodi*) geh weg!

had, hadab reich werden, *ba hadbag* sie möchten reich werden, *lihad* der Reichtum, das Ansehen, *nhad* ein Reicher, ein Angesehener, *hedes, hedba* reich machen cf. *gweñes* und *gweñba.*

had trotzen, *a ñhad* s. *lihado! hedel!*

hag sich freuen über etwas Gehörtes,

se seine Freude tätlich bezeugen, *mahag* die Freude, *mase* die Freudenbezeugung, *kon mahag* sich freuen.

hajo s. *jo!*

hala (häufig auch *lana*) so, ebensó, *hala ni*, - *le*, - *ki*, *inyu hala* darum, *hala be* nicht so, *ha- be* nicht so

hambal in die Hüfte setzen, *a hambal man, a hemba man*, Gegensatz *a mpaba man* auf den Armen tragen.

hàn unverschämt sein, frech sein, *a ňhan.*

hǎn drohen, *a ňhàn lé a beb ue* er drohte, daß er dich schlagen werde, *a nhene ue ndom* er drohte dich zu schlagen, *lihanag* die Bedrohung.

hana hier, *hana ni nyen* (Du. *oan so nde*) hier also

haň, 1. festgehalten sein (Du. *tika*). *a bi haň nyo* er ist dort festgehalten worden, *mi bi kobol* ich hab ihn befreit, erlöst, *a heňi* (Du. *a tiki*) er ist festgehalten, *bah i ňhaň be nyeni* das Salz geht bei ihm nicht aus. Sprichw. *mō ma ňhaň be liwaňlene* das Palmöl wird nicht verboten am Ort der Zubereitung, *haň nlob* die Angel befestigen an der Schnur; 2. in der Not, im Druck sein, entbehren, *ue ňhaň ni ki* was entbehrst du, *a ňhaň nseň we* er hat sich um seinen Gewinn gebracht.

haň (oder *waň*) braten! *bom* rösten s. dort cf. *nundul, heňel me nuga, haňle me nuga.*

hanano jetzt.

hand auswählen, ansehen, cf. *tol, nhanda mua* die Braut, die Erwahlte, *nhanda liēn* die Ölpalme, die einer zu seinem Gebrauche sich hergerichtet.

handab jemand schützen.

handal ausbreiten, die Flügel spreizen, sich quer stellen. das Tuch aufschlagen. öffnen, auseinander tun, *handila.*

haňgab, heňgi, a heňgi sich br[...] machen.

hápag, a hapag er ist unermüdlich, u[...] ersättlich, *yeňge yoň i ňhapag* bode[...] los faul.

he aufwecken, Pass *hia, hebe* (neb[...] *tode*) aufwachen, *heb* atmen (*hebeg*

he (*hie*) heiß; *maleb ma he.*

hè hi nyo die Nereide.

he was für.

hè hi jala der Skorpion.

he kentern, *mi ňhe leb* ich bin g[...] kentert.

he fein schneiden, kratzen, schabe[...] (cf. *guad*), *mi heya* ich habe mi[...] gekratzt.

he, *a he nye* er paßt ihm auf (im G[...] heimen beobachten), *hegda* (v. *hid*[...] Ndogobis u. Yabi) *a ňhegda ňwa* (*mu*[...] *ni jam* mißtrauisch gegen sein Wei[...] *heha* (v. *hes*, Mangala) mißtrauis[...] gegen sein Weib, *hes* nachsehen, [...] *ňke heh' jandi* ich gehe die Fall[...] nachzusehen, *heh' nson* beaufsichti[...] die Arbeit, *hehel me jandi* sieh f[...] mich die Fallen nach, *nhehel* d[...] Aufseher.

he kosten, *kembe i he la e? a ňh*[...] *ngond ye* er verkaufte seine Tochte[...] *a ňhehene nye* (*yo*) Ndogobis[...] *man we a ňhe diko di ňkuh dit*[...] seine Tochter brachte 500 *be*[...] ein.

he wo? *à ňke hé? a ye bebe* er i[...] nahe, *bebe he* wo auch? *kob y*[...] (Du *uba so*) *ye* Abkürzung v. *i* [...] *he? he' ňke* wo gehst du hin?

hé ā Ausruf der Überraschung, Ve[...] wunderung, hoi!

heb, hebeg, 1. atmen, schnaufen (v. *h*[...] s. *heba! hibil* atmen mit, *di ňhib*[...] *bisas* wir atmen mit den Lunge[...] *tob mbu* schnauben; 2. (übertrage[...] gierig sein, trachten, lechze[...] schmachten, *a ňheb ňkus* er lech[...]

nach Gütern, *a ñheb ñkus* unzufrieden sein, leidenschaftlich sein, *a ñheb be* er ist zufrieden.

heb nyoñgi gierig aufs Essen.

heba (v. *haba*) gekleidet sein, anhaben.

heba, heb atmen. Hauptw. *nheba, tob mbu* schnauben,

a mbedeh heba | er hauchte seinen
a ntob heba pom | Geist aus.

hebe aufwachen v. *he* aufwecken, neben *tode*.

hebel die Haare oder Federn wegbrennen (bei einem Huhn oder einer Ziege), *hebel kob maheb* der Brandgeruch (nicht *liheb* die Kälte, das Fieber), *bijeg bi ñhebla* das Essen ist angebrannt, *nuga nob i ñhebla be* ein nasses Tier (Tier des Regens) kann nicht gebrannt werden, *mud nunu a ye nuga nob, a ñhebla be.*

hed wo (Umstandswort des Orts).

hedba (v. *had*) reich machen

hédêhédê deutlich, klar (= *dihed dihed*) *a mpod* — er spricht deutlich, *hiodot hi mbai* — die Sterne strahlen klar

hedel (v *had*) trotzen, s. *had.*

hedes (v. *had*) reich machen, ebenso *gweñes.*

hég, 1 *ba ñheg ñkak* ein Holz über den Bach legen, um ihn zu stauen, *a heg leb* er staut das Wasser, absperren; 2. unterlegen, wenn etwas rollen will; 3. lehnen an, *ba ñheg nye* er hat keinen Ausweg mehr (etwa in einem Palaver), sie haben ihn hingedrückt, *a ñhiga.*

heg schonen, verschonen, lehnen, anlehnen.

hég annehmen, ich nehme an, glaube.

heg, 1. machen (neu machen), bilden, schöpfen, *a heg tebeli, Job a bi heg si, bihegel* die Schöpfung; 2. *heg peg* einen Plan machen, schmieden, Rat geben, einen Vorschlag machen, *hegel;* 3. zeichnen; 4. messen, *heg ndab, heg maleb, hega* das Maß; 5. vergleichen, *heg siñgi loñ ni ñgwo* verglichen mit cf. *keda;* 6. begleichen (Schulden), *hega pil ini* die Schulden gegenseitig begleichen, *behe ue di hega* ich und du sind nun quitt; 7. wägen, *hihega, di-,* die Wage.

hega ausgleichen (bei Schulden), *bo ni nye ba hega* sie haben einen Ausgleich getroffen.

hēga zielen, *mi hēga tombeli* ich ziele nach dem Glase.

hegba anmessen, *mi hegba ue* ich messe dir an.

hegbe stecken bleiben.

hègbeñ die Habgier (v. *heg*), *a gwe-* er ist habgierig.

hēga sicher sein, treffsicher, *a ñhēga.*

hegeb sich verbergen.

hegehege, a ñhegehege gaffen.

hegle, cf. *hegbeñ, a hegle ni je* er „frißt“, er schlappts hinunter, daß niemand etwas bekommt.

hei fein schneiden, schaben.

hel v. *ha, hel me maog* schenke mir Wein ein.

hel wundern, sich wundern, in Verlegenheit sein, im „Druck“ sein, sonderbar vorkommen, *jam dini di ñheleh me le kelele* es wundert mich, *a hel le kelele; heles* transit., *jam dini di ñheleh me* dies Ding kommt mir sonderbar, komisch vor, es bringt mich in Druck, Hauptw. *heleg, bi-,* die Verwunderung

hela genügen.

heli (auch *nañ*) genügen, übereinstimmen.

hem, 1. wegblasen, abblasen, ausblasen, *hem mbe* die Pfeife ausblasen, *hem jol* die Nase ausblasen, schneuzen, *hue* hineinblasen (ins Feuer oder Mundharmonika), anblasen, *huẹ hie* das Feuer anblasen, *hemel mẹ mbẹ* blase mir die Pfeife aus, *hemeh nyẹ mbẹ* er soll die Pfeife ausblasen (Blasen des Windes *pẹp*); 2. Durchfall haben, *a ǹhẹm* er hat Durchfall.

hệm mùd einer, der alles ausschwätzt.

hemb einklammern, einspannen, festklemmen, einräuchern, *kek i hemb nyẹ* der Prügel hat ihn eingeklemmt, *a bi hemb hise yani* einräuchern machen, d. h. räuchern, zurückhalten, anhalten, *hemb ndab, nje ye munu, a bi hemb bọ ndab* er hielt sie in seinem Haus zurück, *a bi hemb bọ njẹl* er hielt sie auf dem Weg auf, *hemb kad i masin* spanne das Buch in die Maschine, *konde hemb* stärker drücken, *hemb mbọd* das Kleid zuknöpfen (häufiger ist für diese Art *kọb* s dort), *himbil, himbila.*

hẹmbẹl jol die Nase aufreißen, aufblasen, *a gwe hemba jol* eine aufgeblasene Nase.

hemlẹ glauben, *mi ǹhemlẹ Yesu Kristo* ich glaube an Jesum Christum, *ba be hemlẹ yuha kẹl, ndi ba hemlẹ ha be* sie glaubten in vergangenen Tagen, aber jetzt glauben sie nicht mehr.

hend schwarz sein, schwarz werden, *a hend* er ist schwarz, cf. *hindi* schwarz, *a ye hindi* er ist schwarz, *ba ye bahindi; a ye lihindi* er ist schmutzig, *lihindi* die Wolke.

hẹndẹb ausweichen, weggehen, aber offen, sich zurückziehen, dagegen *yimha* sich drücken, sich verlieren.

hẹni (Mang und Bikọk) nein! (Basa *kọb*).

hẹǹ (taka) festgehalten werden, sich absorgen, in Verlegenheit sein, *a hẹǹ mu ǹẹm we.*

hẹǹ, 1. tr. und intr. verändern, auch *hẹǹẹl, a hẹǹ, a hẹǹla* er hat sich verändert, 2. *a hẹǹ ni nsọn ki yaga hẹǹẹb* er hängt allein an der Arb sich überlassen sein, *heǹes* sich sell überlassen, hängen lassen, *a hẹǹẹl hob unu.*

hẹǹẹl wechseln, verändern (nicht a wechseln *dugina!*) *a pọdọg, a hẹǹl heǹha mẹ dibato dini ni jọǹ* a wechseln.

heǹes (v. *hẹǹ*) hängen lassen, sich sell überlassen.

hẹǹgẹhẹǹgẹ unsicher.

heǹgi s. *haǹgab.*

heǹha verwechseln.

heǹi v. *haǹ,* Pass. *heǹha, heǹes,* tra festhalten.

hẹǹla (auch Hauptwort) die Veränderu

hẹǹla s. *hẹǹ.*

hes = 1. *heh* v. *hẹ, a ǹheh ǹgọnd ye* verkauft seine Tochter, *a hehẹnẹ* Ndogobisọl er verkauft sie na Ndogobisọl; 2. v. *ha, heh mẹ unu mahọǹ,*
a mbugul miǹka hes / *a ǹkẹdẹ miǹka hes* } er beugt Recht.

hês, bi-, der Knochen.

heya wegtun, wegnehmen, entfern *heyana yọ* nehmt es weg, *heya j* nimm den Bausch weg, *a ǹheya jadẹ* er nimmt ihm den Baus

hi jeder, *hi mud* jedermann. [w

hi jeder = *ki, ba njẹ be hiọbi ki hi* sie essen keine Sorte Fisch.

hia, Pass. v *he.*

hiada, eins in der IV. Klasse, *hiandi hia* eine Falle.

hiág (nag) der verschnittene Bock.

hiài das Geschlecht, *hiài hi bod* Altersgenossen, cf. *sega, koǹ.*

hiái (hiaya) das Blatt.

hiàm̄ schön; wenn Palmen da sin übersichtlich *makọ̀ndọ ma ǹki ǹkọǹ weh hiàm.*

hiàndal (v. *andal* kriechen), eine schö Blume, die auf dem Boden kriec

hiandi, jandi die Falle, *amb* — eine Falle stellen, *pa* —, eine Falle schnappen lassen, *hiandi hi mpa* die Falle ist geschnappt.
hiañ (v. *añ*) das Register.
hiañ, bi-, die Messingspangen an den Beinen der Weiber und Mädchen.
hiáñ, bi-, die Wüste, *hiáñ 'nleg* die Wüste brennt.
hiañgá der Sonnenschein und Sonne, *maom nyà ma hiañga* der Morgen.
hianha, ba-, 1. Kl., kleiner Kaktus, *hiañha nunu* hat 4 Ansätze; *hiañha njeg* (großer, auch *kága*) hat 3 Ansätze, *hiañha hi ndumbul* geht auf
hibagabaga, — *hi nlo̱b* ganz kleine Angel.
hibági, di-, Hindernis im Weg, *tomla* — stolpern.
hibáh (Du *mutole̱*) der Bruch, der Leibschaden
hibài, di-, Arznei, daß niemand im Garten stiehlt
hibamb (v *bamb*) Holz zum Schlagen der Lehmböden, gewöhnlich *bombo, di-,* Stiel der Palmrippen.
hibamnjog oder *ndòi* eine Art *póndol* Sperber s. dort, Stimme: *he̱ he̱ he̱.*
hibande̱, di-, (v. *band*), Abkürzung *band,* der Ring.
hibandibandi (v. *band*) *a gwe —hi nyu* er ist schmächtig.
hibáña, di-, die Nuß, irgend welcher Art, auch Steinnusse; *hibáñ ñgog* der Kieselstein
hibañal (v. *bañal*), 1. runde Steine *hibaña ñgo̱g* oder *hibabañal ñgo̱g;* 2. geizig, *a ye mud hibañal* er ist ein Geizhals.
hibáñg, di-, der Knochel.
hibás Stein der Palmkerne, *hibah hi mañ.*
hibě̱ (Mang. und Bik.), Basa *libě̱* der Fleck, der Stern.
hibe̱ (Abkürzung *be̱*) der Topf, gleicher Stamm mit *be̱,* etwas, das eine Vertiefung hat, das Loch, die Grube, *mi ñkwo̱ be̱* ich habe mich getauscht, *mi kwel be̱* ich bin in eine Grube gefallen, *hibe̱ hi o̱mde̱* der Topf siedet, *hibe̱ hi ño̱m* der Topf siedet, *hibe̱ hi mpel po̱do̱po̱do̱* siedet.
hibédel die Frage (v. *bad* fragen).
hibél (v. *ba* ausschlachten), Fleischstücke für den Ausschlächter.
hibêmă das Schulterblatt.
hibê̱ñ die Taube.
hibí (Mz. *tibi* Mist, Exkremente) Häufchen.
hibib di (*ti-*) das Joch (Jes. 9).
hibibiga (v. *bibi*) Grübchen in den Backen.
hibil v. *heb* s. dort, *a ñhibil nyo̱* er atmet durch den Mund.
hibìng das Grabscheit (gespitzter Stecken zum Graben).
hibo̱bhe̱ mud s. *bo̱bo̱l, bò̱bla.*
hibǒda ein Kraut mit großen Blättern, Wahrsagerei zu *bo̱d hie*
hibói kleine Kalabasse für Wein, (*so̱b* für Wasser), — *likě̱* auf die Reise
hida ertappen (auf dem Diebstahl), einschließen, umgeben, in die Enge treiben, *ba ñhida me̱ ndab.*
hída der Rauch
hidìba, di-, der Schlüssel.
hidig lästern, grollen, die Lästerung, *a mpo̱d me̱ hidig hi jam.*
hidiga die große Art von Sandfliegen, die am Morgen und Abend kommen.
hidìn eine mittelgroße Palme (s. *lien*).
hidun, di-, tausend.
hidùñ eine Art Zither, *kod* — Zither spielen.
hiě̱, hiě̱ hi mud wankelmütig, Abl. *biyě̱.*
hiě̱ das Feuer, Mz. *jě̱,* das Feuerholz, *nson hie* Feuerflamme, *lindombol li-,* Feuerflamme, *mandombol ma je* Feuerflammen, *bo je* neun Feuer bei der Zauberei, *mike̱g mi hie* das

Knistern des Feuers, *huẹ* — anblasen, *pẹp* — anfachen, *kọd* — anzünden, *suhẹ* — Holz zulegen, *lem* — auslöschen, *hie hi nlem* das Feuer ist ausgelöscht, *hie hi ňkala* das Feuer glostet, *bọd hie* Zeremonie, um Unheil abzuwenden, *njànjad* der Feuerfunken, *dikalag* die Glut, *sibkálag* die Kohlen, *i nleg* es ist heiß, *digih yọ* verbrennen, *njọňọ̄ hie* der Verbrennungsschmerz, *a nọg* —, *bahal je* Holz spalten, *jab* Feuerholz holen, *a ňkẹ jab* er ging Feuerholz zu holen, *hie hi nlọň* das Feuer brennt, *kẹg hie* Feuerholz schlagen.

hiẹ̄ ňga der Ladstock.

hiẹd Kanu verstopfen.

hiẹl, trans., umdrehen, umwenden, umkehren, *hiẹl kad* drehe das Buch um.

hiẹlba, intr., sich umdrehen, sich wenden, sich drehen, sich umkehren, sich bekehren.

hiẹm hiada ein Augenblick.

hiembi Einz., (*jembi*, Mz.), tanzen bei der Trommel, Reim.

hiẹ́s ganz und gar, in allen Stücken, vollständig, radikal, *mi nlọ uẹ hiẹhhiẹh.*

higẹ überführen (von einer Bosheit oder dergl.).

higwal der Muttermund.

higwẹ̄gwẹ̄ (v. *gwad*) Krätzer, cf. *gwed, bi-.*

híhbẹ aufeinander liegen.

hihẹ, bi-, die Decke.

hihẹ beschweren, festdrücken, *hemb*, Abl *minhiha mi mam, a ňgwẹl minhiha mi mam* er häuft Bosheit auf Bosheit.

hihega, di-, die Wage.

hihò, di-, der Wahrsagerstab.

hihoya (v. *hoya* vergessen) das Vergessen.

híhuda ňẹm beleidigen, *a hihuda mẹ ňẹm* er beleidigt mich.

hijẹlẹl hiada s. *jẹlẹl.*

hijilá das Weigern.

hijọ́ der Teer.

hikàha, di-, eine Art Buschse[illegible] Zweige.

hikála, di-, die kleine Sandfliege, d[illegible] bei Nacht kommt.

hikáň, 1. Schöne Tage in der Rege[illegible] zeit, *hikaň hi ntẹ̄* schöne Tage si[illegible] gekommen, es ist jetzt schön Wetter; 2. ein Büschel Palmkern s. *toň!*

hiked, di-, (Abkürzung *ked*) ein Stüc[illegible] *kid nuga diked-diked, hiked hi nu[illegible]* ein Stückchen, Bröckel Fleis[illegible] (Brot), (neben *suň* oder *puhul*), *k[illegible] bọmbọ* ein Stück Zucker, — *bo[illegible]* — *libato* ein Fleck, cf. *dijẹ.*

hikelel hiada (v. *kal*) *ňgalag yada* (v. *ka[illegible]* „einmal"

hikẹ̄m, di-, die Teichmuschel.

hikẹ́ň Fußpflock oder Halsring, *hik[illegible] hi ňko* übertrag. das Joch.

hikeňel (v. *kaň*) der Unterarm (an de[illegible] man die Leute bindet).

hikẹ̀ňgẹ ein Ausschlag (cf. *hios*).

hikẹt, di-, der Pfeil, *mpan* die Arm[illegible]brust, *lẹň mpan* mit der Armbru[illegible] schießen.

hikidig ndombol ein kurzes Gebet.

hikikwā (M. *hipia*) Kraut zum Fische[illegible] *ňkòmẹ kwā* die Staude desselben.

hiko 100, wenn nicht stückweise g[illegible] rechnet wird, aber nur bei Au[illegible] zählung von Waren, bei Heirate[illegible] (eigentlich 120).

hikǒ, Abk. *kǒ*, eine dünne Schlingpflanz[illegible] übertrag. die Schnur, der Fade[illegible] *ňkò* dicke Schlingpflanze, das Sei[illegible] das Tau, *hiko hi nsambila* oder *[illegible] nimbila* die Schnur ist gestreck[illegible] gespannt; *nimbil (sambal) hik[illegible]* spanne die Schnur, *sudẹ*— zusammen[illegible] ziehen.

hikóa, di-, der Berg.

hikọ́a, di-, die Schnecke.

hikǫ̀ba der Haken.
hikóda hi nyu (s. *nyu*) *a gwe* — dürr, abgezehrt.
hikǫ́da Mañg. und Bik. *di-*, (Abk. *kǫda*), Basa *mbē̜* die Pfeife, *od* — rauchen.
hikǫg eine Art Kraut (Blätter, die an Stelle von Fleisch von den Frauen gegessen werden).
hikògǫ yig oder *hikǫgǫ bum* die Klette.
hikǫk (hikǫg) eine Grasart, die gegessen wird
hikǫkǫ́n (v. *kǫn*) das Leiden, die Krankheit.
hikombát der Salamander.
hikǫñ, *di-*, kleine Fledermaus, fliegender Hund.
hikǫña v. *kǫñǫl*, *dik-* das Städtchen, *ñkǫñ* Stadt.
hikǫ́ñgǫ die Kugel, *hi ñgā*.
hikóya der Vorratsgarten, ebenso *pǫgi bi-*, *hikoya* hat eine Darre, *pǫgi* nicht.
hikū́, *di-*, 1. die Sprechtrommel, *kod* — trommeln; 2. das Häufchen (v. Makabo oder Minde), *sal hiku* häufeln.
hikwā́, *di-*, das Feldhuhn.
hikwém mbǫ̀m die kleine Riesenschlange, s. *mbǫm!*
hia, Pass., (v. *he*) aufwachen.
hīl (v. *he*) aufwachen.
hilàbo, Abk. *làbo*, kurzatmig, *a ñkwǫ́ làbo* er ist kurzatmig.
hiláye̜ (M. u. B.), Basa *lilaye̜*, eigentl. *hilale̜* und *lilale̜* v. Du. *dali* das Vorhangschloß, das Türschloß
hilēba kleiner Bach.
hileleba ein Nebenbach von einem größeren (s. *leb*), *nsèñ* — klarer Bach mit schönem Sand.
hilémb die Zunge, *ten lemb* das Zungenband, *jolol di lemb* die Zungenspitze, *hilemb hi ñga* der Abzug des Gewehrs
hile̜ñgwǫ eine Grasart.
hilǫ (Abk. *lǫ*), 1. der Schlaf, *a ñke̜ lǫ* er geht schlafen, *a ye lǫ* er schläft, *a ntiñgi lǫ* er nickt, *hilǫ gwe me̜* es schläfert mich, *hilǫ hi ntogo me̜* es schläfert mich, *hilǫ hi ntoñgol me̜* es schläfert mich, *mahǫñ ma ñke̜ lǫ* das Fett gesteht; 2. Tag (ein Tag von 24 Std.) im Unterschied von *ke̜l* Zeit des Tages, *njamuhā* Tag (solang es hell ist, von morgens 6 bis abends 6); *ñgwa mi* — es ist ein besonderer Tag, *ñgwa sǫndi* Sonntag, *ñgwa ligwe* Geburtstag; *bodol Edie̜ sog Sǫñ Sak i ye dilǫ diba*, von Edea bis S. S. ist es 3 Tage (d. h. „2 Schläfe") *Ba ñke dilǫ di bikai* sie gingen auf die Treibjagd in den Busch (mehrere Tage, vielleicht 9). *A bi tuge̜ ke̜l i nyonoh áa* er stand am 3. Tage auf.
hilòba der Pfeffer, *mboñgól* span. Pfeffer (groß), *kǫg njé̜*, *ndóñ* der gewöhnliche, *ndǫ́ndǫ*.
hilǫ́ga (Abk. *lǫga*, v. *log* schwach, ohne Kraft sein), ein junger Bursche, Jüngling, cf. *mañge̜*, *libǫbla li lǫga* ein schöner frischer Jüngling, *lipabla li lǫga* ein guter Kerl, ein guter Knabe
hilolombi mud ein Mann, der sich immer gleichbleibt, — *dibato* ein Tuch, das der Kaufmann nie ausgehen läßt.
hilònde̜, *di-*, nebliger Regen, leichter Landregen, s. *mbeñ!*
hiluga (v. *log*) der Trug (gleich *maloga*).
hilúlú Krankheit, wie die Soldaten haben.
him das laute Bellen des Ebers, um die Sauen zu wecken, zu unterscheiden v. *kēm* grunzen (im allg.) — Hauptw.: *himga* das Bellen.
himáña Gefäß, um es beim Palmwein unterzustellen, — *mud* ein alter kleiner Mann.
hímbá, *jimba* die Vogelfeder (Schreibfeder *sao bi-*). (M. und B.: *lè bi-*) *kuh kob* die Federn ausrupfen,

hebel kob die Federn wegbrennen, *jolol di himba* der Kiel.

himbil entfernen, weit weg tun, *ba bi himbil nye* (Du. *potise*) *a ṅhimbla he?*

himboga das Gefäß.

himimha, di-, die Schwäche, *dimimha di bon* schwächliche Kinder (wie Frösche).

himueña hi nyu (s. *nyu*) *a gwe* — ein eingeschrumpfter Bauch.

hindáma, dindama der Korb, das Körbchen, *oṅ hindama* Körbe flechten, *tég hindama* Gestell zum Korb, *mi ṅoṅ dindama* ich flechte Körbe, *nǰa u nteg dindama* der Kürbis bekommt Blüten.

hindamdam mud schamloser Mensch.

hindi (*hend* schwarz, schmutzig sein), die Schwärze, der Schmutz, *a ye mahindi,* er ist schmutzig, *a ye ṅhindi, a ye mud ṅhindi, a ye hind mud* er ist ein Schwarzer, Mz. *ba ye bahindi (ba bod), a ye lihindi* er ist schmutzig (liebt den Schmutz) s. *hend!*

hindis (v. *hend*) schwarz, schmutzig machen.

hindola, di-, eine Yamsart, weitere s. bei „Yams".

hindondóṅa (Abk. *ndòṅ*) das Bächlein.

hindumda mud (dumda) stumpfsinniger Mensch (cf. *loga, hitegetege*).

hinjagada klein, aber stark und wild.

hinjela, *hinjenjela, di-,* der Pfad, enger Weg.

hinjéṅnjeṅ léba spiegelklares Wasser, sprudelnd, steinicht, *hinj. mud* ein schöner, vortrefflicher, verständiger Mann.

hinjuednjed, s. *nyu, a gwe — nyu* klein aber elastisch, beweglich sein.

hino (Abk. *no*) der Finger; *hino hi susuga* (v. *sog*) der Finger (Zehe), *hino hi nlom* der Daumen, die große Zehe, *ya (hi)no* Daumen (*ya* dumm, man zeigt damit ein dummen Kerl), *nid no* mit de Finger zeigen, *nand no* mit der au gestreckten Hand zeigen.

hinodene (hinodena) die Versuchun v. *node* versuchen, probieren od *manodana.*

hinúni, di-, der Vogel, *a ye — m* heimatlos.

hinyáma, di-, das Schuppentier (s. *kt* diesen Namen um es zu lobe sonst *ká.*

hinyed, di-, die Made. der Engerlin (v. *nyed* aufgehen).

hinyóṅ, Mz. *dinyóṅ* Moskito, eben *liṅgaṅg,* Mz. *maṅgaṅg.* [Fall

hinyoṅgog v. *nyoṅg* die Schlinge, d

híṅ, bi-, a nyoṅ me bihíṅ er schnitt m im Geheimen die Nägel mein Finger und Zehen, Haare, nah Blut, um gegen mich einen *nj* (Zaubermittel) zu machen, ver hierzu *odol.* Das Blut wird aus d Brust oder dem Daumen genomme

hiṅa mbon der Giftmischer.

hiṅg der Schnupfen, der Katarrh. *hiṅg, hiṅg i gwe nye.*

híṅg sich zusammenziehen, ansamme von einem Sturm oder Regen, *n a hiṅg, ṅkue a ṅhiṅg, a ṅhíṅg s like dini li ye hiṅgig* (hinhält).

hiṅgána s. *ṅgána.*

hiṅgis bewegen (cf. *nyihiṅga*), Haupt *mahiṅgil* das Brausen.

hiṅgònda (Abk. *ṅgònda* kommt v *ṅgon*) die Tochter, *ṅgon yen* wem gehört dieses Mädchen a Bei den Namen fällt das *n* w (schnelles Sprechen) *Ṅgo-* cf *man* s. *ṅgond, ṅgonda.*

hiṅgòṅ (v. *koṅob,* Abk. *ṅgoṅ*) die Mi der Brust, Abl. *liṅgoṅo, ṅgoṅ g me, hiṅgoṅ hi ṅkwo nye* das Gewiss schlägt ihm.

hiṅgwàṅgwaṅ ein Mann mit mittlerem Reichtum.
hiṅil auf Brautschau gehen.
hiō̃, 1. betrunken sein *a hiō̃, lihṅa* der Rausch, *hius* betrunken machen; 2. schwindelig sein, *lihiō̃* der Schwindel, *lihiō̃* die Ohnmacht, *a ṅkwo̱* —.
hio̱bi, ǰo̱bi der Fisch, *no̱l* — fischen.
hiodot, ǰodot (hiorot) der Stern.
hiól die Rotholzfarbe *a ho̱b hiól*.
hio̱l, cf *sas* kehren, Hauptw. *lihio̱l, mi ṅke̱ lihio̱l.*
hiò̱l (v. *no̱l* lachen), das Gelächter, *a ṅnue̱mla hio̱l* er macht ein lächelndes Gesicht, er lächelt, *a mbo ni hiò̱l* | er lacht gerade *a njaṅya ni hiò̱l* | hinaus, *a no̱l je̱ je̱ je̱* oder *kwa kwa kwa*, der Europäer lacht: *hó̱ hò̱ hò̱, hio̱le̱ me̱* er verlacht mich, einen Verstorbenen verfluchen. Im Streit gebräuchlich: *hio̱le̱ me̱ le̱ i yiso̱ṅ*-Antw.. *mi hio̱le̱ bo so̱ṅ*, und der Streit beginnt, Hauptw. *bihio̱le̱* das Verlachen.
hiolol zusammen tun, *ba ṅke lihiolol* (Gras im Garten zum Zweck des Verbrennens).
hiom, 1. umherlaufen, spazieren laufen, *mi ṅke̱ hiomog*; 2. unzuverlässig sein, charakterlos sein, *ṅhiomog, nhiohiom.*
hio̱mbo̱ schlank, s. *nyu*, *a gwe hio̱mbo̱ hi nyu*
hiō̱mi Baumrinde als Gewürz.
hioṅ, ǰoṅ das Haar, *e̱nd ṅo̱* das Haarschneiden, *joṅ di leleb* die Augenwimpern.
hio̱ṅ (v. *o̱ṅ*), die Trompete.
hiō̱nd der Firstbalken.
hio̱ne̱ jo̱ne̱, yomi jo̱ne̱ di wanda ein frischer kräftiger blühender junger Mensch.
hiò̱ṅg Westen.
hiós, jos ein Hautausschlag
hio̱s flechten (Schnüre), übertr. spinnen.
hipédbeṅ der Knorpel des Brustbeins.
hipele und *liso̱ṅgo̱* die Schnupfdose.
hipetleṅ, dipetleṅ Knorpel am Gehöreingang.
hipiá (M.), B *hikwa* Kraut zum Fischen.
hipúa (v. *pu*) übervorteilen, übertölpen, dran kriegen.
hipúa der Betrug.
hisáma ein Gewürzkraut.
hisē̃, disē̃ die Antilope.
hise̱ die Schuppe (*hi ka* der Schuppentiere) oder *mato̱n ma ka*, sie werden zum Wahrsagen verwendet, *bo̱ dise̱* wahrsagen oder *se̱ghe̱ dise̱* (Du *se̱se̱ ṅgambi*) *bol me̱ dise̱, se̱ghe̱ne̱ me̱ dise̱* Dativform
hisend, Mz. *disend*, kleines Eichhorn.
hisē̱ne̱. di-, v. *se̱*, Gefäß beim Palmwein abzapfen.
hisid (v. *sid*) *mbon, di* —, *a ye* — knauserig.
hisii klein.
hisıngi, di-, die Tomate, *siṅgi ṅwo̱ ni minyi mo̱miso* (Sprichw.) er starb in der Blüte der Jahre (Tomate ist gestorben mit all ihren Fruchtansätzen)
hisó peitschen, knallen.
hisō̱ die Hacke.
hiso̱la, di-, junge Ölpalme.
hisò̱n, di-, die Ameise (gewöhnliche), *hiso̱so̱n* kleine Ameise.
hisuad eine Baumheuschrecke im Urwald, *i mpo̱d ǰue̱d.*
hitaba der Verrat, *a njel bo̱ hitaba me̱ni* er hat sie mir verraten (heimlich), Untersch. v. *ye̱le̱l.*
hitám, di-, die Niere (das Lendenstück, das der *mbó̱-mbò̱g* [Richter] bekommt), *litam ma-*, die Frucht.
hitè̱ga ein Gewürzkraut.
hitegetege mud stumpfsinniger Mensch, cf. *hindumda mud, lo̱ga mud* (v. *tegetege*).
hitiba, di-, (v. *tibe̱*), Hauptw., Untersinken, *a ṅke̱ 'tiba* er geht unter

hitibda mud ein vergeßlicher Mensch.
hititin der Feuerspahn (lang), cf *likolog* glühendes Holzstück.
hitō klein von Person, *a gwe hito hi nyu* es ist ein kleines Männchen (s. *nyul*).
hitòd (hitòt) 1., Blüte des *tutug* (Baum), *tutug 'nhaba tòd,* 2., die Mütze.
hitotoga kleiner Löffel.
hitotogo eine kleine Kalabasse für Öl und Salbe.
hituhuba hi mud ein Brummler, er tut, was man sagt, aber mit Brummen (v. *tuhuba, tus*).
hitúla der Haarwisch, *a nyeg me hitula* er hat mir vorn einen Wisch stehen lassen.
hiu kohlschwarz wie *bond, i nhend hiu* es ist kohlschwarz.
hiu verbiegen, *hiui* verbogen, *i ye nhíuag* es ist verbogen.
hiū das Schmiedehandwerk (von *o* schmieden, Mehrz. *ju*) *mud u* (Abk. v. *hiu*) der Schmied.
hiúa die Pfeife, *on-* pfeifen (die Pfeife singen).
hiudul, Hauptw. v. *od,* schieben, ziehen.
hiun der Zorn, *dun* Zornausbrüche, *unbe* auf jemand zornig sein, *unbene* im Herzen grollen, *a ntibda hiun* jähzornig.
hiúngu hiada gleich sein, sie sind gleich (stark oder groß).
hius v. *hio* betrunken machen.
hiyahalene v. *yahal* der Tadel, Basa *hiyàhal.*
hiyàm ein kleines Tier.
hiyana, hiyanga (v. *yan*), die Verachtung.
hiye hi mud sich verstellen, gebärden, unaufrichtiger Weise.
hiyeba mud der Arme.
hiyegle mud schamloser Mensch, cf. *hindamdam.*
hiyelele seichte Stelle.
hiyeyende di-, hiyende di- s. *yende.*

hiyihe (v. *yihe,* vorsichtig sein, sich Acht nehmen), die Vorsicht, Achtsamkeit.
hi(y)ône (diyône) frischgehauener Gar mit Mais (cf. *wom*).
hiyonol (v. *yon*), Hauptw. v. nehm
hō wickeln, eine Schnur aufwick (*ho diko*) einwickeln, einschließ umgeben, *ho* ist auch trans. v. einschenken, *ho me maog* sche mir Wein ein.
hō zudecken, *ho njel* den Weg decken, *ho be* etwas auf die Gr decken (*je be* zudecken = a füllen), *ho me lon ni langat* d mich mit einem Teppich zu, *ho* deck den Korb zu.
hǭ 1. schlau sein, *a ye mud ā n hǫjǫ jàm íni* alles übertreffend, *A hǫmpúa, a mbon mē hom* lügenhaft anpreisen, uberbieten. *hǭ ngwangwan mabúi* vertusch täuschen, heucheln, scheinhe 2. scharf sein (v. *hol*) *pā i* (Gegent. *tu* stumpf sein), *hoa pa* scharfes Schwert, *bijeg bi nho be 'n bi ye ntumba* es ist nicht scharf, es flau (s. *tu*); 3. schnell mach etwas tun, *ho lo* komm schnell, *ndigi* mach doch etwas schnell; *nho* es ist rauh (*send* glatt sei 5. anstreichen (neben *so, ma;* zeichnen); 6. einschenken, *ho ma ho me maog* schenk mir ein, *nho m* der Einschenker; 7. salben, tr *hob* (eigentlich *hoob*), intr. *a hob* salbt sich.
hoa (v. *ho*), sich ringeln, sich roll *nyo i hoa* die Schlange hat sich rollt, aber *hod libato; libato li nhodog* zusammengelegt, *li ye nk* zusammengebunden.
hōb (s. *ho* 7)
hōb, ma-, 1. die Sprache, *hob w tabe nlam* seine Sprache ist ni

schön, *hob a bi gwena* Muttersprache, Sprache, in der er geboren wurde; 2. der Prozeß, das Palaver, *mi gwe hob* ich habe ein Palaver, *a ye njambila hob* er ist händelsüchtig.

hob likol die Basasprache (Sprache des Ostens).

hoba umarmen (Passiv v. *ho*).

hobina (v. *ho*), der Deckel, etwas zum Zudecken.

hoble (oder *ihoble*) v. *hob*, *i hob le* im Fall daß, auch *kile* wenn.

hobna Passiv von *hó* zudecken.

hod biegen, beugen, krümmen; falten, falzen, zusammenlegen (Papier, Tuch), *hod wo* die Hand krümmen (höhlen) (Du. *wutise*), *ko we 'hudi* sein Fuß ist gebogen, *a hod ko we*; *hod bikidboṅ* niederknien, *a hodob* er beugt sich, *e i hodob* der Baum ist gebogen (*bandab* bedeutet das Sichbücken bei der Arbeit allein), *hudul* wieder gerade biegen, wenn man ihn vorher gebogen hat (cf. *so solol*), *hudi* Imperf., *hudila* Passiv v. *hudul* es ist wieder gestreckt

hód, ma-, das Schleppnetz; *la hod* und *ke* — das Netz auswerfen; *od* — das Netz ziehen

hódôhódô wahrhaftig, aufrichtig, *mi ṅgweh nye* — ich liebe ihn —.

hóg, bi-, die Höhle (von den kleinen Tieren).

hóg schwimmen, *ngógí* das Schwimmen.

hogi ein Teil; *bod bahogi* ein Teil der Menschen; *binuga bihogi* ein Teil der Tiere, *ṅgeda hogi* etliche Zeit.

hog(o)be (cf. *hugube*), Zeit- und Hauptw. (trans. und intr. gleich), den Durst löschen cf. *nol nyoṅ*, ein Verlangen stillen, *kon wem u hogobe* meine Krankheit hat nachgelassen; *nyemb i hogobe kì beheni* es starben nicht mehr Viele bei uns, *ṅem u hogobe me* ruhig werden, stille werden, erquicken, laben, erfrischen, *hogbānā* tröstlich sein, *mahogbane* der Trost, die Tröstung, *bihogbene*, *hogbe* der Trost, die Erquickung, die Labung.

hogol eine Hand voll nehmen, *a hogol wo bas*, *ṅgomin a bi hogol bod bobasona ba be bikai*, er nahm sie weg, *a bi hogol Log Israel* (bedeutet immer Mehrz. eine Hand voll nehmen).

hóha, ma-, v. *hos* der Fehler; *hóha jam ini* ein fehlerhaftes Ding.

hohol (v. *ho*), losmachen, aufmachen, *hohola* los sein, los werden, *hohole me* mach mir auf, laß mich los, *hohol mben* ein Gesetz aufheben, *leṅ mben* erlassen.

hòi (v. *ho*), leicht sein; *dibato di hoi.*

hojo s. *ho! hojo jam ini* alles übertreffend.

hol 1. Waren geben für ein Weib, *hol muda, hól likìl* Heiratsgüter geben; 2. schleifen, schärfen, *hól pá* das Buschmesser schleifen, *pá i ṅhō* es ist scharf (*jōga* Schleifstein).

hól, bi-, die Maisblüte (*ntú* und *mandombo* zusammen).

hol leer, *hol pos* eine leere Flasche, *bihol bi bipos, bipoh bi ye biholo, hulus* aushöhlen, *huluh biteg* eine Vertiefung in die Erde machen.

hol 1. wachsen, *holos* wachsen lassen, *nob ṅholoh be, holol* ausgewachsen sein. *hosi ini i ṅholol hanano* es ist ausgewachsen, *dikondo di ṅholol* der Pisang ist ausgewachsen, *dikondo di ṅholaga be, dikondo di ye diholga, dikondo di holaga* (cf. *koyob* gelb sein, *i ye koibaga*), *holha* aufwachsen, *bon bana ba bi holha loṅ* diese Kinder sind miteinander aufgewachsen.

hol 2. sich abkühlen, *maleb ma hol* das Wasser ist abgekühlt (es war vorher auf dem Feuer), *maleb ma hol le tanana* angenehm abgekühlt, es ist gerade recht warm, *holoh nyu* oder *on nyu* sich fassen, beruhigen, sich alles anderen entäußern.

hola helfen (bei der Arbeit und eine Last tragen), *hola me* hilf mir, *ma-hola* Hauptw. *holna* abwechseln (etwa beim Tragen), im Sinn von einander helfen, sonst aber *dugina* auswechseln, austauschen, cf *yila*.

holbe jauchzen.

holol s. *hol, i ǹholol* oder *i ye holaga* ist ausgewachsen.

holos s. *hol*.

hòm gleich Bejahung, Bestätigung, *hom* oder *sài* Segen.

hom nsā Bezahlung abschneiden.

homa, ba- (I. Kl.), der Ort, der Platz, die Stelle, *homa we* sein Platz, *homa nunu a tabe nlam* dieser Platz ist nicht schön, *homa nyesona* überall, *homa ni homa* überall, *bī jam dini we homa* lege dieses Ding an seinen Platz, *a tabe homa* er ist nicht weit, *homa i yine* der Platz wo du bist, *mi gwe beme homa liyene* ich habe keinen Platz mich niederzulassen, *homa kak* das Dickicht.

homb schaben, *homb biteg* Erde schürfen, *homb* hobeln, *homb mbom* hinreiben, *mā hómb nyè jò i mbóm* ich werde es ihm ins Gesicht reiben, *homb mbòm, jam dini di ǹhomb me mbom* diese Sache (schabt mir die Stirn) d. h berührt mich so sehr; *ke homb nyemede jam dini mbom*.

hòmpúa s. *ho* und *pu, a mboǹ me* — lügenhaft anpreisen, überbieten.

hon, bi-, ein Tier, das im hohen Gras wohnt

hònba aushalten, beharrlich sein, geduldig sein, *a bi hónba ndòm* er hat die Schläge ausgehalten.

hond durchsuchen, aussticren, suchen nach etwas, etwa Essen, kommt von „Um" her: wenn die Weiber einge-schlossen waren, suchten die Männ[er] außen herum.

hond das Beil, *mben hond* der Beilsti[el]

hòndol, bi-, 1. Baum; 2 auflös[en] (eine Schnur), Knoten aufmache[n]

hóndol etwas mit den Fingern a[us]streichen.

hòn 1. stumpf machen (Messer etc[.]) 2. verweigern, nicht wollen; 3 *mbe 'nhoǹ* der Sturm rauscht, Haupt[w.] *nhòǹga;* 4. schnüffeln, schnufe[ln] herumschleichen, *nje i bi hoǹ nd[...]* er schnüffelte im Haus herum ([...] er nichts bekommen könne), *a h[...] ni wib* er schleicht herum etwas [zu] stehlen, *nyo i ǹhoǹ libum i [...]* 5. reiben (zwei Holzer aneinande[r]) *bikek bi hoǹnā* die Hölzer reib[en] aneinander *lihoǹog, bi hoǹnā*.

hoǹ 1. tönen, schallen, *gwa bi hoǹ* d[ie] Lieder schallen; 2. v. *hoǹ[...]* s. dort.

hòǹg schnarchen.

hōǹha, hóǹla s. *hoǹol*.

hoǹob fett sein, *kembe i hoǹob* die Zie[ge] ist fett oder *i ǹhoǹ ǹganday, i g[...] ǹgandag mahoǹ*.

hoǹol denken, *mi ǹhonol le* ich denk[e] daß, *hoǹo me* denk an mich! *ho[...] jam dini* denk über das nach; *[...] ǹhoǹol jam* ich hab mich dr[an] erinnert, *hoǹha* u. *hoǹla* (v. *hoǹo[l]*) jemand erinnern, *ba ǹhoǹha mine mab yaǹga inyu ye; hoǹla me kege* erinnere mich morgen früh dra[n] *hoǹol ma-* der Gedanke, *hoǹlene* d[as] Andenken

hos fehlen, *mi bi hoh jo* ich hab gefeh[lt] *mi bi hoha nye* ich hab mich [...] ihm verfehlt, *pos* fehlen im Sinn v[on] übereilt, *jam dini di bi poh me* [...] hat mich übereilt; *mi hoha nog* i[ch] habe gehört, erfahren, *hos ma-* d[er] Fehler, *lihuha* das Vergehen.

hos umstürzen.

hoya vergessen, *a ye (hi) hoya ki yaga* er ist sehr vergeßlich.

hū 1. heimgehen, heimkehren, zurückkehren, *mi hu â* ich gehe heim (als Gruß), *mi ǹhu, mi ǹhu mbai yem* ich gehe nach Hause, *a hunẹ njẹl pẹ* er ging einen andern Weg, *a ǹhu ni họb we* er kehrte in seine Sprache zurück, weil er die andere nicht gewohnt ist; *huna kob yóǹ* geh mit deinem Huhn, mach daß du fort kommst mit deinem Huhn; *mahuna* die Heimkehr; *mahuna mana* Anrede: Heimkehr dies, kehrst du heim? *mahuna ma jọb* Untergang der Sonne, *njẹl mahúnẹ* der Heimweg, *kè, bi-, i hu* die Geschwulst ist zurückgegangen (Du. *epundẹ* Geschwür); 2. ausbreiten *hu libato.*

hú, bi-, 1. der Magen; 2. *a gwe hu* er hat einen bösen Magen, in dem er böse Wünsche gegen jemand birgt (Zauber), *a ye hu;* Abl. *húyẹ, bi-,* Sack der Sandflohe.

hū aufmachen, *hu ǹgango.*

hùbẹ s. *hugbẹ.*

hudi Imperf. v. *hod* biegen.

hudi er ist gebückt (s. *hod*).

hudila er ist wieder gerade, gerade sein (v. *hod*); *hudul* strecken, geradmachen (v *hod*).

huẹ 1. hineinblasen in etwas (cf. *hẹm* anblasen, wegblasen), *huẹ hie* das Feuer anfachen, *huẹ bijẹg* das Essen blasen; 2. *húẹ bẹ̄* eine Grube zudecken, ausfüllen, auch *jé bẹ̄.*

hugbẹ oder *hùbẹ* die Luft, frische Luft, man öffnet die Tür, daß Luft hereinkann; die Luft wird nicht bewegt, kühlt nur, den *hugbẹ* merkt man an den Ohren etc.; s. *hugubẹ.*

hugi (Passiv v. *hugub*), hocken *hinuni* ['*hugi.*

hùgub hocken, *kob hugi.*

hugùbẹ ist stärker als *hubẹ,* s. dort. Fächeln des Windes, Luftzug, *mi nyọǹ hugubẹ* frische Luft schöpfen, *hugubẹ mbẹbi* die Seebrise.

hugùlẹ ist stark, daß er Blätter bewegt (cf. *họgbẹ* Erquickung), *lihẹb* die Nachtluft, der Landwind, *lihẹb li mpẹb;* weil er meistens sehr kalt ist, steht das Wort auch für Kälte; *yié* der Schatten (v. *yi ẹ?*), d. h. Kühle des Schattens, nicht der Schatten selber, der Schatten *titi, bi-.*

huhuguhugu Ruf der Eule; *a mpọd-* er verstellt s. Namen.

húhul bi- (v. *họ* leicht sein), der Bast; *huhul* ist die Bezeichnung vom Leichtsein; *jam dini di ǹhoi uẹ huhul* dieses Ding ist leicht wie Bast.

hulul v. *hol* ein Weib kaufen; *a bi hulul mẹ muda.*

hulul (v. *hol* hohl sein); *hulul biteg* ein Loch in die Erde scharren, grubeln, *hulul saho* einen Sandfloh herausgrubeln.

hum humsen, summen (Bienen, Katzen).

hûm rasch, *a ntẹlẹb hum* er steht stramm da; *a nyódi húm* er stürzte los; cf. *kuǹgulu, gwẹb, mág.*

humba zusammenschnurren, eingehen, *nuga i ǹhumba.*

humbẹ, ōmdẹ murmeln.

humbila auseinandergehen, aufgehen (z. B. Brot), **humbul* Inf. nicht gebräuchlich.

hun 1. untersuchen, ein fortwährendes Untersuchen, nörgeln, *a hun họb we;* 2. scharren *kob i hun dikund.*

huna 1. Pass. v. *hun;* 2. v *hó, ka i ǹhuna.*

hund heraustun (einen Sandfloh *tómb*).

hundi zurückgehen vom Wasser.

hundul 1. Loch, wo der Sandfloh war; 2. locker machen, = *họhọl;* 3. ein Gegenstand, mit dem man etwas heraustut, *hundul njọg, hundul binan* Schaufel.

huǹbẹ (humbẹ) murmeln, flüstern.

húǹg lodern.

hùṅgẹ, ba-, eine holzige Schlingpflanze mit Dornen.

hus 1. schwellen, ein schnelles Auf- und Zurückgehen; 2. aufquellen, *biteg bi ṅhus;* 3. schäumen, *lihus, ma-*, der Schaum, die Lästerung.

huyẹ (v. *hū* Magen), *bi-*, Sack vom Sand floh, *lihuhuga li tibi kob.*

hyam ausbreiten (die Hände).

hyām im Umkreis.

hyaṅ die Wüste.

I.

i 1. du, *i gwe* du hast; es, *i ye lam ihọblẹ* (wenn) *i họb lẹ* es sei der „Fall", *i ba lẹ* es sei daß; 2. *ibisu* vor, vorwärts, *imbus* hinten, rückwärts, *isi* unten, abwärts herab, herunter, *iṅgi* oben, hinauf, *ikete* hinein, herein, *i mbẹ* welcher, *itọm* weil, *i ṅgeda*, Einz. *imuẹd* derjenige *(ṅwẹd) ibẹd* diejenigen.

ibalẹ = *i ba lẹ* wenn es wäre daß, zur Bildung des Konjunktivs.

idi (v. *ed*), schwer sein, übermögen, über das Vermögen gehen, *i ṅidi mẹ* es geht über mein Vermögen (die Kiste zu tragen, die Türe zu öffnen etc.).

ihọblẹ (= *i họb lẹ*) wenn, im Fall daß, falls.

ikete = *i kete* s. *kete!*

ilọlẹ ebe (cf. *yilẹ*).

in (yín) das Weibchen, *yin koh* di Henne.

indi das Hinterteil.

íni die Mutter (leibliche Mutter), *á n* Rufform.

inyu = *i nyu* wegen, für, *inyuki* warum? (= wegen was), nebe *itọmki* oder *njọm ki? inyulẹ* wei darum, deshalb (neben *itọmlẹ*) *inyuhala* deswegen (= *inyu hala* deshalb.

is is Laut zum Locken des Hundes.

itọmki (= *i tọm ki* oder *njọm k* warum; aus was für einem Grund

itọmlẹ weil.

iyilẹ wenn.

J.

ja = *ya* eben (Du. *nde*) *ndiyi.*

jà Schadenersatz geben, entschädigen, vergüten, *jes* Sühnegeld erheischen, *jiha* Passiv, vergüten (Dat. u trans.), entschädigen, Imperativ *jāg! njéha, njána* der Schadenersatz, die Vergütung.

jà, mà (Du *eyoto*), Fußboden von Lehm.

jàb Feuerholz holen, *a ye jab* er holt Feuerholz (im Wald), *kẹg je* Feuerholz hauen; s. *hie.*

jad spritzig sein. spritzen, *a njad* oder *a ṅkas*, Abl. *njanjad.*

jàd fortjagen (v. Menschen und Tieren gesagt).

jada eins, in der III. Kl.

jādẹ́ madẹ der Bausch, *heya* — nimm den Bausch weg, *a ṅheya nyẹ jad heyana nyẹ jadẹ.*

jāg 1. landen (Du. *tuṅgẹ*); 2. stupfe *a njag mẹ ndọndọk, a njag nyẹ họ* er hat ihn mit einem Palaver gestupf

jagada, jagad maus aus, maustot.

jái (diái) mái der Fliegenklapper, klein gebundene Rute zum Totschlage von Fliegen.

jái (Einz. *hiái*), die Blätter.

jajà, a ṅgwẹl mẹ búla jajà übertölpel wie eine Maus, die am Fuß nag und gleich bläst.

ǰal ausspucken, spritzen (mit dem Mund).

jăla, mala der Taschenkrebs, *he hi jala* der Skorpion, *bŏ jala* Gestank, *bŏ jala i!* er stinkt aus dem Maul.

jam, mam das Ding, die Sache, *to̱ jam* nichts, *i tabe to̱ jam* es ist nichts (dopp. Verneinung), *nlom jam, so̱ jam* die Hauptsache, *jam hala* so etwas, *mi gwe jam i kal ue̱* ich habe etwas dir zu sagen, *helha jam, jam li mahelha* ebenso *ṅgui mahelha* verwunderliche Sache, *lisug li jam* etwas ganz Merkwürdiges, *kili jam* dto., *ho̱jo̱ jam* alles übertreffend, *mba jam* (Du. *lambo di si ma bo̱*), etwas Bleibendes, *ndo̱ṅga jam* außerordentliches Ding, *minhiha mi mam,* v. *hihe̱ a ṅgwe̱l* - - er häuft Bosheit auf Bosheit, *bi wagla bi mam, a ṅgwe̱l* - - er ist gewaltig, unbedacht, *mam ma mbo̱g* Dinge der Welt.

ǰàma (kyama) sich zerteilen, *be̱ bi ṅkah ǰama me̱ nyu* die Arznei fängt an zu wirken, *bo̱mbo̱ a nǰama kad* zerteilt sich im Papier, *be̱ bi nǰemeh ko̱n* die Arznei zerteilt die Krankheit, auseinandergehen nach der Predigt.

jámb (v. *amb*), ein Stockchen, das mit besonderem Gras, Arznei, umwickelt ist, das ein Mann immer bei sich trägt, damit ihm nichts Böses zustoße.

jambo der Sumpf.

ǰamla schnalzen mit den Lippen.

jandă öffentlich.

jàṅ (Mehrz. *maṅ*), Raphiapalme, *jaṅ li ṅke̱ hie* fängt leicht Feuer.

jaṅa li nje̱l der Kreuzweg, v. *jaṅjaṅ*.

jaṅab, a njaṅab er ißt gern Fleisch; Abl. *linjaṅ* Fleischnot.

jaṅgolo, maṅgolo die Mangofrucht, *e̱ maṅgolo* der Mangobaum.

jaṅjaṅ (D. *jaja*), 1. geradeaus *ba bi wo̱ jaṅjaṅ bod jom, ba bi nibil nye̱ jaṅjaṅ mbogol schilling aa* (300 ganze Mark); 2. klingen, *mo̱ni u ṅkwo̱ jaṅjaṅ* (Du. *jo̱ṅjo̱ṅ*).

jaṅya gerade hinaus, *a njaṅya ni hio̱l* er hat gerade hinausgelacht, *kad i ṅkwo̱ jaṅya.*

jás. das Kinn.

jē̱ jē̱, a no̱l jē̱jē̱ oder *kwā kwā kwā* Nachahmung des Gelächters, *ṅkana 'no̱l hŏ̱ hŏ̱ hŏ̱.*

jé der Fischgeruch, *i numb jé* es hat einen Fischgeruch

jĕ zuwerfen, ausfüllen (eine Grube), *je bibo̱gol si* die Fußstapfen zuwerfen, bildlich von einem Palaver, schreibe die Sache genau! *jĕ dibumbe, je liboma* ausrotten, verfluchen im *njeg,* daß jemand ausgerottet werde; Hauptw. *njiha, mi-,* die Verdammung.

jĕ (Einz. *hie*). Feuer.

je̱ essen, speisen, fressen, *bije̱g* das Essen s. dort, *yo̱m je̱* etwas zu essen, *ho̱m hi je̱* einen Bissen zu essen, *lo̱ meni mbuh je̱ bike̱ge̱la* komm zu mir nach dem Morgenessen, *ṅgeda je̱ ini* Essenszeit dieses, d. h. es ist Essenszeit, *mi ṅke̱ je̱* ich gehe essen, zum Essen, *soga je̱* fasten, *je̱ maso̱ṅ* mit den Zähnen knirschen, *jé̱ matĕk* Bestechung nehmen, *jes* speisen, trans., *a bi jeh nye̱* er speiste ihn; *jel* 1. essen mit *di njel tog* wir essen mit dem Löffel; 2. ein Weib noch einmal verkaufen, um damit ein Geschäft zu machen, *a bi jel me̱ mua* er verkaufte mir mein Weib; 3. *a bi jel me̱* er hat mir viel Gutes erwiesen (er hat mit mir geteilt); *jĕl* das Fleisch, *di gwe be jĕl; a njele̱ me̱ bimaṅ* er überbietet mich an Alter, *a njele̱ me̱ lihad; a njele̱ nye̱ saṅ* er hat ihn im Streit überwunden; *mbena jé̱* die Freßlust; *a nje̱ me̱ kiṅ* überbieten (beim Handeln, beim Ringen, beim Reden etc.).

je hitaba verraten, *a njel bo hitaba meni* er hat sie bei mir verraten, *a njele nye sañ; u 'nje me* die Nacht überfiel mich.

je, statt *lije, ma-,* Mang s. *lije!*

jéb, bi-, der Oberarm; Vorderbeine der Tiere.

jéb jèb jéb jèb glitzern, *jodot di mbai jéb jèb . . . .*

jed hüpfen.

jéjeg (v. *jag* landen), ein Stück weit des Wegs, *a nyega me —* er ging ein Stuck weit mit mir.

jèl 1. nicht wollen, weigern, verweigern, *a njel, jilis* jemand etwas verweigern, *a bi jilih nye bijeg* er hat ihm das Essen verweigert, *jelha* abhalten von etwas, *a bi jelha me hiomog;* 2. vermeiden, meiden; 3. von *je;* s. dort

jèl, mel der Pfosten, als Stützpfosten der Pfeiler, starke Pfosten (die andern heißen *mbiñ*).

jĕl das Fleisch (v. *je*)

jéle, bi-, das Amulett.

jele v. *je, ba bi jele beh sañ* sie übertrafen uns.

jèlel Abschied nehmen, *lag(e)le* abscheiden (eines Sterbenden).

jélel (Du. *taka*), notleiden, Mühe und Not haben, in Not sein, sorgen, in Sorge sein, entbehren (Essen, Kleider), *njelel* (Du. *mutaka*) die Not, *yoñ njelel* (*jelel* ist wohl zu scheiden von *tañgal, njo, ndeñga*); *Iye i tehe hinuni hi njelel, ue hi gwe be linañle* wenn du einen Vogel viel schreien hörst, so hat er keinen Ruheplatz für die Nacht. *Yesu a bi jelel hijelel hiada* Jesus litt einmal.

jeles (v. *jelel*), notleiden lassen, machen daß einer notleidet oder entbehren muß.

jĕm schwanger sein, *a ye jem* sie ist schwanger, *a nembe —* sie wurd schwanger, *jem di ñkwo nye, a ñkwe. jem.*

jĕm das Mordpalaver.

jem (juem) acht.

ǰeme beneiden.

ǰemes s. *ǰama.*

jèñ die Absicht, *ā nol nye ni jèñ a nolo. nye i jĕñ, a ye mud jeñ* der sic verstellt, *a ñgwel me jèñ* er hat mic absichtlich geärgert; *a ñgwela jeñ mùd jèñ* ein Kerl, der absichtlie ärgert.

jeñes v. *jeñ, a njeñeh me njel ni sa* (Du. *a buki mba o ka yese n'ewenj*

jeñgéñgi, i ye- (Du. *soaluke*), nachlässig gleichgiltig.

jéo, bi-, der Obstbaum.

jès heischen, cf. *àg* vorwerfen.

jes v. *ja;* s. dort.

jes (v. *je*), 1. speisen, trans.; 2. ent schädigen; cf. *ja.*

ǰiba blinzeln, *a njiba.*

jibă, miba, die Frucht (Art Mango), vo dem *wiba*-Baum.

jĭbe die Finsternis, Abl. *ngañgañ jib* Stockfinsternis.

jilis (v. *jel*), jemand etwas verweigern *a bi jilih nye bijég* er hat ihm da Essen verweigert.

jĭmb das Geheimnis, *mi yoñ nye jĭml* Du. *na noñgi mo esoka.*

jĭmbe niesen.

jìs, mìs, 1. das Auge, *mìh mé, mém mó mád, jìh jé, nso jis* der Augapfel *minso mi mis, seg mis* die Auge auf einen richten, *mih mabe ma nu me, ten jis* der Augenwinkel, *leleb bi —,* das Augenlid, *yi —, gwi bi —* die Augenbrauen, *teb, bi-,* di Augenbutter, *a mbog me mis* er starr mich an, *sogol mis* die Augen rollen, *lò jis* einschlummern, *kweñel mis* leb haft um sich sehen, *mua mis* un sich sehen, *ligina mis* zwinkern blinzeln, *pá* — die Augen aufheben, in die Höhe sehen, *bog me* — sieh mir in die Augen, *sude mis* die Augen zumachen, *a nseg me mis* (*a ke mba miso*), *mih ma ñkiña me* es schwindelt mir, *mih me ma om me* (Du. *miso mao ma num mba*). treffen, *mih ma liemb* Hexenaugen, *a njogle me mis* er sieht mich scheel an; 2. übertr. *jih li mod* die Perle, das Auge einer Perlschnur, *jih li mbah* das Maiskorn, *jih li dikabo* das Auge einer *dikabo*, *a bi kuiné nom ye mis* er trachtete ihm nach dem Leben, *kui mis* (s. *koyob*)

jis; mih ma minkoga Sandkorner.

jo, a njo me ni ño hinter das Licht führen.

jö begraben (cf. *job*), Pass *juba*, das Begräbnis *majona*. *Satan a njo ue* betören, *a mboha ue* abwenden.

ǰo ein weniges, *ha jo* um ein weniges, *ha jojo* um ein Haar.

jŏ, bi-, der Muskel.

ǰó mbèmbe rasen, wüten, *a nǰol me mbembe* prahlen, großtun.

jō (lang), der Hals (Du. *dǒ*).

ǰǒ 1. schnitzen, *jo moñgo* ein Kanu machen; 2. (Du. *lo*) stoßen, austreten, *ba njo bitoñ* sie treten Palmkerne aus, *mi ñke lijo, mi ñke jo njona*; 3. (Du. *tō*), spucken, *a njo matai* er hat (Speichel) gespuckt, *a njole me matai* er hat mich angespuckt.

jō Streit haben, kämpfen, Abl *lijo ma-*, *ba njo sañ* sie ringen (im Ernst), *san* (Streit), *ba njo másiñ* sie ringen (Spiel), *masiñ* Wettringen, *a njohu me sañ* er hat mit mir gerungen, *a njole me* er hat fur mich gerungen (mit mir gegen jemand anders).

jǒ 1 erscheinen um Unglück anzudeuten, *ba njó me béba njóya lèn* (im Traum, wenn jemand etwas Boses im Traum sieht, z. B. ein schwarzes Tuch, einen Sarg. *njoya* ein böser Traum); 2. verhexen *a njō me lemb*.

jǒ Laut zum Fortjagen von Tieren.

jób, mob der Nabel

job das Schneckenhaus.

job herein und hineingehen *job ndab* geh ins Haus hinein, *jubus* hinein-, hereintun; *jubuh kembe* die Ziegen eintun; *majubu* der Eingang. Abl. *jubhe*; s dort.

job 1. die Sonne, *buga job* der Nachmittag, *mapam ma* — der Morgen, *mbila* 9 Uhr, *mañan ma* — der Mittag, *hiañga* der Sonnenschein, *job di bugi, job di mpam, job di nañ, job di nuyul, job di nsos, job di nke, job di mbiñge* (kugelt in die Kiste, die unten steht), *job di mbai* sie scheint, sticht, *job di ui, li ñob* sie neigt sich, *job di nsındi* sie ist gesunken, gefallen, *maóm nyà ma (job) hiañga* s *om*; 2. *Job* Gott, Mehrz., eigentlich *Nyambe*.

jód, mód der Furunkel.

jodot (jorot) die Sterne (Einz *hiodot*), *jodot di mbai jéb-jèb-jéb-jèb*, glitzern.

jog s. *juga*.

jog stoßen (mit 2 Steinen)

jóg austreten, *jog bitoñ* Palmkerne austreten; s. *ted bitoñ*.

joga, moga der Teil, *joga li like* ein ordentlicher Marsch, *á ed jóga* er ist ordentlich schwer

jǒgá mǒgá der Schleifstein

jogbe, jugi sich entfalten, *bisem bi njogbe*.

joge, ba-, die Vogelfalle, *a ye amb bajoge*.

jogle scheel, *ki i njogle me mih hala?* *a njogle me mih njògnjòg*. Abl *njonjog*.

jogǒb (v. *nogǒb* baden), das Baden. *mi ñke jogǒb* ich gehe ins Bad.

ǰógod-ǰogod, ba ñoñ — nahe beieinander.

jogode (stampfen), vertreten = *kidbe, tibe*.

joha spotten, *a njohu me, njoha, mi-,* der Spott.

jol mol 1. der Name, *jòl jóñ le ñje* wie heißt du (dein Name wer)? *tob jol, joga dilam di ntob me jol* ist mir zu teil geworden; 2. die Nase, *hem* — schneuzen, *od* — schnupfen. *mbem jol* der Nasenflugel.

jole sich verabschieden.

jole s. *jo*.

jóm, —, der Baumwollbaum; *sùd bi* — Baumwolle.

jom zehn, *mom* die Zehner, *mom ma* zwanzig, *mom mâã* dreißig.etc

jôm feuerrot, *i ye koibaga jom* es ist feuerrot.

jómb, momb das Bündel, das Paket, das Päckchen

jómol, momol, Infin *ñomol* Streit, Händel haben

jón, mon der Markt (Du. *don,* eingeführt *bòm, bi-*) *jon* heißt bar, Barzahlung, auf dem Markt bezahlt man sogleich.

jóñ, bi-, dumm, ungeschickt, töricht, liederlich, *a ye jóñ mud, bijoñ bi bod.*

jõñ, mõñ die Hacke.

jòñ, Einz. *hiòn*; Haar s. dort.

jòñga, moñga, yoñgog, gw-, das Gelenk

joñjondi aufwiegeln.

joñob dumm sein.

jorr Laut des *yogi* (Nachttier).

jñ 1. der Herd, Abl. *jùdga;* 2. v. › Nacht, nachts, *ñgeda ju.*

jñ- eine Pilzart.

juãd (Du *swat)* wenn jemand unter den Wasser vollständig verschwindet.

jubhe v. *job* auf die Spur kommen.

jubule makabo, Makabo ausgrasen, *li jubule.*

jubus s. *job.*

jùdga, mudga die Herdfüße

juè unbemerkt, *a nlo juè.*

juèd ohne Schaden, mit heiler Haut

juèm (eigentlich *jem*) acht.

juga ñem bestürztes Herz. *bijugi b miñem.*

juhul (Ndogobis) sonst *yuhul, yuh* v *nuhul* Unterhaltung „Hoirles", cf. *mus*

jumbúl, mumbul das Nest.

jun ein Tier, graue Farbe, mit einzieh baren Krallen (*dikada*), ohne Schwanz lebt auf Bäumen.

K.

ká das Schuppentier, auch *nyama* '(od. *hinyama)* genannt, um es zu loben.

kà Art und Weise; *tél ni kà, a ñkal be me tél to kà* er gab mir weder den noch jenen an, *poda bañ beh, kal le: a tel, a kà* nimm nicht nur alle zusammen, gib Namen an, du und du; *kayele* indem, *ka i te* (Du *ka ni tem*) richtig, *kayada* gleich, *kayada ki* gleich wie.

ka aussagen (vor Gericht), *kes* richten, *ñkes* der Richter.

káb (D. *kàsea*), 1 auffangen, auftappen; 2. teilen *ñem we u ñkabga (u mbola),* sein Herz ist geteilt, *kebel* austeilen, geben, schenken, *mi ñkebel u* ich schenke dir etwas, *mi ñke kebe hosi bikai* ich gehe dem Pferd Futter zu geben, *likàba* der Anteil, Hauptw *likàb* oder *likebela* das Geschenk *kabina* die Spaltung. [Husten)

kábi, bi-, (D. *bekai*), der Auswurf (beim

kabila das Pferd.

kàd (kat) das Papier, das Buch, *lipep li kad* ein Zettel.

kád 1. der Halsring, das Halsband (z B. für Ziegen); 2. eine Einschnürung, Ring, Hals *a gwe kad*

kàd 1. auseinander hauen, zertrümmern *a ñkad nyol* er hat das Dach zusammengehauen, *a ǹkad ntẹd*, Hauptw. *ǹkàd; kadal* entreißen; 2. übermögen, besiegen, in die Flucht schlagen; zu unterscheiden v. *duhul* und *bẹǹ!*

kàda, bi-, schwarze Schildkröte, die gegessen wird, cf. *kul, ǹkódẹ* Wasserschildkröte. *kȗd* große (M. *ǹgoǹgot*).

kadakada Fremdwort aus dem Duala, rechthaberisch, verworren, durcheinander.

kàdba (v. *kad*), prahlen, herausfordern, sich einbilden, triumphieren über den Besiegten, *a ǹkadba* er hat geprahlt, *a nkadba nyẹ* er hat ihn herausgefordert, *a ǹkádba yí yè* er prahlt mit seiner Weisheit.

kág sich verschlucken, ersticken, *a ǹkág, kegha* Passiv; *kàg* versprechen, *a ǹkag mẹ jam likag.*

kága großer Kaktus (mit 3 Ansatzen), *kága njeg; hiaǹha* kleiner s. dort mit 4 Ansätzen

kagága, ba-, das Neunauge.

kagal brechen, s. f.; *kaǧgla* brüchig sein, *nuga i ǹkaǧgla* das Fleisch ist bruchig (willst du es an einem Ort brechen, so brichts an einem anderen), *bikaǧgla bi binuga* brüchiges Fleisch.

kagal, kagla krabbeln.

kahab hoch werden, wenn etwas noch im Wachsen begriffen ist, z. B. ein Baum; *kehi* hoch sein, *hikoa hi* — der Berg ist hoch, *kes* hoch machen, legen auf etwas, *ǹgeǹgehī* die Erhebung, die Anhöhe.

kahal 1. reizen, *a ǹkahal mẹ* er hat mich gereizt; 2. anfangen.

kâhi (Du. *kaǹgan*) sich verständigen.

kak, họma kak das Dickicht.

kákaǹ, bi-, die Fasern, die Spelzen des Palmkerns.

kal 1. sagen, *a bi kal mẹ lẹ* er sagte mir daß . . . (das *l* bei *kal* im Zusammenhang wird hier am allerschlechtsten gehört, ist aber keineswegs richtig, sondern nur Nachlässigkeit), *a ǹkal ǹgalag (ǹgalag* v. *kal)* ein Gerücht verbreiten, ein Geschwätz, oder *a ǹkala pọl* er schwatzt, er klatscht (*pọl* v. Bakoko genommen, Geschwätz, Klatsch), *a ǹkal be mẹ tẹl tọ ka* s. *ka, kelel* dolmetschen, *ǹkelel* der Dolmetscher, *keles* sagen lassen (sagen machen), *kalal* zurücknehmen, Adversat. *hikelel, di-, hikelel hiada, ǹgalag yada,* einmal

kala glosten, angehen (v. Feuer), *hie hi ǹkala* das Feuer brennt hell, d h. die Scheite glühen, glosten; *dikalag, ma-*, die Glut, *sib kalag* erloschene Glut, d. h Kohlen; *kalag dum* das Schwarze des Dum-Baums, d h Ebenholz; Abl. *likalag li mud.*

kála, ma-, der Fuß; cf *bọgọl, bi-*, bei Tieren, vergl. *pàl* —.

kàlẹ, ba-, fertige Matten, *mbôl* unfertige.

kam (D *lùgea*), helfen (ist ziemlich verbreitet, aber ist ein *Ediẹ*-Wort) *a ǹkẹ kam (ǹkamẹ).*

kám̄ von Ur an, *mam ma mbodol-* sie fingen von Ur an; Abl. *likakam̄, ma-*, Plage, die Landplage.

kamb, ndẹ libóbol i ǹkamb nyol umspinnen.

kambẹ, steif werden, *wọ u ǹkambẹ nyẹ,* cf. *ǹkambag* ein Holzstück, das gebogen ist zum Sitzen

kambẹ zusammenkleben, verwachsen sein, oder *kamẹ.*

kàmẹ klebrig sein, *i ǹkamẹ* es ist klebrig; Hauptw. *ǹkàmẹ.*

kamẹ Leimstückchen legen für Vögel, *nkamẹ* der Vogelleim.

kan, kenes kenha überlassen, *ba ǹkeneh họb unu* (daß er ihn allein fertig mache), *keni* sich zerteilen, *họb u ǹkena, dilemb di kenga* zerteilte

Zungen, *kan njel* einen neuen Weg hauen, teilen, spalten, einen Graben machen, etwas aufschneiden, *kan, keni* teilen, aufgehen von Blüten.

kanda, bi-, der Gürtel.

kanda sich trennen, *kandna* sich trennen, *makanda ma njel* der Kreuzweg (Ort, wo zwei Wege sich trennen); *makandna ma mbeñ ni seb* Übergangszeit der Regen- und Trockenzeit, *kandane* das Trennen, Auseinandergehen, Auseinandersein, Scheiden (auch beim Sterben).

kandal, meistens in Verbindung mit *nyu,* ermuntern, beleben, aufheitern, rege werden, erregen, *kad' ñgomin i ñkandal nyu, mbe i ñkandne nyu, kel i ñkandal* es wird Tag, *kel i nya kandi* es muß zuerst hell werden, der Tag heitert sich auf, *seb kandilag miñkuñge* die Trockenzeit stellt kränkliche Leute wieder her, *seb i ñkandal nye* die Trockenzeit macht ihn wieder gesund

kandal erwärmen.

kándinā, sela nicht antreffen.

kane = *lombol* verehren, anbeten.

kañ binden, Abl. *ñkañ* der oberste Reif an einem Korb, *hida hi ñkañ homa nunu, ba ñkaña sañ* (cf. *kan*), cf. *ñgañ nyu,* Hauptw. v. *kañ* ist *ñgañ, keñel* mit etwas binden oder für jemand binden, *keñel kob hiko* binde das Huhn mit einer Schnur, *keñel me kob* binde mir das Huhn an, *a keñi ñgàda* er ist gebunden mit Fesseln.

kañ, —, leere Fruchtzapfen der Palmtraube (cf. *kañga lien*).

kañal aufbinden

kañba (v. *kañ*), einengen, bedrängen.

kañga (v. *kañ*), *bi-,* 1. das Gestrüpp, ein verwachsener Platz, wo verschiedene Bäume übereinander gehauen sind; 2. Fruchttraube der Palmkerne; die leere, entkernt Traube heißt *káñ.*

kañla, ko i ñkañla me, der Fuß schlä mir, *nyu ñkañla me* oder *binyog* das Schlafen des Fußes (alle Kraft i verschwunden), Hauptw. *ñgañla ny*

kas, —, eine Frucht.

kasa, bi-, der Steg, die Brücke.

kátodol (kátòtò, bi-), v. *ka* und *tod* (s. dort), ein Kraut, das keine Ort verschmäht, das überall wächs

ke aufhängen, *kei* sich hängen.

kē meine Mutter wie *nì, man k* Schwester oder Bruder, *kul ke* Mutt der Schildkröte.

ke hod das Netz auswerfen

kè, bi-, das Geschwür (irgendwo, Al gemeinbegriff), *jod* die Aise, *m* an der Leistengegend, *bebég, bi* Geschwür unter dem Arm; *a ñko kè* er hat ein Geschwür, *kè ye i n dihen ñgandag* sein Geschwür so dort viel Eiter ab, *kè 'ñhu* die G schwulst ist zurückgegangen.

kē (Yabi *kje*) kleine Stechameise.

ke mal, *ke yada* einmal, *ke áā* dreima *ke pe* noch einmal, ein anderes Ma 2 × 2 = 4 *biba ké ba ba ye bin* cf. *bomb.*

ke (keye) herabnehmen.

ke 1. gehen, fortgehen; Imp. *keneg* 2. laufen, wandeln, *ke ñgwe* fliehe davonspringen, *ke ni bikim* trampel *ke ndeñg* huren, *ke lo* schlafe *lo* (Abk. v. *hilo*), *ke kwáñkoi* a allen Vieren gehen, kriechen, *ken* forttragen (gehen mit, *ke na*) *k* einschlagen (einen Weg), *kihi* gehe machen, treiben, *mbu Job u ñkil bod, like* die Reise, *bikil* der Wande

keb treiben, drehen (ein Rad), *kiba* si drehen auf dem Weg, d. h. al schwenken, *kéb* dämmern, *u 'ñke u 'ñkeb sudsud,* die Dämmerung i vorüber, es ist ganz Nacht.

keb 1. tätowieren, daß es erhaben wird, verzieren, einschneiden, *ba ǹkeb likeb, keb mbaǹ* erhabene Tätowierung, *a ǹkeb hibe hie mbaǹ* sie kratzt ihrem Topf Verzierungen ein (mit Palmrippen, beim Machen des Topfes) (*mbaǹ* Verzierung s. dort), *sem* flache Tätowierung machen.

kèba, a ǹgi kebaga, a ǹkeba blinzeln.

ked, bi-, der Floh.

kéd s. *hiked.*

ked pflücken.

keda 1. vergleichen; 2. meinen, nachdenken, überlegen; 3. erraten, *a ǹkeda jam, mi gwene wo*; 4. treffen, zutreffen, Abl *ǹgeda, a mpód ǹgéda* er hat voraus gesagt, prophezeit; *a ǹkeda nye mam mbom,* cf. *homb mbom, bedel, bed mbom, likeda* der Vergleich; *a ǹkeda me ndim* er hält mich für einen Blinden.

kede, nob a ǹkáh kède es fängt an zu tröpfeln (herunterzunebeln).

kedba sich jemand gleich machen, sich messen, *a bi kedba Job.*

kedel zeichnen, kritzeln, Kerbe machen, übertr. schreiben, *likedel* die Schrift.

kedi, bi-, die Falle.

keg, bi-, das Holz.

kèg die Zeit, *kèg mbéǹ* die Regenzeit, *keg seb* die Trockenzeit, *keg hilonde* die Übergangszeit.

keg 1. brüten, ausbrüten, Abl. *kwe* die Wunde, *kwe* beschneiden; 2. *a ǹkeg hob (a ǹkeg lom),* er kann eine Sprache gut; 3. hauen, umhauen; *keg je* Feuerholz hauen (Hauptw. *likeg*) *keg bikumul* Baumstumpfen heraushauen (zu unterscheiden von *kid, sem seg*).

kegba sich hauen, *mi ǹkegba* ich habe mich gehauen.

kegel (v. *keg*), hauen mit, *kegel hond* mit der Axt hauen, *kegel, bi-,* Werkzeuge zum Umhauen.

kégela, bi- (v. *keg*), der Morgen, — *tutu* die Morgenfrühe.

kègele, bi-, Tellermuschel, *kégele ǹǒ* Totenkopf.

kegi, ma-, (Mang. Basa *li-*), der Rand (Du. *mpepele*).

kègi, entstanden aus *keg hi* jeder, *kegi mud* jedermann.

kèh hinlegen, *kèhne* auflegen, *kéha* Passiv, *kèha mō to mako* die Arme oder Beine schränken, übereinander legen, *a ǹkeha bikek* er kreuzt die Stöcke, legt sie quer.

keheme oder *kemhe* wollen, einwilligen, *mi ǹkemhe jam dini (lini).*

kehene intr., richten, *a ǹkehéne mbombogi* er richtet gerecht.

kèi, bi-, das Eisen, die Werkzeuge aus Eisen.

kék, bi-, der Stock, *kékega* das Stecklein.

kékeǹ, bi-, die Trommelstäbchen, *a ǹkod bikekeǹ.*

keki um welche Zeit.

kél der Tag (zu unterscheiden von *hilo, ǹgwa*), *yuha* — vergangene Tage, *maye ma-* die Morgendämmerung, die Morgenfrühe, *kel i nye* der Morgen dämmert, *yo kél i* oder *i kél* an jenem Tage, *kel i ǹkandi* oder *kel i ǹkandal* der Tag heitert sich auf, *kel i nsude, gwom bi kel bi nyi kel lo mud* Sprichwort.

kél, ma-, die Darre.

keleb spröde sein, *keli* spröd sein, abspringen, *a ǹkeli.*

kelel (v. *kal*) sagen (mit dem Dat.), *a bi kelel me jo* er sagte es mir; *ǹkelel* der Redner, Sprecher.

kelele, jam dini di heleh me le kelele das ärgert mich.

keles sprechen machen.

kem stöhnen, *ǹkemga* Hauptw.

kèm grunzen (allgemein v. Schwein), *him* ist das laute Bellen des Ebers, um die Sauen zu wecken.

kẹ̀mb rosten, *bikẹmbẹg* der Rost.

kẹmbê — die Ziege, auch für Ziegen und Schafe zusammen, *man* — das Zicklein, *beb* — der Ziegenbock (unverschnitten), *muàg* verschnittener Bock, *nyin* — die Ziege, *ǹgọnd* — eine halbgewachsene Ziege, *bọl hiàg* ein halbgewachsenes Böcklein, *ntadag we* das Meckern (*tad* meckern), die Frau darf die Ziege nicht essen, weil die Leute des *Ǹge* sie opfern, — *ǹgi* ein Vogel; — *lisẹǹg (minsoa mi lisẹǹg)*, Früchte des *Lisẹǹg*-Baums.

kemhẹ oder *keheme* wollen, einwilligen.

kẹna (aus *kẹ na*) forttragen.

kēnde teg die Erdscholle (Einz.), *bikende bi bitèg* (Mehrz.)

kenẹ, kenẹ ǹgen, ein Sprichwort, eine Parabel gebrauchen, sprichwörtlich reden, *a ǹkenẹ ǹgana* Rätsel aufgeben, *a ǹkenẹ nòǹgò* Fabel erzählen, *a ǹkenẹ mẹ ǹgen* er sagte das Gleichnis zu mir.

kenes (v. *kan*).

kenha, Pass. v. *kan.*

keni v. *kan* teilen, aufgehen v. Blüten.

keǹ behacken. [umzingeln.

keǹ einschließen, umringen, umgeben,

kẹǹ Frisuren ins Haar schneiden.

keǹa belagern.

keǹba bevorzugen, abhalten, *likéǹ, ǹgeǹka* der Vorhang.

kẹǹẹb (Stamm *kẹn*), groß werden, Zeitw.

keǹes groß machen, vergrößern.

kẹǹgẹlẹ (v. *makẹǹgẹ*), um etwas herumschleichen.

kẹǹi groß sein (als Eigenschaft), *a ye ǹkẹǹi* er ist groß.

keǹi v. *kaǹ* gebunden sein.

kes (v *ka*), 1. richten, verurteilen; 2. legen auf etwas (*bi* allg., *ha* in etw.).

kete die Mitte, *ikete ye* mitten davon, *ǹẹm kete* mitten drin, cf. *pola.*

keyẹ aufschneiden, foppen (in der Rede), *a ǹkeyẹ* er schneidet auf; *bikey* das Aufschneiden.

kẹyẹ s *kẹ̄*

ki = *hi, hiọbi ki hiọbi* jeglicher Fisch

ki, 1. was, *mi bọǹ ki?* was soll ich machen? *bọǹ tọ ki i nsombol,* tu was du nur irgend willst; 2. so 3. sonst; 4. wenn *kilẹ* = *ki lẹ* s (es ist). daß . . falls daß, 5. auch wieder, *ki ndigi* was auch? *nyẹ k* auch er, *mi nlọ ki* ich bin wiede gekommen; 6. wie, gleich, gleich wie, *gwẹl ki mi ǹkal uẹ* tu wie ic dir gesagt habe, *tọ ki tọ ki* wa irgend, oder *kilẹki.*

kiba (v. *keb*) drehen, sich drehen a dem Weg, abschwenken.

kib-kib, ǹẹm u ǹkwọ nyẹ kib-kib da Herz klopft ihm

kibil entreißen.

kid abhauen (zu unterscheiden v. *sẹn seg, kẹg), a ǹkidil bọ kob.*

kīda sich winden.

kida im Druck sein, verlieren (= Verlust haben), *ǹkida* der Verlust.

kidba zertreten

kidbẹ niedertreten.

kidbẹ s. *kidig,* zertreten (in Stücke (cf. *jogodẹ tibẹ*).

kidbọǹ, bi-, das Knie, *mi ǹhod kidbọ* ich knie nieder (mit einem Knie *bikidbọǹ* mit beiden).

kidha 1. Pass v. *kida*; 2. aufhalten

kídig, bi-, (v. *kid*), 1. ein Teil, Stück — *siba* ein Stückchen Tabak, *a l kob be tọ kidig yiha* er vergoß nicht eine Träne, *kidig dikọndọ* ein Schnitte; 2. das Ende, der Tei *kidig kek* das Ende des Stocke *kidig i* jenes Ende (des Grabens des Stockes); 3. kurz, *kek i ye kidig bikek bi ye bikidig, kidig kek* ei kurzer Stock, *bikidig bi bikek* 4. Maǹg. nahe; *Bikọk ba ye kidig Ndogotindi ba ye nọ̀ngọ̀ă.*

kidil s. *kid*, *a kidil bo kob* er schlachtete ihnen ein Huhn.

kigbe (v. *kig*), stottern *(kik(i)be)*, *likig li lico* das Stottern.

kigi gemäß, nach

kiha, bi-, ein Stück, größer als *ked*, *kiha bas, behe ue di ṅkiha* wir gehen miteinander (v. *ke*).

kik, *man a ṅkik liwo* das Kind verhält den Atem.

kiki, bi-, der Zahnkiefer.

kik(i)be stottern *(kigbe)*.

kil (v. *ke*), eine Richtung einschlagen, sich irgendwo hinbegeben, sich richten auf etwas, folgen.

kil (ke) beneiden (mit Obj.), meist in Verbindung mit *njoṅ* Neid, *a ṅkíl me njòṅ* er beneidet mich (er folgt mir mit Neid).

kila (ohne Objekt) *a ṅkíla njòṅ* er ist neidisch

kìla Speiseverbot, wenn man Arznei einnimmt, im Unterschied zu *mbág* Speiseverbot wegen Aberglauben; z. B. wenn man Arznei eingenommen hat, soll man keine *makabo* essen: *kila*, aber: eine Frau soll den Frosch *libem* nicht essen, sie möchte ein Kind gebären, das dem *libem* ähnlich sieht: *mbag*.

kile (= *ki le*) ob, wenn (Du. *yetena*).

kili über die Maßen, außerordentlich, etwas Arges, Sonderbares, *mi ntehe kili koi len! Kili mahan a gwe* wie frech er ist! *Kili homb mbom* (zur Verstärkung). *Kili a mpod* was der sagt! cf. *lisug li jam li ṅgwel me*.

kim, bi-, der Tritt.

kinde zudecken, *ho kindne* zudecken mit einem Deckel.

kindne der Deckel (v. *kinde*).

kinje was für, was für ein.

kinje = *ki nje* wer.

kinjiṅ kembe (ki njiṅ kembe) Gewürzkraut (wie der Geruch des unverschnittenen Bockes).

kíṅ, — 1. der Hals, *a nje me kiṅ* er hat mich überboten (in Handel, Rede, Streit, Trinken), halsstarrig, eigensinnig *a nloha kiṅ, a ye kiṅ*; 2. die Stimme.

kiṅă um etwas herumgehen, *makǫndo ma ṅkiṅă ṅkoṅ* Pisangstauden umgeben das Dorf, *mih ma ṅkiṅă me* es schwindelt mir

kiṅana abfallen, *ba ṅkiṅana me* sie sind von mir abgefallen.

kó zutrauliche Anrede (etwa „Freund"), Kinder reden ihren Vater auch mit *ko* an.

kò, ma-, der Fuß, *nkoṅgo mako* Stelzfüße, *a nse mako* er schlurft (er rutscht mit den Füßen), *a ntumb ko* stampft, *od ko* den Fuß anziehen, *keha mako* die Beine schränken, *nub mako* auslangen, schneller laufen, *leṅ mako* vollends auslangen.

kǒ die Schnecke (Wasser-), Zauberei. Viereckig ausgehauene Rinde, aber nicht als *njeg* gebräuchlich, sondern nur für *bod hie*.

kǒ (oder *koko*), *bi-*, 1. die Haut, *ko njog* Elefantenhaut, *ko maṅ* Stein der Palmnusse, *kob, bi-*, getrocknete Haut, *kǒ toṅ* Fleisch des Palmkerns, *si kó mbǫm* Abschied nehmen, *kǒ e* Baumrinde; 2. Fleisch (Fleisch und Blut), *bisomble bi ko* Lüste des Fleisches.

ko limbem (die harzige Wabe) das Wachs.

kòb, bi-, (D. *eyobo*), v. *ko*, das Fell (z. B. der Antilope), *libum kob* Bauchfelldecke.

kob, —, das Huhn, *man* — das Küchlein, *nlom* — der Hahn, *nyin* — die Henne, *dije di* — das Ei, *on* krähen, *nam* — abgerupfter Flügel, *kob leb* das Wasserhuhn, *kuh kob* Huhn rupfen; *kob* dürfen die Frauen nicht essen, weil es gackert wie der *Ńge* (Fetisch).

kob, 1. ausschütten, ausleeren, *kob maleb* das Wasser ausleeren, *kob saṅgila* Frieden stiften, *kob* oder *lęń mbunja* das Netz auswerfen, *ǫnd ı nkob* es ist ein Nebel, *lihęb li ńkob mę* es friert mich, *maleb ma ńkobi, maleb ma sobi;* 2. kentern, hie und da auch Bakoko *yin; kubul* (v. *kob*) 1. aufreißen, aufbrechen, *kubul leb, ndab;* 2 eröffnen, an die Öffentlichkeit bringen, enthüllen, *kubi* das Haus ist auseinander gebrochen, *kubila* sich auftun, *kubilę* Dat.

kǫb, kǫba (M. und B. *hęni*), 1. nein; 2. *mi nla bemę kǫb* ich kann nicht hinauflangen, *a ńkę kǫb sǫmǫn* er geht Gerichtsbarkeit zu erlangen, zu erstehen, einzutun, sich zu holen, *a ńkę kǫb ńge* er ist fort, den Mungi zu erstehen, *a ńkǫb matabla, a ńkǫb ńgwęi* s. *ńgwęi;* 3. einholen; 4 grüßen *(yega) kǫb mę wę wǫ;* 5. anhaken, *kǫb lę mę libato* steck mir das Tuch hinauf, *kǫb kot* die Jacke zuknöpfen (cf. *hemb*), *kǫbǫl kot* die Jacke aufknöpfen, aufgehen, *i nkǫbla* es ist aufgegangen, Abl. *koba* hängen bleiben, *mi ńkoba* ich bin hängen geblieben, *likǫb* der Haken; 6. *kǫb* die Armbrust spannen, *kǒb, bi-.* Griff an den Hacken, *kǫbǫl* (v. *kǫb*); 1. etwas auskernen (z. B. Maiskerne herausmachen); 2. aufknöpfen, aushaken, aufgehen, *i ńkobila* es ist aufgeknöpft, *i ńkǫbi* es ist zugeknöpft; 3. befreien. lösen, erlösen. *kǫbǫl* das Lösegeld; 4. deuten (ein Gleichnis), erklären ein Buch, *kǫbǫl ńgen ini* deute dieses Gleichnis, *kǫblę mę ńgen ini* deute mir dieses Gleichnis, *kǫblę mę kad ini* erkläre mir diese Schrift, *a bi kǫb kad* hat die Deutung des Buches geler überkommen, *uęn ı bi kǫblę nyę w dikǫblę* die Deutung.

koba v. *kǫb, mi ńkoba* ich bin häng geblieben.

kǒba, 1. rüsten, zurüsten, zubereit Pass. *kobana;* 2. vor kurzer Ze früher.

kǫba antreffen.

kobha (Du. *andisanę*) für jemand kauf

kǫblę s. *kǫb.*

koblę, 1. antworten; 2. jemand kratz *a ńkoblę mę gwalag.*

kobol die Eierschale.

kobol schälen (die Hülse wegtun, l sang, Eier enthülsen, entblättern, unterscheiden v. *sębęl* Makabo, *k mbul* Maṅga, Mba, *sogol nsoa, loh kǫṅǫl, tǫndǫ; bikoblę* die Schale Hülsen.

kǫbǫl s. *kǫb.*

kod, 1. schlagen (in der Bedeutu spielen); *kod liku* die Sprechtromm *kod hidùń* die Zither spielen, *k bikekeń* die Trommelstäbchen, Al *liṅgudga* die Wellen; 2. klopfe anklopfen; 3. ausschütteln, *ku* dätscheln, wenn die Kinder schlaf sollen, *kudul* beschneiden, reinige *küd, bi-,* (v. *kod*) die Puffer, d Stöße, *om* — oder *tumb* — stoße

kod (*koto*) die Krone, die Mütze, die Kapp *kod nǫm* die Krone des Lebens.

kod abmagern, ausgetrocknet sein (Fisch oder Fleisch) *ńkod hiǫbi* e getrockneter Fisch.

kǒd = *küd* (M. *ńgǒṅgod*) größe Schil kröte, Wasserschildkröte [s. *kǫd*

kǫd sammeln.

kǫd hie das Feuer zusammenschiebe

koda, Pass. v. *kǫd.*

kǫ̌da v. *kǫdǫb* bekümmert sein, *ńęm ńkǫ̌da mę, ńęm wę ńkǫda,* Haupt *ńgǫ̌da* Kümmernis, *ńgǫ̌da 'gwe m*

koda, cf. *kod* sammeln, *kod hie*, *kodba* versammelt sein.
kode = *wise* zudecken, daß man den Weg nicht sieht, *a ṅkode miṅka hes* er beugt das Recht.
kodi krumm sein.
kodob, cf. *kodol* verwachsen, *homa nunu a ṅkodob* dieser Platz ist verwachsen.
kodob krumm sein, krumm werden, *keg i ṅkodob, keg i kodi, keg i ye ṅkoda, leb u ṅke ṅkoda, ṅkoda keg ini, miṅkoda mi 'bikeg, kodos* krumm machen.
kòdog (v. *kodol*), *bi-*, (cf. *wom*) Garten, der in den Busch gehauen ist.
kodol, 1. auftrennen, Schlingpflanzen abhauen, *i ṅkodola* es ist aufgetrennt, *kodog, bi-*, einen verwachsenen Platz aushauen, *mbana 'ṅkodla* der Bann ist aufgegangen (als Gras); 2. erben, das Erbe.
kog hart, *bijeg bi ṅkog* das Essen ist hart, pelzig.
kog, bog kog die Finger krachen lassen, *kog i mpod lós.*
kòg reiben, verreiben, *kogol* reiben für . ., *likogol, ma-*, das Reiben, *kōgá, bi-*, ein geriebenes Essen (Du. *ekoki*).
kog njé eine Pfefferart, die andern s. *hiloba*.
koga kreisen (bei der Geburt), *ṅkòga* das Kreisen, *ṅkoga 'gwe nye*.
kōgá bi- (v. *kog*) reiben (Du. *ekoki*) ein geriebenes Essen.
kòga (v. *kogol*) bissig sein, gern beißen, *ṅgwò 'ṅkòga* der Hund beißt gern.
kogde v. *kogol*, s dort
kòge (oder *tige*) näher rücken, intr.
kògo oder *kǒ* die Haut, *mandab ma bikogǒ* die einzelnen Häuser innerhalb der Geschlechter (s. *liten!*).
kògo, bi-, oder *kogolo likondo* die abgehauene Pisangstaude.
kogol, 1. beißen, stechen (v. der Schlange), *koga* bissig sein, *kogola* giftig sein, *i ṅkogde me* ich habe das Gliederreißen; 2. strecken, gerade machen, s. *hudul*, *a ṅkogola* er streckt sich (auch in der Bedeutung, wenn man müde oder schläfrig ist).
kogola krabbeln, *minyaga mi ṅkogola, ṅem u ṅkogla me, jam dini di ṅkogola.*
koh bikai grasen, *jubule makabo* Makabo ausgrasen, *koh njel* ausgrasen.
kóhene (v. *kohol*), *nob a ṅkohene me njel* der Regen überfiel mich.
kohle etwas gerade stoßen.
kohob buckelig sein, *a kuhi* er ist buckelig.
kóhol der Husten, *kohol gwe me* ich habe Husten, husten.
kohol (bedeutet ein Heruntertun) — *mayé* rasieren (heruntermachen), *nob a ṅkohi* der Regen setzte ein, fing an zu regnen, *a ṅkohol liwo* er fing zu weinen an, *kohene*, s. dort.
kòhòlé sparsam sein, *ṅgohle mud* ein sparsamer Mensch.
kói der Affe.
kói verfallen, abfallen, ausbrechen von den Zähnen, cf. *nubi, mugi, koi masòṅ* Zähne bläcken, *lisòṅ li ṅkoi.*
koibaga rot.
kókí, ma-, das Schilfrohr.
kokŏa, bi-, der Abend, *ṅgeda* — abends.
kol erschaffen, zeugen (bezieht sich nur auf Menschen), schöpfen, *Abraham a bi kol Isak, ṅkol* der Schöpfer, Gott, Erzeuger, Stammvater, *Job a bi kol bod bobasona, likulul* Schöpfung, *likolog* der Ursprung, der Schöpfer, *likol* Osten, *bikulul* Geschöpfe.
kol hauen, abhauen (von Früchten), *kol bitoṅ* Palmkerne hauen, *kol makondo* Pisang hauen.
kola, 1. genügen, *i ṅkola* oder *i koli* es genügt, *i ṅkola bes* es genügt für uns, *i ṅkola le ye ye* es stimmt ganz

genau; 2. entgegen sein, entgegen; 3. treffen, *a ntẹlẹb kọla bisu.*

kolol Bäume umhauen im Garten.

kôm mbọm die Märchen-Riesenschlange, s. *mbọm!*

kóm njọg der Schmarotzer, die Zecke, die Elefantenlaus.

kom schälen (frische *mañga*), *kumbul mañga* aushäuten, wenn sie gekocht sind, *kumbila* sich häuten.

kóm oder *kóñ* oder *sẽga* Altersgenossen, *ba ye kóm.*

kom—mbus, a ñkom mẹ mbus er wandte mir den Rücken zu, *mi ñkom jam dini mbus* oder *mi nlẹhẹl jọ ñem.*

kộm, bi-, eine weiße Frucht im Busch, der Baum heißt ebenso.

kộm unfruchtbar.

koma sich sammeln.

kòmb die Affenfalle.

kọmbiha (kọmba) kratzen bei einem Ausschlag *jos* (D. *bekako*).

kộmbọgi damals (aus *kọ mbógi,* s. *mbọgi*).

kọmbọl hobeln, glatt machen *(soya)* bei der Schnitzarbeit, cf. *was* hobeln, Abl. *ñgọmbọ* glatt.

komha v. *koma* sich sammeln, sich verstellen, *a ñkomha nyẹmẹdẹ* sich zusammennehmen.

komol eine Nußart (D. *wula*).

kọmọl übertreffen, *a ñkọmọl* er übertrifft, *ñkomla* Passiv-Form.

kón die Bohnen (Mz. *kon*), Reis (D. *wondi, kondi*).

kon hart sein, *bijẹg bi ñkon* oder *bi ye bikoná* das Essen ist noch hart, *nyu i ñkon mẹ* mein Körper ist hart wegen Trauer, Heimweh, *kunuh bijẹg* nicht fertig gekochte Speise.

kòn (cf. *kon* hart sein), Platz mitten im Hof mit Arzneien, *mı bag nsoba (njoba) kon* ich war im Bad, *kunus* hart machen, dies *kon* und *kon* „hart sein" sind verwandt, wie der *kon* die Kraft hat, Böses abzuhalten, so hat er auch die Kraft, dem Feuer di Kraft zu nehmen, daß das Esse nicht gar wird. Es nimmt der Bösen und dem Feuer die Kraf Wenn nämlich Sachen v. *kon* unte einen Rost gelegt werden, so wir das Essen nicht gar, wirft man e in das Feuer, so nur teilweise. *ñkunuh mabẹ* (D. *a m' enyisẹ mamb ma bobe*); *a ñkunuh bijeg* (vielleicł aus Feindschaft), D. *a m' enyisẹ d* er macht das Essen hart.

kọn, 1. krank sein, *mi ñkọn* ich bi krank, *a nkọn mabai* er ist au sätzig, *a ñkọn njẹg* er ist verrück *a gwe mbog nyu kọn* eine Krankhei die im Innern sich festgesetzt ha *muẹd (ñwẹd) mbái kọn* eine be stimmte Krankheit, zu der der Ei zelne neigt; 2. fühlen, *a ñkọ mahag, mase, a — njal, nyu* e fühlt Hunger, Durst, häufiger jedoc *njal gwe nyẹ, nyu gwe nyẹ, kọ moyọd* traurig sein, — *ñgañ* Ekel haben, — *njo* zornig sei — *ñgoñ* Verlangen haben, - *mbọla* sich schämen, — *ñgọ* Mitlei haben, — *wọñi* Furcht habe furchtsam sein, —*nyẹga* Widerwille haben.

kộn, ma-, die Krankheit, *bamakọn* d Kranken, *makọn ma noña* a steckende Krankheiten.

kona abschreiben (= übertragen, son *nib*).

koñba oder *los* vorbeilassen.

kond, 1. schelten (trans. und intr.) *bi kond ñgandag,* er schalt sehr, *bi kond nyẹ* er schalt ihn, *ñkonda, ñkond ñjeg* er ist plötzlich ve rückt geworden; 2. bellen (sel selten, besser *ñgwọ 'mbôh*), *kondig* das Bellen.

kondẹ hinzufügen, weiter machen, *kon mẹ.*

kondiga das Bellen, v. *kond.*

konos (v. *kon*), 1 krank machen; 2 *mam ma ṅkonoh bo woṅi,* Sachen, die sie fürchten machen.

kóṅ eine Anrede, etwa Freund; Altersgenosse (= *kom* oder *sĕga*), *ba ye kóṅ.*

koṅ auf die Seite legen (*bamb* flach legen), cf. *bude, koṅob* auf der Seite liegen, *konba* 1. auf die Seite gehen, cf. *lohu*; 2. nachgeben *mi ṅkoṅba nye munu hob unu.*

koṅ, Abl. *dikoṅ* der Spieß.

koṅ (oder *hend*) nagen, *a ṅkoṅ hes, toṅ* er nagt einen Knochen ab, einen Palmkern.

koṅ bóga (= *koṅkoṅ*) fortwährend. immer, *koṅ boga jam* ohne Aufhören, *beh ue len koṅ boga.*

koṅkoṅ (verwandt mit *koṅ* nagen) immer, fortwährend.

koṅob sich auf die Seite legen, Abl. *liṅgoṅo* die Freude, die Wonne.

koṅol nähen, *ṅgoṅol* Hauptw., *koṅle me* nähe mir.

koṅol, 1. herausziehen, abfasern, schälen (ein Ei, Blätter, Fasern); 2. sich anbauen (Abl. *ṅkoṅ* zwischen zwei Bächen).

kos, 1. reinigen, ausgrasen (Wege, Gärten), *likos* Hauptw.; 2. erhalten, empfangen; 3. heraustun, ernten, *koh maṅga, likos* das Ernten (der *maṅga*).

kosi, 1. die Kanone; 2. Mittags 12 Uhr (weil um 12 Uhr in Duala geschossen wird) (eingeführtes Wort).

koto, bi-, die Mütze, die Kappe. der Kranz, Krone *(kod).*

koyob rot sein, *i ṅkoyob jŏm* es ist feuerrot, *koibaga* rot, tr. *kuiba, koyob libato* ein rotes Tuch, *di ye koibaga* es ist rot, *bikoyob bi mabato, ma ye ma koibaga, kui mis* (v. *koyob*) *kuine jam mis* nach etwas trachten (s. Augenröten) nicht schlafen darüber, daß vom Schlaf die Augen rot werden, *ṅguine yoṅ mis, a bi kuiné nom ye mis* er trachtete ihm nach dem Leben.

kóyob (v. *koi*) die Scham, *mi ngweh beme koyob, koyob gwe me.*

koyob, koi, koi masoṅ das Maul aufsperren und die Zähne voneinander.

kù, bi-, Bedeutung auch den Schwarzen unklar, kommt nur vor: *a ntehi nye bidim, a ntehi nye bikù* er machte ihn sehen ein Vorzeichen, d h. er bereitete ihm unsägliche Schmerzen.

kubla verschlingen.

kubul s. *kob.*

kŭd, bi-, die Faust (v. *kod*), *oma kud* mit der Faust stoßen. *kŭd* s. *kŏd.*

kudug njel ein verwachsener Weg.

kue anzünden.

kug knurren, gurgeln, *ṅkuga.*

kùha, ba-, | ein poröses Ding (wie
kuhngan, bi-, | *sisiṅ*).

kuhul, bi-, (v. *kus*) Schalen der *maṅga* (s. auch *libaṅga*).

kuk, bi-, Sumpfschnecke (mit Haus).

kùkule njel breiter Weg, Straße.

kukumba — der Habicht.

kukúnja, bi-, eine Pflanze, gelbe Blüten, rauhe Blätter, wenn man viel davon ißt, wird man vergeßlich.

kúl (D. *wúdù*) Schildkröte (Kollektiv); *kàda* schwarze —; *liṅgŏ* gelbe —. Viele Stämme lassen auch die Männer keine Schildkröten essen. Sie ist auch *njeg.* Die Leber der Schildkröte ist besonders groß, nur kräftige Leute dürfen sie essen; denn sie schwächt und lähmt. Auch ein Starker soll sie nicht ganz essen, es muß immer ein anderer mitessen, oder der eine muß ein Glied der Schildkröte wegwerfen. Frauen durfen überhaupt nichts davon genießen, durfen sie nicht einmal anrühren, damit sie keine kurzatmige Kinder zeugen, die nicht rennen können.

kula, bi-, die Türschwelle.

kùle̱ i mbe̱d Überschwemmung.

kùle̱n, bi-, Grasart, die gegessen wird

kùle̱ń, bi-, Gewürz (*tèga, bisébi bi nam, ńgo̱mbwań, hisama, kinjińke̱mbe̱, ndale̱, sàdga, hitéga).*

kuli, makuli Süden.

kuli (kundi) ablaufen, abfließen, *leb u ńkuli* das Wasser fließt hinab, ist zurückgegangen, oder *maleb ma nkuli, ba ńkuli* sie gingen hinab, sie zogen hinab.

kulud die Karettschildkröte.

kum im Munde führen (in Verbindung mit *so̱ń* Eid), *kum so̱ń* einen Eid schwören, *a ńkum ńgwa ye* er führt seinen Freund im Munde, *kumle̱ me̱ so̱ń* schwöre mir, *a bi kumuh nye̱* er ließ ihn schwören, er beschwor ihn.

kumb klopfen, *kumb dikoga* anklopfen, *kumb libato* das Tuch auf einen Stein schlagen beim Waschen, *nje̱ a ńkumb kuń kuń* wer klopft, *no̱b a ńkumb* der Regen klopft, schlägt auf die Blätter und Dächer (prasselt), *mbambad i ńkum* der Donner donnert. Hauptw. *ńgumbga* das Geklopf (Untersch. *mbimba*) *mi no̱g ńgumbga,* cf. *kod hiku* trommeln, *kod hiduń* spielen

kúmbá Haus der Männer mit der Tür auf der Frauenseite, *njéga kumba* wenn die *kumba* die Tür auf der Seite hat

kùmba Anrede der Frauen oder an Frauen, *a kùmba.*

kumbi schuppig sein, schieferig sein.

kumbul (v. *komb*) die *mańga* und *mba* schalen, *mańga ma ńkumbla* sie häuten sich, *komb* die rohen *manga* schälen.

kumul (v. *kum*) sich gegen jemanc wenden, stoßen, *ke̱mbe̱ i ńkumul* die Ziege stößt die andere, *ke̱mḇ i ńkumla* stoßen einander, *makumlc* das Stoßen.

kumul, bi-, 1. rotes Tuch; 2. de: Baumstumpf.

kun erwählen (bezeichnen), *a bi ku* *mua* er hat sich ein Weib erwählt *ńkunug mua* eine Erwählte.

kún, bi-, Tuch der Männer (das si früher machten).

kún, —, flache Tätowierung, *a ńke̱b m kun,* cf. *mbań, kudman, se̱m, ke̱b* (gleicher Stamm mit dem vorigen) Tätowierung am Leib (nicht au der Stirn) *bikun* (die Tücher habe auch Zeichnungen, daher die Ver wandtschaft), *kunban, bi-,* das Täto wieren

kùna auf dem Wasser treiben, ablaufen *bodol ńo̱ mbai kuna mue̱l mbai* vo einem Ende des Dorfs bis zun andern

kunda der Augenblick, *kunda yada* so fort, sogleich, in einem Augenblick

kùnde̱ frei, die Freiheit (auch ei Bakokowort), das alte Wort für fre heißt *ńgwéleh mud, mún lijè̱g,* *ńhie̱l beh ńgweles* er macht uns frei

kúndi eine Fasanenart

kundi (gleich *kuli*) s. dort, ebenso *kuna kundus, leb u ńkunduh móńgo* da Wasser hat das Kanu herabge nommen

kundul, 1 wogen brausen, aufbrausen *se̱be̱ a ńkundul;* 2. andonnern, *mu a ńkundul me̱* er donnert, wetter (wie die Wogen des Meeres).

kuni Anrede eines Mannes an eine andern, *u munlom kuni* wir Männer

kùnjań, bi- schwarze stinkende Ameise

kunuh bije̱g (v. *kon* nicht gar sein), nich fertig gekochte Speise.

kunus v *kon,* 1. hart machen, *kunu.*

ṅga, a ṅkunuh bijeg gwe; 2. anekeln, *jam dini di ṅkunuh me ṅem* es ekelt mich an, *nyu i ṅkon me.*

kuṅ Schallnachahmung, *a ṅkomb kuṅ kuṅ* er klopft bum.

kùṅ das Kindspech.

kũṅga (v. *kuṅ*), der Schall, wenn etwas umfällt oder herunterfällt, bockeln, Gelächter, *ki 'ṅkùṅga hala* was hat so getan?

kuṅgá das Boot.

kuṅgul, tr., jemand einen körperlichen Schaden zufügen, den Garaus vollends machen, vergl. *pendel*, Hauptw. *ṅkuṅge.*

kuṅgulu, a nyodi kuṅgulu er stürzte mit aller Macht los, cf. *gwēb, hûm, múg.*

kuṅle (v. *kuṅ*) streuen, drauf klopfen, *kuṅle me be* streu mir Arznei auf, *be bi kuṅle* Arznei zum Streuen (Jodoform).

kus, 1. rohe *maṅga* schälen, *bikuhul* die Schalen (s *libanga*); 2. ein Huhn rupfen.

kwa, bi-, 1. Tasche (v. *ko*), *bot* Kleidertasche; 2. Abk. v. *hikwa, di-*, das Feldhuhn.

kwad mbog ein sehr heißer Platz, über dem die Hitze flimmert.

kwad winken.

kwăg, bi-, die Sühne (Hauptw. und Zeitw. sühnen), *kwegha* Passiv, *kweges* sühnen lassen, *kwegel* für jemand bezahlen, erlösen.

kwahal jemand etwas herausreißen, entreißen, weggrapsen, *kwehel* für mich entreißen.

kwal Salz ausfüllen in Tüten, *kwal bas* (*gwal* gebären s. dort!)

kwaṅ früher, *ṅgeda kwaṅ* in früherer Zeit, früher.

kwaṅab (bandab) sich bücken (zur Arbeit), *a ṅkwáṅab nsón* er hat sich zur Arbeit gebückt, *binuga bi kweṅi* die Tiere gehen gebückt (im Gegensatz zu Menschen).

kwáṅkói (v. *kwaṅab*), *a ṅke* — er geht auf allen Vieren.

kwas haschen, *a ṅkwahal me jo kwas* fassen wollen.

kway, 1. pikant, wohlschmeckend machen, (stärker als *ne*), *bah i ṅkwai bijeg* es ist gerade recht, angenehm, *hitega hi ṅkweyeh nsugi* wohlschmeckend, *mam ma Job ma ṅkweyeh mud* sie beleben, sie erwecken ihn; 2. vergnügt, lustig, fröhlich sein, sich regen, lebhaft werden, *a ṅkway* er ist lustig, vergnügt, *kweyes* vergnügt machen etc., *kweyeh nyu* werde munter! lebhaft, ein wenig! *likweyes* (D. *bokenju*) oder *likwayag* die Lust, die Fröhlichkeit, die Munterkeit, Abl. *likwagag li mud.*

kwè, bi-, v. *keg* die Wunde.

kwe (v. *keg*) beschneiden, *likwé* die Beschneidung.

kwe „etwas kochen“, *bum makondo*, Hauptw. *ṅkwe.*

kwèd der Krätzer oder *gwèd.*

kwegel, kwegha und *kweges*, s. *kwag.*

kwel (v. *kwo*) beginnen, fallen auf, *e i ṅkwel nye* es fiel ein Baum auf ihn, *makwel ma mbeṅ* Beginn der Regenzeit.

kwel unterhalten (sc. *ṅkwel* Unterhaltung), *ba ṅkwel ṅkwel* sie haben sich unterhalten, haben eine Unterhaltung, *a nkweleh me ṅkwel* er unterhält mich.

kwem, bi- Blechkoffer (aus dem Duala).

kwémbe, bi- das Tin, das Blechgefäß.

kwéṅ, nob a nsem kweṅ auf einen Schlag, mit einem Wort.

kweṅe mis zwinkern, schielen nach etwas, *a ṅgi kweṅlag mis* er zwinkert immer noch.

kweṅel mis lebhaft um sich blicken.

kweṅlene mis jemand mit den Augen nach etwas schielen machen, *kweṅlag* (v. *kweṅe*).

kwes s. *kwo.*

kwes zuschließen.

kwo̱ làbo s. *hilabo!*

kwo̱ fallen, *kwo̱ ṅka* den Prozeß verlieren, *kwo̱ limōd* verstummen (*mo̱do̱b*), *kwo̱ lihiǒ* (v. *hio*) in Ohnmacht fallen, *kwo̱ lisè* schwach werden vor Hunger, *kwes, a ṅkweh nye̱ ṅka, kwel, e̱ i ṅkwel nye̱, mbe̱pi i ṅkw*[illegible] *bes, kwo̱ 'be̱* sich täuschen (Redensart), *mi bi kwo̱ be̱, nja u ṅkwo be̱* in eine Grube fallen (oben hin *ṅe̱m u ṅkwo̱ nye̱ kibkib* das Herz klopft ihm. *kwo̱ nsiṅga* s. dort.

kyama s. *jama!*

L.

la was, *mi bo̱ṅ la?* was soll ich machen? *là* so (Abk. v. *hala*), *lányen* (Ndogobis. *lale̱*) deswegen, (D. *na nde*), *lánye̱n mi mbibil ue̱, hala* so, *lana* = *lana ni lana. i la ni* (Du. *nika so̱*) nun denn.

lǎ (Abk. von *liā*) Mz. *maa* der Fels.

lǎ können, *mi nla beme̱ ho̱g* ich kann nicht schwimmen.

lǎ lecken, *a nla tandi* er leckt den Teller ab, *a nla bas* er leckt Salz.

lǎ das Haar so schneiden, daß Büschel bleiben, *a nla ṅo̱* er hält seinen Kopf so geschnitten, *ṅo̱ we u nléna.*

lǎ ziehen, *la ho̱d* das Netz ziehen, *le̱ṅ ho̱d* das Netz auswerfen.

láb, lábga, bi-, die Laubhütte, nur zu vorübergehendem Aufenthalt für einen Kranken oder Jäger oder dergl.

labal Durchfall mit Blähungen haben, *libum li nlabal nye̱, labal mud* ein dummer, einfältiger unstäter Mensch, Einfaltspinsel, der dumm hinausplatzt.

làbo, Abk. v. *hilabo,* s. d.

lagle̱ den letzten Willen kund tun, beim Tod bestimmen, teilen, wer erben soll und was, *a nlagle̱ bum ye* er verteilt seine Habe.

laki indem, gleichwie.

lal übernachten, *a bi lelel me̱ yani* er übernachtete gestern bei mir.

lam schön (ästhetisch) v. *lama* schön gefällig (richtet sich nach der Klasse), *nlám lo̱ṅ* ein schönes Land, *be̱* schlecht (moral.).

lama, ma-, 1. das Wohlgefallen, schö[n] sein, gefällig sein, *i ye lam* es i[st] schön, recht, gut, *ba nlama* sie sin[d] gut miteinander, *a nlama ni nye̱* [er] ist gut mit ihm, *a ye nlam* er i[st] schön (ästhetisch), *a nlemha bo̱* [er] versöhnte sie, *dibato dini di nlem[a] me̱* dieses Tuch gefällt mir, *a nlem[ha] nye̱ jam dini, a nlamha nyo̱* [er] schließt den Mund, *bilamna* d[ie] Bedürfnisse; 2. müssen, *a nlam[a] wo̱* er muß sterben, *di nlama yémb ndombol, ndombol yeh 'nlama yem (teṅbe̱)*; 3. sich geziemen, si[ch] schicken.

lamb kochen, *nje̱ a gwe nlamb?* W[er] hat zu kochen? *a ye nlamb* er i[st] am Kochen, *nlamb* das Koche[n] *ndab nlamb* die Küche, *balamb* od[er] *be̱d ba nlamb* die Köche, *lembel* n[?] koche mir, gib mir etwas zu[m] Kochen, *lembel ki* mit etwas koch[en] (Topf), *mi lamb bije̱g ni ki* (m[it] was für Fleisch), *nlamb, jel* Fisc[h] Fleisch; Einz *nlembla* Lohn f[ür] etwas Essen, Mz. *malembla* d[ie] Kocherei, *lamb ndúmb* das Ess[en] 5 Tage nach dem Tode, die Ve[r]wandtschaft kommt den Trauernd[en] Essen und Wein zu schenken.

lamda überschwemmt sein, dumm sei[n] alles mit seiner Dummheit e[r]füllen.

lamha, a ṅlamha nyo̱ er schließt d[en] Mund, s. *lama.*

lana (la na) so (cf. *hala*).
lana (Ndogobis.) = *nana* (Mang.) bringen.
lánd aufgetrieben, aufgebläht sein, *a ǹkwọ land* er ist aufgebläht (v. Bauch, wenn einer viel gegessen hat).
láǹ, bi-, Salbe von Palmkernen.
làǹ, ma-, (Mang.), s. *dilaǹ*.
laǹ oder *mal* fertig bringen, *a bi laǹ bijẹg bini* er hat das Essen aufgegessen, *a bi laǹ họb* er hat die Sprache sich angeeignet.
làǹ scharf, *yọm ini 'nlàǹ, mi njẹ bemẹ nlaǹ* ich esse nicht scharf, Abl. *dilaǹ* Zwiebel.
laǹgat Teppich (Bettdecke) (eingeführt).
làǹlaǹ kohlschwarz, *kalag-dum i hend làǹlaǹ,* Abl. *nlaǹga*.
lás, hinọ hi mpọd lás der Finger kracht, cf. *kọg*.
lẹ, 1. unübersetzt *jol jọǹ lẹ njẹ;* 2. daß, *a ǹka mẹ lẹ́* er sagt mir daß; 3. doch, einmal *mọm lẹ* sei doch ruhig, ruhig einmal, *lọ lẹ* komm doch, *te lẹ pād* steh einmal gerade hin, *itọmlẹ, inyulẹ* denn, weil, *ihọblẹ* wenn, es sei der Fall, *balẹ* es sei daß, *jam dini di ǹheleh mẹ lẹ kẹlẹlẹ* diese Sache macht mich sehr verwundern.
léb, ma-, der Bach, die Quelle, *maleb* Mz. das Wasser, *leb ye hẹ* wo ist die Quelle zum Wasserholen, *maleb ma yi masamal bisu* es sind noch 6 Bäche vorn (zum Überschreiten. Es wird nach Bächen gerechnet), *liébẹ̄* der Schöpfplatz, *ab maleb* Wasser schöpfen, *ebel mẹ maleb* schöpfe mir Wasser, *ebel* etwas zum Schöpfen, *heg leb* das Wasser stauen, *hilĕba, hilĕleba* der Nebenbach, schönes Bächlein, *liǹgéǹ* die Quelle, *nsẹ́ǹ lĕba* klarer, ruhiger Bach, sandig, *hinjeǹ njeǹ lĕba* sprudelndklar, steinicht, *kob leb* das Wasserhuhn, *pòm léb* Flüßchen in der Größe des *Mbue* (bei Edea), *muẹl (ǹmuẹl* oder *ǹwẹl) leb* die Mündung.
lẹ̀b trauern, *á nlẹb* er trauert, *a nlẹb saǹ* er trauert um seinen Vater, *malẹb* die Trauer.
lẹ́b wegwerfen, *lebel mẹ jam dini (lini)* wirf mir das Ding fort.
leba, hileba, pom leba ein rieselnder Bach.
lèba finden, *a bi lèba kẹmbẹ ye* er fand seine Ziege, *i lebna hẹ nyẹ?* wo hast du ihn gefunden?
leba sich erinnern.
lĕba (Abk. v. *hileleba*), *hinjéǹnjeǹ lĕba* spiegelklares Wasser, sprudelnd, steinicht
lĕd, ma-, der Lehrer (v. Du. *muleedi* Lehrer).
lẹd hart sein, steif sein, zäh, *a nlẹd nsas ndeǹ ndeǹ* er ist so hart wie ein Maiskolben, *a ye nlẹdga* er ist hart, *ba ye ba* — sie sind hart, *i ye lẹdga, i ye nlẹdẹg* es ist schwierig, *uẹ lẹdẹg ya* du bist eben hart, *ledeh ǹem* fasse Mut, *a nledha* er wird gestärkt, *nlẹdẹ́g, kẹmbẹ ye nlẹdẹg* das Ziegenfleisch ist zäh.
leg, 1. heiß sein, *bijẹg bi nleg* das Essen ist heiß, *nyu nleg mẹ* mein Körper ist heiß, es ist mir heiß; 2. verbrennen, intr., *ndab i nleg* das Haus ist verbrannt, *ligis* heiß machen, verbrennen.
leg stinken, der Gestank, wie *lẹgẹlẹgẹ* eine Frucht, die stinkt, *a numb leg* er riecht schlecht.
lẹ́g bereit machen, *lẹg maō* die Hand ans Ohr legen, *lẹg ǹga* zielen, *lẹg mis* die Augen verdecken, *lẹgi* bereit sein, *a lẹg nyǒ dibondo* er hält den Mund an den Krug, *limud li lẹgda nyẹ* Luk. 5, 1, *lẹg ǹkọg* ein Gefäß unterstellen, um den Palmwein zu bekommen, *legel, bi-,* das

Gefäß, *légda* einengen, stauen, *nob a nlegda digdig* der Regen pratzelt.

lèg zuhalten, zustopfen. zudecken, *lèg pos* eine Flasche zukorken, *lég nye nyò* stopf ihm das Maul, *a bi leg nye mis* er hat ihm die Augen zugehalten, *a legi ni mam i libum, ndi a ntobbe pemeh mo* er ist voll von Sachen, *bilega bi mis* zugehaltene Augen. *a nlég (a dibi)* er kann nicht mehr Wasser lassen, auch: er hat keine Öffnung (bei einem Bruch), *leg leb* den Bach stauen, verstopfen, *leg lipondó* ein Loch zustopfen, *ñnd po 'nleg me ñem* der Gestank der *pola* verstopft mir das Herz.

legda (v *leg*), voll sein mit etwas, erfüllt sein von etwas, angestaut sein, *maleb ma nlegda lom* das Wasser sammelt sich an, stauen, *nob a nlegda digdig (ndie) a legi ni ñgandag mam, dibum jem di legi ni ñgandag mam.*

lége Fischfangen im Busch.

lege in Empfang nehmen. aufnehmen, übernehmen.

legel, bi-, (v *lég*) Gefäß für den Palmwein.

legel kund tun.

legel v *lege* bestellen, *legel me koti* bestelle mir eine Joppe, *ma legel ue muin* ich werde dir Nachricht geben, *nlegela muin* eine angekommene Nachricht, *nlegela jam* ein bestelltes Ding, *a nlegel me mahus* er verwuuschte mich.

legelege eine Frucht, die stinkt, s. *leg.*

legi (v *leg*) bereit sein.

leheb, lehbe, a nlehbe ñgwe er rast davon.

lehel nem die Hoffnuug aufgeben, das Herz los machen, *a bi lehel ñem ni mam ma si* er hat das Herz losgemacht von den Dingen dieser Erde, *mi mal lehel ñem* ich habe mein Herz losgemacht, Abl. *malé a nun* — er schielt

léhenge züngeln.

lei, bi-, die Schwimmhäute

lel 1 überschreiten, über etwas weg springen, *lel nkog* uber einen Baum schreiten, *maleb ma nleleh ñkog* das Wasser geht über den Baumstamm weg; *leleh hosi ñkog* laß das Pferd über den Stamm springen, *leleh bika mbuh lipend* wirf das Gras über den Zaun, *leleh me pa* gib mir das Buschmesser herüber, *a nleleh b mam ma mud* es gelüstet ihn nach 2. überspringen, überhüpfen (c *mil* weglassen und *sumb(i)le* von etwas herunterhüpfen); 3. pflegen, *malel* die Pflege

lela tänzeln.

lela (le la) wie? Abkürzung *la?*

lèleb, bi-, 1. das Augenlid, *joñ di lele* die Wimpern; 2. mehrere Quellen

lelel v. *lel*, Lokativ.

leles s. *lel.*

lém, bi-, 1. das Bar im Geldwert von 50 Pf als Einheit; 2. in der Mehrzahl: Waren, *lem likil*, Geschenk an die Verwandten der Braut.

lem, bi-, das Haustier, das Kleinvieh

lem, 1. auslöschen, trans. und intr. *hie hi nlem* das Feuer ist erloschen *lem hie* lösch das Feuer aus, *lim son, malimil; ndim* das erloschene Augenlicht; 2. wieder erkennen (Du. *emba*).

lèm, bi-, die Sitte, der Gebrauch.

lem krüppelhaft sein, gelähmt sein bresthaft sein, *a nlém wo; lém, bi-* das Gebrechen.

lém, bi-, a gwe bilém, a ye munlom bi lem der Küchenmichel.

lem, lemha, tr , Anlaß geben, daß jemand in den Busch fallt, in den Busch treiben, *a nlem nye bikai.*

lema 1 verstreben, *a nlema bikai* e

verstrebte das Gras; 2. in den Busch fallen, er fiel in den Busch; eindringen (?)

lemán (oder *nunba*) das Glas der Spiegel.

lèmb, bi-, Ring zum Ersteigen der Palme. *njagi lemb* abbetteln (einen Ring), *njombi lemb* abmarkten.

lembe lügen, *a nlembe ne* er belugt dich.

lembel, 1. v. *lamb* kochen (mit d. Dat.), *lembel me* koche mir; 2. sich selbst Böses zufügen (kochen) *a bi lembel nyemede, a bi lembla.*

lemha v. *lama* versohnen, *a nlemha bo* er versöhnte sie

lèn heute, *lana bilen* der heutige Tag, *len masamal* heut in 6 Tagen.

lenda, 1 hinhalten; 2. hinnehmen, *a bi lendha me, mi nlenda ni jo* abhalten.

lénde (v. *léndel*) die Schere, *lēnde dini* Mz.

lendel abschnipfeln, einen Schnipfel abschneiden, *lendle me ndeg* schneide mir ein wenig ab.

lendes (Du. *bake*), s. *nendes.*

lendi, bi-, 1. ein weitläufiger Angehöriger, der bei dir ist, weil er sonst niemand mehr hat; 2. der Taglöhner.

leñ, 1 werfen, *leñ ñga* schießen. *leñ mben* ein Gesetz geben, erlassen, *hohol* aufheben, *leñ mako* vollends auslangen, cf. *nub mako, leñ* oder *kob mbunja* das Netz auswerfen; 2. tun, antun, *leñel* schießen zum Zweck von etwas, *leñel* = Du. *yeñga, a nleñel nje? ba be leñel me yuha (yoha) kel* sie besuchten mich vormals.

lèñ, bi-, die Palmrippen, die als Sparren dienen.

leñel (Du. *yeñga*) umherlaufen, Hauptw. *nlen.*

leñel (unachtsam sein), sich herumtreiben, umherschweifen, wie die *kukumba, maō ma nleñel me* zerstreut sein, herumschweben, nach beiden Sachen sehen, *biléñel* die Unachtsamkeit, *bileñel bi bod*, cf *yom.*

leñe(l) (Du *wongwa, saye*), treiben, schweben, *kukumba 'nleñel* der Habicht schwebt.

letes, ledes (led) stärken, *leteh nyu* sich aufraffen, *kad i nleteh nyu* ein Brief macht beherzt.

liā der Fels (Mz. *maa*), kurze Aussprache *lá.*

liáda oder *libobol li likondo* zusammengewachsene Pisang.

líb, bi-, eine tiefe Stelle in einem Bach (Unterschied v. *ndib* in einem tiefen Fluß).

liba (v *ba*), verteilen, ausschlachten

libáb, ma- die Giebelseite des Hauses, *ñkàndga* die Vorderseite.

libaba (v. *baba*) die Verbundenheit.

libábá ein Baum, von dem man Arznei macht für *pol'a bantu.*

libadag die Frage, auch *mbàdga.*

libāe Aussatzflecken, *a ñkon mabae* er ist aussätzig, s. *mabai.*

libága (cf *ñgwende*), das Messer

libahale, libahale li ta ha be es nützt nichts mehr.

libái, 1. *mabái* der Backenstreich, *a mbeb me libai*; 2. (v. *bai*) öffentlich, Versammlung, Mehrz. *mabai, a be eb bod mabai.*

libál, ma-, (v. *ba*) Überreste beim Fleischaushauen.

libàl, ma-, der Fuß; *sí libàl* die Fußsohle, *ñgi libàl* die Spaune

libāla (v. *bala*), die Feindschaft, *mi ñgweh be me libala, mud libála* der Feind, *óa* Haß.

libám, ma-, das Brett, *bol mabam* Bretter sägen, *homb mabam* Bretter hobeln, *jo mabam* Bretter schnitzen.

libán, ma-, 1. (*ban*) Magen der Vögel; 2. v. bannen (z. B. Regen oder einen Toten etc.), *a gwe liban* er hat Mut, Herz, fürchtet sich nie; 3. Zaubermittel, kleine Päckchen (v. *ban*).

libàṅga, maṅga, ein Gewächs, ähnlich den Makabo (*maṅga* für *maṅgala*), *kuh maṅga* schälen in rohem Zustande, *bikuhul* die Schalen, *kumbul maṅga* schälen (wenn sie gekocht sind), *bita bi maṅga* die gekochten Schalen der *maṅga, koh maṅga* ernten, *likós* die Ernte, *tob maṅga* stecken, *nag maṅga* spalten, *juble maṅga* ausjäten; Sprichw. *a nla be bada libaṅga i be* er kann die Manga nicht aus dem Topf herausnehmen; *mbena maṅga a ntol be likos* wer *maṅga* gern ißt, versäumt nicht die Erntezeit.

libato (D.), *ma-,* das Tuch, *ked libato* der Fleck, ein Tuch nähen *koṅol libato,* nähe mir ein Tuch *koṅle me libato.*

libayag (v. *bai*), das Scheinen.

libě (v. *be*), der Anfang.

libé (Maṅg. *hibé*) der Fleck, der Stern.

libě, mě, 1. Brust, cf *ṅgond;* 2. das Euter.

libè, mabè, ähnlich dem Yams, im Busch wild, der Wurzelstock hat aber Dornen, wird von Elefanten gefressen.

libě das Böse, Sünde (v. *bě*), *libě li ṅgwel me* es ist mir etwas Böses (Du. *ndutu*) begegnet, etwa Trauerbotschaft.

libě der Abort, *mi ṅke* —, *libě li gwe me* ich muß auf den Abort.

libêg Pfeife zum pfeifen; *a oṅ — le pēb* er pfeift (Nachahmung des Pfeifens).

libèhe, ma-, der Kinnbacken.

libel s. *dibel.*

libèm (v. *bem*) oder *libemel* Ort für den Anstand auf der Jagd

libèm ein großer Wasserfrosch

liben (v. *beneb*), Windung, Teil, Stück einer Predigt, Biegung eines Weges, der Vers, *njel ye maben maben* der Weg hat viele Krümmungen, *leb li gwe ṅgandag maben.*

libena (v. *be* Zeitw., das Bössein), 1. Schlinge zum Vogelfang; 2 bildlich jemand eine Schlinge legen (eine Falle stellen).

libeṅgne, ma-, (v. *beṅge*), das Register, das Verzeichnis.

libi die Ehe, die Heirat (v. *bi*), übertr. Hochzeit, das Heimholen der Frau zum Unterschied von *hol* kaufen *mi mal hol, tina me mua wem, kun* erwählen, *ṅkunug mua* ein erwähltes Weib.

libìbí, ma-, 1. Geschwulst von einem Stich, Abl. *mbibi* dick, zäh, hart 2. Striemen; 3. Baum, dessen Rinde Arznei gegen Geschwulste ist.

libila die Jagd

libín, ma-, ein großes Essen, zu dem viele Leute gerufen werden, es steht mit und ohne „*li bijeg*".

libít (Edio und Ndogobisol) der Gurgelknopf.

libò die Zuneigung (v. *bo*).

libǒ (Du. *ndobo*), verfaulter Bananenstrunk.

libobla li loga ein dicker, fester Bursche in den Flegeljahren, im Alter gleich mit *lolog*, aber zeigt noch besonders die Schönheit.

libóbol (v. *bob*), *libobilag* (v. *bobile*), *ma-* die Spinne, *nde libobol* Fäden des Netzes, *ndab libobilag* das Spinnengewebe, *li noṅ ndab* sie spinnt (baut) *libobilag li ṅgi* Himmelsgewölbe.

libobol li likondo zusammengewachsene Pisang.

libòda (v. *bude*), *ma-,* die Matten über dem Dachfirst her.

libóda Kraut zum Abschwören.

libodog Nachkommenschaft als da sind: *bon, boda, bayene mindimil libi.*

libóg (v *bog*), das Versteck, das Nest der Tiere (z. B. *so*).

libòg eine Frucht für Zauberei, zu „*lomba la njou*".

libòg, ma-, eine kleine Kürbisart, die gegessen wird, oder *mógi* (Mehrz., hat keine Einz.) Gurken.

libòg 1. Gesäßschwiele; 2. *libòg li mange* ein kleiner Bub (3—5 jähr.), *libòg li ngonda, mi nkun libog li muda.*

libógol der Lagerplatz im Busch oder zum Spielen oder *nge.*

libola v. *bol*, die Entzweiung.

libòm, libom li ton Palmkern, der gewöhnliche (s. *lien*) mit großem Kern und wenig Fleisch.

libòm li són der Vollmond, *libóm* auf einen Schlag (v. *bom*), *libom* Arznei der Jäger, *nuga 'nkwo libóm libòm* es stürzte sofort auf den Schuß und war tot.

liboma die Ausrottung, *je libòma* ausrotten.

libómb, ma-, 1. der Hügel, *libómb li biteg* der Erdhügel, *libómb li sòn* der Grabhügel; 2. *libomb jada* einmal (ein Häufchen).

libombó, ma-, Kürbis mit *ngondo.*

libón, ma- (limbón) das Moos.

libònog, ma-, der Teig, gestoßene *matobo* (Erbsen), gestoßene Farbe, *nyu libònog* stoßen.

libón, ma-, der Strand.

libòn der Rotz, Mehrz. *mòm, heya libòn, mom* aus Nase und Mund, *nkāmba libon* Klumpen (*nyakaka*).

libón, ma-, das Knie, *om mabon si* das Knie beugen. [*gweleg.*

libònog (v. *bon*), die Wirkung, cf. *libonol* das Tun (v. *bon*)

libòtog s. *libodog.*

libū die Asche, *a nsah nye libū* er schüttelte ihm Asche ab.

libud, ma-, die Hülle.

libùd cf. *pud, mbuda* Dickicht von Gesträuch und Gras, *njel ye mbuda* ist verwachsen, hat Dickicht.

libuda verwachsener Garten, in dem noch Pisang steht.

libúi, ma-, der Zweig, *a hó ngwangwan mabúi* täuschen, heucheln.

libulibu graublau.

libum, ma-, der Bauch, *libum li nkog me* der Bauch tut mir weh, *libum li mbahal me* ich habe Durchfall, *libum sí* (bei Tieren), *libum kòb* Bauchdecke, *libum jada* leibliche Geschwister, *a ye libum* sie ist schwanger, *hiun hi yoni me libum, hiun hi legi me libum* ich bin voll Zorn.

libunda heimlich nehmen.

liébe(l) v. *ab* (cf. *leb*), der Schöpfplatz, Platz wo man das Wasser schöpft.

liég oder *leg*, Mehrz. *maeg* (v. *eg*), der Sprung, die Zahnlücke.

liemb (v. *emb*), die Hexerei, *a nke liemb* die Seele des Menschen geht nachts fort um Böses zu tun.

lièn, maén die Ölpalme, die umgehauene *nkog* (Baumstamm), *mpónd* — ausgewachsene Palme, *ngán* kleine Palme, die noch Dornen hat, *hidìn* eine mittelgroße Palme, *lihèle* Palmkern mit weichem Kern, *libòm* gewöhnlicher Palmkern, *ngí man* Palmkern ohne Kern, *ton, bi-*, Palmkern im allgemeinen, *kō ton* das Fleisch der Palmkerne, *hibah man* der Stein, *man ton* der eigentliche Kern, *minsó mi man* der aufgeschlagene Kern (*nsó* nackt), *likō* die Weinpalme, *jàn* die Raphiapalme, *pongo* die Kokospalme, *susúgi, bi-*, die Fasern in Palmbutter, *disē (lisē), ma-*, Palmzweig, *kol biton* Palmkerne hauen, *nkola* das Hauen, *nson* oder *njon* Palmbutter, *mō* das Öl, *wañal mō* Öl machen, *maog* der Wein, *jo bitoñ* Palmkern austreten. *mbogi* die Kerbe (im Stamm), *bog* Kerbe einhauen, anbohren, um die Engerlinge herauszunehmen, Hauptw. *mboga, bom bitoñ* Palmkerne rösten, *súga, bi-*, eine Art Trichter aus Bast, durch den der Palmwein in die Flasche läuft; *mòm* — männliche Blüten; *mòm* die jungen Herzblätter, *sem, bi-*, die Blüten, *kàñga, bi-*, die volle Palmkerntraube, *káñ*, — leere Traube; *lèmb* Ring zum Ersteigen der Palme, *éñ* oder *sè maog* Palmwein abzapfen; *eñga miñkog* ein Platz, wo mehrere Palmen liegen, zum Abzapfen, *legel, bi-*, Gefäß für den Palmwein.

liga s *diga*.

ligina mis zwinkern, blinzeln.

ligis s. *digis*

ligwè v *gwe, gwal* die Geburt.

ligweleg (v. *gwel*), die Wirkung, das Wirken, das Tun, cf. *liboñog*.

ligweleg der Griff.

ligwelél der Handgriff.

ligwene (v. *gwene* eigentlich *gwal*) Ort der Geburt.

lihà (v. *ha*), die Verwandtschaft

lihàd (v. *had*), der Reichtum. das Ansehen, die Ehre.

lihàdo der Trotz, *a gwe kili* —, *a ye* —, *a ñhad, a hedel yaga mud lihàdo.*

liháha Palmkern mit 2 Häuten (s. *toñ*).

lihai, ma-, die Glatze.

lihàn (*hàn*), *ma-*, die Frechheit. die Unverschämheit, *a gwe mahan* er ist unverschamt.

lihana das Geschenk (v. *ha*), Du. *joñgwane, a bi ha me lihana* (*ha* — schenken bei Fleisch).

lihànag (v. *hán*) die Bedrohung.

liháñ, ma-, Wege des kleinen Wildes (Stachelschwein, Antilope).

lihás, ma-, Zwillinge, *a bi gwal maha*

liheb Einz.. 1. die Kälte, der Fros *liheb li mpeb, liheb li ñkob me* ic habe eine Gänsehaut. *liheb li nd me* es geht kalt an mich hin; 2. d: Fieber, *liheb li gwe me* ich hal Fieber, Mehrz. (v. *hebel*) *maheb* d Brandgeruch, s. *hugule*.

lihèle Palmkern mit weichem Ke (s. *lien*).

lihén oder *dihen* der Eiter, *kè yé i n dihen ni majel* sein Geschwür so dert Eiter und Blut ab.

lihindi der Bleistift.

lihíndi (v. *hend*), *ma-*, 1. Schmutz, *a ye-* oder Mehrz.; 2. die Wolke, *jel lihindi* Wolkensäule.

lihiō (v. *hiō*), 1. der Schwindel, — *gwe me*; 2. die Ohnmacht *a ñki lihio*.

lihiol (v. *hiolol*), zu säubernder Acke *mi ñke lihiol* ich gehe meinen Ack zu säubern.

lihiólol (v. *hiol*), das Zusammentun d dürren Sachen im Garten, *mi ñke* –

lihiua (v. *hio*) der Rausch.

lihógbe Arznei, die Kraft haben s Gläubiger zu vertrösten.

lihòha (v. *hos*) der Fehler.

lihól (v. *hol*), das Geben der War für eine Frau (cf. *libi*).

lihòndog, ma-, die Schleife, die Schling (als Falle), *a bi ha nyemede lih ndog* er erhängte sich (er tut si selbst in die Schlinge).

lihòñ (*hoñob*), *ma-*, das Fett (Mehr ist gebräuchlich).

lihòñga der Schnupfen, v. *hòñg, á ñhoñ*

lihòñog (v. *hoñ*) das Stürmen, *mbe 'ñhòñ*

lihòs, ma-, Baum; wenn er blüht, ist d Sommer da!

lihù, ma-, Haare an den Händen u der Brust etc., *a gwe mahu ñganda a ye mud mahu.*

lihū, ma-, die Heimkehr, nur die Mehrz. ist gebräuchlich.
lihúda (hod) die Krümmung.
lihuha (v. *hos*) das Vergehen.
lihúhuga (v. *hus*) eine Art Insekten (kl.), kleine Schmetterlinge.
lihúng das Lodern.
lihús (Einz.) verwunschen, *a nlege me mahus* (Mehrz.) Böses wünschen, *mahus* der Schaum, die Erregung.
lijád, ma-, der Fleck, der Stern. *kembe 'gwé majád mahindi.*
lijàng, Mehrz. (am gebräuchlichsten) *majàng, hisē hi ye majàng*, die Antilope ist schlau.
lijè, ma-, der Fleck.
lijé, ma-, 1. das Ei *lije li kob*, Hühnerei, *nye maje* Eier legen, *kek* — brüten; 2. Stück, *lije li bas* ein Stück Salz, auch *ked bas*.
lijeg s. *kunde*.
lijó (v. *jó*) das Austreten der Palmkerne, *mi ńke lijo*.
lijùbule (v. *juble*) Ausgrasen der Makabo.
likū Arznei für Kinder, daß diese nicht sterben, wenn die Eltern verwandt sind.
lika, ma-, eine Schlingpflanze.
likàb (v *kab*) das Geschenk, *likèbla* Geschenk.
likàba (v. *kab*) der Teil = der Anteil.
likàbo (dikabo), ma-, Makabo, Knollenfrucht ahnlich der Kartoffel, *ntó likabo* Stiel der Makaboblätter, *séb likabo* Fruchtansatz, *likabo li ńha seb.*
likàg (v. *kag*) das Versprechen, die Verheißung, *a nyeg me* —, *a nti me* —, *a nańal me* — er hat mir versprochen.
likág die Trubsal. *likág li gwe me* (nicht: *mi ńkon likag*) ich bin betrübt (Du. *ndutu naledi mba*) *likag likeni li ńgwel me, makág ma!* ist das ein Elend! ein Jammer!
likàha ein kleines Feuer.

likahab (v. *kahab*) die Höhe, *likahab li ndab.*
likai, ma-, das Schilf.
likák der Griff, die Klinge.
likakam, ma-, die Plage, die Landplage.
likakáme die Plage, v. *kam, likakáme li ntu* es ist eine Plage ausgebrochen, *likakáme li hida* der Qualm, die Rauchsäule.
likalag li mud starker, kräftiger Mensch, ebenso *likwayag li mud*
likálag s. *dikálag*.
likàndo li ńga der Hahn des Gewehrs.
likàń, makań, die Arznei.
likás, ma-, die Ecke (des Tisches, des Hauses).
likē, ma-, (v. *ke*) die Reise, der Gang, *mi nke like* ich gehe auf die Reise, *likē díni?* Reise dieses? d. h. gehst du auf die Reise? *joga li like* ein ordentlicher Marsch, *sa like* sich auf die Reise begeben, eine Reise machen, *yebel like* sachte gehen, *nobol like* bedächtig laufen, *tobol like* sachte gehen, leise auftreten.
likè kleine Kalabasse für die Reise (*sob* für Wasser, *hiboi* große Weinkalabasse).
likeb (v *keb*) das Tätowieren, *ba ńkeb likeb.*
likèbla (v. *kab, kebel*), *ma-*, das Geschenk.
likeda der Vergleich.
likéda (v *kedel*) *dibato di gwe makeda* bunte Zeichnung.
likedel (v *kedel* eingraben, aushöhlen), Hauptw. die Schrift.
likèg (v. *keg*), 1 der Backenzahn (Redensart. *heya bań me likèg jem, mi ńkegel makabo*); 2. das Abhauen der großen Bäume im Garten *mi ńke* —.
likégí, ma-, (Mang. *kegi*) der Rand, *a nun be makegi*
likéń, ma-, (v. *keń*) die Arbeit eines Zaunes, *likeń jem li ye len* ich

mache heute einen Zaun, *likéṅ, ṅgéṅka* der Vorhang.

likẹṅgẹ, ma-, die List, die Schlauheit, *a mbọṅ makẹṅgẹ, a ye mud makẹṅgẹ* der etwas versteht zu machen, ein schlauer, praktischer Mann (Schreiner oder dergl.), *a gwe makẹṅgẹ ma ṅkus.*

likik (v. *kig*), *likik li liwọ li gwe nyẹ, man a ṅkik liwọ* das Kind verhält den Atem.

likíl die Heirat, cf. *libi* die Ehe, cf. *kun, hol, bī,* Mz. *makil* Heiratsgüter, *ṅkìl* der Schwiegervater, *nyogól* die Schwiegermutter, *maọg ma likil* Wein für die Heirat, *ndab likil* Zahl aller Waren, *lem likil* Geschenke an die Verwandten, *ndombol likil* (v. *lombol*) das Schließen, Weihen des Heiratsvertrags (mit Schnaps, Wein, Ziegen), *mam mά ṅkìl* Geschenke für den Schwiegervater (Hut, Kleider, Stuhl), *mam mά nyogol* Geschenke für die Schwiegermutter (Topf etc.), *mi ṅkẹ likil jẹm, likil jẹm li yi uẹni* (Heiratsgüter), *hól likìl* Heiratssumme bezahlen.

likínda Moschus (vom Moschustier *yòi*).

likọ̄, ma-, die Weinpalme.

likọ́a, 1. das Gelenk; 2. *bah likọ́a* schnalzen mit der Hand.

likọ̀b (v. *kọb*), *ma-,* der Haken.

likọ́d, ma-, Wehr zum Fischfangen.

likóda, ma-, Tuch der Männer.

likodna (v. *kọd*) *li hie* der Feuerplatz.

likọ̀g li nje der Panter.

likọg, a gwe likọg wer viele Kinder zeugt; bei Ziegen, Hühnern, Schafen, Reichtum hierin haben.

likŏga die Türe (*muẹmẹ*).

likógí, ma-, eine Grasart hart und beißend.

likogól Platz, wo gemahlen wird, großer Stein.

likọhọ li jis, makọhọ ma mis groß[e] Augen, *likọhọ lì ṅgọg.*

likòl (v. *kol*) der Aufgang, Osten, [c]*ṅmuẹg* (*ṅwẹg*) — er spricht kla[r] Basa, cf. *a kẹg lọm, họb liko[l]* (wörtl. Sprache des Ostens) Basa[-]sprache.

líkolog der Ursprung, der Schöpfer.

likọlọg (*ṅgọlọg*) *li hie* Feuerstumpe[n] (kurz), glühendes Holzstück, c[f.] *hitítiṅ* Feuerspahn legen.

likòlol (Ndogobis.) sonst *likẹ̀g* das Fälle[n] der Bäume.

likọmb, ma-, der Firstbalken.

likondo, ma-, aufgeschüttete Erde, wi[e] bei *beyoto,* das Abkratzen der Weg[e] durch die Weiber.

likọndọ s. *dikọndọ.*

likọṅ, Hauptw. von *kọṅ* abnagen.

likọṅga das Schneckenhaus.

likos (v. *kos* ernten) das Graben de[r] *maṅga* s. *libaṅga.*

likòs (v. *kos* empfangen) der Empfan[g] *likohog jẹm* (*muda nunu*) *a ye likoho[g] jẹm* durch eigene Mittel habe ic[h] sie gekauft. [trommeln]

likū́, ma-, die Sprechtrommel, *kod —*

likū́ (*hikū́*), *ma-,* Häufchen (Makabo[)]

likū́ba oder *lilẹbẹ* Vorderlappen de[r] Weiber (von ihrer Kleidung).

likúla, ma-, Schwanz der Vögel.

likulul (v. *kol*) die Schöpfung.

likùnd der Düngerhaufen.

likúndẹ s. *kukúnja.*

likùṅ, ma-, die Eule.

likúṅgū der Turm.

likus, ma-, der Buckel, Höcker.

likwάyag oder *likweyes* (v. *kway*) di[e] Fröhlichkeit, die Lust, das Ve[r]gnügen.

likwayag li mud starker, kräftige[r] Mensch, ebenso *likalag li mud.*

likwe (v. *kwe*) die Beschneidung.

lilaṅ, ma-, die Zwiebel, *pọm kaṅ 'la* die Hauptzwiebel.

liláyẹ, ma-, (M. *hilayẹ*) das Schloß, (Tür-, Hänge-).
lilẹbẹ́, ma-, Vorderlappen der Weiber oder *likuba*.
lilẹ̀ṅ, ma-, Flecken der Leoparden, *nje nso malẹṅ* d. h. er ist zahm.
lilẹs, ma-, v. *lẹhẹl, á nun* — er schielt.
lilǫ́g, ma-, der Schmuck, der Zierat, *a nlǫgǫb, a logi* er ist schmuck, *lǫlǫg mud*, cf. *lipahla li mud (lǫga) lǫlǫg mud* ein schmucker Bursch.
lilói die Egelschnecke.
lilǫi, ma-, Wirbelsäule an einem Fisch.
lilóm Geschlecht innerhalb des *liten* (s. dort).
lilomblẹ li njeg das Wahrsagehaus.
limà v. *mȁ* das Töpfergeschirr (alles zusammenfassend).
limà der Ton (Erde).
lima soṅ Verlöschen des Mondes (von *lem* verlöschen).
limaṅ die Wange.
limbala eine Art Messer
limbíbi li mbus die Wülste, rechts und links von der Wirbelsäule.
limbìd, mambìd, (v. *bid*) die Falte, v. Leib abgeleitet, übertragen auf Tücher, cf. *mbǫ̀d*.
limbȍ li mud liṅi diese Art von Menschen, cf. *ndoṅ, linyǫṅga, ntem*.
limbón (libón) das Moos.
limilíl (mil) der Schlund.
limǫd (v. *mǫdǫb*) stumm, stumpf dasitzen, *kwǫ* — verstummen.
limuah, ma-, (v. *muas*) gespannter Stock in einer Falle.
limud (v. *mud* Mensch) Menge, aus *li* und *mud* (ähnl.: *li-saṅ* Geschwister, *li-nyaṅ, li-mud*).
limuẹdbẹ (v. *muẹdẹb*) die Auszehrung, die Magerkeit, *a gwe limuẹdbẹ*.
limuẹg (v. *muẹg*) die Schamlosigkeit.
liműgẹ stumm, der Stumme.
lindȁ, ma-, (v. *dab*) *a ye mandȁ* er stellt alles mögliche an *(a ndȁb)*.
lindám, ma-, kleiner Korb.
lindẹ̀ Fäden ziehen (von *ndẹ̀*).
lindẹṅg der Fluch (v. *dẹṅg* pendeln, schwanken), die Ruhelosigkeit, die Unstätigkeit, *lindẹ́ṅg jǫṅ! lindẹ́ṅg li ba ni uẹ, lindẹ́ṅg li ban uẹ* sei verflucht, *a bi ti wǫm lindẹṅg* er verfluchte den Acker, *a bi ẹdẹ nyẹ lindẹṅg*. [hinten.
lindǫ́gá, ma-, Schnüre der Weiber
lindǫ́ga li kȍ Baum mit schönen roten Blüten, Kolibri kommen auf die Blüten.
lindòmbo, ma-, 1. Strahl der Sonne, die Flamme, die Feuerflamme; 2. weibliche Blütenfäden des Mais (*bisẹm* die männlichen).
lidǫ̀ndǫm das Jauchzen.
lìnẹ der Geschmack, *linẹ lí bas, bah' nẹ*.
linẹbẹg (nẹbẹ) die Antwort, die Einwilligung.
liniag (ni) die Stille, die Ruhe
liniga, ma-, das Taschenmesser
linjáṅ die Fleischnot, *a njaṅab* er ißt gern Fleisch.
linjẹ̀g die Troddel, der Schwanz (des Pferdes).
linjǫ̀g li nyu (s. *nyu*) groß und stark (dick).
linjǫ́ṅ oberste Sprosse, Schößlinge der Bäume
linolol Platz, wo ein Tier getötet wurde, oder Stelle an seinem Körper, wo es getötet wurde, v. *nǫl*.
línǭṅ, linǫṅǫg, (v. *nǫṅ*) die Nachfolge, die Folgen, *linǫṅa* die Verfolgung.
linǫṅ der Zipfel.
linǫṅǫg die Folgen.
linoyól (v *nǫi*) der Ruheplatz.
linúhulẹ (v. *nuhul*) die Veranda, Ort für eine Unterhaltung.
linya s. *nyȁ, ma-*.
linya eine Art Pudding, — *li nsoa* eine Art Pudding von reifen Bananen oder Pisang.

linyám (v. *nyam*) aufdrängerisch, eindringlich.
linyañ (v. *nyañ*) Geschwister, *linyañ jem* so rufen sich verschwägerte Leute, als ob sie Geschwister wären.
linyòlo, ma- Ringe des Wassers.
linyòñga (neben *nyòñga* 6. Kl.), (Du. *nyai*) Art und Weise, „so ein" (cf. *ndòñ*) *linyoñga je* es ist so seine Art, *a ye ya linyoñga li joñ mud*, ebenso *limbö, ntem.*
linyóya der Krampf, — *li gwe me* es schläft mir (der Fuß etc.).
linyùña, ma-, Zitterfisch, der von Frauen nicht gegessen werden darf.
liñgág (Du. *diñgaki*), Mz. *mañgág*, große Korbflasche.
liñgén die Quelle (s. *leb*).
liñgò gelbe Schildkröte (Kollekt. *kúl*).
liñgódo, ma-, die Kaulquappe.
liñgombád die Beule.
liñgoñ die Reife einer Frucht.
liñgóñō die Freude, die Wonne, die Rührung, Ergreifung, Empfindung, Sehnsucht (v. *hiñgoñ*), *a nog liñgóñō* er ist ergriffen, gerührt, in Empfindung versunken, ebenso *liñgóñō li gwe me.*
liñgúdga (v. *kod* schlagen, dröhnen) die Welle des Meeres, *mañgudga, ñóñgo, mi-,* Brecher der Brandung, v. *ñoñ*.
liñgúm der Nashornvogel.
liöbi die Peitsche.
liomog li leb das Rauschen des Baches.
lioñ die Fraßschnecke.
lioñ die Gefräßigkeit.
liöñ s. *lóñ*.
lipabi, ma-, der Flügel.
lipabla li mud (v. *pabla*) ein (schöner) strammer Bursche.
lipàge die offene, freie Seite des Hofes oder Gartens, das Ende des Hofs.
lipahal das Bekenntnis.
lipàló v. *pàlà* die Unverschämtheit, *a ye* —.
lipàn der Urwald.
lipánda (v. *pand*) Seitennaht, übertr. Sachen mit einer Abzweigung.
lipe, ma-, das Gestrüpp.
lipē, ma-, der Rand.
lipéhel, ma-, (v. *pehel*) der Kamm.
lipem die Ehre. *ba nti nye lipem* sie ehren ihn.
lipèmbel, ma-, v. *pembel,* die Spur, die Bahn, das Getrappel, *a yeg* —, *a yeg njañ.*
lipénd, ma-, v. *pend,* absperren, abzäunen, Zaun für Ziegen.
lipép, ma-, ein Stück, *lipép li kad* Zettel, *lipep li siba* Stück Tabak.
lipido das Blei.
lipö, ma-, der Wasserfall.
lipogo, ma-, der Spott.
lipògo, ma-, reichliche Mahlzeit, ebenso *lipòg.*
lipoholag der Erwählte.
lipondo Loch.
lipoyog die Milde.
lipoyog (v. *poyog*) mildtätig, *liyomba* leutselig, freundlich.
lipúbi (v. *pob*) das Licht, der Schein, wenn etwa ein Haus weit weg brennt, *mapubi ma soñ* der Mondschein, die Helle, das Licht, die Lichtung.
lipùga Löcher, worin die Fische sind.
lipuma, ma-, die Limone, die Orange (Apfelsine).
lipúpuga, ma-, die Fledermaus.
lisåg Satz des Öls.
lisáhal, ma-, Querrippen.
lisamba ein Baum.
lisanda die Zerstreuung.
lisàñ Mal, *mi lo lisañ lipe* ich komme ein anderes Mal (*ke* steht bei Zahlen, *lisañ* bei der Zeit).
lisáñ Brüder (v. *sáñ*).
lisàñal, Hauptw. v. *sañal* reinigen, *mi ñke* — einen Acker vollends reinigen.

lisè der Heißhunger, *kwo lise* schwach werden vor den Augen.
lisē (dise) v *se* das Abzapfen des Palmweins, *a nke lisē.*
lisébi, ma-, Gras mit dem man Hundefleisch kocht
liség, ma-, die Termiten
lisége, ma-, der Sand.
lisēha der Kahlkopf, die Glatze.
liséṅg, ma-, ein Baum mit ganz leichtem Holz für Flösse, *kembe* — Blatthülle, *minsoa mi* — Früchte der *maseṅg, bisem bi maséṅg,* wenn sie jemand auf den Kopf fallen, stirbt er.
lisō (v. *so*) das Verbergen (von Schafen. Ziegen etc).
lisóbo der Trog.
lisōda das Glück.
lisol und *lisolbene* die Zuflucht, die Zuversicht.
lisolbene s. *lisol.*
lisòm (Edie und Bakokowort) Basa *nyä* s. dort.
lisom s. *toṅ.*
lisòn, ma-, der Zahn, *nlom* — der Vorderzahn; *pòbe ba* — der Eckzahn, *likèg* der Backenzahn, *kiki* der Kiefer, *lisoṅ jada li numbuh nyo* Sprichw.
lisòṅga die Ladung.
lisoṅgo (Du *ekaṅga*) kleine Kalebasse
lisug, ma- (sog), 1. das Ende *i mpam be lisug* es nimmt kein Ende, *masug ma nyu* s. *nyu;* 2. der Zipfel von einem Tuch; *lisug li jam li ṅgwel me len* etwas ganz Merkwürdiges ist mir begegnet, cf. *kili.*
lisun, ma-, eine rote Stechfliege.
lisúni kühl, *muṅem mi ntemb lisuni, ma be leg kwaṅ.*
litam, ma-, die Frucht.
litébel (v. *tebel*) die Bewerfung eines Hauses
litem der Eisenstein.
litēn der Stamm, *lilóm* Geschlecht innerhalb des Stammes, *mandab ma bikogō* die einzelnen Häuser innerhalb der Geschlechter
litibí(l) der Wirbel. *litibi(l) li ṅo* der Haarwirbel.
litín, ma-, Elefantiasis.
litìṅ, ma-, (teṅ) der Knoten, *teṅ litiṅ* knüpfen, cf. *sundul, libena.*
litòl die Stange.
litóm die Ecke *(litoṅ).*
litón der Punkt.
litònda die Freundlichkeit
litóṅ die Ecke *(litom).*
litóṅ, ma-, das Horn, *bo litóṅ* wahrsagen mit dem Horn.
litoṅol (toṅol) die Erklärung.
litúba, ma-, (v. *tob*) das Loch.
litūt die Beule.
litút, ma-, Zeichen der Leute des *Ṅge* auf der Brust.
liùmb Holz, das man in den Wein legt, das den Alkohol bildet.
liuṅ die Brut, *liuṅ li kob* Hühnerbrut, *liùṅ* die Herde, das Rudel, cf. *ntóṅ* eine Reihe hintereinander, *nton ṅgoi,* cf *mbimbe* die Schar, *liuṅ li bod babe.*
liwàgale das Ausgrasen der Makabo *(lijubule).*
liwánda, ma-, der Freund
liwáṅlene (waṅ) Ort, wo Palmöl gemacht wird, *mō ma ṅhaṅ be liwaṅlene* das Öl wird nicht verboten am Ort der Zubereitung (Sprichw.).
liwéhel, liweha (was) der Riß
liwél, ma-, Frucht, für Tiere eßbar.
liwó, mawó, das Weinen, *a ṅe liwo* er weint (Du. *a m'ea mbembe*).
liwo, ma-, das Weinen, *mikega mi liwo* das Schreien (Du. *musea ma mbembe*), *likik li liwo* das Schluchzen
liyá, mayá, Teil = Bruchteil, Abteilung, gleich „etliche“, besonders von Menschen, ein abgeteilter Haufen
liyà, mayà, der erste Wein einer Palme.

liyab s. *liyebel.*

liyẹb die Armut, *nuliẹb, ba-,* der Arme, *liyẹba mud, mayẹba.*

liyebel und *liyab* der Platz, wo übergesetzt wird

liyènd (v. *yẹnd*) armer, verkommener Mann, *a ye liyẹnd* verkommen, *a ṅwọ* — er stirbt arm.

liyénẹ́, họma liyénẹ́ ein Wohnplatz.

liyẹṅbag, Hauptw. v. *yẹṅẹb* hangen, intrans.

liyíg (v. *yi*) (Du. *soṅtanẹ*), das Verständnis, die Einsicht. [*nyòl.*

liyǒ, ma-, Dachtraufe, auch *mayǒ ma liyǒ* ein Baum.

liyọgbag (v. *yògọb*) der Reichtum.

liyògbẹ lautgeführte Unterredung, Lärm, (von *yògobẹ* lärmen).

liyọgbénẹ (v *yọgọb*) erhabener Sitz, Thron.

liyómba leutselig, freundlich.

liyòṅ, jam dini di nyọṅ mẹ liyòṅ entzückt sein von etwas.

liyubgẹ christliche Fassung der Taufe, Eintauchen, *yubẹ* taufen, untertauchen.

liyugli die Wade.

lǒ, bi-, der Dorn.

lǒ̂, Abk. v. *hilọ* der Schlaf, *a ṅkẹ lọ* er schläft (geht schlafen), *a ntiṅgi* — er nickt ein, *a ntoṅgo* — der Schlaf übermannt ihn, *a nuh* — er hat ausgeschlafen, *a ye lọ* er schläft.

lǒ, 1. kommen, *lol* kommen von *malol* Rückkehr, *lọ lẹ* komm doch; 2. sich erbrechen, Hauptw. *bilǒ, kug bilǒ;* 3. absondern, *ke i nlọ mahen* das Geschwür sondert Eiter ab; 4 bis.

lǒ übertreffen (bei der Steigerung gebräuchlich, *mi nlọ uẹ ṅgui* ich bin stärker als du, *lohu mẹ* laß mich vorbeigehen.

lọa (v. *lọ*) einander übertreffen, *ba nlọ̀a bé* sie übertreffen einander nicht

lòb das Abendessen, Hauptw und Zeitw.

lọb angeln, *nlọ́b minlọ́b* die Angel, *lobol mẹ jọbi* angle mir Fische, *lobol* angeln mit etwas, eine gelbe Blume z. B. zum Fangen des Taschenkrebses *jala,* die in die Höhle des Krebses gesteckt wird, derselbe folgt ihr nach außen, ist er außen, so wird er weggefangen.

lobol s. *lọb.*

lǒg die Sippe, die Angehörigen. *log ye* seine Angehörigen, *Log Israel, Logsend,* ebenso *ndogo, Ndogotindi, lòg bakǒ̂* der goldne Glanz der untergehenden Abendsonne

lōg betrügen, *maloga* der Betrug, *soṅ i nlog bọṅgẹ* der Mond nimmt ab, *mí nyà log jis* einschlummern, *mud maloga* ein Betrüger, *hiluga* der Trug.

lọg entkräftet, kraftlos, erschöpft sein, von Kraft sein, *a nlọg,* Abl. *hilọga,* Inversiv *lọlọg* ein kräftiger Mensch, vollkräftig.

lọga, Abk v. *hilọga,* (v. *lọg*) schwächlicher Mensch, *lọga mud, hitegetege mud, hindumda mud, a ye yama lọga mud* nichtswürdiger, stumpfsinniger Mensch.

logi nicht dicht sein, nicht angeschlossen.

lọgọb sich zieren, sich schmücken, im Schmuck tanzen, Abl. *lilọg* Zierat, Schmuck, *lọgọb* (Du. *pọṅgọ mpesa*) dauernder Schmuck, *gwẹl wanda* Staat machen (nur zeitweise).

lòha (v. *lọ*) gleich sein, *beh uẹ di nloha (nloṅ)* wir sind Altersgenossen, *a nloha bọ ni njẹ (bọ 'njẹ)* mit wem ist er gekommen?

loha übertreiben, zu sehr etwas tun oder sein, *a nloha njẹlẹl, i nloha yed* es ist zu schwer.

lohob tapfer sein, *los* tapfer, *a ye los, ba ye bilos.*

lohol abziehen (eine Ziege, Huhn) trans. (auch *tondo*) *a nlohola* er hat sich geschält, wohin er geschlagen wurde. *ko i nlohi* die Haut ging herunter.

lóhol verletzen, kratzen, *tone i nlohol me* der Nagel hat mich verletzt, geschürft, *a nlohol* (v *los*) *mam makeni nyò* großtuerisch, *lóholon̄ mud* der Großsprecher, *lóholon̄ muda* Weib mit männlichem Charakter, geniert sich nicht, großsprecherisch.

lohu s. *los*.

lohube nachstellen, nachschleichen, einem Tier, Huhn, cf *solbene* auflauern.

lol (v. *lo*) kommen von, *mi nlol n̄kon̄* ich komme von der Stadt, *a nlol me gweb* er kam hart hinter mir her, *malol* die Rückkehr.

lol bitter sein, *matam mana ma nlol, matam mana ma ye malolga, lilol* die Bitterkeit, *matam mana ma gwe lilol*.

lole (Du. *biana*), *ilole* (Du. *obiana*) ehe, bevor (= *yile*).

lòlo, bi-, die Ente.

lolog mud, einer der in der Vollkraft, in der Blüte steht, schmucker, kräftiger, schneidiger Jüngling, cf. *lilog, lolog loga* der zur Vollkraft kommt, cf. *libobla li loga, lipabla* stramm. schön.

lòm, ma-, der Fluß, *lom lihindi* Nyon̄g-Fluß, *lom lipubi* Sanaga-Fluß.

lomba leugnen, verheimlichen, *a gwe nlomba, a nlombana me*, Abl. *nlomba* Erzlügner.

lombalomba verschlagen, ränkesüchtig.

lombla beschwören, v. *lombol*.

lombol anbeten, verehren, bekennen, weihen, seiner Bestimmung weihen, *ndab mitin̄ i bi lomb(i)la* die Kapelle wurde eingeweiht, *bod bà ba nlombla* sich zueinander bekennen. *lombol njeg* einen Fetisch weihen, ansprechen, *malombla* die Weihe, der Bund, *lilomble li njeg;* ubertrag. verherrlichen, zu etwas bestimmt sein, verurteilt, erkoren sein, auserwählt sein, bannen. Wenn z. B. jemand vom Schicksal dies Jahr zum Tode bestimmt ist, so wird er eben krank und stirbt, oder wenn er irgend eine Torheit begeht, an deren Folgen er stirbt, so heißts nicht. er starb an den Folgen von dem und dem, sondern er war zum Tode bestimmt, deshalb tat er diese Dummheit. Sprichw *manyo ma nlombol njen̄gumba* der Mund hat die Arznei geweiht (gesegnet) gegen den Gelenkrheumatismus, früher hatte diese Arznei diese Kraft nicht, aber der Mund der Leute hat sie geweiht.

lomol, momol Spektakel machen.

lond zuerst sein, etwas zuerst tun (Ndogob.), *nyen a bi lond lo* er kam zuerst

lond, 1. schreien, wundern, um Hilfe schreien, *nlondog, te nlondog*, cf. *begel* und *yogobe, londol mud* zu jemand um Hilfe schreien; 2. klingeln, *ō 'nlond me wan̄* das Ohr klingt mir (*wan̄* Schallnachahmung).

lònde (Edie-Wort, aber in Basa sehr häufig) schmeicheln.

lon̄ ni und, bis.

lón̄ ein Verstorbener, *lon̄ mud, bilon̄ bi bod* der Verstorbene, im christl. Sinne der „selige“, *a ye lon̄* er ist ein Verstorbener obgleich er noch lebt, *ba-lon̄-e* wahrhaftig nicht? *balon̄ maleed* du bist der verstorbene Lehrer (ein Geist).

lon̄ beladen (mit Sünden).

lon̄, mbin̄ nlon̄ der Pfosten ist wurmstichig

lòn̄, bi-, ein Trupp Leute, eine Karawane.

lon̄, 1. lodern, *hie hí nlon̄, lon̄os* brennen

machen; 2 gellen, maō ma nlǫṅ (nlǫnd) me̱.

lǫ̃ṅ, eigentlich liǿṅ (v. ǫṅǫb), gefräßig, materialistisch, a ye —.

lǭṅ, bi-, das Land, nlam lǫṅ schönes Land, màmà lǫ̀ṅ freies Land.

lǫ̃ṅge̱, bi-, die Güte, Eigenschw. gut, a ye lǫṅge̱ mud, ba ye bilǫṅge̱ bi bod, lǫṅge̱ ye seine Güte.

lǫṅge̱ das Recht, lǫṅge̱ yab ihr Recht.

loṅhe̱ v. loṅol etwas zur einstweiligen Benutzung unentgeltlich überlassen, leihen, a nloṅhe̱ me̱ jam.

lonol verleihen (Freude) Jes. 9.

loṅol, 1 benutzen, loṅol jam dini, ndoṅ Benutzung, ti me̱ jam dini ndoṅ; 2. zusammenpacken (etwas in mutg̱te̱ hinein), Hauptw. nloṅol.

lǿs, bi-, (v. lohob, v. lǫ), die Tapferkeit, tapfer, mutig, a bi naṅ lǿs er wuchs tapfer auf, a ye los er ist tapfer, ba ye bilos, Abl. lohol, loholoṅ, s dort

lǫ́s, bi-, bilǫh bi ṅgǫnd blinde, leere ṅgǫndǫ (Kürbiskerne, die gegessen werden)

lǫ́s fehlen, fehlerhaft sein, maṅ u nlǫ́s der Kern fehlt, ue̱ lǫh yama ini, lǫhu jis Schimpfwort, wenn einem ein Auge fehlt, a yelǫ́h ein Mensch mit ganz verfehltem Leben, lǫhu nǫm ein verfehltes Leben.

lǒs (v. lǫ), lohu bibaṅga bini schreib diese Wörter ab, lohu me̱ laß mich vorbeigehen, lohu muda ein Weib heimführen

lug (dug) rudern.

M.

mâ, soṅ i mbai mâ oder pe̱ṅ der Mond scheint klar, hell

mâ formen aus Lehm, Töpfe drehen, Abl. limà Töpfergeschirr, mâ dibe̱ Töpfe machen

maa (Einz. lia) Felsen.

mà zwei, mâã drei, mintomba mà zwei Schafe, mintomba mâã drei Schafe.

mabada ma njē̱ große Kindergeschwüre.

mabái (Einz libai), 1. Aussatz, a ṅkǫn mabai (mabae̱) er ist aussätzig; 2 die Versammlung.

mabai-mabai klar = pe̱le̱h pe̱le̱h.

mabâi in Wahrheit, a mpǫd jǫ mabai: mabai i be hala, cf. baṅga, tǫi, pe̱le̱s.

mabe̱ (das Elend) sind: makǫn (Krankheit), mbǫm be̱ Unglück, liye̱b Armut. [der Anstieg.

mabe̱d v. be̱d die Anhöhe, der Aufstieg,

mabeda (v. be̱d) Norden (Jes. 43).

mabegeha (oder mabehega Basa) v. beges die Ehre (ist noch nicht gebräuchlich. aber wird verstanden).

mabe̱nmabe̱n krumm (v. libe̱n die Windung, Krümmung) nje̱l ye —.

mabo (v. bo) die Auswanderung

mabodinge̱ Ort der Trauer.

mabodob (v. bodob) die Trauer, das Sitzen auf dem Grab oder auf der Erde.

mabog (Einz libog) Gurken

mabón Moos (Einz libón).

mabǫn (Einz. libǫn): om mabǫṅ die Kniee beugen, om bikidbǫn knieen

mabone̱ der verlassene Platz.

mabude̱ zudecken, überdecken mit etwas

mabumbul die Ernte (v bumbul).

mabumbulene̱ Ort, wo geerntet wird.

madí-madí etwas in der Ferne erblicken.

madîga (v diga) der Ernst; madiga madiga wahrlich, wahrlich.

maé (v. e), mi ṅke̱ maé Busch hauen abholzen, abhauen, tun maé übrig gebliebener Busch beim Anlegen von Gärten.

maébla die Lehre (v. e̱b).

maegha (v. *egeb*), die Verwunderung, *jam di maegha, ṅgui maegha* übertragen: die Wunder.

maeyá (*e*) das Weinen.

mág, a nyodi mág er ging weg wie ein Reicher (er erhebt sich vornehm, umständlich), cf. *hûm, gweb, kuñgulu.*

magbe sich anklammern, sich halten an, *a magbe me.*

magwal Geburten (Einz. *gwal*).

mahag (v. *hag*) die Freude, cf. *mase* die Verehrung, die Begeisterung, der Jubel, jauchzen, das Frohlocken *a ṅkon mahag* oder *mahag ma gwe nye.*

mahás (Einz. *lhás*) Zwillinge.

maheb (v. *hebel*) Brandgeruch (nicht Einz. *liheb*).

mahehela v. *hel* oder *mahelha* (M.) die Verwunderung.

mahiga sich auf die Hälfte (der Differenz einer Summe) einigen.

mahiṅgil (v. *hiṅg*) das Brausen des Sturmes.

mahoba (v. *ho*) das Umarmen, *masambla*

mahogbane der Trost, die Tröstung.

mahola (v. *hola*) die Hilfe.

mahoñ (*hoñ*) das Fett, *mahoñ ma ṅke lo* das Fett gesteht, *kembe gwe mahoñ, mi nsombol ha hob woñ mahoñ* ergänzen, erläutern (Du. *nyeṅgise*).

mahoñol (v. *hoñol*) die Gedanken.

mahu (Einz. *lihu*) Haare auf der Brust, Händen etc. *a gwe mahu ṅgandag. a ye mud mahu.*

mahû mana? Heimkehr dieses?

mahuh = *mahus* der Schaum.

mahuna (v. *hu*) der Rückweg, *mahuna ma Job* Sonnenuntergang.

majàṅg schlau, *binuga bi —, a ye mud —.*

majẽ Eier, *ma kob* (s. *lìje*), *maje ma hiboi* winzig kleine Eierchen, Kügelchen.

majẽ Fleisch (v. *je*), *hinuni hini hi gwe ṅgandag maje* viel Fleisch, ist fleischig.

majel das Blut, *majel mabe* verhextes Blut.

majona (v. *jo*) das Begräbnis.

majubul der Eingang.

maka (Mehrz. v. *lika*) Schlingpflanzen.

makabo Makabo (Knollenfrucht), *jubule* — ausgrasen, *sebel* — schälen, *njoṅgo* Essen von Makabo mit Wasser oder Pisang, hat keine Gewürze; *a nlembel beh njoṅgo makabo gwagwa le ba lamb njoṅgo, lo mbuta makabo ma ṅha séb,* er hätte uns besser (oder lieber) nur Pfefferbrühe mit Makabo kochen sollen, als eine schlechte Palmsuppe; *tob* — stecken (*tob* verschneiden, die M. werden beim Stecken verschnitten).

makai das Schilfgras, das Elefantengras.

makako der Rost.

makanda ma njel der Kreuzweg.

makandna das Abschiednehmen (v. *kandna*).

make (v. *ke*), Einz. *like*, Reisen.

makedel (v. *kedel*), Einz. *likedel,* bunt, scheckig.

makele die Pocken.

makeneg (v. *ke*) der Weggang.

makeṅge die Schliche, die List, *keṅgele* — um etwas herumschleichen (sonst *tobol* schleichen).

makoki Grasart mit breiten Blättern.

makondo, Einz. *likondo*, Pisang, *makondo ma nyebla* üppig sein.

makuli Süden (v. *kuli*).

makumla das Stoßen.

makwiha, Hauptw. v. *kwes,* zuschließen.

mal vollenden, fertig sein, *mi mal* ich bin fertig, *meles* fertig machen, *mamelel* die Vollendung, *a ṅmal hob wes* er hat sich unsre Sprache angewöhnt, er kann alles (cf. *a nlañ*).

malama die Güte, von *lama* gut sein.

malañ die Ananas-Staude, *toñ 'lañ* Ananasfrucht, *malañ ma ṅha seb* Blütenansatz der Ananasstaude.

malanga ein böses Gift.
maleb das Wasser, *mbu maleb* der Dampf, *maleb ma he* heißes Wasser, *maleb ma nley* das Wasser ist heiß, *maleb ma mibe* das Wasser ist lau, *maleb ma suni* kaltes Wasser von der Quelle (*lingen*), *maleb ma ye masung, maleb ma nteml ja lisuni* ist kühl geworden, *maleb ma nsung* es kommt vom Feuer und ist nun abgekühlt, lau, *maleb ma nsoble sòm* plätschert (schmutzig), *maleb ma nom òm* rauscht (klar), *maleb ma tanga, maleb ma hol* abgekühltes Wasser, es war am Feuer, *maleb ma hol le tanana* es ist abgekühlt, angenehm warm, *maleb ma tanga* kaltes Wasser von der Quelle (*lingen*).
maleb (v. *leb*) die Trauer.
maledha (v. *led*) die Stärkung.
maleed (v. Du. *muleedi*), Mehrz. *baleed*, der Lehrer.
maleh (*males*) (v. *lehel*), *nun maleh* schielen, *nted koi* (kleine Affenart) *'nun maleh*.
malela (v. *lel*) die Pflege (bei Menschen).
malen Flecken (v. Leopard).
maliga = *madiga* (v. *liga* oder *diga*), der Ernst.
malimil (*madimil*) *ma son* Verschwinden des Mondes.
maloga der Betrug (v. *log*) *mud* — der Betrüger.
malombla (v. *lombol*) die Weihe, der [Bund.
malon die Völker.
mam Dinge, Sachen, Einz. *jam, mam ma biyogda* dumme Sachen.
màmă lon freies, offenes Land, Ebene *bimàmă bi bilon*.
mambid die Runzeln.
mambumbun die Schuld.
mamelel die Vollendung (v. *mal* vollenden).
man, bon, das Kind, die Kinder, *man ke* leiblicher Bruder, gleicher Vater und gleiche Mutter, *man nkil* der Schwager, *man tada* Bruder (gleicher Vater, andere Mutter), *maa san* Familienmitglied, *maa son* Familienmitglied (im Genitiv), *man tog*, cf. *hitotoga* kleiner Löffel, *man mugmel* das Fenster, *nkene man* der Säugling, *man tenten* der Bürger, *mandoma* der Mann, *man libi* Sklave, *man lijeg* ein Freier, oder *ngweles, nlal* Enkel, Enkelin, *man nlal* Urenkel, *ndindi* Kindeskind des Neffen, Urenkel, *ndandi* Kind des Neffen, Enkel, *kidibon* Kind des Kindeskindes des Neffen (Ururenkel), (5. Glied), *kudle man* dätscheln (im Schlaf), *hamba* (Du. *sebe*) in die Hüften setzen, auf den Hüften tragen, *soha* in Schlaf singen, *paba man* auf den Armen tragen.
manan ma job Mittag, *nuga numb manan* das Tier hat einen durchdringenden Geruch.
mandinga eifersüchtig.
mandoga Frauenbekleidung aus Gras.
mandoma der Mann.
mandòmbo ma hianga Sonnenstrahlen, *mandòmbo ma mbaha* weibliche Blüte mit den langen Fäden (bei Mais).
manjoa die Blütenkolben, *manjoa ma nkogo* Blütenkolben des Zuckerrohrs.
manodana (v. *node*) die Versuchung (*manodenă, manodene*).
manola die Tötung (von *nol* toten).
manon der Tau.
manongo ngoi roter Eber.
manug Hauptw. von *nug* fröhlich sein, *manug ma gwe me* ich bin fröhlich.
manuha die Sättigung.
manyanya, mud — tobsüchtig (v. *nyai*).
manyedeg Hauptw. von *nyed* vermehren.
manyeng s. *ndamb*.
manyòlò Bläschen treiben im Wasser.
manyun die Milch
man die Nuß. *man ton* Palmnuß, *tol*

mañ Nusse aufschlagen, *mañ njǫg* Elfenbein, *mpubi mi mañ* der Teil, der heraussieht (beim Elefantenzahn), *nsǫ́ mañ* der Palmkern (der nackte Kern), *hiba mañ* die harte Schale, *mañ mud* ein alter Mann, *himaña mud* alter, kleiner Mann, Zwerg, *a njelẹ mẹ bimañ* er übertrifft mich an Alter.

mañg der Unterkiefer.

mañg (*libehe, ma-*) Kinnbacke.

mañga (Einz. *libañga*), eßbare Knollenfrucht (Du. *dinde, minde*), *tañal* — schälen, *tañlẹ, bi-*, Schalen der *mañga*.

mañgág (Einz. *lingág*) große Korbflaschen.

mañgal aufziehen, das Messer ziehen, in die Höhe heben (eine Axt), *mañgla, hond i mañgla* Pass. *mañglana!*

mañgẹ der Knabe (Mehrz. *bǫñgẹ*), *mañgẹ ñgǫnd* unverheiratetes Mädchen, Jungfrau mit *mẽ*, *mañgẹ muda* ein unerwachsenes Mädchen (*ñgǫnd* ist nicht gefreit, jegliches Alter), *yomi mañgẹ wanda* ein frischer, kräftiger blühender junger Mensch.

mañgodo die Kaulquappen, Einz. *liñgodo*.

mañgudga (Einz. *liñgudga*) Wellen.

máñmuẹ̄ der Tau (Du. *mayiba*).

maǫg der Palmwein, *ñhǫ maǫg* der Einschenker, *nsánẹ maǫ́g* der erste Palmwein einer Palme, *lìumb* Holz, das den Alkohol bildet.

maom nyà ma jǫb 6 Uhr morgens, der Morgen.

maomla das Zugesandte, Zugeschickte

maǫ́ñ (v. *ǫñ*) das Bauen, *maǫñ ma ñgodo* (Sprichw.) morgen, morgen nur nicht heute, *ñgodo* hat bis jetzt noch kein Nest, *a mbǫñ* - -.

maoñg die Gestalt, das Ebenbild, der Körperbau.

mapabi s. *lipabi*.

mapam ma jǫb der Morgen, 6 Uhr.

mapē die Antwort.

mapemel (v. *pam*), der Aufgang, der Osten.

mapẹndi Hauptw. (v. *pẹndẹl*) mit Vorsatz toten.

mapeyel (v. *peyel*) die Antwort.

mapob Herrlichkeit.

mapob (v. *pob*) die Reinheit, die Klarheit, übertr. heilig.

mapubi hell, der Schein, die Helle, die Lichtung, licht (*lipubi* Licht, Schein), wenn etwa ein Haus brennt, *mapubi ma sóñ* Mondschein, *ñgi ye mapubi*.

màsai der Harn, Urin.

masambila die Umarmung (v. *sambila*) oder *mahoba*.

mase die Verehrung, die Begeisterung, der Jubel, das Jauchzen, das Frohlocken, *mahag* die Freude, *kǫn mahag* sich freuen, *ñkeya mase* das Jubelgeschrei.

maseb ma ñgwǫ, Einz. *liseb li ñgwǫ* ein Kraut zum Kochen des Hundes.

maseba (v. *seba*) der Jubel.

masẹg, Einz. *li-*, die Termiten.

masẹñg Mehrz. (Einz. *lisẹñg*), eine Baumart.

masiñ der Zweikampf, v. *siñ* ringen, *a njóh mẹ* — er streitet mit mir, *a nsiñih mẹ* — er ringt mit mir.

maso die Pflege (bei Tieren).

maso (Einz. *liso*) das Verstecken, Verbergen, von *so* verbergen.

masǫda (v. *sǫd*) das Glück.

masog, — *mana!* Schluß! (Du. *su din!*)

masoh(o)bẹ jauchzen.

masǫhẹ die Bitten, Einz. *sǫhẹ*.

masǫlbẹnẹ die Zuversicht.

masu, Mehrzahl von *su* Gesicht, Angesicht.

masuhul (v. *sos*, *suhul*), der Untergang, der Westen.

masuinẹ ma mbeñ; mbeñ 'nsui die Regenzeit beginnt, ebenso *makwel ma mbeñ*.

masulug eine Fußkrankheit (Bläschen), *mbaba* Fußkrankheit (Risse).
masuni kalt.
matabila die Arznei (v. *tabal*).
matai der Speichel, *jo* — spucken, *mil* — schlucken, *a ńmili* — es läuft ihm das Wasser im Mund zusammen.
matanga der Hagel.
matek (tek) die Bestechung.
matel (v. *ta*), *matel ma soń* das Erscheinen (des Mondes) nach 28 Tagen.
matibil ma ńem Herzensgrund
matob, Einz. *litob*, die Erbsen.
matut Zeichen, Einschnitte, s. *ńgeń*.
mawanda s. *liwanda*.
mayanga (v. *yan*) die Verachtung.
mayé der Bart, *kohol* — rasieren.
maye ma kel 4 Uhr morgens.
mayega der Gruß, der Dank.
mayégná (v. *yeg*) der Bund (Du. *bedomsedi*, *male*). [verraten.
mayel (v. *yelel*), enthüllen, entpuppen,
mayembe langsam (*togde* leis sprechen).
mayō ma nyòl die Dachtraufe.
mayobeg ma hikoa der Rand des Berges.
mayód der Ärger, v. *yodlob* und *modob*, *a nudha me* — er hat mich geärgert, — *a nyodbene nje?* über wen ist er ärgerlich? *a mboń me mayod* er macht mich zornig, *mo lob* bekümmert sein, *yudub* in Not sein.
mayoda (Einz. *liyod*), ärgerlich, erregt, gereizt sein, *a ńkon* — er ist betroffen, aufgebracht (wenn mir z. B. etwas gestohlen wurde und ich weiß nicht wer und sitze da betroffen, aufgebracht), *ba ńgwel nye mayoda* sie machten ihn aufgeregt.
mba „ewig", *mba mba*, *mba ni mba* fort und fort, *mba we unu* (D. *ka ao nin*) seine Art, *mba jam* (D. *lambo di si mabo*) etwas Unvergängliches, *mba we hob* sein uraltes Palaver, *mbá u* Gewohnheit.
mbà, *mimbà* (Du. *idile*) ein Tier, wohnt auf Bäumen, hat einen langen Schwanz, ist einer Katze ähnlich, schreit, klagt, heult fortwährend, bei Tag und Nacht, Wildkatze (Wiesel?), *mbà semblag* die Wildkatze schreit.
mbāba (v. *babal*) die Verletzung.
mbaba Fußkrankheit, Risse, *masulug* Bläschen.
mbábi njèg für Zauberei, ausgehauene Baumrinde, cf. *kò e* ein kleines Stück zum Aufhängen an den Häusern.
mbadga die Frage.
mbág Speiseverbot aus Aberglauben, zu unterscheiden von *kila*; Näheres darüber s. d.
mbag, *mi-*, die Agave, *tóń mbàg*, *bi-mbag* Ananas.
mbàg die Schwindsucht.
mbaga = *siga* Falle für Eichhörnchen und kleine Affen.
mbághe (v. *baghe* wetzen) oder *mbāla* ein großer abgeschliffener, abgetretener Stein.
mbagi (v *bagal*) das Urteil.
mbaha der Mais, *saene*, *bi-*, Spreu von Mais
mbáhal (v. *bahal*) der Gewinn, der Wert, der Nutzen.
mbàhàl der Durchfall.
mbai das Heim, die Heimat, *ńmued (ńwed) mbai* der Hausherr, *bodol ńo mbai kuna muel mbai* von oben bis unten herab (in einem Hof), *ńmued mbai kon* bestimmte Krankheit, zu der der Einzelne neigt.
mbài die Rippe, *mbài ye ini* seine Rippe.
mbála Nachbarsfrau, 6. Kl, *a mbala yem! mbàla* zwei Weiber, die einen Mann haben.
mbāla oder *mbághe* ein großer abgeschliffener, abgetretener Stein, *a ńkwo mbāla* oder *mbaghe* er ist alt, cf. *a ńkwo nsóńga*.

mbamag mud ein starker Mann.
mbamba, mbài die Palmrippen, der Pfeil, *sid mbamba ne̱i,* Gift an die Pfeile schmieren.
mbamba ṅgo̱g flacher Stein, Steinplatte.
mbambad (v. *bam*), der Donner und Blitz, *i ṅkum, mbambad i mbam* es donnert, *mbambad i ṅmue̱g* es blitzt.
mbamga das Verbot (v. *bám*).
mbana der Bann; *mbana 'ntamba* er ist gebrochen (bei einem Leichnam), *mbana 'mbugi* (Stecken), *mbana ṅkodla* (Gras).
mbànda der Liegestuhl
mbàṅ, 1. erhabene Tätowierung, s. *ke̱b, kúdman, bi-*, flache — am Leib, sonst *kun, ba-*; 2 frei, die Freiheit, Ndogobiso̱l nennen sich Freie, sie rechnen auch Edie̱, Bakoko, Bajob dazu, die andern nennen sie Sklaven, Mbaṅ heißen die Edie̱, Ndogobis. und Bajob
mbás eine Zwiebelart.
mbē die Antwort.
mbé̱ die Pfeife.
mbea, mi-, Rotholz.
mbe̱bi (mbe̱pi) der Sturmwind, das Gewitter.
mbedge Hof, draußen.
mbèg der Held.
mbè̱g der Sieger (v. *be̱ge̱l*), *a ye mbèg* der der siegte beim Schlagen mit stumpfen Buschmessern.
mbég, mi-, das Horn.
mbe̱g der Unglücksfall.
mbēga, Hauptw., hinter dem Hause.
mbe̱ge̱ die Traglast, *mbe̱ge̱ ye̱m* Pl. gleich.
mbegla (v. *begel*), Geschrei, Hilferufe.
mbe̱i der Albino, *mbe̱i mulato*
mbe̱m jol der Nasenflügel.
mbe̱m oder *ṅkwáṅ* das Perlhuhn, *i ṅke̱ nyo̱m nyo̱m* seinen gravitätischen Gang markierend.
mbè̱mbe̱, jó̱ —, rasen, wüten, *ǰol mbè̱mbe̱, a ǰol me̱ mbè̱mbe̱.*

mben das Gesetz, das Gebot, *le̱ṅ* — ein Gesetz geben, erlassen, *ho̱ho̱l* — ein Gesetz aufheben, *bu* — ein Gesetz übertreten.
mben der Griff, *ṅkend* der Stiel.
mbe̱n ein verziertes Haus, in dem der Hausherr seine Schätze hat
mbena je̱ (v. *bena*) der Fresser.
mbend, ma-, das Bein.
mbende die Kanubank
mbe̱ndi s. *pe̱ndi.*
mbeṅ Regen der Regenzeit (nicht v. Bakoko übertragen), *a ṅkil keg mbeṅ* er kam ungeschickt, *keg mbeṅ* Regenzeit (nicht *keg no̱b*), *makandna ma seb ni mbeṅ* Ausgang der Regenzeit, *masuine̱ ma mbeṅ, makwel ma mbeṅ* Eintritt der Regenzeit, *mbeṅ i nsui, mbeṅ i ṅkwo̱, hilonde̱* nebliger Regen, feiner Landregen, *se̱nse̱n* rieseln, *no̱ mbu* Staubregen, *bíóm* Zeit, wenn es Tag und Nacht regnet.
mbe̱ṅe̱, maye̱mbe̱ langsam.
mbe̱pi (mbe̱bi) der Sturm, das Gewitter.
mbī (v. *bi*), der Bräutigam
ḿbī, di-, der Sklave.
mbibe̱ ṅkoga Flimmern über dem Sand von der Hitze.
mbibi hart, zäh, dick (v. *libibi* Stich v. Moskito, der geschwollen, dick und hart geworden ist, im Unterschied von *ye̱nde̱* s. dort und *hiye̱le̱le̱*), *kad i ye* — das Buch ist dick, *mbo̱do̱do̱ i ye* —, *i nloha* — der Teig ist zu dick, zäh.
mbid, ma-, die Runzel.
mbíd (2. Kl.) gekochter Brei aus Makabo oder Pisang, oder Mehl zum Essen bereit, anders *mbo̱do̱do̱.*
mbìd, 6. Kl., Satz im Palmwein.
mbidiga, mbigida die Hoffnung
mbihila die Erkenntnis.
mbila 1 Name; 2 Fluß; 3. 9 Uhr.
mbìmba das Geräusch, auch vom Donner, Widerhall desselben (v. *bìm*)

mbimbe̱ die Schar, cf. *liún, mbimbe̱ ṅgoi* (*ntóṅ ṅgoi* eine Reihe hintereinander).
mbimbe̱, mi-, eine Art Wassersucht.
mbiṅ der Pfosten.
mbiṅgi Holzfalle aus Prügeln neben dem Weg.
mbò̱ (v. *bo̱l*) *liko̱ndo̱* Bast zum Kanustopfen.
mbō entlehnen, das Entlehnen (v. *pos*), *a ṅke̱ mbo* er entlehnt, *a ṅo̱m mbō* er schickte zum Entlehnen.
mbō ṅe̱m die Herzgrube, cf. *bo̱l* (der Platz in der Höhe des Herzens auf dem Brustbein)
mbṓ (v. *bò*), das Wohlergehen, wohl gut aufgelegt sein v. *bò*, cf. *nyu lam* die Gesundheit, *mi ye mbo, mi tabeme̱ mbo, a mbo̱ṅ mbo* es geht ihm besser.
mbṓ der Samen.
mbṓ ein Spiel zum Suchen.
mbo̱-mbo̱g, v *mbo̱g mbo̱g,* der Richter.
mbṓba die Zitterameise (klein gelb).
a mbuble̱ nye̱me̱de̱ er fragte ihn aus.
mbóboṅ Wasserströme beim Regen, auch *bomb, bi-.*
mbo̱d die Runzel (cf. *nho̱d*) am Leib und an Tüchern oder Papier, cf. *limbid*
mbo̱d (mbo̱t) das Kleid.
mbo̱d liko̱ndo̱ unreife Pisang.
mboda (v. *bo*) vermischt, *likinda mboda ni nsuhe̱* eine Art Baum, dessen Saft scharf riecht und zu Arzneizwecken verwendet wird.
mbo̱do̱do̱ (bo̱d) Teig, ungekochter aus Makabo, Öl, Wasser etc.
mbog mud ein alter Mann.
mbòg bei Zahlen: *jom mbog 'nā* 14 Hauptw. *mbuga.*
mbòg (v. *bog*), *a gwe mbog nyu ko̱n* eine Krankheit, die sich festgesetzt hat innerlich, wie z. B. Aussatz, Krebs.

mbòg (v. *bog* zuerst sein), *mi mbog* ic gehe voraus.
mbò̱g, ma-, zusammengehörige Ansied lungen, die in e i n e r Lichtung lieger Gegend (ist größer als *ṅko̱ṅ*), *i mbo̱ ini i nsude̱* ist geschlossen (nicl licht), *bimàmā bi mambo̱g* offen freie Ansiedlung, *mbo̱g ye̱m* mei Wohnsitz, *ṅane̱ mbo̱g* der Ho besitzer.
mbó̱g, ma-, Land, nahe Umgebung de Häuser, *dimi mbó̱g* der Fremdlin *mbo̱g* anderer, *bambo̱gi bod* etlich Andere, *mui mbo̱g* = *mu mbo̱* voriges Jahr, *kó̱mbo̱gi* damals.
mbo̱g die Herrschaft.
mbogi 1. Kerbe der Palme; 2. *a nten miṅka mbo-mbogi* (= *mbogi- mbogi bombogi* ist das hergebrachte übe lieferte Recht, er richtet gerech er folgt der Spur; 3. Zeichen, das ma anbringt als Zeuge der Wahrheit, c *mbòhoga* das Zeugnis, *po̱h mbòhog* Zeugenschaft geben. Wenn zwei ein ander etwas zusagen, so klopft de der es erhält, einem dritten als Zeug auf den Arm als Zeichen de *mbogi.*
mbogo Arrow Root.
mbogol hundert, *ke* — 100 mal.
mbohoga das Zeugnis, *a mpohol ny* — er gab ihm Zeugnis.
mbol, —, die Matte, *tob* — Matte flechten, *kand* — Matten zurichter *kaṅ* — Matten zusammenbinde *be̱ge̱l* — Matten tragen.
mbò̱la die Schande, — *i ṅgwe̱l ny* er schämt sich.
mbo̱la die Schmach.
mbòlo (Edea), Du. *mbudi*, Basa *njil* ein Tier, das dem Hirsch ähnlich is
mbom, mi-, der See.
mbóm der Erstgeborene, *man nu mbo* der Erstgeborene.
mbo̱m der Hochmut, *a mbog mbo̱m* e

ist großtuerisch, *i tabe mbọm kẹ hiong* es ist nicht schwer.

mbọm (6. Kl.), 1. die Stirne, *hómb mbọm* s. *họmb! a mbẹd nyẹ mbọm* er hat die Stirn (den Mut) ihm entgegenzutreten cf. *bedel, a ṅkeda nyẹ mbọm*, ebenso, *a mbindil mbọm* er runzelt die Stirn verächtlich, *a mbindlẹ mẹ mbọm, ṅkọṅa mbọm*, Schimpf, der eine hervorstehende Stirne hat (vierschrötig), *sī kọ́ mbọm* Abschied nehmen; 2. das Glück, *a gwe mbọm* er hat Glück, auch *a gwe sanẹ, a ye ni sánẹ, mbọm i ṅha mẹ* ich hatte Glück, *mbọm ya bo uẹ* das Glück wird dir sich öffnen, blühen, hold sein, *mbọm ndibẹnẹ mẹ* das Glück hat mich verlassen, *a nsid mẹ mbọm, mbọm bẹ̄* das Unglück; 3. die Riesenschlange, die große, *hikwém mbọm* kleine Riesenschlange, die sich in Teichen aufhält und sich von Fischen nährt, *hiáṅgi mbọm* die mittlere. *kóm mbọm* die Märchenriesenschlange, die 1. den *mpūma mbọm* hat und 2. den Regenbogen bildet.

mbombo Namensbruder.

mbọmbọ 2. Kl., *mbọmbọ nuga* angeräuchertes Fleisch (schmackhaft), *mbai yẹm ye mbọmbọ* angenehm, Annehmlichkeit.

mbombod der Scheitel, die große Fontanelle.

mbọmbọg der Fürst.

mbọ́mbọ̀g, ṅká mbọ̀g Richter, *ka mbọ̀g* richten, Urteil fällen; Sprichw. *Ki mbọg 'ṅgwal mbọg ni malọṅ muda jẹ hiọbi?* Ißt auch eine Frau von Anfang an Fisch?

mbọ́mbọg s. *mbọ-mbọg.*

mbombogi a ṅkehẹ́nẹ mbombogi er richtet gerecht.

mbon, bi-, Bewerber um etwas (D. *embon*).

mbona (v. *bo*) das Aussehen.

mbọ̀nba üppig.

mbondẹ großer Frosch.

mbọndi v. *bọndọl* verschwenderisch sein, *a ye mbọndi* er ist ein Prasser.

mbondo die Palmnuß

mbọndọ der Gorilla.

mbọndọ Löwe, *oṅg mbọndọ* junger Löwe.

mbọndọ (mbọdọdọ) Brei von Makabo.

mbọndọm, 2. Kl., nichtig, haltlos, ohnmächtig, *mbọndọm mud* ein ohnmächtiger Mensch.

mbonẹ, a mbonẹ bes er ist zu uns ausgewandert.

mbọ̀nba (v. *pọnba*) der Überfluß, die Üppigkeit.

mbòṅ der Totenknochen, *sid mbòṅ* Gift v. Totenknochen zubereiten, *bẹ̄ mbòṅ* die Giftgrube.

mboṅ das Zeugnis, eigentlich *pọh mbòhoga* Zeugnis geben.

mbọ̀ṅ die Schließschnecke.

mbọn die Leinwand, der Schirting.

mboṅga das Kissen.

mboṅgo, mimboṅgo, (Mz.), (Basa) lang, — *kek* langer Stecken.

mboṅgól großer Pfeffer, ist nicht scharf (die anderen Arten s *hiloba*), *kọg mboṅgol* Pfeffer reiben, *njiṅ mboṅgol* der Geruch des Pfeffers.

mbọt s. *mbọd.*

mbọyọg (v. *bọi*) die Beschwichtigung.

mbū der Hauch, der Geist, der Odem, der Atem, *nọ mbu* der Staubregen, s. *mben, tob mbu* stark schnaufen, schnauben, — *kọda* Rauch der Pfeife, — *ṅga* Rauch des Gewehrs, — *maleb* der Dampf.

mbū́ weißes Haar, *mbū́ bot* viele weiße Haare.

mbu-mbu viel (Du. *gita-gita*).

mbuga (v. *bog*) das übrige, *mbuga bijẹg* das übrige Essen

mbuk, ṅgiṅgiba stumm.

mbùmá die Plünderung, die Verheerung.

mbumbólo unfertiges Essen.

mbundul viel, die Fülle.
mbundun, a mbad — er liegt jemand im Haus, bis er zahlt.
mbunja das Netz, *leñ* —, *kob* — das Netz auswerfen
mbuñga, 6. Kl., die Ohrringe.
mbus der Rucken, *kom* — *mbus* jemand den Rücken zuwenden, *a ñkom me mbus* er wandte mir den Rücken zu, *mbuh wo* der Handrücken, *ñkoñgo mbus* die Wirbelsäule.
mea angewöhnen, z. B. Hund, *meha* Pass. angewöhnt.
méd mèd, i muemeg - - es glitzert, cf. *méñ mèñ, peñ, mâ*.
meg ño nicken.
mehe fertig machen, *mi ñke mehe je*.
mel Kolanüsse, Einz. *dibêl*.
mel, a mela kehana er ist schon gerichtet.
meles (v *mal*) fertig machen.
meli (medi) der Dampfer.
memede ich selbst.
mèmel memla eitel sein. bewundern, *a ñmemle lom*.
memle anstaunen
memlememle umhersehen.
mèna der Bekannte.
meñes ein Gras, das schneidet.
méñ mèñ Beiwort für Glänzen, *i mueg méñ mèñ*; cf. *méd mèd peñ, mâ*.
metama ich allein.
meya s. *mea*.
miañ die Geschichten, die Nachrichten.
mib, —, eine Geschwulst der Leistendrüsen; untersch. *bebég, jod, kè!*
mibe lau, — *maleb* laues Wasser.
miebla (maebla) die Lehren.
mig-mig stocken (in der Rede), *a mpod mig mig*.
migde hinken, an beiden Füßen, *a migde like, a ñke migid migid*.
mighe (hinken an einem Fuß), *a ñmighe kô* er hinkt an einem Fuß, cf. *nyoñg*.
mihi schlucken, überhören.
mikeg mi hie das Knistern des Feuers
mikwel (miñañ) die Geschichten.
mil weglassen, verschlucken, cf. *lel* über hupfen (*limilil* Schlund), *a ñm matai* es läuft ihm das Wasser in Mund zusammen, *mil nsôd* ganz verschlucken.
mìm (2. Kl.) der Leichnam.
mindimil die Nachkommen, Einz *ndimi*
minhiha mi mam, v. *hihe, a ñgwel mi nhiha mi mam* er häuft Bosheit auf Bosheit.
miñg miñg scheckig.
minjoha (v. *joha*) das Spotten.
minoñgo die Wellen.
minsoga die Verleumdung.
minsohi etwas hinterbringen.
mintañ (Einz. *ntañ*) die Verleugnung.
mintolol mi son mà ni peh ini Ablauf von $3^1/_2$ Monaten.
minyañ das Beißen, — *mi gwe me* er beißt mich, *nyu i nyañ me* es beißt mich.
miñañga, tañga die Zahl.
miñkab mi njeg, a nyeg miñkab mi nje etwas mit Zaubereizeichen verhindern.
miñkañ (Mz. v. *ñkañ*) die oberen Reihen am Korb.
miñkega das Geschrei
miñkoñgo die Kante, *poh gwe miñkoñgo*
miñkwag mi kiñ die Schultern.
miñumnde Seufzen.
mióñ (Du *miloñgo*) eine Schlingpflanze zum Hausbau.
mis die Augen, Einz. *jis, sude* — Auge zumachen, *kuine* — Augen röten, *a l kuine nom ye mis* er trachtet ihm nach dem Leben, *balal mis* die Augen nur halb öffnen, *a mbalen me mis* er sah mich mit halboffenen Augen an, *mua mis* lebhaft um sich sehen, *balal mis* vorsichtig um sich sehen.
miyega (v. *yeg*) das Beschwören.

mõ das Öl, *bãene, bi-,* Seiher, *lisãg* Satz des Öls.
modob bekümmert sein.
modob, modi betrübt dasitzen, verstummen, stumm, teilnahmslos, sprachlos dasitzen (ähnlich *mumub!*), *a kwo limod* in Gedanken versunken.
mog, mamog, das Gefängnis.
mogi (Mz., hat keine Einz.) die Gurken oder *libòg.*
móm (Mz. v. *jom*) die Zehner, *móm mà* zwanzig, *mom mãã* etc dreißig.
mom ruhig! still! *mom le* sei mal still, — *yaga* warte mal, — *mue* sei ganz still. Vergl. die Sitte *moma - - bo!* wenn im Wald ein Tier getötet wird, (*bo!* mir gehört es, ich habe es zuerst gehört).
mòm der Rotz (Einz. *libòm*), *mòm ma ṅkundi* der Schnupfen.
momha die Stille, die Ruhe (bei Kindern).
momos still gemacht (Passiv), v. *mom.*
mondo (auch *yondo*) neu (im Gegensatz zu alt *nlombi*), *libato li ṁondo* ein neues Tuch, *libato li ye mondo* das Tuch ist neu, *malombola ma mondo* der neue Bund
moni das Geld, häufig auch als Gruß, sogar *a moni ue* (cf. *morni*).
mõṅ die jungen Herzblätter der Ölpalme.
mòṅ männliche Blüten der Ölpalme s. *lien.*
moṅgo das Kanu, *njog moṅgo* der Platz vor dem Steuermann, *ṅgogob* —, *a nogi* — spitzig sitzen, weit draußen.
morni (*moni* v. morning) als Gruß, sogar hört man: *a ṅmorni ue* er grüßt dich.
mòt die Perlenkette. Halskette, Perlen, *jih li mòt* eine Perle.
mpago der Hauptweg.
mpake die Hälfte, der Teil.
mpan, mi-, Bogen zum Schießen, Armbrust, — *hiket* Pfeil.
mpándo die Gabel.
mpemba üppig, *mbah 'naṅ* — der Mais wächst üppig.
mpémbe ohne Reiz, reizlos, ohne Öl, ungeolt, ungesalzen, fad, öd.
mpeṅ (v. *beṅel*) schön, bewundernswert, etwas das man bewundert, *mpeṅ we man Absalom, a ye mpeṅ, mimpeṅ mi bod, mpeṅ mud.*
mpeye der Witz, *a mboṅ* — er macht Witze, Spott.
mpode, miṅkom mi mpode Kriegsgefangene machen.
mpolo der seine Zunge nicht schweigen kann, *a ye mpolo mam.*
mpòm muda ein schlechtes Weib, das mit jedem Buben oder alten Mann hurt.
mpombo eine große Straße, wo viele Leute durchgehen, Sinn: großer, weiter Platz.
mpond, mi-, eine ausgewachsene Palme, — *ṅga* der Gewehrlauf, — *lien* hohe Palme.
mpotol (*mpodol*) der Sprecher, der Prophet.
mpoye (v. *poye*) ein kleiner Baum zum *bod hie* (Zauberei).
mpu (v. *pu*) der Betrüger, der Schwindler, Zs.setz. *hompua* s. *ho* oder *pu.*
mpubi, mi-, der Teil des Elefantenzahns, der heraussieht, (s. *maṅ* und *njog*).
mpũga (v. *pũg*) das Rauschen (v. Wasser, Blättern, Tuch).
npuge die Schlucht.
mpuge (v. *pue*) der Flug
mpúhaga jemand auf dem Boden wälzen.
mpulempule graugrün.
mpũma der Bergkristall, — *mbòm* märchenhafter Stein der Märchenriesenschlange, *kom mbom* s. *mbom.*
mu dahin.
mu = *mui* Jahr s. dort.
mu nye munu dort.
mua das Weib, die Frau, die Gattin

(ńwa) Mz. *boda, mua (ńwa) we* seine Frau, nur mit dem Eigenschaftswort gebräuchlich.
muab bikai der Grashalm.
muag verschnittener Bock.
muah säen *(muas).*
muah lassen *(muas), limuah* der gespannte Stock einer Falle, der losschnappt, *muah (muaha) mis* um sich sehen, (*kweñel* lebhaft um sich sehen).
muai die Fackel.
muam ein Vogel.
muama zerstreuen (v. Leuten).
muambi fettig, ölig sein.
muaya, muayana hell sein, offenbar sein, *mam ma muayana,* die Sachen sind beleuchtet, anhaltend (Untersch. *mueg* glitzern, flimmern).
mud der Mensch, der Mann, Mz. *bod baṅga mud* kräftiger, gesunder Mann, *hinjeṅnjeṅ mud* schöner, vortrefflicher, verständiger Mensch, *mud liemb* der Mann, der Arznei hat für Zauberei (Hexerei), *nten —, ndoṅ —, limbŏ li —, linyoṅga li —* Art und Weise, *mud se* begehrlich, *mud wib* der Dieb, *mud tomba* sanfter Mensch, *somb mud* Knabe, junger Mensch, *maṅ mud* alter Mann, *wanda mud* kräftiger Mensch, *hinuni mud* heimatloser Mensch, *nan mud* (v. *binan*) Ausbund, *taye mud* dumm, stinkfaul, *soso mud* großer Mann, *numbogi mud* ein Teil Leute, *mud wada* ein Mann, *maṅge wanda mud* ein junger Mann, *mud ndŏ* naseweis, neugierig.
muda die Frau, das Weib, Mz. *boda, maṅge —* kleines Mädchen, *a ṅhol muda* er hat Waren gegeben für ein Weib, *a bi yoṅa muda* (Du. *sombo*) entführen, *mpòm muda* ein schlechtes Weib, das mit jedem Buben oder alten Mann hurt, *yogda muda* unordentliches, schlappiges Weib, *yama ndamda muda* Schwatzbase, schwätziges Ding, *muda ndeṅg* ehebrecherisches Weib, *a muda ṅgu* Anrede eines Weibes an eine andere.
mue still, nichts bewegt sich mehr, man hört nichts mehr, *mom mue* sei ganz still.
mued (nwed) Einz., *bed* Mz., derjenige, diejenigen.
mued (ṅwed) der Besitzer, Mz. *bed mued (ṅwed) mbai* der Hausherr, *mued (ṅwed) mbái kon* eine Krankheit, zu der der Einzelne neigt, (auch *ṅmued*).
muedeb abmagern, *muedi* Perfekt, Hauptw *limuedbe, a gwe limuedbe* Auszehrung haben.
mueg (mweg oder *ṅweg),* 1. glänzen, glitzern, schimmern, strahlen, *i mueg méṅ mèṅ;* 2. blitzen (*bam* donnern).
mueg, a ṅmueg likol klar sprechen gewohnt sein.
mueg schamlos sein, sich nichts draus machen.
mueghe blitzen, schütteln, aber auch *siṅgi 'ṅmueghe tolo* die Katze schüttelt die Maus.
muèh, muèh ye me 'no einen Riß bekommen.
muehel (v. *muas*), *(ṅwehel)* 1. vergeben, verzeihen. *muehela bibeba.*
muehel, 2. spritzen, *a ṅmuehele (ṅwehele) me maleb* er hat mich mit Wasser gespritzt.
muel der Schwanz *(ṅmuel, ṅwel) muel leb* die Flußmündung, *— mbai* das Hofende, das Dorfende, *ṅo mbai* der Eingang zum Dorf
muemb der Bissen.
mueme, likóga Türe, *man mueme* das Fenster.
muemeg, muegmueg flimmern, glitzern, *i muemeg méd mèd, i mueg méṅ mèṅ.*

muemla, — *hiol* lächeln, ein lächelndes Gesicht machen, *a ñmuemla*.
muemle schütten (v. Regen oder Wasser, schluckweise).
múêñ unversehrt, *a mpam muen mu sañ i*.
mug Palmkern von dem Fruchtboden lösen (s. *toñ*).
mugi, cf. *koi*, *nubi*, *nsoñgo ñmugi* es ist ein Stück vom Zylinder herausgebrochen, wenn er einen Sprung hatte (*nsoñgo egi* wenn er neu war).
mugi vergehen, abfallen (Palmkern, ein Baum, der Reichtum)
muí, 1. das Jahr (Mang, *mu* Yabi), *muí mbog* vergangenes Jahr; 2. *muí* das Loch, cf. *lipuga*, *hog*; *muí ñgog* die Felshöhle; 3. die Seite, *mui moma* beide Seiten.
muin die Nachricht, *muin nlegla* gesandte Nachricht, v. *lege* Nachricht geben, *lege me muin* schicke mir Nachricht.
mumub schweigsam sein, in Gedanken sein, *a mumi* in Schweigen verfallen, in Nachdenken versinken.
mune in Verbindung mit *muí*, *muí mune* das laufende Jahr, *muí mbog* das vergangene Jahr, *muí mune u gwe be nob* das laufende Jahr hat keinen Regen.
munlom männlich, der Mann, *man munlom* der Knabe, *a munlom kuni* Anrede eines Mannes an einen andern.
munu drinnen, *munu ndab* im Haus [drin.
mus (cf. *juhul*) ausruhen, *a nla muh mbai* Stubenhocker, *mi ñwa muh mbái* es ist mir langweilig, ich bin müde daheim auszuruhen.
mut s. *mud*.
mweg s. *mueg*.
mweñge, —, eine Yamsart, weitere s. bei „Yams".

N.

nâ Abk. von *hanâ* hier.
náb zerreißen, trans., *néba* zerreißen, intr.
nad gekochter Zustand bei Fleisch.
nag (*hiag*, *muag*) verschneiden, *nag mañga* = *mañga* spalten s. *libañga*.
naga, *minaga*, die Stelze.
nahal (Inf.), *nehi* (Perf.), (Mund) aufmachen, *nes*, *neh nyò* den Mund aufreißen vor Verwunderung.
nahala gähnen.
nam, *bi-*, der Arm die Arme, — *kembe* der Vorderfuß der Ziege, — *ñgwo* der Vorderfuß des Hundes, — *koti* der Ärmel
nan, s. *ho*, *ma*, anstreichen.
nana, *lana* bringen, *nana ha bañ ñgaña yoñ i mahob hana* oder *bioba gwoñ bi mapodol* bringe deine faulen (schlechten) Reden nicht mehr in diese Verhandlung hier.
nand aufheben, übergeben (Du. *bake*), *ba nand Basa nye*, *ba nendeh Basa nye* sie haben ihn den Basa übergeben, *nand hino* mit dem Finger weisen, *a nand me no* (aber nicht berühren wie bei *nid*), *a nand me ñga* er zielt auf mich.
nàñ (v. *nañal*) das Bett, *nañlene* der Lagerplatz, der Schlafplatz.
náñ wachsen, *ñgoñ nañ* gerne groß sein wollen, *banañga* Erwachsene, *job li nañ*, *manañ ma job* mittags 12 Uhr.
nañ Arznei einreiben, *a nañ nyu ye* er beschützt seinen Leib mit vielen Arzneien.
nañ der Schmuck, *á ñgwel náñ* er macht Staat, er schmückt sich.
nañ, *heli* genügen.
naña sai oder *yeg sai* bestellen, ansagen.
nañal festsetzen, bestimmen, wann man

kommt, wohl zu unterscheiden von *bon* s. daselbst.

nañal hinliegen, *ñgeda nañal* Zeit zum Hinliegen, Schlafenszeit. *a niñi* er liegt, er ist krank. [(*sulug*).

nañgal auseinandertreiben, zerstreuen

ndab, ma-, das Haus, die Hütte, *tebel* — und *tebe* — das Haus mauern, *ndab nlamb* die Kuche, *ndab mitiñ* die Kapelle (Haus zum Gottesdienst), *ndab Job* das Gotteshaus, *mandab ma bikogõ* die einzelnen Hauser innerhalb der Geschlechter s. *liten*.

ndab likil s. *likil*.

ndab i bine bijeg Haus zum Aufbewahren des Essens.

ndab nyu der Organismus.

ndag der Auftrag.

ndale ein Gewürzkraut.

ndàmb der Gummi, verschiedene Arten: *bañgwoñ, ndumbe, manyeñg, sawa*.

ndamba, ndambag der Preis, Hauptw von *tamb* einschätzen.

ndamda, bi-, (v. *damda*) das Geschwätz, *a ye yama ndamda muda* ein schwätziges Ding. schwätzen, ausschwätzen, maulen, *ba ye gwama bi bindamda ba boda* Schwätzweiber.

ndana ndana genau, etwas genau verfolgen

ndandi der Enkel, oder Kind des Neffen.

ndañ (dañab) die Feindseligkeit, *mud* — feindseliger Mensch, Streithase. händelsuchtig, *ba ye bandañbag, mud nyumba*, händelsüchtig, verschlagen

ndáñgi, a numb ndañgi Geruch eines neugebornen Kindes.

ndañgile (v. *tañgal*) die Not.

nde die Gelegenheit, *nde mbe?* welche Gelegenheit?

ndè, ndé makondo, 1. der klebrige Saft des Pisang, die feinen Fäden desselben, *dikondo di nyo nde* (cf. *ndende*); 2. davon abgeleitet Spinnengewebe *nde libobol*.

ndebe verlassen.

ndede Hauptw. v *tede* einsam sein.

ndeg ein wenig, *to ndeg* auch nicht e wenig, *ndèg yoñ* kürzlich, v Kurzem (Vergangenheit), *ndèg ñg* bald (Zukunft), *ndeg ndeg a n nsò mõ*, Sprichw., klein wenig, d der Topf nicht so schnell leer wi

ndeg (Art v. *sob*) die Kalabasse.

ndende (v. *nde* des Pisang) *ndende h* ein Prozeß, der sich endlos hi zieht.

ndeñbe die Treue.

ndeñbe anhalten an einer Sache, d Ausdauer, im Lauf von, *inyu ndeñ minañ le mi mpolene jam dini* Lauf des Gesprächs fuhr mir d heraus, ebenso *ndeñbe hob* im La des Gesprächs

ndeñeb (v. *ten*) die Ausdauer.

ndeñg der Ehebruch, die Hurerei, *yi* Hurerei treiben, *a ye ndeñg* sie hurerisch, *a ye ndeñg muda*; e neues Wort für *ndeñg* ist *ndomo* s. dort.

ndeñg unstät hin- und herlaufen, Haupt *lindeñgeg* gestört sein.

ndeñg herumtreiben, wankelmütig se

ndèñga 1. die Trübsal; 2 eßbare He schrecke.

ndeñges herumjagen, reißen.

ndeñnden s *ndiñndiñ*.

ndeñndeñ v. *teñ*, *i nled nsas ndeñ nd* ist steif wie ein Maiskolben, *ndeñ* Ausdauer

ndès Schlingpflanze zum Flechten v Schnüren.

ndi, ndi lañ, einerlei, *ndi la a ñgı* wie stehts, lieber Freund.

ndib die Tiefe

ndiba (v. *tiba*) die Üppigkeit, der Luxı — *bijeg* gutes Essen, reiche Mal zeit, — *mam* unaussprechliche, hei liche Sachen, in Fulle, — *no* gutes Leben.

ndige geriebene *ndoga* (= *miba* Kerne), *nsugi ndige*.

ndigi 1. erst, *ā lo ndigi len*; 2. schon; 3. auch *mi boṅ ndigi? mi boṅ la ndigi? ndigi hala yag ndigi hala, hog ndigi, keneg, ndi hog ndigi! ki ndigi?* 4 nur

ndigile außer

ndílaṅ es ist mir gleichgiltig.

ndim blind.

ndimil, mi-, 1. der Nachkomme; 2. Leute, die bei einem andern wohnen.

ndinà oder *ndini* geschweige denn, *a ti be nye bijeg ndina libato* er gab ihm nicht einmal Essen, geschweige denn ein Tuch.

ndindi der Urenkel, auch Enkel des Neffen.

ndindímbe (Yabi und Ndogobis.), das Gespenst.

ndini s. *ndina*.

ndìṅ, a nsinda ko we si le — er stampft seine Füße auf den Boden, daß es dröhnt.

ndiṅa klemmen, *kede* —, *a ṅkede me* — er hat mich geklemmt.

ndìṅha (v. *tiṅhá*, es hat *d* als Eigenschaftswort) träge *a ye* —, *a ntiṅha* zögern.

ndíṅndíṅ (ndeṅ ndeṅ) fortwährend, fort und fort *(Ndogobis. pugupugu), a nsehla* — er zittert stark, *jel* — sich fort und fort weigern, *hob* — fortwährendes Palaver.

ndō, a ye mud — neugierig, naseweis.

ndobo der Schlamm.

ndòdog nyú (s *nyu*) klein, untersetzt.

ndog taub.

ndoga = *miba* Kerne (*miba* ist eine Mangoart), werden gerieben, heißen dann *ndige*.

ndohola (v. *tohol*) die Erlösung.

ndoi, ndondoi der Weinbaum.

ndólog, — *mua* die auserlesene Frau, Braut.

ndolog Hauptw. v *tol* verteilen.

ndom die Schläge.

ndōm le ndōm feuerrot.

ndoman (Du. *mpesa*) der Jüngling, *a ṅgwel ndoman* er macht Staat, seit neuerer Zeit übertragen in Ndogobisol *ndeṅg, a ṅhiom ndoman, a bag ndoman* er war auf der Hurerei.

ndombo, ma-, Pflanze für Matten, strohfarbige Streifen, *ndundi* gibt die schwarzen Streifen.

ndómbol 1. Hauptw. von *lombol* anbeten, verehren, weihen, — *likil* s. dort, *ndómbol yé* sein Beten; 2. die Feuerflamme.

ndomle jedoch.

ndon eine Art Katze (ähnelt d. *mbaṅga*).

ndóna oder *baṅga* recht oder gut (von Dingen).

ndondo, bi-, die Narbe

ndóndo eine Fruchtart.

ndóndo eine Pfefferart, s. *hiloba*.

ndondoga der Blutegel.

ndonog (v *ton*), *ndonog mud* ein anspruchsvoller Mensch, *ndonog mam* beanspruchte Sachen.

ndoṅ die Art und Weise, *ndón nlaṅ* große Art Pfeffer, *imbe ndoṅ mud ini?* Was für ein Mann ist das? *lindoṅ* (Mehrz.) *li mud lini* diese Art Menschen.

ndóṅ (v. *loṅol* benützen), *ti me dibato joṅ ki ndóṅ* leihen.

ndòṅ so etwas, Art und Weise, *ndòṅ beba jam* so etwas Schlechtes, *mi nteheg beme ndoṅ jam ini, mi nteheg beme ndoṅ linyoṅga,* cf. *linyoṅga, nyoṅgele, lindoṅ mud lini.*

ndoṅ mud ini Art und Weise, cf *limbō, linyoṅga, ntem.*

ndòṅ (hindondòṅā) das Bächlein.

ndoṅga gut, edel, — *jam* außerordentlich, — *mud* ein guter Mensch.

ndoṅgó, wie im Duala *e titi ndoṅgó* nicht viel.

ndoṅgo makuba ein Baum, dessen Rinde

gegen Magenschmerzen verwendet wird.

ndoṅla (v. *toṅol*) das Verständnis.

ndugda, Hauptw. v. *tugda*, das Ersticken

ndugi zuerst, *ma nya je ndugi* ich muß zuerst essen, dann . . .

ndugu zuerst, s. *ndugi.*

ndùmb 5 Tage nach dem Tod, *lamb* —.

ndumbe s. *ndamb.*

ndundi Pflanze zum Mattenflechten, gibt schwarze Streifen, *ndombo* gibt strohfarbene.

nduṅ, mi-, das Mehl.

nduṅa Hauptw. v. *toṅ* sich abhärmen.

nduṅga das Sägemehl.

ndut eine Art Stoff von Deutschland, vielleicht das blaue Tuch, Du. *ndutu.*

ne schmecken, *line* der Geschmack, *ne, bineha* die Süßigkeiten, *neha yom* die Sache ist süß.

néba zerreißen, intrans. (*nàb* trans.).

nebe antworten.

nebe der Glauben, die Treue, *nebe ṅga* eine Einwilligung, alles zu tun, was man versprochen.

nebe wollen, einverstanden sein.

ned hinwerfen beim Ringen, wie *bum, nem; ned ṅká* die Klage gewinnen (Du. *su muka*).

neg vergessen, aus dem Gedächtnis verlieren, unbekannt sein, *di neg be* wir haben es wohl gewußt, *i neg me* hast du mich vergessen? (als Tadel).

néh nyò den Mund aufreißen vor Verwunderung.

nèhá süß von *ne*, — *yom.*

neha Süßigkeit.

néha, néha mbog eine freie, offene Gegend

nehi offen stehen, s. *nahal.*

nèi Strophantus Pfeilgift, *sid nèi, sid mbamba nèi* die Pfeile mit Gift anstreichen.

nem werfen beim Ringen, auch *bum, ned.*

nemb auflauern.

nembe schwanger sein.

nendes (lendes) v. *nand* hergeben, üb[...] reichen.

nene aussehen.

nèṅ schnurgerade, *i te* — (*pād* und [...] aufrecht, kerzengerade).

neṅ deuten (nur beim *ṅgambi* [...] bräuchlich).

neṅeb „heikel", „eigen", schleck[...] ebenso *pídib, a neṅeb.*

nes, neh nyò den Mund aufreißen v[...] Verwunderung.

nhad reich (v. *had*) *a ye nhad, nh[...] mud* ein reicher, angesehener Ma[...]

nhanda (v. *hand*) *nhanda lien, nhan[...] mua* erwählt, cf. *ndólog.*

nheba das Atmen.

nhiamha mud (Du. *moto nu si ma-p[...] biane*) ein Mensch, der nicht geka[...] sein will

nhiomog unzuverlässig sein, *nhiohi[...]* unstät.

nhod, min-, die Runzel (cf. *mbod*).

nhon, mi-, die Farbe.

nhòn, mi-, das Tin (leere Blechbüch[...] (M.) sonst *kwembe, bi-*.

ni Mutter, ebenso *kè, 'man ke* (lei[...] Schwester oder Bruder).

ni nun.

ni, — *bím* nachgeben, ruhig, ein stil[...] Bürger, *ni yeṅge* faul still, *woṅi* ängstlich still, *ni yanga* v[...] ächtlich still, mit Verachtung straf[...]

ni, loṅ ni und, bis.

nib stehlen, abschreiben (oder *kòn[...]*

niba heimlich weggehen, sich w[...] schleichen, sich wegstehlen, *Yose[...] be sombol niba Maria.*

nibil einen bestehlen

nid 1. *no* mit dem Finger drauf hi[...] deuten (berühren), den Fin[...] drauftun, *nand hino* mit dem Fin[...] auf jemand deuten, aber nicht [...] rühren; 2. etwas halten, daß nicht hinunterfällt, stützen, *a nid limaṅ* er stützt die Hand an die Wange, *nid baṅga ini nọ* zeige dieses Wort mit dem Finger nach, *nidba* an einem Stock gehen, *di nidba tebeli* wir stützen uns auf den Tisch. *mọ ma nid?*

nídba sich erhängen (*a nidba*).

nidba halten, sich an etwas halten, *mi nidba nyẹ ki mi ṅkwọg* ich habe mich an ihm gehalten, sonst wäre ich gefallen. [auch gesetzt.

nidha, a nidha bè nyẹ er hat ihn über

nidis (D. *bakẹ*) s. *nid* übergeben, anbefehlen.

nig 1. zerdrücken, *ba* — *mẹ* sie zerdrücken mich; 2. hinstellen an etwas, *nig pa ha* stelle das Buschmesser dorthin.

nig, mi-, scheckig. [*nigil* lernen.

nigana lernet! Imperativ Mehrz. von

nigbẹ sich lehnen an etwas, auf etwas, *nigbẹnẹ mẹ* lehne dich an mich an.

nigi zunicken mit den Augen und der Stirn, *a nigi nyẹ* er nickt ihm zu.

nigil lernen

nigilẹ ausmachen, *a niglẹ uẹ hiọl* er macht dein Gelächter nach.

nima der Geiz, v. *wim* geizig.

nimbiha = *pogha* die Äste bewegen.

nimbil sperren, auseinanderziehen.

nimbila sich strecken, *a nimbila a wọ* er streckte sich und starb, *nimbil* strecken.

nimha verloren gegangen (Pass v. *nimil*), *ba bi nimha loṅ bikai* sie sind mit der Karawane im Busch verloren gegangen.

nimil; s. *yimil*, die Irre.

nimil, lebha verloren sein.

nimis verlieren, z. B den Weg.

niṅ sich retten, mit dem Leben davonkommen, *a niṅih mẹ* er hat mich gerettet.

niṅi liegen, *a niṅi gwegwe* er liegt flach, cf *bamb, budi.*

nitis (*nidis*) = *sudẹ* zuziehen, *hiko hi nid* die Schnur ist zugezogen.

ṅjà der Kürbis, die Kürbisstaude, *tén ṅjà* Gurkenstaude, *ṅjà u nkwel* die Kürbisstaude trägt Früchte, *ṅjà u ntẹg dindámá* ebenso.

njàb der Butterbaum (Du. *njabi*), Baum mit ölhaltigen Früchten

njagi der Bettel v. *yagal*, *mud njagi* der Bettler, *njagi lẹmb* abbetteln s. *lẹmb*, *njagi nyẹmb* den Tod herausfordern, waghalsig, todeskuhn.

njal der Hunger, *kwọ yẹgẹhẹ njal* schwach werden vor Hunger.

njámbẹ́ (Du. *pol'a Nyambẹ*) krebsartiges, syphilitisches Geschwür, das Nase etc. wegfrißt.

njàmbẹ eine gelbe Gummiliane (Du *mudiki*), der gelbe Saft ist gegen *pola* und *mpia*.

njamuha, bi-, der Tag.

njána (v. *ja*) der Schadenersatz, die Vergütung neben *njéha*.

njáṅja krächzend, tief, laut, *a mpọd* —, *a mpemeh njanja kiṅ*

njanjad hie (v. *jad* spritzen) der Funken, *njanjad ṅjad* der Funken spritzt, *a ṅjad* er ist spritzig.

njàṅ (v. *sàṅ, saṅal*), 1. Zwischenraum zwischen den Zähnen; 2. Spur, Bahn, wo jemand etwa durchs Gras gewatet ist (bei M. *njaṅ*, bei Tieren *lipẹ̀mbẹl*).

njaṅga ganz kleine Krebschen.

ṅjangẽn zugänglich, für jedermann zugänglich sein, *kwọ ṅjaṅgẽn.*

nje 1. der Leopard, *nlom* — der männliche Leopard, *nyin* — der weibliche Leopard, *man* — der junge Leopard, *nje i nso malẹṅ* der Leopard verbirgt seine Flecken, d. h. er ist zahm; 2. Federwolken.

njẹ̀? wer? *tọ njẹ* wer auch, *kinjẹ* welcher, welche, welches.

njẹ́ Gewürzkräuter, *kọg njẹ́* eine Pfefferart, die andern Arten s. *hiloba, njiṅ njẹ́* der Geruch der Gewürzkräuter.

njè Baum mit gelbem Holz, auch *ò* genannt, derselbe bringt zuerst Unglück, dann Waren.

njèg Zaubermittel, Fetisch, *mbábi njèg* Zaubermittel (Du. *njou*), Baumrinde für Zauberei, die rhombisch ausgehauen ist, cf. *kǫ̃, ṅgǫba njeg* ein Fetisch unter Dach, *nsǫm njeg* gerade Striche beim *njeg*.

njèga kumba, ein *kumba* (Haus für Männer) mit der Tür an der Giebelseite, *kumba* hat sonst die Tür an der Frontseite.

njega Spiel mit Palmnüssen oder sonstigen Nüssen (auch Kieselsteinen).

njéha, njána der Schadenersatz, die Vergütung.

njeheba, Hauptw. von *yebes*, einen mit Fragen überlaufen.

njẹhẹl, Hauptw. von *sẹhẹl*, picken, schröpfen, kleine Einschnitte machen.

njẹiẹṅgẹ ein schönes Lämmlein..

njẹl, ma-, der Weg, *puda njẹl* vergraster Weg (s. *pud*), *kudug njẹl, yuha njẹl* ein verwachsener Weg, *nsiṅga njẹl* (von *seṅ*), ein alter begangener Weg, *koh* — ausgrasen, *bǫl njẹl, kan njẹl* einen neuen Weg hauen, *poyol njẹl* einen alten Weg aushauen, *jaṅa li njẹl* der Kreuzweg, *seg* — Weg versperren, *a nseg mẹ njẹl, sẹm* — Weg versperren, *a nsẹm mẹ njẹl, kakulẹ* — ein Weg, wo viele hin- und hergehen, *mpombo* — breiter Weg, Karawanenstraße, öffentlicher Weg, *hinjẹla, hinjẹnjẹla* Buschpfad, enger Weg

njẹlẹl die Not, die Entbehrung.

njelibab, njem-, ein kleines Tier, das Läuse frißt

njẹmbẹ das Palmweintrinken (Ndogobis. *gwambẹ*).

njẹmjẹ die Fliege.

njẹndi (v. *sẹndi*) Hauptw. die Glätte

njẹ́ṅnjẹ́ṅ, ṅẹm u — — mitten in der Nacht, *mi nlǫ ngeda ṅẹm u njẹṅnjẹṅ*.

njib (Du. *mbudi*, Edea *mbòlo*), ein Tier das dem Hirsch ähnlich ist.

njiha (v *sihẹ*) abgezehrt, aufreiben *a ye mud njiha* eine Jammergestalt.

njiha (v *je*) die Verdammnis, der Fluch.

njīhẹ (v. *sıẹ* verbrennen), ganz und gar verbrennen, *a nǫg njihẹ* aufreibender Schmerz.

njim ṅgàṅ das Vorzeichen des *ṅgaṅ* s. *ṅgaṅ*, der Unfall.

njiṅ der Geruch, *beba* — schlechter Geruch, *lǫṅgẹ* — guter Geruch *ntǫd* — außerordentlicher, starker, kräftiger Duft.

njiúdiga der Schluchzer.

njo der Kummer, die Betrübnis, *a ṅkǫṅ njo* er ist ärgerlich, *njo gwe mẹ* ich bin betrübt, *a mbǫṅ me njo* hartherzig.

njǒ Hauptw. v. *sǒ* abstrupfen, *njǒ* die Fasern, *njǒ makǫndǫ* die Pisangfasern.

njǫba (v. *sǫ*) das Sichwaschen, *njǫba nyu* eine Zeremonie zur Reinigung vom Bösen, *mi baga njoba kon* ich war baden im *kon* (vergl. *kon* und *ṅgaṅ*).

njǫbǫd s *njǫnbǫlẹ!*

njóg, — der Elefant, *maṅ* — Elfenbein, *mpubi* der Teil, der heraus sieht, *sahaga* der Schwanz, *dsaṅ* das Haar des Schwanzes, *hibin njǫg* die Elefantenherde, *batú njǫg* Früchte (Mehrz = Einz.), *njǫg moṅgo* der Platz im Kanu vor dem Steuermann (weil er groß ist), *pǫmbẹ njǫg* ein einzelner Elefant, *nlǫṅ njǫg* Elefantenweg

njòg njòg v. *jog, a njoglẹ mẹ mis* — er sieht mich scheel an.

njogohẹ (v. *sog hẹ*) der Schmerz.

njǫ̀i der Kolibri.

njǫi njǫi dunkelgrün.

njom die Diestel.
njom kin der Eigensinn.
njom der Grund, die Ursache, — *ki* aus welchem Grund.
njoma der Anstand.
njombi (v. *sombol*) die Suche, *a ye njombi nuga.*
njon der Hammer.
njona (v. *jo*) austreten (Palmkerne).
njónjog v. *njògnjòg* habgierig, selbstsüchtig, egoistisch (Abstammung v. der Trommel).
njoñ 1. (Yabi *nsoñ*) Abwasser vom Palmkern stampfen, Palmbutter; 2. der Neid.
njoñbole (Bajob etc. *njobod*) grüner Belag auf abgestandenem Wasser, Brackwasser.
njoñde die Spitze (des Fingers, der Nadel etc.).
njoñgo Essen von Wasser und Makabo oder Pisang, hat keine Gewürze.
njoñlo die Galle.
njóñō brennender intensiver Schmerz, *a nog njoño hié* er fühlt Verbrennungsschmerz, wenn jemand vom Feuer verbrannt ist, cf. *njihe* aufreibender Schmerz. v. *sie.*
njono(g), kon — s. *njoño.*
njóya s. *jo!* ein böses Traumgesicht.
njuai eine kleine stinkende Maus, *njuai u yī!* er stinkt abscheulich (man zeigt mit dem Finger auf ihn und alles lacht).
njúdiga der Schluchzer, — *gwe nye.*
njuhi das Pulver
njunjuba die Nagelwurzel
nla, mi-, die Eingeweide
nlal, ba-, der Enkel, die Enkelin.
nlám die Gute, Hauptw v *lama* gut sein, — *loñ* schönes Land.
nlañga, mi-, schwarz, cf. *lañlañ.*
nléb die Mungi-Hütte (Mungi ist ein Fetisch)
nled schwer, hart sein, s. *led.*
nlèèm, mi-, die Fledermaus.
nlela die Pflege.
nlelēm der-, die-, dasselbe.
nlembela das Kochen
nlend das Geschrei.
nleñ die Handelsreise (*mi nlo nleñ* Sprichw., *suha ni ntet* ist die Antwort).
nlèñga, min-, der Meißel.
nlo we ihr Ehegatte, ihr Mann, ohne Eigenschaftswort nicht gebräuchlich.
nlob, mi-, (v. *lob*) die Angel, *hañ* — festbinden.
nlóló ein Speer ohne Widerhaken.
nlòlo, ba-, der Fremde, der Fremdling.
nlom hino Daumen, große Zehe, oder *hino hi* —.
nlom, ba-, ba masoñ die Vorderzähne.
nlom jam, so jam die Hauptsache.
nlom das Männchen, — *kob* der Hahn.
nlomba (v *lomba*) der Erzlügner, cf *ntoda.*
nlombi alt, *libato dini (lini) li ye nlombi, nlombi libato* dieses Tuch ist alt.
nlondog heulen, schreien, *te* — heulen, schreien, *lond* — um Hilfe schreien.
nlòñ, min-, Zug von Menschen hintereinander, eine Reihe von Menschen hintereinander, *ba ntihil nloñ-nloñ* sie kamen einer hinter dem andern.
nlòñ, mi-, die Linie, *sem* — eine Linie ziehen, ebenso *ntende* aber selten, nur gebräuchlich bei Tüchern; Hefte und Tafeln haben *minloñ.*
nlóñ, minlóñ, die Straße, die Wege, die ausgehauen sind, auch Wege des Hochwilds, *nloñ njog* Elefantenpfad.
nloñol (v. *lonol*) das Packen.
nō leibliche Geschwister.
no regnen.
nò, Abk v. *nyonó,* hier herum, hierher.
nob der Regen, *a ñkahal sem* er hört auf, *a ñkahal kède* es fängt an zu

tröpfeln (herunterzunebeln), *om nob* der Platzregen, — *ma tanga* der Hagel, *nób a nlegda digdig* pratzeln.
nobe drauf geben, „dreingeben“ (Du. *bata*), *nobe me*.
nobol „stibitzen“ v. *nobe, a nobol like* bedächtig laufen.
node versuchen, *manodana* die Versuchung, *hinodene* Versuchung.
nog spitzig legen, *nog bañ yo* legs nicht spitzig, *nogob, nogi* spitzig liegen, sitzen, *a nogob mongo, a nogi* er sitzt spitzig im Kanu.
nog gehorchen, hören, fühlen, *noga* höret! Imp. Mehrz., *nogol* gehorchen, *nogola, i nogola* es wird gehört, *nogda* „erfahren“, spüren, *mi nogda yo* ich habe es gespürt, *mi hoha nog* ich habe gehört, erfahren, *nog njoghe*, Schmerz empfinden, *i noge* hast du gehört, *ni noge* habt ihr gehört, *nog njóñō hié* Verbrennungsschmerz empfinden, *nog njihe* aufreibenden Schmerz empfinden (v. *sie*).
noge s. *nog*.
nogob baden, *jogob* das Baden, *nugus* jemand baden, *mi nuguh man* ich bade das Kind.
nogol erhören.
nogol gehorchen, s. *nog, nogos* bestrafen, *nogha* von jemand bestraft werden.
nohob sich wärmen
noi die Ruhe, ruhen, *linoyol* der Ruheplatz, *ñgwa noi* der Ruhetag.
nol (v. *no*) regnen.
nol lachen (cf. *yola*), *nohola* lächern, *i nohola me* es macht mich lächerig, *hiol* das Gelächter.
nol töten, *manola* der Mord, *mud manola* der Mörder, *linolol* Platz, wo ein Tier getötet wurde, oder Stelle an seinem Körper, wo es getötet wurde.
nol ñgoñ den Durst löschen.
nola getötet werden, *nolos* töten lassen.
nom 1. Zeitw. dauern, leben; 2. Hauptw das Leben, *nomol* leben für . . *di nomol mam ma Job* wir solle für Gottes Sachen leben, oder *c nomlene mam ma Job*.
nomol streiten.
noñ nachahmen, folgen, nachfolge verfolgen *noñ (njel) linoñog* di Nachfolge.
noñ anstecken, *makon ma noña* a steckende Krankheiten.
noña zusammenbauen, *beh úe di noñ maoñ* wir haben zusammen gebau
noña, ba-, der (die) Nachfolger, d Taufbewerber.
nòñgó (v. *noñ*), *mi-*, 1. der Brech der Brandung, sonst *liñgudga* d Welle; 2. die Fabel *a ñkene noñg*
nonog(a) weit.
nsà die Bezahlung, der Lohn. die B lohnung.
nsabanda kleine schwarze Ameise.
nsal der Säemann.
nsána (v. *sá*), *mi-*, der Raub.
nsáne, nsáne maog, neuer Palmwei *nsáne soñ* der Neumond.
nsañ die Kette, die Perlenkette, *nsc bikei* eiserne Kette, *basehe* die Ket (von Messing oder Stahl).
nsàñ der Friede (v. *sañgal*, cf. *sañgila bol nsañ* den Frieden stören, breche
nsañ logi der Knopf.
nsañ man die Nabelschnur (Schnur d Kindes), *ñgwelel u ñkanda be ni nsc man* Sprichw.
nsañga, mi-, der Spinat, bitter (a Gattung), etliche Arten sind: *pog bàm, nyeñ*.
nsas, mi-, der Kolben (Mais), *nsah nj* lange Frucht von einem Baum.
nsea die Ebene.
nseb'la gerufen werden.
nségi und *mañge wanda* der Jünglin
nselel, Hauptw. v. *sal*, das Säen.
nseñ der Gewinn.

nsẹn isi der Abhang.

nsẹ̄n lẹ̀ba klarer, ruhiger Bach mit schönem Sand.

nsẹ̀yẹ́, v. *sẹyẹ(l),* die Vertröstung, *a gwe nsẹ̀yẹ́ ṅgandag kiyaya, nsẹbẹ* Arznei, die die Kraft hat, den Gläubiger zu vertrösten.

nsí nuga das Hochwild

nsida, v. *sid,* das Bestreichen der Pfeile mit Pfeilgift.

nsigẹ das Sieben, v. *sig.*

nsíh, mi-, der Nerv (Edea), *nkaṅ* (Ndogobis.).

nsiṅ eine gelbe Schlange mit schwarzen Querstreifen

nsíṅga (v. *seṅ*) ein urbares Land, *nsíṅga njẹl* ein alter, begangener Weg, *nsíṅga mbọg* ein langbewohntes, altbebautes Land, der erste Wohnsitz, *mud nunu a ṅkwọ nsíṅga* altersgrau, erfahren.

nsio die Feile.

nsǿ das Hustenmittel.

nsǫ́, mi-, der Kern, *nsǫ́ maṅ* Palmkern, *nsǫ́ jis* der Augapfel (Mehrz. *minsọ mi mis*).

nsǫ́ nackt, leer, *liboi li ye nsọ* die Kalabasse ist leer, *a mpam nsọ mu jam di* er hatte keinen Erfolg.

nsǭ allerlei Arznei in eine Schüssel gemischt, *pọm nsọ* Rinde von Bäumen abhauen, um sie zu Arznei zu mischen.

nsoa einzelne reife Bananen oder Pisang, *linya li nsoa* Art Pudding, — *lisẹṅg* Fruchte der *masẹṅg.*

nsọbọ, mi-, der Holzstampfer.

nsọbọṅgọ die grüne Eidechse (*ṅgodo* die farbige nickende).

nsód, mil nsod ganz verschlucken.

nsodo, mi-, die Blattknospe, die noch nicht aufgegangen ist bei Makabo oder Palmen.

nsọgọd, mi-, Leib der Schnecke ohne ihr Haus.

nsǫ́họ das Mark

nsọ̀họ, mi-, 1. der Schnabel; 2. der Pfriemen, die Ahle, *nsọhọ bihes* der Kanal des Knochens, *nsọhọ ṅga* Zündöffnung.

nsombi cf. *njombi.*

nsọmbọ, mi-, die Vogelfalle.

nsòn, mi-, der Muskel.

nsǫ́n (v. *sal*) die Arbeit, Feld- und Gartenarbeit (*ṅgwẹgẹ* die Hausarbeit), *gwẹl nsǫ́n* arbeiten, *ṅgwẹ̀l nsǫ́n* ein fleißiger Mann, *ni mal oo?* Arbeitsgruß, Antw. · *di mal ndi di hu be ẹ?*

nsọ̀n der Schupftabak.

nsòṅ der Retter, der Erretter.

nsóṅ (kleines *eyao*) kleine Fischreuse

nsǫ́ṅ, mi-, eine Krankheit, der Wurm.

nsọṅ hie (v. *lọṅ*) die Feuerflamme.

nsǫ́ṅ, mi-, = *njọṅ* die Palmbutter, *susugi* dicker Stampf des *njoṅ.*

nsoṅa (v *soṅa*) die Eifersucht.

nsoṅgo (nuga) verwachsenes Fleisch.

nsosogo tuṅgẹn der Zylinder.

nsọsọm innen, innerlich, — *nyu* der Rumpf.

nsugi der Brei (mit Palmkernen), *bä* — Brei seihen, *baẹnẹ, bi-,* der Seiher, — *ndigẹ* = *musu* (Brei) von geriebenen *miba*-Kernen.

nsugut der Deckel.

nsùhẹ (v. *suhul*) ein großer Baum, der schwarzes Harz aussondert, auch das Harz selber heißt *nsuhẹ.*

nsuhlaga die Sichelwespe oder *nsusulẹ, ba-.*

nsum die Schlinge.

nsùṅá, v. *soṅ,* die Errettung, cf. *ndọhọla.*

nsusulẹ, ba-, oder *nsuhlaga* die Sichelwespe

ntada, nur Einz. gebräuchl. v. *tad,* die Wachsamkeit, *a nloha ntada mbai ye, a ye ntada* er ist wachsam, im Unterschied von *soṅ.*

ntadga (v. *tàd*), das Krachen.

ntag, v. *ta,* s. dort.

ntalum (v *tà*) der Faulpelz, der Taugenichts, *a ṅkwo̱ — mako me* er hat steife Beine bekommen.

ntanda, mintanda lang.

ntaṅ, mi-, das Verleugnen (v. *taṅ*).

nte̱be̱g ṅwā (muā), Braut v. *te̱b,* auswählen. *nte̱be̱g* auch von Gegenständen und Tieren gebraucht, die jemand gehören.

nte̱l die Länge, *pog* die Breite

ntela, v. *ta,* s. dort.

ntem mud nu Art und Weise, cf. *limbō̃, ndòṅ, linyo̱ṅga.*

ntembua (v. *temb*) der Vertreter.

nte̱nde̱, mi-, die Rinne, die Linie, die Striche.

nte̱ndi die Veränderung

nte̱t, mi-, Geflecht zum Lastentragen, geflochtene Palmblatter zu einer Art Korb zum Tragen von Lasten (Du. *mute̱te̱*), *o̱ṅ* — flechten, machen, *kand* — Blätter abstreifen, *kaṅ* — zubinden, *kad* — auflosen, *nte̱t bas* Salz im Wert von einer Mark.

ntim tief, *linge̱n li ye ntim.*

ntim die Hohlung, Hauptw. v. *tem,* aushöhlen

ntó Stiel der Makaboblätter.

nto̱a (v *tō̱*), Hauptw., die Spur, *ṅgwo̱ ndimbha nto̱a* der Hund hat die Spur verloren

ntob, mi-, ein kleines Palmrippenstück als Maß zum Mattenflechten.

ntȫd außerordentlich stark, (v. *to̱do̱l*), *nto̱d njiṅ, hitega li ntuye̱ nto̱d njiṅ bije̱g* es verbreitet einen starken, kräftigen, ausgezeichneten Duft.

ntoda der Erzlügner, cf. *nlomba.*

nto̱l, mi-, die Yamsstange, wie im Deutschen „die Bohnenstange“.

nto̱lo̱l, mi-, die Vollendung, *nto̱lo̱l soṅ wada ni pe̱h* nach Verlauf von 1½ Monaten.

nto̱m (v *to̱mo̱b*), *mi-,* 1. der Schoßling, der Schoß, z B. v. *yo* oder Baumstumpf; 2. der Keim.

ntòmb, mi-, Stiel der Bananenblätter.

ntomba, mi-, das Schaf, *yin* — das Mutterschaf, *nlom* — der Schafbock, *man* — das Lamm, *kid* — junger Schafbock, *ṅgo̱nd* — junges Muttertier; ein Weib soll einen Hammel nicht essen, denn er ruft má wie der *Ṅge.* Er heißt *ṅgòṅgò̱.*

ntomlo kula (eine Art *pondol* s. dort), Sperberart.

ntoṅ, mi-, die Gemeinschaft.

nto̱ṅ der Stab

nto̱ṅ die Bananenrippe (zu rauchen).

ntoṅ eine Reihe hintereinander (Gänsemarsch) *ntoṅ ṅgoi,* cf *liùṅ* und *mbìmbe̱.*

nto̱ṅgo̱ 1. der Stab; 2. der Spazierstock; 3. der Hinterlader.

ntotot, mi-, giftige Ameise.

ntú (v *tū̀*) die Spindel der Pisangtraube, *ntu toṅ, mi-,* die Palmkerntraube.

ntuba der Gesang (Mehrz. *mituba*) v. *tol* singen.

ntū́du (ntutu) liko̱ndo̱, 1. Strunk des Schaft; 2. herrenlos.

ntug, mi-, das Spiel.

ntuhi eine Art Salbe zum Tätowieren.

ntúmba (tù) fad (beim Essen), *bije̱g bi* Pisang, *ye ntumba.*

ntúmbe̱, Ndogobis. (Mangala *ntumba*), v. *tum,* die großen *mio̱ndo̱* mit Öl, wie sie die Basa machen und kochen (*tum* bezeichnet Dicke, Größe, im Gegensatz zu lang, länglich), *mio̱ndo̱* (Du.) sind eine Art Wurst von gestoßenen und gekochten Knollenfrüchten.

ntutu die Spindel, die Fruchtstengel, Abkürzung *ntu,* bei den Früchten nach Wegnahme der Körner oder einzelnen Früchte *nu* satt sein, *nus* satt machen, *nuha* gesättigt (Passiv), *manuha*, Hauptw., *nuh* sich an etwas satt sehen.

nu der, welcher, in rückbezüglichen Sätzen, z. B *Mi ṅhemle Yesu Kristo* . . ., *nu a bi gwene Mbu Mpob* . . .

nub, *nub likai* ausgrasen mit der Hand, *nubi* verfallen, cf. *koi*, *mugi*, *jam dini di nub me ṅem*, *jam dini di nyoṅ me ṅem*, *jam dini di nsoh me ṅem*, hinnehmen, in Anspruch nehmen, *nub mako* schneller laufen, auslangen, *be nuba!*

nub ngwe sich aus dem Staub machen, fliehen, ausreißen, *be nuba!* Imperat. Mehrz

nud mayod ärgerlich sein, *a nudha me mayod* er hat mich geärgert.

nug 1 wachsen, reichlich wachsen, *makabo ma nug* die Makabo wachsen. *nugul* gedeihen (Abl. *nuga* Tier); 2. von Menschen: vergnügt sein, heiter, lustig, Abl *manug*, Hauptw. *mambe manug i gwe len?* was bist du heute so vergnügt, Gegenteil v. *yudi*, cf *nyeblu*, *ṅem u nug*, *wom u nug ni makabo* der Acker steht voll mit Makabo, Hauptw. *manug*, *manug ma gwe me*.

nuga 1. das Tier; 2. das Fleisch, *suṅ* — ein Stück Fleisch.

nuga nob Tier des Regens, der Regenzeit, *mud nunu a ye nuga nob* dieser Mensch kann nicht gefangen werden.

nugul s. *nug*.

nuǧus baden jemand, *mi noǧob* ich bade.

nuh satt sein, *nuhi* überladen, übersättigt sein.

nuhul v. *yuhul*, s. d.

nuhul sich unterhalten, in Gesellschaft gehen, *di nuhul*, aber Infin. *yuhul*, *ba ṅkahal nuhul* (Ndogobis. *juhul*), *linuhule* (v. *nuhul*), Du. *dibepe* Ort für die Unterhaltung.

nuhul unterhalten, Hauptw *juhul*.

nui 1. brüten; 2. übertragen: das Haus hüten.

nuliyeb, *ba-*, s. *liyeb*.

num matam Früchte tragen.

num bisem blühen.

num trocken werden, dürr, auch von Weibern, wenn sie nicht mehr gebären.

numa loṅ trockenes Land.

numapob der Heilige, — *mu Israel*.

numb riechen, *a numb leg*, *likinda*, *ndaṅgi*, *i numb jé*.

numbogi, *ba-*, etliche andere, *numbogi a bi pod hāna*, *nū hala* der eine sagt so und der andere so.

numga es ist trocken (von der Wäsche).

numus trocken machen, trocknen.

nun sehen, *a nun sōm* er sieht unverwandt, scharf. cf. *tehe*, *beṅge memle*, *a nun maléh* schielen, *nunba* Spiegel, *binunul* die Gestalt.

nunda (unda) zeigen, lehren.

nundul bitòdo, *bitodo* braten, *bòm* rösten, *makondo*, *makabo*, *bitoṅ*, *mbaha*, *mahoṅ*; *haṅ* braten.

nuṅul verkaufen (v. Waren), *sem* bei Sklaven.

nus s. *nu*.

núye warm machen, aufwarmen.

nùye heimschlagen.

núyul aufgehen (vom Mond und der Sonne).

nya zuerst, vorher etwas tun, *ma nya eme ndugi* ich will zuerst drüber traumen (schlafen).

nya, Abk. v. *nyaṅa* — selbe, *nya baṅga ini mi somblag* gerade dieses Wort habe ich immer gesucht, *nyā jam jo mi somblag jo dini*.

nyà Art und Weise (vom Duala herübergenommen).

nyá, *ma-*, geliehene Weiber, oder Männer, die geliehene Weiber haben, das Weib ist ein *nya* und der Mann

(Edie und Bakoko *lisom*) *linya, a eb me linya* er hat mir ein Hurenweib gegeben
nyadal herausheben aus etwas (ein Kind aus dem Bad).
nyaga der Ochse, das Rind, *oṅg* — das Kalb.
nyaga, mi-, der Krebs.
nyágab groß, stämmig sein, *nyagab mud* ein stämmiger Mensch, *nyègi* fremd sein, *nyeg* überraschen, *nyagbe* auf den Zehen gehen, um nicht gehört zu werden, *binyág-binyág* nicht sicher sein, flüchtig sein, *David a be — su Saul*
nyai widerspenstig sein.
nyāi tobsüchtig sein, *nyeye* anfahren, *nyeges* hetzen, Abl. *manyanya* tobsüchtig, *mud* —.
nyàm pā großes Eichhorn
nyam in Bewegung kommen, hin- und herrennen, zudringlich sein, aufdrängerisch sein, *á nyam, a ye mud linyám, a nyemeh me nyu* er liegt mir immer in den Ohren, *nyu 'nyamla me* es hat mich etwas berührt.
nyáma, Abk. v. *hinyāma* das Schuppentier.
nyambal kauen
Nyámbe Höchstes Wesen
nyamla (auch *nyumla*) durcheinander laufen, sich hin- und herbewegen, v. *nyam.*
nyàndál 1. auseinanderbreiten, zerstreuen (cf. *yandal*); 2. aufreizen, aufstacheln; 3. schmälzen (mit Fett, in Kamerun mit Palmöl).
nyándal schmelzen, *hijo hi nyandila* der Teer schmilzt, *nyandile* Dativform.
nyàndal spreizen, *nyandla* gespreizt sein (Passiv).
nyandi, nyandila zerschmelzen, vergehen in der Sonne oder im Regen, in der Nässe
nyandom, banyandom Onkel und Tanten.
nyanya (v. *nyai*), *ma-,* die Tobsucht.
nyaṅ beißen, *nyu i nyaṅ me, minyaṅ mi gwe me* es beißt mich.
nyaṅ lom Mitte des Flusses
nyaṅ, ba-, die Mutter, *nyuṅ* deine Mutter, *linyaṅ* Geschwister, *linyaṅ jem* (Abk. *nyaṅ jem*) verschwägerte Leute rufen sich so, *yigila nyaṅ* Stiefmutter, *yigila yoṅ nyaṅ.*
nyáṅa, ba-, eine Pilzart.
nyaṅa (Abk. *nya*) — selbe, gerade dieses etc., *nyana banga mi mi somblag, nyaṅa mud nunu* etc.
nyaṅal aufschlecken, jucken, *makogi ma nyaṅa* Grasart, die Jucken hervorruft
nyaṅgab, nyeṅgi knochig sein
nyaṅgal zerstreuen, *a nyaṅgal sulug* er zerstreut die Ameisen.
nyē, mi-, der Schimpanse.
nye er, *a nye nye jam* er beschuldigte ihn einer Sache, *nyetama* er allein, *nyemede* er selbst, *nyepogi* er allein.
nye tibi Stuhlgang haben.
ye maje Eier legen.
nyebla, mi-, fett, dick, feist, Hauptw. *manyebla.*
nyebla 1. fruchtbar sein, üppig sein, *makòndo ma nyèbla* Pisang ist sehr fruchtbar; 2. von Menschen. lustig sein, schön, hübsch sein, cf. *nug.*
nyèd aufgehen (von Brot, auch von Kindern), *nyèdeg, binyèdeg* Beginn der Saatzeit.
nyed Büffelart (Du. *nyati*), *man* — das Junge dieses Büffels, *nyin* — das Weibchen, *nlom* — das Männchen.
nyeg überraschen, auftauchen, *a nyeg nye* er ist ihm plötzlich erschienen ohne vorher Nachricht zu schicken, Kaus. *nyeges, nyegi* provisorisch irgendwo sich niederlassen, *a nyegi* er ist Fremdling.

nye̱g = *nye̱ ki* auch er.
nyega (Du. *nyakaka*) Kot.
nye̱gde̱ (Du *sasa*) fein schneiden
nyeges nötigen.
nyegha oder *nyeges* nötigen, stören, wild machen, v. *nye̱g*, *nyagab*, *a nyegeh me̱ nyu* er belästigt mich
nyègi fremd sein, sich bei jemand aufhalten.
nye̱gi, *ba-*, der Wurm
nye̱mb der Tod, *nye̱mb pà* Totschlag mit Buschmesser, Spießen, Gewehren, *a nyagal nye̱mb* er ist waghalsig, er fordert den Tod heraus. Hauptw. *njagi nye̱mb*.
nye̱meg die Verwünschung, Hauptw. v. *ye̱m* verwünschen, der Wunsch *nye̱mga*, *mi-*.
nyemes (v. *nyam*) sich jemand aufdrängen, *a nyemeh me̱ nyu* er drängt sich mir auf, ist zudringlich.
nye̱mga, *mi-*, der Wunsch.
nye̱n (Du. *mo̱ nde*) nur er, *là nye̱n* (Du. *na nde*) so, also, da, *nye̱g* = *nye̱ ki* auch er.
nye̱na, *mi-*, (v. *ye̱* beschuldigen), die Verleumdung, die Beschuldigung, die Verdächtigung, *a gwe nyo̱ minye̱na mi mam* er hat eine böse Zunge, ein böses Maul.
nye̱neb hungrig sein, eingefallenen Bauch haben, *nyeni* bedrückt sein, dünn sein, eingefallen sein, Sinn: Wirkung des Hungers auf das Gemüt, *ba nyeni nso̱n* sie sind geplagt mit Arbeit, *nyenes* bedrücken, quälen, *a nye̱nbe̱ne̱ bo̱ nso̱n* er plagte sie mit Arbeit
nyè̱ń, *bi-*, s. *nsańga*, 1. eine Art Spinat, *nye̱ń* wächst sehr schnell, daher die Verwandtschaft mit dem folgenden; 2 das schnelle Steigen des Wassers *nye̱ń i mbe̱d*; *ba mpam nye̱ń* sie fuhren mit „einem Schlag“ hinaus und fingen ihn, cf. *tis*, *tihil*, *nye̱ń* zeigt die Vielheit und die Schnelligkeit an, *tis* dagegen die Macht.
nyè̱ń, *bi-*, die Welle (der Bächlein).
nye̱ńg zittern, beben, schlottern (von der Erde, einem alten Hause), schnattern, wanken, schwanken, etwa ein Baumast oder Baumstamm, wenn ein Vogel drauf sitzt.
nye̱ńge̱ die Faulheit, *a nye̱ńge̱b* er ist faul, *a ye nye̱ńge̱* er ist faul, *m nye̱ńge̱* faul, ruhig.
nyeńges rütteln, schütteln, *lihe̱b li nyeńgeh nye̱* das Fieber, Schüttelfrost, schüttelt ihn.
nyeńgi aufsitzen, intrans.
nyī maso̱ń die Zähne blécken, *nyine̱ maso̱ń*.
nyig das Stachelschwein.
nyihińga bewegt sein, intr. sich regen, Leben haben, v *nye̱ńg* tr., *a ńgi nyihińgaga* er regt sich noch, bewegt sich noch, das Herz ist bewegt, sie waren bewegt über seine Worte, auch die Äste und Zweige bewegen sich, doch häufiger hierbei *pógha*.
nyil den Stuhlgang nicht halten können.
nyin, *yin*, das Weibchen.
nyine̱ masó̱ń auslachen, verhohnen.
nyińgis „in Bewegung bringen“, das Herz bewegen *nyińgih ńe̱m*.
nyȍ̱ dort, *nyó̱no̱* hier.
nyo̱ dorthin.
nyō̱ trinken, *nyol* etwas zu trinken, *nyu* Durst, *nyu gwe me̱* ich habe Durst
nyó̱ der Rüssel
nyṓ̱ die Schlange, *yiya* — die Natter, die Frau soll die Schlange nicht essen (alle Arten), damit sie keine Kinder ohne Füße gebäre; die Frauen dürfen nicht *nyo̱* sagen, sie heißen sie *sàlàlá*.
nyȍ̱, *ma-*, der Mund, *neh nyȍ̱* er reißt den Mund auf vor Verwunderung, *buhul nyo̱* „das Maul verbrennen“, *pa nyo̱* den Mund aufmachen.

nyodi cf *habi.*

nyodo, ba-, die Gottesanbeterin.

nyogi das Schwimmen, *hóg* schwimmen (Zeitw.).

nyogol die Schwiegermutter.

nyogol, min-, der Adler (s. *pondol).*

nyogola sich krümmen, *a nyogla we nsoṅ* er krümmt sich wie ein Wurm.

nyoi die Biene.

nyoi verschwinden, *nyoyos* verschwinden lassen, *a nyoi bo mis* er verschwand vor ihren Augen.

nyol, mi-, das Dach, *mayō mà nyòl* die Dachtraufe.

nyom-nyom, a ṅke — — im gravitätischen Schritt wie ein Perlhuhn *(mbem).*

nyoṅg bilo Dornen in den Weg stecken.

nyoṅg hinyoṅgog eine Falle stellen (s. *hinyoṅgog* Schlinge).

nyòṅg klemmen, *a nyòṅg nye* so daß er nicht mehr aussagt (z. B. vor Gericht).

nyoṅg hinken auf einem Fuß (wegen *sinda* etwa), cf. *mighe; sìge* in den Knieen schlottern; *a ṅke nyoṅgoho-nyoṅgoho* in den Hüften hinken.

nyòṅga (linyoṅga), 6. Klasse, Art und Weise „so ein", *nyoṅga ye ini* es ist so seine Art, *a ye ya nyoṅga joṅ mud* er ist so ein dummer Mensch.

nyoṅgele etwas allmählich anfangen, vorbereiten, *a nyoṅgele wib (ṅkeṅi),* etwas allmählich einleiten, mit etwas ganz anderem anfangen, als man will, um allmählich drauf zu kommen.

nyopinya der Strumpf, eingeführt aus dem Duala

nyòs drucken (z. B. auch Arme), *nyu' nyo me* es drückt mich etwas nieder.

nyoyos (v. *nyoi* verschwinden), verschwinden lassen.

nyu, manyu, der Leib, *masug ma nyu* die Glieder, *nsosom, ǰeǰe* — der Rumpf, *bomboh nyu* (Du. *bobis nyolo) leteh nyu* sich aufraffen, *kad nleteh* — er macht beherzt, *hibandi bandi hi nyu* er ist schmächtig *a gwe hinǰuednǰued nyu* klein aber beweglich, elastisch, *a gwe hiomb hi nyu* schlank, *hitō hi nyu* klein von Person, *hinjagala hi nyu* klein aber stark und reizbar, *hikoda h nyu* dürr, abgezehrt, *himueṅa hi ny* mit eingeschrumpftem Bauch, *ndò dog nyú* klein aber besetzt, *linjo li nyú* groß und stark, *nyu la* gute Gesundheit, schöne Gestal *ndab nyu* Organismus, *njoba nyu* s *njoba*, *holoh nyu* sich fassen, sic beruhigen, *ōu nyu* sich alles ander entäußern, *nyu nkaṅla me* es schau dert mich, ein Schauer überläuf mich, *ṅgaṅ nyu* (binden, fesseln) Sinn: eine Blutspende machen, mi Blut von Hühnern, Aberglauben um die Geister zufrieden zu stellen

nyù libonog stoßen (einen Teig).

nyu Abk. von *inyu,* s. dort.

nyu der Durst, *nyu gwe me* ich hab Durst.

nyud, mi-, (v. *yod*) die Runzel, die Falt (die hervorragen).

nyùe trinken von, *ti me maog mi nyu* laß mich von deinem Wein trinken *nyuha me maog* laß mich trinke von dem Palmwein.

nyug (v. *nyu*) gierig essen, Sinn: fressen

nyugde zerschmettern.

nyùge fortjagen.

nyugle, tr., an einem Stück herunterbeißen, das man in der Hand hält

nyuguda cf. *yugi, yogob* zerbröckelt (v *nyugude),* z. B Erde, gekochte Fleisch.

nyuguda nyugda in lauter Stücke.

nyugude zerbröckeln.

nyùl die Waise.

nyum, mi-, der Regenbogen (ursprüng

liche Form), *nyuṅ* der Regenbogen (neue Form).

nyumba streitsüchtig, *nyumbila*, *kembe i nyumbla me* nimmt mich an (verfolgen, stoßen), Zeitw. *nyumbul* reizen, *mud nyumba* (cf. *ndaṅ*) ein streitsüchtiger Mensch, verschlagen, händelsüchtig

nyumla s. *nyamla*.

nyuṅga der Handel, *tobana* — gewinnbringend.

Ṅ.

ṅada (v. *ad*), *mi*-, das Paar, die Zwillingsbanane.

ṅàmb, *mi*-, gerader Hof, *a ntand ṅamb* (Du. *tese*) er macht einen geraden Hof (Mangala *ṅàmb*, Ndogobis. *àmb*).

ṅane, Mehrz. *bàne*, der Herrscher.

ṅaṅ, *mi*-, die Geschichte

ṅebel, *mi*-, der Topf, das Gefäß (v. *ab* schöpfen).

ṅem, v. *eme*, *miṅem*, das Herz, die Vernunft, *soṅgol me* — es ist mir schlecht, *hihinda* — erzürnen, *teṅ* — hoffen, *mi nteṅ ṅem*, *seg hob ṅem* einem in die Rede fallen, *mbō ṅem* Platz in der Höhe des Herzen auf dem Brustbein, Herzgrube, *ṅem u njéṅ njéṅ* mitten in der Nacht, *ua o ṅem kelki* wann wirst du Vernunft annehmen, *ṅem u ṅkwo nye kibkib* das Herz schlägt ihm, *matibil ma ṅem* Herzensgrund, *ṅem u ṅkwo nye pàmpàm* klopft (bei Angst oder beim Springen), *miṅem mi ntemb ya lisuni, ma be loṅ kuaṅ*; *soh ṅem* s. *sos*, *nub ṅem* s. *nub!* *yoṅ* — s. *yoṅ!* *bī ṅem inyu jam* gelüsten, *ṅem u mbo me* das Herz ist mir gebrochen (v. *bol*), *ṅem we u mbola* sein Herz ist zerteilt, *ṅem we u ṅgwela* sein Herz ist angefaßt, *ṅem we u tiha* sein Herz ist berührt, *kete ṅem* in der Mitte von etwas, mitten drin, *tomboh ṅem* beruhigen, ruhig, still werden, *ùnd po 'nyib me ṅem*, *ùnd po hindih me ṅem*, *ùnd po nleg me ṅem* durchdrungen, erfüllt sein vom Gestank.

ṅemb die Hexe, cf. *liemb*.

ṅendi, *mi*-, die Strieme.

nga das Gewehr, v. *kala* oder *kas* sprühen, *ṅga Job* der Donner ist das ursprüngliche, *mbu ṅga* der Pulverdampf, *hob ṅga* der Knall, *mintongo ṅga* die Schrotflinte, *ṅga i mbeb* das Gewehr fehlt, der Fehlschuß, *jabi ṅga* eine Art Vorderlader der Kameruner, *nebe ṅga* leere Einwilligung, *nka ṅga* das Zündhütchen, *ṅkoṅ* — der Lauf, *mpond* — der Gewehrlauf, — *ṅgui* der Karabiner, *ṅgwende ṅga* das Schloß, die Feder, *nsoho ṅga* die Zündnadel, *hilemb hi ṅga* der Abzug, *hiè* — der Ladestock, *litin li ṅga*, der Kolben, *likando li nga* der Hahn, *a nand me ṅga* zielen, richten auf

ṅga nichtwahr, *ṅga saṅgo a nsebel me*, *a saṅgo*, *ṅga i nsebel me*; *aṅ* nichtwahr bei Zauberformeln, *ṅgá logi* natürlich, ha freilich, *mi nebe be me* —, *mi nebe me ṅga*.

ṅgada (Mehrz. gleich), der Strick, die Fessel (Du. *ṅgata*).

ṅgadba das Lob, der Ruhm.

ṅgalag bod (v. *kal*) Gerüchte der Leute, *ha nya ṅgalag* es ist kein Gerücht, *ṅgalag yada* (v. *kal*) oder *hikelel*, *hada* „einmal“.

ṅgalogi s. *ṅga*.

ṅgàm der Schutz.

ṅgamb v. *kamb* das Wahrsagen, *bo ṅgamb* oder *seghe* — wahrsagen (Du. *sese* —) *bol me ṅgamb* oder *seghene me ṅgamb* Dativform.

ṅgamb die Vogelspinne.
ṅgan das Krokodil (Mehrz. gleich), *i gwe bibàn* es hat Schuppen.
ṅgána (v. *kene, kan*), eigentlich *hiṅgána* das Rätsel, *kene* — Rätsel aufgeben, *kobol* — Rätsel lösen, auflosen, der 1 sagt zu Anfang *péleṅ*, der 2. sagt *ṅgom*, dann beginnt das Raten (Silbenraten).
ṅgand, maṅgand, der Tanz
ṅganda, ba-, eine Sehlingpflanze.
ngandag viel.
ṅgaṅ — die kleine Palme, die noch Dornen hat
ngaṅ nyu (v. *kaṅ* binden, Hauptw v *kaṅ*) Arznei und Bräuche um Unheil abzuhalten, um Böses aus dem Körper zu treiben, *mud ṅgaṅ nyu, njim ṅgaṅ* oder *bidim* böse Vorzeichen, die anzeigen, daß etwas Böses nahe ist
ṅgaṅa der Ekel, der Abscheu, der Greuel, *a ṅkon* —, *ṅgaṅa yoṅ hob* dein schändliches Geschwätz.
ṅgaṅgab, ṅgeṅgi plump sein, sich breit machen, platschen, *ṅgaṅgbe* sich erdreisten, *a ṅgaṅgbe me nyu* sich mit jemand messen.
ṅgaṅgan jibe die Stockfinsternis.
ṅgaṅgo — der Schirm.
ṅgaṅla (v. *kaṅla*) *nyu* das Gruseln, Gänsehaut bekommen, *nyu ṅkaṅla me, nyu kanla to me ṅgaṅla* er versucht wieder zu laufen, Sinn: er war gebunden und löst sich wieder. cf. *ude, tomob.*
Ṅge (D. *Müṅgi*) ist ein mächtiger Geist etc. Wer in den Bund der Leute des *Ṅge* eintreten will, bekommt 3 Schnitte auf die Brust, s. *matut* und *ngeṅ*.
ṅgėbe der Glücksvogel.
ṅged, ndèg ngéd bald (Zukunft) *ndèg yòn* kürzlich, vor kurzem (Vergl.).
ṅgéda (v *keda*) die Voraussagung, die Prophezeiung, *mud ṅgéda* der Prophet, *a mpód ṅgéda* er prophezei
ṅgèda die Zeit, *ṅgeda hogi* etliche ma — *mbe* wann, um welche Zeit, *im* — wann, um welche Zeit, *ndeg* - bald.
ṅgehél einen versuchen, probieren, *a* : *mud* —.
ṅgèle, a ye — er schiebt seine Arbe immer auf „morgen" hinaus; lässi
ṅgembe-ṅgembe die Mitte, z. B d Flusses oder Feuers
ṅgèn (v. *kene*) eigentlich *liṅgen*, 1. Sprich wort, 2. Parabel, *a nkene ṅgen* gebraucht ein Sprichwort, *a ṅkob ṅgen* er deutet, *dikoble li ṅgen* Deu tung (Weiteres s *noṅgo* und *ṅgána*
ṅgén-ṅgen, bi-, wie das vorige.
ṅgende-ṅgende genau, *a ye* —.
ṅgeṅ Glieder des Zuckerrohrs.
ṅgeṅ (D. *sòṅgá lá Müṅgi*) *Ṅge*, die Beulen (*matut*) auf der Brust d Leute des *Ṅge*. Wer in die Ve bindung der Leute des *Ṅge* ei tritt, bekommt 3 Schnitte auf d Brust, die die Bisse des *Ṅge* vo stellen sollen. als Zeichen, daß d Betreffende mit dem *Ṅge* gerunge In die Wunden wird Pulver vo Totenknochen hineingestreut. D Beulen (*matut*), die entstehen, heiße nun *ṅgen* und sind also das Zeiche der Zugehörigkeit zum Bund des *Ṅg*
ṅgeṅ — die Uhr, die Glocke.
ṅgeṅe Witz machen, *a ṅgeṅe hob, a* : *mud ṅgeṅe*.
ṅgeṅgehi der Abhang.
ṅgeṅgehí die Erhebung, die Anhöhe.
ṅgeṅgi, a — Imperf. v. *ṅgaṅgab* sic breit machen.
ṅgeṅka der Vorhang.
ṅges, ma-, unreifer Zustand, *ṅgeh b tódo* unreife *sáo* (Du), eine Fruch die gerne gegessen wird.
ṅgi der Himmel, — *ye lipubi* hell, kla

ńgi noch, *mi ńgi gwe* ich habe noch, *a ye ńgi nyǫdi* er ist noch nicht fort, *a ńgi yi* er ist noch da, *a ńgi kedel* er schreibt noch, *a ye ńgi kedel* er hat noch nicht geschrieben, *a bag ńgi kedel* er war am schreiben, *a be ńgi kedel* er war am schreiben (früher)

ńgí auf, — *libal* Spanne (Reihen, Rücken des Fußes), — *kęl* die Dörre, Dörr-Apparat, — *nyol* auf dem Dach, — *ńǫ* auf dem Kopf, — *tebeli* auf dem Tisch, — *kàd* auf dem Buch, — *maleb* auf dem Wasser, *kęmbę ńgi* eine Art Reiher (groß).

ńgì ohne, los, — *mań* kernlos, ohne Stein, Palmkern, dessen Kern auch fleischig ist (s. *toń*), — *maleb* ohne Wasser, *ńgi mud* ohne Mann (Mensch), *ńgi mbus* ohne Rücken, ohne Rückseite, *ńgi ndab* ohne Haus, — *sao* ohne Feder, — *ję* ohne Essen, *ńgì la* ohne zu können.

ńgi jam unnütz.

ngi, nu ńgi pob ein Unreiner.

ńgí ńgì Unwetter (Jes. 4).

ńgim ganz und gar, — *ńęm* das ganze Herz, — *likǫndǫ* der ganze Pisang, — *ndab* das ganze Haus, — *nsugut mań* der ganze Sack Kerne, — *kęmbę* die ganze Ziege, — *mud* der ganze Mensch, — *muda* die ganze Frau, — *man* das ganze Kind

ńgind batǭ eine giftige Raupe.

ńgìńa rund.

ńgiṅgiba stumm.

ńgǭ das Erbarmen, das Mitleid, *kǫn* — Mitleid haben, *konol* — (Du. *bwea ndedi onyola*), mit jemand Mitleid haben, *konha* — Passiv, *boṅha* — bemitleidenswert.

ńgǫ doch, verwandt mit *ńga, ńgǫ uęn 'ńkal lę mi kęnęg, tǫi ńgǫ tǫi* (cf. *tǫi*).

ńgǫ — zur Bezeichnung der Frauen.

ńgǭ (D. *dìń*) ein schwarzer Fisch (Zitterfisch), den Frauen verboten zu essen, weil er im Bauch rumple.

ńgǫba njęg ein Fetisch unter Dach.

ńgǫbi die Dose, die Büchse, die Holzschachtel.

ńgǫda (v. *kǫda, kǫdǫb*) die Bekümmernis, der Kummer, *ńgǫda 'gwe mę* ich bin bekümmert.

ńgòdo farbige, nickende Eidechse (*nsǫbǫṅgǫ* die grüne), *maóń ma ńgòdo, a mbǫń* — — morgen morgen nur nicht heute, *ńgòdo* hat bis jetzt noch kein Nest.

ńgǫg — der Stein, *sǫ* — der Fels, *basǫ ba ńgǫg* Felsen, *mui ńgǫg* die Felshöhle, *hibań ńgǫg* der Kieselstein, *mbamba ńgǫg* die Platte.

ńgohol die Sparsamkeit, *a ye mud* — er ist sparsam, *a ye ńgohlę mud* er ist sparsam.

ńgoi — das Schwein, *manǫṅgǫ ńgoi* roter Eber, *nlom* — Eber, die Frau darf ihn nicht essen, weil er bellt wie der *Ńge*.

ńgolo Art Tasche, Korb, wie die Logsend (ein Volksstamm) haben.

ńgoloń eine Art Hirsch.

ńgóm 1. so wird einer geheißen, der bei Schmerz nicht weint, besonders bei der Beschneidung; 2. s. *ńgana* Rätsel

ńgòm die Trommel (Mehrz. gleich), *sag hiembi* tanzen.

ńgomb (D. *ńgòmbí*) das Landkrokodil, der Leguan.

ńgǫmbań ein Gewürzkraut.

ńgǫmbi das Harmonium.

ńgǫmbǫ glatt, sauber (v. *kǫmbǫl* hobeln, glatt machen), *ńgǫmbǫ́-ngǫmbǫ* ganz glatt (Gegenteil *wagha) ńgwǎ, ńgǫmbǫ́-ńgǫmbǫ* stahlhart, hart wie Eisen.

ńgomboṅkǫmbę ein Huhn, das einen großen Kamm hat und gackert wie ein Hahn.

ṅgomin (gomin) Gouverneur, Bezirksamtmann, übertragen auf höhere Beamte.

ṅgond cf. *loga* das Mädchen, *maṅge* — unverheiratete Jungfrau. *ni mê tól, ṅgond* Mädchen (ungefreit) jeglichen Alters); *ṅgonda (hiṅgonda)* erwachsene, ledig oder verheiratet mit *mabe ma tem*, sind die *mabe* gefallen, dann *muda*, ist sie aber ledig, *ṅgond, tola ṅgond* alte Jungfer *(tol D. tika)*

ṅgond kembe die halbgewachsene Ziege (ein Weibchen).

ṅgond die Erdnüsse, Kürbiskerne, *bel* — Erdnüsse pflanzen, *bumbul* — Erdnüsse ernten, *bamb* — Erdnüsse trocknen, dörren, *so* — Erdnüsse reinigen, waschen, *bol* — Erdnüsse aufmachen, *kog* — Erdnüsse reiben, zerreiben, *ṅgond gwag* kleine Art, — *seṅgen* große Art, *ṅkóno ṅgond* (Du. *ekoki* v. *ṅgondo*) Art Pudding von geriebenen Erdnüssen, *bah bi ṅgond* Schmutz oder Staub in den Erdnüssen.

ṅgoṅ, Abk v. *hiṅgoṅ*, die Lust, *koṅ* —, *ṅgoṅ gwe me* ich habe Lust (auch Durst).

ṅgoṅ naṅ Gernegroß.

ṅgoṅa, ba-, eine Yamsart, weitere s bei „Yams".

ṅgoṅgo der Spalt

ṅgòṅgò Name für Schafhammel *(nlom ntomba)* weil er ruft wie der *Ṅge*.

ṅgoṅgod (Mangala) große Schildkröte (Basa *kūd*).

ṅgóṅo die Kehle, die Luftröhre (oder *ṅgóṅo?*).

ṅgòṅó — der Tausendfüßler, *a mboṅol we* — er schleicht umher wie ein Tausendfüßler.

ṅgoṅol v *koṅol* das Nähen, die Naht.

ṅgos — der Papagei.

ṅgū Tuch der Weiber, *a muda ṅgū* Anrede eines Weibes an eine andere.

ṅgubi — das Flußpferd.

ṅgui die Kraft, die Macht, die Stär

ngùi der Vampir (eine Fledermausa

ṅguma Stummel, *ṅguma mako* F stummel wie der *yogi*.

ṅgumba Gelenkrheumatismus, der a bricht.

ṅgumbga Geräusch, Echo vom Geklo auch vom Donnern (v. *kun* unterscheide *mbimba*.

ṅgunda s. folg. *ṅgundub, ṅgundi* Federn stellen (wenn ein Hı brütet); *ṅgunda mud* ein Schim wort

ṅgúṅa, ba-, die Mittelrippe der Pa blätter, die man zu *jai* (Flieg klapper) braucht.

ṅgwa, mi-, der Tag *(hilo, kel) ṅgwa wı* einmal, *mi be ṅgwa wada* ich \ einmal.

ṅgwā dauerhaft.

ṅgwād (s. *ṅgond*) Kürbiskern (o *gwag?*).

ṅgwaha das Schrot, Mehrz. gleich.

ṅgwa'm, ṅgwa yem Anrede.

ṅgwaṅ 1. ein Reicher, *hiṅgwaṅgu* mittelmäßig reich; 2. das Ufer.

ṅgwaṅga (v *gwaṅa*), Du. *pulapula*, meinschaftlich

ṅgwaṅgwali frühtragend

ṅgwàṅgwàṅ mabúi, a ṅho me — v tuschen, täuschen, heucheln, sche heilig.

ṅgwe schnell, *ke ṅgwe* geh schnell, *lo* komm schnell, *temb* — kehre sch zurück, *hu* — geh schnell heim.

ṅgwege die Arbeit. *mi ye* — ich an der Arbeit

ṅgwege (v. *gwel*), *a gwe* — Hausarb im Unterschied von *nsóṅ* (Fe und Gartenarbeit, *gwel nsoṅ*).

ṅgwei Arznei = Du. *ekoṅ, mud nunu a kob ṅgwei* er kaufte diese Arzı *mud ṅgwei* wird für einen bös Mann gehalten.

ṅgwel (ṅkwel) die Unterhaltung, s. *bane*.
ṅgwèl nsón ein fleißiger Mann.
ṅgweléh mud freier Mann, *a ṅhiél béh ngweles* er machte uns frei, *ṅgweléh man* der, der im Dorf geboren wurde (im Gegensatz zu dem Sklaven, der eingeführt wurde).
ngwèlel der Arbeiter [kraftige Frau.
ngwelel muda (v. *gwal*) noch junge,
ṅgwende, ba-, das Messer, *ṅgwende ṅga* das Schloß des Gewehrs.
ṅgwo — der Hund, *liseb li ṅgwo* oder *maseb ma ṅgwo* Gras, mit dem man Hundefleisch kocht; *ṅgwo* dürfen Frauen nicht essen, weil er Leichen von Menschen anfrißt und deshalb den Bauch eines Weibes schädigen könnte; *ṅgwo i ye i nye mim mi bod* er pflegt Leichname von Menschen zu fressen.
ṅgwog, ṅgwog nuga oder *hiobi* der Fleisch-, Fisch-Pudding.
ṅka, mi-, das Gericht, *kwo* — einen Prozeß verlieren, *ned* — einen Prozeß gewinnen, *naṅa* — der Gerichtstermin, *ṅká mbòg, mbómbog* der Richter, *a mbugul miṅka hes* er beugt das Recht, *a ṅkode miṅka hes* er beugt das Recht, *a nsed miṅka* er beugt das Recht, *a ntene miṅka mbombogi* gerecht s. dort!
ṅkă ṅga das Zündhütchen.
ṅkab der Kranz.
ṅkab, — *joga* verschenken, austeilen, Geschenke in verschiedene Teile teilen, *ṅkab bod* er verteilt die Leute.
ṅkáb (njeg), mi-, ein Zaubermittel in Kranzform, *a nyeg miṅkab* Zugang verwehren mit solchen Zaubermitteln, *mi nyeg leb* ich verwehre den Zugang zum Wasser.
ṅkàd (v. *kad*) schwer hergeben, geizig, zurückhaltend, *jam dini di ye ṅkad, ye ṅkad loṅ ni ṅgwaṅ job ane ṅgi* es ist schwer fur einen Reichen einzugehen ins Reich Gottes.
ṅkăg, ba hĕg ṅkăg Holz, das in einen Bach gelegt wird, um ihn zu stauen.
nkag (Du. *muemba*) die Reihe, die Genossenschaft, der Verein, die Versammlung.
ṅkai der Gurtel, das Band, der Streifen, — *nuga* der Ledergürtel, — *libato* der Stoffgürtel.
ṅkal, ba-, der Sprecher.
nkam, ba-, der Beschützer.
ṅkāmbā Misthaufen der Ziegen unter der *dibémba*, oder Huhner *ṅkāmbā tibi li kob*.
ṅkámbă, mi-, das Hühnerhaus.
nkambag (v. *kambe*) ausgeschnittener Schemel oder Holz zum Draufsitzen.
ṅkame (v. *kam*) Leimstöckchen legen, der Vogelleim.
ṅkana, ba-, der Weiße (Europäer).
ṅkàndga die Vorderseite des Hauses.
ṅkando — der Stockfisch.
ṅkaṅ die Ader.
ṅkáṅ, mi-, (v. *kaṅ*) der obere Reif am Korb
ṅkaṅ, mi-, der Nerv (Ndogobis.), *nsíh, mi-*, (Edea).
ṅkaṅga, mi-, die Längsseite des Hauses, cf. *libab (ṅkandga)*.
ṅkáṅga, 2. Kl., 1 ärmlich, armselig, *bijeg bi ye* —, *mbai yem ye* —; 2. schwer, schwierig, *ye ṅkáṅga jam, jam dini di ye* —.
ṅkàṅga parallel, *di ṅkil ṅkàṅga i njel*.
ṅkea, bakea der Sklave (v. *kè*), *bod bakea* die Ledertasche.
ṅkega, mi-, der Schrei, das Schreien, — *liwo* das Klagegeschrei.
ṅkeki der Spalt, der Riß (am Leder z. B.)
ṅkelel, ba-, v. *kal* der Redner, der Sprecher.
ṅkembe eine Armspange aus Kupfer.

ṅkemga (v. *kem*) das Stöhnen.
ṅken, baken, der Gast.
ṅkend der Stengel, der Stiel, das Zigarrenröhrchen (*mben* Griff).
ṅkeṅ eine Art Schelle (Du *mukeṅ*), kleines eisernes Instrument zum Hervorbringen von Tönen.
ṅkeṅe' man der Säugling.
ṅkeṅge, mi-, ṅkeṅge sà die Kerne der *sao* Frucht, blaue, pflaumenartige Früchte.
ṅkeṅge ein tadelloser, fehlerloser Gegenstand.
ṅkengele tadellos, ohne Makel, ohne Bruch; *hibe hi mpam* —.
ṅkes der Richter.
ṅkil der Schwiegervater, *man ṅkil* der Schwager s. *likil.*
ṅkita der Verlust.
ṅkó der Lokusplatz
ṅkò eine Schlingpflanze, *hiko* die Schnur, das Seil.
ṅkò, ba-, der Zwerg
ṅkob, mi-, der Köcher, *mpan, mi-,* die Armbrust.
ṅkòba die Zubereitung, die Vorbereitung.
ṅkód (v. *kod*) getrocknet, getrocknete Gewürze, *ṅkod hiobi* getrocknete Fische.
ṅkoda krumm (v. *kodob*).
ṅkode die Wasserschildkröte.
ṅkog, mi-, der Baumstamm, umgehauene Palme.
ṅkoga der Sand; *mihi ma miṅkoga* Sandkörner.
ṅkoga, mbibe ṅkoga das Flimmern des Sandes.
ṅkòga das Kreisen (von *koga* Kreisen der Gebärenden) *ṅkoga gwe nye.*
ṅkóge der Nachtisch.
ṅkogo etwas Ganzes.
ṅkok, mi-, der Stamm (*ṅkog*).
ṅkoko, mi-, das Zuckerrohr.
ṅkol der Schöpfer.
ṅkòl, miṅkol, (v. *kol* Palmkern hauen), der Sklave, weil diese Palmke hauen müssen.
ṅkol mud der Junggeselle (besonders Maṅg. gebräuchlich).
ṅkola (v. *kol*) das Palmkernhauen, *a ṅkola* er ist im Palmkernhauen.
ṅkolò, ṅkolò u eine sehr süße Fru *i ne ha ṅkolò* es ist süß wie —
ṅkóm 1. der Gefangene, der Krie gefangene, *sòṅkoma* Mitgefanger Mitgenosse, *miṅkom mi mpode* sie s stark; 2. die Armspange.
ṅkòn der Inhalt des Eis, — *ṅkoib* das Eigelb, — *mpubi* das Eiweiß
ṅkond, mi-, eine Yamsart, weitere bei „Yams".
ṅkonda (v. *kond*) das Bellen.
ṅkóno, mi-, ṅkóno òne to ṅkóno ṅg Gebäck von Erdnüssen oder Kürl kernen, hält sich etwa 2 Mona
ṅkoṅ, mi-, die Stadt, das Dorf, *koṅol* sich anbauen, die Ansiedlur das Land zwischen zwei Bächen, bebaut oder nicht, *miṅkon maṅe ye njel?* wie viele Hügelrücke *hikoṅa* das Städtchen.
ṅkoṅ-ṅga der Gewehrlauf.
ṅkoṅ tog der Suppenlöffel (die grö Art Löffel).
ṅkona aufrechter Stand (im Gegens zu wagerecht).
ṅkoṅa v. *koṅob* der Vorsprung, die] hebung, *ṅkoṅa mbòm* (Schimpfw einer, der eine vorstehende St hat, vierschrötig).
ṅkoṅga v. *kon* eine Reihe, *ṅkoṅga n kondo* eine Reihe Pisang.
ṅkoṅgo der Stelzfuß, krummer Fuß.
ṅkoṅgo die Hütte, ein Haus zu Schlafen.
ṅkòṅgo, mi-, (v. *koṅ, koṅob* auf die Se legen), die Kante, *poh miṅkoṅ* viereckige Flasche.
ṅkoṅgo mbus die Wirbelsäule.
ṅkot, mi-, eine Schlange.

ńku, mi-, die Kiste, der Kasten, der Holzkoffer, die Kommode, — *mbod* der Kleiderkasten, — *mim* der Sarg, — *bijeg* der Speisekasten (Safe), — *biteg* eine Kiste mit Erde.
ńkubu leb die Maulwurfsgrille.
ńkue (1. Kl.) der Platzregen, *ńkue ńkeńi a ńhińg* es zieht sich zu einem Platzregen zusammen, *mbepi* der Sturm.
ńkuga (v. *kug*) knurren.
nkúgi, mi-, der Geist, cf. *yòń, ba-*.
nkùm, mi-, verdorrter Baum.
ńkunug mua (ńwa) die Erwählte (v. *kun*).
ńkuńga, mi-, der Kuckuck
ńkùńge (v. *kuńgul*). kränklich, jemand, der einen körperlichen Schaden hat (wie z. B. *mutole*). Vergl. dazu *pendel!*
ńkus die Witwe, der Witwer (Edea), sonst in Basa *yig muda* und *yig munlom*.
ńkwag, mi-, die Schulter, *a bega kembe ńkwag* auf den Schultern, *ńkwag kiń* der Nacken.
ńkwáń oder *mbem* das Perlhuhn, *a ńke nyom nyom* den stechenden Schritt markierend.
ńkwate, ba-, das Buschmesser.
ńkwe v. *kwe* „tägliches Brot", *bum makondo* ohne Salz, Fett und Pfeffer.
ńkwel, mi-, die Fischreuse.
ńo likondo eine einzelne Frucht, *ńo, bi-*.
ńo, mi-, der Kopf, *libibi li ńo* Wirbel auf dem Kopf, *ńgog ńo* Dickkopf, *sed ńo* den Kopf hängen, — *nsi me* der Kopf tut mir weh, *ńo matut* Beule, Gewächs am Kopf, *te ńo* den Kopf hoch halten, *á njo me ni ńo* einem einen Bären aufbinden, einen etwas glauben machen wollen, *kid ńo* und *sem ńo* Kopf abschneiden, *ńgog ńó* Dickkopf, dicker Kopf, *kegele ńo* Totenkopf, *end ńo* Haare schneiden, *a mpıg jam dini ńo* er verbohrte sich in etwas, *ńo mbai* Oben des Hofes, *muel mbai* Unten des Hofes, *pá ńo* den Kopf in die Höhe heben.
ńo pena Ansicht, *ńo woń pena* deine Ansicht, *mi tene ńo pena unu le:* ich stehe (neige) zu der Ansicht.
ńóbog der Schnurrbart.
ńòmla das gesandte Paket, Mehrz. *miomla*.
ńònd, mi-, der Firstbalken.
ńoń, mi-, (v. *oń*) 1. Bindfaden aus dem Busch, Schlingpflanze (bushrope), das Buschseil; 2. ein Fisch.
ńoń (oń) sol die Steppe, *mioń mi sol*.
ńudul eine Grasart.
ńwā die Frau, Ehefrau *(mua), ńwā wem* meine Frau.
ńwā (ńmua) die Grenze.
ńwagha, Hauptw. v. *wagha,* das Rascheln.
ńwed (mued) der Besitzer, — *mbai* der Hausherr, — *mua* der Besitzer der Frau, — *ngond* der Besitzer des Mädchens, — *man* der Besitzer des Kindes, — *maog* der Besitzer des Weins, — *loń* der Besitzer des Landes, — *leb* der Besitzer der Quelle.
ńwehel s. *muehel*.
ńwel (ńmuel) s. *muel*.
ńwind die Last.

O.

o schmieden, auch *hiu, mud hiu* der Schmied.
ò s. *njè* Baum mit gelbem Holz.
ó, maó, das Ohr, *kidig o* halbes Ohr, abgehauenes Ohr, *ńgim* — das ganze Ohr, *emble* hor mal, höret, *ńkuga ó*

nur Ohr, *tén ó* das ganze Ohr, *o 'mbegeh mẹ* das Ohr klingelt mir, *pǫñgǫl o* Ohren spitzen, *lẹg o* die Hand ans Ohr halten zum Schall aufnehmen, cf. *amblẹ* das Ohr herstrecken.

ǫ̀ aufgehen, keimen.

ǭ hassen, *óa* der Haß (*libala* Feindschaft).

ǫ ñẹm Vernunft annehmen, *ua ǫ ñẹm kẹl ki?*

ǫ, bǫ̀ǫ́, Gewächse.

óa der Haß.

ōb sich neigen, *jǫb lini li ñob* diese Sonne neigt sich

ǫ̀b, à yè ǫ̀b er kann nicht singen und [tanzen.

oba die Verwesung, das Aas, *bioba gwǫñ bi mapodol* deine Rede ist faul, stinkend.

obi kaputt, vernichtet, verweht.

obos kaputt machen, zugrunde richten, *tamba* vernichten, *tamba* ist stärker.

od ziehen, führen, *od mẹ njẹl* an der Spitze marschieren, — *mud* einen Menschen führen, — *moñgo* ein Kanu schleppen, — *jol* schnupfen.

od; odba sich entfernen.

ǫd, ǫdǫb, odi (cf. *ad*) anhangen:

ǫdbẹ anhaltend etwas tun, einen belästigen, *a ñǫdbẹ mẹ nyu* immer wiederkommen, *ǫdbẹ nsombi* Jagd, *a ǫdbẹ nsombi.*

ǫdǫl das Abschneiden der Finger- und Zehennägel, der Haare, das Schaben der Zunge, das Ablassen von Blut zu Arznei. Hierzu ergänzend: *a nyǫñ mẹ bihíñ* er nahm mir das im Geheimen, um ein *nyẹg* gegen mich zu machen, das Blut wird aus Brust oder Daumen genommen

og entlaufen (Du. *sǫmbǫ*), *a ñkẹ og, a bi yǫna muda* (Du. *a nǫñgi mǫ sǫmbǫ*).

ǫg krebsen.

ólo, biólo, das Brot, *ólo nyẹd* das Brot geht auf.

om bikud mit den Fäusten schlagen.

òm, bi-, Kamm des Hahnes.

om 1. treffen, *ñga i ñom nyẹ* das Gewehr hat ihn getroffen, *a umi ñga* er ist getroffen, *bibañga gwẹm bi ñom nyẹ* meine Worte haben ihn getroffen; 2. stechen, *lǫ i ñom mẹ* der Dorn hat mich gestochen, *maóm nyà ma hiañga* Sonnenaufgang, v. *om* (Du. *num*) durchbrechen, Morgen (6 Uhr).

òm rauschen v Wasser, Gesang, *liomog li leb* Adv. Ergänzung *òm, maleb ma om òm, ñgǫ̀ i ñoma libum* der Zitterfisch macht den Bauch rumpeln

om bikidbǫñ niederknien.

om = *tumb* puffen, stoßen (mit Fäusten) oder Hefte stoßen, daß sie gerade werden

ǫm schicken, senden, *ǫm muin* Nachricht schicken, *ǫmlẹ* jemand etwas schicken

ǫ̀m, sǫm, Adverbergänzung zu *ǭmdẹ.*

omā stechen, *bilǫ bi ñomā* die Dornen stechen.

ǫmb der Skorpion, *ombiye* giftige Raupe.

òmb, bi-, Kamm des Huhns.

ǫ̀mbẹ, Mehrz. *baǫmbẹ,* s. dort.

ombob, umbi stutzen (ähnlich lauten *yombob) ki i ñumbha uẹ?* was machte dich stutzen?

ǭmdẹ sieden, quirlen, *hibẹ hi ñǫmdẹ,* sc. *ǫ̀m.*

on, bi-, die Insel.

ǫ̀n nyu, holoh nyu, sich fassen, sich beruhigen, sich alles andern entäußern

ǫ́na sich gegenseitig hassen.

ǭnd der Firstbalken.

ǫ̀nd der Nebel, — *i ñkob* er fallt.

ònẹ — die Erdnüsse, *ñkóno ònẹ* Gebäck von Erdnüssen, Abl *Nyaonẹ.*

ǫñ klettern, *ǫñ ñkǫg* über einen Baumstamm balanzieren.

ǫñ 1 gleichgültig sein, *á ǫñ;* 2. krähen; 3. bauen, flechten, *á ñǫ́ñ búnja* er

flicht eine Matte; 4. pfeifen, *oṅ libég*, Abl. *maoṅ*, *a ṅoṅ we ṅgoṅo* er schleicht.
oṅg machen, Kaus. *uṅgus*.
oṅg sich verwandeln, ähnlich sein, *uṅgus* verwandeln, ähnlich machen, Hauptw. *maoṅg* Gestalt, Ebenbild, *hob woṅ u bi oṅg la* wie ist dein Palaver ausgegangen (wie hat es sich gestaltet)
oṅg nyága das Kalb.
oṅg mbondo junger Löwe.
onob egoistisch sein, gefräßig sein, *a ṅonob* er ist egoistisch, gefräßig, *lioṅ* (Hauptw.) die Gefräßigkeit.
oṅol, bi-, das Werkzeug.

P.

pa — das Buschmesser, — *i nho* das Buschmesser ist scharf, — *i ntu* das Buschmesser ist stumpf, *mben* der Griff, *pa soṅ* der Dolch, — *sogo* Dolch, *nyemb pà* Totschlag mit Buschmesser, s. *nyemb*.
pa aufheben, in die Höhe heben, *peh, pihil, pa nyo* den Mund aufmachen, *pă mis* die Augen aufheben, *pa ṅo* den Kopf aufheben, *pă* aufrichten (tr. und refl.), lupfen. *pa wo*.
pa hiandi losschnellen, schnappen.
pa, bipa likondo ein Büschel Pisang.
pă die Eidechse, kleines Eichhörnchen, *nyàm pă* großes Eichhörnchen.
pá auseinandermachen, *pa ndab* das Haus abbrechen
paba, a mpaba man, a peba man er trägt das Kind auf dem Arm, im Gegensatz zu *hambal* (auf der Hüfte tragen).
pabla flattern, *ǰai di mpabla*, wenn man nicht warten kann vor Aufregung, Leidenschaft, *a mpabla ni je* er kann nicht warten, eilig sein, heftig sein, aufgeregt sein, vor Furcht, zittern vor Fieber, *ṅem u mpabla*, cf. *publa* flattern.
pabla mud ein aufgeschossener Jüngling.
pad 1. abreißen (Du. *tuma*) pflücken (= *ked*) *mpedi* ist abgerissen, *kembe i mpedi, a mpedi* er ist gestorben. 2. Jemandes Namen aussprechen aus Haß, schmähen im Gegensatz zu *sima, padba* eilen (sich losreißen cf. 1); 3 *pad* = *seb* gerade, senkrecht, kerzengerade in die Höhe.
pada, bi-, der Fetzen
pág 1. abhalten (wie ein Schild), auf die Seite schlagen, *a mpag ṅgog* er schlug den (geworfenen) Stein auf die Seite.
pàg 1. vollpfropfen, *pagda* voll sein, *peges* voll machen, *pagbe* er ist in der Enge, im Druck, er hat sich verrannt; 2. Palmkerne von der Spindel lösen, loshauen, s *toṅ*.
pag, a ṅha pag er ist unermüdlich, unersättlich, über Maß etwas tun, *yeṅge yoṅ ṅha pag* deine Faulheit ist über die Maßen.
pagbe (Du. *tika*) stecken bleiben, *peg* festhalten lassen (z B. Gefängnis)
pági der Pavian
págo — das Ruder, *lug (dug)* rudern.
pahage Keil zum Auseinandertreiben von Holz und zum Öffnen von Kisten.
pahal bekennen, *pahle* jemand bekennen, *pahi* Imperf., *lipahle, ma-*, das Bekenntnis
pahe wieder zu sich kommen (beim Tod), *tuge* auferstehen (aufwachen beim Scheintot).
pal — Füße der Tiere, cf. *bogol, bi-*, Spur des Wildes.
pàlà unverschämt sein, Abl *lipàló* Un-

verschämtheit, *mud lipalo, a ye mud lipalo.*

pala, ho schnell.

pam herausgehen, herauskommen, *i mpam be lisug* es nimmt kein Ende, *mapam ma Job* Sonnenaufgang, *pemel* entfliehen, entspringen aus dem Gefängnis, *pemes* herausgehen lassen, — *bikuh* 9 Tage nach dem Tode, *joga dilam di mpemel me* Redensart: *a mpam nsô mu jam di* er hatte keinen Erfolg.

pam s. *mapemel.*

pàme kapieren, vorwärtskommen, vom Verständnis: aufgehen, zu sich selbst kommen, sich aufraffen.

pàmpàm, ñem u ñkwo nye — — klopfen (bei Angst oder Springen).

pand trennen, teilen, geteilt, verschieden sein, *pendes* cf. *lipanda* Zweige bei den Bäumen, *a mpand ni bo* er trennte sich von ihnen, sich scheiden, weggehen.

panda zwischen drin, *panda ndab.*

panda mbai Zwischenraum.

pañ der Rand.

pâñ offen, frei, d. h. ohne Schutz, aller Unbill preisgegeben, schutzlos, *pâñ ndab* ein baufälliges Haus, durch das man nach außen sieht, *i ntehe mam ma mbedege pâñ*, das uberall Löcher hat und offen ist, *pō ndab* es ist noch offen, hat keine Wände, ist noch nicht fertig, ist neu (cf *pō*).

pê eine Schlañge, die Puffotter, *a ñkwo pê* er hält fest was er hat, wie die Otter und flieht, wenn jemand an ihn herankommt, *a ñgwel mam ma Job pe*

pè wach, wachend, wachsam sein, *yen pe* wachend sitzen, — *njoghe* wachend sein vor Schmerz.

pê, pê-pè a mbem. pê-pè sehnsüchtig warten.

peb s. *pep.*

pēb Nachahmung des Pfiffes, *a oñ libe le pēb* er pfeift.

peble, tr. s. *peple*, beobachten (etwas au einem Versteck).

pēd gerade, *te njel* — mach den We gerade, *manjel ma ped* gerade Weg (s. auch *pad*).

peda, bi-, Hauptw. v. zerrissen sei

pedi (v. *pad*) 1. abreißen, *i mpedi* ist abgerissen, *kembe i mpedi*; 2. ve schieden, *a mpedi* er ist gestorbe

peg hineinbringen (z. B. ins Gefängni *pagbe* (Du. *tika*) stecken bleibe

peg einhauen, *a mpeg ñkwate e*, haut mit dem Buschmesser auf de Baum ein, das Buschmesser i einen Stamm einschlagen, daß steeken bleibt, *pegel* mit dem Busch messer abhauen.

pèg der Plan, *heg* — einen Plan mache sich vornehmen.

peghe drohen mit dem Finger, schütteln die Katze schüttelt die Maus.

peges nicht anerkennen.

peges vollpfropfen.

peghene mit der Hand den Zugang ve weigern.

pehel kämmen, *lipehel* der Kamm.

pel sieden, brodeln, v. Wein gäre sausen, schaffen (cf. *sam*) *pilis* siede machen.

pel abhalten von etwas, verhinder wegreißen, *uen i mpel hob unu.*

peleh peleh = *mabai mabai* klar.

peleh wahr, *a mpod peleh* so daß e untersucht werden darf, der Ta sache entsprechend. cf. *buñga, to mabai.*

pèleñ s. *ñgana.*

pem der Ruhm, der gute Ruf. *mi no pem ye* ich höre seinen Ruhm, *m mbedeh pem yoñ* ich erhöhe deine Ruhm.

pem die Kreide.

pembel (od. *tembel*) Spuren machen, Tiere z. B. oder Menschen, wenn sie gerauft haben (sonst bei Menschen *saṅ*), Hauptw. *lipembel* die Spur, das Getrappel.
pemel erscheinen, *pemla* Passiv, *pemes* etwas heraus lassen
pen hineinstecken und aufhängen (am Dach etwa), *peni* Wäsche aufhängen (aufgehängt), *peneb* Imperf
pēn die Farbe.
pena der Zweifel, wetten, *di penga* wir wollen wetten [Zaun
pend absperren, abzäunen, *lipénd* der
pendel, tr., vollends etwas kaputt machen, das vorher schon zersprungen war, einem Menschen. der vorher schon ein Gebrechen hatte, etwas antun, daß er vollends stirbt, *a mpendel me* er hat mich Schwachen geschlagen, geschuckt, daß ich hinfiel.
pendes, v. *pand*, forttun lassen, wegschieben, von sich weg stoßen.
pendi, intr., *a mpendi* (Vergl. *kungul!*) aus Schwache hinfallen, z. B. Alte, Kranke, Abl. *mbendi*.
peṅ, mâ, klar, hell, *soṅ i mbai peṅ* oder *mâ* der Mond scheint hell und klar.
peṅ dikon der Schaft eines Spießes.
peṅgendeṅge vollkommen, ganz und gar.
pep winden, windig sein *(peb)*, winken, flattern *(pebel* heißt jedenfalls der ursprüngliche Infinitiv), *libato li nyuṅ li mpep* die Fahne flattert, — *hie* Feuer anfachen.
pépa, bi-, die Tischgesellschaft.
pepe die Kakrotsche.
peple besuchen, heimsuchen.
pes wegspülen.
pes, bi-, der Teil.
pes auseinander drängen, *a mpeh bape, a mpeh maleb*
petleṅ der Knorpel beim Ohreingang.
peye auf die Seite ziehen (einen Vorhang lüften).
peyel antworten, *mapeyel* die Antwort.
pidib heikel sein oder *neṅeb* (schleckig sein) *yadab*.
pig bohren, *pogol* bohren, *pigih* bohren lassen, *a mpig jam dini ṅo* er hat sich in diese Sache verbohrt, *a mpig ṅo munu jam dini, a mpiglene mam ma J. ṅo, a pigi* er hat sich verbohrt, versenkt, vertieft
pih schnellen.
pihil die Erkenntnis.
pihil (v. *pa*) fortwerfen (cf. *himbil*), wegschleudern, abschnellen, *pihle* abspringen, daß es einen trifft
pihle anspritzen.
pil, bi-, die Schuld
pilis sieden, trans.
pim bis an den Rand.
pimbe wegschieben.
pinda, a gwe pinda er hat ein verschlossenes Wesen.
piṅgi wegsetzen, wegschieben, wegrollen, *piṅgla, a mpiṅgla* Passiv, *hibe hi mpiṅgla* der Topf ist weggesetzt.
pō (cf. *polol*) breit, licht sein, frei sein von etwas, leer sein, *njel ye pō, poyol njel* einen Weg licht, breit machen, *pō ndab* offenes Haus, das noch keine Wände hat, im Bau begriffen, *pàṅ ndab* ein baufälliges Haus, das überall Löcher hat, *po lom* offene See, *lipo* Wasserfall, der Schall kann heraus, er ist frei, offen, *polol* vorzeitig ausplaudern, ausschwätzen (er ist ein *mud a nehi*), vergl. *yelel, a ye mpolo mam*, cf. *yelel, mi pō jam dini* es ist mir herausgefahren, besser. *i mpolene me*
pó die Feldmaus, *ba tiṅil pō dison di sanda* haben sie die Maus aus der Falle gelöst, so zerstreuen sich die Ameisen.
pō leihen s. *pos* (beide gleichbedeutend).
po — (Du. *pola*) ein Geschwür.
pob hell, rein, übertrifft an Intensivität

lipubi, i mpob es ist rein, *pubuh* rein machen, *lipubi, ma-*, der Feuerschein, die Helle, das Licht, *pob pum* ganz rein, *a mpubul ñem* er ist rein im Herzen, *mapubi ma soñ* der Mondschein, *mapob* die Klarheit, die Reinheit, *pubi* außen, hell, *kembe ye pubi, puba kob* weißes Huhn.

pob, nu ñgi pob ein Unreiner.

pob geschwollen sein, *a mpob*.

pobe = *podbe* s. dort

pobe, ba-, der Eckzahn.

pod 1. *kog i mpod* die Finger haben geknackt; 2. reden, *podol* reden für, *podos (añle)* jemand sprechen, *podha* jemand sprechen lassen, *mbol libe li sà* der den ganzen *Sa* fertig macht (Zeremonie), *podol* Aussprache, *ba gwe yub podol*.

pod pod schwatzen (Du *topotopone*).

poda vermischen = Du *pulisane*, aber unterscheide *gwaña, ba mpoda maog ma yani ni ma len*, sie vermischen den Wein von gestern und heute, *a mpoda Dihala ni Basa* sie vermischen Duala mit Basa, *a mpoda mayá ma makan ma* er mischt zwei Arten Arznei, *poda bañ beh, kal le: a tel, a ka* nimm nicht uns alle zusammen, gib Namen an du — du du. Unterscheide *pu (puñgul)* umrühren, durcheinanderrühren, schutten, *bo* herumrühren, *tuñgul* aufruhren, *gwaña* zusammenlegen, zusammenwerfen, verwechseln.

podbe daneben treten, z B. auf einen Baumstamm, auch *pobe*, aber seltener.

podol s. *pod*.

podopodo ganz fertig, *a ñwo podopodo*.

pòdopòdo singen, surren, *hibe hi mpel* — der Topf surrt, *hibe hi ñomde* murmelt

poe schwätzen.

pog Breite, Durchmesser (*ntel* Länge), *pog* verschütten.

pog 1. eins; 2. übrig bleiben, *di mpog*.

poga eine Spinatart.

poga s. *nsanga*.

pogdopogdo winzig

pogha v. *pog* schwanken von einem Ast, einem Stock im Wind, das Wasser im Eimer, Seil, s. *nyihiñga*.

pogi, bi-, der Vorratgarten, *hikoya* für *moñga, nyepogi* er allein.

pogo spotten, *lipogo* der Spott

pogol und *pig* bohren [*pogolo*.

pogolo ein Rauber mit rotem Hut, *mud*

pogopogo fortwährend.

poh, bi-, (pos) die Flasche

poh mbohoga, a mpohol nye mbohoga er gab ihm Zeugnis.

pohla herausfordern.

pohol s. *lipohqlag*.

pohole, bi-, ein Stück von einem Kochtopf oder ein Buschmesser, das herausgebrochen ist, *puhi* es ist herausgebrochen.

pol benachrichtigen, *a ñkala* — Nachricht überbringen.

pola zwischen, *nahab* offen, — *maleb* zwischen zwei Quellen.

polol ausplaudern, cf. *yelel* s. *pō*.

pòm mittelgroß, *pòm leb* mittelgroßer Fluß (wie der Mbue bei Edea).

pom hileba ein rieselnder Bach, *bipom bi dileba*.

pom spitzen, die Rinde abhauen von einem Baum, *pom nsō* Rinde von Bäumen abhauen, um sie zu Arznei zu mischen, s. *nsō, pomu* Passiv, *pomol* spitzen mit etwas, *pomha* spitzen lassen

pom ñkañ die Hauptzwiebel

pombe einzig, eingeboren, *pombe ye man* sein einziger Sohn, *pombe man Job* der eingeborne Sohn Gottes, *pombe bas* eine Tüte Salz (Wert 25 Pf.), *pombe njog* ein einzelner Elefant zum Unterschied von einer Herde (*hiban*).

pombe (pomba) selten sein (Mehrz. *mi-mpombe*), *jam dini di mpombe* ist selten, *li mpombe*; *mimpombe-mi-mpombe* einzelne Gegenstände.

pomde spitzen.

pona ähnlich sein, *a mpona*, tr, *i mpona me l'a nke* es scheint mir, daß er geht.

ponba üppig leben, im Überfluß haben, *á mponba*, Hauptw. *mbonba* die Üppigkeit, der Überfluß.

pondi — das Faß, der Wasserbehälter. *libam li* — der Deckel des Fasses, *kete* — in dem Faß, *ntel* — Länge des Fasses.

pondol der Sperber, hat drei Arten; 1. *hibam njog* oder *ndòi* (Stimme *he he*); 2. *ntomlokula*; 3. *nygol* der Adler.

poñ 1. das Mark in den Knochen; 2. das Geld; 3 das Gehirn.

pongo — die Kokospalme.

pòngoh der Verwesungsgeruch, *i numb pongoh* es riecht nach etwas.

pongol ō seine Ohren spitzen.

pǒpǒ mä ma, Stimme des Hammels, steht in Verbindung mit *ted* einen Laut ausstoßen: *nlom ntomba 'nted pǒpǒ* der Hammel schreit mä.

pòpó die Papaya (die Melone).

pòs leihen, — *me* leih mir oder *pō me mi nke mbō* (nicht *mpo*) er ging zu entlehnen, er entlehnt.

pos, bi-, die Flasche.

pǒs (verwandt mit *pom* schräg), *poh mbòhoga* Zeugnis geben, *a mpoh mbòhoga* er gab für ihn Zeugnis.

pot s. *pod*.

poye, *Ñye a mpoye* die Leute singen und antworten und blasen, Hauptw. *mpoye*, *mi nog mpoye*; beim *Um* heißt's: *Um a nsag, mi nog hiembi hi Um*

poyog mildtätig sein, *liyomba* leutselig sein.

poyol (cf. *pō*), — *njel* einen Weg lichten, breiter machen, einen alten Weg aushauen.

pû 1. übervorteilen, betrügen (Du. *lemse*). Hauptw. *hipúa*; 2. „falsch" sein, versteckt handeln (ich erzähle einem Freund alles von mir, er mir von sich nichts, meine Sachen streut er alle aus), *mpû* der Betrüger. *a mpu me nuga* er hat mir das Fleisch abbetrogen, Abl. *hompúa, a mboñ me hompúa* lügenhaft anpreisen, überbieten. Hauptwort *hipúa* Betrug; 3. *pu* = *puñgul* (s dort), umrühren, durcheinander rühren

pû ndab nin ein verlassenes Haus.

pub (v. *pob*) *puba kob* ein weißes Huhn.

puba rein sein, weiß sein, *pob* ebenso, *lipubi* Hauptw. die Reinheit.

pùbe die Sintflut

pubi außen, der Hof, die Helle, *kembe ye* — die Ziege ist hell (cf *mapubi*)

publa flattern. *kob i mpubla* wenn ihm der Kopf abgehauen ist und es noch flattert.

pubus rein machen, *mpubuh, ba-*, die Personen, die reinigen.

pud das Gras, das Gebüsch, wo früher Häuser waren. *libud* wo Gärten waren.

puda njel ein grasiger Weg (v. *pud*).

pude in einem Sprung erfassen (die Leoparden eine Ziege).

pue s. *puwe*.

pug rauschen (ein Tuch, Wasser, Blätter), Hauptw. *mpuga*.

pūha verzehren (Jes. 1).

pùha auch *puhapuha* gemeinschaftlich, *pus, a mpūh me* übervorteilen oder *pos, i mpuhu me, i mpohu me* (Du. *bambe*), es ist mir entfahren, ich habe mich versprochen

puhe überraschen (v. *po*), *a mpuhe me* er überraschte mich, *a mpuhe me mpuhuge* er kam mir unerwartet,

überraschend, *puhe jam* überraschende Sache.
puhul durchbrechen (etwa der Boden), etwas herausbrechen (ein Stück aus einer Flasche).
puhul, bi-, die Brosamen.
pukupuku (pugupugu) s. *ndiṅndiṅ.*
pule früh dran sein, früh auf sein.
pùm ganz und gar, *siba a mal* — der Tabak ist ganz aus, *bobasona ba ṅwo* — alle sind gestorben, *pob* — ganz rein, ganz weiß, *pob hedehede* gänzlich rein. [Zerstörung
pún zerstören, *mapuna* Hauptw. die
puṅbe sprießen, aufsprießen
puṅgul mischen, herumrühren.
puṅgul oder *pu* (Du. *puṅgwa*) durcheinander machen, *tuṅgul maleb* aufrühren, daß es trübe wird, *bo* umrühren, *poda* (Du. *pulisane*) mischen *gwaṅa* (Du *pulisane*) 1 vermischen verwechseln; 2. zusammenlegen -werfen (etwa Geld).
pupuh die schwarze Ameise.
puput, bi-, Busch und Busch, alles verwachsen.
pus (s *puha*).
pùs übervorteilen.
pus, bi-, Blasen beim Verbrennen.
puwe fliegen, oder *pue.*

S.

sā bezahlen.
sā́, sā́ ṅkogo Zuckerrohr ausputzen
sá abfließen, ablaufen.
sá́ (Du. *wanja*) auseinanderstreuen, auseinanderlegen.
sà rauben, *ba nsa* sie rauben, *nsana, mi-,* der Raub, *nsá* der Räuber, Mehrz. *basá*
sá́, ma-, Baum der *bitodo, bitodo* sind die Früchte, *ṅkengè sa* Fruchtkerne der *bitodo*-Frucht (Du. *sao*).
sà, mbamba 'ṅke sà die Palmrippe geht in aller Bahn (wenn man sie wirft), Abl. *salalá* Schlange (Frauenwort).
sā like sich auf die Reise begeben, *nsā like.*
sā́ njog ein Volksspiel mit Stäben.
sàb, ba-, das Gehege.
saba 1 vorziehen, wählen; 2. zappeln, schlegeln, *man a nsaba, minyaga mi ṅkogla* die Krebse krabbeln, *tugda* vom Schlaf erwachen, *nyihuṅga* sich regen, sich bewegen.
sád, bi-, ub, bi-, der Götze.
sàdga ein Gewürzkraut.
sag tanzen, *hiembi* die Melodie, *ba nsag me* sie besingen mich beim Tanz, *Um a nsag (hiembi)* der *Um* tanzt.
sag ein dürftiges Nachtlager haben.
sagab auf etwas liegen, *jumbul li seg e* (*segi* Imperf) das Nest liegt auf dem Baum, *e i nsagab ṅgi e pe* ein Baum liegt auf einem andern, *koi segi ṅgi e* der Affe liegt auf dem Baum, *hob u segi* der Prozeß schwebt noch. [unternehmen
sagal (v. *sagab*) herunterschütteln, her-
sagbe, bi-, das Hängenbleiben von Baumästen und Bäumen.
sági (v. *sag*) der Krankheitskeim, der Anfang, der Schicksalsschlag, von einer Krankheit überfallen werden nach dem Fatum, *a nsagne liboṅ,* er hat sich am *liboṅ* seine Krankheit geholt, *a nyóṅgol sági libóṅ* ebenso.
sáh (sas) kehren, *seha* Passiv, — *ndal* das Haus kehren, *a nsah nye libu* er nimmt ihm den Staub weg
sahaga der Elefantenschwanz.
sahale, bi-, die Querrippe (cf. *leṅ*).
sahenā der Besen.
sai harnen, Wasser lassen, *màsai* der Harn, *a seyel naṅ ye* er hat sein Bett naß gemacht.

sai das Gerippe.
sài, bi-, der Segen, das Glück, der Garten soll reichlich tragen, das Gewehr wieder losgehen, *bol me sài* öffne mir das Glück, daß ich wieder Glück und Segen bekomme, *sìhe sai* Glückwunsch aussprechen, Gluck wunschen, *sanda*— Segen ausstreuen, *a nke sài* er ging zum *esa*, *a nke bisài* er geht zum Gesundwerden an einen andern Platz (Du *musala*), wo die Leute ihn segnen, *ba nsayab* sie sprechen *sai* (segnen), *yoña me sai* sprechet gemeinschaftlich mit mir, *yeg sai, naña sai* Termin ansagen, bestellen.
sāi, bi-, der Webervogel, *jumbul* das Nest, *maje* Eier, *man* das Junge, *hob* — das Gezwitscher der Webervögel.
sal säen, *selha* säen lassen, *hiku* Häufchen auf dem Acker, *nselel* die auf dem Acker Arbeitenden
sàlàlá (v. *sá*) Wort der Frau statt *nyō̃*.
sam̄, pel gären, schaffen, sausen.
sam, sam minem langweilen.
sambal ausstrecken, *nimbil* sich ausstrecken, *sambla* Passiv, *nimbla* Passiv, *hiko hi sambla* die Schnur ist ausgestreckt.
sambila umarmen.
samb(i)le aus dem Weg gehen
sanda zerstreuen, *dison di nsanda* die Ameisen zerstreuen sich, *sanda mam* seine Sachen verschleudern, *lisanda* die Zerstreuung.
sanda auseinandergehen.
sáne das Glück, *ni sane* glücklich, *a gwe sane* er hat Glück, auch *mbòm* s dort, *a ye ni sáne*, *nsane soñ* ein Viertel des Mondes, wann der Mond wieder da ist, der Glück bringen wird.
sàñ der Streit, *jo* — streiten, Streit haben, *ba bi jele beh sañ* sie übertrafen uns, sie wurden Herr über uns.
sàñ vornehmen, wollen, *a bi sañ like, a bi sañ lé a ñke like.*
san sauer sein, *seña, bi-*, der Sauerteig.
sañ aufschneiden, — *nuga* Fleisch aufschneiden.
sañ masoñ die Zähne ausfeilen. Hauptw. *njañ* der Zwischenraum zwischen den Zähnen.
sañ, ba-, der Vater
san Spuren (von Menschen), s. *pembel*.
sañ stutzen (z B. bei einer Palme bleiben nur noch etliche Blätter), cf *sañal, sañde.*
sañal aushauen, ausputzen, freihauen, Schlingpflanzen abhauen, — *njel* einen Weg aushauen, — *e* einen Baum ausputzen, *lisañal, mi ñke lisañal.*
sañde (v. *sañ* die Zähne ausfeilen), hacken und klopfen, aber daß es noch zusammenhängt, verhacken, abhacken (alles abhauen).
sangal aufhören mit etwas, *a sañgal su* der Zorn ist weg, — *biteg* die Hügel wegtun.
sangila der Friede.
sañsañ, a ye sañsañ ye ñgwa er ist sein Herzensfreund.
sao, bi-, die Feder (zum Schreiben).
sas, bi-, die Lunge
sas kehren, s. *sah.*
sas verlöschen, kehren, *a nsah nye libu* er reinigt ihn von der Asche, *sahenā* der Besen
sawa s. *ndamb.*
sayab segnen, s. *sai, bi-*.
sè die Habsucht, lüstern, begehrlich, *a gwè*— er ist lüstern, begehrlich etc., *mud se* habsüchtiger Mensch.
sẽ verehren, erfreuen, sich freuen, cf. *hag* (Ehe, Freude, Gehorsam, Glaube), Hauptw *mase* die Verehrung, die Begeisterung, *beges* preisen, ehren, *añal* loben, *hemle*

glauben, *a nse ni ṅkus* er freut sich über sein Vermögen.

se streichen

sè der Abstrich, der Strich (Mehrz. gleich), Abschnitt mit einem Messer, Ecke wegschneiden mit einem Messer.

sē Palmwein abzapfen, *hisęnę* das Gefäß, mit dem man Palmwein bekommt.

séb der Schaft, der Stengel, *maṅga ma ha séb* oder *makabo* oder *malaṅ*, die *maṅga* treiben Blütenschäfte.

sèb der Sommer, *seb 'nyę* es wird Trockenzeit, *maye ma seb* Beginn der Trockenzeit, *seb kandilag miṅkuṅgę* (Sprichw.), *seb i ṅkandal miṅkuṅgę* die Trockenzeit belebt die Schwächlinge. bringt Leben in die Gesellschaft, *seb i nyel ki mę ni nyęmb* die Trockenzeit brachte mir wieder den Tod.

sěb gierig sein, habsüchtig sein, *a nsěb ni ṅkus* er ist gierig nach Geld und Gut.

seb = *päd* kerzengerade in die Höhe.

sèba einander zujubeln, begrüßen, empfangen, *maseba* der Empfang, Jubel, nämlich: *hě Ta e!* oder *Ta ě tèṅ!* oder *Ta ě kíd kǫṅ!* der *Saṅgo* ist wieder da. Zugleich Ausdruck der Freude über sein Erscheinen.

sębę — *(sępę)* der Wasserfall, *sębę a ṅkundul* er braust.

sebel rufen, *nsebla, mi-*, Hauptw. das Rufen, *mi bi seblę˙ wę jol* ich nannte dich mit Namen, *mi bi seblę wę libum li ni* ich rief dich von Mutterleib an.

sębęl schälen, *lisębęl, ma-*, das Schälen, Hauptw. von *makabo* und *gwǫm* (von *makǫndǫ* heißts *kobol*).

sébi, bi-, ein Gewürzkraut, *bisébi bí nlem.*

sed neigen.

sed seitwärts, das Kopfbeugen, vorwärts, schief machen, *a nsedę miṅk* er beugt das Recht, *a ntenę miṅk i mbombogi (mbogi)* er richtet gerech

sędeb krumm sein, *sedi* Imperf.

seg hauen, Zuckerrohr, Gras.

seg einen *ṅgoso* singen, ein Kanugesan

seg, kid, sęm unterbrechen *like jęm nsiga* meine Reise wurde unte brochen, *mbępi i nseg* der Stur hat aufgehort, *seg hǫb ṅęm* in d Rede fallen, *a segba mę* er hat m die Rede abgeschnitten.

seg bènda Wache halten, Wache stehe

seg mis etwas Böses antun mit d Augen, *a gwe seg mis* er hat d Arznei mit den Augen Böses z zufügen, *a seg nyę mis* er hat ih mit den Augen Böses angetan; Abe glauben.

sèga die Altersgenossen, Mehrz. glei die Zeitgenossen, s. *koṅ, hiai.*

séga gleich in der Größe, *beh nę ye* —.

sęgęl verlesen, ordnen, cf. *sęglęsęgl* eigentlich *sęgęlęsęgęlę* geordnet, deu lich, genau.

seges die Aufsicht führen bei Spiel oder Zusammenkünften.

sę́ghę (Du. *sęsę*) schütteln, ausschütte ebenso *bǫ* und *disę*, cf. *ṅgamb*, *nsęghęnę mę* (Dativform) er schütt die Wahrsagemittel, um mir wahrsagen.

segi s *sagab.*

sęglęsęglę s. *sęgęl.*

sęhę, ba-, das Glied der Kette.

sęhę, ba-, der Haken.

seheg unsauber.

seheg, v. *ses*, dumm, ängstlich, e schrocken.

séhel, bi-, der Besen.

sęhèl kleine Einschnitte machen in d Haut, 1 picken, schröpfen (*bansęh* die Handgelenke, die Ellboge innere und äußere Knöchel d

Füße etc.), *ba nsehel nye ko*, Hauptw. *njehel*.

sehela zittern, Zittern der Knie, *a — temtem* er zittert unaufhörlich.

sel, bi-, der Korb.

sela (Du. *sengulane*) einander verfolgen, *nsela, masela,* Hauptw., *nsele* der Ausweg, *i seli* es ist windschief.

selha (v. *sal*) *ba nselha loñ* miteinander in Gemeinschaft etwas tun.

seli s. *sela*.

sem, bo-, etwas nicht genau wissen, ebenso *bo tel, bo ka.*

sém verkaufen von Sklaven (*nuñul* v. Sachen).

sém, kid, keg, seg schlagen, abhauen, flache Tätowierung machen, cf. *keb, bikúdman, mbàñ, nob a sem* der Regen hat aufgehört.

sém, bi-, ein großer Termitenhaufen, in dem *mel* frisch gehalten sind.

sem blühen, *sem, bi-,* die Blüten, die Blumen, *bisem bi mbaha* die männlichen Blüten des Mais, *mandombo* die weiblichen Blüten.

sema hob in die Rede fallen.

semb ausweichen, *a nsemb dikoñ* er weicht dem Speer aus, *a nsemb nyemb* er weicht dem Tod aus, *libaña* Knollenfrucht. (Du. *dinde*) *li nsemb hie* sie weicht dem Feuer aus.

sembel unaufhörlich klagen, heulen.

sendha ausgleiten durch Schuld eines andern.

sendi glatt, rutschig sein, schlüpfrig sein, auch das Gegenteil von rauh, *(ho) i nsendi* es ist glatt, Hauptw. *njendi*.

sensen rieseln (v. Regen) (im Mai und Juni).

señ reiben, zermalmen, — *mbod* bügeln, *sinil me* bügle mir, Abl. *nsiña,* s. dort.

señba sich an einem Gegenstand reiben, kratzen, *a nseñba* er hat sich abgerieben, auch sich Arznei einreiben.

señgaseña schaukeln, intrans.

sengen, bi-, ein Garten mit *ñgondo* (werden im November gesät), *makabo, gwom,* cf. *wom*.

ses (Du. *sisa*) s. *sihil* erschrecken (trans.), *sihila,* intr., erschrecken, zusammenfahren, *a nsihil nyè disò* er schlug ihn mit der Rute, cf. *seheg* ängstlich.

ses, ba nlo seh nye sich anschmiegen.

sèseba, bi-, die Pfütze.

seye(l) vertrösten, *seye ni seye, nsèyé, a gwe seye ñgandag kiyaga* (er bietet z. B. zu essen an, ein rechter Gläubiger nimmt jedoch nie etwas zu essen an, damit er nicht umgestimmt wird). *nse be* Arznei, die die Kraft haben soll, damit die Gläubiger Geduld haben sollen.

seyel, bi-, (v. *sai*) die Harnblase, *sèye, nje a nsèye hana?* v *sai*.

sí nichts wissen wollen, vom Leib halten, *mi si me libe* ich halte mir das Böse vom Leib, *mi si me mbepi, mi si me ñkue* (s. *ban*) *mi nsi me nye* ich halte mir den Menschen vom Leib, *mi nsi beme hala* (Aberglauben: Es steht einer im Hof und ruft aus: Ich will nichts Böses über mich kommen lassen)

sí 1. weh tun, schmerzen, *ño nsi me* der Kopf tut mir weh; 2. berühren, *nje a nsiba me* wer hat mich angerührt?

si Fleisch essen (? aus „*Mam ma mbag*)“.

si unten, — *nañ* unter dem Bett, — *ndab* unter dem Haus.

sī kó mbòm Abschied nehmen.

sib kohlschwarz wie Ebenholz, *jam dini di ñhend sib.*

siba der Tabak, *ño* — ein *het* Tabak (5 Blätter gleich 25 Pf.), *ñkend* — der Stengel, das Zigarrenröhrchen, *ñkoñgo* — die Rippe, der Stengel, *lipep* das Blatt Tabak, *kog* reiben.

sibkalag die Kohlen.

sid nei die Pfeile mit Gift anstreichen, *a nsid mbamba nei, nsida,* Hauptw. von *sid,* Abl. *hisid mboñ.*

sid einem antun, *a nsid me mbom, a nsid me mbon* er will mir etwas Böses antun, *a nsida mboñ* Abschaben von Menschenknochen zu Giftzwecken, *a nsid bod mboñ* Mehrzahl, *a ye hisid mboñ* er ist geizig, knauserig.

sìda sich sorgen um etwas.

sie oder *sihe* vollständig verbrennen, *ndab i nsie* nur Asche bleibt, *njihe* aufreibender Schmerz.

sìg sieben, „räten", *nsìge* das Sieben, *a bi sighene nyu* er kam zur Ruhe, bequem, *a sig be nañ* er ist noch nicht ausgewachsen.

siga, bi-, die Affenfalle.

sige in den Knien schlottern.

sighe, ba nsighe nhiomog sie wandeln sicher.

siha (v. *sis*) der Ehrenname, der Kosename.

sihe sai Glückwunsch aussprechen, Glück wünschen.

sihil stampfen, cf. *ses, a nsihil ko we si, a nsihil mud si* er hat ihn getragen und wirft ihn dann auf einen Plumps ab

sihila erschrecken, zusammenfahren, *ses,* tr.. erschrecken.

sii (hisii) disii klein, wenig, *a nti ndeg sii lé to mi ha jis, mi kebaga ja* er gab mir ein klein wenig ins Auge zu tun, doch muß ich zwinkern, *i ñkob be yalag hìsii* es ist auch nicht nagelsgroß, *i ye ndeg sii ki yalag* es ist klein wie ein Nagel.

sìm und *kòn* Platz mitten im Hof für Zaubereizwecke, der Zauberei geweihter Platz

sima jemandes Namen aussprechen, um seiner zu gedenken; *pad* den Namen jemandes aussprechen aus Hass, schmähen, *simha, a nsimha me* spricht meinen Namen aus, er g denkt meiner, *simbe* niesen, wei jemand an mich denkt, Abl. *sima.*

sima, bi-, der Wassergeist.

sìmbe niesen. [Dual

sími Hemd (der Frauen) (übertragen

sind andauernd krank sein.

sinda stampfen mit dem Fuß vor Freud *a nsinda mako si le ndìñ* Scha nachahmung.

sinda eine Krankheit an den Fußsohle

sìndil fallen, sinken, hinunterschnappe hinunterrutschen, *maleb ma nsin job li nsindi.*

siñ ringen, *masiñ* Ringkampf, ringen zweien.

siñge gedenken.

siñgi — die Katze. [kratze

siñgil vorsichtig reiben, vorsicht

siñha etwas abreiben, *siñil* auf etw bügeln, *sen* bugeln, glätten.

síñlet das Hemd (der Männer) (über v. Duala).

siñmbañga die Wildkatze.

sis mit Kosenamen nennen.

sisiñ ein Termitenhaufen als *njeg.*

so pflegen (v. Tieren), *maso* die Pfleg

so gehen, sich befinden, *a nso like* befindet sich auf der Reise, sich a die Reise machen, *a nso mahu* befindet sich auf der Heimreis *a nso Nyabi* er befindet sich a dem Wege nach Nyabi.

so, ma-, die Kartoffeln

sò verbergen, *solol* ausliefern, *liso, m* das Verbergen (der Ziegen), *lisol* d Versteck, *lisolbene* der Zuflucht ort, *solob* verbergen, *soli* Imperf., *nsode* er ist in der Ferne v schwunden.

sō ausfasern (*so njō makondo*), a streifen, abstrupfen.

so verhüllen.

sò schlürfen, abschöpfen, *a nsò* (das Essen schlürfen).

sǒ — die große Antilope, Frauen dürfen sie nicht essen, weil aus ihrem Fell die Trommel des *N̄ge* gemacht wird.

sǒ, bi-, die Blutschuld, *David a be a gwe* —.

so̱ waschen, *njo̱ba* das Waschen im *kòn*, s. *kon*.

so̱ jam, nlom jam die Hauptsache.

so̱ n̄go̱g, baso̱ ba n̄go̱g der Fels. die Felsen.

so̱ (v. *so̱so̱*) groß, *sǒ e̱* großer Baum.

so̱ Mitgenosse; *so̱ mo̱g* Mitgefangener, *so̱ man̄* Mitältester, *so̱ man̄ge̱* Mitjunge, *so̱ n̄ko̱l* Mitsklave, *so̱ n̄koma* Mitgefangener (als häufige Anrede),

so̱ vorüber sein (Vergangenheitsform), *i so̱ le̱n dilo̱* 3 (*dáā*) es ist bereits 3 Tage.

só̱ 1. fliehen, *a nsó̱* er ist geflohen; 2. rinnen, *á nsò̱* es rinnt, *soh* fliehen (lassen) machen.

sò̱ bàs sehr salzig, zu salzig sein, *bije̱g bi nsò̱ bas* das Essen ist zu salzig, *sǒha* versalzen, *bah 'nso̱* es ist zu salzig, *sǒs* salzig machen.

só̱ die Ansiedlung, Mehrz. gleich.

sóa, basóa ein grauschwarzer Vogel in der Größe des Webervogels (der Webervogel?).

so̱b eine Kalabasse für Wasser (*hiboi* für Wein, *likẹ̃* kleine Kalabasse für die Reise).

so̱b ausschütten, *sobi* ausgeschüttet, *kob* ausschütten, *koba* ausgeschüttet, *so̱b makan̄* Arznei ausschütten, wegwerfen.

soble̱ beibringen, *a — nye̱ bikwe* er brachte ihm Wunden bei, *a — nye̱ mako̱n* er brachte ihm Speerstiche bei, *a — nye̱ maleb* er brachte ihm Wasser bei.

soble̱ (v. *so̱b*) plätschern, das Wasser [plätschert.

sobol, v. *so̱b*, ausschütten im Auftrag eines Andern.

so̱bo̱l aufpicken, picken.

só̱d, Eigenschaftswort von *so̱di*, sich loslösen, *e mpemeh mbaha so̱d?*

sode̱ (v. *so*) *a nsode̱* er ist verschwunden in der Ferne

so̱di herausgegangen, *n̄e̱m we 'nso̱di*, Abl. *só̱d, so̱do̱l* herausziehen.

soeye̱ (cf hierzu *sù* und *beges, bam, bemle̱*) *a soeye̱ n̄gwo̱ lihan̄ li nyig* er hat dem Hund die Wege des Stachelschweins gezeigt, *a soeye̱ nye̱ mud nu* er hat ihm diesen Mann angezeigt, er hat ihn auf diesen Mann aufmerksam gemacht (auf die Spur bringen), *a nsoeye̱ nye̱ n̄gwo̱* er hat den Hund auf ihn gehetzt (auch v. Menschen).

sog aufhören, *mi nsog nā* ich schließe hier, *n̄ko̱n̄ si na sog* die Erde wird vergehen, *lisug* das Ende, *sugul* aufhören, zuletzt etwas tun, *sugus* aufhören lassen, *masog mana* hier kehre ich um.

sòg afterreden, hinterher schimpfen, *a nsoghag ue̱ lon̄ ni ho̱b* er hat deine Existenz vernichtet

so̱g ntun̄ga mager werden.

só̱g wackeln, lottern von Sachen, lotterig sein, *nyu 'nsog me̱* es ist mir schwabbelig, miserabel, *sogos* lotterig machen, rütteln, *a nsogohag nye̱ lon̄ ni ho̱b* er hat ihn unter den Boden gebracht, *sogha* fortmachen mit etwas, fortrütteln, *a nsogha* er hat sich aufgerüttelt.

sòga im Ohr stochern, — *je* fasten (beim Essen), — *mao̱g* fasten (bei Getränken) — *mbai* lange nicht nach Hause kommen, — *mud* jemand lange nicht mehr sehen.

so̱ga, miso̱ga, Hauptw. das Geflüster.

sogba gierig, *a nsogba bije̱g* er ißt gierig.

sogle = *jogle* scharf ansehen, Abl. *njognjog* starr ansehen, *a nsogle (njogle) me mih njognjog* er sieht mich mit den Augen scharf an.
sogó, ba-, der Großvater.
sogob, bi-, die Zahnbürste.
sógol schälen, *biko bi nsógola* = *ba sogi* die Rinde hat sich losgelost.
sogol, bi-, die Scheide.
sogol mis die Augen rollen.
sògola lose werden, *hiko hi nsogola* das Seil ist lose geworden.
sogos (v. *sog*) rutteln, lotterig machen.
sóh ñem das Herz stehlen, *muda nunu a nsoh nye ñem* dieses Weib hat ihm das Herz gestohlen, *a nsoha ñem loñ ni mam mana* diese Dinge verführten ihn.
soha, — *man* in den Schlaf singen (*tubul nye jembi*).
sóhbe frohlocken, *sobhene (sohbene)*, Infin., *a nsobhene me* abwehren bei Ausbruch v. Freude, *masohobe* jauchzen.
sohe bitten.
soho soho = bitte bitte.
soho s. *sos.*
sohob verlästern, verleumden, verklagen, *a nsohbene me.*
sohol v. *sos.*
sol —, *non sol* die Steppe, Pl. *mioñ mi sol.*
sol schmähen, *bisól* (v. *sol*) Schmähung, *a nsola* er schmaht. *a nsola* Passiv.
sol toñ der ganze Palmkern.
solbane nutzen, Gewinn bringen, s. *bahal.*
solbene lauern, *lóhbe* lauern.
sole Grasart auf den Bergen.
solol hervorziehen, *soli* Imperf.
som, tem graben.
sôm, a nun me som er sah mich unverwandt an, scharf.
som, ba-, ein Affe (der Pavian?), sehr groß, kann nicht unten laufen.
som oder *òm*, Adverbiale Ergänzung zu *òmde* murmeln.

som̃ Getöse, *maleb ma nsoble sòm̃,* [illegible] *òm* das Wasser tost.
som auf den Anstand gehen, *njoma* A[illegible] stand, *a somi* er ist verborgen (etw[illegible] hinter einem Baum) auf dem Anstan[illegible]
som (Du. *solise*) hineinstecken, hinei[illegible] schieben, klemmen, einklemme[illegible] trans *somda* eingeklemmt sein, ei[illegible] geengt sein (im *ndutu*).
sómã, Pass. v. *som,* verstecken (Du. *s[illegible] lisabe*), hineinstecken, *somol me hi[illegible]* fädle mir ein.
somb mud junger Mensch
somb kaufen, *sombol* kaufen für.
sombo fliegende Ameisen, die gegess[illegible] werden.
sombol wünschen, wollen, *bisomb[illegible]* Hauptw., *a nsomble ue jam* er w[illegible] etwas von dir, *somb(i)lene me* suc[illegible] mir.
somdà s. *som.*
somi (v. *som*) verborgen.
sonda, bi-, die Muschel
sondi Sonntag.
sondog der Ausschlag, die Warze.
sone (v *so*) verstecken in.
sonob und *yondob* sich hinsetzen zu[illegible] Essen.
sòñ retten.
soñ eilen.
soñ Stück, s. *suñ.*
sóñ der Mond, — *i ndumbul* der Mo[illegible] geht auf, — *i ntã* der Mond i[illegible] aufgegangen, nach einem Mona[illegible] — *i nyón libòm* der Mond ist vo[illegible] *libom li sóñ* der Vollmond, *soñ nuyul* der Mond geht auf, — *i ns[illegible]* der Mond geht unter, *soñ i mb[illegible] peñ* oder *mâ* der Mond scheint he[illegible] *ntólol soñ wada* nach Ablauf ein[illegible] Monats, *mintólol mi soñ mà*, v. *tolo* s dort, *soñ i ndumblana mapob n[illegible]* der Mond läßt seine Klarhe[illegible] leuchten, *nsáne soñ* (v. *sane*) ei[illegible] Viertel, *soñ 'nlog boñge* der Mon[illegible]

nimmt ab, *matél ma soñ* das Erscheinen des Mondes, *malimil ma soñ* Erlöschen des Mondes.

sòñ die Eifersucht (bezieht sich nur auf die Weiber) im Unterschied von *tad, a ye sòñ, a gwe sòñ, a nsoñ mua we* er ist eifersüchtig.

son yalag die Nagelblüte.

soñ, — das Grab.

soñ der Vater, dein Vater, *yisoñ* bei meinem Vater!

sòñ der Eid, *kum* — schwören, *kumuh* — schwören machen, lassen.

soña wehren.

soñda verstehen.

soñg stopfen

soñgol, ñem — me es ist mir schlecht.

sòñgol zahlen, zusammenzählen, cf. *añ.*

soñol der Verstand

soñol verstehen, *a nsoñol bobá* er vermittelt zwischen Beiden.

soñol aufhorchen, horchen.

sopi, — die Seife.

sos entfliehen lassen.

sòs hinuntergehen, *job li nsós* die Sonne geht unter.

sos s. *masuhul.*

sos schmatzen, schlecken, küssen, *a nsoh nuga* er schleckt das Fleisch ab, das er in die Sauce getaucht hat, *a nsohol nuga* er schleckt mit dem Fleisch; *nsoha* das Schlurfen, Abschlecken, *jam dini di nsoh me ñem* diese Sache begeistert mich, *ñem we u nsoha* er ist begeistert, *muda nunu a nsoh nye ñem, a nsoha nem loñ ni mam mana,* Hauptw. *sohol ñem.*

soso und — *mud* der Riese.

sòyá Medizin zum Baden im *kòn*

soya, bi-, der Holzteller.

soye, a nsòye nye ñgwo er reizt den Hund gegen ihn auf.

sù (Du. *botea*) herausfordern, *a nsu me* er hat mich herausgefordert, *suene* verschulden, *man a nsuene sañ mapil* das Kind häuft Schulden auf seinen Vater, *a nsuene nyu ye* er hat es selbst verschuldet, *a nsuene me sañgo* er hat mich beim *sañgo* hereingelegt, *a nsu sañ* er hat den Streit angefangen

sú, ma-, das Gesicht, *a om su si* er wendet das Gesicht zu Boden.

sua, v *su,* unreif, *sua toñ* unreife Palmkerntraube.

sube! sube! Zuruf an den Hund, daß er jemand anfassen soll (cf *sū!*).

sud, bi-, die Baumwolle, auch *bisud bi jom* (*jom* Baumwollbaum).

sūda (v. *su*) verwelken, *bikai bi nsuda.*

sude zumachen, v. *su, a nsude mis* er macht die Augen zu, *kel i nsude* der Tag neigt sich, *mbog ini 'nsude* ist geschlossen (nicht licht), *a nsude be u* er bringt nicht die Nacht herum.

sudsud, bocksteif, fest, *a kañ nye* — festbinden, *ū 'ñkeb sudsud* ganz Nacht, *a led sudsud* sehr stark sein.

suene s. *sù.*

suga, bi-, ein Trichter aus Bast beim Palmweinabzapfen, *ba ñoñ bisuga* sie machen Trichter, fertigen sie an.

sugde s *sugude.*

sugu, bi-, ein großer Käfer.

sugu, bi-, der Schwamm, der Pilz, *sugul, bisugul bi junug* Pfifferling.

sugude, sugde aufrutteln aus dem Schlaf (cf. *sogos*), *a nsugde nye* er weckte ihn auf, *a nsugde mam ma kwañ* er rührt alte Sachen auf.

sugul anrichten, *sugul bijeg* Essen anrichten (in die Schüssel schütten).

sugum rauschen

sugus zurückstellen, von *sog* hinten sein.

suhe hie Feuer anfachen, Holz zulegen.

suhul heruntersetzen, — *hibe* den Topf heruntersetzen, *suhul mam* Sachen heruntersetzen, Abl. *nsuhe* ein Baum, s. dort.

sui, mbeṅ 'nsui, masuine̱ ma mbeṅ Beginn der Regenzeit.
sul Rücksicht nehmen, *nsul, mi-,* Hauptw.
sulug, ma-, die Schrunde.
sulul stechen, *nyoi i nsulul nye̱* die Biene hat ihn gestochen.
sum schnüren, *sumsum* ebenso.
suma, a ye — er ist aufgebläht.
sumble̱, bi-, das Höckerichte.
sumble̱ hinabspringen, herabspringen.
sun = *bob* schimmelig sein, *i nsun* = *i mbob* es ist schimmelig.
sundi heruntergleiten, fallen, rutschen, intrans., *sundul* herunterziehen, trans.
sundul mabe̱ das Böse austreiben mittelst Arznei, *bisundul* das Austreiben.
sune̱ kühl, kalt, erkalten, *ṅe̱m we u nsune̱, miṅe̱m mab mi nsune̱, miṅe̱m mab mi ye minsuni, ṅe̱m we u ye nsuni, miṅe̱m mi ntemb ja lisuni, mi be lo̱ṅ kwaṅ, maleb ma nsune̱* es ist abgekuhlt, es war auf dem Feuer, es ist nun lau; *maleb ma suni* kühles Wasser, das von der Quelle kommt, *maleb ma ye masunga.*
suṅ, bi-, ein Stück, — *nuga* ein Stück Fleisch, — *bas* ein Stück Salz.
suṅbedge der Platz vor dem Haus.
susuga kleine Zehe, *hino̱ hi nsusuga*
súsugi dicker Stampf von *njoṅgo.*

T.

Ta Vater, *a ta,* Abk. von *Tada; hé Ta é!* oder *Ta é tiṅ!* oder *Ta é kid ko̱ṅ.*
ta sein (auch manchmal mit haben zu übersetzen), *a ta be* er ist nicht. *a tane̱ be tinte* er hat keine Tinte, *i tane̱ be ṅgui ye̱m* es ist nicht in meiner Kraft, *a tane̱ be ni njo̱m ho̱b unu* er hat keine Ursache an dieser Angelegenheit, *u u tabe!* das fehlt gerade noch, da ist kein Zweifel, ganz sicher.
tá ausbreiten, *ta me̱ bunga* eine Matte auf den Boden legen, abrollen, bei Tuchern *te̱g;* sonst *te̱g mbuṅga* anfangen Matten zu flechten, wenn man das Material ausbreitet.
tā die Füße schleifen vor Faulheit, *a ntā mako,* Abl. *ntálum* Faulpelz, Taugenichts, *a ṅkwo̱ ntalum mako me* er hat steife Beine bekommen.
tá, sóṅ i ntá der Mond ist wieder erschienen (nach einem Monat).
ta unverhofft, unvorbereitet, *a nta me̱ jam* er sagte das ganz unvorbereitet, *ko̱n u nta me̱ ntag* die Krankheit kam unverhofft, *a ntel me̱ ntela* er kam unverhofft, *matel* Erscheinung (des Mondes) auch übertragen.
tã, bi-, die Schalen der gekochten *maṅga* s. *libaṅga.*
tab (cf. *hitaba*).
tabal heilen, *tibil,* Imperf., *matabla,* Hauptw.
tad blöcken, meckern.
tad wachsam sein, z. Unterschied v. *soṅ,* das sich nur auf die eigene Frau bezieht, *a ntad mua we* er wacht über seine Frau, Hauptw. *ntada, a nloha ntada mbai ye* er bewacht sein Haus über die Maßen.
tàd krachen, *ntadga* der Krach.
tàd ächzen, schreien.
Tàda Fluß in der Unterwelt. Wer auf jener Seite desselben ist, kommt nicht mehr herüber
táda, bo̱-, mein Vater.
tagbe̱ vorbeigehen, vorbeiziehen, *lo̱* — vorbeigehen, vorbeiziehen.
táh eitel, vergänglich sein, umsonst (Du. *elaṅge*).
tah 'tas unzertrennlich, *a edi ni nye̱* —, *a mbeba ni nye̱* — wie geleimt.

tahab, Imperf. v. *táh*, vergänglich sein, *yadas*, Imperf. v. *yad* vergänglich sein, *a ntahab* es ist vergänglich, *a ntahbene me* sich vor einem brüsten, Hauptw. *táh*, *bitáh*.

tai oder *tei* siedend heiß

tam 1. beneiden; 2. bereuen, *maleb ma tamga* kuhles Wasser.

tama, *metama* ich allein.

tama der Neid.

tamb schätzen, einschätzen, Hauptw. *ndàmbag*, *tamb le mbe yoñ* schätze einmal deine Pfeife.

tamb lau sein, *tambentamben* lau, *maleb ma ye tambentamben* das Wasser ist lau.

tamba vernichten, zu nichte machen, zerstören, zu unterscheiden von *obos*, *a ntamba jam*, *mbana 'ntamba* der Bann ist gebrochen.

tamba, — der Hut.

tambentamben s. *tamb*.

tan zurückschlagen, zurückbringen, z. B. *kad*, *maleb ma tanga*, oder *maleb ma hol* das Wasser ist abgekühlt, (es war vorher auf dem Feuer), oder *maleb ma hol le tanana*, das Wasser ist angenehm abgekühlt, so daß man darin baden kann (d. h. warm), s. *maleb*.

tana 1. unterwegs treffen; 2. (ähnlich wie *tanga*) gut wahrhaftig, *tand ñamb* (*ñamb* gerader Hot).

tand Linie ziehen, *tendel* mit etwas linieren, *tendeh* jemand linieren lassen, *litandag* die Linie.

tande —, der Teller.

tandi, *bi-*, der Käfer.

tañ verleugnen, *teña* Imperf., *teñel* vor jemand verleugnen. *ntañ*, *mi-*, Hauptwort die Verleugnung.

tañal minde schälen, *tañle*, *bi-*, die Schalen der *minde*.

tañga, — die Zahl, ebenso *miñañga*.

tañgal leiden.

tátaba, *bi-*, der Tümpel, der Wassersack.

tatañga, *bi-*, der Schmetterling.

taueli — das Handtuch

taye kriechen (zeigt noch das Trägere als *andal* schleichen), *a ye taye mud* dumm und über alle Maßen träge, wie die Schnecke glatt auf dem Boden kriecht.

te, *ka i te* eine gerechte Sache.

te stehen (v. *teleb*) *nu a te* der, der steht, *te seb*, *pād* kerzengerade, *te ñēñ* schnurgerade, *a tene ño pena* Ansicht haben, *tē* stehen, *tè nlondog* schreien, — *gwólol* er macht Radau, *te gwólol* ein Geschrei vollführen.

tē zermalmen.

tè ein Tier mit großen Augen (*makoho ma mis*), gelbliche Farbe, einem Eichhörnchen ähnlich.

te, *le te* (Du. *natena*) bis.

tē makabo zerdrücken.

tea (v. *tehe*) gesehen werden, *i ntea he* wo wird es gefunden?

teb auswählen, *ntebeg we* seine Braut, Imperf. *teba*, *tebel* für jemand auswählen, etwas suchen.

teb teb „hochfein", *ma ne teb teb* sie schmeckten hochfein.

teb, *bi-*, die Augenbutter.

teba s. *teb*.

tebe mauern, — *ndab* ein Haus mauern.

tebel s. *teb*.

tebeli, — der Tisch.

ted stampfen, *teda* Passiv, *tedba* quetschen, *ted bitoñ* oder *jog bitoñ* Palmkerne austreten.

ted einen Laut ausstoßen, *nlom ntomba 'nted pòpò* der Schafhammel schreit [mä.

tèda aufbewahren.

tede, *a ntede* er will Mitleid erregen, Hauptw. *ndede*.

teg, *bi-*, die Erde, *kende* die Erdscholle, *nyugude* zerbröckeln.

teg oder *oñ* machen, flechten, *njà u nteg dindámá* der Kürbis bekommt Blüten (*hindáma* Körbchen).

teg libato das Tuch ausbreiten.
teg, à teg be wo er ist nicht weit vom Sterben, *à teg be ke* er ist nicht weit vom Gehen.
tegatega behutsam, vorsichtig, *a bega soya bijeg tegatega.*
tegetege stumpfsinnig sein, *a ntegetege.*
teh(e) sehen, schauen, cf. *nun, beṅge, memle, tehenä* 1 scheinen; 2. gesehen werden, *a nla be tehenä* er kann nicht gesehen werden, *mi ntehenä* ich bin gesehen worden (Pass.), *a ntehi nye bidim, a ntehi nye biku* (d. Kaus. *teh* kommt nur hier vor), Sinn: er bereitete ihm unsägliche Schmerzen.
tehe ansehen, halten für.
tei oder *tai* siedend heiß.
tek bestechen, *matek* die Bestechung.
tel v. *ta,* s. dort.
tel, bi-, 1. der Stand; 2 Waren: Pulver, Gewehre.
tel, bo-, Leute (ebenso *sem bo-,*) *a ṅkal be me tel to kà* er gab mir weder den noch jenen an, *poda baṅ beh, kal ya le a tel a ka* nimm nicht uns alle zusammen, gib Namen an du — du — du.
tel lam die Gerechtigkeit.
telbene (v *teleb*) 1. Ding, auf dem ich stehe (Schemel), Podium; 2. *telbene me mboṅ* steh Zeuge für mich.
teleb (v. *te*) stehen, *tel* Hauptw., *mi ṅwa tel* ich bin müde vom stehen, *a nteleb kola bisu* er steht mir gegenüber, *teleb mboṅ* Zeuge stehen.
tem aushöhlen, Hauptw. *ntim* Höhlung.
tèm langsam, ruhig, das Wasser fließt langsam, ruhig.
tem graben.
temb s. *timbhene.*
temb; ntembna der Vertreter.
temb zurückkommen.
tembe, bi-, die Rahmen bei Fenster und Türen
tembel (= *pembel*) vertreten, Spu machen, wenn Tiere irgendwo ge laufen sind oder Menschen irgend wo gerauft haben.
tembene anlügen (Maṅgala), *a ntemben me* er lügt mich an (Ndogobis *lembe*).
tèmtèm unaufhorlich, *a nsehela* — e zittert unaufhörlich.
ten, — *o* Ohransatz, — *leb* Mündung — *ẑ* Wurzel, — *jis* Augenwinkel *ten ṅjà, mi-* Gurkenstaude, *ten l mud* Volksmenge, Haufen.
tende streichen (= schleifen), *bagh* wetzen.
tenten (mbai) die Heimat, das Bürger recht.
tenten der Bürger, *a ye tenten ma Nyabi* oder *a ye tihtih man Nyabi*
teṅ ṅem hoffen, vertrauen auf, *a nte ṅem yag mud* er hat jemand ver traut.
teṅ anbinden, *tiṅil* losbinden, entgürten *tiṅla tiṅi* losgebunden, *bitiṅil* der Be fehl, *teṅbe* (Du. *tiṅgame*) anhaltend tun *teṅeb* (Du. *tiṅgame*) anhaltend tun Imperf., *ndeṅbe,* Hauptw. *inyu ndeṅb miṅaṅ le mi mpolene jam dini* in Lauf der Rede entfuhr mir dies Sache.
teṅ liben Schleife machen zum zu ziehen
teṅel (v. *taṅ*) vor jemand verleugnen
teṅga plagen, *a nteṅga me* er plag mich, *a nteṅgana* er plagt di Leute, Hauptw *ndeṅga.*
teṅge-teṅge genau, wahrhaftig
teṅgel oder *tiṅgil* schaukeln, hin- un hergehen, *a ntengel* er schlender hin und her, *a nteṅgèteṅgel.*
tet, kog stoßen.
tètè, a nyega bo tètè Schritt fü Schritt.
tī ganz und gar, bis oben hinauf.
tī, bi-, Stundenvogel (Du. *musidi*) *t*

yada ein Stundenvogel, — *je̱* Eßplatz, *a mpona tí* er gleicht dem Stundenvogel (Schimpfname).

tí die Epilepsie.

ti geben, *tina* jemand geben.

ti, ba nti nye̱ lipem sie ehren ihn.

tib, festbinden, Knoten machen, *tib hiko* eine Schnur zusammenbinden, festbinden, *bale̱ mi tibha tó̱ nye̱, me̱ ni bē di ntib?*

tib geschehen, *jam dini di ntib gwe̱la* es geschah vor Kurzem, *a bi tib ke̱* er ging vor Kurzem weg.

tiba reichlich, *a ntiba ho̱b* er hat eine schöne Sprache, — *bije̱g* reichliches Essen, — *no̱m, a ntiba no̱m,* er hat ein üppiges Leben, *a ntiba mbo̱t* er hat ein prächtiges Kleid, Hauptw *ndiba* die Üppigkeit, der Luxus.

tibe̱ vertreten, festtreten (cf. *jogode̱, kidbe̱*), *a ntibda hiun* jähzornig

tibe̱ einen Hundstritt geben.

tíbe̱ untertauchen, einen Sprung ins Wasser machen.

tibí (Einz. *hibí* ein Häuflein Kot) Mist, Exkremente

tibida zergehen, breiig, ganz weich sein, *a ntibida ni hiun* jähzornig sein.

tibil (tabal) heilen, *tibil kál me̱* sage mir deutlich, Hauptw. *matibila.*

tig kostbar, *tig jam, tig ye̱m jam.*

tig, tiga daß, damit nicht, *mi ntiga wo̱* daß ich nicht sterbe (Du. *e si yabe̱*).

tige̱ und *koge̱* sich nähern, näher treten

tigil ein Vermächtnis von einem Verstorbenen, *jam dini di ye me̱ tigil, tigil ye̱m jam.*

tíhba letzte Mahlzeit halten.

tihil (s. *tis*), *ba ntihil nje̱l le̱ tis* sie sprangen urplötzlich in den Weg heraus.

tíhna sich beruhren, *tihinā* zögern

tíhtíh und *tenten* sicher, wahrlich, gewiß, *a ye tíhtíh man Mañga* er ist sicher ein Mañgala-Mann.

tik zucken, zittern, *nyu ntik nye̱* der Leib zittert ihm

timbhe̱ne̱, bi-, Vergeltung (von *temb*).

timbihi verschaffen, verschaffe mir Recht *timbih me̱ lo̱ñge̱.*

timbil Y. nje̱l bahnet Y. einen Weg.

timbis zurückgeben, *timbhe̱* erwidern, heimgeben, zurückgeben, *temb* zurückkehren.

tinba zerknittert, *a ntin(d)ba* (v Passiv), es ist zerknittert, es ist zurückgewichen

tinde̱ schieben

tindi, bi-, die Ferse.

tiñga der Umkreis.

tiñgi lo̱ einnicken.

tiñgil schaukeln, *te̱ñge̱l, a ntiñgil* er wackelt faul daher (schlendert).

tiñha zögern (cf. *ndiñha, a ye* —) *ñgo̱ño̱ i ntiñha like, a ntiñha* er zögert.

tiñil (v. *teñ*) entgürten.

tiñil ye ñe̱m sein Vertrauen auf etwas setzen.

tiñil (v. *ten*) aufbinden.

tis berühren, *ñe̱m we u ntiha* sein Herz ist beruhrt, *tihil.*

tis, le̱ —, ba mpam ha nje̱l le̱ tis mit aller Macht, cf. *tihil* und *nyèñ.*

titi, bi-, der Geist.

titiga, bi-, die Zuckerfliege.

títui, bi-, Wurzelstock von Bananen, Palmen etc.

titiñga, bi-, die Pfütze, die Lache.

tjo̱rr (onomat.), der *yo̱gi* ruft *tjo̱rr* (*yo̱gi* ein Nachtvogel).

tò oder *bè* vergleichender Ausdruck, *koyob tò* und *koyob bè* ähnlich der roten Farbe, die ein Gegenstand hat.

tò rot(?).

tò̃, ñe̱m u nyam nye̱ tò̃ er kann jetzt nicht mehr.

to̱ und *ndi to̱* nachher

to̱ ndeg auch nicht ein wenig.

to̱ wenn doch!

to tropfen.
to-nje wer auch, *to-jam* nichts.
tõ 1. stieren, in die Welt hineinsehen, *a ntõ mih we ntomba*; 2. verbannen, z. B. einen Sklaven.
tõ zurückverlangen, zurücknehmen.
tõ aufspüren, Abl. *ntóa* die Spur.
tõ Leben, Kraft haben, bekommen, anwachsen, sprossen, vom Samenkorn, cf. *tõs*, von etwas, das vorher abgehauen war.
tõ die Spur verfolgen, nachforschen *i nto nye mabal, a nto nuga, a nto bibaṅga gwem* er folgt meiner Rede.
tõ ob.
to (Du. *te*) doch noch! *We bale mi tibha to nye* hätte ich ihn doch auch noch gesehen.
tò verteilen, *ba ntol minla mi kembe* die Gedärme auseinandermachen zum Reinigen.
tob durchbrechen (einen Zaun etc.).
tob durchstechen, *tuba* Passiv, *tubi* Imperf., *tubus* durchstechen lassen, *baṅga Job i bi tob 'kete ṅem we* das Wort Gottes stach ihm ins Herz.
tob jol den Namen angeben, *joga dilam di ntob me jol* ein schöner Teil ist mir geworden.
tob makabo, M stecken (*tob* verschneiden), die M. werden beim Stecken verschnitten, alle Knollengewächse werden beim Stecken verschnitten, daher *tob*.
tob mbol Matten flechten.
tob mbu schnauben.
tob treten auf, Aufsitzen (der Vögel).
tob, ein Tier, ein Geschwür öffnen.
tob schnellen auf etwas, *a ntob nhieba pom̄* er hauchte seinen Geist aus oder *a mbedeh nhiéba*.
tob ya singen, *tubul* für jemand singen.
tob wollen, *nje a ntob, tob be* nicht wollen, eigentlich nur *a ntob be* gebräuchlich.

tobana nyuṅga gewinnbringend.
tobe, bi-, Edea-Sprache: Stuhl, Schemel Basa = *komga* und *yene*.
tobol sachte gehen, schleichen, unterscheide aber *keṅgele, a ṅke tób tòb*, *tób tòb* täppeln, *a ntobol like ntobla*.
tobol lauern, *ntobla* Passiv.
tobol schleichen.
tóbtòb täppeln.
tõda wenn einer bei einem Prozeß nicht schnell Zeugnis gibt.
tode aufwachen, neben *hebe; todol* aufwecken, *hebe* aufwachen.
todla oder *dodla* schlottern, *a ntodla we toto*.
todo, bi-, eine Frucht (Du. *sao*).
todo der Adamsapfel.
todol ausscheiden, ausnehmen, verschmähen, eine Ausnahme machen, *a ntodol be bijeg, mi ntodol beme te wada* ich nehme keinen einzigen aus, ich mache keine Ausnahme, Abl. *ntod* s dort, *ntod njiṅ bijeg* ausgezeichneter Duft des Essens, Abl. *ntoda* s. dort, *kátodol, bi-*, Gras, das überall wächst, ohne Ausnahme.
tog großer Löffel (vielleicht v. *togol*), *hitotoga* kleiner Löffel, *ṅkoṅ tog* Suppenlöffel (Schöpflöffel).
togde murren, *a ntogde ni hob* er spricht leise (*mayembe* langsam).
toge anflehen, bitten, cf. *sohe* bitten.
togol großes Geräusch, z. B. wie vom Wasserfall.
togol, bi-, zum Besten haben, antreiben, spotten, foppen, *boṅ togol* spotten, *a ntogle nye*.
togol verdruckt sprechen.
tóh abziehen, abstreifen (Fell).
tohol das Fließblatt.
tohol libato wische mit dem Tuch ab.
tohol erretten, cf. *soṅ*, Abl. *ndohola* die Errettung, *a ntohol*, Präsens, *a ntohene* durch einen zu etwas kommen.

to̱i sicher, *mud nye̱ a: a ye to̱i bańga mud* der Mann hat gesagt: er ist sicher ein aufrichtiger Mann, *to̱i ńgo̱ to̱i a to̱io̱g a yo̱n* (*ńgo̱* doch), Sinn: er wird es sicherlich so machen, *to̱ito̱i ńgo̱ to̱i a yo̱n* sicherlich, gewißlich, *to̱ito̱i le̱ ba yo̱ń nye̱?* haben sie es sicher genommen, *to̱ito̱i ba kalag la e̱* wie soll es in Wirklichkeit gesagt werden, cf. *mabai, bańga, pe̱le̱h, a bi po̱d to̱i hala?* hat er gewiß so gesagt? *to̱i lé̱* wirklich (*to̱i* wahr), „denn" besonders bei Fragen, *to̱i le̱ mi ke̱ne̱g e̱?* Soll ich denn wirklich gehen? *nye̱ to̱i le̱ a nyo̱ń jam dini* er hat es doch genommen, er hat es wirklich, tatsächlich.

to̱ibane̱ Gewinn bringen, nützen.

tol aufschlagen (Nüsse), *tulus* aufklopfen lassen, *tulha,* Passiv.

tol versäumen, fehlen, ausbleiben. *tulus* abhalten, *tulul* durch etwas abgehalten werden, Abl. *hitula*, s. dort, *a nyeg me̱ hitula* er ließ mir einen Haarbusch stehen.

to̱l, Du. *tika,* daher *to̱la ńgo̱nd* alte Jungfer, *mao̱g ma nto̱l* nicht verkaufter Palmwein.

tol viel sein.

tol die Brust, — *ye̱* seine Brust, — *ye̱m* meine Brust, — *nuga* Brust des Tieres.

tól auserlesen, *Jo̱b a nto̱l be mud = Jo̱b a ńhand be mud, ndo̱lo̱g mua* auserlesene Frau, Braut. Abl. *to̱lo̱g, bi-*, s. dort.

to̱l verteilen.

tola mao̱ń gründen (Jes. 42)

tola genügen, umgürten, *ńgodi i ntola me̱.*

to̱là ki obgleich, wenn auch.

to̱la ńgo̱nd, v *to̱l (tika)* alte Jungfer.

to̱lbane̱ Nutzen haben.

tóle̱ tropfen, *litól, ma-,* der Tropfen.

tólo, bi-, die Maus.

tó̱lo̱g, bi- (v. *to̱l*), *ńhánda lien* schöne auserlesene Palme.

to̱lo̱l s. *to̱l.*

to̱lo̱l und *kad* besiegen, vollenden, *mi nto̱lo̱l ue̱* ich besiege dich, *mi nto̱lo̱l soń ini* ich vollende diesen Monat, *mi nto̱to̱l mu unu* ich vollende dieses Jahr, *nto̱lo̱l soń* Neumond.

to̱m, ito̱m wegen, zur.

tomb, bitomb, s. *saho, bisaho,* — der Sandfloh.

tó̱mba sanft, — *múd* sanfter Mensch, — *wó* sanfte Hand, *yega me̱ ni to̱mba wo̱,* — *ńe̱m* sanftes Herz.

tombeli oder *tombedi* das Glas (Trinkglas).

tomboh sich ausruhen, — *ńe̱m* beruhigen, ruhig, still werden, *hu 'ntomboh bije̱g* der Magen verdaut das Essen.

tomla, s *bomda,* straucheln, stolpern, aneinander schlagen, anstoßen, *mi ntomla kumul, dikoga di ntomla* die Tur stößt an.

to̱mle̱ = ito̱mle̱ weil

to̱mo̱b schießen, sprossen, *tu* aufsprießen, blühen, *nto̱m* der Schößling.

to̱mo̱b sich erholen, genesen, cf. *ude̱, ńgańla.*

tomol nageln, anstoßen, s *tomla.*

to̱n ansprechen, beanspruchen, *ndo̱no̱g mud* ein anspruchsvoller Mensch, *ndo̱no̱g mam* beanspruchte Sachen, *a tabe mud ndo̱no̱g.*

to̱ndinã geliebt sein.

to̱ndo̱, lohol, ko̱ńo̱l eine Ziege abziehen.

to̱ne̱, ba-, der Nagel

toń mager sein, sich abhärmen, *lituń* Hauptw. und *nduńa* die Magerkeit.

toń, bi-, Palmtraube, Palmkern, *ko̱l* — herunterschlagen, *pag* — von der Spindel loshauen, *te* — auf das Feuer stellen, *bom* — rösten, *jŏ* — stampfen, *mug* aus dem Fruchtboden loshauen, *so̱l tòń* der ganze Palmkern, *kō̱ tòń* das Fleisch des

Palmkerns, *kakáṅ* Fasern des Palmkerns, *maṅ tòṅ* der innere Kern der Palmkerne, *ṅgimaṅ* Palmkern ohne harte Nuß in der Mitte, *linya li bitoṅ* die breiige, gestampfte Masse, *wá* Stein, auf dem Palmkerne ausgetreten werden, *ntú* leere Spindel, mit der sie häufig kehren, *hikaṅ* ein Büschel der Traube, *nso̱ maṅ* der eigentliche Kern, *hiba maṅ* die harte Schale; vier Arten Palmkerne: 1. *dihéle* oder *lisóm* mit weichem Kern, 2 *liháln* mit zwei Häuten, 3. *libóm* großer Kern, wenig Fleisch, 4. *ṅgimáṅ* auch der Kern ist fleischig, *sua* (v. *su*) *toṅ* unreife Traube, *tóṅ mbàg, bi-*, Ananas, *ted bitoṅ, jog bitọṅ* Palmkerne austreten.

tọṅ, bitọṅ das Horn.

toṅbẹ flackern, *hie hi ntoṅbẹ tọṅtọṅ* das Feuer flackert.

toṅg 1. mager sein; 2. Angst haben, *a ntoṅg ni miṅka mi ṅgọmin.*

toṅgi davonkommen, geraten.

toṅgol, hilọ hi ntóṅgol mẹ es schläfert mich.

toṅgol auferziehen.

tọṅọl erklären, verstehen, *a ntọṅọl họb likol* er kann die Basasprache vollständig (Du. *na bam*), *tọṅlẹ* jemanden erklären, *tọṅlẹnẹ* der Platz hierzu, Hauptw. *ndoṅol* die Erklarung, *i ntoṅlana* es wird verstanden, *mi ntọṅọl jọ* es ist mir klar, ich verstehe es. [flackert.

tọ̀ṅtọ̀ṅ, hie hi nlọṅ tọ̀ṅtọ̀ṅ das Feuer

tos auffrischen, cf. *tọ̄* sprossen, wieder aufsprossen, intrans.

tòto, bi-, Früchte des *sá, nindul bitòto* braten (oder *todo*).

tòtò rot, vergl. *lẹ belete* ganz rot.

totọ, bi-, ein schlottriger Fisch.

totógo kleines Gefäß (s. *hitotoga*) auch kleiner Löffel, — *mō* kleine Kalabasse für Öl.

tọyọg versichern.

tù vollständig, Beiwort für *dumbul, mapob ma ndumbul tù* Sinn: es ist jetzt ganz hell, klar.

tù stumpf sein (v. Messer), *tùh* stumpf machen, *tuhana*, Passiv, *bijẹg bi ṅhọ be nyọ* (*họ* scharf sein), daher *bijẹg bi ye ntùmba* fad, d. h. stumpf (fad).

tú vorbei sein, *a ntú* (Du. *a tombi ponda*) ein Schüler, der zu groß ist für die Schule, ein alter Mann, wenn es mit ihm dem Alter zugeht, mit dir ist's rum, *minsah mi ntu* der Mais hat ausgeschlagen (Schosse getrieben), *a ntu ni beba* er ist mit der Sünde alt geworden, *bisẹm bi ntu* die Blüten haben ausgeschlagen, *makabo ma ntu* die Makabo haben ausgeschlagen, *dinyọṅ di ntú* die Moskito fliegen weg, weil sie sich vollgesogen haben, cf. *ntu* Spindel der Pisangtraube, weil diese zuerst ausschlägt.

tu, intr. v. *tob*, Perf. Präs. *tu;* 1. *mbu ntu* der Dampf, der Staub steigt auf, kommt heraus, tritt aus, trans. *tus, hie hi ntuh maleb* das Feuer treibt Wasser heraus; 2. auftreten, ausbrechen, *makẹlẹ ma ntu* die Pocken sind ausgebrochen, kaus. *tuyẹ, hitega hi ntuyẹ njiṅ* Duft verbreiten, ausströmen, Abl. *tuẹ* die Brandung.

tú, bi-, (v. *tú*) die Schulter (die Ausmündung des Körpers).

tuba, ma- (v. *tob*), das Loch.

tubi (v. *tob*) aufgehen von einem Geschwür.

tubul mit etwas aufstechen (v. *tob*).

tubus durchstechen lassen, s. *tob*.

tudug, bi-, Baum mit schönen Blumen, Zeichen der Trockenzeit, *tudug i gwe hitod* Blütenschmuck, *tudug i nhaba hitod* Blütenschmuck.

tue, v. *tu,* Brandung, wo ein Fluß ins Meer ausströmt.

tug spielen, *tugus* spielen machen, Hauptw. *ntug, mi-,* das Spiel.

tuga verweigern, abhalten, verhindern, *uen i ntuga hob unu.*

tugda vom Schlaf erwachen.

tuge erwachen vom Scheintod, auferstehen, *pahe* wieder zu sich kommen (beim Tod), *tugul* auferwecken, Hauptw. *bitugne* Auferstehung, *tugne* der Ort der Auferstehung.

tuguda regen nach dem Schlaf.

túgul auferwecken.

túgul = Du. *pumbwele* bei Scheintoten, wenn sie durch das Klagegeheul wieder zu sich kommen.

tuhuba, bi-, die Widerspenstigkeit, das Widerstreben, *a ntuhuba* (v. *tus*) *hituhuba hi mud, a mbon tuh tuh.*

tuhul anschmieren, *a ntuhul me* er hat mich angeschmiert.

tul ein großer Baum, dessen Schößlinge man zu *bod hie* gebraucht.

tulus jemand abhalten (v. *tol* versäumen), Du. *tonse* und *tona.*

túm stark, dick (wie *manga*) *mud nunu a gwe túm; ntumbe* die großen *miondo* (*miondo* Du. sind gestoßene und gekochte Knollenfrüchte in Blätter - eingebunden wie lange Würste).

tumb, s. *om,* puffen, mit einem Stein klopfen. z. B. beim Palmkernaufklopfen, cf. *tumtum,* das Geräusch dabei.

tumb ko stampfen.

tumtum (v. *tumb*) Lautnachahmung z. B. beim Palmkernaufschlagen oder wenn etwas regelmäßig bröckelt oder klopft, *ngog i ntumba si tumtum.*

tun vollenden, z. B. Acker, der begonnen wurde, — *mae* Buschhauen vollenden, — *mbog* Ansiedlung vollenden (?).

tunde sich schürfen, *mi ntunde* ich habe mich geschürft.

tungen, bi-, die Lampe.

tungul aufrühren, daß etwas trübe wird (cf. *pungul* oder *pu* umrühren, *poda* vermischen, mischen, *bo* aufstieren, *gwana* verwechseln), *tungul* kann für „wirken“ gebraucht werden.

tus ausschwitzen, *hie hi ntuh maleb, mbuh 'ntu* Dampf tritt aus, kommt heraus, s. *tu.*

tus eilig, *a ntuh nyu* es eilig haben, *tuhuba* s. dort. *a ntuhuba* er ist eilig, es pressiert ihm.

tutu (Mehrz. gleich) die Frühe, *kegela* — in der Morgenfrühe, Tagesanbruch.

tutū unempfindlich, *ko 'nkwo me tutū* der Fuß schläft mir.

tuye s. *tu.*

U.

u (wu) man die Nacht, *ngeda ju* nachts, *u 'nje bes* die Nacht ist über uns hereingebrochen, *nem u njén njéi* mitten in der Nacht, *u 'nsudne bes* die Nacht überfällt uns, *u 'tabé* da ist kein Zweifel, ganz sicherlich.

ub, bi-, s. *sad, bi-,* der Götze.

ube erweichen, einweichen.

ube eintauchen, einweichen, *a nube man nubge* eintauchen ohne abzuwaschen, *ube nuga* Fleisch einweichen.

ude, uda genesen, auf dem Weg der Besserung sein, lebendig werden im Sinn von aufwachen, sich regen, vielleicht sogar frech werden, auch sich erholen von einer Krankheit, wieder Kraft bekommen, cf *tomob* genesen.

ue du, dich, dir *(we)*, *ue i ñke.*
úe schief stellen (v. *ōb* schief stehen)
ugus zum Weib geben.
uhi er ist überladen, übersättigt v. *nuh.*
ui am Rand sein, auf dem Sprung, am Fallen sein.
Um Götzenart, Fetisch, *Um a nsay* Um tanzt; *mi nog hiembi hi Um* ich höre das Singen des Um (Gesang beim Tanz des Götzen).
umb libum groß machen, fullen (den Bauch).
umbe aufhäufen, einen Haufen machen.
umbe auf sich laden, *a umbe njogohe yehe ñgi ye.*
umbha, tr. v. *ombob*, stutzig machen, *ki i ñumbuha ue?* was macht dich [stutzig?
umbi v. *ombob* stutzen.
umi gegrundet.
umul (bala) anschnauzen, *ñgwo 'ñumla* der Hund ist bissig, *mud a ñumla* der Mensch ist bissig
umul bikidboñ Kniee beugen, *ba bi umul nye bikidboñ* sie haben die Kniee vor ihm gebeugt.
un alt sein.
unag jam alte Sache, *a gwe unag mboa* er hat ein altes Kleid.
unbe auf jemand zornig sein, *unbene* im Herzen grollen.
ùnd durchdringender Geruch, Gestank, *ùnd po 'nyib me ñem, ùnd po hindil me ñem, ùnd po nleg me ñem* der durchdringende Geruch der Geschwüre (Du *pola*) hält mir den Atem an.
unda lehren, zeigen, cf. *nunda.*
uñgus, v *oñg*, machen.
uñgus (v. *ong*) verwandeln, ähnlich machen, s. auch *yilih*

W.

wā́ Stein, auf dem Palmkerne ausgetreten werden.
wà mude sein, *wēs* müde machen
wa lupfen.
wñ, *a ñwa nye, a beb isi* reißen, schnellen, wegreißen, *a ñwa nsón* von einem zum andern reißen, *a ñweha nye nyu* er beschämt ihn.
wagala mud ein gewalttätiger Mensch.
wagala unruhig, *a ye wagala mud* er ist ein unruhiger Mann, gewalttätig, unbedacht drauf losfahren.
wagale Makabo ausgrasen, cf *dikabo, wom* (cf *jubule*).
wagde übereilen, es eilig haben, *a ñwagde ñgwege, a ñwagde bijeg bi yomi, a ñwagde mbumbolo* (unfertiges Essen).
wagha, 1 *i ñwagha* es ist rauh (glatt *ñgombo*), *yama wagha mud* Mensch, dem sich die Hände schälen; 2 rascheln, sich bewegen (Mais in einem Papier), zittern, sich ängstlich drücken, sich fürchten, Hauptw. *ñwagha*, *a ñwagha be to-jam* er rührt sich nicht
wah zerreißen.
wahal reißen, wegnehmen, *a ñwahal ñga ndab yem?* hat er das Gewehr aus meinem Haus weggenommen?
wahalañ ein langer, dürrer Mensch, *wahalañ yama* Schimpfwort (*yama* ein elendes Ding): ein dürres Luder.
wanda jung, — *mud* der Jüngling, — *bod* Jünglinge, *a ñgwel wanda* (Du. *bola mpesa)* Staat machen, anlegen (nur zeitweise), cf. *logob* schmuck sein (immer), *gwel nañ* sich schmücken, *yomi mañge wanda* ein frischer, kräftiger, bluhender junger Mensch, oder *yomi jone (hione) di wanda.*
wañ braten, *weñel* für jemand braten, *wañle* die Pfanne, in der gebraten wird

wañ surren, *o u nlǫnd nyẹ wañ* das Ohr surrt (klingelt) ihm.
wañal s. *wañ, wañal mō,* Öl sieden.
was 1. zerreißen, *wehi* zerrissen, *weha* Passiv, Hauptw. *liweha, ma-,* der Riß, ebenso *liwehel;* 2. anreißen, hobeln (*kǫmbǫl* glatt machen), *was* der Hobel.
wē Honig, *bibabi bi wē* Honigwaben.
wẹ̄ (= *ki*) so; wenn — so *ba* — *wẹ̄*.
wẹ Abk. v. *wẹñgǫ, wẹñgǫlẹ* gleich wie, als ob.
wẹ Bejahung, ja gewiß.
weha s. *wǭ*.
weha zerrissen, *a ye weha* es ist zerrissen, *yǫma weha* zerrissenes Ding.
weha, — Schatz.
weha umkommen (v. *wǫ*), *a ñweha ni nyẹ* er kommt mit ihm um.
wel beneiden, *ba ñwel mẹ* sie beneiden mich, *ba bi wel ñwă wẹm* sie beneideten meine Frau.
wel s. *wǫ*.
wel nyu sich an jemand hängen, *a ñwel mẹ nyu* er hängt sich an mich.
weñel für jemand etwas braten (v. *wañ* braten).
wẹñgǭ, wẹñgǫlẹ als ob.
wes ermüden, *a ñweh mẹ ni hǫb unu* er ermüdet mich mit diesem Palaver.
wib der Diebstahl, Hauptw. v. *nib* stehlen, *mud wib* der Dieb.
wiba, miba Art Mangobaum, die Früchte *jiba, miba.*
wim geizig (nur andern gegenüber), *a gwe* —, *á nima mud hibañal* Geizhals.
wis, s. *tik,* zucken, *minsǫñ mi ñwih uẹ* die Würmer zerren dich, *nyu ntik uẹ* der Körper zuckt dir.
wǫ sterben, *a ñwǫ podopodo* ganz, Abl. *weha yẹm.*
wǫ, mǫ, die Hand, *hod* — Arm biegen, *sambal* — ausstrecken, *kǫb mẹ wǫ* gieb mir die Hand, *bog wǫ* Hand brechen, intr., *nimbil* — ziehen, strecken lassen, *bamb* — klatschen. *wǫ wae* die linke Hand, *wǫ walom* die rechte Hand, *pá wǫ* die Hand aufheben, *keha mǫ* die Arme schränken, *bǫg mǫ* Hände falten, *mbuh wǫ* der Handrücken, *od* — anziehen, *a om nyẹ wǫ* er stieß ihn an.
wǫm der Garten (Mehrz. *ñǫm*), die Gärten sind folgender Art: 1. *hiyonẹ, di-* (frisch gehauen mit Mais); 2. *biseñgen* mit *ñgǫndǫ, makabo, gwom;* 3. *bikodog* wo Busch war, mit Makabo; 4. *mapan (ntumul) miẹlẹ, minde.*
wǫnyu sich schämen.
wǫñ dein, *man wǫñ* dein Kind.
wǫñi die Furcht, *a ñkǫn* —, *a ye mud wǫñi, ni wǫñi* ruhig aus Furcht.

Y.

ya Verwunderung.
yā dumm, leichtgläubig (voreilig), *a ye ya mud* er ist ein dummer Kerl, *yā hiñǭ* der Daumen heißt so, weil man damit auf einen dummen Kerl zeigt; zeigt man mit ihm auf jemand, so will man damit sagen, er sei ein dummer Kerl, ohne daß man etwas dazu sagt. [singen.
ya, gwa, das Lied, *tob gwa* Lieder
yab (s. *yebes*) durchwaten, übersetzen zu Fuß *béhel,* mit Kanu *yebes;* 1. (Du. *katisẹ*) hinüberführen; 2. umherjagen; plagen durch vieles Umherlaufen, *yebeda* sich abmühen etc., *yebha* mit etwas übersetzen, *liyebel* und *liyab* Platz, wo übergesetzt wird.
yàb, gwab, die Leiter. [schleckig.
yád schleckig sein, *a nyadab* er ist

yád (Du. *elaṅga*) prahlen, *a mbon yád ni ṅkuh we.*
yadab, s. *tahab*, groß tun.
yadabe 'a *nyadbene jol li Y.* er rühmt sich im Namen Y
yag auch, Zusammenziehung: *nyeg* (= *yag nye*), *yog*, *jog* etc
yag, *bi-*, stolz behandeln.
yaga nur, *mom yaga* warte nur, *ki* — sehr.
yagal betteln, *yagala* bettelhaftig, *a nyagal nyemb* er ist waghalsig, todeskühn, sich in den Tod geben *njagi nyemb.*
yagle sogar, so auch, *yag le bijoṅ bi bod bā nimi be.*
yahal tadeln, Abl. *hiyahalene* der Tadel.
yalag, *gwalag* der Nagel, die Kralle, *soṅ* — die Nagelblüte, *i ṅkob be yalag hisii* es ist nicht so groß wie ein Fingernagel, *i ye ndeg sii ki yalag* es ist nur nagelsgroß, *a ṅkoble me gwalag* er hat mich gekratzt.
yam stocken, *hob u nyam me ṅem*, *maog ma nyam me ṅem*, *ṅem u nyam me tŏ* ich kann jetzt nicht mehr.
yama in Verbindung mit *wahalaṅ!*
yama, *gwama*, *yama mud* elender, verachtungswürdiger Mensch, *a ye yama ndamda muda* ein schwätziges Ding.
yamb überhängen, vergl *yambal* an etwas hängen, *yambab yembi*, *bijeg bi nyamb i log saṅgo* das Essen ist im Überfluß . . , *libato li nyamb i tebeli* das Tuch ist zu lang für den Tisch.
yambab daliegen wie tot (wegen Krankheit oder Faulheit oder Müdigkeit), *mi ṅkob nye a yembi* ich traf ihn an wie tot daliegend
yambal ziehen, zerren, reißen, trans.
yan verachten, *yena* Passiv, *yenel* sich nichts aus einer Sache machen, *hiyaṅga*, *ma-*, die Verachtung, *ni yanga* ruhig, weil er andere verachtet.

yandab, intrans., sich spreizen, *a nyc ndab njel* er machte sich auf dem Wege breit, *yandila*, *yendi* gesprei[z]t sein, *e i nyandı* der Baum blüht
yàndal spreizen, jemand gespreizt lege[n] breit machen (auf d. Weg), trans cf. *nyandab.*
yanga, *ni yanga* ruhig, weil er ande[re] verachtet (v. *yan*).
yàni gestern und morgen, *kel* — d[er] gestrige Tag und der morgige Ta[g] *a nlo* — er kommt morgen, *a* [...] *lo yàni* er kam gestern, *ba bi ke*- sie gingen gestern.
yáṅ, *gwáṅ*, Pulver als Arznei von eine[m] Totenknochen.
yaṅ beißen, *baṅga ini 'nyaṅ me ṅem*
yàṅga, *yeme*, umsonst, unnütz.
yaṅga, *gwaṅga*, der Zylinder.
ye, *bi-*, aufziehen, antreiben.
ye Ausruf.
ye = *ye he* wo? *yen* = wer? *a y*[...] wo ist er?
ye anbrechen, *kel i nye* der Tag bric[ht] an, *seb i nye* die Trockenzeit bric[ht] an, *a ye be kel* er wird den Morge[n] nicht erleben, *mayé ma kel* Morge[n]dämmerung, *maye ma seb* Begin[n] der Trockenzeit.
ye verdächtigen, beschuldigen, anzettel[n] *a nyena mam* er verleumdet (v. g[...] Sachen), *a nye nye mam* jemand be[-]schuldigen, *a mbod nye mam* jeman[d] beschuldigen, *nyena*, *mi-*, die Ve[r]leumdung, die Beschuldigung, *a gu*[...] *nyo minyena mi mam* er hat ei[n] Lästermaul.
ye ye ganz genau, *kola kad ye ye* (s[o] daß keins über das andere heraus[-]sieht).
yeb Mangel leiden.
yeb, *gweb*, Gesäß.
yebda sich abplagen, sich abmühen *mi nyebda.*
yebel (v *yeb*) kleine, abgemessene Schritt[e]

(wie ein Reiher) oder wie nach einem Regen, *a nyebel like* oder *a ńkil i gweb.*

yebes (v. *yab*), 1. an der Nase herumführen, herumjagen, schlauchen (daß einer viele Wasser überschreiten muß); 2. übersetzen lassen; 3. sich abmühen, sich abjagen, abplagen, *mi nyebeda.*

yed schwer sein, *i nyed* es ist schwer, *hob u nyed* die Sprache ist schwer.

yeg zurückbleiben, *yega* begleiten, *yeg sai* oder *naña sai* Termin bestellen, ansagen, *a nyeg me hitula* er ließ mir einen Haarbusch stehen.

yeg beschwören, für sich in Anspruch nehmen, *miyegá* die Beschwörung, — *njeg, a nyég miñkab mi njeg, a nyeg ńkog we* er hat einen *njeg* an seine Palme hingemacht, Abl. *yegba, a nyegba nyemede* er bezaubert, beschwört sich selbst, *yeg ńkoń* die Stadt beschwören, einen neuen Platz für sich zum Bebauen in Anspruch nehmen durch Wahrsagerei, *yeg sá* Wahrsagemittel an den Fuß des *sao*-Fruchtbaumes legen, damit niemand die Früchte stiehlt.

yéga begleiten.

yega grüßen, danken, *mayega* der Gruß, der Dank.

yega versprechen, Hauptw. *mayégnä* das Versprechen.

yega (Du. *domse*) 1. vollenden, beschließen, *mayegnä ma hob (bedomsedi)*; 2. sich vereinbaren, einen Bund schließen, *a bi yega ni bo* er hat beschlossen mit ihnen, *a bi yegnä ni nye* er hat einen Bund mit ihm gemacht (Du. *a nyodi male na mo*), *mayegnä* (Du. *male*) der Bund.

yegba s. *yeg*

yegehe wiederkäuen, 1. *kwo — njal* schwach werden vor Hunger; 2. ebnen in Verbindung mit *yegeyege, ma yeghe manjel mana yegyeg.*

yegela (yegele) zurücklassen, *mi nyegela jo* ich lasse es zurück, *yigila* das Erbe, *yig* die Witwe.

yegele zurücklassen (v. *yeg*) *(yegela), a yegle a te* als er noch stand, *a nyigle me* er ließ mich zurück.

yegna rechten miteinander.

yel, gwel, die Laus.

yel, yen, sich setzen, Hauptw. *yene biyene* der Sitz, *yena mam moń* bleib bei deinen Sachen.

yelel 1 verraten, enthüllen, vor andern dran, frei heraussagen, etwas offenbar machen, aufdecken (cf. *polol, pol, po*) . . *je hitaba* heimlich verraten, . . andere nicht wissen lassen; 2. verwässern, dünn machen, tr. *a nyelel nsugi, a nyelel maog,* Abl. *hiyelele, yelel mbododo.*

yeli (v. *yelel*) *hiyelele* wässerig, verwässert.

yem wünschen (Gutes oder Böses), *a nyemel nyemede tamba* (Hut), *a nyemle ane we u lo nyeni, a nyem mbom lam inyu like je, yema, nyemeg, nyemga, mi-,* der Wunsch.

yema, Passiv v. *yem,* verwünschen.

yemb (v. *yambab*) hinwerfen, *yemb dibato* (schmeiß hin, denn es gefällt mir nicht), *a yembi* er liegt wie kaputt da, *a nyemb me jo 'bisu* er warf es mir hin.

yemb, a nyemb nyo den Mund aufklaffen, *nyo u nyembeb nye* (wie der Schimpanse).

yembeb s. *yemb.*

yembel, cf. *yamb,* bestärken, verstärken, *a nyembel nye lihàdo* er bestärkte ihn in seinem Trotz, *be bi nyembel koń* die Arznei verstärkte die Krankheit (verschlimmern), *koń u nyembi ya* die Krankheit ist schlimmer geworden.

yembi s. *yambab.*
yeme s. *yaṅga, yeme hob ya i.*
yemhe anflehen mit Händen
yen pè wachen, wachend sitzen, *a nyen pè,* Präsens, *mi mpe(b)* ich wache, *bayene* die Beisassen.
yen, mi nyihi ha be me j. dini ich halt es nicht mehr aus.
yen, Abk. v. *nje, yom yen ini? yom ini ye yen?* wem gehört es? *yen* = wer? *ye* = wo?
yend verkommen sein, sehr arm sein, *yendes* verkommen lassen, verschlappen, *a nyendeh mam* er verschlappt die Sachen, *muda a ṅwo liyend* das Weib starb arm, cf. *yende, yendeb.*
yende (hiyende), cf. *yend,* 1. dünn sein; 2. kurz sein, *kad i ye yende* (im Unterschied v. *mbíbi* oder *hiyelele)* (v. *yel*), Hauptw *biyende* die Kleinheit, die Kürze, *biyendeyende mud* ein kleiner Mann
yendeb (v. *yénd*) klein sein, *mi bi yend* ich bin klein.
yendes s. *yend.*
yendes unordentlich, von *yend,* keinen Ordnungssinn haben.
yene, biyene, der Sitz, v. *yel, yen.*
yeṅ suchen, *i nyeṅ nje* wen suchst du? *i nyeṅ ki* was suchst du?
yeṅ hängen, *yeṅ ṅo,* s. *yeṅeb.*
yeṅbene bedrängen, *ba nyeṅbene me* sie bedrängen mich. *ba nyeṅbene me 'nyu maog* sie plagten, bedrängten mich um Palmwein (anhaltend bitten), *nyeṅbag man a ṅwo kunda yada* das schwerkranke Kind, von Krankheit heimgesuchte Kind, starb sofort.
yeṅeb 1 besinnungslos, ohnmächtig, nicht bei sich sein; 2. frei schweben, festhalten, sich halten (Du. *tiṅgame*), *yeṅi* Imperf, *yeṅes* hangen lassen, Hauptw. *liyeṅbag, ba yeṅi nyo wada* sie sagen gleich aus, *a yeṅi* er ist totkrank, *nlēm u yeṅi* die Fledermaus hängt den Kopf nach unten *a nyeṅ ṅo* er hängt den Kopf zurück, *a nyue ṅo* er hangt der Kopf herab.
yeṅeh nyu (Du *bobise nyolo*) gütlich tun gemütlich sein.
yeṅel suchen für.
yeṅes hangen lassen, s. *yeṅeb.*
yeṅge, gw-, Scherbe von einem irdenen Topf.
yeṅgeb faul sein, *nyenge* faul.
yeṅges der Knorpel, Mehrz. *gwenges*
yi 1. wissen, *mí nyí, a yig ni!* er sol wissen (Abl. *yihe* vorsichtig sein *hiyihe* die Vorsicht, *nyil* lernen, *yigiye* einprägen, wiederholen); 2. kennen, *mi ntibil yi ue* ich erkenne dich gut, *a nyi me ndeg* er kenn mich ein wenig; 3. bleiben, übrig sein (*yine* bei jemand bleiben) 4. Weisheit; *yina,* Passiv, *yis* wissen lassen.
yī jis, gwi bi mis, die Augenbraue.
yib zumachen, *yibi* zu sein, *yibil* aufmachen, *ndab yibi* das Haus ist zu *ṅnd pō 'nyib me ṅem* der Gestank (von *pola*) hält mir den Atem an
yibe versinken, sich bücken, in die Kniee sinken
yibila offen stehen.
yibis machen lassen.
yibné, bi-, der Kork.
yiboṅ wahrhaftig!
yidib (yidi) zusammenfahren, betroffen sein, sich in Schmerz vergraben *koi i yidi* wenn der Affe von einem giftigen Pfeil getroffen ist so fährt er plotzlich zusammen sitzt ganz ruhig und fangt plotzlich an, sich zu erbrechen.
yie Schatten, Mehrz. *gwie (yiye).*
yig, bi-, die Witwe (von *yigila*), *yig muda* die Witwe, *yig munlom* der Witwer.
yigida, a nyigida er ist unruhig, zappelig

er hat sich geschuttelt, aufgerüttelt (wenn er schlafen wollte).

yigil (v. *nigil*) das Lernen.

yigila das Erbe.

yigile nyaṅ auch *yigila nyaṅ* die Pflegemutter, *yigile yoṅ nyàṅ* deine Pflegemutter (auch Stiefmutter).

yigile zurücklassen, *a nyigile me* er ließ mich zurück.

yigiye, v. *yi*, einprägen, eindringlich [machen.

yigle, *mi nyiglé* ich glaubte, ich meinte.

yiha, *gwiha*, die Trane, *kidig yiha*, *a bi kob be to kidig yiha* er vergoß nicht eine Träne.

yihe vorsichtig, scheu sein, in Acht nehmen, vorsichtig sein, sich hüten, *mud nunu a nyihe ngandag*, *a ye hiyihe*, *dinuni di nyihe* die Vögel sind vorsichtig, scheu, Hauptw. *hiyihe*.

yila (v *yel*) an Stelle treten, *Yesu a bi yila mud*, *a bi yila maleed* den Platz eines Lehrers inne haben, *a ṅkahal yila* sich erholen (Du. *timbea*).

yile ehe (cf. *ilole*) ehe, bevor, *iyile* wenn

yilih (v. *yel*) 1. einen zu etwas machen, erheben, etwas aus einem machen, *saṅ a bi yilih nye man libi*, der Herr hat ihn zum Sklaven gemacht, *a yilih yo bitelbene mako me* er machte ihn zum Fußschemel seiner Füße; 2. lernen lassen.

yimbe sich merken, ein Zeichen haben; *u nyimbe le*, *ua koh e?* weißt du es gewiß, daß du es bekommen wirst?

yimbine, *bi-*, das Zeichen, *yimbine libadag* das Fragezeichen, *yimbine* das Ausrufezeichen.

yimha sich drücken, sich verlieren, *a nyimha* er hat sich gedrückt.

yimil die Irre, davon *nimil*.

yin, *nyin*, das Weibchen, — *kembe*, — *ṅgoi*, — *kob*, — *ṅgwo*, — *nuga*.

yin kentern, versinken (Bakoko, aber sehr gebräuchlich, Basa: *kob*), *yinis* versenken

yina, Passiv v. *yi*.

yine, wohnen bei, sein bei, behalten, *ba yine man wab* sie sind bei ihrem Sohn, *ba yine bo* sie wohnen bei ihnen.

yiṅ durchdrungen sein, eingedrungen sein, durchnäßt sein, *mbod yem i nyiṅ ni maleb* meine Kleider sind von Wasser durchdrungen.

yiṅye eindringen, durchdringen tr. (?) *maleb ma nyiṅye mbod yem*, cf. *yoṅye*, *mbu u nyiṅye ṅem we*.

yinye glimmen (Jes. 42).

yis setzen.

yisoṅ bei meinem Vater! (Schwur).

yiya nyo die Natter.

yiye — der Schatten.

yo faulig sein, so weich sein, daß niemand es mehr essen kann, *minsoa mi nyo* die gelben Planten sind faulig.

yo 1 weich sein, *yoga bel* ein weicher Schlegel, der vielleicht schon etwas riecht; 2. verschlafen sein, schlapp sein, schlaff sein, *á nyò* er ist verschlafen; *yoa mud* ein verschlafener, kraftloser Mensch, „Waschlappen" (sehr treffend); *mayo ma nyol* Dachtraufe (wegen des Tropfens wie bei faulen Bananen)

yǒ, *gwǒ*, Yams (Kollektiv) die einzelnen Arten s. bei „Yams".

yo, *bi-*, Zotte, zottig.

yò, *bi-*, das Roßhaar.

yô ach!

yob in die Schüssel tauchen, vergl. *yube* eintauchen

yǒb, *yobda*, sich falsch ausdrücken, sich versprechen, sich verschreiben, sich versehen. sich vergreifen, einen Mißgriff machen, sich irren, *mi nyobda*; *nyǒba* Sprachfehler, Versehen, Irrtum, Mißgriff; *nyǒba njeg*

Irrsinn, Wahnsinn, Verrücktheit, Geistesgestörtheit; *yobo mud* ein irrsinniger Mensch etc.; *yobo jam, biyobo bi mam, yobda jam, biyobda bi mam* unsinniges, verwirrtes, verrücktes Zeug; *yobos* herausbringen, verrückt machen etc.; *yobe* träumerisch, phlegmatisch sein, *a ye yobe*.

yob, mi nyob ndigi yobog ich habe mich nur falsch ausgedrückt, Abl. *mayobeg*, der Rand, *ma hikoa*.

yobe (cf. *yob*), träumerisch, phlegmatisch *a ye yobe*.

yòbo auf einem Fuß gehen.

yobo große Schritte machen.

yod, gwod, (v. *yodob*) der Adamsapfel, Kehlkopf (der hervorsteht).

yodob (yudi) versteckt sein, *kob i nyodob* es kann nicht mehr schlucken, es steckt ihm etwas im Hals; *a yudi* er ist betrübt, düster, finster (Gegenteil von *nug*), *libato li nyuda* das Tuch ist runzelig, *li gwe minyud* es hat Runzeln.

yódob (yudi) sich ärgern, finster sein, *a nyodobene nje* über wen ärgert er sich? Abl. *mayód* Ärger.

yódob ärgerlich sein, traurig sein.

yog, yogoda unordentlich, schlappig sein, *á nyòg, a nyogoda; yogoda mud* ein dummer, einfältiger, beschränkter Kerl; *yogoda j., biyogoda bi m.* einfältige Sachen, dummes Zeug; *yogobe* durcheinander schwatzen, *a nyogobe ni hob* er macht fort mit seinem Palaver, *liyogobe* Lärm, ein Durcheinander mit Schwatzen.

yog sich schleppen, daherwanken, *a nyog nyogod* er kann sich nur noch schleppen; *yogoda* aufgeregt, kopflos sein, *a nyogoda, ṅga i nyogoda* das Gewehr falliert, *hiyogod mud* der schwer von Begriff ist, er hört, aber vergißt wieder, weil er schwach im Kopf ist, cf. *tibidi mud*.

yoga lahm sein, *yogos* lahm machen

yogi v. *yogob*.

yogi, gw-, 1. ein Nachttier, *i nyog tjorr* er ruft *tjorr*; 2. das Hühnernest.

yogi, gwogi, ein Tier, hält sich meis[t] auf Bäumen auf, hat nur Fußstummel, hält sich beim Kletter[n] mit dem Maul.

yogo, bi-, Triebe, Augen, die frisch ansetzen.

yogob, bi-, der Vielfraß, der Freßsack

yogob (yugi) zerbröckeln, bröckelig sein, *biteg bi yugi* die Erde is[t] bröckelig, *nyugude (mugude) biteg* Erde zerbröckeln, zerplittern.

yogob, yogi alles haben, was das Her[z] begehrt, Überfluß haben, erhaben über Not und damit auch übe[r] Menschen, *a yogi; yogoba* verschütten refl.; *yogoba* Genüge; *liyogobene* eine erhabene Stellung, erhabener Sitz, übertr. Thron.

yògobe durcheinander schwätzen, lärmen

yogol (v. *yog*) reichlich etwas abschneiden, z. B. ein Stück Fleisch

yogól sich vornehmen, sagen (als Versprechen), Du. *kakane*.

yòi das Moschustier, dessen Geruch *likinda*.

yòi vernachlässigen, aufgeben, *a nyo ndab* er hat das Haus aufgegeben *yuga ndab* ein aufgegebenes Haus

yola (cf. *nol*), tr., verlachen, höhnisc[h] lächeln, spöttelnde Bemerkunge[n] machen (wie Ps. 2), *a nyola bo*.

yom 1. überhören, *maō ma nyom ny[e]* die Ohren überhörten ihn; 2. umherirren, *yumus* planlos herumschicken, *a nyumuhu me bikai* e[r] schickte mich im Busch herum.

yom, gwom, eine Yamsart, weitere s. bei „Yams“.

yǒm, gwǒm, das Ding, die Sache, *yom ini ye yen?* oder *yom yen ini?* wem gehört dieses Ding da? *a tabe yom* er ist nicht nennenswert, nichts Besonderes, nichts Sonderliches, *yom je* (aus *hyom hi je*) etwas zu essen, einen „Bissen“ zu essen.

yoma, ba-, die Weide.

yǒma, ba-, das gewöhnliche Gras.

yomb, gwomb, Fleischwürmer in gedörrtem Fleisch.

yombob, yumbi, herabhängen von etwas, etwa ein Seil, ein Tuch, eine Schlingpflanze, *hiko hi yumbi* das Seil hängt herunter.

yombol Überfluß haben, Überschuß [haben.

yomi (v. *yom*, v. *yom?*) frisch, lebendig, grün, ungekocht (im Sinn von frisch), saftig, *hiobi hi ye yomi* der Fisch ist frisch, lebendig, *nyǒ 'yi yomi* die Schlange lebt noch, *bijeg bi yomi* ungekochtes Essen, *yomi mañge wanda* ein junger, frischer, kräftiger, blühender Mensch, *yomi hione hi wanda* ebenso.

yon voll werden, *yoni* voll sein, *dibondo di yoni* der Krug ist voll, *yonos* füllen, erfüllen, *ya i nyonoho bína* das Lied, das Nr. 4 ausfullt, d. h. das vierte Lied; *'ñem we u nyonohana mase* sein Herz ist von Freude erfullt, *makàg ma yonoha* die Verheißungen werden erfüllt werden, *yonoha*.

yondo s. *mondo*.

yondob hinunterhocken.

yondob oder *sonob* Hinuntersitzen zum [Essen.

yòñ, ba-, Geist eines Verstorbenen, auch *ñkúgi, mi-*.

yoñ nehmen (in all seinen Bedeutungen); *j. dini di nyoñ me nem* oder *j. dini di nyoñ me liyoñ* dies hat mir das Herz genommen, es hat mich ganz dahingenommen.

yòñ, ndèǵe yòñ kürzlich, vor kurzem (Vergangenheit), *a bé Dihúla yòñ* er war kürzlich in Duala.

yoña, — muda ein Weib entführen.

yoñgǒ, gwoñgo, das Chamäleon.

yoñgog, gwoñgog, das Gelenk (Du. *joñga*).

yoñye zerfließen, sich mitteilen, *tinte i nyoñye tohol* die Tinte zerfloß im Fließblatt, cf. *yiñye*.

yós früher, *yuha* alte Zeit, in alter Zeit, *yuha kel* früher.

yos v. *yo*; *ki i nyohu ne* was drückt dich, was macht dich so schlapp?

yùba sich eintauchen.

yubda sich irren, sich verwirren, *mi nyubda*.

yube, tr., untertauchen, taufen, Hauptw. Taufe, cf *ube*, *mi nyube nyubge, liyubge* die Taufe, Eintauchen.

yubha tauchen, darausbringen, tr., *a nyubha mè* er hat mich darausgebracht, getaucht.

yudub (yudi), cf. *yidib, yod, yodob!* betroffen zusammenfahren (bei einem Schuß oder Schmerz oder Todesnachricht).

yudub in Not sein.

yug (Du. *ñakisange*) zu hoch sein, über den Verstand gehen, *jam dini di nyugu me* ich kann das nicht begreifen, fassen, es ist mir unfaßlich, [unbegreiflich.

yugi v *yogob*

yugye „hinwerfen“, *ba nyugye nye nuga* was er immer wollte

yúha (v. *yos*) vergangen, verlassen, fruher, *yuha kel* in den vergangenen Tagen, *yuha njel* ein früherer Weg (cf. *kudug njel*), *yuha nkok* ein verlassener Palmweinstamm, der keinen Wein mehr gibt.

yuhul, Ndogobisol: *juhul* (v. *yus*), unterhalten, in Gesellschaft sein, *ba nuhul* sie unterhalten sich.

yumbi v. *yombob*.

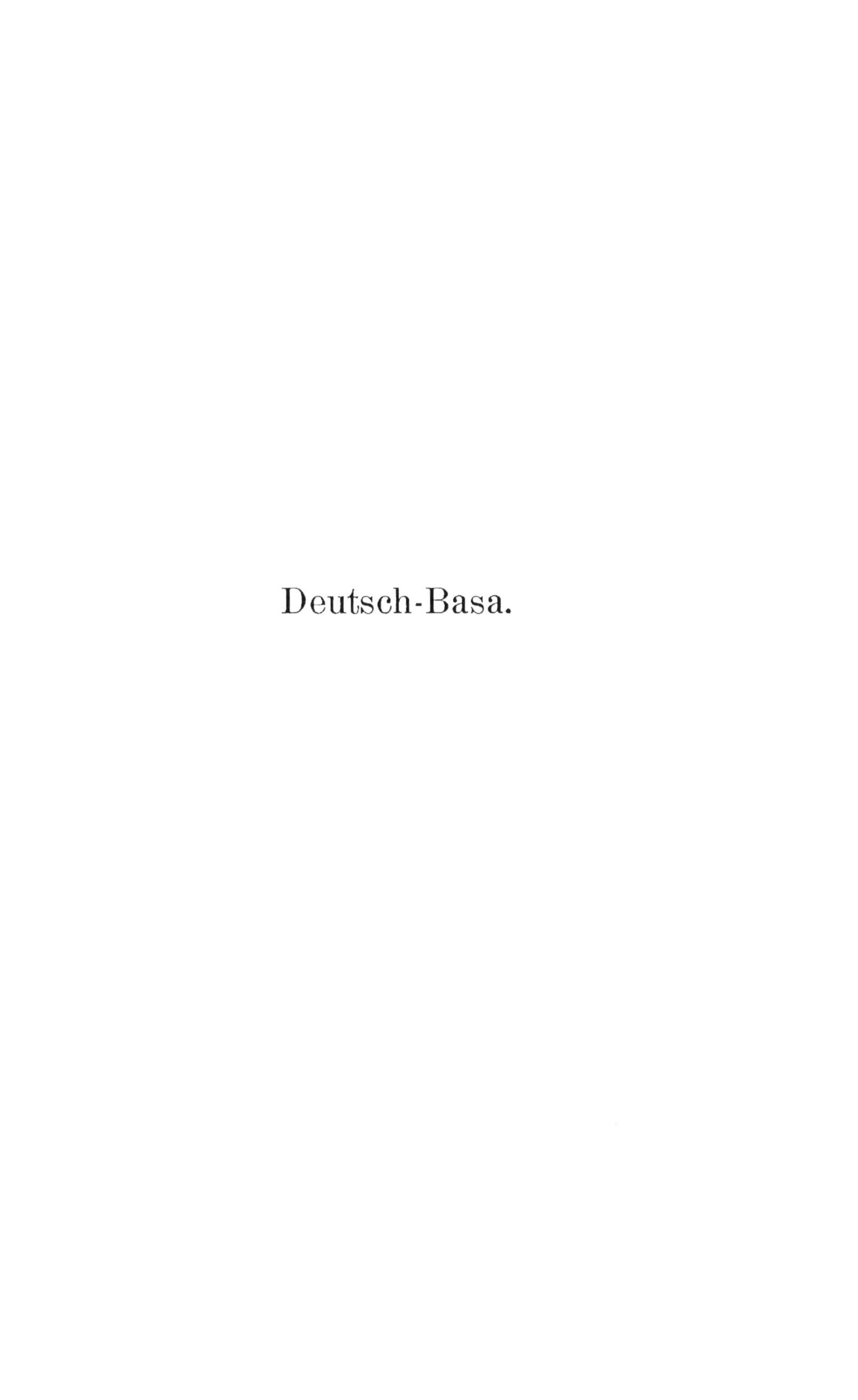

Deutsch-Basa.

A.

Aas *oba.*

abbetteln *njagi, njagi lemb* (Ring zum Ersteigen der Palmen).

abbrechen = einreißen, wegreißen, *bog, a mbog ndab ye.*

abbrechen (einen Stock und dergl.), *bog,* brich den Stock ab *bog kek,* der Stock ist abgebrochen *kek i mbugi* oder Partiz. *kek i ye buga,* die Arbeit abbrechen *bóg nsòn.*

abbrechen, das Haus — *pă ndab.*

abbringen *bog,* er brachte mich ab (v. etwas) *a mbog me.*

Abend *kokŏa, bi-,* abends *ńgeda kokŏa.*

Abendessen *lob,* Hauptw. und Zeitw.

Abendmahl, Mahl des Herrn, *bijeg bi Tada*

Abendsonne, goldener Glanz derselben, *log-bako.*

aber, aber auch, *bà;* was soll ich aber auch machen, *ba mi boń la?* wo soll ich mich aber auch hinwenden *ba he mi yene?*

abfallen *kińana,* sie sind von mir abgefallen *ba ńkińana me;* — *koi,* cf. *nubi, mugi* (Palmkerne).

abfasern *końol.*

abfließen *kuli,* s. dort; abfließen, ablaufen *sá.*

abführen *bahala, bẽ bini bi mbahala* diese Arznei führt ab, ist ein Abführmittel. [welche abführt).

Abführmittel *bẽ bi mbahala* (Arznei.

abgebrochen sein, *bugi* v. *bog, kek i mbŭgi.*

abgekühlt *sune,* das Wasser ist abgekühlt *maleb ma nsune* (es war auf dem Feuer), kühles Wasser von der Quelle, *maleb ma suni, maleb ma ye masunga*

abgeneigt sein *be, a mbe me; bog,* sie riefen ihn wohl, aber er war nicht geneigt zu kommen *ba bi sebelaga nye, ndi a bugi.*

abgezehrt *hikóda hi nyu,* abgezehrt *njiha, a ye mud njiha.*

abhacken, verhacken *sańde* (v. *sań* Zähne ausfeilen).

abhalten von etwas *jelha,* s. *jèl, a bi jelha me hiomog;* — *keńba;* — *tuga, uen i ntuga hob unu;* — (wie ein Schild) *pág;* — *lenda, a bi lendha me;* — *bend* (v. *bandab*); er hielt mich ab *a mbend me;* abhalten von etwas *pel, uen i mpel hob unu;* abhalten, jemand, *tulus* (v. *tol* versäumen).

Abhang *ngeńgehi* und *nseń isi.*

abhärmen, sich, *toń,* Hauptw. *nduńa.*

abhauen *sèm, kid, keg, seg.*

Abhauen der großen Bäume im Garten *likèg* (v. *keg*), *mi ńke likèg.*

abjagen, abplagen *yebes, mi nyebeda.*

Abkratzen der Wege durch die Weiber, *likondo, ma-.*

abkühlen *hol,* s. dort.

Ablauf von 3 Monaten und einem halben *mintolol mi soṅ mà ni peh ini,* nach — eines Monats *ntolol soṅ wada.*
ablaufen *kuli.*
abmagern *kod, mugedeb.*
abmarkten *njombi* (v. *sombol*).
abmühen, sich, *yebes* (v. *yab*), *yebeda, mi nyebeda.*
Abneigung *libéna,* er hat Abneigung gegen mich *a mbe me.*
abnutzen, sich — *bala* (v. *bá*), ein abgenutzter, ausgetretener Stein *mbala.*
Abort *ṅkó;* — *libé, mi ṅke* —, ich muß auf den Abort *libé li gwe me.*
abplagen *mi yebda.*
abraten *bog,* er riet mir ab *a mbog me.*
abrechnen *áṅ màm, áṅ ṅkús.*
abreiben, etwas, *siṅha.*
abreißen = wegreißen *bog,* ein Haus.
abreißen *pad,* ist abgerissen *pedi, kembe i mpedi* die Ziege ist abgerissen.
Abscheu *ṅgaṅa.*
Abschied nehmen *jèlel, kobna, sī kó mbòm,* abscheiden (eines Sterbenden) *lag(e)le,* das Abschiednehmen, Hauptwort, *makandna* (v. *kandna*).
Abschlecken *nsoha.*
abschleifen, sich —, *bala* (v *bá*), abgeschliffener Stein *mbala.*
abschneiden, Bezahlung — *hom nsá:* abschneiden, Kopf — *kid ṅo* und *sem ṅo*
abschnipfeln *lendel.*
Abschnitt mit einem Messer *sè.*
abschreiben *kóna* (= übertragen, sonst *nib*); schreib diese Wörter ab *lohu bibaṅga bini.*
abschuppen *bás* tr. (einen Fisch z. B.).
abschwenken (auf den Weg) *kiba* (v. *keb*).
abschwören, Kraut zum — *libóda.*
Absicht *jèṅ,* s. dort.
absondern *ló,* das Geschwür sondert Eiter ab *ke i nlo mahen.*
absperren *pend.*
abspringen *ég* (ein Stück von einem Teller); abspringen, daß es eine trifft *pihle.*
abstreichen mit dem Finger *hóndol.*
abstreifen *só;* abstreifen (Fell) *tóh.*
abstrupfen *só.*
Abteilung (abgeteilter Haufen) *liyē mayá.*
abwärts *isi.*
Abwasser vom Palmkern stampfe *njoi* (Yabi *nsoṅ*).
abwechseln beim Tragen, im Sinn von einander helfen, *holna,* sonst *dugin* auswechseln, cf. *yila.*
abwenden, sich — *bṅga,* s. dort.
abwerfen, jemand auf einen Plumps ab werfen *a nsihil mud si.*
abwischen, wische mit dem Tuch a *tohol libato.*
Abzapfen, das — des Palmweins *lis* v. *se, mi ṅke lisé.*
abzäunen *pend.*
abzehren *bayab.*
abziehen, eine Ziege, *tondo, lohol* trans *koṅol, tóh,* er hat sich geschält *nlohola.*
Abzug des Gewehrs *hiłmb hi ṅga.*
Abzweigung, Sachen mit einer — *li pánda* (v. *panda*), übertragen v. *li pánda* Seitennaht
ach! *yō.*
Acht, in Acht nehmen *yihe,* s. dort.
acht *juèm* (eigentlich *jem*).
achten, hoch achten, *bedes;* —, wer achten, *bida,* Achtung *mbidiga.*
Achtsamkeit *hiyihe.*
ächzen *tàd.*
Adamsapfel *todo (yod, gwod).*
Ader *ṅkaṅ.*
Adler *nyogol, mm-,* (s. *pondol*) eine Art
Affe *kói;* ein schwarzer Affe *bòndo bi-;* —, (Pavian) sehr groß, *sòm, ba-*
Affenfalle *kòmb, siga, bi-.*
afterreden *sòg.*
Agave *mbag, mi-.*
Ahle *nsòho, mi-.*

ähnlich sein *pona, ong*; ähnlich machen *ungus*.
Albino *mbei, mbei mulato*.
allein, ich — *metama*.
allmächtig, Gott ist — *Job li egha*.
allmählich eine andere Art annehmen *nyongele*, s. dort.
als ob *we, wengo, wengole*.
also *là nyen* (Du. *na nde*).
alt sein *un*.
alt *nlombi*, altes Tuch *dibato dim di ye nlombi, nlombi dibato*, alte Sachen *unag jam*; ein alter Mann *mbod mud*; alten Weg aushauen *poyol njel*; in alter Zeit *yuha*, in alten Tagen *yuha kel*; alter begangener Weg *nsinga njel* (v. *sen*).
Altersgenossen *kóm* oder *kón* oder *sèga*, (*ba ye sèga*) und *hiài hi bod*.
altersgrau, erfahren *mud nunu a nkwo nsínga*.
Ameise *hisòn, di-*, die gewohnliche kleine — *hisoson*; giftige — *ntotot, mi-*; kleine schwarze — *nsabunda*; eine kleine Art weißer Ameisen *bìt*; kleine Stechameise *kē* (Yabi *kje*); schwarze — *pupuh*; schwarze stinkende — *kùnjan, bi-*; fliegende Ameisen, die gegessen werden *sombo*.
Amulett *jéle, bi-*.
an; *ba njel njel* sie weiden am Weg.
Ananas *tón mbàg, bi-*.
Ananasstaude *malan*, Ananasfrucht *ton 'lan*.
anbauen sich *konol*, Abl *nkon* zwischen zwei Bächen.
anbefehlen *nidis* (s. *nid*.)
anbeten *lombol*, das Anbeten *ndómbol* Hauptw.
anbinden *ten*; anbinden an eine Stütze *beb*, man bindet die Plante an *ba mbeb likondo* (an eine Stange als Stütze).
anbrechen *ye*, der Tag bricht an *kel i nye*.
Andenken *honlene*.
andonnern *kundul*.
aneignen, er hat die Sprache sich angeeignet *a bi lan hob*.
aneinander schlagen *tomla, bomda*.
anekeln *kunuh, jam dim di nkunuh me nem*.
anfachen, Feuer — *suhe hie*.
anfahren tr., *bamal* (v. *bam*); *ágal, a nagal nye*.
Anfang *bibodol* (v *bodol*), *libodog* (v. *bod*), *libě* (v. *be*).
anfangen 1. *bod* (Du. *botea*), Anfang *libòdog*; 2 *bodol*, Anfang *bibodol, a bi bodo me*; 3. *kahal*; 4. *bě*, Anfang *libě*; 5 *bǎ*.
anfangen zu regnen *nob a nkohi*, anfangen zu weinen *a nkohol liwo*.
anfeinden *bala*, er feindet mich an *a mbala me*.
anflehen *toge*; anflehen mit Händen *yemhe*.
anfragen, vorher fragen *bóne*.
angeben, Aussage machen *bóne*.
angehen (v. Feuer) *kala*.
Angehorige *lóg*, seine — *lóg ye*; Angehöriger, ein weitläufiger Angehöriger, der bei dir ist, weil er sonst niemand hat, *lendi, bi-* (auch Tagelöhner).
Angel *nlób, minlob* (v. *lob*), Angel festbinden *han nlob*
angeln *lob*, angeln mit etwas *lobol*.
angenehm *mbombo, mbai yem ye mbombo*.
angeräuchert sein *bomb*, das Fleisch ist angeräuchert *núga 'mbómb*; angeräuchertes Fleisch *mbombo nuga*.
angesehen, ein reicher, angesehener Mann *nhad mud*.
Angesicht, *su, masu*.
angewöhnen *meya* und *mea*, angewöhnt *meha*.
Angst haben *tong, a ntong ni minka mi ngomin*.
ängstlich *seheg* v. *ses*; ängstlich still *ni woni*.

anhaften *e̱de̱*.
anhaken *ko̱b*.
anhaltend bitten *yeñbe̱ne̱*.
anhaltend etwas tun *o̱dbe̱; teñbe̱*, Hauptw. *ndeñbe̱*.
anhangen *o̱d, o̱do̱b, odi* (cf. *ad*).
Anhöhe *mabe̱d* v. *be̱d; ñgeñgehi*.
anklammern, sich — *magbe̱, a magbe̱ me̱*.
ankleben *e̱de̱*.
anklopfen *kod; kumb dikoga*.
Anlaß geben, daß jemand in den Busch fällt *le̱m, lemha*, tr., *a nle̱m nye̱ bikai*.
anlügen *te̱mbe̱ne̱* (Mangala), *le̱mbe̱* (Ndogobis.).
anmessen *hegba*.
annähernd *be̱be̱ ni*, es waren annähernd 100 Mann *ba be be̱be̱ ni mbogol bod*.
annehmen *he̱g*.
Annehmlichkeit *mbo̱mbo̱*.
Anrede *a ñgwám, ñgwa ye̱m*; Anrede der Frauen, oder an Frauen *kùmba, a kùmba*; Anrede eines Mannes an einen andern *kuni*, wir Männer! *a munlom kuni*.
anreißen *was*.
anrichten *sugul*, Essen anrichten *sugul bije̱g*.
anrühren *sí*, wer hat mich angerührt? *nje̱ a nsiba me̱?*
ansagen *naña sai* oder *yeg sai*.
anschauen *beñge̱*. [*adbe̱*.
anschließen, sich —, *adba, adna*, intens.
anschmiegen, sich, *se̱s, ba nlo̱ se̱h nye̱*.
anschmieren *tuhul*, er hat mich angeschmiert *a ntuhul me̱*.
anschnauzen *bamal* (v. *bam*); *umul* (*bala*).
Ansehen *liháḍ* (v. *had*) (Reichtum).
ansehen *beñge̱*; ansehen, anstarren *bo̱g mis*, er sieht mich unverruckt an, *a mbo̱g me̱ mis*.
Ansicht *ño̱ pena*, deine Ansicht *ño̱ wo̱ñ pena*, ich stehe (neige) zu der Ansicht *mi tene̱ ño̱ pena unu le̱*; Ansicht haben *a tene̱ ño̱ pena*

Ansiedlung *só̱*; offene, freie — *bimàmā bi mambo̱g*.
ansprechen *to̱n*; ansprechen, einen Fetisch, *lombol njeg*
anspritzen *pihle̱*.
Anspruch, in — nehmen, hinnehmen, *jam dini di nub me̱ ñe̱m, di nsoh me̱ ñe̱m, di nyo̱ñ me̱ ñe̱m*.
anspruchsvoller Mensch *ndo̱no̱g mud* (v. *to̱n*)
Anstand *njo̱ma*, auf den Anstand gehen *so̱m*, er ist geborgen *a somi* (etwa hinter einem Baum) auf dem Anstand. das Versteck auf dem Anstand, *libemel* (Lok. v. *be̱m*) oder *libèm*.
anstarren *bo̱g mis*, er starrt mich an *a mbo̱g me̱ mis*.
anstaunen *be̱ñe̱l*, tr., *me̱mle̱*
anstecken *no̱ñ*, ansteckende Krankheiten *mako̱n ma noña*.
anstellen, alles mögliche — *dáb, a ye mandā*.
Anstieg *mabe̱d* (v. *be̱d*).
anstoßen *tomol; tomla, bomda*; die Ture stößt an, *dikoga di ntomla*.
anstreichen *hō̱, so̱, ma, nan*; *ke̱b* zeichnen
anstrengen, sich, *yebda, mi-*.
Anteil *likàba* (v. *kab*).
Antilope *só* (die große), näheres s. *so!* — (kleine) *hisè̱, disè̱*.
antreffen *bo̱mā́, ko̱ba* nicht antreffen *kándinā, se̱la*.
antreiben (aufziehen) *ye, bi-*; antreiben = tun lassen, tun machen *gwèles* (v. *gwe̱l*).
antun *le̱ñ*.
Antwort *line̱be̱g* (*ne̱be̱*), *mbē, mapē, mapeyel*.
antworten *ne̱be̱, peyel, koble̱*
anwachsen *tō̱*.
anweisen *eba* (Passiv), *maebla* die Lehre.
anzeigen, er hat ihm diesen Mann angezeigt, *a soeye̱ nye̱ mud nu*.
anziehen *ha, ha nye̱ mbo̱d; haba*, s. dort.

anzünden *kuẹ; bás*, zünd mir ein Streichholz an *behèl mẹ ṅgóbè hiẹ́* (eigentl. eine Streichholzschachtel).

Apfelsine *lipuma, ma-*.

Arbeit *nsón* (Feld- und Gartenarbeit); *ṅgwẹgẹ* (Hausarbeit), ich bin an der Arbeit *mi ye ṅgwẹgẹ; a béndi nsón* sie ist bei der Arbeit (sc. gebückt), *bandab!* arbeite! (gebückt).

arbeiten *gwẹl nsón*, arbeiten für *gwelel*.

Arbeiten, Hauptw. *bigwelél*

Arbeiter *ṅgwèlel*.

Ärger *mayọd* (v. *yọdọb*).

ärgerlich, er ist — *a ṅkọn njo*.

ärgerlich sein *nud mayọd*, er hat mich geärgert *a nudha mẹ mayọd*.

ärgern, refl., *yọdọb, yudi*, er ärgert sich über mich *a nyọdọbẹnẹ mẹ*; das ärgert mich *jam dini di heleh mẹ lẹ kẹlẹlẹ*.

arm, sehr arm sein, *yẹnd*.

Arm *nam, bi-*.

Armbrust *mpan, mi-*; die — spannen *kọb*.

Arme, der, *hiyẹba mud* od *liyẹba mud*.

Ärmel *nam koti*.

ärmlich, armselig *ṅkáṅga*.

Armspange *ṅkóm*; Armspange aus Kupfer *ṅkembe*.

Armut *liyẹ̄b*.

Arrow Root *mboyo*.

Art und Weise *nyà* (v. Du. herübergenommen), *kà* s. dort, Art und Weise *ndòṅ, limbṑ, ntem, mba; limbṑ li mud lini* diese Art Menschen; *ntem mud nu*, seine Art *mbà we unu; linyọ̀ṅga* neben *nyọ̀ṅga* (6. Kl.) (Du. *nyai*) (cf. *ndòṅ* und *nyọṅgẹlẹ*), es ist so seine Art *linyọ̀ṅga je*.

Arznei *ẹ̄, bẹ* (aus *bẹ*), s. dort; *likaṅ, ma-*, v. *kaṅ*; *matabila* (v. *tabal*); Arznei zum Huren *bọ̀bẹ*; Arznei = Du. *ekoṅ*, Zauberarznei, *ṅgwẹi*, s. dort; allerlei Arznei in eine Schüssel gemischt *nsọ̄*, Rinde von Bäumen abhauen um sie zu Arznei zu mischen *pọm nsọ*; Arznei und Brauchen, um Unheil abzuhalten *ṅgaṅ nyu* (v. *kaṅ* binden, Hauptw. v. *kaṅ*) s. dort; Arznei, die Kraft haben soll, Gläubiger zu vertrösten *lihógbẹ*; Arznei einreiben *naṅ*, s. dort.

Asche *libū̃ (dibū̃)*.

Äste, die — bewegen, *nimbiha* oder *pogha*.

Atem *mbū*; den — verhalten, *likik* (v. *kig*), *likik li liwọ li gwe nyẹ, man a ṅkik liwọ* das Kind verhält den Atem.

atmen *heb, hebeg, hẹba*, atmen mit *hibil*, s. *heb*, Hauptw. *nhẹba*.

auch *ndigi, mi bọṅ ndigi; yag*, Zusammenziehung *nyẹg (yag nyẹ), yọg, jọg*; auch *ki*, was auch *ki ndigi?* auch er *nyẹ ki*; aber auch *bà*; was soll ich aber auch machen *ba mi bọṅ la?* s. ferner *bà!* auch nicht ein wenig *tọ ndeg*.

auf *ṅgi*, s. dort.

aufbegehren *agla* (v. *ágal*) *a ṅagla; bamla* (v. *bam*).

aufbewahren *bī, nidih (nidis), tẹ̄da*.

aufbinden *tiṅgil* (v. *teṅ*), *kaṅal*.

aufbrausen *agla* (v. *ágal*) *a ṅagla; bamla* (v. *bam*).

aufbrechen *kubul* (v. *kob*) (ein Haus) *ndab*.

aufdecken *budul*; aufdecken eine Sache *yẹlẹl*.

auf die Seite schlagen *pág*.

aufdrängen, sich jemand —, *nyemes* (v. *nyam*), er drängt sich mir auf *a nyemeh mẹ nyu*.

aufdrängerisch *linyám* (v. *nyam*); aufdrängerisch sein *nyam*.

aufeinander liegen *híhbẹ*.

auferstehen *tugẹ*, Auferstehung *bitugnẹ*, Ort der Auferstehung *tugnẹ*.

auferwecken *túgul*.

auferziehen *toṅgol*.

auffahren *bamla* (v. *bam*).

auffahren (= aufbegehren) *agla* (v. *ágal*) *a ňagla.*
auffangen *káb* (Du. *kàsea*).
auffrischen *tos*, cf. *tǭ*, intrans.
Aufgang *mapemel* (v. *pam*).
Aufgang, der — *likòl* (v. *kol*).
aufgeben ein Rätsel, *kenẹ ňgána.*
aufgeben (= vernachlässigen) *yoi, a . nyoi ndab*, ein aufgegebenes Haus *yuya ndab.*
aufgebläht (v. Essen) *lánd*, — (großtuerisch) *suma, a ye suma.*
aufgehen *dumbul, núyul, soň i ndumbul, hiaňga hi* —, — von Brot *nyèd*, — von Blüten *kan, keni*, — = keimen *ǭ*, — ein Geschwür *tubi* (v. *tob*).
aufgerüttelt, er hat sich — (wenn er schlafen wollte) *a nyigida.*
aufgeschossener Jüngling *pabla mud.*
aufgeschüttete Erde *likondo, ma-.*
aufgetrieben (v Essen) *lánd.*
aufhalten *kidha*; sich bei jemand —, *nyègi.*
aufhängen *ke.*
aufhäufen *umbẹ.*
aufhausen *bòndǫl.*
aufheben *bada*, heb den Zettel auf *bada lipẹb, hǫhǫl* ein Gesetz aufheben *hǫhǫl mben, nand* (Du. *bakẹ*), *pa*, Augen aufheben *pa mis*, Kopf aufheben *pa ňǫ.*
aufheitern *kandal.*
aufhelfen, hilf mir auf, *bega mẹ!*
aufhetzen *begẹhẹ*, tr. v. *beges, ba mbegẹhẹ nyẹ* sie hetzten ihn auf, *ba mbegẹhẹnẹ mẹ nyẹ* sie hetzten ihn gegen mich auf.
aufhorchen *sǫňǫl.*
aufhören *sog*, s. dort; aufhören mit etwas *saňgal*; der Regen hat aufgehört *nǫb a sẹm.*
aufklaffen, den Mund —, *yemb, a nyemb nyǫ, nyǫ u nyẹmbẹb nyẹ* (wie der Schimpanse).
aufknöpfen *kǫbẹl* (v. *kǫb*).
aufladen *umbẹ, a umbẹ njogohẹ yẹhẹ ňgi ye* er hat unsern Schmerz auf sich [geladen.
auflauern *nẹmb.*
auflösen *bẹg*, aufgelöst *begi*; *adal* (was geklebt ist); Knoten aufmachen, *hǫ̀ndǫl.*
aufmachen *hū, hu ňgaňgo; yibil* (die Türe); aufmachen = losmachen *hǫhǫl* (v. *ho*), mach mir auf *hǫhǫlẹ mẹ.*
aufmerken *embilẹ*, cf. *ambilẹ* (s. dort)
aufmerksam machen auf *a soeyẹ nyẹ*
aufnehmen *lẹgẹ.*
aufpassen, er paßt ihm auf *a hẹ nyẹ*
aufpicken *sǫbǫl.*
aufquellen *hus, biteg bi ňhus.*
aufraffen, sich, *letes* (*lẹd*) *leteh nyu, pamẹ* (vorher war man faul).
aufregen *híhuda, a hihuda mẹ ňẹm*; refl *bamlu* (v. *bam*); er ist aufgeregt *a nyǫgǫda.*
aufreiben *ňjiha* (v. *sihẹ*).
aufreibenden Schmerz empfinden *nǫg ňjīhẹ* (v. *sie* verbrennen).
aufreißen *kubul* (v. *kob*), — den Mund vor Verwunderung *nés, neh nyǭ.*
aufreizen *nyàndál; bẹgẹhẹ*, v. *beges, ba mbegẹhẹ nyẹ* sie reizten ihn auf, *ba mbegẹhẹnẹ mẹ nyẹ* sie reizten ihn gegen mich auf, er reizt den Hund gegen ihn auf *a nsoeyẹ nyẹ ňgwǫ*
aufrichten *pa*, tr. und refl., lupfen.
aufrichtig *hǫ́dǫ̂hǫ́dǫ̂.*
aufrühren *sugdẹ, sugudẹ*; er rührt alte Sachen auf *a nsugdẹ mam ma kwaň* aufrühren, daß etwas trübe wird *tuňgul, tuňgul maleb.*
aufrütteln *sogha* (v. *sǫ̀g*) *a nsogha*; *sugudẹ, sugdẹ* s. dort.
aufschieben *bīb*
aufschlagen (Nüsse) *tol*, — lassen *tulus* Passiv *tulha.*
aufschlecken *nyaňal.*
aufschneiden *saň*, Fleisch — *saň nuga*
aufschneiden, etwas, *kan*; aufschneiden in der Rede *keyẹ.*

Aufseher *nhehel.*
Aufsicht führen bei Spielen oder Zusammenkünften *seges.*
aufsitzen *nyengi,* intrans.
aufsitzen der Vögel *tob.*
aufsprießen, blühen *tu; puňbe.*
aufspüren *tō,* Abl. Spur, *ntóa.*
aufstacheln *nyàndál; begehe,* v. *beges, ba mbegehe nye* sie stachelten ihn auf, *ba mbegehene me nye* sie stachelten ihn gegen mich auf.
aufstechen mit etwas *tubul.*
aufsteigen, Dampf steigt auf, *mbu ntu*
Aufstieg *mabed* (v. *bed*).
aufstoßen *gwò*
auftauchen *nyeg*
Auftrag *ndag.*
auftrennen *kodol.*
auftreten *tu.*
aufwachen *hebe, tode*
aufwachsen *holha.*
aufwärmen *bab* (s. wärmen!) *núye.*
aufwärts beugen *pa.*
aufwecken *he,* Pass. *hia,* aufwachen *hebe* (neben *tode*), aufwecken *todol.*
aufwickeln (eine Schnur) *díbe.*
aufwiegeln *jonjondi.*
aufzählen *áň.*
aufziehen *ye, bi-.*
Augapfel *nsó jis* (Mehrz. *minso mi mis*).
Auge, große Augen, *likoho li jis, makoho ma mis.*
Auge *jís, mís,* s. dort. Augapfel *nso jis;* Augen rollen *sogol mis;* Auge zumachen *bulbe,* tr., *a buli mis* er hat die Augen zu; Augen, die frisch ansetzen, Triebe *yogo, bi-;* mit halb offenen Augen jemand ansehen, *balal mis;* er sieht mich mit halboffenen Augen an *a mbalene me mis.*
Augenblick, ein — *hiem hiada; kunda,* in einem Augenblick *kunda yada.*
Augenbraue *yī jis,* Mehrz. *gwí bi mis,* s. dort.
Augenbutter *teb, bi-.*
Augenlid *lèleb, bi-.*
Augenwimpern *joň di leleb.*
Augenwinkel *ten jis.*
ausbleiben (lange —) *bemb,* — = fehlen *tol.*
ausbrechen (v. den Zähnen) *koi, lisòň li ňkoi.*
ausbrechen, die Pocken sind ausgebrochen *makele ma ntu.*
ausbreiten *handal,* s. dort; ausbreiten (ein Tuch) *hu, hu libato, teg libato;* — *tā́,* eine Matte auf den Boden legen *tā́ me mbunga;* anfangen Matten zu flechten *teg mbuňga;* ausbreiten (die Hände) *hyam.*
ausbrennen *bóm* (Du. *tùmba*) *sinda* (*sinda* Fußkrankheit an der Sohle).
ausbrüten *keg.*
Ausbuchtung *benga, bi-.*
Ausdauer *ndeňbe, ndeňeb* (v. *teň*).
ausdrücken, sich falsch ausdrücken, *yob, yobda.*
auseinander breiten *nyàndál;* — drängen *pes, a mpeh bape, a mpeh maleb;* — gehen *sanda,* aufgehen (z. B. Brot) *humbila;* — hauen *kā̀d;* — legen *sā́* (Du. *wanja*); — machen *pā́, pā́ ndab* das Haus auseinander machen; — streuen *sā́* (Du. *wanja*); — treiben *beg,* tr., *begi* auseinandergetrieben, *naňgal* (*sulug*) zerstreuen. — tun *adal* (v. *ad*); — tun = ausbreiten *handal;* — ziehen *nimbil.*
auserlesen *tól;* auserlesene Frau *ndolog mua.*
ausfasern *sō,* *so njo makondo.*
ausfragen über *bobile, a mboble nyemede ni mbai ye.*
ausfüllen *kwal,* Salz ausfüllen *kwal bas,* — *gwáňa* (Salz in Tüten)
ausgetrocknet sein *kod.*
ausgewachsen, er ist noch nicht ausgewachsen, *a sig be naň.*
ausgewandert, er ist zu uns — *a mbone bes.*

ausgleichen (bei Schulden) *hega*, sie haben einen Ausgleich getroffen *bo ni nye ba hega*.
ausgleiten durch Schuld eines Andern *sendha*.
ausgrasen, Makabo —, *wagale* cf. *dikabo, jubule makabo*, — *kos*, einen Weg ausgrasen, *koh njel, nub bikai*.
Ausgrasen der Makabo *liwàgale, lijubule* v. *jubule*, Hauptw.
aushaken *kobol* (v. *kob*).
aushalten *bègel*, s. dort, *hònba*; ich halt es nicht mehr aus, *mi nyihi ha beme jo*.
aushauchen, er hauchte seinen Geist aus, *a mbedeh h(i)eba, a ntob h(i)eba pom*.
aushauen *sañal*, Weg aushauen *sañal njel*, Baum ausputzen *sañal e*.
aushelfen mit etwas *ha*, Hauptw. *lihána*.
aushöhlen *tem*.
auskernen *kobol* (v. *kob*).
auslachen *nyine masóñ*.
ausleeren *kob*.
ausliefern *solol*.
auslöschen *lem*, trans. und intr., das Feuer ist erloschen *hie hi nlem*, lösch das Feuer aus *lem hie*.
ausmachen *nigile*; ausmachen, foppen *gwel biyé*.
Ausnahme machen *todol*, ich mache keine Ausnahme *mi ntodol beme to wada*.
ausnehmen *todol*.
ausplaudern *polol* v. *pŏ*.
ausputzen = freihauen *sañal*, Baum ausputzen *sañal e*.
ausreißen (im Sinn von fliehen) *nub ñgwe*.
ausreuten *nub, nub bikai*.
ausrichten, etwas —, *bahala*, er richtete nichts aus *a mbahala be to jam*.
ausrotten *jĕ, je dibumbe, je liboma*.
Ausrufe: *ye, a ye, ĕyō*.
ausruhen *mus*; ausruhen, sich, *tomboh*
aussagen (vor Gericht) *ka*.
Aussatz *mabái* (Einz. *libai*), Aussatzflecken *libáe*, er ist aussätzig *a ñkon mabáe, a ñkon mabai*.
ausscheiden *todol*.
ausschlachten, ein Tier, *bá núga*.
Ausschlachten, das, *liba* (v. *ba*), Hauptw
Ausschlag *sondog*.
ausschütteln *kod*; *sob* und *kob, kol maleb*; ausschütten für einen Andern *sobol*; ausgeschüttet *sobi* und *koba*
ausschwätzen *polol* v. *pŏ*; einer der alles ausschwätzt *hem mùd*.
ausschwitzen *tus, hie hi ntuh maleb*.
Aussehen *mbona* (v. *bo*); aussehen *nene*
Aussicht (= Hoffnung), es ist keine Aussicht mehr vorhanden *libahal li tahabe*.
aussprechen, jemandes Namen aussprechen aus Haß, schmähen *pad* sonst *sima*, s. dort.
ausspucken *jo matai, ǰal*.
ausstieren (suchen) *hond*.
ausstrecken *sambal, sambla* (Passiv) sich ausstrecken *nimbil, nimbla* (Pass)
ausstreuen, ein Gerücht, *sá*.
ausströmen, Duft ausströmen, *tuye njiñ*
austeilen *kab joga, kebel* (v. *kab*).
austreten (Palmkerne) *ǰó (jóg), njona* Hauptw. *liǰó, mi ñke liǰo*.
auswählen *hand, tol, teb*, Imp. *teba*.
auswandern, wegziehen, *bo*, Auswanderung *mabo*.
ausweichen (offen) *hendeb, semb*, ausweichen (sich drücken) *yimha*; ausweichen, einem Pfeil, in der Rede *a mbeneb* er weicht aus; — *bàmbele* er wich mir aus *á mbambelé me* der Bach weicht dem Berg aus *léb u mbambele hikóa*.
auswerfen, ein Netz, *kob* oder *leñ mbunja ke hod* das Netz auswerfen.
Auswurf (beim Husten) *kábi, bi-*, oder *bikabo* (D. *bekai*).

außen (im Hof) *pubi.*
außer *ndigile.*
außerordentlich *kili, ndonga jam;* außerordentlich stark *ntŏd* (v. *todol*); außerordentlicher Duft *ntod njiñ.*
Auszehrung *limuedbe* (v. *muedeb*), *a gwe* [*limuedbe.*

B.

Bach *léb, ma-,* s. dort; kleiner Bach *hiléba;* klarer, ruhiger Bach, mit schönem Sand, *nsēñ léba;* den Bach stauen, *leg leb.*
Bächlein *hindondóñā* (Abk. *ndòñ*).
Backenbart *dingóñ.*
Backenstreich *libái, ma-, a mbeb me libái.*
Backenzahn *likèg, ma-* (v. *keg*).
baden *nogob,* ich bade *mi nogob,* das Baden *jogob,* ich gehe ins Baden *mi ñke jogob,* jemand baden *nujus,* ich bade das Kind *mi nujuh man.*
Bahn *njàñ;* — *lipèmbel, ma-* (v. *pembel*).
bald *ndeg ngéd* (Zukunft).
Banane *dijò, ma-,* neben *dikube;* Bananenrippe (z. rauchen) *ntoñ.*
Band *ñkai* = Gürtel, Streifen.
Bann *mbana,* s. dort; der Bann ist gebrochen, *mbana 'ntamba.*
bannen *ban;* das Einzelne s. dort.
„bar" im Geldwert von 50 Pf. als Einheit *lem, bi-.*
Bär *búgulum;* einem einen Bären aufbinden *á njo me ni ño.*
Bart *mayé.*
Basasprache *hob likol,* wörtl. Sprache des Ostens.
Bast *húhul, bi-,* Bezeichnung für Leichtsein; Bast zum Kanustopfen *mbò* (v. *bol*) *likondo.*
Bauch *libum, ma-,* s. dort.
Bauchweh *mbahal,* ich habe Bauchweh *mbahal 'gwe me* oder *libum li mbahal me.*
bauen *oñ;* das Bauen, *maóñ* (v. *oñ*).
baufälliges Haus *pāñ ndab,* s. dort.
Baum *ê, be* (aus *bie*) s. dort; Baum mit gelbem Holz *njè,* auch *ò* genannt, s. *njè.*
Baumrinde z. Häuserbauen *bóm, bi-.*
Baumstamm, der, *ñkog, mi-.*
Baumstumpf *kumul, bi-.*
Baumwollbaum *jóm, mom,* Baumwolle *sūd bi jom.*
Bausch *jădé, made.*
beanspruchen *ton,* anspruchsvoller Mensch *ndonog mud.*
beanspruchte Sachen *ndonog mam.*
beaufsichtigen (eine Arbeit) *heh 'nson,* s. *he.*
beben, zittern *nyeñg.*
bedächtig laufen *nobol like.*
bedeutend *bañga,* s. dort.
bedrängen *kañba* (v. *kañ*), *yeñbene.*
Bedrohung *lihānag* (v. *hān*).
bedrücken *bán,* tr., *a mban miñem, nyenes* (s. *nyeneb*); bedrückt sein *nyeni* (v. *nyeneb*).
Bedürfnisse *bilamna* (v. *lama*).
Befehl *bitiñil* (von *teñ* binden).
befestigen, sich —, *gwelba* s. dort; eine Angel an der Schnur befestigen *hañ nlob.*
befreien *kobol* (v. *kob*).
befühlen *bobile* (Du. *bóbèle*).
begeben, sich auf die Reise —, *sā like, nsā like.*
begegnen *gwel, libe li ñgwel me len; bomā,* einander begegnen *bomnā.*
begehren, alles haben, was das Herz begehrt, *yogob, mi yogi.*
begehrlich *sè.*
begeistern, diese Sache begeistert mich, *jam dini di nsoh me ñem.*
Begeisterung *mahag, mase.*
Beginn der Regenzeit *makwel ma mbeñ.*

beginnen *bĕ.*
begleichen (Schulden) *heg*, s. dort.
begleiten *yéga.*
begraben *jŏ* (cf. *job*), Pass. *juba*, Begrabnis *majona.*
Begriff, er ist schwer von Begriff, *a ye hiyogod mud* (v. *yog*).
begrüßen *sèba.*
behacken *keñ.*
behalten *yine.*
beharrlich sein *hònba.*
beherrschen *ane, ene.*
beherzt machen *leteh nyu.*
behutsam *tegatega*, er tragt den Teller mit Essen behutsam, *a bega soya bijeg tegatega.*
bei sich, nicht bei sich sein, *yeñeb.*
beibringen *soble*, er brachte ihm Wunden bei *a nsoble nye bikwe.*
beide *boba.*
Beil *hond*, Beilstiel *mben hond.*
beileibe nicht *bel bañ!*
Bein *mbend, ma-.*
beinahe *bebe ni*, sie waren beinahe 100 Mann *ba be bebe ni mbogol bod.*
Beisassen *bayene.*
beißen *kogol; nyañ*, das Beißen *minyañ*, es beißt mich *nyu i nyañ me, minyañ mi gwe me.*
beistimmen *beges.*
Bejahung *we.*
Bekannter *mena.*
bekehren, sich, intr., *hielba.*
bekennen *lombol; pahal*, jemandem bekennen *pahle.*
Bekenntnis *lipahle, ma-, lipahal.*
Bekümmernis *ñgoda* (v. *koda, kodob*).
bekümmert sein *koda, ñem u ñkoda me, modob* und *yodob.*
beladen (mit Sünden) *loñ.*
Belag, grüner — auf abgestandenem Wasser, *njoñbole* (Bajob etc. *njobod*).
belagern *keña.*
belästigen, einen, *odbe nyu*; er belästigt mich *a nyegeh me nyu.*

beleben *kandal*, s. dort.
beleidigen *híhuda ñem.*
beleuchten *beyes*, Kaus. v. *bài.*
belichten *beyes*, Kaus. v. *baì.*
bellen (v. Hund) *bŏs*, auch *bam, kon ñgwo mbŏh, kond* ist weniger passen das Bellen *kondiga, ñkonda*; bell (v Eber, um die Sauen zu wecke *him* (zu unterscheiden von *kĕ* grunzen); Hauptw. *himga.*
Belohnung *nsà.*
benachrichtigen *pol.*
beneiden *kil (ke)*, s. dort, *jéme, ta wel*, sie beneiden mich *ba ñwel n ba ñwel me nyu.*
benützen *loñol, loñol jam dini.*
beobachten *peble*, tr., s. *peple.*
bereit machen *lég*, s. dort, bereit se *legi* (v. *leg*).
bereuen *tam.*
Berg *hikóa, di-.*
Bergkristall *mpũma*, märchenhafter Ste der Märchenriesenschlange *mpũn* [*mbò*
Berufung *biseb, bisebela.*
beruhigen *tomboh ñem.*
beruhigen, sich, *òn nyu, holoh ny* s *hol.*
berühren *nid; tis, ñém we u ntiha* se Herz ist berührt; berühren, sic *tíhna.*
Berührung (= Beziehung) *adna.*
bescheinen *beyes*, Kaus. v. *baì.*
bescheren, den Kopf kurz —, *énd ñ*
beschließen = vollenden *yega.*
beschneiden *kwe* (v. *keg*), Beschneidu *likwé*; — = reinigen *kudul* (ei Palme *kudul lien*).
beschränkt *yogoda mud*; *dúmda* t richtes Zeug machen.
beschuldigen *beb, a mbeb nye wib*; - *ede*, er beschuldigt mich der Lü *a ñede me bilembe*; — *ye*, s. do
Beschuldigung *nyena, mi-.*
beschummeln *bula ǰaǰa, a ñgwel* ı *mam ma bula ǰaǰa.*

Beschützer *ńkam.*
beschweren *hihe̱.*
beschwichtigen *bam, a mbam ńgwo̱* (er soll ruhig sein); beschwichtigen, z. B. ein Kind, wenn es Schlaf hat. *bo̱i* (cf. *boyol*) *bó̱yo̱g.*
Beschwichtigung *mbo̱yo̱g* (v. *bo̱i*).
beschwören *ye̱g,* s. dort, *lombla* (v. *lombol*); Beschwörung *miye̱gá.*
Besen *sahenā, séhel, bi-.*
besiegen *to̱lo̱l* und *kad.*
besinnungslos sein *ye̱ńe̱b.*
Besitzer *mue̱d* (auch *ńwe̱d*).
besonders *a tube yó̱m; a ye wē bà* od. *a nyene̱ wē bà* es ist besonders, für sich, es hat seine besondere Bedeutung.
bestärken *yembel,* cf. *yamb,* er bestärkte ihn in seinem Trotz *a nyembel nye̱ lihàdo*
bestechen *te̱k.*
Bestechung *mate̱k (te̱k)*; Bestechung nehmen *jé̱ matè̱k.*
bestehlen, einen —, *nibil*
bestellen, bestelle mir ein Tuch, *e̱ble̱ me̱ dibato* (v. *e̱b* zeigen); — *le̱ge̱l,* v. *le̱ge̱;* einen Termin bestellen *naṅa sai* oder *yeg sai.*
bestellt, ein bestelltes Ding, *nle̱ge̱la jam*
Besten, zum Besten haben, *togol, bi-, bo̱ń togol* spotten, foppen
bestimmen, wann man kommt *naṅal,* wohl zu unterscheiden v. *bon,* s daselbst
bestimmt s. gewiß.
bestrafen *nogos,* bestraft werden von jemand *nogha.*
bestrahlen *beyes,* Kaus. v. *baì.*
bestreichen *sid,* das Bestreichen der Pfeile mit Pfeilgift *nsida* (v. *sid*).
bestürzt *juga ńem, bijuga bi miṅem.*
besuchen *pe̱ple̱.*
betasten *bobile̱* (Du. *bóbē̱le̱*), das Wasser probieren *bobile̱ maleb.*
beten *lombol,* Gebet *ndombol* oder *nlombol,* das Beten *ndombol* od *nlombol.*
betrachten *beṅge̱.*
betroffen sein *yudub.*
Betrübnis *ńjo.*
betrübt dasitzen *mo̱do̱b.*
Betrug *maloga* (v. *log*) oder *hilŭga, hipuá.*
betrügen *lŏg, pŭ.*
Betrüger *mpŭ* (v. *pu*); *mud maloga.*
betrunken machen *hius* v. *hio;* betrunken sein *hiŏ,* s. dort.
Bett *naṅ* (v. *naṅal*); ein Bett mit einer Matte *bó̱ń, bi-.*
Bettel *njagi* (v. *yagal*), abbetteln *njagi,* Bettler *mud njagi.*
bettelhaftig *yagala.*
betteln *yagal.*
beugen *hod;* — tr., *bend* (v. *bandab*); sich hinunter beugen, sich vorwärts beugen *bodob;* den Kopf vorwärts beugen *yue̱ ńó̱,* rückwärts *yeṅ ńo̱,* seitwärts *sed ńo̱,* aufwärts *pa ńo̱;* die Kniee beugen *umul bikidbo̱ń;* das Recht beugen *a mbugul miṅka, a mbugul miṅka hes, a ńkode̱ miṅka hes, a nsed miṅka.*
Beule *liṅgombád;* — *litut, ma-,* die drei Beulen der Leute des *Ńge* heißen *ńge̱ń,* s. dort.
bevor *lo̱le̱, ilo̱le̱, yile̱* (Du. *biana, obiana).*
bevorzugen *kenba.*
bewachen *tad,* s dort.
bewegen *hiṅgis,* — sich *wagha;* die Äste bewegen *nimbiha* oder *pogha;* nichts bewegt sich mehr *mue̱;* das Herz bewegen *nyiṅgih ńem.*
bewegt sein, intr., *nyihiṅga.*
Bewegung, in — bringen, *nyiṅgis;* in Bewegung kommen *nyam* (hin- und herrennen).
beweinen, etwas, *el* (v. *e̱*).
Bewerber um etwas *mbon, bi-* (Du. *embon*).
Bewerfung eines Hauses *lité̱be̱l* (v. *te̱be̱l*).
Bewohner *nyen, bayen.*
bewundern *beńe̱l,* tr., *mè̱me̱l, me̱mla, a ńme̱mle̱ lo̱m.*

bezahlen *sā.*
Bezahlung *nsà;* Bezahlung abschneiden *hom nsā.*
bezaubern *ban;* das Einzelne s dort.
bezichtigen *beb, a mbeb nye wib.*
Beziehung *adna,* in Beziehung bringen *ede, a ńede me loń ni jam,* Beziehung haben zueinander *adna, adba, adbe, a ńadba loń ni nye, ba ńadna.*
Bezirksamtmann *ńgómin.*
biegen *hod,* Imperf. *hudi.*
biegen *beneb,* der Weg ist gebogen, *njel i mbeni;* wieder gerade biegen, wenn vorher gekrümmt *hudul,* Passiv davon *hudıla.*
Biegung *libén* (v. *beneb*), *maben-maben.*
Biene *nyoi.*
binden *kań,* s. dort, binden mit etwas oder binden für jemand *keńel,* gebunden *keńi.*
bis *lǒ, le te* (Du. *natena*), *loń ni.*
Bissen, ein Bissen zu essen, *yom je;* — *muemb.*
bissig sein *kòga* (v. *kogol*), gern beißen; *ńgwó 'ńkoga* der Hund beißt gern, der Hund ist bissig *ńgwo 'ńumla.*
bitte, bitte *soho soho.*
bitten *sohe, toge;* die Bitten *masohe* (Einz. *sohe.*)
bitter sein *lol; matam mana ma nlol, matam mana ma ye malolga.*
Bitterkeit *lilol* (v. *lol*)
blank sein *baì.*
Bläschen treiben im Wasser *manyòlǒ.*
blasen, wegblasen, ausblasen *hem,* s dort, Blasen des Windes *pep;* hineinblasen in etwas *hue,* s. dort.
Blasen beim Verbrennen *pus, bi-.*
Blatt *hiái (hiaya),* Mehrz. *jái.*
Blattknospen *nsodo, mi-* (bei Makabo oder Palmen).
Blechkoffer *kwem, bi-* (aus dem Duala).
Blei *lıpido.*
bleiben, übrig sein, *yi,* bei jemand bleiben *yine.*

bleiben *bemb* (lange bleiben), *u mbem bikai e?*
Bleistift *lihindi.*
blind *ndim;* blinde, leere *ńgondo* (Kü biskerne) *biloh bi ńgond.*
blinken *baì,* Dativform *beyel.*
blinzeln *ǰiba, kèba.*
Blitz und Donner *mbambad* (v *bam*
blitzen *mueghe,* es blitzt *mbambad ńmueg.*
blöken (schreien) *tad.*
blühen *sem* oder *tu, num bisem, gw bisem;* blühen von gewissen Bäume *e i mbo;* blühender junger Mensc *yomi mańge wanda* oder *yomi jo (hone) di wanda.*
Blumen *sèm, bi-.*
Blut *majel,* verhextes Blut *majel mab*
Blutegel *ndondoga.*
Blüten *sem bi-;* die männlichen Blüte vom Mais *bisèm bi mbaha;* mänı liche Blüten der Ölpalme *mòń,* s. *he*
Blütenfäden, weibl. des Mais, *lındòmb*
Blütenkolben *manjoa.*
Blütenschmuck, der *tudug* (Baum m schönen Blumen) ist im Blüte schmuck *tudug i gwe hitod (hitod tudug i ńhaba hitod.*
Blutschuld *sǒ, bi-.*
Bock, unverschnittener, *bèb kèmbê;* ve schnittener Bock *hiág* (v. *nag*), *mua*
bocksteif *sudsud, a led sudsud* es i sehr stark, fest.
Bogen zum Schießen *mpan, mi-.*
Bohnen *kon* (Mehrz. *kon*)
bohren *pig* und *pogol.*
Boot *kuńgá.*
böse, Eigenschaftsw. *be;* böse sein, je mand böse sein *bě, a mbé me, mbena* er ist allen M. böse; böse (= sündig) *beba, bi-; a ye beba mu ba ye bibeba bi bod;* das Böse *lil* (z. B. Krankheit, Unglück, Armu das Gewehr geht nicht los), *libe ńgwel me len* eine Schlange li

mir über den Weg, ich bekam eine Trauerbotschaft; es böse treiben, aufs äußerste treiben *dinib, a dinbag a wo.*
Böses austreiben mit Arznei *sundul mabe;* Böses wünschen *lege mahus;* Böses zufügen mit den Augen *seg mis,* s. dort.
Brackwasser *njonbole.*
Brandgeruch *maheb* (v. *hebel*).
Brandung, wo ein Fluß ins Meer ausströmt, *tue.*
braten *han,* s dort! braten *wan;* braten für jemand *wenel;* die Pfanne, in der gebraten wird, *wanle; bitodo — nundul bitodo,* sonst *han.*
brausen, aufbrausen *kundul;* Brausen, Hauptw. *mahingil* (v. *hing*), s. *hingis.*
Braut *ntebeg nwa (mua),* v. *teb* auswählen, *ndólog nwa (mua).*
Bräutigam *mbī (v. bi).*
Brautschau, auf — gehen, *hinil.*
brechen *kagal* (z. B. von geräuchertem Fleisch).
Brecher der Brandung *nòngó* (v. *non*), *mi-.*
Brei *libodog* (v. *bod) nsugi* s dort; Brei von Erbsen *libonog;* Brei von Makabo *mbondo,* cf *libonog;* gekochter Brei, zum Essen bereit, *mbíd* (2. Kl.) (im Unterschied *mbododo* v. *bod),* ungekochter Teig von Makabo und Öl.
breiig sein *bid,* ganz weich sein, zergehen *tibida.*
breit *pó,* s. dort; sich breit machen *hangab, hengi, a hengi;* breit machen *yàndal,* trans., sich breit machen *yandab,* intr; breiter machen *poyol;* breiter Weg *kùkule njel.*
Breite *pog.*
Bremse, große und kleine, *bóle, bi-.*
brennen (= stechen) *bai,* die Sonne brennt *hianga hi mbài* (heißt auch: die Sonne scheint), die Sonne brennt (sticht) mich *hianga hi mbai me;* Haare oder Federn brennen bei einem Huhn oder einer Ziege, wegbrennen *hebel,* s. dort; brennen machen *lonos.*
brennender Schmerz *njóno,* er fühlt Verbrennungsschmerz, wenn jemand vom Feuer verbrannt ist, *a nog njóno hié.*
bresthaft sein *lem.*
Brett *libám, ma-,* Bretter sagen *bol mabam,* — hobeln *homb mabam,* — schnitzen *jo mabam.*
Briefmarke *edne, bi-,* v. *ad.*
bringen *lana* (Ndogobis.), *nana* (Mang.).
brodeln *pel.*
Brosamen *puhul, bi-.*
Brot *ólo, biólo,* das Brot geht auf *ólo nyed.*
Bruch (Leibschaden) *hibáh* (Du. *mutole*).
brüchig sein *kağala* (von geräuchertem Fleisch), das Fleisch ist brüchig *nuga i nkağala,* brüchiges Fleisch *bikağala bi binuga.*
Brücke *kasa, bi-.*
Bruder, leiblicher — (oder Schwester), *man kè* (Vater und Mutter gleich), — im weiteren Sinne *man tada,* s. *man.*
Brüder *lisán* (v. *sán*).
brummen *dùma, a nduma.*
Brummler *hitùhuba mud,* s. dort.
Brust *tol;* Brust des Tieres *tol nuga;* —, Brüste *libē, mē;* Mitte der Brust *hingòn,* s dort; Brust vorstrecken, er streckt die Brust vor *a binib, a mbinib* oder *a bini.*
Brut *liun, liun li bod babe.*
brüten *keg;* das Huhn brütet *kob búdi ngi maje;* brüten *nui* (übertr.: das Haus hüten).
Buch *kàd.*
Büchse *ngobi.*
Bucht *benga, bi-.*
Buckel, der, *likus, ma-.*
buckelig sein *kohob, a kuhi.*
bücken, hinunterbücken, refl. *bandab, kwanab, bendi, kweni* (mit durchgedrückten Knieen zur Arbeit wie

die Weiber, zu unterscheiden von *hodob, sonob)*; *a bendi* er ist gebückt, *a béndi nsón* sie ist bei der Arbeit, *bandab!* bücke dich hinunter (sc. zur Arbeit); sich bücken *yibe*, in die Kniee sinken.
Büffel, eine Art Büffel, *nyed*.
bügeln *señ, señ mbod* auf etwas bügeln *siñil*.
Bund, der —, *malombla* (v. *lombol*); — *mayégnā* (v. *yeg*) (Du. *male, bedomsedi*).
Bündel *jómb, momb*.
bunt *makedel* (v. *kedel*) Einz. *likedel*.
Bürger *man tenten*.
Bürgerrecht *tenten*.
Bursche, junger, *hilóga*, s. dort; ei (schöner) strammer Bursche *lipab*i *li mud* (v. *pabla*); ein dicker fest*e* Bursche *libobla li loga*.
Busch *bikai*, ich gehe in den Busc *mi ñke bikai, kòdog* (v. *kodol*) *bi* Busch hauen *ē* (Du. *paua*), s. dor das Buschhauen *maé* (v. *e*), *mi ñ*i *maé*; Busch und Busch, alles ve wachsen *puput, bi-*.
Büschel, ein — Pisang, *pa likondo*.
Büschel Palmkern *hikáñ*.
Buschmesser *ñkwate* oder *pa*.
Buschpfad *hinjela, hinjenjela*.
Buschseil *ñoñ, mi-*.
Butterbaum *njàb* (Du. *njabi*).

C.

Chamäleon *yoñgō̆, gw-*.
Cylinder *yañga, gw-*; *nsosogo tuñge*

D.

da (= so, also) *là nyen* (Du. *na nde*).
Dach *nyol, mi-*.
Dachtraufe *liyō̆, ma-* oder *mayō̆ mà nyòl*.
dahin *mu*.
daliegen wie tot *yambab*.
damals *kómbogi* (aus *ko mbogi*), s *mbogi*.
damit nicht *tig, tiga*.
dämmern *kéb, u 'ñkeb*.
Dampf *mbu maleb*; Dampf steigt auf *mbu ntu*.
Dampfer *meli (medi)*.
daneben, *ñgă i mbeb* das Gewehr hat geschlagen, d. h. der Schuß ging daneben; — treten *podbe*, auch *pobe* aber seltener.
Dank, der — *mayega*, danken *yega*.
darin, drinnen *munu*, im Haus drin *munu ndab*.
Darre *kél, ma-*.
darum *inyu le*.
dasselbe *nlelem*, derselbe *nlelem*, di*e*selbe *nlelem*.
daß *lé*, er sagt mir, daß *a ñka me l*e daß nicht *tig, tiga*, daß ich nic*h*t sterbe *mi ntiga wo*.
dauerhaft *ñgwă, ñgombo-ñgombo, i* ñgombo.
dauern *bemb*.
Daumen *yă hino*, s. dort und *nlom hi*n oder *hino hi nlom*.
davonkommen, mit dem Leben —, *n*i davonkommen *toñgi*.
davonrasen, er rast davon, *a nlehi ñgwe* s. *leheb*.
Decke *hihe, bi-*.
Deckel *hobina* (v. *ho*), *nsugut, kindn*
dein *woñ, yoñ* etc., dein Kind *man wo*ñ dein Haus *ndab yoñ* (richtet sic*h* nach der Klasse des Hauptworts
denken *hoñol*; denken an *bidiga*.
denn *itomle*; *toi le* bei Fragen, z. I

soll ich denn (wirklich) gehen? *toi le mi keneg e?*
der, welcher (in rückbezüglichen Sätzen) *nu.*
derjenige *(i)mued (ńwed mwed).*
derselbe *nyańa* (Abk. *nya*); — Mann *nyańa mud nunu;* — *nya,* Abk. v. *nyańa,* s. *nya.*
deshalb *inyuhala, inyu le.*
deswegen *lanyen;* — *inyuhala.*
deuten (erklären) *kobol* (v. *kob*); — *neń* (nur beim *ńgambi* gebräuchlich); mit dem Finger auf jemand deuten *nid hino* oder *nand hino* (bei *nand* wird nicht berührt).
deutlich *segelesegele* oder auch *segle segle;* — *hédêhédê,* auch *dihed-dihed,* er spricht — *a mpod hédêhédê.*
Deutung *dikoblé* (von *kobol* befreien, übertragen deuten).
Diarrhöe s. Durchfall.
Diätvorschrift beim Einnehmen von Arznei *kìla,* aus Aberglauben *mbág.*
dicht gedrängt sein, zu nahe zusammen tun *bòg;* nicht dicht sein *logi.*
dick *túm, mud nunu a gwe túm; mbibi* s. dort; das Buch ist dick, *kad i ye mbibi* (auch bei Geschwulst).
Dickicht *homa kag;* Dickicht von Gesträuch und Gras *libùd,* cf. *put, mbuda;* der Weg ist verwachsen, hat Dickicht *njel ye mbuda.*
Dickkopf (Schimpfwert), *bombo ńo, bibombo bi miño, ńgog ńo.*
Dieb *mud wib.*
Diebstahl *wib.*
diejenigen *(i)bed* (Einz. *mued) (ńwed).*
dienen *bòńol;* dienen lassen *bońos.*
Diener *mbòńol, ba-,* (Arbeiter *ńgwèlel*).
Ding *yôm, gw-; jam, mam,* s. dort; Ding (Ort), auf dem ich stehe *telbene* (Schemel, Podium).
Distel *njom.*
doch *ńgo,* verwandt mit *ńga,* s. dort; — *le,* sei doch ruhig *mom le;* doch noch *to* (Du. *te*), hätte ich ihn doch auch noch gesehen *we, bale mi tibha to nye.*
dolmetschen *kelel,* der Dolmetscher *ńkelel.*
Donner *ńga Job, mbambad.*
donnern *bám,* es donnert *mbambad i mbam.*
Dorf *ńkoń.*
Dornen *lõ, bi-;* Dornen in den Weg stecken *nyońg bilo.*
dort *há, nyò, mu nyo munu.*
dorthin *nyo.*
Doso *ńgobi.*
drauf geben *nobe* (Du. *bata*), *nobe me.*
drausbringen *yubha* tr., *a nyubha me;* — *yobos,* v. *yob.*
draußen *mbedge.*
Dreckkrusten *bibábi bi mahindi* (Einz. *babi* s. dort).
drehen *keb;* sich drehen *kiba* (v. *keb*).
drei *áã,* drei Männer *bod báã,* drei Schafe *mintomba máã.*
dreißig *mom máã.*
Dreistigkeit, er hat die Dreistigkeit, *a mbéd bòd mbòm.*
drinnen *kete.*
drohen *hãn,* s. dort, Bedrohung *lihanag;* mit dem Finger drohen *pegehe.*
dröhnen, er stampft seine Füße auf den Boden, daß es dröhnt *a nsinda ko we si le ndìń.*
drücken, tr. *bán,* drücken, refl. *yimha,* er hat sich gedrückt *a nyimha;* — *nyòs* (auch Arme), es drückt mich etwas nieder *nyu nyo me.*
drücken, fest —, *hihe.*
du *ue (we).*
du *i,* du hast *i gwe.*
Duala *Dihala.*
Duft *njiń,* s. dort.
dumm *seheg,* v. *ses; jóń bi-;* — *yã* s. dort! er ist ein dummer Kerl *a ye yã mud;* ein dummer, stumpfer Kerl

bambe mud; yogoda mud, dummes Zeug, dumme Geschichten *biyogoda bi mam*; dumm sein *joňob, lamda*.
Düngerhaufen *likùnd*.
dunkelgrün *njoinjoi*.
dünn sein *yende (hiyende), kad i ye yende* (im Unterschied v. *mbíbi* oder *hiyelele*) (v. *yel*).
durchbrechen (etwa den Boden) *puhul*; durchbrechen (einen Zaun) *tob*.
durchdringen *yiňye*, das Wasser hat meine Kleider durchdrungen *maleb ma nyiňye mbod yem*; meine Kleider sind von Wasser getränkt *mbod yem i nyiň ni maleb; mbu u nyiňye ňem we*.
durcheinander machen *puňgul* oder *pu*; — laufen *nyamla* (v. *nyam*); — schütteln *seghe*.
Durchfall *mbahal*, ich habe Durchfall *mbahal 'gwe me, libum li mbahal me* — haben *hem*, er hat — *a ňhem*
Durchmesser *pog*.
durchstechen *tob*, s. dort.
durchsuchen *hond* (nach Essen).
durchtrieben sein *dắb, a ndắb, a y*
durchwaten *yab*. [*mandū*
dürr, abgezehrt, *hikóda hi nyu*, s. *nyu* dürr und lang zugleich, von einem Menschen (als Schimpfwort) *wahala yama*, s. dort.
Durst *nyu, ňgoň (nyu gwe me)*; Durst löschen *hogbene* (cf. *hugube*), cf. *no ňgoň*.

E.

eben *ja* = *ya* (Du. *nde*) *ndigi* (nur).
Ebenbild *maoňg*.
Ebene *nsea; nseň si; màmắ loň*.
Ebenholz *kalag dum*, s. *kala*.
Ebenholzbaum *dùm*.
ebenso *hala* oder *lana*.
Eber, roter —, *manoňgo ňgoi*; — nähere Bedeutung s. *ňgoi*.
ebnen *yegehe*, s. dort
echt *baňga*, s. dort.
Ecke *litóm* (?), *litóň*; — (des Tisches, des Hauses) *likắs, ma-*.
Eckzahn *pòbe, ba-*.
edel *ndoňga*.
Egelschnecke *lilói*.
egoistisch sein *oňob* (Abl. *loň*); — *njónjog* (v. *jogol*) (Abstammung von der Trommel).
ehe *lole, ilole, yile*.
Ehe *libi*.
Ehebruch *ndeňg*.
Ehegatte *nlom*; ihr Ehegatte *nlo we* (ohne Eigenschaftswort nicht gebräuchlich, seine Ehegattin *ňwa (mua) we*.
ehemals *behe*.
Ehre *lihad* (v. *had*) = Ansehen, Reichtum; *lipem; mabegeha* (oder *mabe hega* Basa) v. *beges*, ist noch nicht gebräuchlich, aber wird verstanden
ehren *beges, ba mbeghene nye* sie ehren ihn; *ba nti nye lipem*.
Ei *lìjḗ, ma- (dije)*, Eier legen *nye majḗ* — brüten *keg majḗ*, Hühnerei *lìj li kob*; Inhalt des Eis *ňkòn*, Eigelb *ňkòn ňkoibaga*, Eiweiß *mpubi*
Eichhorn, großes —, *nyàm pắ*; kleines Eichhorn *pắ, hisend*, Mehrz. *disend*
Eid *sòň*.
Eidechse *pắ*; grüne — *nsoboňgo*, farbige — (nickende) *ňgòdo*.
Eier legen *nye maje*.
Eierschale *kobol*.
Eifersucht *nsoňa* (v. *soňa*); *sòň* (bezieht sich nur auf die Weiber zum Unterschied von *tad*), er ist eifersüchtig *a ye sòň, a gwe sòň, a nsòň*
eifersüchtig *mandiňga*. [*ňwa we*
„eigen" (schleckig) sein *neneb*; ebenso *pídib*.

eigen, *a ye wē bà* es hat seine eigene Bedeutung.
Eigensinn *njom kiñ.*
eigensinnig *kiñ, a ye kiñ*
eilen *soñ;* eilen (sich los reißen) *padba.*
eilig *tus,* es eilig haben *a ntuh nyu,* er ist eilig *a ntuhuba;* es eilig haben *wagde, a ñwagde ñgwege.*
einbilden, sich —, *kàdba* (v. *kad*).
einbringen (Gewinn) *báhàl.*
eindringen *lema.*
eindringlich machen *yigiye* (v. *yi*); *linyám* (v. *nyam*).
einengen *kañba* (v. *kañ*); einengen (stauen) *légda.*
einerlei *ndi lañ.* [*me hiko.*
einfädeln *somol,* fädle mir ein *somol*
einfältig, *yogda mud, biyogoda bi mam* einfältige Geschichten; einfältiger, dummer Mensch *labal mud.*
einfangen (= einholen) *ad, mi ñad nye;* das Einfangen *biédel.*
Eingang *majubul; jubhe;* Eingang zum Dorf *ño mbai.*
eingeboren *pombe,* der eingeborne Sohn Gottes *pombe man Job.*
eingeengt sein *somda.*
eingehen *bayab.*
Eingeweide *nla, mi-.*
einhauen (mit dem Buschmesser) *peg.*
einholen *kob; ad,* ich habe ihn eingeholt *mi ñad nye.*
einklemmen *hemb,* s. dort; *bàmbda* (tr. und refl.).
einmal *hikelel hiada* (v. *kal*), *ñgalag yada* (v. *kal*); *ke yada,* s. dort; *ñgwa wada,* ich war — *mi be ñgwa wada; libómb jada; le,* ruhig einmal *mom le,* steh einmal gerade hin *te le pūt.*
einnicken *tiñgi lo.*
einpragen *yigiye,* v. *yi.*
einreißen *bog, a mbog ndab ye.*
eins *pog,* eins beim Zählen *wada, yada, jada, hiada* richtet sich nach der Klasse des Hauptworts.

einsam sein *tede,* Hauptw. *ndede.*
einschätzen *tamb*
einschenken *ho,* intr.; — *ho,* trans.; — (Dat.) (Wein) *hel* v. *ha, hel me maog.*
einschlagen (einen Weg) *kil,* v *ke.*
einschließen *keñ;* einschließen, in die Enge treiben, *hida.*
einschlummern *mí nyà log jis.*
Einschnürung (Ring, Hals) *kȁd.*
Einsicht *liyíg,* v. *yi* (Du. *soñtane*).
einspannen, festspannen *hemb,* s. dort.
einst *behē.*
eintauchen *yȗba; ube;* — ohne abwaschen *a ñube man ñubge;* in die Schüssel eintauchen beim Essen *yob.*
eintragen (Gewinn) *báhàl.*
eintreiben *bemba* (Schafe).
eintun *bemba* (Schafe etc.)
einverstanden sein *nebe.*
einweichen *ube, ube nuga.*
einwilligen *keheme* oder *kemhe.*
Einwilligung, eine — alles zu tun, was man versprochen *nebe ñga;* — *linebeg* (*nebe*)
einzeln, ein einzelner Elefant *pombe njog.*
einzelne Frucht (v. Pisang) *ño likondo.*
einzig *pombe,* sein einziger Sohn *pombe ye man.*
einzwangen *bàmbda,* tr und refl
Eisen *kèi, bi-;* ein Stück Eisen *pehe kei.*
Eisenstein *litem.*
eitel = vergänglich sein *táh,* s. dort.
Eiter *lihén* oder *dihen.*
Eiweiß *ñkòn.*
Ekel *ngana, a ñkon ñgaña* es ekelt ihn
Elefant *njog,* s. dort; Elfenbein *mañ njog* der Teil, der heraussieht *mpubi;* Haar des Elefantenschwanzes *dsañ.*
Elefantengras *makai.*
Elefantenherde *hibín njog,* s. dort
Elefantenlaus *kóm njog.*
Elefantenpfad *nlòñ njog.*
Elefantenschwanz *sahaga.*
Elefantenweg *nlòñ njog.*

Elefantenzahn, der Teil des Elefantenzahns, der heraussieht, *mpubi, mi-*.
Elefantiasis *litín, ma-*.
Elend *njẹlẹl*; ist das ein Elend! *makág ma!*
Elende *bajẹlẹl*.
Elfenbein *mań njọg*.
Empfang, in — nehmen, *lẹgẹ*.
empfangen *kos*; — *sèba*.
empfindlich *bindȯhi, a gwe bindȯhi*.
Empfindlichkeit *bilọ̀s*.
Empfindung *lińgóńō̤*, er ist in Empfindung versunken, *a nọg lińgóńō̤* oder *lińgóńō̤ li gwe nyẹ*.
Ende (räumlich) *dimelél*; — *lisug (sog)* es nimmt kein Ende *i mpam be lisug*; — *kidig, bi-*, jenes Ende *kidig i*, das Ende des Stockes *kidig kek*; —, Schluß! *masog mana*; — des Dorfes *muẹl mbai*; das — des Hofes *lipàgẹ*; Ende der Regenzeit *masuinẹ ma mbeń*.
Enkel *nlal, ba-*.
entäußern, sich alles andern entäußern, *ȯn nyu, holoh nyu*.
entbehren (Essen, Kleider), *jẹ́lẹl*.
Entbehrung *njẹlẹl*.
entblättern *kọbọl*.
Ente *lòlọ, bi-*.
entfahren, es ist mir entfahren, *i mpuhu mẹ, i mpohu mẹ*.
entfalten, sich, *jogbẹ, jugi, bisẹm bi njogbẹ*.
entfernen *heya; himbil; bȯ̤h, sań a bi bȯ̤h' maleed* der Sango hat den Lehrer von der Arbeit enfernt; sich — *odba*, v. *od*.
entfliehen. fliehen *sọ́*, — lassen *sos*.
entfuhren *yońa, a bi yońa muda* er entführte ein Weib.
entgegen, entgegen sein *kọla*.
entgürten *tińil* (v. *teń*).
enthüllen *kubul* (v *kob*); *mayẹl* (v. *yẹlẹl*); *yẹlẹl*.
enthülsen *kobol*, s. dort.
entkräftet *lọg, a nlọg*.
entlaufen *og* (Du *sọmbọ*), *a ńkẹ og*.
entlehnen, das Entlehnen *mbō* (v. *po a ńkẹ mbō* er entlehnt, *a ńọm m* er schickte zum Entlehnen.
entpuppen *mayẹl* (v. *yẹlẹl*).
entreißen *kadal; kibil; kwahal*; — 1 mich *kwehel*.
entschädigen *jȧ*; — *jes* (v. *jẹ*), cf. *j*
entscheiden *bágàl*, er entschied si zum Gehen, *a mbagal kẹ* einen Pr zeß entscheiden *bagal ńka*; sich er scheiden *bágla*.
entwöhnen *adạla man ni libe*.
entzückt sein von etwas *jam dini nyọń mẹ liyȯń*.
Entzweiung *libola* (v: *bọl*).
Epilepsie *tȧ*.
er *nyẹ*, — allein *nyẹtama, nyẹpọgi*, selbst *nyẹmẹdẹ*; nur er *nyẹn*, auch *nyẹg* = *nyẹ ki*.
Erbarmen *ńgō̤*.
Erbe, das, *kodol*, erben *kodol*; Erbe *j gila*.
erbrechen, sich —, *lȯ̤*, das Erbrech *bilȯ* (v. *lọ*).
Erbsen *matọb* (Einz. *litọb*).
Erde *teg, bi-*; Erdscholle *kende*; d Erde ist gebröckelt *bitèg bi bẹ* die Erde zerbröckeln *bẹg bitèg*.
Erdhügel *libomb li biteg, ma-*.
Erdnüsse *ònẹ; ńgọnd*, s. dort (od vielleicht die Kerne einer kürbi artigen Frucht?), Gebäck von Er nüssen *ńkóno ònẹ* (hält sich et zwei Monate).
erdreisten, sich —, *ńgańbẹ* od. *ńgańgi*
Erdscholle *kēnde teg*, Mehrz. *biken bi bitèg*.
erfahren, spüren *nogda*, ich habe gehö erfahren *mi hoha nọg*.
erfassen in einem Sprung *pudẹ* (d Leoparden eine Ziege).
Erfolg, er hatte keinen Erfolg, *a mpa nsọ mu jam di*.
erfrischen *hogobẹ, ńẹm u hogobẹ mẹ*.

erfüllen. das Herz mit Freude, *yonos;* die Verheißungen erfüllen *yonoh makàg.*
erfüllt sein von etwas *legda* (v. *leg*), s. dort.
Ergreifung *liṅgòṅō,* er ist ergriffen *a nog liṅgòṅō* oder *liṅgòṅō li gwe nye.*
erhaben sein *yogob, mi yogi* ich bin erhaben über Not und Menschen, eine erhabene Stellung einnehmen, *liyogobene* erhabene Stellung,. erhabener Sitz.
erhalten *kos.*
erhängen, sich —, *nidba (a nidba);* er erhängte sich selbst *a bi ha nyemede lihondog*
erheben *bedes, bedehe jol;* jemand erheben *yilih.*
Erhebung = Anhöhe *ṅgeṅgehí; ṅkoṅa* (v. *koṅob).*
erholen, sich —, *ude uda;* sich — *a ṅkahal yila;* sich — *tomob,* cf. *ude, ṅgaṅla.*
erhören *nogol.*
erinnern *hoṅha* (v. *hoṅol), hoṅla;* sich — *leba.*
erkalten *sune,* s. dort, *ṅem we u nsune.*
Erkenntnis *pihil; mbihila.*
erklären (ein Buch) *kobol* (v. *kob*); — *toṅol.*
Erklärung *litoṅol (toṅol)* und *ndoṅol.*
erkühnen, refl. *a mbèd bòd mbòm.*
erloschenes Augenlicht *ndim.*
erlösen *kobol* (v. *kob*); *kwegel* (v. *gwăg*).
Erlösung *ndohola* (v. *tohol*).
ermahnen *béhe,* tr.
Ermahnung *mabehenā,* v. *béhe.*
ermatten *bombos,* trans.
ermüden *wes, a ṅweh me ni hob unu;* — tr. *bombos.*
ermuntern *kandal,* s. dort.
Ernst. der Ernst, *maṅga* oder *madiga* (v. *diga);* Ernst machen, ernsthaft sein *díga,* s. dort.
Ernte *mabumbul* (v. *bumbul*).
Ernten, das Ernten der Manga, *likos;* ernten *bumbúl,* Ernte *bumbúl, ma-, kèg mábùmbul.*
eröffnen *kubul* (v. *kob).*
Erquickung *bihogbéne.*
erraten *keda, a ṅkeda jam, mi gwene wo.*
erregen, rege werden *kandal.*
Erregung *mahus.*
erretten *tohol* und *soṅ,* Errettung *ndohola.*
Erretter *nsòṅ.*
Errettung *nsùṅá,* v. *soṅ,* cf. *ndohola.*
erschaffen *kol.*
erscheinen *pemel;* der Mond ist wieder erschienen (nach einem Monat) *sóṅ i ntă;* das Erscheinen des Mondes nach 28 Tagen *matel ma soṅ* (v. *ta*); erscheinen um Unglück anzudeuten *jò,* s. dort.
erschöpft sein *log.*
erschrecken *sihila,* — tr. *ses;* (Du. *sisa),* s. *sihil;* — intr. *sihila.*
erschrocken *seheg,* v. *ses.*
erst *baṅ,* s. dort; — *ndigi, a lo ndigi len.*
erstens *jam di bisu.*
Erstgeborene, der —, *mbóm, man nu mbom.*
ersticken *kág,* Pass. *kegha.*
ersticken *tugda,* Hauptw. *ndugda.*
ertappen *hida; gwelha,* s. *gwel.*
ertragen *bègel,* s. dort.
erwachen vom Schlaf *tugda;* — vom Scheintod *tuge.*
Erwachsene *banaṅga* (v. *naṅ).*
erwählen *kun,* Erwählte *ṅkunug ṅwa.*
erwählt *nhanda* (v. *hand), nhanda ṅwa,* cf. *ndólog.*
Erwählter *lipoholag.*
erwärmen *kandal.*
erweichen, einweichen *ube.*
erweisen, er hat mir viel Gutes erwiesen, *a bi jel me,* s. *je.*
erwidern *timbhe.*
erzählen *aṅal,* erzähle mir eine Geschichte *aṅle me miṅaṅ.*
Erzählung *miṅaṅ.*

Erzlügner *nlomba* (v. *lomba*), cf. *ntoda.*
es *i*, es ist schön *i ye lam.*
essen *je*, s. dort; gierig — *nyug.*
Essen *bijeg*, ein üppiges Essen *ndiba bijeg*; großes Essen *libín*; unfertiges Essen *mbumbólo*; Essen von Makabo oder Pisang mit Wasser, hat keine Gewürze *nyoṅgo.*
Essenszeit *ṅgeda je*, s. *je.*
etliche andere *bambogi (ba-mbogi).*
etliche = ein abgeteilter Haufen, Abteilung besonders von Menschen ein Teil oder Bruchteil *liyắ, mayắ* etliche Mal *ṅgeda hogi.*
etwas, etwas zu essen *yom je.*
Eule *likuṅ, ma-.*
Europäer (Weißer) *ṅkana, ba-.*
Euter *libẽ, mẽ.*
ewig *mba, mba jam.*
Exkremente *tibí (dibí)* (Einz. *hibí*).

F.

Fabel *nòṅgó* (v. *noṅ*), *mi-*, *a ṅkene nòṅgó.*
Fackel *muai.*
fad *mpémbe*; *ntumba* (*tũ*).
Faden *dikõ*, s. dort.
Fäden, die feinen Faden des Klebestoffs vom Pisang *nde*; Fäden ziehen *lindè.*
Fall, wenn es der Fall ist, daß *ihoble*
Falle *libena*; *kedi, bi-*; *hiandi, jandi*; *dinyòṅgog*, Einz. *hi-* (v. *nyoṅg*); — stellen *nyoṅg dinyoṅgog*; eine Falle stellen *amb hiandi*; eine — stellen *bèl*, s. dort; — stellen, bildlich jemand eine Falle stellen *libena*; — für Eichhörnchen und kleine Affen *mbaga-siga.*
fallen *sundi*, intrans; *kwo*; — auf *kwel* (v. *kwo*); — in Ohnmacht fallen *kwo lihiõ* (v. *hio*); in den Busch fallen *lema, a nlema bikai*; fallen = sinken *sindil, maleb ma nsindi*; am Fallen sein, *ni.*
Fällen, das Fällen der Bäume, *likòlol* (Ndogobis.) sonst *likèg.*
Fallgrube *bẽ, bi-.*
fallieren *yogoda, ṅga i nyogoda.*
falls *ihoble* oder *hoble*; falls, daß *kile.*
falsch ausdrücken, refl., falschen Ausdruck gebrauchen *yob, yobda.*
Falte *limbìd, mambìd* (v. *bid*); — *nyud mi-* (v. *yod*).
falten *hod.*
fangen, gefangen nehmen, *gwel*, s. dort
Farbe *nhon, mi-*, (*pēn*).
Farnkraut *dileṅgwõ*, Einz. *hileṅgwo.*
Fasanenart, eine —, *kúndi.*
Faser *njõ (likondo)* (v. *sõ*).
Fasern der Palmbutter *susúgi bi-*; — des Palmkerns *kákaṅ bi-.*
Faß *pondi.*
fassen, sich, *holoh nyu*; fasse Mut *ledel ṅem* (v. *led*).
fasten *sòga.*
faul *nyeṅge*, faul sein *yeṅgeb*; besonders faul *yeṅge yoṅ ṅha pag*; — still *ni nyeṅge*; er ist faul *a nyeṅgeb, a ye nyeṅge.*
faulen *bòl, mbo likondo* verfaulter Bananenstrunk zum Kanustopfen.
Faulheit *nyeṅge.*
faulig sein *yo*, die Bananen sind faulig *makube ma nyo.*
Faulpelz *bò* (v. *bol* faulen); *ntálum* (v. *tā*)
Faust *kũd, bi-.*
Feder (z. schreiben) *sao, bi-*; — der Vögel *hímbá, jimba.*
Federn stellen (wenn ein Huhn brütet) *ṅgundub*; *ṅgundi, ṅgunda mud* ein Schimpfwort
Federwolken *nje.*
fehlen *hos*, s. dort, Fehler *hos, ma-*; — fehlerhaft sein *lòs*, s. dort; — *tol*
Fehler *hòha (lihòha), ma-* (v. *hos*); —, = Versehen *nyoba* v. *yob.*

fehlerloser Gegenstand *nkeṅge*.
Fehlschuß *ṅga i mbeb*.
Feile *nsio*.
fein schneiden *nyegde* (Du. *sasa*); — schneiden *he, hei*.
feind sein *bála*; er ist mir feind *a mbala me*.
Feind *mud libala*.
Feindschaft *libála*.
Feindseligkeit *ndaṅ (daṅab)*, feindseliger Mensch *mud ndaṅ*.
Feld- und Gartenarbeit *nsòn*, Hausarbeit *ṅgwege*, arbeiten *gwel nsón*.
Feldhuhn *hikwă*, *di-*, Abk. *kwa*.
Feldmaus *pŏ* (Mehrz. gleich).
Fell *kòb*, *bi-* (z. B. der Antilope).
Fels *lă* (Mehrz. *maa)*, kurze Aussprache *lă*; — *so ṅgog*, *baso ba ṅgog*.
Felshöhle *mui ṅgog*.
Fenster *man mueme(l)*.
fern *hā*.
Ferne, etwas in der Ferne erblicken *madí-madí*.
Ferse *tindi*, *bi-*.
fertig, das Essen ist fertig *bijeg bi mbel*; — bringen *laṅ* oder *mal*, er hat das Essen aufgegessen *a bi laṅ bijeg bini*; — machen *meles* (v. *mal)*; *mehe*, *mi ṅke mehe je*; — sein *mal*, s. dort.
Fessel *ṅgada* (Mehrz. gleich)
festbinden *tib*; *kaṅ sudsud*.
Festessen *libín*, *mabín*.
festgehalten *gwea*; — sein *haṅ* (Du. *tika)*, s. dort; — werden *heṅ*.
festhalten, tr., *heṅes*, s. *heṅi*; festhalten lassen *peg* (v. *pag)*; —, sich halten, *yeṅeb*.
festklemmen *hemb*, s. dort.
festsetzen *naṅal*, untersch. v. *bon*, s. dort
festtreten *tibe*, cf. *jogode*, *kidbe*.
Fetisch, ein — unter Dach, *ṅgoba njeg*.
Fett *lihóṅ (hoṅob) ma-* (Mehrz. ist gebräuchlich); *mahoṅ (hoṅ)*.
fett sein *hoṅob* oder *hoṅ*, s. dort.
fettig sein *muambi*.

Fetzen *páda*, *bi-*.
Feuer *hiẽ*, Mehrz. *jẽ*, s. *hiẽ*; — anfachen *pep hie*; ein kleines Feuer *lihàha*.
Feuerflamme *nsoṅ hie*; *ndombo(l)*; *lindòmbo*.
Feuerplatz *likodna li hie* (v. *kod*).
feuerrot *jōm*, es ist — *i ye koibaga jom*; *ndōm le ndōm*; *bèletete* und *begètege* oder *ndom*, es ist — *i ṅkoyob le bèletete*; über das *le* s. dort.
Feuerspahn *hititiṅ*.
Feuerstumpen *likolog (ṅgolog) li hie*.
Fieber *liheb* (Einz.), ich habe Fieber *liheb li gwe me*.
finden *bada*, ich habe den Hut auf dem Weg gefunden *mi mbada tamba njel*; — *lèba*, er fand seine Ziege *a bi lèba kembe ye*, wo hast du ihn gefunden? *i lebna he nye?*
Finger *hino*, *di-*; der Finger kracht *hino hi mpod lăs*; krallige Finger, die eingezogen sind, wie beim *jun*: *dikada*.
Finsternis *jíbe*, Stockfinsternis *ṅgaṅgaṅ jibe*.
Firstbalken *hiōnd*; *ṅond*, *mi-*; *ōnd*; *likòmb*, *ma-*.
Fisch *hiobi*, *jobi*, fischen *nol jobi*; —, (eine Art) *ṅoṅ*, *mi-*; ein schwarzer Fisch (Zitterfisch?) *ṅgò*, *linyuṅa* ein anderer Fisch (s. Basa!), ein schlottriger Fisch *toto*, *bi-*.
fischen, Fische fangen *gwem jobi*, besser *óg*.
Fischfangen im Busch *lège*.
Fischgeruch *jé*. [*nsôṅ*.
Fischreuse *ṅkwel*, *mi-*; kleine Fischreuse
flach *gwegwé*; er liegt flach *a niṅi gwegwe*; flacher Stein *mbamba ṅgog*.
flach legen *bamb*; sich flach legen *bambab*; flach liegen *bembi*; *kad i mbambab gwè gwẽ* (offen), *i niṅi gwè gwẽ*, *i niṅi mbamba* (zu); — liegen *budi*, *a budi libúbudí* auf dem Bauch liegen

flackern *tonbe*, das Feuer flackert *hie hi ntonbe tontoṅ, hie hi nloṅ tontòṅ.*
Flagge *libato li nyuṅ.*
Flamme *lindombo, ma-.*
Flasche *poh, bi-*, auch *pos, bi-;* eine Flasche zukorken *leg pos;* viereckige Flasche *poh miṅkòṅgo.*
flattern *publa, kob i mpubla* wenn ihm der Kopf abgehauen ist und es noch flattert; — *pep* die Fahne flattert, *libato li nyuṅ li mpep;* flattern *pabla, jai di mpabla* wenn man nicht warten kann vor Aufregung, Leidenschaft.
flaumenweich *fodfod.*
flechten *hios; teg;* — die Haare (die Basa sagen den Kopf flechten) *baga ṅo (bag ṅo);* — *oṅ*, er flicht eine Matte *a ṅoṅ bunja;* Matten flechten *tob mbol.*
Fleck *libẽ* (Mang. *hibe*, s. dort); *lijè, ma-; lijád, ma-, kembe 'gwé majád mahindi;* Flecken der Leoparden *lilèṅ, ma-.*
Fledermaus, kleine, *hikoṅ, di-; nléèm, mi-; lipúpuga, ma-.*
Fleisch *nuga; jèl* (v. *je*); dieser Vogel hat viel Fleisch *hinuni hini hi gwe ṅgandag maje;* — *kõ*, Lüste des Fleisches *bisomble bi ko.*
Fleischnot *linjáṅ* (v. *njaṅ*), s. *jaṅab.*
Fleischwürmer in getrocknetem Fleisch *yomb, gwomb.*
fleißiger Mann *ṅgwèl nsón.*
Fliege *njemje.*
fliegen *puwe* oder *pue.*
Fliegenklapper *jái (diái), mái.*
fliehen *só*, fliehen machen *soh;* — *ke ṅgwe;* — *nub ṅgwe.*
Fließblatt *tohol.*
flimmern *muemeg, muegmueg, i muemeg méd mèd, i mueg méṅ mèṅ; mbibe nkoga* das Flimmern des Sandes in der Hitze; ein Platz, über dem die Hitze flimmert *kwad mbog.*

Floh *ked, bi-.*
Flöße, ein Baum mit ganz leichtem Holz für Floße, *liséṅg, ma-.*
Fluch *bisòl* (von *sol* fluchen, schimpfen) *lindéṅg, ma-* (v. *deṅg* pendeln schwanken); — *njiha* (v. *je*).
flüchtig sein *binyág-binyág* (v. *nyag*) *David a be — su Saul.*
Flug *mpuge* (v. *pue*).
Flügel *lipabi, ma-.*
Fluß *lòm, ma-.*
Flußmündung *muel leb.*
Flußpferd *ṅgubi*, Mehrz. gleich.
flüstern *huṅbe.*
folgen *noṅ.*
Folgen *linoṅog.*
Fontanelle, große, *mbombod.*
foppen *gwel biyẽ.*
formen aus Lehm *mã.*
fort, mache daß du fort kommst! *odba* fort und fort *ndíṅndíṅ; mba mba mba ni mba.*
fortgehen *ke.*
fortjagen (Tiere) *béṅ; bṅ (kob, kembe) duhúl*, s. dort; *jàd; nyùge.*
fortmachen mit etwas *sogha* (v. *sóg*)
fortrütteln *sogha* (v. *sóg*).
forttragen *kena* (aus *ke na*).
forttun *pendes* (= wegschieben, wegstoßen).
fortwährend *koṅ, koṅkoṅ; ndiṅndiṅ; pogopogo.*
fortwerfen *pihil*, v. *pa.*
Frage *mbàdaga, mimb-*, Fragezeichen *yimbine mbadaga;* die Frage *libadag hibédel* (v. *bad*).
fragen *bad*, er fragte dich *a mbad ue* er fragte nach dir (wenn du abwesend warest) *a mbad ue*, er fragt nach dem Weg *a mbad njel;* fragen für *bedel.*
Fraßschnecke *liòṅ.*
Frau *ṅwã (mua)*, meine Frau *ṅwã wem*
Frechheit *lihàn (hàn), ma-.*
frei *kunde*, s. dort; *mbàṅ*, s. dort

freier Platz *bimāmā bi mambog;* — *bēm̄* (*m* lang) dieser Platz ist frei (ohne Wald) *homa nunu a ye bēm̄;* — machen, er machte uns frei *a ñhigel béh ñgweles.*
freie offene Gegend *néha mbog.*
freier Mann *ñgweléh mud.*
Freiheit *mbàñ, kunde.*
freilich *ñga logi.*
fremd sein *nyègi.*
Fremde, Fremdling, *nlòlo, balòlo;* er ist Fremdling *a nyegi;* — *dimi mbóg.*
fressen (= gierig essen) *nyug.*
Fresser *mbena je* (v. *bena*).
Freßlust *mbena jé.*
Freßsack *yogob, bi-.*
Freude *mahag, mase.*
freuen, sich —, *hag, kon mahag, sē,* er freut sich *a ñkon mahag,* er freut sich *a ñkon mase, mahag ma gwe nye.*
Freund *liwanda, ma-;* — (als Anrede), *bót, a bót yem* (Mang. Bikok) *kóñ* (Basa).
freundlich *liyómba.*
Freundlichkeit *litònda.*
Friede *sañgila;* — *nsàñ* (v. *sañgal*), den Frieden stören, brechen *bol nsañ.*
Frieden stiften *kob sañgila.*
frisch *yomi* (im Sinn von „lebendig"), der Fisch ist frisch *hiobi hi ye yomi;* ein frischer lebendiger Bursche *yomi mañge wanda* oder *yomi hione hi wanda.*
Frisuren ins Haar schneiden *keñ.*
fröhlich sein *kway.*
Fröhlichkeit *likwáyag* oder *likweyes.*
Frohlocken *mahag, mase.*
frohlocken *sóhbe.*
Frosch, *ñkoñgo,* großer Frosch *mbonde.*
Frost *liheb* (Einz.)
Frucht *ditám, ma-* (*litam*); *batu njòg* große harte Früchte im Urwald, die selbst Elefanten nicht zerbeißen können; lange Frucht von einem Baum *nsah njeg.*
fruchtbar sein *nyèbla,* der Pisang ist sehr fruchtbar *makondo ma nyèbla.*
Früchte tragen *num matam.*
Fruchtstengel *ntutu* (Abk. *ntu*).
Fruchttraube der Palmkerne *kañga* (v. *kañ*) *bi-,* s. dort.
Fruchtzapfen, leere, (der Palmtraube) *káñ.*
früh dran sein *pule.*
Frühe *tutu,* Mehrz. *tutu.*
früher *gwéa; yuha* (v. *yos*), ein früherer Weg *yuha njel;* — *yós,* in früheren Tagen *yuha kel;* — *koba;* — *kwañ,* in früherer Zeit *ñgeda kwañ.*
frühtragend *ñgwañgwali.*
fühlen *nog; kon,* s. dort.
führen *od,* einen Menschen — *od mud.*
Fülle, die, *mbundul.*
füllen *yonos,* tr., (v. *yon*); den Bauch füllen *umb libum.*
Funken *njanjad* (v. *jad* spritzen), *hie.*
für *inyu* (Du. *onyola*); es steht für sich *a ye wē bà;* für immer *bahabas, a heya ñyèmb bahabas.*
Furcht *woñi, a ñkon woñi, a ye mud woñi,* ruhig aus Furcht *ni woñi.*
fürchten, sich, *wagha,* er fürchtet sich, zittert *a nwagha;* er fürchtet sich nie *a gwe libán;* fürchten machen *konoh woñi.*
Fürst *mbombog.*
Furunkel *jód, mód.*
Fuß *kò, ma-,* s. dort; — *kála, ma-,* cf. *bogol* bei Tieren und *pàl;* — *libàl, ma-;* krummer Fuß *ñkoñgo.*
Fußboden v. Lehm *jò, mà.*
Füße der Tiere *pal,* cf. *bogol;* Füße schleifen vor Faulheit *tā, a ntā mako.*
Fußkrankheit *mbaba,* Risse; Bläschen *masulug.*
Fußpflock *hikéñ.*
Fußsohle *sí libàl.*
Fußstapfen, Füße der Tiere *bogól.*
füttern *kebel.*

G.

Gabel *mpándo.*
gackern *gwai.*
gaffen *hegehege, a ǹhegehege.*
gähnen *nahala.*
Galle *ǹjoǹlo.*
Gänsehaut bekommen *ǹgaǹla* (v. *kaǹla*) *nyu.*
ganz fertig *podopodo, a ǹwo̱ podopodo;* ganz und gar *tī, ǹgim; — hie̱s; — pe̱ǹge̱nde̱ǹge̱; — pùm, siba a mal pum, bo̱basona ba ǹwo̱ pum; — baha̱ba,* es ist ganz leer, ganz aus *i mal baha̱ba;* ganz genau *yēyē̱, ko̱la yo̱ yēyē̱;* ganz rein ganz weiß *pob pūm.*
Ganzes, etwas —, *ǹko̱go̱.*
gar sein *bé̱l,* das Essen ist gar *bije̱g bi mbe̱l;*
Garaus, den — vollends machen *kuǹgul,* tr.
gären *sam̄, pel.*
gären v. Wein *pel.*
Garten *wo̱m,* Mehrz. *ǹo̱m; — seǹgen bi-,* mit *ǹgo̱ndo̱, makabo, gwom* (cf. *wo̱m*); frischgehauener Garten mit Mais *hi(y)òne̱;* verwachsener Garten, in dem noch Pisang steht *libuda.*
Gast *ǹken, baken.*
Gatte *nlo,* ihr Gatte *nlo we* (nur mit dem Eigenschaftswort gebräuchlich).
Gattin *ǹwa (mua),* Mz. *ba.*
gebären *gwàl,* geboren *gwe, a bi gwe,* s. *gwàl!*
geben *ti,* jemand geben *tina;* gib, gib her *be̱g!*
Geben, das Geben der Waren für eine Frau *lihól* (v. *hol*).
Gebet *ndombol (nlombol).*
gebeugt, er geht gebeugt, *a ǹke̱ bibebendi* (v. *bandab*).
Gebot *mben.*
Gebrauch *lè̱m, bi-.*
gebrauchen *boǹle̱, a boǹle̱ kinje̱ baǹga?* ein Weib gebrauchen *bùs.*
Gebrechen *lé̱m, bi-.*
gebrechlich sein *le̱m,* die Gebrechlichkeit *lé̱m, bi-.*
gebückt *hudi* (s. *hod*).
gebunden, er ist — mit Fesseln *a keni ǹgàda; —* sein *keni* (v. *kaǹ*).
Geburt *ligwé̱* v. *gwe, gwal,* Ort der — *ligwéne̱.*
Gebüsch, wo früher Häuser waren, *pud.*
Gedächtnis, aus dem Gedächtnis verlieren *ne̱g.*
Gedanke *ho̱ǹol, ma-;* in Gedanken versunken *mo̱do̱b;* in Gedanken sein *mumub,* er ist in Nachdenken versunken *a mumi.*
gedeihen *nugul* (v. *nug*).
gedenken *siǹge̱.*
gedrängt sein, dicht — *bò̱g,* s. *bo̱g.*
geduldig sein *hònba.*
gefallen, dieses Tuch gefällt mir *dibato dini di nlemel me̱.*
Gefangener *ǹkom,* Mitgefangener *só̱ǹkoma.*
Gefängnis *mo̱g, mamo̱g.*
Gefäß *ǹebel, mi-; — himboga;* kleines Gefäß *totógo;* Gefäß, mit dem man Palmwein bekommt *hise̱ne̱;* ein Gefäß unterstellen, um Palmwein zu bekommen *le̱g ǹko̱g;* Gefäß zum Unterstellen für Palmwein *himáǹa;* Gefäß für den Palmwein *legel, bi-* (v. *lé̱g*); Gefäß für Wasser *ebél, mi-,* eigentl. *ǹebel, mi-;* Gefäß für Wein *gwelé, bi-.*
Gefieder *bile, bile gwab.*
Geflecht zum Lastentragen *nte̱t, mi-.*
Geflüster *so̱ga, miso̱ga.*
gefräßig *ló̱ǹ,* eigentl. *lió̱ǹ* (v. *o̱ǹo̱b*), *a ye ló̱ǹ;* gefräßig sein *o̱ǹo̱b,* Gefräßigkeit *lio̱ǹ.*
gegen *a mbedel nye̱* er ist gegen ihn.
Gegend, eine freie, offene Gegend *néha mbo̱g.*

gegründet *umi.*
geh weg *habi* und *nyodi.*
Gehege *sàb, ba-.*
Geheimbund, ein —, *Nge* (ein besonderer nicht allg.) (D. Mungi).
gehen *so,* s. dort; — *ke,* s. dort; er ist nicht weit vom Gehen, *à teg be ke.*
gehen an einem Stock *nìdba;* wir wollen gehen, laßt uns gehen *bogo bes* (Dual.) *(boga bes);* auf die Seite gehen *bagaba,* er ließ ihn vorbeigehen *a mbagaba nye,* geh aus dem Weg *bagabá njèl!* aus dem Weg gehen *á mbambelé mè,* er wich mir aus, er ging vom Weg ab *á mbambelé njèl;* gehen machen, treiben *kihi* (v. *ke*).
Gehirn *boña* (v. *boñ*); *póñ.*
gehorchen *nog, nogol.*
gehören, wem gehört das Ding da? *yom yen ini? yom ini ye yen?*
geil sein *beba, béb kémbê i mbeba,* es schlägt immer, d. h. es ist geil.
Geist *mbū* (Hauch), heiliger Geist *Mbu Mpob;* — *titi, bi-;* — eines Verstorbenen *yòñ, ba-, ñkúgi, mi-.*
Geistesgestörtheit *nyóba njèg,* v. *yob;* ein geistesgestörter Mensch *yobo mud.*
Geiz *nima* (v. *wim*).
geizen, *a mbáñàl ñkùhu wé* er verschont seine Waren, d. h. er geizt.
Geizhals *mud hibañal.*
geizig *wim, a gwe wim;* — *hibañal,* s. dort; Geizhals *mud hibañal.*
Geklopf *ñgumbga* (v. *kumb*), auch v. donnern, unterschieden von *mbimba.*
geknickt *bũga,* geknickter Stecken *bũga kek, kek ye bũga.*
gekochter Zustand beim Fleisch *nad.*
Gelächter *hibl,* s. dort.
gelähmt sein *lem.*
Geld *moni; poñ.*
Gelegenheit *nde,* welche Gelegenheit *nde mbe?*
Gelenk *likóa; yoñgog, gw-* (Du. *joñga*).
Gelenkrheumatismus, der aufbricht, *ñgumba.*
geliebt sein *tondìnã.*
geliehene Weiber *nya, ma-,* s. dort.
gelingen *báhàla,* es gelang ihm *a mbahala.*
gellen *loñ, maō ma nloñ me* die Ohren gellen mir.
gelüsten *bī ñem inyu jam;* es gelüstet ihn nach *a nleleh be mam ma mud.*
gemäß *kigi.*
Gemeinschaft *ntoñ, mi-;* — haben *adna, adba, adbe;* — *adna;* er hat Gemeinschaft mit ihm *a ñadba loñ ni nye.*
gemeinschaftlich *pùha,* auch *puhapuha;* — *ñgwaña* (v. *gwaña*).
gemütlich sein (Du. *bobise nyolo*) *yeñeh nyu.*
genau *teñge-teñge;* ganz genau *ye ye;* — — wie *hà;* — *ndana ndana,* etwas genau verfolgen; — *ñgende-ñgende, a ye ñgende-ñgende;* — *segelesegele,* auch *segle-segle;* etwas nicht genau wissen *bo sem, bo tel, bo ka.*
genesen *tomob,* cf. *ude, ñgañla; tomob.*
Genossenschaft *ñkag.*
Genüge *bol, a mbol ni mam;* — *yogoba* v. *yogob;* — *hela, heli, nañ;* — *kola* es genügt *i ñkola* oder *i koli,* es genügt für uns *i ñkola bes;* — *tola.*
geordnet *segelesegele,* auch *segle-segle.*
gerade *pad; pēd,* mach den Weg gerade *te njel pēd,* ein gerader Weg *njel pēd;* — dies *nyaña,* — dieses Wort wollte ich *nyaña bañga ini mi somblag;* — sein *hudila* (v. *hod*), — machen *hudul* (v. *hod*); geradeaus *jañjañ,* s. dort; gerade hinaus *jañya,* er lacht gerade hinaus, *a njañya ni hiol.*
geraten *toñgi.*

Geräusch *mbìmba*, (v. *bim*, auch v. Donner, Widerhall desselben); — *ṅgumbga*, (großes) *togol.*
gerecht *mbombogi*, er richtet gerecht *a ṅkehéne mbombogi*; er richtet — *a ntene miṅka mbo-mbogi* (= *mbogi-mbogi*); gerechte Sache *ka i te.*
Gerechtigkeit *tel lam.*
gereizt sein *mayoda.*
Gericht *ṅka, mi-*, s. dort.
geriebene *miba* (Kerne), *ndiga* (*miba* ist eine Frucht); — Sache *biseṅhá biseṅha bi mbaha.*
Gerippe *sai.*
gern haben *bena* (häufig tun; was man häufig tut, tut man gern); er ißt *bitoto* gern, er hat *bitoto* gern *a mbénà bìtoto* (*bitoto* blaue Früchte. Du. *sao*); nicht gern haben *bè, a mbè mè.*
Gernegroß *ṅgoṅ naṅ.*
Geruch *njiṅ*, s. dort; durchdringender — *ùnd, ùnd po* Geruch, Gestank der *pola* (Geschwüre); — eines neugebornen Kindes *ndáṅgi, a numb ndáṅgi.*
Gerücht *mbìmba* (v. *bìm*); ein — verbreiten *kal ṅgalag* oder *a ṅkala pol.*
Gerüchte der Leute *ṅgalag bod* (v. *kal*), es ist kein Gerücht *ha nya ṅgalag.*
gerufen werden *nseb'la.*
gesandt, das gesandte Paket, *ṅòmla.*
Gesandte, der —, *ṅòma, baoma, ba maomla* sie sind geschickt worden; — *ṅomla, maomla, bamaomla.*
Gesang *ntuba* (*mituba* Mehrz.), v. *tob* singen.
Gesäß *gweb*, s. dort.
Gesäßschwiele *libòg.*
geschält, er hat sich —, *a nlohola.*
geschehen *tib; gwela*, diese Sache ist gestern geschehen *jam dini di bi gwela yani.*
Geschenk *lihana* (v. *ha*); *likàb* oder *likebela, ma-* (v. *kab, kebel*).
Geschenke an die Verwandten (bei einer Heirat), *lem likil, bilem bi likìl* — an den Schwiegervater *mam má ṅkìl* — an die Schwiegermutter *mam ma nyogol.*
Geschichte *miṅaṅ* (v. *aṅ*); *mikwe* (*miṅaṅ*); dumme, einfältige — *biyo goda bi mam.*
Geschlecht *hiài; lilóm*, innerhalb des *liteṅ.*
Geschmack *line, liné lì bàs* der Geschmack des Salzes.
Geschöpfe *bikulul.*
Geschrei *nlend; miṅkega*; ein — voll führen *tè gwólol*; Hilfegeschrei *mbegela*, v. *begel.*
Geschwätz, geschwätzig *ndamda, bi-*, s. d.
geschweige denn *ndinà* oder *ndini*; er gab ihm nicht einmal Essen, geschweige denn ein Tuch *a ti be nyi bijeg ndina libato.*
Geschwister, leibliche —, *nõ; linyai* (v. *nyaṅ*); sie sind leibliche Geschwister *ba ye libum jada.*
geschwollen sein *pob, a mpob.*
Geschwulst der Achselhöhlendrüsen *bebég bi-*; — der Leistendrüsen *mìb*, — cf. *bebég, jód, kè*; — von einem Stich *libìbí, ma-.*
Geschwür *po* (Du. *pola*); — *kè*, s. dort krebsartiges —, das Nase etc. wegfrißt, *njámbé.*
gesehen werden *tehenã; tea* (v. *tehe*) wo wird es gefunden? *i ntea he?*
Gesetz *mben*, s. dort.
Gesicht *sú, ma-; nuna.*
Gespenst *ndindímbe* (Yabi u. Ndogobis.)
Gestalt *binunul*; schöne — *nyu lam* — = Ebenbild *maoṅg.*
gestalten, wie hat sich dein Palaver gestaltet? *hob woṅ u bi oṅg la?*
Gestank *ùnd, ùnd po*, — der *pola* (Geschwür); — *bõ jàla*; — *leg*, er riecht schlecht *a numb leg.*
Gestell zu einem Korb *tég hindama.*
gestern *yàni.*

Gestrüpp *mape; — kaṅga* (v. *kaṅ*) *bi-*.
Gesundheit *nyu lam, mbo* (v. *bō*); gute — *nyu lam*.
Getränk *binyóṅgo* (v. *nyo*).
Getrappel *lipèmbel, ma-* (v. *pembel*).
getrocknet *ṅkód* (v. *kod*), getrocknete Fische *ṅkód hiobi*.
getrost sein *holoho nyu*.
Gewächs am Kopf *ṅo matut*.
Gewächse *bò* (*bòó*), *bòó gwe*, seine Gewächse.
gewalttätig, ein gewalttätiger Mensch, *wagala mud*.
Gewehr *ṅgā*, s. dort
Gewehrlauf *ṅkoṅ ṅga*.
Gewinn *nseṅ*; — bringen *bahal, solbane toibane*; — *mbáhal* (v. *bahal*).
gewinnbringend *tobana nyuṅga*.
gewinnen *bahal*, ich gewann eine Mark *i mbahal me šilling yada*; — eine Klage, einen Prozeß *ned ṅká*.
gewiß *we*; weißt du es gewiß, daß du es bekommen wirst *u nyimbe le, ua koh e?* — *tíhtíh* und *tenten*.
Gewitter *mbebi* (*mbepi*).
gewöhnen *mea*.
Gewohnheit *mbá u*.
Gewürz *disím*, Einz. *hisím*; *kùleṅ, bi-*, s. dort.
Gewürzkräuter *njé*, solche sind: *ndale, ṅgombaṅ, sàdga, sébi, bi-*.
geziemen, sich —, *lama*.
gib, gib her *beg!*
Giebelseite des Hauses *libáb, ma-*.
gierig aufs Essen *heb nyoṅgi*; *sogba*, er ißt gierig *a nsogba bijeg*; — sein *séb, a nséb ni ṅkus*.
Gift, ein böses — ist *malaṅga*; — von Totenknochen *mbòṅ*.
Giftgrube *be mboṅ*.
giftige Ameise *ntotot, mi-*.
giftige Raupe *ombiye*.
Giftmischer *hiṅa mboṅ*.
Glanz, der goldene — der untergehenden Abendsonne *lōg bakò*.

glänzen *mueg*; *bài*, Dat. *beyel*; — lassen *beyes*.
Glas (Trinkglas) *tombeli* oder *tombedi*; *lemán* (oder *nunba*).
glatt *sendi*, es ist — *i nsendi*; — *ṅgombo*, — machen *kombol* (*soya*) bei der Schnitzarbeit; ganz — *ṅgombo-ṅgombo*; es ist glatt *i ye ṅgombo*.
Glätte *njendi* (v. *sendi*).
Glatze *lihai, ma-*(?); *liséha*.
Glauben *nebe*.
glauben *hemle*, s. dort, ich glaubte (meinte) *mi nyigle*; — machen wollen *á njo me ni ṅo*.
gleich *kayada*; — wie *kayada ki*; — sein *lòha* (v. *lo*), *beh ue di nlòha* (*nloṅ*); — sein, sie sind gleich (stark oder groß) *hiúṅgu hiada*; — in der Größe *séga, beh ue di ye séga*; —, gleichwie *ki*; — wie *we*, Abk. von *weṅgo, weṅgole*.
gleichbleiben, ein Mann, der sich immer gleichbleibt, *hilolombi mud*.
gleichgiltig sein *oṅ, á oṅ*; es ist mir — *ndílaṅ*; — *jeṅgéṅgi, i ye jeṅgéṅgi* (Du *soaluke*).
gleich machen, sich jemand — — *kedba*.
Gleichnis *ṅgen, a ṅkene me ṅgen*.
gleichwie *laki* (D. *kana*)
Glied der Kette *sehe, ba-*.
Glieder *masug ma nyu*; — des Zuckerrohrs *ṅgeṅ*.
glimmen *yiṅye*.
glitzern *mueg, muemeg, muegmueg, i muemeg méd mèd, i mueg méṅ mèṅ*, cf. *peṅ, mâ*; — *jéb-jèb jéb-jèb, jodot di mbai jéb-jèb jéb-jèb*.
Glocke *ṅgeṅ*.
glosten *kala*.
Glück *lisoda, ma-* (v. *sod*); *sáne*, glücklich *ni sáne*, er hat Glück *a gwe sáne*, auch *mbòm*, das — wird dir blühen *mbom ya bo ue*; das Glück hat mich verlassen *mbòm*

ndibene me, s. dort; — *sài, bi-*; — wünschen *sihe sai*, Glückwunsch aussprechen *sihe sai*.
glucken (von der Henne) *gwoš*.
Glücksvogel *ngèbe*. [s. dort).
Glut *dikálag, ma-* (von *kala* glosten,
Gorilla *bòg, ba-*; *mbondo*.
Gott *Job* (Mehrz.), eigentl *Nyambe*.
Gottesanbeterin *yodo*, *báyòdo, nkògo-ngònd (nyodo, ba-(?))*.
Gotteshaus *ndab Job*.
Götze *sád, bi-*; *ub, bi-*.
Gouverneur *ngomin (gomin)*.
Grab *soñ* —.
graben *som, tem*.
Graben, einen — machen, *kan*.
Graben, das — der *manga likos* (v. *kos* ernten), s. *libanga*.
Grabhügel *libómb li sòn*.
Grabscheit = gespitzter Stecken zum Graben *hibìng*.
Gras *makoki*; ein —, das schneidet *menes*; Gräser *bikai* (Einz. *kai*, aber nicht häufig); das gewöhnliche — *yòma, ba-*; — mit dem man Hundefleisch kocht *liseb(i)li ngwo* oder *maseb(i) ma ngwo*; —, das gegessen wird *biòm*; — und Gebüsch, wo früher Häuser waren, *pud*.
Grasart: *ándal* (kriecht auf dem Boden) (*hiandal, ǰ —*); — auf den Bergen *sole*.
grasen *nub, nub bikai*; — *koh bikai, jubule makabo*.
Grashalm *muab bikai*.
grasiger Weg *puda njel* (v. *pud*).
graublau *libulibu*.
graugrün *mpulempule*.
grausen, es graust ihm vor, *a mbib*.
gravitätisch, im gravitätischen Schritt wie ein Perlhuhn, *a nke nyom-nyom*.
Grenze *nmua (nwā)*.
Greuel *ngaña*.
Griff *ligweleg*; *likák* (v. *kak*); *mben*; — an den Hacken *kòb, bi-*.

grimmen (der Bauch) *bàhal*, es grimmt mich *libum li mbahal me*.
grollen im Herzen *unbene*.
groß *so* (v. *soso*), großer Baum *sò e* — *likos*, große Augen *makoho ma mis*, ein großer Stein *likoho li ngog* — machen *keñes*; — sein *keñi*; — werden *keñeb*; — und stark (dick) *linjòg li nyu* (s. *nyu*); — tun *yadab tahab*.
Größe *bikeñi* (v. *keñeb, keñi* groß werden)
Großsprecher *lóholoñ mud*, großsprecherisch *lóholoñ*.
großtuerisch sein *bóg mbòm* (der Erste sein im Glück); — *a nlohol* (v. *los*, *mam makeñi nyò*.
Großvater *sogó, ba-*.
Grübchen in den Backen *hibibiga* (v
Grube *bè, bi- (hibè)*. [*bibi*)
grün *yomi* (im Sinn von frisch, ungekocht), *bikai bi yi yomi* das Kraut ist noch grün; *makabo ma ye yomi* die Makabo sind ungekocht.
Grund = Ursache *njom*, aus welchem — *njom ki?*
gründen *bod*, der Grund *libòdog*, der Gründer *mbod mbai*; — *tola maoñ* Jes. 42.
grüner Belag auf abgestandenem Wasser *njoñbole* (Bajob etc *njobod*).
grunzen *kèm* (das Bellen des Ebers ist *him*).
Gruseln *ngaña* (v. *kaña*) *nyu*.
Gruß, der —, *mayega*; — *morni*.
grüßen *yega*; — *kob, kob me we wo*. er grüßt dich *a nmorni ue*.
Gummi *ndàmb*, verschiedene Arten: *bangwoñ, ndumbe, manyeng, sawa*.
Gummiliane, eine gelbe —, *njambe*, der gelbe Saft ist gut gegen Pola und *mpia*.
Gurgelknopf, Kehlkopf *libít*.
gurgeln *kug*.
Gurken *mabòg* (Einz. *libòg*), *mogi* (Mehrz. hat keine Einz.).

Gurkenstaude *tén ñjà, mı-.*
Gürtel *kanda, bi-; ñkai,* s. dort.
Gut, mein —, *mbodog yem,* cf. *bòd wem.*
gut, wahrhaftig *tana* (ähnlich wie *tañga); — ndoñga* (Mensch); ein guter Mensch *ndoñga mud; — = recht* (von Dingen) *ndóna* oder *bañga;* — sein *lama,* Hauptw *nlám;* gut *lóñge;* er ist mir nicht gut *a mbe me.*
Güte *nlám* (v. *lama); malama* (v. *lama); lóñge, bi-.*
gutes Leben *ndiba nom.*
gütlich tun *yeneh nyu* (Du. *bobise nyolo).*

H.

Haar *hioñ, joñ,* s. dort; weißes — *mbú;* — des Schwanzes vom Elefanten *dsañ.*
Haare schneiden *ènd ñò;* — auf der Brust, Händen etc. *mahù* (Einz. *lihu). a ye mud mahù, a gwe mahù ñgandag.*
Haarwisch *hitúla.*
haben *gwe* (v. *gwel),* ich habe *mi gwe;* — *bane, a y' .a mbane nye ndege ñgwèl* er pflegt eine kleine Unterhaltung bei ihm zu haben; — *bana (ba na* sein mit).
Habgier *hègbeñ* (v. *heg),* er ist habgierig *a gwe hègbeñ.*
habgierig *njonjog,* v. *njògnjòg.*
Habicht *kukumba*
Habsucht *sè.*
habsüchtig sein *sèb.*
Hacke *jòñ, mòñ; hisò.*
hacken, daß es noch zusammen hängt. *sañde* (v. *sañ* Zähne ausfeilen).
Hafen *beñga, bi-.*
Hagel *matanga, nob matanga.*
Hahn *nlom kob;* der Hahn des Gewehrs *likàndo li ñga.*
Haken *hikòba, likòb* (v. *kob); sehe, ba-.*
halbgewachsene Ziege *ñgond kembe* (Weibchen).
Hälfte *mpake.*
Hals *kíñ; jō* (lang) Du. *dò.*
Halskette *mòt.*
Halsring, Halsband *kád* (z. B. für Ziegen); — *hikéñ*
halsstarrig *kiñ, a ye kiñ, a nloha kiñ.*
Halswirbel *litibil li ño.*
halten, in die Höhe halten, *bada,* tr.; etwas —, daß es nicht hinunterfällt, *nid;* sich an etwas —, *nidba;* — für *áñ,* er hält sich für einen braven Menschen *a ñañ nyemede we loñge mud;* — für *tehe;* sich — zu *baba* (Refl. v. *ba),* auch du hieltest dich zu Jesu *yaga we u baba ni Yesu;* festhalten *gwel,* s. dort; sich — *gwelha,* s. *gwel;* er hält den Mund an den Krug *a leg nyò dibondo;* sich — an *magbe, a magbe me.*
haltlos *mbondom,* 2. Kl, ein lackeliger Mensch *mbondom mud.*
Hammel s. Schafhammel.
Hammer *njoñ.*
Hand *wo, mo,* s. dort; eine Hand voll Salz *wō bàs.*
Handel *nyuñga.*
Händel haben *jómol, momol,* Infin. *nomol.*
Handelsreise *nleñ,* s. dort.
händelsüchtig sein *dáñab,* ein händelsüchtiger Mensch *mud ndáñ, a gwe ndáñ.*
Handgriff *ligwelél.*
Handrücken *mbuh wo.*
Handtuch *taueli.*
Hand voll, eine Hand voll nehmen. *hogol,* s. dort.
hangen, intr., *yeñeb,* Hauptw. *liyeñbag;* — *yeñeb,* — lassen *yenes;* — herunterhängen *yombob, yumbi;* das Seil hängt herunter *hiko hi yumbi;* sich hängen an *adba, adbe, edi* (v. *ad),* er hing mir an *a edi me nyu,* er

hängte ihm etwas an *a ñede nye j.* — *yeñ, yeñ ño,* s. *yeñeb;* sich an jemand hängen *wel nyu, a ñwel me nyu* er hängt sich an mich; — bleiben *koba;* ich bin — geblieben *mi ñkoba* (v. *kob).*
Hängenbleiben von Baumästen und Bäumen *sagbe, bi-* (Hauptw.).
hängen sich *kei;* — lassen, sich selbst überlassen *heñes,* s. *heñ.*
Harmonium *ñgombi.*
Harn *màsai.*
Harnblase *seyel, bi-* (v. *sai).*
harnen *sai.*
hart *mbibi,* s. dort; — sein *a mbend bo ñem* (v. *bandab);* — sein *kon,* das Essen ist noch hart *bijeg bi nkon* oder *bi ye bikoná;* — sein *led;* s. dort.
hartherzig sein *a mban miñem, a mbend bo ñem;* — *a mboñ me njo.*
Harz *baná.*
haschen *kwas.*
Haß *óa.*
hassen *ō;* sich gegenseitig — *óna.*
Hauch *mbū̃.*
hauen *seg* (Zuckerrohr, Gras); — *keg,* Feuerholz — *keg je,* sich hauen *kêgba;* ich habe mich gehauen *mi ñkêgba;* hauen mit *kegel,* mit der Axt hauen *kegel hond;* — *kol,* Palmkerne — *kol bitoñ,* Pisang — *kol makondo.*
Häufchen von Makabo *hikũ.*
häufeln, Häufchen machen *bót.*
Haufen (Volksmenge) *ten li mud;* — (v. etwas) machen, aufhäufen *umbe.*
haufen, er häuft Bosheit auf Bosheit, *a ñgwel minhiha mi mam.*
haufenweis *bibil.*
häufig, — etwas tun *bena;* er kommt — zu mir *a mbena lo meni.*
Hauptsache *nlom jam, so jam.*
Hauptweg *mpago.*
Hauptzwiebel *pom kañ' lañ.*
Haus *ndab, ma-;* — der Männer *kúmbá,* es hat die Tür an der Frontseite, mit der Tür an der Giebelseite heißt es *njēga kumba;* — zum Aufbewahren des Essens *ndab i bīne bijeg;* — zum Schlafen *ñkoñgo;* das Haus hüten (übertr. v. brüten) *nui.*
Hausarbeit *ñgwege* (v. *gwel)* (Feld- und Gartenarbeit *nsón).*
Hausherr *ñmued mbai (mued mbai* oder *ñwed mbai).*
Haustier *lem, bi-.*
Haut *kò* (oder *koko), bi-,* s. dort; die — ging herunter *ko i nlohi;* mit heiler — *juéd.*
häuten, sich —, *kumbila.*
heikel sein *pídib* oder *neñeb, yadab* (schleckig sein).
heilen *tabal,* Imperf. *tibil,* Hauptw. *matabla.*
heilig *mapob.*
Heilige, der, *nu mapob (nu Israel).*
Heilung *matibila.*
Heim, Heimat *mbai.*
Heimat *mbai tenten.*
heimatlos *a ye hinuni mud.*
heimführen, ein Weib —, *lohu muda,* v. *lòs, lo.*
heimgeben *timbhe.*
heimgehen *hu,* s. dort.
Heimkehr *mahuna, lihũ, ma-,* nur die Mehrz. gebräuchlich, *mahũ mana* (?).
heimlich nehmen *libunda,* im Geheimen für Zauberei nehmen *yoñ bihiñ;* heimlich weggehen *nba.*
heimschlagen *nùye.*
heimsuchen *peple.*
Heimweg *njel mahúne.*
Heirat *libi,* s. dort; — *likìl,* s. dort.
heiraten, verheiratet sein, *bī.*
Heiratsgüter *likìl, makìl;* — geben *hól likil.*
heischen *jès.*
heiß *he (hie), maleb ma he;* — sein *leg,* das Essen ist heiß *bijeg bi nleg,*

mein Körper ist heiß *nyu nley me;* — machen *ligis,* auch *digis* (v. *ley).*
Heißhunger *lisè.*
Held *mbèg.*
helfen *hola; kam* (D. *lingea),* s. dort (Edeawort).
hell *peñ* und *mâ; pob, pubi* s. dort; — sein *muaya, muayana;* der Mond scheint — *soñ i mbai mâ* (oder *i mbai peñ);* — sein, — geben *bài,* die Sonne scheint — *hiangá hí mbài.*
Helle *pubi, ma-; lipúbi, ma-* (v. *pob).*
Hellsehen *bindī.*
Hemd (der Männer) *sínlet,* — (der Frauen) *sími* (eingeführt).
Henne *nyin kob.*
herabnehmen *kē (keye).*
herabspringen *sumble si* (cf. *lel).*
herausbrechen, es ist ein Stück vom Zylinder herausgebrochen *'nsongo ṅmugi* (wenn er einen Sprung hatte), *nsongo 'egi* (wenn er neu war).
herausfahren, es ist mir —, *mi pŏ jam dini,* oder *i mpolene me.*
herausfordern *kàdba* (v. *kad); pohla; sù* (Du. *botea),* er hat mich herausgefordert *a nsu me;* den Tod — *njagi nyemb.*
Herausforderung *bikadba.*
herausgebrochen *puhi.*
herausgegangen *sodi.*
herausgehen, herauskommen *pam,* s. d.
herausheben aus etwas *nyadal* (das Kind aus dem Bad).
heraus lassen (etwas) *pemes.*
herausplatzen *boh (bos).*
herausreißen *kwahal.*
heraustreiben, das Feuer treibt Wasser heraus, *hie hi ntu maleb.*
heraustun *hund,* einen Sandfloh — *tómb; manga* — *kos manga* (= ernten); — einen Teil von etwas, wenn zu viel ist *bohol.*
herausziehen *koñol; sodol.*

Herd *jŭ,* Abl. *jùdga.*
Herde *lìuñ,* cf. *ntóñ* eine Reihe hintereinander.
Herdfüße *jùdga, mudga.*
herein *ikete.*
hereinbrechen, die Nacht ist über uns hereingebrochen *u 'nje bes.*
herein- oder hineingehen *job,* herein- od. hineintun *jubus.*
hereinlegen *sù,* er hat mich beim *sango* hereingelegt *a nsuene me sango.*
herfallen (über ein Essen etwa) *abla* (v. *abal).*
hergeben *nendes (lendes)* v. *nand.*
Herr *sango, ba-.*
herrenlos *ntŭdu.*
herrliche Sachen *ndiba mam.*
Herrlichkeit *mapob.*
Herrschaft *mbog, ane, ma-.*
herrschen über *ane, ene*
Herrscher *ṅane, baane.*
herstrecken, die Ohren — *ambile* oder *embile* (v. *amb).*
herumdrücken, sich — *boñol.*
herumgehen um etwas = umgeben *kiñã, makòndo ma ṅkiñã ṅkoñ.*
herumjagen *ndenges; yebes* (v. *yab).*
herumrühren *pungul.*
herumschleichen *hòñ,* s. dort; — um etwas *kengele* (v. *makenge).*
herumtreiben *ndeng;* sich — *lenel.*
herunter *isi.*
herunterbeißen an einem Stück, das man in der Hand hält *nyugle,* tr.
heruntergleiten *sundi,* intrans.
herunterhängen, intr., *yombob, yumbi;* das Seil hängt herunter *hiko hi yumbi.*
herunternehmen *sagal* (v. *sagab).*
herunterschütteln *sagal* (v. *sagab).*
heruntersetzen *suhul.*
herunterwerfen *bēs,* tr.
herunterziehen *sundul,* tr.
hervorragen *yodob.*
hervorziehen *solol,* Imperf. *soli.*
Herz *ṅem, mi-* (v. *eme);* das Herz

klopft ihm *ñem u ñkwo nye kib-kib;* — bewegen *nyiñgih ñem;* das — nehmen *yoñ liyòñ; j. dini di nyoñ me ñém* oder *j. dini di nyoñ me liyòn.*
Herzblatter, die jungen — der Ölpalme *móñ.*
Herzensfreund, er ist sein — *a ye sañ sañ ye ñgwa.*
Herzensgrund *matibil ma ñem.*
Herzgrube *mbō ñem,* cf. *bol.*
herzlos *a mban miñem, a mbend bo ñem,*
hetzen *begehe* v *beges, a mbegehe ñgwo* er hetzte den Hund, *a mbegehene me ñgwo* er hetzte den Hund auf mich; er hat den Hund auf ihn gehetzt *a nsoeye nye ñgwo.*
heucheln *a hó ñgwañgwañ mabúi.*
heulen *nlondog, te* —; unaufhörlich — *sembel*
heulerisch *bindóhi, a gwe bindóhi.*
Heuschrecke *dikele;* — zum Essen *ndènga;* Baumheuschrecke im Urwald *hisuad*
heute *len,* der heutige Tag *lana bilen;* heut in 6 Tagen *len masamal.*
heutige Tage *bilèn,* es ist so bis zum heutigen Tage *i ye hála ló bilèn.*
Hexe *ñemb,* cf *liemb.*
hexen *èmb,* s. dort.
Hexerei *liemb,* v. *emb,* s. dort; — *bilèmba* (Du. *lemba)* (Geheimbund);
hier *hana; nā,* Abk. v. *hana;* — herum, hierher *nyonó* und Abk. davon *nó.*
Hilfe *mahola* (v. *hola*): um — rufen, *begel,* Dat *begle, begle nye* ruf ihn um Hilfe an.
Hilferufe *mbegela.*
Himmel *ñgi, ñgi ye lipubi* der Himmel ist hell, klar
Himmelsgewölbe *libobilag li ñgi.*
hin und herbewegen, sich —, *nyamla,* v. *nyam;* hin- und hergehen *tengel* oder *tingil*
hinabgehen *kuli;* s. dort.
hinabspringen *sumble si.*
hinauf *ingi;* bis oben — *tī.*
hinaufgehen *bed.*
hinauflangen *kob.*
hinaufsteigen *bed.*
hinauftun *bedes.*
hinaus, *a mbem ño* er streckt den Kopf hinaus.
hinauskommen *bòl, di mbol yag Ntamak.*
hinausschieben *līb;* er schiebt seine Arbeit immer auf „morgen" hinaus *a ye mud ñgèle.*
Hindernis im Weg *hibági, di-.*
hindeuten (mit dem Finger) *nid,* s. dort
hinein *ikete.*
hineinbringen *pey* (z. B ins Gefängnis)
hineinschieben *som.*
hineinstecken *som;* Passiv *sómā;* — und aufhängen (am Dach etwa) *pen.*
hineintun in etwas *ha,* s. dort.
hinfallen aus Schwäche, z B Alte, Kranke *pendi,* intr. *a mpendi.*
hinhalten *lenda.*
hin- und herjagen *deñges.*
hinken *bañda,* er hinkt *á mbañda* (Ton!), Hauptw. *bañdag;* — auf einem Fuß *nyoñg, mighe, a ñmighe kó, sige* in den Knieen schlottern, in den Hüften hinken *a ñke nyoñgoho-nyoñgoho;* — an beiden Füßen *migde, a migde like, a ñke migidmigid.*
hinliegen *bodob; nañal,* Zeit zum — *ñgeda nañal.*
hinnehmen *lenda;* — = in Anspruch nehmen *jam dini di nub me ñem, di nyoñ me ñem, di nsoh me ñem;* es hat mich ganz hingenommen *j dini di nyoñ me ñem, j. dini di nyoñ me liyòñ.*
hinreiben *homb mbom.*
hin- und herrennen *nyam.*
hinstellen an etwas *nig.*
hinten *imbus;* du kannst mir hinten herum! *adbe me mbus!*

hinterbringen, etwas —, *minsohi.*
hinterher schimpfen *sòg.*
Hinterlader *ntoṅgo.*
Hinterlassenschaft *búm, bi-.*
Hinterteil *indi.*
hinüberführen *yebes.*
hinunterbücken, s. bücken!
hinunterdrücken *bán*, tr.
hinuntergehen *sòs*, die Sonne geht unter *job li nsós.*
hinunterrutschen *sindil.*
hinunterschnappen *sindil.*
hinuntersitzen zum Essen *songob* u. *yondob;* — *yondob, yondol* (*yondol* vielleicht mit einem Stück Holz unter dem Gesäß).
hinunterwerfen *bĕs*, tr.
hinwerfen *yugye;* — beim Ringen *ned;* — *yemb* (v. *yambab*); — (weil es mir nicht gefällt) *yemb dibato,* er warf es mir hin *a nyemb me jo 'bisu.*
hinzufügen *konde*
Hirschantilope. eine Art —, *ṅgoloṅ.*
Hobel *was.*
hobeln *was; kombol.*
hoch, zu hoch sein, *yug, j. dini di nyugu me;* — achten *bedes;* — werden, wenn etwas noch im Wachsen begriffen ist *kahab,* z. B. ein Baum; — sein *kehi,* der Berg ist — *hikoa hi kehi,* — machen *kes.*
hochbeinig sein *nyoṅgob.*
hochfein *teb teb,* sie schmecken — *ma ne teb teb.*
Hochmut *mbom.*
höchstes Wesen *Nyámbe.*
Hochwild *nsí nuga.*
Hochzeit *libi,* s. dort.
hocken *hugub, kob hugi.*
Höcker *likus, ma-.*
Höckerichte, das, *bisumble.*
Hof *mbedge; (mbegede);* — *pubi,* gerader — *ṅamb, mi-.*
hoffen *bidiga; bodol, a mbodol ṅem we yag man, mi mbodol ya ue;* — auf *teṅ ṅem.*
Hoffnung *mbidiga (mbigida);* — aufgeben *lehel ṅem;* — setzen, seine — — auf *bóyol m. ṅem;* — machen *bodos* (v. *bod* hoffen).
Höhe *mabed* (v. *bed*); — *likahab* (v. *kahab*) *likahab li ndab.*
höher, etwas — hinauf tun *bedes.*
Höhle *hóg, bi-.*
Höhlung *ntim* (v. *tem*).
höhnisch lächeln, höhnische Bemerkungen machen *yola,* tr.
holen, Feuerholz (im Wald) — *jàb;* Wasser holen *ke ab maleb!*
Holz *keg,* Feuerholz *hie, je;* —, das man in den Palmwein legt, das den Alkohol bildet *liùmb;* —, das in einen Bach gelegt wird, um ihn zu stauen *ṅkág, 'ba hég ṅkág;* — spalten *bàhàl jè.*
Holzfalle aus Prügeln neben dem Weg *mbiṅgi.*
Holzschachtel *ṅgobi.*
Holzstampfer *nsobo, mi-.*
Holzstück, glühendes —, *likolog (ṅgolog) li hie,* cf. *hitítiṅ* Feuerspahn.
Holzteller *soya, bi-.*
Honig *wē,* Honigwaben *bibabi bi wē.*
horchen, aufhorchen *soṅol.*
hören *nog.*
Horn *toṅ, litóṅ,* wahrsagen mit dem — *bo litóṅ;* — *mbég, mim-.*
hübsch sein *nyebla.*
Hüfte, in die Hüfte setzen *hambal, a hambal man, a hemba man.*
Hüften *bóbóg, bi-.*
Hügel *libomb, ma-.*
Huhn *kob;* —, das einen großen Kamm hat und gackert wie ein Hahn: *ṅgombonkombe;* —, nähere Bedeutung s. *kob.*
Hühnerbrut *liuṅ li kob.*
Hühnerhaus *ṅkámbá, mi-.*
Hühnernest *yogi, gwogi.*

Hülle *mabud*.
Hund *ṅgwọ-*; —, seine Bedeutung s. *ṅgwọ*; kleiner fliegender — *hikóṅ*.
hundert *mbogol*; — mal *ke mbogol*; — *hiko*, wenn nicht stückweise gerechnet wird.
Hundstritt, einen — geben, *tibẹ*.
Hunger *njal*.
hungrig sein *nyẹṅẹb*.
hüpfen *jẹd*.
huren *kẹ ndeṅg*.
Hurerei *ndeṅg*, hurerisch sein *a y ndeṅg*, cf. *ndoman*.
huschen *bùmba*, s. dort.
husten *kohol*, ich habe Husten *koho gwe mẹ*.
Hustenmittel *nsô*.
Hut *tamba*.
hüten, sich —, *yihẹ*, s. dort.
Hütte *ndab*, *ma-*; *ṅkoṅgo*.

I.

ihr *bẽ*, *ni*.
immer = fortwährend *kọṅkọṅ*.
in; er versteckte mich im Schatten seiner Hand *a sonẹ mẹ yiyẹ wọ we*.
indem *laki*; *kayelẹ*.
innen, innerlich *nsọsọm*.
Insel *on*, *bi-*.
Irre *yimil*, wir gingen in der Irre *di bi kẹ yimil* (davon *nimil* verlieren).
irren, umherirren *yom*; — refl. *yób*, *yọbọda*; —, refl. *yubda*, *mi nyubda*.
Irrsinn *nyóba njèg*, v. *yọb*.
irrsinniger Mensch *yobo mud*, v. *yọb*.
Irrtum *nyọba*, v. *yọb*.

J.

ja *e*. wird meist nur *m* (hoch und dann die Stimme sinken lassen) gesagt, bei Zustimmung, Bejahung ist auch *wẹ*; tu es ja nicht *bẹl baṅ!*
Jagd *libila*.
Jahr *muí* (Maṅgala), *mu* (Yabi) vergangenes — *muí mbọg*.
jähzornig sein *ndibida ni hiun*; oder *a ntibda hiun*, s. *hiun*.
Jammergestalt *mud njiha* (v. *sihẹ*).
jauchzen *họlbẹ*; *masoh(o)bẹ*.
Jauchzen *mase*; das Jauchzen *lindò-ndọm*.
jeder *hi*, *kègi* aus *kẹg hi*, jedermann *hi mud*; *kẹgi mud*.
jedoch *ndomlẹ*.
jetzt *hananọ*; s. nun.
Joch *hibib*, *di-* (*ti-*); — *hikéṅ* (Halsring bei Ziegen); — (= Paar) *ṅada*, *mi-* (v. *ad*) drei Joch Ochsen *miṅada mi nyaga máà*.
Jubel *mahag*; *mase*, *maseba*.
Jubelgeschrei *ṅkega mase*.
jucken *nyaṅal*.
jung *wanda*.
junger Löwe *ọṅg mbọndọ*; — Mensch *somb mud*.
Jungfer, alte —, *tọla ṅgọnd* (v. *tọl*).
Jungfrau s. *ṅgọnd*.
Junggeselle *ṅkọl mud*.
Jüngling *hilóga*, s. dort; — *nsẹ́gi* und *mangẹ wanda*, *wanda mud*, Mehrz. *wanda bod*; — *ndoman* (Du. *mpesa*), s. dort.

K.

Käfer *tandi*, *bi-*; großer — *sugu*, *bi-*.
Kahlkopf *lisẹ̀ha*
Kakrotsche *pepe*.
Kaktus, großer mit drei Ansätzen *kága*

(kága njeg); kleiner mit vier Ansätzen *hiañha, ba-*, s. dort.
Kalabasse für Wasser *sob, ndeg*; — für Wein *hibói*; eine kleine — für Öl und Salbe *hitotogo*; kleine — *lisoñgo*.
Kalb *oñg nyaga*.
kalt *sune*; *masuni*; es geht kalt an mich hin *díe, liheb li ndie me*.
Kalte *liheb*, Einz.
Kamm *lipéhel, ma-* (v. *pehel*); — des Hahns *òm, bi-*; — des Huhns *òmb, bi-*.
kämmen *pehel*.
Kampf *dijó* (v. *jo*), *a ñke dijó*.
Kanal des Knochens *nsoho bihes*.
kann, er kann nicht mehr *ñem u nyam nye tò*.
Kanone *kosi*.
Kante *miñkoñgo, poh gwe miñkoñgo*.
Kanu *moñgo*, spitzig sitzen, weit draußen *nogob moñgo, a nogi*; — verstopfen *hied*; — ziehen *od moñgo*.
Kanubank *mbende*.
Kanugesang *seg*.
Kapelle *ndab mitiñ*.
kapieren, Aufgehen des Verständnisses *pàme*.
Kappe *koto, bi-, kod*.
kaputt *obi*; — machen *obos*; vollends — machen *pendel*, tr., s. dort.
Karabiner *ñgā ñgui*.
Karawane *loñ, bi-*.
Karettschildkröte *kulud*.
Kartoffeln *so, ma-*.
Kasten *ñku, mi-*.
Katarrh *hiñg*.
Katze *siñgi*.
kauen *nyambal*.
kaufen *somb*, — für *sombol*; ein Weib — *hulul*, v. *hol, a bi hulul me muda*.
Kaulquappe *liñgódo*, Mehrz. *mañgódo*.
Kehlkopf, Kehle, Luftröhre *ñgóño* (oder *ngóño?*)
kehren *sah, sas*, Passiv *seha*; — *higl*.
Kehricht *binán*.

Keil zum Auseinandertreiben von Holz *pahage*.
Keim *ntom, mi-*.
keimen *ò*.
kennen *yi*.
Kennzeichen *hibai* Einz., *dibai* Mehrz.
kentern *kob* (Basa), *yin* (Bakoko, sehr gebräuchlich), *moñgo u ñkob* das Kanu ist gekentert; — *he*, ich bin gekentert *mi ñhe leb*.
Kerb *mbogi*, Kerbe einhauen *bòg*.
Kerbe machen *kedel*; — der Palme *mbogi*.
Kern *nsò, mi-*, Palmkern *nsò mañ*.
Kerne von *miba* (Mangoähnliche Frucht) *ndoga*, gerieben heißen sie *ndige*.
kernlos *ñgì mañ*.
kerzengerade in die Höhe *seb*, auch *pād*.
Kessel in Bächen und Flüßen *díb, bi-* (v. *dibe*).
Kette, kleine Messing- oder Stahlkette (für Schlüssel und dergl.) *basèhe*, *sehe* ist ein Glied der Kette, *basehe* die ganze Kette, *mot* eine Perlenkette; — *nsañ*, eiserne — *nsañ bikei*.
Kieselstein *hibáñ ñgog*.
Kind *man*, Kinder *bon*, s. dort.
kindisch, er ist —, *a gwe bilòs*.
Kinn *jás*.
Kinnbacke *libèhe, ma-*; *mañg*.
Kissen *mboñga*.
Kiste *ñku, mi-*.
Klagegeschrei *ñkega liwo*.
klagen, unaufhörlich, *sembel*.
klar *peñ* und *mâ*; *mabai-mabai* oder *peleh-peleh*.
klar sprechen, gewohnt sein *mueg, a ñmueg likol*, cf. *a ñkeg hob*.
klarer ruhiger Bach mit schönem Sand *nseñ léba*.
Klarheit *mapob*.
klatschen, in die Hände klatschen, *bamb mò*.

kleben. tr., *ede*.
klebrig sein *adbana*, der Saft des Pisang ist klebrig *nde i ṅadbana*; der klebrige Saft des Pisang *ndè*; — sein *kàme*.
Kleid *mbod (mbot)*.
kleiden, gekleidet sein *heba* (v *haba)*; —, tr., *eṅg*, sich kleiden *eṅgeb*, Kleid *èṅg, bi-*.
Kleiderkasten *ṅku mbod*.
klein *sii* . . . . *(hìsii)*; — sein *yendeb* (v. *yend)*, ich bin klein *mi bi yend*.
kleiner Mann *biyendeyende mud*.
klein aber stark und reizbar *hinjagala hi nyu*; — und beweglich *hinjuednjued nyu*; — von Person *hitō hi nyu*; ganz kleine Angel *hibagabaga hi nlob*.
Kleinheit *biyénde* (v. *yénd)*.
Kleinvieh *lem, bi-*
klemmen *bàmbda* (tr. und refl.); einklemmen tr., *som*, eingeklemmt sein *somda*; — *nyòṅg*, *a nyoṅg nye* so daß er nicht mehr aussagt vor dem Gericht; — *ndiṅa, kede ndiṅa*, er hat mich geklemmt *a ṅkede me ndiṅa*.
Klette *hikogo yig* oder *hikogo bum*.
Kletterkürbis *bómba, babómba*.
klettern *oṅ*
Klex *libòdog* (v. *bod)*.
Klinge *likák* (v. *kak)*.
klingeln, das Ohr klingelt mir, *ō 'mbegehe me*; — *lond*, das Ohr klingt mir *ō 'nlond me waṅ*.
klingen *jaṅjaṅ, moni u ṅkwo jaṅjaṅ*.
klopfen *kod*; *kumb*; *saṅde* (v. *saṅ* Zähne ausfeilen); Herzklopfen *ṅem u ṅkwo nye pàmpàm*.
Klopfer *hibámb* (v. *bamb)*, um Erde glatt zu schlagen.
Knabe *mam munlom*; *maṅge*.
knacken lassen *fá*, den Hahn am Gewehr — — *faha ṅga*; — (die Finger) *pod*

Knall des Gewehrs *hob ṅga*.
knallen (peitschen) *hisō*.
knauserig *hisid* (v. *sid) mboṅ, di-, a ye* —
Knie *kidboṅ, bi-, libóṅ, ma-*; — beugen *umul bikidboṅ, om mabóṅ*; in de[n] Knien schlottern *sige*.
knien *om bikidboṅ*; ich kniee niede[r] *mi ṅhod kidboṅ* (mit einem Knie mit beiden *bikidboṅ)*; er kniet [...] *ṅom mabóṅ* oder *a ṅom bikidboṅ*.
Knistern, das — des Feuers *mikeg mi hi[...]*
Knöchel *hibáṅg, di-*
Knochen *hês, bi-*.
knochig sein *nyaṅgab, nyeṅgi*.
Knollenfrüchte (eßbare) *libaṅga*, Mehrz. *maṅga* (Du. *dinde)*, *dikàbo, ma-*.
Knopf *básì*, —; *botin*, —; *nsaṅ log[...]*
Knorpel *yeṅges, gweṅges*; — des Brust[...] beins *hipédbeṅ*; — am Gehöreingan[g] *hipetleṅ, di-*.
Knoten *litìṅ, ma- (teṅ)*.
knüpfen *teṅ litiṅ*, cf. *sundul, libena*.
knurren *kug*; *ṅkuga*.
kochen *lamb*, s. dort; — *lembel* (mit dem Dat.) v. *lamb*, koche mir *lembel me*
Kochen, das —, *nlembela*.
kochen, das Essen ist gekocht, *bije[...] bi mbel*.
Köcher *ṅkob, miṅkob*.
Kohl, der gegessen wird, *bìòm*.
Kohlen *sibkalag*.
kohlschwarz *bònd*; *hiu*; *làṅlaṅ*; — wi[e] Ebenholz *sib, jam dini di ṅhend sil*
Kokospalme *poṅgo*.
Kolanuß *dibêl, mel*, der Baum selbe[r] heißt *bèl*.
Kolanußbaum *bél*, —.
Kolben des Gewehrs *litìṅ li ṅga*; — (Mais) *nsas, mi-*.
Kolibri *njói*.
kommen *lō*, komm doch *lo le*; — zu *ból, di mbol yag Ntamak*; — über *gwel, libe li ṅgwel me len*; — von *lol* (v. *lo)*, ich komme von de[r] Stadt *mi nlol ṅkoṅ*.

Kommode *ṅku, mi-.*
können *lä*, ich kann nicht schwimmen *mi nla beme hog.*
Kopf *ṅo*, s. dort, den Kopf hängen *sed ṅo*, der Kopf tut mir weh *ṅo nsi me.*
Kopfbeugen *sed*, er beugt das Recht *a nsede minka.*
kopflos sein *a nyogoda.*
Kopftuch *angis.*
Korb *sel, bi-.*
Körbchen *hindáma, di-, lindám, ma-.*
Körbe flechten *oṅ dindama.*
Korbflasche, große, *liṅgág*, Mehrz. *maṅgág.*
Kork *yibné, biyibné.*
Korn Sandkorn *jis li ṅkoga, mɨhi ma miṅkoga.*
Körper = Leib *nyu.*
Körperbau *maoṅg.*
Kosename, mit — nennen, *sis.*
kostbar *tig, tig jam, tig yem jam.*
Kot *nyega* (Du. *nyakaka*).
krabbeln *kogola* oder *kogla, minyaga mi ṅkogla* die Krebse krabbeln; — *kagal, kagla.*
Krach *tàd.*
krachen *tàd.*
Krachen, das —, *ntadga* (v. *tàd*).
krachen (knacken) *bog*, die Finger krachen lassen *bóg kòk*; der Finger kracht *hino hi mpod läs.*
Kraft *ṅgui*; — haben (sprossen) *tō*; von Kraft sein *log.*
kräftiger Mensch *lolog.*
kraftlos sein *log.*
krähen *oṅ.*
Kralle *yalag, gwalag.*
Krampf *linyóga, linyóga li gwe me.*
krank sein *kon*, ich bin krank *mi ṅkon*; — machen *konos*; andauernd krank sein *sind.*
Krankheit *kòn, ma-*, die Kranken *bamakon*, ansteckende Krankheiten *makon ma noṅa*; — *hikokón* (v. *kon*); eine —, der Wurm *nsóṅ, mi-.*
Krankheitskeim *sági.*
kränklich *ṅkuṅge.*
Kranz *koto, bi-, kod, bi-*; *ṅkab.*
kratzen *gwàd* (s. dort); *he, mi heya*; *kombiha* (*komba*) bei einem Ausschlag; jemand kratzen *koble. a ṅkoble me gwalag.*
Krätzer *gwèd* (v. *gwad*), *higwègwè.*
Kraut zum Kochen des Hundes *maseb ma ṅgwo.*
Krebs *nyaga, mi-*; ganz kleine Krebschen *njaṅga.*
krebsen *og.*
Kreide *pem.*
kreisen *koga* (v. *kogol*).
Kreisen, das —, *ṅkòga.*
Kreuzweg *jaṅa li njel: makanda.*
kriechen (Gras, Ameisen, Schlangen, Krankheit) *ándal*; *taye* langsam und platt kriechen; (*taye* zeigt noch das Trägere an als *andal* schleichen); — *ke kwaṅkoi.*
Krieg *gwèd* (v. *keg*).
Kriegsgefangener *ṅkóm.*
Kriegsgefangene machen *miṅkom mi mpode.*
kritzeln *kedel.*
Krokodil *ṅgan*, Mehrz. ebenso; — *ṅgomb* (Landkrokodil).
Krone *kod, bi-* (*koto, bi-*); — des Lebens *kod nom.*
krumm *ṅkoda* (v. *kodob*); — sein *sedeb*, Imperf. *sedi*; — *mabenmaben*, der Weg ist — *njel ye mabenmaben*; — machen *kodos*, krumm sein *kodi, kodob*, — werden *kodob.*
krümmen *hod*; —, refl. *beneb*, der Weg ist krumm, gewunden *njel i mbeni*, sich krümmen *nyogola.*
Krümmung *lihuda* (*hod*); — *libén, ma-*, (v. *beneb, ban*) der Weg hat viele Krummungen *njel ye maben maben.*
Krüppel, der irgendwelche Bresten hat, *bog, bi-*, zu unterscheiden von *ṅkuṅge.*
krüppelhaft sein *lem.*

Kruste, Dreck —, *bábi mahindi* (Einz. *bábí*, s. dort).
Küche *ndab nlamb.*
Küchenmichel *lém, bi-, a gwe bilém, a ye munlom bilem.*
Küchlein *man kob.*
Kuckuck *ñkuñga, mi-.*
Kugel *hikóñgo hi ñga.*
kühl *sune; lisuni, miñem mi ntemb lisuni, ma be leg kwañ.*
Kühnheit, er hat die —, *a mbéd bòd mbòm.*
Kummer *njo; ñgoda* (v. *koda, kodob*).
kümmern, er kümmert sich um nichts, *a mbígda be to jam* oder *a mbída be to jam.*
Kümmernis *ñgōda*, v. *kodi.*
kund tun *legel.*

Kürbis, eine kleine Kürbisart die ge gessen wird, *libòg, ma-, mógi;* — mit *ñgondo, libombo, ma-.*
Kürbis, Kürbisstaude *ñjà.*
Kürbiskerne *ñgond,* Pudding von ge riebenen Kürbiskernen *ñkóno ñgond*
kurz *kidig;* kurzes Gebet *hikidig ndo mbol;* — sein *yende,* s. dort; vo kurzem *yòñ, ndège yòñ* ich war vo kurzem in Duala *mi be Dihala yòñ* es geschah vor — *jam dini di nti gwela.*
kurzatmig *hilàbo,* Abk. *làbo,* er ist — *a ñkwó làbo.*
Kürze *biyende.*
kürzlich *yòñ,* ich war kürzlich in Dual *mi be Dihala yòñ.*
küssen *sos.*

L.

Labung *bihogbene*
Lache (= Pfütze) *titiñga, bi-.*
lächeln *muemla, muemla hiol;* — (höhnisch) *yola,* tr.; — *muemla,* ein lächelndes Gesicht machen *a ñmuemla hiol.*
lachen *nol* (cf. *yol, yola*).
lächern *nohola* (v. *nol*) es macht mich lächerig *i nohola me.*
laden; er hat unsern Schmerz auf sich geladen *a umbe njogohe yehe ñgi ye.*
Ladstock *hiē ñgā.*
Ladung *lisòñga.*
Lagerplatz *nañlene;* — im Busch *libógol,* zum Spielen oder *ñge.*
lahm sein *yoga,* — machen *yogos.*
Lamm *man ntomba.*
Lämmlein, schönes —, *njejeñge.*
Lampe *tuñgen, bi-.*
Land *mbóg; lòñ, bi-,* schönes — *nlam lòñ,* freies — *mamā lòñ;* urbares Land *nsíñga* (v. *señ*); langbewohntes, altbebautes Land *nsíñga mbog.*

landen *jág.*
Länder *biloñ.*
Landplage *likakáme,* v. *kam.*
Landwind *liheb.*
lang *mbóñgo, mimboñgo,* langer Stecke *mboñgo kek;* — *ntanda,* Einz., *mi ntanda* (Mehrz.).
lange, schon —, seit — *behē;* lange etwa tun *ébèhe jam,* er betete lange *ñébèhe ndómbòl ye;* lange nicht nach Hause kommen *sòga mbai,* lang einen nicht mehr sehen *sòga mud* lange bleiben *bemb, u mbemb bikai e*
Länge *ntel.*
länger (von der Zeit), früher *gwéa.*
langsam *mbeñe, mayembe; tèm,* da Wasser fließt langsam.
Längsseite des Hauses, cf. *libab, ñkàñga*
langweilen *sam miñem.*
Lärm *liyogobe,* infolge von Durchein anderschwatzen.
lärmen *yògobe.*
laß so *i ba ha* (es sei so).
lassen *muah* (*muas*).

lässig *ṅgèle*, er schiebt seine Arbeit immer auf „morgen“ hinaus *a ye mud ṅgèle*.
Last (zum Tragen) *mbègel* (v. *begel* tragen); — *ṅwind*.
lästern *hidig*, s. dort.
Lästermaul *nyo minyena*.
Lästerung *lihus, ma-*.
lau sein *tamb, tambentamb;* lau *mibe, mibe maleb*.
Laubhütte *láb, lábga, bi-*, nur zu vorübergehendem Aufenthalt für einen Kranken oder Jäger oder dergl.
lauern *tobol; — solbene* und *lóh(u)be*.
Lauf. im Lauf des Gesprächs, *ndeṅbe hob* (v. *teṅ*); — des Gewehrs *ṅkoṅ ṅgā, mpond ṅga*.
laufen *ke*.
laufend, das laufende Jahr, *muí mune*.
Laus *yel, gwel*.
lauter *baṅga*.
leben, das Leben, *nom*, — für etwas *nomol*, wir sollen für Gottes Sachen leben *di nomol mam ma Job*.
Leben haben *nyihinga;* — haben = anwachsen *tō*.
lebendig *yomi, nyo 'ye yomi* die Schlange lebt noch; ein lebendiger frischer Bursche, *yomi maṅge wanda* oder *hione hi wanda*.
Lebensmittel, Früchte des Gartens und Feldes, alles was zum Essen ist *bijeg*.
lebhaft werden *kway;* — um sich blicken *kweṅel mis*.
lechzen *heb*.
lecken *lá, a nla tandi, a nla bas*.
Ledertasche *bod bakea*.
leer *hol*, s. dort; — sein *pṓ*; — *nsó*, die Kalabasse ist leer *liboi (hiboi) li* [*ye nsó*.
leere Einwilligung *nebe ṅga*.
legen auf *kes*, — in *ha;* die Hand ans Ohr legen *lég mao*.
Leguan (Rieseneidechse) *ṅgomb*.
Lehm, roter —, Laterit *diṅgènd, homa diṅgènd*.
lehnen an *hég*, s. dort; sich — an etwas *nigbe*.
Lehre *maébla* (v. *eb*).
lehren *eb; nunda (unda)*.
Lehren *miebla (maebla)*.
Lehrer *(ma)leed, ba-* (v. Du *muleedi*)
Leib *nyu*, s. dort; schöner Leib *nyu lam;* sich vom Leibe halten *st*, ich halte mir das Böse vom Leib *mi si me libe;* — der Schnecke ohne ihr Haus *nsogod, mi-*.
leibliche Geschwister *nó*.
Leibweh *mbahal*, ich habe Leibweh *mbahal 'gwe me, libum li mbahal me;* der Leib schneidet mich *libum li mbahal me*.
Leichnam *mim*.
leicht sein *hòi* (v. *ho*).
leichtgläubig *yā*.
leiden *taṅgal;* er leidet sehr, hat große Schmerzen *digla, a ndigla*.
leiden, er kann mich nicht — *a mbe me*.
Leiden, das, *hikokón* (v. *kon*).
leihen *pō, pò*, leih mir *pòh me* oder *pō me;* leihe mir dein Tuch *ti me dibato joṅ ki ndóṅ*.
Leimstückchen legen für Vögel *kame*.
Leinwand *mboṅ*.
leise auftreten *yebel like* und *tobol like;* — sprechen *togde, a ntogde ni hob*.
Leiter *yàb, gwab*.
Lende, hintere —, *bóbóg, bi-*.
Leopard *nje*.
lernen *nigil;* — lassen *yilih*.
Lernen, das —, *yigil* (v. *nigil*).
lernet! *nigana!*
lesen *aṅ*, ein Buch lesen *aṅ kad*.
leuchten *bai*, Dativform *beyel;* leuchten lassen *beyes*, Gott läßt die Sonne leuchten *Job a mbeyehe hiaṅga;* — — *dumblana*, der Mond läßt seine Klarheit leuchten *soṅ i ndumblana mapob me*.
leugnen *lomba*.
Leute *bod* (Mehrz. von *mud*); —, die

bei einem andern wohnen *ndimil, mi-*; — *tel, bo tel,* ebenso *sem, bo sem.*
leutselig *liyómba.*
licht *mapubi; pŏ,* s. dort.
Licht *lipúbi, ma-* (v. *pob*), *mapubi ma soñ* Mondschein.
lichten, einen Weg, *poyol njel.*
Liebe *gweha; gwehnā.*
lieben *gwês,* s. dort.
Liebhaber *mbèna,* v. *bena,* s. dort.
Lied *ya, gwa,* Lieder singen *tob gwa.*
liederlich *jóñ, bi-.*
liegen *niñi,* er liegt flach *a niñi gwegwe;* — auf etwas *sagab,* Imp. *segi;* auf dem Bauch liegen *a niñi bibúbudí,* flach liegen *bodob;* in den Ohren liegen *a nyemeh me nyu;* er liegt jemand im Haus, bis er zahlt *a mbad mbundun;* er liegt wie kaputt da *a yembi.*
Liegestuhl *mbànda.*
Limone *lipuma, ma-.*
Linie *ntende, mi-; nlòñ, mi-;* eine Linie ziehen *sem nloñ,* seltener *ntende;* — *litandag,* — ziehen *tand,* s. dort.
Lippe *bêb, bi-.*
List *likéñge, ma-,* s. dort.
Lob *bibégeh; ñgadba.*
loben *añal;* — (= ehren) *beges.*
Loch *lipondó; bê, bi-; hibê; mui, lipuga, hog, litúba, ma-; tuba, ma-* (v. *tob*); —, wo der Sandfloh war *hundul.*
Löcher, worin die Fische sind, *lipŭga.*
locker machen *hundul* = *hohol.*
lodern *húñg; loñ, hie hí nlóñ.*
Lodern, das —, *lihúñg.*
Löffel, großer, *tog,* kleiner — *hitotoga, ñkóñ tog* Schöpflöffel, Suppenlöffel.
Lohn *nsà.*
los *ñgì,* kernlos *ñgi mañ.*
losbinden *tiñil,* losgebunden *tiñla, tiñ.*
löschen, Durst —, *nol ñgoñ.*
losdrücken (das Gewehr) *faha ñga,* v. *fâs.*
lose werden *sògola.*
lösen ein Rätsel *kobol ñgana;* — *banal,* Inversiv. v. *ban;* —, erlösen *kobol* (v. *kob*).
loslösen = schälen *sógol,* die Rinde hat sich losgelöst *biko bi nsógola* = *ba sogi.*
losmachen *hohol* (v. *ho*).
losschnellen (Falle) *pa hiandi.*
lotterig machen *sogos,* s. *sog.*
lottern *sóg.*
Löwe *mbondo,* junger Löwe *oñg mbondo.*
Luft, frische, *hugbe* oder *hube,* cf. *hugube.*
Luftröhre *ñgóno.*
Luftzug *hugùbe,* s. dort.
Lüge, Lügen *bilémbe,* (M. B.) *bitémbe,* lügen *pod bilémbe* oder *lembe; a nlembe ue.*
Lunge *sas, bi-.*
Lust *likweyes* oder *likwayag* (Du. *bokenju*); *'ñgoñ,* Abk v. *hiñgoñ,* ich habe Lust *koñ ñgoñ* oder *ñgon gwe me.*
lüstern *sè,* er ist lüstern *a gwe sè;* — sein *béna,* Hauptw. *mbéna.*
lustig sein *kway; nyebla.*
Luxus *ndiba.*

M.

mä (Stimme des Hammels) *pŏpŏ,* in Verbindung mit *ted:* einen Laut ausstoßen, der Hammel schreit mä *nlom ntomba 'nted pŏpŏ.*
machen (neu machen) *heg; oñg, uñgus; boñ* (neben *gwel* tun), *i mboñ ki* was machst du; — (im Sinn von zimmern, schreinern) *bañ,* sonst *boñ;* s. *bañ!* einen zu etwas machen *yilih;* —, flechten *teg* oder *oñ.*
Macht, er stürzte mit aller Macht los, *a nyodi kungulu,* cf. *gwêb, hûm, mág;*

mit aller Macht *tis, le tis, ba mpam ha njel le tis.*
Mädchen *ṅgond*, s. dort.
Made *hinyed, di-* (v. *nyed* aufgehen).
Maden im getrockneten Fleisch *yomb, gwomb.*
Magen *hū, bi-*, s. dort; — der Vögel *libán, ma-*.
mager sein *toṅ, toṅg*, Magerkeit *lituṅ* und *nduṅa;* — werden *sog ntuṅga.*
Magerkeit *limuedbe* (v. *muedeb*).
Mahlzeit *bijeg*, reiche — *ndiba bijeg;* Mahlzeit halten *tíhba.*
Mais *mbaha.*
Maisblüte *hól, bi-*.
Makabo (Knollenfrucht) *makabo* (Einz. *dikabo*); Spitzen der Makabo-Blätter, aus denen ein Spinat gekocht wird, *ombe, ba-;* — stecken *tob makabo* (*tob* verschneiden; beim Stecken werden die — verschnitten).
mal *ke*, einmal *ke yada*, s. *ke;* — *lisàṅ*, ich komme ein anderes Mal *mi lo lisàṅ lipe* (*ke* steht bei Zahlen, *lisàṅ* bei der Zeit).
man *bō*, ich habe es selber gehört, nicht vom hören sagen *mi nog pelehpeleh, ha bō be.*
Mangel leiden *yeb.*
Mangobaum *e maṅgolo*, Mangofrucht *jáṅgolo, maṅgolo.*
Mann *mud*, Mehrz. *bod*, s. dort; ein Mann, der sich immer gleich bleibt *hilolombi mud;* —, männlich, *munlom;* — *mandoma;* ihr Mann (Ehegatte) *nlo we*, ohne Eigenschaftswort nicht gebräuchlich.
Männchen *nlom.*
männlich *munlom.*
Mark *nsóho;* das Mark *poṅ* (in den Knochen).
Markt *jón, mon* (eingeführt *bòm, bi-*).
Marsch, ein ordentlicher Marsch, *joga li like.*
Maß *hega;* über das Maß etwas tun, *ha pag, a ṅha pag.*

massenhaft *bibil*, massenhaft Arbeit *bibil nson.*
materialistisch *lōṅ*, eigentlich *lioṅ* (v. *oṅob*), *a ye lōṅ.*
matt sein, ermatten *bòmb* (*a mbòmb*).
Matte (für den Boden) *búṅga, bi-*, Matten flechten *oṅ buṅga; mbol;* fertige Matten *kàle, ba-*, unfertige Matten *mbôl;* — über den Dachfirst her *libòda* (v. *bude*), *ma-*.
mauern *tebe(l)*, ein Haus mauern *tebe(l) ndab.*
Maul *nyo;* er hat ein böses Maul *a gwe nyo minyena mi mam;* das Maul aufsperren und die Zähne voneinander *koi masoṅ.*
maulen *damda*, s. dort.
Maulwurfsgrille *ṅkubu leb.*
Maus *tólo, bi-;* eine kleine stinkende Maus *njuai.*
mäuschenstill, sie werden —, *ba ni bimbim.*
maustot, mausaus *jagada, jagad.*
Mehl *nduṅ, mi-*.
meiden *mbe, nuga 'mbe nye.*
meinen *keda;* ich meinte *mi nyigle.*
Meißel *nlèṅga, min-*.
Menge *limud* (v. *mud* Mensch).
Mensch *mud*, Mehrz. *bod.*
merken, refl. *yimbe.*
merkwürdig, etwas ganz Merkwürdiges *lisug li jam, kili jam;* etwas ganz — ist mir begegnet *lisùg li jam li ṅgwel me len*, cf. *kili.*
messen *heg, heg ndab*, das Maß *hega.*
Messer *ṅgwende, ba-*, kurzes Messer *libága.*
Messingspangen an den Beinen der Weiber und Mädchen *hiaṅ, bihiaṅ.*
Milch *manyuṅ.*
Milde *lipoyog.*
mildtätig sein *poyog.*
mischen *puṅgul;* — *poda*, vermischen *gwaṅa;* sich in ein Palaver — *abal hob.*

miserabel, es ist mir —, *nyu 'nsóg me.*
mißbrauchen *bebes*, v. *beb.*
Mißgriff, einen — machen, *yob, yoboda.*
Mission *bàsi* (v. Efikwort *Obase* Gott).
Missionar *ṅkánà bàsi*
Missionsangehöriger *mán bàsi.*
mißtrauisch (gegen sein Weib) *hegda* und *heha*, s. *he.*
Mist *tibí (dibi)* (Einz. *hibí*).
Misthaufen *dikund (likund)*; — der Ziegen unter der *dibémba ṅkámbá*, — der Hühner *ṅkāmbā tibi li kob.*
Mitältester *so maṅ.*
miteinander in Gemeinschaft etwas tun *selha loṅ.*
Mitgefangener *so mog* oder *so ṅkoma.*
Mitgenosse *so*, s. dort.
Mit-Junge *so maṅge.*
Mitleid *ṅgó*; — erregen, er will — erregen *a ntede*, Hauptw. *ndede.*
Mitsklave *so ṅkol.*
Mittag *manaṅ ma job.*
mittags 12 Uhr *job li naṅ, manaṅ ma job.*
Mitte *kete*, mitten darin *ikete ye*; — des Flusses *nyaṅ lom*; — des Flusses oder Feuers *ṅgembe-ṅgembe.*
mitteilen = zerfließen *yoṅye*, refl. *tinte i nyoṅye tohol.*
Mitteilung *bikelel* (v. *kal*).
Mittel, durch eigene Mittel habe ich sie gekauft *likohog jem, a ye likohog jem.*
mittelgroß *pòm.*
mittelmäßig reich *hiṅgwaṅgwaṅ.*
Mittelrippe der Palmblätter *ṅgúṅa, ba-*
mitten drin *ṅem kete*; — in der Nacht *ṅem u njeṅnjeṅ*
mögen *bena* (häufig tun, und was man häufig tut, mag man, hat man gern), er mag *bitoto, a mbénà bitoto.*
Mond *sóṅ*, s. dort; der — nimmt ab *soṅ i nlog boṅge*
Mondschein *mapúbi ma soṅ.*

Moos *libón, ma-.*
Mord *manola* (v. *nol*).
Mörder *mud manola.*
Mordpalaver *jém.*
morgen *yàni.*
Morgen *kégela, bi-*, v. *keg*, der Morge[n] *mapam ma job, maom nyà ma hiaṅga*
Morgendämmerung *maye ma kél*, de[r] Morgen dämmert *kel i nye.*
Morgenessen *je bikegela*, s. *je.*
Morgenfrühe *kegela tutu.*
Morgenröte *mapob ma ndumbul tù.*
Moschus *likínda*, Moschustier *yòi.*
Moskito *hinyóṅ*, Mehrz *dinyóṅ*, oder *li ṅgaṅg*, Mehrz *maṅgaṅg.*
müde sein *wò*, müde machen *wēs.*
Mühe, sich Mühe geben, sich mühe *mi nyebeda.*
Mund *nyò, ma-*, s. dort; — aufmache[n] *nahal*, — aufreißen vor Verwun[-]derung *néh nyò*; er hält den Mun[d] an den Krug *a leg nyò dibondo*; i[m] Munde führen *kum* (in Verbindun[g] mit *soṅ* Eid), er führt seinen Freun[d] im Munde *a ṅkum ṅgwa ye.*
Mündung (eines Flusses) *ten leb*; — *muel (ṅmuel, ṅwel) leb.*
Mungi-Hütte (Mungi, Du. ein Fetisch) *nlèb.*
Munterkeit *likweyes* oder *likwayag.*
murmeln *humbe, òmde, hibe hi ṅomd*[*e*], s. *òm.*
Muschel *sonda, bi-.*
Muskel *jò, bi-*; *nsòn, mi-.*
müssen *lama*, er muß sterben *nlama wo.*
Mut, er hat den Mut *a mbéd bòd mbòn*[*g*]; fasse Mut *ledeh ṅem* (v. *led*); er ha[t] Mut *a gwe libán.*
mutig sein *lós.*
Mutter *nyaṅ, ba-*, s. dort; — leiblich *ini*, Rufform *á ni*, ebenso *kè.*
Mütze *kod, bi-*; *koto, bi-*; *hitòt.*

N.

Nabel *job, mob.*
Nabelschnur *nsaṅ man.*
nach und nach *nyoṅgele,* s. dort.
nachahmen *noṅ; nigile,* er macht dein Gelächter nach *a nigle ue hiol.*
Nachbarsfrau *mbála,* 6. Kl.. *a mbála yem!*
nachdenken *keda.*
Nachdenken, er ist in — versunken, *a mumi.*
Nachfolge *línòṅ, linoṅog* (v. *noṅ*).
nachfolgen *noṅ,* die Nachfolge *linoṅog.*
Nachfolger *noṅa, ba-.*
nachforschen *tǭ, i nto nye mabal.*
nachgeben *koṅba, mi ṅkoṅba nye munu hob unu;* — *ni bim,* s. dort.
Nachgeburt *gwale* (v. *gwal*).
nachher *to* und *ndi to.*
Nachkomme *ndimil, mi-.*
Nachkommenschaft *libodog.*
nachlässig *jeṅgéṅgi, i ye-* (Du. *soaluke*).
nachlesen, Nachlese halten *bóhol* (z. B. Ähren, im Weinberg).
Nachmittag *büga job.*
Nachricht geben, ich werde dir Nachricht geben, *ma legel ue muin,* eine angekommene Nachricht *nlegela muin.*
Nachrichten *miaṅ.*
nachschleichen *lohube* (einem Tier).
nachsehen *hes,* s. *he.*
nachstellen *lohube* (einem Tier).
Nacht *u (wu),* Mehrz. *mau,* s. dort; die Nacht überfällt uns *u 'nsudne bes;* die Nacht ist über uns hereingebrochen *u 'nje bes.*
Nachtisch *ṅkóge.*
Nachtlager, dürftiges — haben *sag.*
Nachtluft *liheb.*
nachts *ṅgeda ju.*
nachzeigen *nid,* zeige dieses Wort nach *nid baṅga ini no.*
Nacken *ṅkwag kiṅ.*
nackt *nsǿ.*
Nagel *tone, ba-;* — (Finger- oder Zehennagel) *yálâg, gwálâg,* Nagelblüte *soṅ yalag.*
Nagelwurzel *njunjuba.*
nageln *tomol.*
nagen *koṅ* (oder *hend*).
nahe, nahezu, nahe an etc. *bebe,* sie waren nahezu 100 Mann *ba be bebe ni mbogol bod,* wir kamen nahe an Bikok *di nlo bebe ni Bikok;* komm nahe zu mir *lo meni bebe;* — (Maṅg.) *kidig;* — beieinander *ǰógod-ǰogod ba ṅoṅ* —.
Nähe, in die Nähe von, *di nlo bebe ni Bikok.*
nähen *koṅol,* das Nähen *ṅgoṅol.*
näher rücken, — treten, sich nähern *tige* und *koge.*
Naht, die —, *ṅgoṅol* (v. *koṅol*).
Name *jol, mol.*
Namen angeben *tob jol;* jemandes Namen aussprechen um seiner zu gedenken *sima;* jemandes Namen aussprechen aus Haß, um zu schmähen *pad;* er spricht meinen Namen aus, er gedenkt meiner *a nsimha me.*
Namensbruder *mbombo.*
Narbe *ndondo, bi-.*
Nase *jol, mol,* — aufreißen *hembel jol;* an der — herumführen *yebes* (v. *yab*).
Nasenflügel *mbem jol.*
naseweis *ndō, a ye mud ndō.*
Nashornvogel *liṅgúm.*
Natter *yiya nyǿ.*
natürlich *ṅgá logi.*
Nebel *ònd.*
Nebenbach *hilèba, hilèleba.*
nehmen *yoṅ,* dies hat mir das Herz genommen *j. dini di nyóṅ mè ṅém* oder *j. dini di nyòṅ mè liyòṅ.*
Nehmen, Hauptw. *hiyoṅol* (v. *yoṅ*).
Neid, der, *njoṅ, tama.*
neidisch sein *kila,* er ist neidisch *a ṅkíla njòṅ.*

neigen, tr.. *bàg*, den Kopf auf die Seite neigen *baga ṅō*, die Sonne neigt sich (nach 12 Uhr) *jo̱b li mbaga ṅo*, sich neigen *bag̃aba*; —, sich, *ōb*; — *sed;* der Tag neigt sich *ke̱l i nsude̱*.
Neigung haben zu j. *bō*, er ist allen geneigt *á mbonā*. [(Basa).
nein *he̱ni* (Mang. und Bik.), *ko̱b, ko̱ba*
nennen *sebel;* ich nannte dich mit Namen *mi bi seble̱ we̱ jol*.
nennenswert, nicht — *a tabe yōm*.
Nereide *hè hi nyo̱*.
Nerven *nsíh, mi-* (Edea), *ṅkaṅ* (Ndogobis).
Nest *jumbul, mumbul*.
nett *bibaṅga*, s. *baṅga!*
Netz (Fischnetz) *mbunja*, Netz auswerfen *le̱ṅ mbunja* und *kob mbunja;* Schleppnetz *hód, ma-*, — ziehen *là ho̱d*.
neu *mo̱ndo̱* (auch *yo̱ndo̱*), ein neues Tuch *libato li mo̱ndo̱*, das Tuch ist neu *libato li ye mo̱ndo̱*, das Neue Testament *malombo̱la ma mo̱ndo̱*.
neuen Weg hauen *kan nje̱l, bo̱l nje̱l*.
neuer Palmwein *nsane̱ mao̱g*.
neugierig *ndō, a ye mud ndō*.
Neumond *nsáne̱ soṅ;* — *nto̱lo̱l soṅ*.
neun *bo;* — Uhr *mbila*.
Neunauge *kagóga, ba-*.
Nge s. *Ṅge* im Teil Basa-Deutsch.
nicht (bei der Konjugation) *bĕ*, die verschiedene Betonung und Verbindungen s. d. bei *be; baṅ* beim Imperativ, *ke̱ baṅ* geh nicht! sonst *be, a ṅké̱ bè* er ging nicht; *be̱l baṅ* tu es ja nicht, beileibe nicht; — zur Verneinung eines Wortes *ha b.* — ich *ha me̱ be*.
nichtig *be̱ṅe̱l*, dieses Leben ist nichti *no̱m ini 'ye be̱ṅe̱l; mbo̱ndo̱m*, 2. K
nichts *to̱ jam*.
nichtswürdiger, stumpfsinniger Mensc *a ye yama lo̱ga mud*, cf. *hindumd mud, hitegetege mud*.
nicht wahr *ṅga, a saṅgo, ṅga i nsebe me̱; aṅ* bei Zauberformeln.
nicken *me̱g ṅo̱*.
niederknieen *hod bikidbo̱ṅ, om bikidbo̱ṅ*
niederreißen *bog, a mbog ndab ye*.
niedertreten *kidbe̱*.
Niere *hitám, di-*.
niesen *jīmbe̱, sīmbe̱* (v. *sima*).
noch, noch nicht *ṅgi*, s. dort.
Norden *mabeda* (v. *be̱d*).
Not *nje̱le̱l; ndaṅgile̱* (v. *taṅgal*); in No sein *yudub*.
notgedrungen *é̱ge̱le̱* oder *gwàgwa*.
nötigen *nyeges* oder *nyegha*.
notleiden, in Not sein, *jé̱le̱l*.
nun *ni;* — *ă* (als Zuruf), *mi ṅké̱ ă* icl gehe jetzt! *mi hū ă* ich gehe jetz heim!
nun denn (Du. *lana*) *i la ni*.
nur *ndigi;* — *mi nyo̱b ndigi yo̱bo̱g* icl habe mich nur falsch ausgedrückt — *yaga*, warte nur *mo̱m yaga*.
Nuß *hibaṅa, di-; maṅ*, Palmnuß *maṅ toṅ*
Nutzen *mbahal* (v. *bahal*); — habe *to̱lbane̱*.
nützen *báhàl*, es nützt nichts mehr *li bahale̱ li tahabe*.

O.

ob *kile̱* (= *ki le̱*); *tō̱*; „ob" braucht nicht übersetzt zu werden; *i kal nye̱ a wo̱? a wo̱ be?* Sag ihm ob er stirbt oder nicht.
oben *iṅgi*.
Oben bei einem Hof *ṅo̱ mbai*.
obgleich *to̱laki*.
Oberarm *jé̱b, bi-*.
Obstbaum *jé̱o, bi-*.
Ochsen *nyaga*.
öd, reizlos *mpé̱mbe̱*.
Odem *mbū*.

offen *bêm̄* (*m* lang), dieser Platz ist — (ohne Wald) *homa nunu a ye bêm̄*; —, frei *pắn*; — *pō*, s. dort, offene See *pō lom*; — für jedermann *ntjaṅgên*; — stehen *nehi*; — — *yibila* (Türe).

offenbar sein (hell sein) *muaya, muayana*; etwas — machen *yelel*.

öffentlich *jandă*; — *libái, ma-*; *a be eb bod mabái*.

öffnen, Geschwür —, oder ein Tier *tob*.

oft etwas tun *bogol*.

ohne *ṅgi*; — daß *habêle*.

Ohnmacht *lihió* (v. *hiō*), er fällt in — *a ṅkwo lihió*; ohnmächtig sein *yeṅeb*; — = nichtig *mbondom*.

Ohr *ó, maó*, s. dort; der Knorpel am Ohreingang *petleṅ, hipetleṅ, di-*; die Hand ans Ohr legen *leg mao*; das Ohr klingt mir *ó 'mbegehe me* (v. *beges*).

Ohransatz *ten o*.

Ohren, die — herstrecken, spitzen *amble* oder *emble* (v. *amb*); — spitzen *poṅgol ō*.

Ohrenschmalz *bilógol*.

Ohrringe *mbuṅga*, 6. Kl.

Öl *mō*, Satz des Öls *lisåg*; — sieden *waṅal mō*, s. *waṅ*.

ölig sein *muambi*

Ölpalme *liên, maên*, s. dort; junge — *hisola, di-*.

Onkel und Tanten *nyandom, banyandom*.

Orange *lipuma, ma-*.

ordentlich *baṅga*, s. dort.

ordnen *segel*.

ordnungsliebend *bibaṅga*.

Organismus *ndab nyu*.

Ort *homa, ba-* (1. Kl.); — der Geburt *ligwene* (v. *gwene*, eigentl. *gwal*); —, wo geerntet wird *mabumbulene*; —, wo Palmöl gemacht wird *liwáṅlene* (*waṅ*); — der Trauer *mabodine*; — für eine Unterhaltung *linúhule* (v. *nuhul*).

Osten *likòl* (v. *kol*).

P.

Paar *ṅada, mi-*, (v. *ad*), ein — Stiefel *ṅada bikada wada*, drei — Ochsen *miṅada mi nyaga mád̄*.

Packen, das —, *nloṅol* (v. *loṅol*).

Paket *jómb, momb*, Päckchen.

Palaver *hób, ma-*, s. dort; sich in ein — mischen *abal hob*; ein — schlichten *bagal ṅka*.

Palmbutter *nsoṅ, mi-* oder *njoṅ*, dicker Stampf davon *susúgi, bi-*.

Palme s. *liên*; junge, kleine —, die noch Dornen hat *ṅgaṅ* (Mehrz. gleich); eine ausgewachsene —, *mpónd, mi-*; schöne, auserlesene — *tólog lien, ṅhanda lién*.

Palmkern *toṅ, bi-*, s. dort und s. *liên*; die gewöhnlichen — *libòm li toṅ*; — mit weichem Kern *lihêle* (*dihêle*) (s. *lien*); der ganze — *sol toṅ*; Palmkerne von dem Fruchtboden lösen *mug*; — austreten *ted bitoṅ* oder *jog bitoṅ*.

Palmkernhauen *ṅkola* (v. *kol*), er ist im Palmkernhauen *a ye ṅkola*.

Palmnuß *mbondo, maṅ toṅ*.

Palmrippen *mbamba, mbài*; — die als Sparren dienen *lèṅ, bi-*.

Palmtraube *toṅ, bi-*, s. dort.

Palmwein *maog*; — abzapfen *eṅ* oder *sê maog*, s. dort! *hisene* das Gefäß, mit dem man Palmwein bekommt.

Palmweintrinken *njembe* (Ndogobis. *gwambe*).

Palmzweig *disê, ma-*; — *mom lisê*.

Papagei *ṅgos*.

Papier *kàd*.

Parabel *ṅgèn* (v. *kene*), eigentlich *liṅgen.*
Parder *likog li nje.*
patschen *bámb, bamb biteg* die Erde glatt patschen.
Patscher (= Klopfer) *hibamb.*
Pavian *pági.*
Peitsche *liŏbi.*
peitschen *hisŏ.*
Perle, eine —, *jih li mot,* Perlenkette *mot (mód)*; — *nsaṅ.*
Perlhuhn *ṅkwāṅ* oder *mbem.*
Pfad *hiṅjela, hinjenjela.*
Pfand *beb, bi-.*
Pfeffer *ndóṅ*; *mboṅgól, hilòba,* s. dort.
Pfefferart *ndondo, kog nje,* die andern s. *hiloba.*
Pfeife (z. Rauchen), *hikóda* (Maṅg. und Bik.) *mbé* (Basa); — (z. Pfeifen) *hiúa,* pfeifen *oṅ hiúa*; — z. Pfeifen *libêg, a oṅ libêg le pēb* er pfeift (Nachahmung des Pfeifens).
pfeifen *oṅ, oṅ libeg.*
Pfeil *hiket*; *mpan*; *mbamba*; den — mit Gift anstreichen *sid mbamba nèi.*
Pfeiler *jèl, mel* (starke Pfosten)
Pfeilgift (Strophantus) *nèi,* den Pfeil mit Gift anstreichen *sid mbamba nèi.*
Pferd *kabila, hosi*; laß das — über den Stamm springen *leleh hosi ṅkog.*
Pflanze für Matten *ndombo, ma-,* gibt strohfarbige Streifen, *ndundi* gibt die schwarzen Streifen.
Pflege *nlela, malelu* (v. *lel*), bei Menschen); — *maso* (bei Tieren).
Pflegemutter *yigila nyaṅ (yigile nyaṅ).*
pflegen *lel*; (v. Tieren) *so*; er pflegt zu sein *á mbà*; der Hund pflegt Leichname der Menschen zu fressen *ṅgwo i ye i nje mim mi bod; bolom ba matut 'tol ba ṅkidbege kembe* die Leute des Nge, die 3 Zeichen auf der Brust haben, pflegen die Ziege zu zerhauen.
Pfifferling *sugul, bi-.*
pflücken *ked*; *pad.*

Pfosten *mbìṅ*; *jèl, mel* als Stützpfosten. Pfeiler; — setzen (bei einem Haus) *bót.*
Pfriemen *nsòho mi-.*
Pfütze *bé, bi-*; *titiṅga, bi-*; *sèseba, bi-.*
phlegmatisch *yobe, a ye yobe.*
pikant *kway.*
picken *sobol.*
Pilz, Pfifferling *sugul, bi-.*
Pilze, eine Art *nyáṅa, ba-.*
Pisang *likondo, ma-* (oder *dikondo*); die abgehauene Pisangstaude *kogo* oder *kogolo likondo*; zusammengewachsene — *liáda* oder *libobol li likondo.*
Plage *likakáme,* von *kam,* es ist eine Plage ausgebrochen *likakáme li ntu (likakam).*
plagen *teṅga,* er plagt mich *a nteṅga me* er plagt die Leute *a nteṅgana,* Hauptw. *ndeṅga*; sich — *yebeda.*
Plan *pèg,* einen Plan machen *heg pèg.*
Plantane *dikòndo, ma-,* s. dort.
plätschern *soble* (v. *sob*).
Platte *mbamba ṅgog.*
Platz *homa, ba-* (1. Kl.); —, wo man sich befindet, *biyéne*; freier — *bimàmā bi mambog*; großer, weiter — *mpombo*; — vor dem Haus *suṅbedge*; — im Kanu vor dem Steuermann *njog moṅgo*; — wo ein Tier getötet wurde, oder Stelle an seinem Körper, wo es getötet wurde *linolol* (v. *nol*); verlassener — *mabone.*
Platzregen *om nob*; — *ṅkue,* 1. Kl., es zieht sich zu einem — zusammen *ṅkue ṅkeṅi a ṅhiṅg.*
plump sein *ṅgaṅgab, ṅgeṅgi.*
plundern *bòm.*
Plünderung *mbùmú.*
Pocken *makele.*
Pracht *bieṅg.*
prahlen *kàdba* (v. *kad*); — *yád.*
Prahlerei *bikadba.*
Prasser, er ist ein —, *a ye mbondi* (v. *bondol*).

pratzeln, der Regen pratzelt, *nǫ́b a nlẹgda digdig*; es pratzelt *nǫ́b a ndíẹ dìgdig*.
Predigt *bikelél* (v. *kal*).
Preis *ndamba, ndambag*.
preisen *beges*.
probieren *nǫdẹ*; — jemand *ṅgẹhẹ́l*.
Prophet *mpotol (mpodol), mud ṅgéda*.
Prophezeihung *ngeda (keda)*.
provisorisch sich irgendwo niederlassen *nyegi* (v. *nyẹg*).
Prozeß *hǒ̤b, ma-*, s. dort; ein —, der sich endlos hinzieht *ndẹndẹ* (von *ndẹ̀* des Pisang); wenn einer bei einem — nicht schnell Zeugnis gibt *tōda*.
Pudding von Fleisch oder Fisch *ṅgwǫg nuga* oder *hiǫbi*; eine Art — *linya*, — von reifen Bananen oder Pisang *linya li nsoa*.
puffen *om, tumb*.
Puffer *kŭd, bi-* (v. *kod*).
Puffotter *pẽ*.
Pulver *njuhi*; — von einem Totenknochen *yáṅ*.
Pulverdampf *mbu ṅga*.
Punkt *litǫ́n*.

Q.

qualen *nyenes* (s. *nyẹnẹb*).
Quelle *liṅgẹ́n* (s. *leb*).
Quellen, mehrere —, *leleb, bi-*.
Querrippen *lisáhal, ma-*; — *sahalẹ, bi-*
Querstreifen *bò, bi-*. (cf. *lẹṅ*).
quetschen *tedba*.

R.

Raben, eine Rabenart, *bǫ̂bǫṅ*.
Radau machen *tè gwólol*.
Rahmen bei Fenstern und Türen *tẹmbẹ, bi-*.
Rand *paṅ*; *lipẽ́, ma-*; *likẹ́gí, ma-*, (Mang. *kẹgi*) *a nun be makẹgi*; bis an den — *pim*; am — sein *ui*; — des Berges *mayǫbẹg ma hikoa*.
ränkesüchtig *lombalomba*.
Raphiapalme *jàṅ, maṅ*.
rasch *hûm*.
rascheln *wagha*, das Rascheln *ṅwagha* (z. B. Mais in einem Papier *wagha*); — *bùmba*, s. dort.
rasen *jǫ́ mbèmbẹ*; er rast davon *a nlẹhbẹ ṅgwe*, s *lẹhẹb*.
rasieren *kǫhǫl mayẽ*.
räten = sieben *sig*.
Rätsel *ṅgána* (v. *kenẹ, kan*), eigentlich *hiṅgána*, s. *ṅgana*.
rauben *sà*, der Raub *nsána, mi-*, Räuber *nsá*, Mehrz. *basá*.
Räuber mit rotem Hut *pogolo, mud pogolo*.
Rauch *hída*; — des Gewehrs *mbu ṅga*, — der Pfeife *mbu kǫda*.
rauchen *od hikǫ́da, od mbẹ*.
räuchern *bámb*, tr.
rauh sein *hǫ*; — *wagha*, es ist rauh *i ṅwagha*.
Raupe, eine giftige —, *ṅgind batǭ*; giftige — *ombiye* (oder *ǫmbiye?*)
Rausch *lihua, lihiua* (v. *hio*).
rauschen *duṅ*; *sugum*; *ōm* (v. Wasser, Gesang), das Rauschen *homog, liomog li leb*; *pug* (Wasser, Blätter, Tuch), Hauptw. *mpŭga*; der Sturm rauscht *mbẹpi 'nhoṅ*, Hauptw. *nhòṅga*.
Rechnung halten, abrechnen *áṅ mam, áṅ ṅkús*; *ṅaṅga, mi-*, v. *áṅ*.
recht *baṅga*, s. dort; (von Dingen) *ndǫ́na* oder *baṅga*.
Recht *lǫṅgẹ*, ich will mein Recht *lǫṅgẹ yẹm*; das alte, hergebrachte, überlieferte — *bombogi*; er beugt das — *a nkodẹ miṅka hes*.
rechten mit einander *yegna*.

rechthaberisch *kodakakada.*
Rede *bikelël* (v. *kal*); der — wert *banga,* s. dort; in die — fallen *sema hob*; in die — fallen *seg hob ńem,* er hat 'mir die — abgeschnitten *a segba me.*
reden *pod,* reden für *podol,* reden mit jemand *podos.*
Redner *ńkelel* (v. *kal*).
regen, sich —, *nyihinga*; — nach dem Schlaf *tuguda.*
Regen *nob,* s. dort; — der Regenzeit *mbeń,* s dort; nebliger — *hilònde, di-.*
Regenbogen *nyum* (ältere Form) oder *nyuń* (neuere Form).
Regenzeit, Eintritt der —, *makwel ma mbeń, mbeń 'ńkwo, masuine ma mbeń.*
regieren *ane, ene.*
Regiment *ane, ma-.*
Register *hiań* (v. *ań*); — *libengne, ma-* (v. *benge*).
regnen *no*; — *nol* (v. *no*).
reiben *kòg*; Dativform *kogol*; — *seń*; sich reiben *seńba,* auch sich mit Arznei einreiben *seńba*; aneinander — (zwei Hölzer) *hoń,* die Hölzer reiben aneinander *bikek bi hońnā.*
reich *nhad* (v. *had*), *a ye nhad,* ein reicher angesehener Mann *nhad mud,* — machen *hedba* (v. *had*), *hedes* (v. *had*), *gwènba, gweńes* (v. *gwańab*), — werden *had, hadab,* Reichtum *lihad,* Reicher *nhad,* cf. *gweńes* und *gweńba*; — werden *gwàńab,* Reichtum *ńgwań,* — machen *gweńel,*
Reich *ane, ma-*; Himmelreich *ane ńgi,* Reich Gottes *ane Job.*
Reicher, ein —, *ńgwań, ba-.*
reichlich sein *tiba,* s. dort.
reichliche Mahlzeit *lipògo, ma-,* ebenso *lipog.*
Reichtum *lihád* (v. *had*); *liyogbag* (v. *yògob*).
Reif, der obere — am Korb, *ńkáń, mi-* (v. *kań*).
Reife einer Frucht *lingoń.*
Reihe, eine —, *ńkonga,* v. *koń, ńkonga makondo*; eine — hintereinander *ntoń, ntòń ńgoi,* cf. *liùń* und *mbìmbe*; — von Menschen hintereinander *nloń min-.*
Reim *hiembi, jembi.*
rein *pob,* — machen *pubuh,* Reinheit *mapob*; es ist — *i mpob*; — im Herzen *a mpubul ńem*; — sein *puba* und *pob,* — machen *pubus,* Reinheit *lipubi,* die Personen, die rein machen *mpubuh, ba-.*
Reinheit *mapob.*
reinigen (Wege) *kos.*
Reis *kón* (Du. *wondi, kondi*).
Reise *likē, ma-* (v. *ke*), s. dort; auf der — sich befinden *a nso like.*
reißen, wegreißen, *wá,* s. dort; — *wahal*; — *ndeńges*; — *yambal,* trans.
reizen *kahal*; — *nyumbul*; — *híhuda, a hihuda me ńem*; — *a mbemle me ńgwo* er reizte den Hund gegen mich.
reizlos, ohne Reiz *mpémbe.*
retten *sòń*; sich — *niń,* er hat mich gerettet *a ninih me.*
Retter *nsoń.*
richten *bagal*; *ká mbòg*; *kes* (v *ka*), —, intr., *kehene, a ńkehéne mbombogi* er richtet gerecht; — auf, er richtet das Gewehr auf *a nand me ńgā*; — auf *bedhene,* Lok v. *bedeh, ba mbedhene nye mis,* die Augen —, sich — auf etwas *kil* (v. *ke*).
Richter, der, *ńkes*; — *mbómbòg,* auch *ńká mbòg.*
Richterspruch *mbagi* (v *bagal*).
richtig *banga,* s. dort; — *ka i te* (Du. *ka ni tem*).
Richtung, eine — einschlagen, *kil* (v. *ke*).
riechen *numb, a numb leg, likinda*; schlecht — *leg.*
Riese *soso* und *soso mud.*
rieseln (v. Regen) *sensen.*

rieselnder Bach *pom hileba, bipom bi dileba (tileba).*
Rieseneidechse *ngomb.*
Riesenschlange *mbòm,* s. dort.
Rinde von einem Baum abhauen *pom, pom nsō,* um Arznei daraus zu machen.
Ring *hibande,* Abk *bande* (v. *ban*); — zum Ersteigen der Palmen *lèmb, bi-.*
Ringe des Wassers *linyòlo, ma-.*
Ringel, als ob es Sprünge wären, *bò, bi-.*
ringen *sin.* Ringkampf *masin.*
Rinne *ntende, mi-.*
rinnen *só.*
Rippe *mbài.*
Riß *liweha, ma-, liwehel, ma-* (v. *was*); — (am Leder) *nkeki*; einen — bekommen *muèh ye me 'no.*
Ritze *ég, biég.*
Rolle *pómbè bàs*; eine — voll Salz, ein Trichter voll.
rollen *biinga* oder *binge,* tr. und intr.
Roßhaar *yò, bi-.*
Rost *makako*; — *bikèmbeg,* rosten *kèmb.*
rosten *bòm,* z. B. *makondo, makube, biton, mbaha, mahoi.*
rostig sein *kèmb.*
rot *tò*; *tòtò,* ganz rot *le belete*; — *koibaga*; — sein *koyob*; rotes Tuch *kumul, bi-.*
rotgelb *bè* oder *tò.*
Rotholz *mbea, mi-.*
Rotholzfarbe *hiól.*
Rotz *libòn,* Mehrz. *mòm,* s. *libòn.*
Rücken *mbus,* jemand den — zuwenden *kom mud mbus;* er wandte mir den — *a nkom me mbus.*
Rückkehr *malol.*
Rücksicht nehmen *sul,* Hauptw. *nsul, mi-.*
rückwärts *imbus;* — beugen *yen.*
Ruckweg *mahuna* (v. *hu*).
Rudel *liùn.*
Ruder *págo,* rudern *lug* oder *dúg.*
Ruf, der gute — *pem;* —, Berufung *biseb, bisebela,* v. *sebel,* rufen.
rufen *sebel,* das Rufen *nsebla;* um Hilfe — *begel,* wen soll ich zur Hilfe — *mi begle nje?*
Ruhe *noi; liniag;* — (bei Kindern) *momha.*
Ruhelosigkeit *lindeng* (v. *deng* schwanken).
ruhen *noi.*
Ruheplatz *linoyól* (v. *noi*).
Ruhetag *ngwa noi.*
ruhig *ni bim,* s. dort; ein friedlicher Bürger *a ye bìm mud;* —! *mom;* — werden *tomboh nem*; — werden *nem u hogobe.*
Ruhm *pem*; *ngadba.*
rühmen, *a nyadbene jol li Y.* er rühmt sich im Namen Y.
rühren, er rührt sich nicht *a nwagha be to jam.*
Rührung *lingónō,* er ist gerührt *a nog lingónō* oder *lingónō li gwe nye.*
Rumpf *nsosom nyu, jeje nyu.*
rund *ngtna.*
Runzel *mbid, ma- (limbid)*; — *mbod* (cf *nhod, min-, limbid*); — *nyud, mi-* (v. *yod*).
runzeln, die Stirne runzeln *bindīl mbòm.*
rupfen ein Huhn *kuh kob.*
Rüssel *nyó.*
rüsten *kòba,* Pass. *kobana.*
Rute zum Totschlagen von Fliegen *jaí* (Du. *janjo*).
rutschen *sundi* (intrans.).
rutschig sein *sendi.*
rütteln *nyenges*; *soyos* (v. *sóg*).

S.

Saatzeit, Beginn der Saatzeit, *nyèdeg, binyèdeg.*
Sache *yòm, gw-*; *jam, mam,* s. dort.
sachte gehen, schleichen *tobol.*

Sack der Sandflöhe *húye, bi-*.
Säemann *nsal*.
säen *muah (muas)*; *sal*; — lassen *selha*, Hauptw. *nselel*.
Safe (Speiseschrank) *ṅku bijeg*.
saftig *yomi* (im Sinn von grün), *bikai bi yi yomi* das Gras ist noch saftig.
Sägemehl *nduṅga*.
sagen *kal*, s. dort; — (mit dem Dat.) *kelel* (v. *kal*), er sagte es mir *a bi kelel me jo*; — als Versprechen *yogol*.
Salamander *bamkogo, bi-*; *hikombat*.
Salbe von Palmkernen *láṅ, bi-*; — zum Tätowieren *ntuhi*.
salben *hō̃*, trans., *hob* intrans. (eigentl *hoob*).
Salz *bàs*, —, die verschiedenen Ausdrücke, Maße und Werte s. *bàs*. *baha i nsō̃* es ist zu viel Salz drin.
salzig, zu — sein *sò bas*, das Essen ist zu salzig *bijeg bi nsō̃ bas*; — machen *sós*.
Same *libòdog*.
Samen *mbó̃*.
sammeln *koda*, cf. *kod*; sich sammeln *koma*.
Sand *ṅkoga*; *liségé, ma-*.
Sandfliege, kleine, bei Nacht *hikala*; große Art — *hidiga*.
Sandfloh *tomb, bitomb* und *saho, bisaho*.
Sandkorn *jihi li ṅkoga, mīhi ma miṅkoga*.
sanft *tomba*, sanfter Mensch *tomba mud*.
Sarg *ṅku mim*.
satt sein *nu*; — machen *nus*; gesättigt sein (Pass.) *nuha*, Hauptw. *manuha*.
satteln *aṅ fosi (kabila)*.
Sättigung *manuha*.
Satz im Palmwein *mbìd* (6. Kl.); — des Öls *lisàg*; auf einen — *fim*.
sauber *bibaṅga*, s. *baṅga!*
sauer sein *baí* (Betonung); *maog ma mbaí* der Wein ist —; — sein *saṅ*.
Sauerteig *sena, bi- (biseṅhá)*.
Säugling *ṅkeṅe man*.
schaben *hei*; *homb*, s. dort.

Schaden, ohne —, *ǰuéd*; jemand einen körperlichen — zufügen *kuṅgul*, tr.; jemand, der einen körperlichen — hat *ṅkùṅge* (v. *kuṅgul*). Vergl. dazu *pendel*.
Schadenersatz *njána* (v. *jà*), neben *njéha*; — geben *jǎ*.
Schaf *ntomba, mi-*, s. dort.
schaffen = arbeiten *gwel nson*; — *sam̃*, *pel* (v. Wein).
Schafhammel s. *nlom ntomba*, er heißt auch *ṅgòṅgò*, s dort.
Schafstall *bemba, bi-*.
Schaft *séb* (Blütenschaft); — der Banane *ntũtu dikube*; — eines Spießes *peṅ dikòṅ*.
Schale der *maṅga kuhul, bi-*.
schälen *kom* (frische *maṅga*), *kumbul maṅga* aushäuten, wenn sie gekocht sind, sich häuten *kumbila*; *sebel (makabo, gwom)*, *kobol (makondo)*; *sógol (nsoa)* die Rinde hat sich losgelöst *biko bi nsógola* = *ba sogi*; rohe *maṅga* — *kus*, *bikuhul* die Schalen; *minde* — *taṅal*, Schalen der *minde taṅle, bi-*; *tā, bi-*; er hat sich geschält *a nlohola*.
Schalen *bikuhul* (bei Knollenfrüchten).
schallen *hoṅ*, *gwa bi hoṅ*.
Scham *kóyob* (v. *koi*), *mi ṅgweh beme* [*koyob*.
schämen, sich —, *wonyu*.
schamlos sein *mueg*.
schamloser Mensch *hiyegle mud*, s. *hindamdam*.
Schamlosigkeit *limueg* (v. *mueg*) (*limweg*).
Schande *mbòla*.
schändlich, dein schändliches Geschwatz *ṅgaṅa yoṅ hob* (*ṅgaṅa* Abscheu, Ekel).
Schar *mbimbe*, s. dort.
scharf sein *hō̃*, es ist scharf *ā hō̃*; — *làṅ*, *yom ini 'nlaṅ*, ich esse nicht scharf *mi nje beme nlaṅ*; — sein *hō̃*; ein scharfes Schwert *hoa pa*; ein scharfer Pfeil *nsamba mpan*; — ansehen *sogle* und *jogle*.

scharren *hun, kob i hun dikund*; ein Loch in die Erde — *hulul biteg* (v. *hol,* hohl sein).
Schatten d. h. Kühle desselben *yiye, yie, gwie*; — selber *titi, bi-*.
schätzen *bida*; *tamb,* schätze einmal deine Pfeife *tamb le mbe yoṅ*.
schaudern, es schaudert mich *nyu ṅkaṅla me*.
schauen *teh(e)*, cf. *nun, beṅge, memle*.
Schaufel *hundul binan*.
schaukeln *tiṅgil, teṅgel, a ntiṅgil* er wackelt, schlendert faul daher; — *seṅgaseṅga,* intrans.
Schaum *mahuh* = *mahus*.
schäumen *hus,* Schaum *lihus, ma-*.
scheckig *nig, mi-*; *makedel* (v. *kedel*) (Einz. *likedel*).
scheel *jogle,* s. dort.
Scheide *sogol, bi-*.
Schein, der —, wenn etwa ein Haus weit weg brennt *lipúbi, ma-* (v. *pob*); — (des Mondes) *mapubi*.
scheinen *bài,* Dat. *beyel*; — lassen *beyes,* Gott läßt die Sonne — *Job a mbeyehe hiaṅga*; — *tehenā*.
Scheinen, das, *libayag,* v. (*bai*).
scheinheilig *ṅgwàṅgwàṅ mabui*.
Scheitel *mbombod*.
schelten *bám, a mbam me*; — *kond* (trans. und intr.), er schalt sehr *a bi kond ṅgandag*.
Schemel oder ausgeschnittenes Holz zum Daraufsitzen *ṅkambag* (v. *kambe*).
Schenkel *bel, ma-*; *bel wada*.
schenken *kebel,* v. *káb*.
Scherben von einem alten Topf *pohole, bi-*; Scherbe von einem irdenen Topf *yeṅge, gw-*.
Schere *lènde, lènde dini*.
Scherz *bikèye,* v. *keye,* oder *bitogō,* oder *njoha*.
scherzen *boṅ bitogō*.
scheu sein *yihe*.
schicken, sich —, *lama*; — *om,* Nachricht — *om muin,* jemand etwas — *omle*.
schieben *tinde*; — Hauptw. *hiudul,* (v. *od*).
schief machen *sed*; — stellen *úe* (von *ōb* schief stehen).
schieferig sein *kumbi*.
schielen *nun maléh* (v. *lehel*); er schielt *á nùn malés*.
schießen, sprossen *tomob*; — mit dem Gewehr *leṅ ṅga*; — zum Zweck v. etwas *leṅel*.
Schild *ben,* — (v. *beneb*).
Schildkröte (Kollektiv) *kúl,* schwarze — *kòda, bi-*; Näheres über die Schildkrote s. bei *kúl! ṅkóde* Wasserschildkröte, große — *kūd,* (Mang.) *ṅgoṅgod*; Karett — *kulud*.
Schilf, Schilfgras *likai, ma-*.
Schilfrohr *kókí, ma-*.
schimmelig sein *bob, i mbob* od. *i nsun, i ye mbóbog*.
schimmern *mueg*.
Schimpanse *nyē, mi-*.
Schimpansen, Familie der Schimpansen, *pagi*.
Schirm *ṅgaṅgo*.
Schirting *mboṅ*.
Schlaf *hilo,* Abk. *lô, a ṅke lo, a ntiṅgi lo*.
schlafen *ke lo*; der Fuß schläft mir *kaṅla, ko i ṅkaṅla me*.
Schlafen des Fußes *binyóya* (v. *nyoi*) (alle Kraft ist verschwunden).
Schlafenszeit *ṅgeda 'naṅal*.
schläfern, es schläfert mich, *hilo hi ntoṅgol me*.
Schlafplatz *naṅlene*.
Schlag, auf einen —, *libóm* (v. *bom*); auf einen — *kweṅ, nob a nsem kweṅ*.
Schläge *ndom*.
schlagen *beb,* er schlug mich *a mbéb mè*; — *sém, kid, keg, seg*; mit den Fäusten — *om bikud*.
Schlagen, etwas zum — *bibil*; — in der Bedeutung von spielen *kod,* Zither — *kod hidùṅ*.

Schlamm *ndobo*.
Schlange, Bedeutung s. *nyǒ*; 1. *nyō*; 2. *salalá* Wort der Frauen; — (eine Art) *ṅkot, mi-*.
schlank *mpond*; *hiombo, a gwe hiombo hi nyu* er ist schlank; — sein *ab*, die Palme ist — *liēn li ṅàb*
schlapp sein *yo, á nyò*.
schlappen, hinunterschlappen beim Essen *hegle*, s. dort.
schlappig *yog, yogoda, a nyog*.
schlau sein *hǒ*, s. dort; — *lijàṅg*, Mehrz., am gebräuchlichsten *majàṅg*, die Antilope ist — *hisē hi ye majaṅg, a ye mud majàṅg*.
Schlauheit *likéṅge, ma-*, s. dort
schlecht, Eigenschaftsw. *be*; — machen *bebes*, v. *beb*; — sein *beb* (Zeitw.), *be* (Eigenschaftsw.), *a mbeb njìṅ, a mbeb hiun* er ist böse, zornig; — sein, es ist mir — *ṅem soṅgol me*.
schlechtes Weib *mpòm muda*.
schlecken *sos*, er schleckt das Fleisch ab *a nsoh nuga*.
schleckig sein *yád*, er ist — *a nyadab*; — — *neṅeb*, ebenso *pídib*.
Schlegel, Hinter — *bel, ma-*; *bel wada*.
schlegeln *saba*.
schleichen *tobol*; — müssen, flüchtig sein *binyág-binyág* (v. *nyag), David a be — su Saul*.
Schleife *lihòndog, ma-* (als Falle); — machen zum Zuziehen *teṅ liben*.
schleifen *hol, hól pá*.
Schleifstein *jǒgá, mǒgá*.
schlendern hin und her *teṅgel*.
schleppen, refl., *a nyog*, er schleppt sich, *a nyog nyogod* er kann sich nur noch schleppen
Schleppnetz *hód*, s. dort.
schleudern *bēs*, tr
Schliche *makeṅge*.
schlichten, ein Palaver —, *bagal ṅka*.
schließen (Türe) = zumachen *yib*.
Schließen des Heiratsvertrags *ndombol likil* (v. *lombol), s. likil*.
Schließschnecke *mbòṅ*.
schlimmer, die Krankheit ist — geworden *kon u nyembi ya*.
Schlinge *nsum*; *gwélem* (v. *gwel) ba-*; — *lihondog, ma-* (als Falle); — = Falle *hinyòṅgog, di-*, v. *nyoṅg*; — z. Vogelfang *libena*, jemand eine — legen *libena*.
Schlingpflanze *ṅkò*; Schlingpflanzen *maka* (Mehrz. v. *lika)*; — zum Hausbau (Buschrob, Du. *milongo) miòṅ* Mehrz., Einz. *ṅoṅ*; — zum Flechten von Schnüren *ndes*; eine — *ṅgándà, ba-*; dünne — *hikǒ*, Abk. *kǒ*, dicke — *ṅkò*; — abhauen *saṅal*.
Schlitz *biwéha*.
schlitzen *wahal*.
Schloß *hiláye, ma-* (an Kisten, Türen etc.); — des Gewehrs *ṅgwende ṅgā*.
schlottern *nyeṅg*; *todla*.
Schlucht *mpuge*.
Schluchzen, das, *likik li liwo*.
Schluchzer *njúdiga, njúdiga gwe nye*.
schlucken *mihi (mil)*.
Schlund *limilil (mil)*.
schlüpfrig sein *sendi*.
schlürfen *sò, a nsò* (d. Essen).
Schluß! *masog mana!*
Schlüssel *hidìba*.
Schmach *mbola*.
schmachten *heb*.
schmächtig, *a gwe hibandi hi nyu* er ist schmächtig (v. *bandab)*; oder *a gwe hibandibandi hi nyu*; — werden *bayab*.
schmackhaftes, angeräuchertes Fleisch *mbombo nuga*.
schmähen *sol*, Schmähung *bisól*, er schmäht *a nsola*, Passiv *a nsola*.
schmalzen mit Fett oder Palmöl *nyandál*.
Schmarotzer *kom njog*; — an den Ziegen *bòṅ bà kòt, babòṅ bà kòt*.
schmatzen *sos*.

schmecken *ne*.
schmeicheln *lònde* (Edie-Wort, aber in Basa sehr gebräuchlich).
schmelzen *nyándal*.
Schmerz *njogohe*; — empfinden *nog njogohe* (v. *sog*); — vergraben, sich in — vergraben *yidib*.
schmerzen *sí*, der Kopf schmerzt mich *ño nsi me*.
Schmetterling *tatañga, bi-*.
Schmiedehandwerk *hiū*, Schmied *mud u*
schmieden *o, hiu*.
schmieren *togol*.
Schmuck *nañ*; *lilog, malog*
schmucker Bursch *lolog mud*, er ist schmuck *a nlogob*; — kräftiger Jüngling *lolog mud*.
schmücken, sich, *gwel wanda*; —, tr., *eñg*.
Schmutz *hindi*, s. dort; — *lihíndi* (v. *hend*) *ma-, a ye lihindi*.
schmutzig machen *hindis*.
Schnabel *nsòho, mi-*.
schnalzen (mit der Hand) *baha likóa*; — mit den Lippen *jamla*.
schnappen (Falle) *pa hiandi*.
Schnaps *bilám*.
schnarchen *hòñg*.
schnattern *nyeñg*.
schnauben, stark schnaufen, *tob mbu*.
schnaufen *heb*, s. dort.
Schnecke *hikóa, di-*; — (Wasser-) *kò*; Leib der — ohne ihr Haus *nsogod*.
Schneckenhaus *job*; *likoñga*.
schneiden *sem*; — = abhauen *seg*; — (vom Leib, Bauch), *bàhal*, der Leib schneidet mich *libum li mbahal me*; fein —, *nyegde* (Du. *sasa*).
schnell *pala, ho*; *ñgwe*, s. dort.
schnellen *wá*; *pih*; — auf etwas *tob*.
schnelles Steigen des Wassers *nyèñ, bi-*, s. dort.
Schnipfel abschneiden *lendel*.
schnitzen *jó*, ein Kanu machen *jó moñgo*.
schnüffeln *hòñ*, s. dort.
Schnupfen, der, *hìñg*; *mom ma ñkundi*.
schnupfen *od jol*.
Schnupfdose *hipele* und *lisoñgo*.
Schnupftabak *nsòn*.
Schnur, Faden *hiko, dikō*, s. dort.
Schnüre der Weiber hinten *lindógá, ma-*; Schlingpflanze zum Flechten von Schnüren *ndès*.
schnüren *añ*, die *nted* zusammenschnüren *añ nted*; *sum* und *sumsum*; *sude*.
schnurgerade *nèñ, i te nèñ*.
Schnurrbart *ñóbog*.
schon *ndigi*; — *a mela kehana* er ist schon gerichtet.
schön *lam* (richtet sich nach der Kl.); — sein *lama*, s. dort; — *bibañga, bañga!* —, bewundernswert *mpeñ*, s. dort; — umgeben, wenn Palmen da sind, übersichtlich *hiām, makondo ma ñkiña ñkoñ weh hiàm*.
schonen *bañal*, s. dort; — *heg*.
schönes Land *nlam loñ* (v. *lam*).
Schönheit *bibañga*, s. *bañga!*
schöpfen *áb* (meistens in Verbindung mit *maléb* Wasser), Wasser — *áb màléb*, — mit, für . . . *ébèl*, schöpfe mir W. *ébèl me m.*, schöpfe mit deinem Hut *ebel tamba yoñ!* Schöpfgefäß *ñebel, mi-*; Schöpfplatz *liebel, ma-*; — lassen *ebes*, sie sollen W. — *ebehe bo m.!*
Schöpfer *ñkol*.
Schöpfplatz *liébē(l)*, v. *ab*, cf *leb*.
Schöpfung *bihegél*; *likulul* (v. *kol*).
Schoß, Schößling *ntom* (v. *tomol*), *mi-* (von einem Baumstumpf).
Schößlinge der Bäume *linjóñ*.
schräg *pòs*.
Schrei, das Schreien, *ñkegu, miñkega*.
schreiben *kedel (likedel)*.
schreien, um Hilfe —, *lond, tè nlondog* zu jemand um Hilfe — *londol mud*; — *tàd* (Schafe etc.); — (vom Schafhammel) *ted* in Verbindung mit mä

pǒpǒ, der Hammel schreit mä *nlom ntomba 'nted pǒpǒ*; um Hilfe — *begel*, zu wem soll ich rufen? *mi begle nje?*
Schreien *mbegla* (v. *begel*). Hauptw.; das — (beim Weinen) *mikega mi liwo*.
schreinern *bañ*, s. dort.
Schrift *likedel* (v. *kedel*).
Schritt für Schritt *a nyega bo tètè*.
Schritte, große — machen *yobo*; kleine abgemessene — *yebel* (v. *yeb*), *a nyebel like*, oder *a ñkil i gweb*.
schröpfen *sehel*.
Schrot *ñgwaha(l)*, Mehrz. gleich.
Schrotflinte *mintoñgo ñga*.
Schrunden *sulug, ma-*.
Schuld *pil, bi-*; *mambumbun*; das Kind bringt — auf den Vater *man a nsuene sañ mapil*.
Schulter *tŭ, bi-* (v. *tŭ*).
Schulterblatt *hibêmă*.
Schultern *ñkwag, mi-*.
Schuppe *bale, bi-*; *bas, bi-*; *hise*.
Schuppenschild (stark wie beim Krokodil) *bán, bi-*.
Schuppentier *ká*, auch *hinyáma* oder *nyáma* genannt, um es zu loben.
schuppig sein *kumbi*.
schürfen, sich, *tunde*, ich habe mich geschürft *mi ntunde*; Erde — *homb biteq*; — *lóhol*.
Schutt *binán*, Auswurf der Menschheit *binán bi bod*.
schütteln *nyeñges*, das Fieber schüttelt ihn *liheb li nyeñgeh nye*; — *mueghe*, die Katze schüttelt die Maus *siñgi 'ñmueghe tolo*; — *pegehe*.
schütten *muemle* (v. Regen oder Wasser).
Schutz, der —, *ñgàm*.
schützen jemand *handab*.
schutzlos *pañ*.
schwach *himimha di-*, schwache Kinder *dimimha di bon*; — werden *kwo yegehe njal*; — sein *bòmb, (á mbòmb)*;
— werden vor den Augen *kwo lis[...]* (aus Hunger).
schwächen *bombos*, trans.
schwächlich sein *bobol, bobla*, schwächlicher Mensch *hibobla mud, loga mud*
Schwager *man ñkil*.
Schwämme *sugu, bi-*.
schwanger sein *nembe*; sie ist — *a y[...] libum*.
schwanken *pogha*, v. *pog*; *nyeñg*.
Schwanz *muel (ñmuel, ñwel)*; — des Pferdes *linjèg*; — der Vögel *likúla ma-*; — des Elefanten *sahaga*.
schwarz *nlañga, mi-*, cf. *lañlañ*; — machen *hindis*; — sein *hend*, s. dort
Schwärze *hindi*, s. dort.
Schwarzer *mud ñhindi*, s. *hindi*.
schwarzes Harz eines großen Baume[s] heißt *nsŭhe*.
schwatzen *podpod* (Du. *topotopone*); — *yogobe*.
schwätzen, ausschwätzen *damda*, s. dort — *poe*.
schweben, frei, *yeñeb*; — (Du. *woñgwa saye*) *lene(l)*, der Habicht schwebt *kukumba 'nleñel*; der Prozeß schwebt noch *hob u segi*.
schweigsam sein *mumub*, in Schweigen verfallen *a mumi*.
Schwein *ñgoi*, Mehrz. gleich.
Schweiß *bibe*.
schwellen *hus*; *pob*.
schwer sein *ed*, cf. *yed, a nyèd*; — *nled* (bei Lasten) *nyed*; — sein *id* (v. *ed*), s. dort; —, schwierig *ñkáñga ñkañga jam*; — hergeben *ñkàd*, s. dort
Schwester oder Bruder (leibliche) *ma[n] kè*, Halbschwester (Vater gleich *man tada*.
Schwiegermutter *nyogol*.
Schwiegervater *ñkil*.
schwierig, es ist schwierig, *i ye ledga i ye nleded*.
schwimmen, Zeitw. *hóg*, das Schwimmen Hauptw. *nyógí*.

Schwimmhäute *lei, bi-*.
Schwindel, der, *lihiō* (v. *hiō*), *lihiō li gwe me*.
schwindelig sein *hiō*.
schwindeln, es schwindelt mir, *mih ma ńkińa me*.
Schwindler *mpu* (v. *pu*), Zusammensetzung *hompua* s. *ho* oder *pu*.
Schwindsucht *mbàg*.
schwören *yi soń*; *kum soń*, schwöre mir *kumle me soń*, — lassen *kumuh soń*, er ließ ihn schwören *a bi kumuh nye*.
See *mbom, mi-*.
Segen *sài, bi-*, auch *hom*.
sehen *beńge*; — *nun*, unverwandt scharf sehen *a nun sōm*, er sieht *u núnã*, cf. *tehe, beńge memle*.
Sehnsucht *lińgóńō, lińgóńō li gwe nye*.
sehnsüchtig *pé-pè*, er wartet — *a mbem pé-pè*.
sehr *ki yaga*.
seicht sein, seichte Stelle *hiyelele*.
Seife *sopi*.
seihen *bà*, Seiher *bắné, bi-*, aus *baene* (Instrument.) von *bà* seihen.
Seil *hiko, ńkò*.
sein *bà*, es sei so *i ba ha* (*=hala*), es sei denn *ibale, ibabele*; sein mit *baba* (Refl. v. *ba* sein), sich halten zu; *yaga we u baba ni Yesu* auch du warst mit Jesu; adv. Ergänzung *tahatas*; — *ta*, er ist nicht *a ta be*; — bei *yine*, sie sind bei ihrem Sohn *ba yine man wab*.
Seite *muí*, beide Seiten *mui moma*; auf die Seite sehen *bulul*, er sah weg von mir *a mbulul me*; auf die — legen *koń*, auf die — gehen *końba*, auf der — liegen *konob*; den Kopf auf die — legen *bağa ńō*, auf die — gehen *bağaba*; offene, freie — des Hofes oder Gartens *lipàge*.
Seitennaht *lipánda* (v. *pand*), übertr. Sachen mit einer Abzweigung.

seitwärts beugen *sed*.
selbst, ich — *memede*, er selbst *nyemede*.
selbstsüchtig *njóńjog* (v. *jogol*) (Abstammung v. d. Trommel).
selten sein *pombe*.
senden *om*.
senkrecht *pad*.
Serviette *ańgihi nyō*.
setzen, sich, *yel, yen*, Sitz *yene biyene*; — *yıs*; — über jemand, *a nidha bē nye* er hat ihn über euch gesetzt; — (einen Baum, Strauch, Staude), *bel, bel makondo* Planten setzen; dagegen Makabo stecken *tob makabo* (*tob* verschneiden, die Makabo werden beim Stecken verschnitten)
Seufzen *miñumnde*.
Sichelwespe *nsuhlaga* oder *nsusule, ba-*.
sicher *sighe, ba nsighe nhiomog* sie wandeln sicher; — s. gewiß; *tíhtíh* u. *tenten*; *toi*, s. dort; — sein *hēga*.
sicherlich, ganz —, *u' 'tabé*.
sie *bo*.
Sieben, das —, *nsige* (v. *sige*).
sieben = durchsieben *sig*.
sieben *sambóg* (richtet sich nach der Klasse des Hauptworts).
sieden *ōmde*; —, trans., *pilis*; —, brodeln *pel*, auch vom Wein: gären, sausen, schaffen, cf. *sam*; — machen *pilis*.
siedend heiß *tei* oder *tai*.
Siegel *edne, bi-*, v. *ad*.
Sieger *mbèg* (v. *begel*), der am längsten den Schlag des Buschmessers aushält.
singen *tob*, für jemand — *tubul*; Lieder singen *tob gwa*; in den Schlaf — *soha man* (*tubul nye jembi*); — = surren *pódopòdo*, der Topf surrt *hibe hi mpel pódopòdo*; er kann nicht — und tanzen *à yè ōb*.
sinken *sindil, maleb ma nsindi, job li nsindi*; in die Knie — *yibe*.
Sintflut *pùbe*.
Sippe *lòg*.
Sitte *lèm, bi-*.

Sitz *yene, bi-*; erhabener — *liyogbéne* (v. *yogob*).
sitzen *yen*; —, hinunter (hocken) *yondob, yondol;* hinuntersitzen zum Essen *yondob* oder *sonob*.
Sklave (Ndogobis.) *mbi*, Mehrz. *dibi, mbi nunu* das ist ein Sklave; — *ńkea, bakea;* — (Mańgala) *ńkòl, mińkol* (von *kol* Palmkern hauen), weil diese Palmkern hauen müssen.
Skorpion *omb; hè hi jala*.
so *hala; hà*, Abkz. v. *hala; lana*, cf. *hala; ki;* —, ebenso *hala* (häufig auch *lana);* — etwas *ndòń*, so etwas Schlechtes *ndòń beba jam*; — *là nyen* (Du. *na nde)*; „so ein" (Art und Weise) *linyòńga* (neben *nyòńga*, 6. Kl.)
sofort *bitebilońe*; sogleich *kunda yada*.
sogar *yagle bijoń bi bod bā nimil be*.
Sommer *sèb*, es wird Trockenzeit *seb 'nye* oder *maye ma seb*; ein Baum (wenn er blüht, ist der Sommer da) *lihòs, ma-*.
Sonderbares, etwas — *kili*, s. dort.
sonderlich *a tabe yom*; *bańga*, s d.
Sonne *job*, s. dort; Sonnenschein *hiańga;* Glanz der Abendsonne *logbàko(l)*, s. dort.
Sonnenstrahlen *mandòmbo ma hiańga*.
Sonnenuntergang *mahuna ma Job*.
Sonntag *sondi*.
sonst *ki*.
sorgen, sich — um etwas *sèla*; in Sorge sein *jélel*.
Spalt *ńkeki*; *ńgońgo*.
spalten *kan*; Holz — *bìhàl jè*; Mańga spalten *nag mańga*.
Spaltung *kabina*.
Spanne (am Fuß) *ńgi libàl*.
sparsam sein *kòhòlé*, ein sparsamer Mensch *ńgohle mud* oder *a ye mud ńgohol*.
Sparsamkeit *ńgohol*.

spazieren gehen *hiom*.
Spazierstock *ntońgo, mi-*.
Speer ohne Widerhaken *nlòlò*.
Speichel *matai*, ausspucken *jo mata[i]*
speisen *je*, s. dort; — trans. *je* (v. *je*).
Speiseverbot, *kìla* Verbot, wenn ma[n] Arznei einnimmt, *mbág* Verbot au[s] Aberglauben. Näheres s. bei *kil* und *mbág!*
Spektakel machen *lomol*.
Spelzen des Palmkerns *bikakań*.
Sperber *pondol*, s. dort.
Sperberart *ntomlo kula*.
sperren *nimbil*.
Spiegel *lemán* oder *nunba*.
spiegelklares Wasser *hinjéńnjeń lèba*.
Spiel *ntug, mi-*; — mit Palm- ode[r] anderen Nüssen *njega*; — zu[m] Suchen *mbó*.
spielen *tug*; — machen *tugus*, Spi[el] *ntug, mi-*; — *kod hiduń* (Musik).
Spieß *dikòń, ma-*; *koń*, Abl. *dikoń*.
Spinat als Gattung *nsańga, mi-*, etlich[e] Arten sind *poga, bàm, nyeń*; — au[s] den Spitzen der Makaboblätter, di[e] Spitzen selber *òmbe, ba-*.
Spindel der Pisangtraube *ntú*, de[r] Palmkerntraube *ntū toń, mi-*; — *ntutu*, Abk. *ntu*.
Spinne *libóbol* (v. *bobile*), *libobilag, ma-* Spinnengewebe *ndab libobilag*, si[e] spinnt *a ńoń ndab*.
spinnen *bobol*; *hios*, s. dort.
Spinnengewebe *nde dibobol*.
Spitze *jolól* oder *linjońje*; — (des Fingers der Nadel etc.) *njońde*.
spitzen *pomde*; *póm*; — mit etwa[s] *pómol*; — lassen *pomha*; die Ohre[n] — *ambile* oder *embile* (v. *amb*).
spitzig legen *nog*, — liegen, sitzen *nogol nogi*, leg es nicht spitzig *nog bań yo* er sitzt spitzig im Kanu *a nogo mongo, a nogi*.
Spott *lipogo, njoha, mi-*, spotten *pogo*

joha, a njohu me; — *togol, bi-, boň togol, a ntogle nye.*
spötteln, spöttelnde Bemerkungen machen *yola*, tr.
Sprache *hôb, ma-*, s. dort
sprachlos dasitzen *modob.*
sprechen *pod, kal*; — machen *keles, podos.*
Sprecher *ňkal*; *ňkelel* (v. *kal)*; *mpotol.*
Sprechfehler *nyóba*, v. *yob.*
Sprechtrommel *likū, ma- (hikū)*, trommeln *kod likū.*
spreizen, breit machen, trans. *yandal*, —, intr., sich spreizen *yandab*, gespreizt sein *yendi*; — *nyàndal*, Passiv *nyandla.*
Spreu von Mais *bisāene (sā).*
Sprichwort *ňgèn* (v. *kene)*, eigentlich *lıňgen.*
sprichwörtlich reden *kene*, s. dort.
sprießen *puňbe.*
springen *ke ňgwe*; laß das Pferd über den Stamm springen *leleh hosi ňkog*; herab-, hinabspringen *sumble si.*
spritzen *muehel*, er spritzt mich mit Wasser *a ňmuehel (ňwehel) me maleb*; spritzig sein *ǰad*; der Funke spritzt *njanjad ňjad*, er ist spritzig *a ňjad.*
spröde sein *keleb*, — abspringen *keli, a ňkeli.*
Sprosse, oberste — *linjóň.*
sprossen, wieder aufsprossen, *tos*, intr., — *tō*, trans.
sprudelnder Bach *hinjéňnjeň lêba.*
sprühen *kala* oder *kas.*
Sprung *ég, biég (liég, maeg?)*; einen — ins Wasser machen *tībe.*
spucken *ǰō, a ňjo matai*, er hat mich angespuckt *a ňjole me matai.*
Spur *lipèmbel, ma-* (v. *pembel), a yeg lipèmbel*; — des Wildes *pal-*; cf. *bogol, bi-*; — *ntoa* (v. *tō)* der Hund hat die — verloren *ňgwo ndimbha ntoa*; — *njaň* (v. *saň), saňal* (bei Menschen), bei Tieren *lipembe*; — verfolgen *tō, a nto nuga, a nto bibaňga gwem* er folgt meiner Rede; auf die — kommen *jubhe* v. *job.*
Spuren machen *pembel* oder *tembel* bei Tieren oder Menschen, wenn sie gerauft haben, cf. *saň, lipembel.*
Staat machen, *a ňgwel ndoman*; er macht — *a ňgwel náň.*
Stab *ntoňgo*; — *ntoň.*
Stachelschwein *nyig.*
Stadt *ňkoň.*
Städtchen *hikoňa* (v. *koňol), dik-.*
stahlhart *ngwā, ňgombó-ňgombo.*
Stamm *ňkok, mi- (ňkok)*; — *litēn.*
Stammvater *ňkol.*
Stampf, dicker — des *njoňgo: susugi.*
stampfen *ted*; *sihil*, cf. *ses, a nsihil ko we si*; — *tumb ko*; — mit dem Fuß vor Freude *sinda, a nsinda mako si le ndìň.*
Stand *tel, bi-.*
Stange *litòl.*
stark *túm*, *mud nunu a gwe túm*; starker kräftiger Mensch *likalag li mud* und *likwayag li mud*; ein starker Mann *mbamag mud.*
stärken *letes (led), leteh nyu* (sich aufraffen); er wird gestärkt *a nledha* (v. *led).*
Stärkung *maledha* (v. *led).*
starr ansehen *njognjog.*
Staub, sich aus dem Staub machen, *nub ňgwe*; — steigt auf *mbu ntu.*
Staubregen *no mbu*, s. *mbeň.*
stauen *hēg*, s. dort; das Wasser — *heg leb*; das Wasser staut sich *maleb ma légda lom.*
staunen über *beňel*, tr.; *egeb*, s. *eg.*
Staunen, in — versetzen, *eg.*
stechen (v. der Schlange) *kogol*; *om*, der Dorn hat mich gestochen *lo i ňom me*; — *omā*, die Dornen — *bilo bi ňomā*; *bài*, die Sonne sticht mich *hiaňgá hi mbai mè*; *sulul*, die Biene hat ihn gestochen *nyoi i nsulul nye.*

Stechfliege, eine rote — *lisun, ma-.*
stecken, Makabo — *tob makabo* (die Makabo werden verschnitten, *tob* verschneiden).
stecken bleiben *hegbe,* s. dort; — bleiben *pagbe.*
Stecklein *kékega,* v. *kék,* Stock.
Steg *kasa, bi-.*
stehen *tē, teleb*; Hauptw. *tel,* Zeuge stehen *teleb mboṅ.*
stehlen *nib*; das Herz — *sóh ṅem.*
steif sein *led,* s. dort; es ist —, wie ein Maiskolben *i nled nsas ndeṅ ndeṅ*; — werden *kambe, wo u ṅkambe nye.*
steife Beine, seine Beine sind steif *mako me ma bi lem,* er hat steife Beine bekommen *a nkwo ntalum mako me.*
steigen *bed.*
steigern *bedes.*
Stein *ṅgog,* Mehrz. gleich; ein abgetretener — *mbala*; — der Palmkerne *hibáh hi maṅ*; —, auf dem Palmkerne ausgetreten werden, *wā*; ein großer abgeschliffener, abgetretener — *mbághe* (v. *baghe* wetzen) oder *mbāla.*
Steinplatte *mbamba ṅgog.*
Stelle, an — treten *yila, Yesu a bi yila mud.*
stellen, eine Falle —, *amb hiandi*; sich verstellen *bebbe* (v. *beb,* Refl. *bebbe),* er stellt sich krank *a mbébbè kòn.*
Stelze *naga, minaga* (v. *nagal).*
stelzen = hochbeinig sein *nyoṅgob.*
Stelzfuß *ṅkoṅgo.*
Stengel *ṅkend.*
Steppe *on (ṅon) sol, migṅ mi sol.*
sterben *wo,* ganz — *wo podopodo.*
Sterben, er ist nicht weit vom — *à teg be wo.*
Stern *hiodot, jodot*; Stern (oder Fleck) *libē* (Mang. *hibe*); *lijád, ma-, kembe 'gwé majád mahindi.*
stibitzen *nobol,* v. *nobe.*

Stiefmutter *yigile nyaṅ* auch *yigila nyaṅ*
Stiel *mben*; *ṅkend*; — der Bananenblätter *ntòmb, mi-*; — der Makabo blatter *ntǒ*; — der Palmblätter, die zum Schlagen der Lehmböden gebraucht werden *bómbo lién, di-.*
stieren, in die Welt hineinsehen *tǒ,* ... *ntǒ mih we ntomba*
still *mue*; —! *mom!* sei ganz —, *mon mue,* still gemacht (Passiv) *momos* — werden *tomboh ṅem*; ein stiller Bürger *ni bim,* s. dort.
Stille (bei Kindern) *momha*; *liniag.*
Stimme *kiṅ* —.
stinken *leg*; *bòl,* das Fleisch stinkt *nuga mbòl*; er stinkt abscheulich *njuai u yī!* (v. *njuai* stinkende Maus), s. dort.
Stirn, *mbòm* (6. Kl.), s. dort; er hat die —, *a mbéd bòd mbòm* (v. *bed).*
stochern im Ohr *sòga.*
Stock *kék, bi-*; gespannter — in einer Falle *limuah, ma-* (v *muas)*
stocken *yam, hob u nyam me ṅem, moog ma nyam me ṅem*; — *mig-mig* (in der Rede), *a mpod mig mig.*
Stockfinsternis *ngaṅgan jibe.*
Stockfisch *ṅkando.*
stöhnen *kem,* das Stöhnen *ṅkemga.*
stolpern *tomla, bomda*; *tomla hibági bómda,* ich stolperte über den Baumstumpf *mi mbómda kumul.*
stolz behandeln *yag, bi-.*
stopfen *soṅg*; stopf ihm das Maul *leg nye nyǒ,* ein Loch zustopfen *leg lipondo.*
stören *nyegeh.*
stoßen tr. *kumul* (v. *kum),* die Ziegen — einander *kembe 'ṅkumla*; das Stoßen *makumla*; — *jǒ*; — (mit zwei Steinen) *jog*; — (Teig) *nyt libonog, ma-*; — *tet, kog*; — (mit Fäusten) *om, tumb* (oder Hefte, daß sie gerade werden); den Fuß an etwas — *bòṅla, á mbòṅla*; etwas

gerade — *kohle*; — *om bikud* oder *tumb bikud*; Stoß *kŭd, bi-*.
stottern *kik(i)be*; oder *kigbe* (v. *kig*), das Stottern *likig li liwo*.
Strahl der Sonne *lindòmbo*.
strahlen *bài*, Dat *beyel; mueg*.
stramm, schöner strammer Jüngling *lipabla li mud;* ein strammer Bursche *lipabla li mud* (v. *pabla*).
Strand *libóṅ, ma-*.
Straße *nlóṅ, minlóṅ;* eine große —, wo viele Leute durchgehen, *mpombo*.
straucheln *tomla*.
strecken *nimbil*, sich — *nimbila*, er streckte sich und starb *a nimbila a wo;* —, gerade machen *hudul*, v. *hod*.
streichen *se;* — (ein Messer) *tende*, (wetzen *bagahe*).
Streifen = Gürtel *ṅkai*.
Streit *saṅ*, streiten *jo saṅ;* — anfangen, er hat den — angefangen *a nsū san;* — haben *jómol, momol*, Infin. *nomol*.
Streithase *mud ndaṅ*.
streiten *nomol*.
streitsüchtig *ṅgaṅa;* — *nyumba;* streitsüchtiger Mensch *mud nyumba*.
streuen *kunle* (v. *kuṅ*)
Strich *se*.
Striche *ntende, mi-*.
Strick *ṅgada* (Mehrz. gleich).
Striemen *libìbí, ma-;* Striemen *miṅendi*.
Strophantus (Gift) *ǹèi*.
Strumpf *nyopinya*.
Strunk des Pisang *ntudu likondo*.
Stück *hiked* (Abk. *ked*), s. dort; *kídig, bi-*, Stückchen Tabak *kídig siba; kìha, bi-*, größer als *ked; lijè, ma-;* — Salz *lijè li bas* oder *ked bas, suṅ bas;* ein — Zucker *lije (dije) li bombo;* ein — *lipép, ma-*, — Tabak *lipep li siba*, Zettel *lipep li kad;* — *soṅ*, s. *suṅ;* — *suṅ, bi-*, — Fleisch *suṅ nuga;* ein — aus etwas herausbrochen *egi, nsoṅgo 'egi* (cf. aber *mugi);* — von einem Kochtopf oder Buschmesser, das herausgebrochen ist, *pohole, bi-*, es ist herausgebrochen *puhi;* — Land, Grundstück *bitèg*.
Stücke, in lauter — *nyuguda, nyugda*.
Stuhl, (Edea) *tobe, bi-*, (Basa) *komga* und *yene*.
Stühle *biyéne*.
Stuhlgang haben *nye tibi*.
stumm *mbuk, ṅgiṅgiba;* — teilnahmslos dasitzen *modob;* — dasitzen *limod* (v *modob)*, verstummen *kwo limod*.
Stumm *limūge*.
Stummel *ṅguma*, Fußstummel *ṅguma mako*.
stumpf sein *tŭ*, — machen *tŭh*, Passiv *tuhana;* — dasitzen *limod* (v. *modob);* ein dummer, stumpfer Kerl *bambe mud;* — machen *hòṅ*.
Stumpf und Stiel, mit — — *bahaba*.
stumpfsinnig sein *tegetege, a ntegetege* er ist —; stumpfsinniger Mensch *hitegetege mud*, cf. *hindumda mud*.
Stundenvogel *ti, biti*.
stupfen *gwàd;* — *ǰáǧ*, s. dort.
Sturm, Sturmwind *mbepi (mbebi)*.
Stürmen, das — *lihòṅog* (v. *hoṅ*), *mbepi ṅhòṅ*.
stutzen *ombob, umbi*, was machte dich — *ki i ṅumbuha ue;* —, gestutzt *umbi*, v. *ombob; saṅ* (z. B. bei einer Palme bleiben nur noch etliche Blätter), cf. *saṅal, saṅde*.
stützen *nid*, wir — uns auf den Tisch *di 'nidba tebedi;* er stützt die Hand an die Wangen *a nid wō limaṅ;* sich auf die Ellbogen — *bemeb, bemi*.
stutzig machen *umbha*, tr v. *ombob*, was macht dich stutzig *ki i ṅumb(u)ha ue?*
Suche *njombi*, Hauptw. v. *sombol*.
suchen für *yeṅel; yeṅ*, wen suchst du *i nyeṅ nje*, was suchst du *i nyeṅ ki*.

Sühne *kwăg, bi-* (auch zeitw. sühnen), s. dort.
summen *hum*.
Sumpf *jambo*.
Sumpfschnecke (mit Haus) *kuk, bi-*.
Sünde *beba, bi-, beba yem, muehél mè bibébà gwèm, muehela bibeba*.
sündig *beba, bi-, a ye beba mud, ba y bibeba bi bod*.
Supfen *nsoha*.
Suppenlöffel *ṅkoṅ tog* (größte Art Löffel)
surren *pódopòdo: waṅ*.
süß *nēhá*, v. *ne*.
Süßigkeit *neha, binehá*, v. *ne*.

T.

Tabak *siba*, s. dort.
Tadel *hiyahalene*.
tadellos *ṅkeṅgele*, ohne Makel, ohne Bruch *hibe hi mpam ṅkeṅgele*.
tadelloser Gegenstand *ṅkeṅge*.
tadeln *yahal*.
Tag *hilo*, s. dort; *kél*. s. dort; *nja-muha, bi-; ṅgwa*.
Tage *dilo*, eigentlich *hilo*, Schlaf, Mehrz. [*dilo*.
Tagelöhner *lendi, bi-*.
Tagesanbruch *kegela tutu*.
tägliches Brot *ṅkwe* (v. *kwe*), *bum ma-kondo* ohne Salz, Fett und Pfeffer.
Tanten und Onkel *nyandom, banyandom*.
Tanz *ṅgand*.
tänzeln *lela*.
tanzen *sag, sag hiembi*.
tapfer, er ist —, *a ye lós;* — sein *lohob*.
Tapferkeit *lós, bi-*.
täppeln *tóbtòb, a ṅke tóbtòb*.
Tasche, Rocktasche (aus Zeug) *bôt, bi-;* Ledertasche *kwa, bi-*.
Taschenkrebs *jála, mala*.
Taschenmesser *liniga, ma-*.
Taschentuch *aṅgis*.
tasten *boi nyú*, er geht langsam *a mboi nyú*
Tätowieren *likeb* (v. *keb*), *ba ṅkeb likeb*.
tätowieren, daß es erhaben wird *keb*, flach — *sem*.
Tätowierung, flache, *kun, ba-, kunban, bi-, kúd man, bi-;* erhabene — am Leib *mbàṅ*, s. *keb*.
tätscheln, ein Kind, wenn es schlafen soll *kudle*.
Tau (Schiffstau) *ṅkò*.
Tau *manon;* der — *máṅmue* (Du. *ma yiba*).
taub *ndog*.
Taube *hibêṅ*.
tauchen, in die Schüssel — beim Essen *yob;* — refl., *yùba;* —, tr, *yubha*
Taufbewerber *noṅa, ba-*.
Taufe *liyubge*.
taufen, tr., Taufe *yube*.
Taugenichts *ntalum*
täuschen *a hó ṅgwàṅgwàṅ mabúi dumbha*, Hauptw. *ndumbha;* sich — *kwo be*.
tausend *hidun*.
Tausendfüßler *ṅgòṅo*.
Teer *hijó*.
Teichmuschel *hikéni*.
Teig, der — gestoßener Erbsen *libòṅog ma-;* ungekochter — von Makabo Öl, Wasser etc., *mbodođo* (*bod*).
Teil *joga, moga;* ein schöner — ist mir geworden *joga dilam di nto me jol;* — = Bruchteil *liyā, mayā* ein — *hogi*, s. dort; ein — *kidig bi-;* — eines Weges, einer Predigt *liben*, v. *beneb;* — = Anteil *likàb* (v. *kab*); *mpake; pes, bi-*.
teilen *káb*, austeilen *kebel;* — beim Auf gehen von Blüten *kan, keni; pana*
Teller *tande*.
Tellermuschel *kègele, bi-*.
Teppich *laṅgat*.
Termin ansagen *yeg sai* und *naṅa sai*
Termiten *liség, ma-*.

Termitenhaufen, großer —, in dem *mel* frisch gehalten sind, *sém bi-*; — als *njeg sisiṅ*.
Thron *liyogbéne* (v. *yogob*).
tief *ntim*, der Brunnen ist — *liṅgen li ye ntim*; tief (sprechen) *njanja*, *a mpod njanja*, *a mpemeh njanja kiṅ*.
Tiefe, die — *ndib*.
tiefe Stelle in einem Bach *lib*, *bi- (dib)*.
tiefschwarz *bònd*.
Tier *nuga*, *bi-*; kleines — *hiyàm*; — des Regens, der Regenzeit *nuga nob*.
Tin (leere Blechbüchse) *kwémbe*, *bi-*, (Basa); *nhòn mi-* (Maṅg).
Tisch *tebeli*.
Tischgesellschaft *pépa*, *bi-*.
Tobsucht *nyanya*, *ma-* (v. *nyai*).
tobsüchtig *manyanya* (v. *nyai*), *mud manyanya*.
Tochter *hiṅgonda*.
Tod *nyemb*, Totschlag mit Buschmesser, Spießen und Gewehren *nyemb pā*; den — herausfordern *njagi nyemb*.
todeskühn *njagi nyemb*; er ist — *a nyagal nyemb*.
Tomate *hisiṅgi*, *di-*, s. dort.
Ton (Erde) *limà*.
tönen *hoṅ*, *gwa bi hoṅ*.
Topf *bè*, Abk. v. *hibè*; s. dort; — *ṅebel*, *mi-*, zum Schöpfen.
Töpfe drehen, formen aus Lehm *mā*; — machen *mā dibe*.
Topfergeschirr *limà*, v. *mà* (alles zusammenfassend).
Torheit *biboh* (v. *bóh*).
töricht *jóṅ*, *bi-*.
tosen, das Wasser tost *maleb ma nsoble sòm*.
töten *nol*; getötet werden *nola*; — lassen *nolos*; mit Vorsatz — *mapendi*, Hauptw. (v. *pendel*).
Totenknochen *mbòm*; *mbòṅ*.
Totenkopf *kégele- ṅo*.
totkrank, er ist — *a yeṅi*, totkrankes Kind *nyeṅbag man*.

Totung *manola* (v. *nol* töten).
trachten *heb*; nach dem Leben — *a bi kuine nom ye mis*.
träge *ndìṅha* (v. *tiṅha*), er ist — *a ye ndiṅha*.
tragen, tr. *begel* (eine Last), er trägt eine Kiste *a mbegel ṅku*, Med. *bega*, *a bega* er trägt, Träger *babegel*; — (Zins) *bahal*, es trug mir 1 Mk. *i mbahal me schilling yada*; — *a bega pa mu tu*; ein Kind auf dem Arm — *paba*, *a mpaba man*, — auf der Hüfte *hambal*.
trampeln *ke ni bikim*.
Träne *yiha*, *gwiha*, s. dort.
Trauer, Trauerzeit, Trauerstand *bikūs*, er ist in — *a ye bikūh*; — *mabodob* (v. *bodob*); *maleb* (v. *leb*).
trauern *lèb*, er trauert *á nleb*, er trauert um seinen Vater *a nleb saṅ*; die Trauer *maleb*.
Traum *èem*, *beem* (v. *eme*).
träumen *eme*.
träumerisch *yobe*, *a ye yobe*.
Traumgesicht, ein böses —, *njóya*, s. *jo!*
treffen *om*, das Gewehr hat ihn getroffen *ṅga i ṅom nye*, er ist getroffen vom Gewehr *a umi ṅga*; — *kola* (zutreffen) stimmen; —, zutreffen *keda*, Abl. *ṅgeda*; — *gwel*, *libe li ngwel me len*; einander — [*bomna*.
treffsicher *hēga*.
treiben *keb*; *kihi* (v. *ke*); — (Du. *woṅgwa*, *saye*) *leṅe(l)*; —, forttreiben (das Vieh) *bùṅga*; in den Busch — *a nlem nye bikai*.
Treibjagd *gwèm* —.
trennen, sich —, *bagla*; *bolha* v. *bol* auswandern; *pand*, er trennte sich von ihnen *a mpand ni bo*.
treten auf *tob*.
Treue *ndeṅbe*; *nebe*.
Trichter *pómbè bàs*, ein — (Rolle) voll Salz; — aus Bast zum Palmweinabzapfen *suga*, *bi-*.

Trieb, Augen (bei Makabo) *yogo, bi-*.
trinken *nyō*, etwas zu trinken *nyol;* — von *nyùe*, laß mich von deinem Wein — *ti me maog mi nyue*.
Tritt *kim, bi-*.
trocken werden (dürr) *num;* — machen, trocknen *numus*, es ist — *e numga*.
trockenes Land *numa loṅ*.
trocknen (= räuchern) *bámb*, tr.
Troddel *linjèg*.
Trog *lisóbo*.
Trommel (Tanztrommel) *ṅgòm*, Sprechtrommel *likū́* oder *hikū́*.
trommeln (mit der Sprechtrommel) *kod* [*likū́*.
Trommelstäbchen *kéken, bi-*.
Trompete *hioṅ* (v. *oṅ*).
tropfen *tóle*, der Tropfen *litól, ma-;* — *to*.
tröpfeln (herunternebeln) *kede, nob a ṅkáh kède* es fängt an zu regnen.
Trost, Tröstung *hògbe, mahogbane; bihogbene* (Du. *loko*).
tröstlich sein *hogbānā*.
Trotz *lihàdo*, er ist trotzig *a ye li hàdo, a gwe kili lihàdo*.
trotzen *had, a ṅhad, hedel* (v. *had*).
Trübsal *likág*, s. dort; — *ndènga*
Trug *hiluga* (v. *log*).
Trupp, ein — Leute *lòṅ, bi-*.
Tuch *díbàto (libàto), ma-;* s. dort; — der Männer *kún, bi-; likóda, ma-* der Weiber *ṅgū;* —, das der Kaufmann nie ausgehen läßt *hilolomb libato*.
Tümpel *tátaba, bi-*.
tun *gwel*, s. dort; — = antun *leṅ*.
Tun, das, *ligweleg* (v. *gwel*), cf *liboṅog* — *bigwelél; liboṅol* (v *bon*).
Türe *likóga, ma-, mūeme*.
Turm, der, *likúṅgū*.
Türschloß *hiláge*.
Türschwelle *kula, bi-*
Tüte, eine — Salz *pombe bas*.

U.

Übel *libe*, s. *be*.
überbieten *je kiṅ, a nje me kiṅ;* — *hòmpúa* (lügenhaft anpreisen).
übereilen *wagde, a ṅwagde ṅgwege*.
überfallen, von einer Krankheit — werden *sagi*, s. dort; die Nacht überfällt uns *u 'nsudne bes;* die Nacht hat uns — *u 'nje bes;* der Regen überfiel mich *nob a ṅkohene me njel*.
Überfluß haben *yogob, mi yogi; yombol; mbònba* (v. *ponba*).
überführen (von einer Bosheit oder dergl.) *hige*.
Übergangszeit der Regen- und Trockenzeit *makandna ma mbeṅ ni seb*.
übergeben *gwèlhe; nand*, sie haben ihn den Basa — *ba nand Basa nye* und *ba nendeh Basa nye;* — *nidis*, s. *nid*.
überhängen *yamb*, im Überfluß da sein, das Essen ist im Überfluß da *bije[g] bi nyamb*.
überholen *bembe* (ein Kind überhol[t] das andere im Lernen).
überhören *yom, mao ma nyom nye* di[e] Ohren überhörten ihn; — *mihi*.
überhupfen *lel*.
überladen *uhi* (v. *nuh*); — = übersättigt sein *nuhi*.
überlassen *kan, kenes;* jemand etwa[s] zur einstweiligen Benutzung — *loṅhe a nloṅhe me jam*.
überlaufen, einen mit Fragen — *yebes* Hauptw. *njeheba*.
überlegen *keda*.
übermögen, besiegen *kàd;* — (bei[m] Ringen) *búm;* —, über Vermöge[n] gehen *idi* (v. *ed*).
übernachten *lal*.
übernehmen *lege*
überraschen *nyeg; puhe*.

überreichen *nendes (lendes)*, v. *nand*.
Überreste beim Fleischaushauen *libál, ma-* (v. *ba*).
übersättigt *uhi*, v. *nuh*.
überschreiten *lel*, s. dort.
Überschuß haben *yombol*.
überschwemmt sein *lamda*.
Überschwemmung *kùle i mbed*.
übersetzen (mit Kanu) *behel*; — zu Fuß *yab*, Platz, wo übergesetzt wird *liyebel* u. *liyab*, — mit etwas *yèbha*; — lassen *yebes* (v. *yab*).
überspringen *lel*, cf *mil* weglassen und *sumbile* von etwas hinunterhüpfen.
übertölpeln *jajà, a ṅgwel me bŭla jajà*.
übertreffen *komol*, s. dort; — *lô*, s. dort; er übertrifft alle *a nege bod boba-sona*; einander — *loa* (v. *lo*), sie — einander nicht *ba nlòa bé*.
übertreffend, alles —, *hojo jam ini*, s. *ho!*
übertreiben *loha*.
übertreten, das Gesetz —, *bu mbén*.
übervorteilen *dùmbe*; *hipua*; *pùh (pùs)*.
übrig bleiben *bog*, ein Mann ist übrig *mud wad 'á mbòg*, Essen ist übrig *bijég bí mbòg*; übrig, das Übrige *mbuga* (v. *bog*); das übrige Essen *mbuga bijeg*; — bleiben *pog, di mpog*.
Ufer *ṅgwaṅ, ba-*.
Uhr *ṅgeṅ*.
um sich sehen, lebhaft — *mua mis*, vorsichtig — *balal mis*.
umarmen *hoba*; *sambila*; das Umarmen *mahoba* (v. *ho*) und *masamb(i)la*.
umdrehen, trans., *hiel*, sich —, intr., *hielba*.
umgeben *keṅ*.
Umgebung, nahe — der Häuser *mbog*.
umgürten *tola*.
umhauen, Bäume — im Garten *kolol*.
umherirren *yom*.
umherjagen *yebes*.
umherlaufen *leṅel* (Du. *yeṅga*), Hauptw. *nleṅ*; — *hiom*.
umherschicken (planlos) *yumus*.
umherschleichen, langsam — *boṅol*, s. dort.
umherschweifen *leṅel*.
umhersehen *memlememle*.
umkehren, trans., *hiel*; sich —, intr., *hielba*; hier kehre ich um *masog mana*.
umkommen *weha* (v *wo*).
Umkreis *tiṅga*; im — *hyām*.
umringen *keṅ*.
umrühren *pu* = *puṅgul*, s. dort.
umsonst *yaṅga* und *yeme*; *táh* s. d.
umspinnen *kamb*, *nde libóbol i ṅkamb nyol*.
umstürzen *hos*; —, zudecken *búdê* (s. *bodob*).
umwenden, trans., *hiel*; sich —, intr., *hielba*.
umzingeln *keṅ*.
unachtsam sein *leṅel*.
Unachtsamkeit *biléṅel*.
unaufhörlich *tèmtèm*.
unbarmherzig *a mban miṅem*, *a mbend bo ṅem*.
unbegreiflich sein *yug*, es ist mir — *jam dini di nyugu me*.
unbekannt sein, vergessen *neg*.
unbemerkt *juè*, *a nlo juè*.
und *loṅ ni*; — (beim Zahlw.), *mbog* (v. *bog*), Regel!
uneben *bisumblé*.
unempfindlich *tutŭ*.
unermüdlich, *a ṅha pag* er ist —.
Unfall *ṅgàṅ*.
unfaßlich, s. *yug*, *j. dini di nyugu me*.
unfertiges Essen *mbumbólo*.
Unflat *nyega*.
unfruchtbar *kòm*.
ungefähr *bebe*, sie waren — 100 Mann *ba be bebe ni mbogol bod*.
ungekocht *yomi*, *bijeg bi ye yomi* das Essen ist —.
ungeschickt *joṅ, bi-*.
ungeschmalzen, ungeölt *mpémbe*.

Unglück *mbǫm bẹ̀.*
Unglücksfall *mbẹg.*
Unheil *libẹ,* s. *bẹ.*
unklar sein, nicht klar sein *bús, bañga ini 'mbuh mẹ.*
unnütz *ñgi ja, ñgwẹgẹ ñgi ja;* — *yàñga* und *yẹmẹ.*
unordentlich *yog, yogda, á nyòg, a nyogǫda; a mbǫñ biyogǫda bi mam* er macht unordentliche Geschichten; — *yendes.*
Unrat *bás, bi-* (v. *bás).*
unreif *ñges,* unreife *bitódo*-Früchte *ñgẹh bitódo;* — *sua,* v. *su;* unreife Palmkerntraube *sua toñ.*
Unreiner, ein — *nu ñgi pob.*
unruhig *wagala; yigida,* s. dort.
unsauber *seheg.*
unsicher *heñgẹheñgẹ.*
unsinniges Zeug *yobo jam, biyobò bi mam, yobda jam, biyobda bi mam.*
unstät *nhiohiom;* — hin- und herlaufen *ndẹñg.*
Unstätigkeit *lindẹ́ñg* (v. *dẹñg,* schwanken, pendeln).
unten *si, isi,* unter dem Haus *si ndab;* unten im Hof *muẹl mbai.*
Unterarm *hikeñel* (v. *kañ).*
unterbrechen *seg, kid, sẹm,* meine Reise wurde unterbrochen *like jẹm li nsiga,* der Sturm hat aufgehört *mbẹbi i nseg.*
Untergang *masuhul* (v. *sos).*
unterhalten, sich —, *nuhul,* sie unterhalten sich *ba nuhul.* (Ndogobisǫl: *juhul); — kwẹl,* s. dort.
Unterhaltung *ñgwẹ̀l,* s. *banẹ;* — *juhul* (Ndogobis.) sonst *yuhul;* Ort für eine — *linúhulẹ* (v. *nuhul).*
Unterkiefer *mang.*
unterlegen, wenn etwas rollen will, *hẹ̀g,* s. dort.
untersinken, Hauptw. *hitiba, di-* (v. *tibẹ).*
unterstellen, ein Gefäß —, um den Palmwein zu bekommen *lẹg ñkǫg.*
untersuchen *bihil;* — (fortwährend) nörgeln *hun.*
untertauchen, tr., *yubẹ; tibẹ.*
unterwegs treffen *tana.*
Unvergängliches, etwas —, *mba jam* (Du. *lambo di si ma bǫ)*
unverhofft *ta,* die Krankheit kam — *kǫn u nta mẹ ntag,* er kam — *a ntel mẹ ntela.*
unverschämt sein *hàn,* er ist — *a nhàn, a gwe mahan,* Unverschämtheit *lihàn, ma-;* — sein *pàlà,* Unverschämtheit *lipàló,* unverschämter Mensch *mud lipalo.*
unverschnittener Bock *béb kẹ́mbẹ̀.*
unversehrt *muẹ́ñ, a mpam muẹ́ñ mu sañ i.*
unverständlich *bús, bañga ini 'mbuh mẹ.*
unverwandt jemand ansehen *a nun ne som.*
unvorbereitet *ta,* er sagte das ganz — *a nta mẹ jam.*
Unwetter *ñgíñgì.*
unzertrennlich *tah 'tas, a edi ni nyẹ tah 'tas.*
unzufrieden, er ist — *a nheb ñkus.*
unzuverlässig sein *hiom, nhiomog.*
üppig *mbǫnba (mpǫnba); mpemba,* er übertrifft alle an Stärke *a ye mpemba;* — leben *pǫnba, a mpǫnba;* — sein *nyẹbla.*
Üppigkeit *mbǫ̀nba* (v. *pǫnba); ndiba.*
Ur, von Ur an *kâm̄.*
uralt, sein uraltes Palaver *mba we hǫb.*
urbares Land *nsíñga* (v. *señ).*
Urenkel *man nlal,* auch *ndindi.*
Urin *màsai.*
Ursache *njǫm.*
Ursprung *líkolog.*
Urteil *mbagi* (v. *bagal);* — fällen *ka mbǫg.*
urteilen *bágal.*
Urwald *lipàn.*

V.

Vampir *ǹgùi.*
Vater *saǹ, ba-;* dein Vater *so̱ǹ;* bei meinem Vater *yiso̱ǹ;* mein — *táda, bo̱-.*
verabscheuen *bib.*
verabschieden, sich, *jole̱.*
verachten *yan, yena* Passiv.
verächtlich still *ni yanga.*
Verachtung *hiyanga, ma-* (v. *yan* verachten); mit — strafen *bula, ma-, ni yanga.*
Veranda *linúhule̱* (v. *nuhul)* (Ort für eine Unterhaltung).
verändern *he̱ǹ,* tr. und intr., s. dort; — *heǹe̱l, a bi heǹe̱l hob unu.*
Veränderung *he̱ǹla; nte̱ndi.*
verbannen *tò̱* (z B. einen Sklaven od. einen Gefangenen, wie früher nach Sibirien).
verbergen *sò;* sich — *hegeb;* — *so̱lo̱b,* Imperf. *soli.*
Verbergen, das — (v. Schafen etc.) *lisǒ* (v. *so).*
verbiegen *hiu,* s. dort.
verbieten *bám.*
verbohren, er verbohrte sich in etwas *a mpıg jam dim ǹo̱.*
Verbot *mbamga* (v. *bám);* — s. Speiseverbot.
verbreiten, Duft — *tuye̱, hitega hi ntuye̱ njiǹ.*
verbrennen, intr., *leg,* das Haus ist verbrannt *ndab i nleg;* — *digis (ligis),* v. *leg,* ein Papier — *digih kad;* vollständig — *sie̱* od. *sihe̱, ndab i nsie̱;* ganz und gar — *njīhe̱* (v. *sie̱* verbrennen).
Verbrennungsschmerz *njǒǹō̱ hie.*
Verbundenheit *libaba* (v. *baba).*
verdachtigen *ede̱,* er verdächtigt mich des Diebstahls *a ǹede̱ me̱ wib;* — *ye̱.*
Verdächtigung *nye̱na, mi-.*
Verdammnis, Verdammung *njiha, mi-.* v. *je.*
verdorrter Baum *ǹkùm, mi-.*
verdrückt sprechen *to̱go̱l.*
verehren *sē̱,* cf. *hag,* Verehrung *mase,* — *kane̱, lombol.*
Verehren, das —, *ndómbol,* Hauptw. *(lombol).*
Verehrung *mahag; mase.*
vereinbaren, sich —, *ye̱ga.*
vereinigen *ad* (adv Ergauz. *tahatas),* vereinigt sein (Zustandf.) *edi,* er ist mit mir vereinigt *a edi loǹ ni me̱:* sich — *adba, adna,* Intens. *adbe̱.*
Vereinigung *adna.*
verfallen *ko̱i, nubi, mugi.*
verfehltes Leben *loha no̱m.*
verfluchen *ede̱ mud linde̱ǹg (ede̱* v. *ad).*
verflucht, sei —! *linde̱ǹg jo̱ǹ, linde̱ǹg li ba ni ue̱, linde̱ǹg li ban ue̱.*
verfolgen einander *se̱la* (Du. *se̱ǹgulane̱j),* Hauptw. *nse̱la, mase̱la.*
Verfolgung *lino̱ǹa* (v. *no̱ǹ)*
vergangen *yuha* (v. *yos),* in vergangenen Tagen *yuha ke̱l.*
vergangenes Jahr *muí mbo̱g.*
vergänglich sein *táh,* s. dort.
vergeben *muehel (mwehel, ǹwehel).*
Vergebung der Sünden *muehela bibeba (mwehela, ǹwehela).*
Vergehen *lihuha.*
vergehen *mugi* (Palmkerne, ein Baum, der Reichtum).
Vergeltung *bitimbhe̱ne̱.*
vergessen *hoya,* vergeßlich, er ist — *a ye (hi)hoya;* — *ne̱g,* hast du mich vergessen? *i ne̱g me̱?*
Vergessen, das —, *hihoya* (v. *hoya* vergessen).
vergeßlicher Mensch *hitibda mud, hiyo̱go̱d mud.*
Vergleich *likeda.*
vergleichen *he̱g,* s. dort; — *keda.*
Vergnügen *likwayag* (v. *kway)* oder *likweyes.*

vergnügt sein *kway; nug*, Hauptwort *manug*. Was bist du heute so vergnügt *mambe manug i gwe len?*
vergraster Weg *puda njel*, s. *pud*.
vergreifen, refl., *yob, yobḡda*.
vergroßern *keñes*.
vergüten *jă*.
Vergütung *njána* (v. *ja*), neben *njéha*.
verhalten, den Atem —, *likik* (v. *kig*), *likik li liwo li gwe nye*, das Kind verhält den Atem *man a nkik liwo*
Verheerung *mbùmá*.
verheimlichen *lomba*.
Verheißung *likàg* (v. *kag*).
verhexen *a njo me liemb*.
verhindern *pel, uen ı mpel hob unu*; — *tuga, uen i ntuga hob unu*; etwas mit Zaubereizeichen — *miñkab mi njeg, a nyeg miñkab mi njeg*.
verhöhnen *nyine masóñ*.
verhören *bihil*.
verhüllen *so*.
verhunzen *bebes*, v. *beb*.
verirren, refl. *yubda*
verkaufen (von Sklaven) *sèm*, — (von Sachen) *nuñul*; ein Weib noch einmal —, um ein Geschäft damit zu machen, *jel, a bi jel me mua* er verkaufte mir mein Weib.
verklagen *sohob*.
verkommen sein *yend*, — lassen *yendes*.
vorkommener Mann *liyènd* (v. *yend*).
verkündigen *anal*, er verkündigte ihnen *a bi añle bo . . .*
Verkundigung *miñañ*.
verlachen *yola*, tr. (cf. *nol*); — *hiole*, er verlachte mich *a hiole me*.
Verlachen, das, *bihiole*
Verlangen stillen *hògobe*, s. dort.
verlassen *yuha* (v. *yos*), ein verlassener Palmweinstamm, der keinen Palmwein mehr gibt, *yuha ñkok*; — *ndebe*; ein verlassenes Haus *pŭ ndab nin*.
verlassener Platz *mabone*. [*bene me*.
verlästern *sohob*, er — mich *a nsohhol me*
verlegen, einen Weg — *báhàl njèl*.
verleihen *loñol (mahag)*.
verlesen *segel*.
verletzen *bắbàl*, tr.; ich habe mich verletzt *mi mbabla*; — *lóhol, tone i nló*
Verletzung *mbắbà*.
verleugnen *tañ*, s. dort; vor jemand — *teñel* (v. *tañ*).
Verleugnung *ntañ, mi-*.
verleumden *ye, bod* anhängen; *a mbo[...] nye mam*, — *sohob*
Verleumdung *nyena, mi-*; *minsoga*.
verlieren, refl., er hat sich verloren *[...] nyimha*; — (den Weg) *nimis*; — *dimbha, ñgwo 'ndımbha ntoa*; — = Verlust haben *kida*.
verloren gehen *nimil*, — gegange[n] *nimha*; — sein *nimil, lebha*.
verloschen *lem*, Abl. *lima soñ* Verlöschen des Mondes.
Verlust *ñkita*.
Vermächtnis von einem Verstorbene[n] *tigil, jam dıni di ye me tigil, tigi[l] yem jam*.
vermehren *bulus* (v. *bol*)
vermeiden, meiden *jèl*.
vermengen *gwáña*.
vermischen, vermengen *bò, puñgul, poda gwáña, tuñgul*.
vermischt *mboda*.
vermitteln *soñol*, er — zwischen ihne[n] beiden *a nsoñol bobà*.
vernachlässigen *yòi*, tr.; *a nyoi ndab yuya ndab*.
vernichten *tamba*; er hat deine Existen[z] — *a nsoghag ue loñ ni hob*.
Vernunft *ñem, minem* (v. *eme*); — annehmen *o ñem*.
Verrat *hitaba, mayel*.
verraten *yelel*, heimlich — *je hitaba*; e[r] hat sie bei mir — *a njel bo hitaba meni*.
verrückt machen *yobos*, v. *yob*.
verrucktes Zeug *yobo j., biyobo bi m.*; *yobda j., biyobda bi m.*

Verrücktheit *nyǫ́ba njèg*, v. *yǫb*; ein verrückter Mensch *yobo mud.*
Vers *libę́n, ma-*, v. *bęnęb.*
versammelt sein *kǫdba.*
Versammlung *libái, ma-; bǫma, bi-.*
versäumen *tol.*
verschaffen *timbis*, verschaffe mir Recht *timbihị mę lǫṅgę.*
verscheiden *pedi*, er ist gestorben *a mpedi.*
verschlafen sein *yǫ, á nyǫ̀*, verschlafener Kerl *yǫ̀à mùd.*
verschlagen *lombalomba* (ränkesüchtig); (feindseliger Mensch) *mud nyumba.*
verschlappen *yendes.*
verschleudern *sanda*, seine Sachen — *sanda mam.*
verschlimmern *bebes*, v. *bęb*; die Arznei verschlimmerte die Krankheit *bę bi nyembel kǫn.*
verschlingen, alles —, *abla; kubla.*
verschlossenes Wesen *pinda, a gwe pinda.*
verschlucken *mil*; ganz — *míl nsǫ́d*; sich —, ersticken *kág, kegha*, Passiv.
verschmähen *tǫdǫl.*
verschneiden *nag (hiag, mug).*
verschnittener Bock *muag.*
verschonen *baṅal*, s. dort.
verschreiben, refl. *yǫb, yǫbǫda.*
verschulden *suęnę*, s. *sŭ.*
verschütten *yǫgǫba*, v. *yǫgǫb; pog.*
verschwenderisch sein *bǫ̀ndǫl.*
verschwinden *nyǫi*; — lassen *nyoyos*; vollständig —, unter dem Wasser, *juād*, D. *swat*; er ist in der Ferne — *a nsodę* (v. *so* gehen).
Verschwinden des Mondes *malimil (madimil) ma soṅ.*
Versehen *nyǫ́ba*, v. *yǫb.*
versehen, refl., *yǫb, yǫbǫda.*
versengen *búbul*, das Maul verbrennen *bubul nyǫ*
versengt sein, — werden *bubila.*
versenken *yinis*, v. *yin* (Bakoko).
versichern *tǫyǫg.*
versinken *yibę.*
versöhnen *gweha, Yesu a bi gweha bod ni Job*; — *lemha*, er versöhnte sie *a nlemha bǫ.*
versprechen *kàg; yęga*, das Versprechen *mayę́gnā*; —, refl., *yǫb, yǫbǫda*; — *bón* (v. *bonbę*) *a bi bón mę libato* er versprach mir ein Tuch, *a mbón mę jam* er verspricht mir etwas.
Versprechen *likàg* (v *kag*), er hat mir versprochen *a nyeg mę likag, a nti mę likag, a naṅal mę likag.*
Verstand *sǫṅǫl*; es geht über meinen — *j. dini di nyuṅų mę.*
verständigen, sich, *káhi* (Du. *kaṅgan*).
Verständnis *ndǫṅla* (v. *tǫṅǫl*); — *liyíg* (v. *yi*) (Du. *soṅtanę*).
verstärken *yembel*, cf. *yamb.*
Versteck beim Anstand *libemel* (Lok. v. *bęm*); *lisǫl.*
verstecken *sǫ́m*, Pass. *sómā.*
Verstecken, das, *maso* (Einz. *liso*) von *so* verbergen.
verstehen *soṅda*; — *tǫṅǫl.*
verstellen, sich, er verstellt sich, er stellt sich krank *a mbébbę̀ kǫ̀n* (v. *beb*, refl. *bebbę*); sich — *komha*, v. *koma*; sich — *hiye hi mud.*
verstopfen *lęg*, der Gestank der *pola* verstopft mir das Herz *ùnd pǫ 'nlęg mę nęm.*
Verstorbener *lóṅ*, s. dort.
verstreben *lęma*, er verstrebte das Gras *a nlęma bikai.*
verstummen *mǫdǫb, modi, a ṅkwǫ limǫd.*
versuchen *nǫdę*, einen — *ṅgęhę́l.*
Versuchung *hinǫdęnę (hinǫdęna)* oder *manǫdana*; (v. *nǫdę*).
versunken in Gedanken in etwas *mǫdǫb.*
verteidigen *kenes* (v. *kan*).
verteilen *liba* (v. *ba*); Fleisch —, ein Tier — (ausschlachten) *bă núga*; — *tǫ̀*; *laglę*, er verteilt s. Habe *a nlaglę bum ye.*

Vertiefung *bẹ́, bi-;* — machen *hulus,* s. *hol.*
vertrauen auf *teṅ ṅẹm,* er hat jemand vertraut *a nteṅ ṅẹm yag mud.*
vertreten (stampfen) *jogodẹ, kidbẹ, tibẹ;* — *tẹmbẹl* (= *pẹmbẹl*) Spur machen.
Vertreter *ntembna* (*malombla* des Bundes).
vertrösten *sẹyẹ(l),* s. dort.
Vertröstung *nsẹ̀yẹ́* v. *sẹyẹ(l), a gwe nsẹ̀yẹ́ ṅgandag ki yaga.*
vertuschen *ṅgwàṅgwàṅ mabúi.*
verurteilen *kes.*
verwachsen *kodob* (cf. *kodol*), *họma nunu a ṅkodob.*
verwachsener Weg *kudug njẹl, yuha njẹl.*
verwachsenes Fleisch *nsoṅgo* (*nuga*).
Verwaistsein *binyṹ,* er fühlt sich verwaist *binyṹ bi gwe nyẹ.*
verwandeln *uṅgus,* sich verwandeln *oṅg.*
verwandt sein *ha,* Verwandtschaft *lihà.*
verwechseln *gwáṅa; heṅha.*
verweigern, nicht wollen *hòṅ; tuga;* mit der Hand den Zugang — *pẹg-hẹnẹ.*
verwelken *sũda* (v. *su*), *bikai bi nsuda.*
verwesen *bọ̀l.*
Verwesung *oba.*
Verwesungsgeruch *pọ́ṅgọh.*
verwickelt sein, sich verwickeln *díbda.*
verwirrt *yọb, yọbda.*
verwirrtes Zeug *yobo jam, biyobo bi mam, yobda jam, biyobda bi mam.*
Verwunderung *ya!* Ausruf der Verwunderung; — *maẹgha* (v. *ẹgẹb*), *jam di maẹgha;* — *mahehela* (v. *hẹl*) oder *mahelha* (M.); — *hẹlẹg, bi-,* (v. *hẹl,* wundern).
verwünschen, er verwünschte mich *a nlẹgẹl mẹ mahus.*
verwüsten *bòm,* Hauptw. *mbuma.*
verzehren *pũha.*
Verzeichnis *libẹṅgnẹ, ma-,* = Register (v. *beṅgẹ*).
verzeihen *muehel* (*mwehel, ṅwehel*).
verziehen *bẹmb.*
verziertes Haus, in dem der Hausherr seine Schätze hat, *mbẹn.*
viel *ṅgandag; mbundul,* auch *mbumbu* (Du. *jita-jita*); — sein *tol;* — haben *bol, a mbol ni mam,* vermehren *bulus.*
Vielfraß *yogol, bi-.*
vielleicht *bẹ̀b, bẹ́bẹg,* — ist er gekommen *bẹ̀b a nlọ́.*
vier *inã, dinã, minã, manã* richtet sich nach der Klasse des Hauptworts; vier Uhr *maye ma kẹl;* er geht auf allen Vieren *a ṅkẹ kwáṅkói.*
Viertel, ein — des Mondes *nsánẹ soṅ* wenn der Mond wieder da ist, der Glück bringen wird (v. *sanẹ*).
Vogel *hinuni*
Vogelfalle *jọgẹ, ba-, a·ye amb bajọgẹ;* — *nsọmbọ, mi-.*
Vogelfeder *hímbá, ǰimba,* Schreibfeder *sao, bi-.*
Vogelleim *ṅkamẹ* (v. *kam*).
Vogelspinne *ṅgamb.*
Völker *malọ̀ṅ*
Volksmenge *ten li mud.*
voll, er ist voll von Sachen *a legi ni mam;* voll sein mit etwas *lẹgdo* (v. *lẹg*), s. dort; — werden *yọn;* — sein *yoni, dibondo di nsombo* *yọn* der Krug ist am voll Werden *dibondo di yoni* der Krug ist voll; — machen *peges.*
vollenden *yẹga; tọlọl* u. *kad.*
vollenden *tun,* z. B. einen Acker, der begonnen wurde.
Vollendung *ntọlọl, mi-; mamelha* (*mal*), *mamelel* (v. *mal*).
vollends etwas tun *behel* (v. *bá*), ein Tier — erlegen *behel nuga,* j, — zu Tode bringen *behel mud.*
vollkommen *pẹṅgẹndẹṅgẹ.*
Vollkraft, einer der in der — steht *lọlọg mud.*
vollkräftig *lọlọg.*
Vollmond *libom li sóṅ.*

vollpfropfen *peges*.
vollstandig *tū*, als Beiwort für *dumbul*, z. B. es ist vollständig hell *mapob ma ndumbul tū*.
von; ich rief dich von Mutterleib an *mi bi seblę wę libum li ni*.
vor, vorwärts *ibisu*.
voraus, geh — *bog bisū*.
vorausgehen *bog*.
Voraussagung *ṅgeda* (v. *keda*).
vorausschicken *bugus* (v. *bog*).
voraus sein *bog*.
vorbei, — gehen *bagǫba*, er ließ ihn vorbeigehen *a mbagǫba nyę*, s. daneben; — *tagbę*, *lǫ tagbę*; laß mich — *lohu mę*.
vorbeilassen *koṅba* oder *los*.
vorbeiziehen *tagbę*, *ló tagbę*.
Vorbereitung *ṅkòba*.
Vorderbeine der Tiere *ję̀b*, *bi-*.
Vorderfuß *nam*, — der Ziege *nam kembę*.
Vorderlader, eine Art — der Kameruner *jabi ṅga*.
Vorderlappen der Weiber *likūba* oder *lilebę*.
Vorderseite des Hauses *ṅkàndga*.
Vorderzahn *nlom lisǫṅ*, *balom ba masǫṅ*.
voreilig *yā*.
Vorhang *likę́ṅ* oder *ṅgę́ṅka*
Vorhangschloß *hiláyę*, s. dort.
vorher etwas tun *nya*, ich will zuerst drüber schlafen (träumen) *ma nya ęmę ndugi*.
vorn sein *bog*, er ist —, er ging voraus *a mbog*, geh voraus *bog! bog bisu!*
vornehmen, refl., *yogol*; — wollen *sàṅ*, eine Reise — — *saṅ like*, *a bi saṅ like*, *a bi saṅ lę́ a ṅkę like*.
Vorratsgarten *hikóya*, s. dort, *pǫgi*, *bi-*.
Vorsicht *hiyihę* (v. *yihę*).
vorsichtig sein *yihę*, s. dort; — reiben *siṅgil*; — kratzen *siṅgil*; — *tęgatęga*, er trägt den Teller mit Essen — *a bega soya bijęg tęgatęga*.
Vorsprung *ṅkǫṅa* (v. *kǫṅǫb*).
vorüber sein (Vergangenheitsform) *sǫ*, s. dort.
vorwärts *ibisū*; — beugen *sed*, *yuę*.
vorwerfen *āg*, *a ṅag mę j. dini*.
Vorzeichen *dìm*, *bi-*, nur in der Mehrz. gebräuchlich; — des *ṅgaṅ*: *njìm ṅgàṅ*.
vorziehen *saba*.

W.

Wabe *bábí*, *bi-*, Honigwaben *bibabi bi we*.
wach, wachend, wachsam sein *pe*.
Wache halten *seg bènda*, — stehen *seg bènda*.
wachen, wachend sitzen *yen pè*.
Wachs *kǫ limbęm*.
wachsam sein *tad*, er ist — *a ye ntada*, Wachsamkeit *ntada*, nur Einz. gebräuchlich (v. *tad*).
wachsen *hǫl*, s. dort; *naṅ*; *nug* (reichlich), Hauptw. *manug*.
wackeln *sǫ́g*, *nyu 'nsǫg mę* es ist mir schwindelig, miserabel.
Wade *diyúg*; *liyugli*.
Wage *hihega*, Einz., *dihega*, Mehrz.
Wagen *bęgę́nę* (Instr. v. *bęgęl*).
wägen *hęg*.
waghalsig *njagi nyęmb*; er ist — *a nyagal nyęmb*.
wagrecht *gwegwé*.
wählen *saba*.
Wahnsinn *nyǫ́ba njèg*, v. *yǫb*, ein Wahnsinniger *yobo mud*.
wahnsinnig machen *yobos*, v. *yǫb*.
wahr *baṅga*, s. dort; —, „nicht wahr" bei Zauberformeln *aṅ*; — *pęlęh*, *a mpǫd pęlęh*.
währen *bęmb*.
wahrhaftig *hǫ́dǫ̂hǫ́dǫ̂*; *tana* (ähnlich wie *taṅga*); *teṅge-teṅge;!* *yibǫṅ*; — *ha*

nya ṅgalag eine stehende Redensart, Du. *o ka mbale.*
Wahrheit *baṅga,* s. dort; in — *mabái, a mpod jo mabai.*
wahrlich *tíhtíh* und *tenten;* —.— *madiga madiga.*
Wahrsagehaus *lilomble li njeg.*
Wahrsagen *ṅgamb,* v. *kamb, bo* oder *seghe ṅgamb;* — Dativform *bol medise* oder *seghene me dise* (s. *hise*), weil mit Schuppen.
wahrsagen *bo,* s. bei *bo.*
Wahrsager *ésa,* Wahrsagerei *ésa.*
Wahrsagerstäbchen *dihò,* s. dort.
Wahrzeichen *hibài, dibài.*
waidlich *baṅga,* s. dort!
Waise *nyùl.*
Wald *bikai.*
wälzen *biiṅga* oder *biṅge,* tr. und intr.; — *biṅil,* tr., sich — *biṅla;* jemand auf dem Boden — *mpúhaga.*
Wandel, Lebenswandel *bikil* (von *ke, kil*).
wandeln *ke.*
Wange *limaṅ.*
wankelmütig *hiè, hiè hi mud;* — sein *ndeṅg.*
wanken *a nyog,* er wankt daher, *a nyog nyogog* er kann nur noch —.
wann *imbe ṅgeda, ṅgeda mbe.*
war *bag,* heut. Verg. (v. *ba*); — *bé.*
wäre, s. *bá.*
Waren *bilem* (Einz. *lem,* so nicht gebräuchlich); — wie Pulver, Gewehre *tel, bi-.*
warm sein *bíbe;* — machen *núye.*
wärmen, sich, *nohob;* — *báb,* das Essen — *bab bijeg.*
warte mal! *mom yaga!*
warten, — auf *bèm,* v. *bónbe,* wart auf mich *bem me! bonbe me,* warten lassen *bemes;* nicht — können *pabla.*
warum *inyuki, itomki, njom ki.*
Warze *sondog.*
was *la,* — soll ich machen *mi boṅ la?* — *ki;* — soll ich machen *mi boṅ ki?* — für *be,* — für Männer? *bod be* — für *he;* — für *kinje;* — für ein *kinje;* — irgend *to ki to ki* oder *kileki.*
Waschen *njoba* (v. *so*).
waschen *so,* das Waschen im *kòn njoba*
Waschlappen *yóà mud,* v. *yo;* = langweiliger Mensch, der sich überall herumdrückt.
Wasser *maleb,* s. dort.
Wasserbäche *hileleba.*
Wasserbehälter *pondi.*
Wasserfall *lipô, ma-,* (v. *pol*).
Wasserfrosch, ein großer, *libèm.*
Wassergeist *sima, bi-.*
Wasserhuhn *kob leb.*
wässerig, verwassert *yeli* (v. *yelel*), *hiyelele.*
Wassersack = Tümpel *tátaba, bi-.*
Wasserschildkröte *kód* = *kúd* (M. *ṅgòṅgod*); — *ṅkode.*
Wasserströme b. Regen *bòmb, bi-,* auch *mbóboṅ, bi-.*
Wassersucht, eine Art — *mbimbe, mi-*
Webervogel *sāi, bi-.*
wechseln *heṅel,* auswechseln *heṅha;* — (3. Fall) *dúga* (verwechseln *gwaṅa*) *duga me moni* oder *heṅha me moni* auswechseln *dúginā* (etwa Zwei ihre Tücher), abwechseln, einander helfen *holnā* (v. *hol*), sie wechselten Reden *ba nduginā bibaṅga.*
Weg *njel,* s. dort; ein verwachsener — *kudug njel;* der — ist verwachsen hat Dickicht, *njel ye mbuda;* einen — verlegen *báhàl njel;* aus dem — gehen *samb(i)le;* alter, begangener — *nsíṅga njel.*
Wege des kleinen Wildes *liháṅ, ma-* —, die ausgehauen sind *nlóṅ, minlóṅ* (auch Wege des Hochwilds)
wegen *inyu* = *i nyu; tom, itom.*
Weggang *makeneg* (v. *ke*).
weggehen, er ging weg wie ein Reicher

langsam, umständlich *mág, a nyodi mág;* — *pand.*
wegjagen (Tiere) *béň.*
weglassen *mil.*
wegnehmen *adal* (v. *ad); bada,* tr.; *heya; wahal;* — im Geheimen *'yoň bihiň*
wegreißen = abreißen *bog,* = abbrechen, ein Haus; — = verhindern *pel.*
wegschieben *pendes,* v. *pand; pimbe.*
wegschleichen, sich — *niba.*
wegsetzen *piňgi,* Passiv *piňgla.*
wegspülen *pes.*
wegstehlen, sich —, *niba.*
wegtun *heya.*
wegwerfen *léb,* wirf mir das Ding fort *lebel me jam dini.*
wegziehen *bo,* er ist zu uns hergezogen *a mbone bes.*
weh tun *st,* der Kopf tut mir — *ňo nsi me;* der Bauch tut mir — *libum li mbahal me.*
Wehr zum Fischfangen *likód, ma-.*
wehren *soňa.*
Weib *muda,* Mehrz. *boda,* — (Gattin) *mua (ňwa);* schlechtes — *mpòm muda;* — mit männlichem Charakter, geniert sich nicht, *lóholoň muda;* zum — geben *ugus*
Weibchen *yin, nyin (in), yin kembe, yin ňgoi.*
weich *bodibod, libato li ye libodibod.*
Weide *bayoma.*
Weigern, das, *hijilá.*
weigern, verweigern *jèl,* jemand etwas verweigern *jilis, a bi jilih nye bijeg.*
Weihe *malombla* (v. *lombol).*
weihen, etwas seiner Bestimmung — *lombol;* ein Gotteshaus — *ndab mitiň i bi lombila.*
Weihen *ndombol,* Hauptw. *(lombol).*
weil *inyule, itomle.*
Wein *maog;* der erste — einer Palme *liyà, mayà.*
Weinbaum *ndoi, ndondoi.*
weinen *e, e nlend, e maeyá* beim Tod, *e liwo.*
Weinen, das — *maeyá* (v. *e); liwó, ma-.*
Weinpalme *likǒ, ma-* oder *dikǒ, ma-.*
Weise, Art und Weise *linyòňga* (neben *nyòňga,* 6. Kl)
Weisheit *yi.*
weiß sein *puba.*
Weißer *ňkana, ba-* (Europäer).
weißes Haar *mbǔ,* viele weiße Haare *mbǔ bot;* — Huhn *puba kob.*
weit *nonog(a).*
weiter gehen *bog.*
weitläufiger Angehöriger, der bei dir ist, weil er sonst niemand hat *lendi, bi-.*
welche *be, bod be?* welche Männer? — *imbe,* welche Zeit *imbe ňgeda.*
welcher *kinje.*
Wellblech *bènde, bi-.*
Welle des Meeres *lingudga, maňgudga* (v. *kod* schlagen, dröhnen), Brecher der Brandung *nóňgo, mí-* (v. *noň).*
Wellen (der Bächlein) *nyèň, bi-.*
wem gehört dies? *yom ini ye yen?* od. *yom yen ini?*
wenden, sich gegen jemand — *kumul.*
wenig *sii (hisii);* ein — *ndeg,* auch nicht ein — *to ndeg.*
weniges, um ein — *ha ǰo.*
wenn *iyile; kile* (Du. *yetena)* = *ki le* (so es ist); — doch! *to!* — auch *tolà ki;* —, im Fall daß *ihoble* oder *hoble.*
wer *njě?* — auch *to njě,* — immer *to njě;* — *kinje; yen.*
werfen *leň,* Netz auswerfen *leň* oder *kob mbunja;* — *bés,* tr., er warf mir Feuer auf den Fuß *'a mbehel me hie ko;* — beim Ringen *bum, ned, nem.*
Werkzeug *gwelel, bi-; oňol, bi-;* — zum Schreinern, Zimmern *bibeňel*

Werkzeuge von Eisen *bikei*, Mehrz. v. *kei* oder *éña, bi-*; — zum Hauen *bikègel (keg)*.
Wert *mbáhal* (v. *bahal*).
Westen *hiòñg*.
wetten *pena*, wir wollen — *di penga*.
wetzen *bagahe*.
wickeln, aufwickeln *hŏ*.
widerspenstig sein *nyai*.
Widerspenstigkeit *tuhuba, bi-*.
Widerstreben *tuhuba, hituhuba hi mud*.
wie? *lela (le la)* Abk. *la*; — *ki*; tue, wie ich dir gesagt habe *gwel ki mi ñkal ue*.
wieder *ki*, ich bin wieder gekommen *mi nlo ki*; — auflosen *adal* (v. *ad*); — zu sich kommen *pahe* (beim Tod).
wiedererkennen *lem (emba)*.
wiederkäuen *yegehe*.
Wiesel *mbà*.
Wildkatze *mbà*; die — schreit *mbà semblag*; — *siñmbañga*.
Willen, den letzten — kund tun *lagle*.
Wimpern *joñ di leleb*.
winden *pep*, s. dort; sich — *kīda*; —, refl *beneb*, der Weg ist gewunden *njel i mbeni*.
windschief *seli*.
Windung *liben* (v. *beneb*), *maben-maben*.
winken *pep*, s. dort; *kwad*.
winzig *pogdopogdo*.
wir, Objektsfürwort *bes*, im Zusammenhang *beh, behe*, Frage *beh é?*
Wirbel, Haarwirbel *litibíl*, Halswirbel *litibil li ño*.
Wirbelsäule *ñkoñgo mbus*; — an einem Fisch *liloi, ma-*.
Wirken *ligweleg* (v. *gwel*), cf. *liboñog*.
wirklich *bañga*, s. dort!; *toi le*.
Wirkung *libòñog* (v. *boñ*), cf. *ligweleg* (v. *gwel*).
wirr sein *yob, yobòda*.
wissen *yi*, — lassen *yis*.
Witwe, Witwer *ñkus* (Edea), sonst *yig, bi-* (v. *yigila*), *yig muda, yig munlom*.
Witwen- oder Witwerzeit *bikŭs* (Di *mukusa*).
Witz *mpeye*, er macht einen — *a mbo mpeye*; einen — machen *ñgeñe, ñgeñe hob, a ye mud ñgeñe*.
wo *he*, s. dort; — *ye* = *ye he* — ist er *a ye?* — *hed* (Umstands wort des Orts).
wogen, brausen *kundul*.
wohl *mbŏ*, Wohlergehen *mbŏ* (v. *bò*); — oder übel *égele* oder *gwàgwa*.
Wohlgefallen *lama, ma-*.
Wohlgeruch *disím*, Einz. *hisím*.
wohlschmeckend *kway*, — machen *kweyei*
wohnen bei *yine*, *ba yine man wab si* — bei ihrem Sohn.
Wohnplatz *liyéné, homa liyéné*.
Wolke *lihíndi, ma-* (v. *hend*).
Wolkensäule *jel li lihíndi*.
wollen *sombol*, Hauptw. *bisomble*; — *tob, nebe, nje a ntob*, nicht — *tobe* eigentlich *a ntob be* nur gebräuchl. — = einwilligen *keheme* oder *kemhe* — (nichts wissen —) *sí*, ich halt mir das Böse vom Leib *mi si m libe*.
Wort *bañga, bi-*.
Wülste, die — rechts und links vo der Wirbelsäule *limbībi li mbus*.
Wunde *kwè, bi-*, v. *keg*.
Wunder *maegeb*, oder *biegbéne* (v. *egeb*) *maegha* (v. *egeb*), übertr. von Ver wunderung.
wundern *egeb*, s. *eg*; sich — *hel*, s. dort
Wunsch *nyemga, mi-*.
wünschen *sombol*; — (Gutes od. Böses *yem*, s. dort.
würde, s. *bá!*
Wurm *nyegi, ba-*; — *nsóñ, mi-*.
Würmer in getrocknetem Fleisch *yomb gwomb*.
wurmstichig sein *loñ, mbiñ nloñ*.
Wurzel *ten é*.
Wurzelstock von Bananen, Palmen etc *titiñ, bi-*.

wüst *beb* (Zeitw.), *bé* (Eigenschaftsw.), *a mbeb je* er ißt —.

Wüste *hián, bi-*.

wüten *jó mbèmbe*.

Y.

Yams: Kollektiv Sing. *yõ*, Pl. *guõ*; Arten: 1. *yom, gw-*, 2. *bogodo, ba-*, 3. *(hi)ndola, di-*, 4. *ñgoña, ba-*, 5 *mweñge*, —, 6. *ñkond, mi-*, 7. *dúg, bi-*.

Yamsstange (Bohnenstange) *ntol, mi-*.

Z.

zäh *mbibi*, s. dort; — *led*.

Zahl *miñañga, tañga*, Mehrz. gleich.

zählen, aufzählen *áñ*; *soñgol*.

zahm, der Leopard ist — *nje 'nso maleñ*.

Zahn *lisòñ, ma-*, Vorderzahn *nlom lisoñ*, Eckzahn *pòbe, ba-*, Backenzahn [*likèg*.

Zahnbürste *sogob, bi-*.

Zähne ausfeilen *sañ masoñ*, Hauptw. *njan*, Zwischenraum zwischen den Zähnen; — blecken *koi masóñ; nyí masoñ, nyine masoñ*; — knirschen *je masoñ*.

Zahnkiefer *kiki, bi-*.

Zahnlücke *liég*, oder *leg, maeg* (v. *eg*).

zappelig *yigida*.

zappeln *saba, man nsaba*.

Zaubermedizin *bàn, bi-*.

Zaubermittel *njèg, mbábi njèg*.

zaubern *ban*; das Einzelne s. d.

Zaun, die Arbeit eines Zaunes *likéñ, ma-* (v. *keñ*), ich mache heute einen — *likeñ jem li ye leñ*; — für Ziegen *lipénd, ma-*, v. *pend* absperren, abzäunen.

Zehe *hino, di-*; große — *nlom hino* oder *hino hi nlom*; kleine — *hino hi susuga*.

zehn *jom*.

Zehner *mom* (Einz. *jom*), zwanzig *mom mà*, dreißig *mom mâã*.

Zeichen, ein — haben *u nyimbe le, ua koh e?* weißt du es gewiß, daß du es bekommen wirst? das —, *yimbiné, bi-*, Fragezeichen *yimbine libadag*; — *mbogi*, s. dort.

zeichnen *heg*; *kedel*; sich — *gweba, a gweba Yehowa*.

Zeichnung *likéda* (v. *kedel*), *dibato di gwe makeda* hat bunte Zeichnung.

zeigen, lehren *eb; nunda (unda.)*

zeihen *beb*, er zeiht ihn des Diebstahls *a mbéb nye wib*; — *edẽ* (v. *ad*), er zeiht mich des Diebstahls *a ñede me wib*.

Zeit *kèg*, s. dort; — *ñgeda*; um welche — *keki?*; vor kurzer — *koba*.

Zeitgenosse *sega, ba-*.

Zecke *kóm njog*.

zerbrechen *ból*, zerbrich den Krug nicht *ból bañ dibondo*.

zerbrochen sein *bo*.

zerbröckeln *beg*, tr., zerbröckelt *begi*, die Erde —, die Schollen zerschlagen *beg biteg*, die Erde ist zerbröckelt *biteg bi begi*; — *nyugude* (cf *yogob, yugi*), *nyugude biteg* Erde —, *biteg bi yugi* die Erde ist zerbröckelt.

zerdrücken *nig* (aktiv), *ba nig me*, —, (Passiv) *niga*; — (Makabo) *tẽ*.

zerfließen *yoñye*, *tinte i nyoñye tohol*.

zergehen *tibida*.

zerklopfen *ból*, s. dort.

zerknittert *tinba*, es ist — *i ntin(d)ba*.

zermalmen *tẽ*.

zerreißen *nàb*, trans., — *néba*, intrans.; — *was*, zerrissen *wehi*, Passiv *weha*.

zerren *yambal*, trans.
zerschlagen, sich —, das Palaver zerschlug sich *ho̱b u mbugi* oder *sai i mbugi;* — *bó̱l, bó̱l ṅgo̱g* Steine —; zerschlagene Stücke (v. Eierschalen, Nüssen, Kalabassen), *bólol, bi-*.
zerschmelzen *nyandi, nyandila*.
zerschmettern *nyugde̱*.
zersprengen *bó̱l*, s. dort.
zersprungen *būga;* etwas Zersprungenes *bone̱*, zersprungene Pfeife *bone̱ mbe̱*.
zerstören *bòm*, Hauptw. *mbuma;* — *tamba; pún*, Zerstörung *mapuna*.
zerstreuen *be̱g*, tr., *begi*, refl., *a mbe̱gě̱ bo̱* er hat sie zerstreut (*be̱g* auflösen und zerstreuen); alle Leute haben sich zerstreut *bod bo̱basona ba begi* (sie wurden mit Gewalt zerstreut); — *sanda*, die Ameisen — sich *diso̱n di nsanda;* — *naṅgal, nyaṅgal*, Ameisen — *nyangal sulug;* — (v. Leuten) *muama*.
zerstreut sein *le̱ṅe̱l, mao ma ile̱ṅe̱l me̱*.
Zerstreuung *lisanda*.
zerteilen, sich. *jàma*, s. dort; sich — *keni*, v. *kan*, s. dort.
zertreten *kidba;* in Stücke — *kidbe̱*.
zertrümmern *kǎd*.
Zettel *lipé̱p li kad*.
Zeug, verrücktes, unsinniges — *yobo j., biyobo bi m., yobda j., biyobda bi m.; biyogda bi m.* dummes, einfältiges —.
Zeuge, steh — für mich *telbe̱ne̱ me̱ mbon*, — stehen *te̱le̱b mboṅ*.
zeugen *kol* (nur bei Menschen), *Abraham a bi kol Isak*.
Zeugnis *mboṅ, loṅ, bi-;* — geben *a mpohol nye̱ mbohoga*.
Ziege, Bedeutung derselben s. *ke̱mbe̱*.
ziehen *od;* — *lǎ*, das Netz — *la ho̱d;* — *yambal*, trans.; das Messer —, eine Axt in die Höhe heben *maṅgal*, s. dort; auf die Seite — *pe̱ye̱* (einen Vorhang lüften); —, Hauptw. *hiudul* (v. *od*).
zielen *bedhe̱ne̱* (Lok. v. *be̱d*), *a mbedhe̱ne̱ nye̱ ṅga* er richtete das Gewehr auf ihn; — *nand mud ṅgǎ;* — *hēga*.
Zierat *lilo̱g, malo̱g*.
zieren, sich —, *lo̱go̱b*, s. dort.
zimmern *baṅ*, s. dort.
Zipfel, von einem Tuch, *lisug* (v. *sog*); der — *linoṅ*
zirpen *fradada fradada, yo̱gi i mbo̱ṅ* —.
Zither, eine Art — *hidùṅ*, — spielen *kod hidùṅ*.
Zitterameise, klein gelb, *mbōba*.
Zitterfisch *linyùṅa, ma-*.
zittern *tik; wagha; se̱h(e̱)la; nye̱ṅg;* — *ṅwagha*, v. *wahga*, Hauptw.
zögern *tinha* (cf. *ndiṅha*), er zögert *a ntiṅha;* — *tihiṅā*.
Zorn *hiun;* ich bin voll — *hiun hi yoni me̱ libum* oder *hiun hi legi me̱ libum*.
Zornausbrüche *diun*.
Zoten *yo̱, bi-*.
zu sehr etwas tun oder sein *lòha* (v. *lo̱*), *i nloha yed* es ist zu schwer; zu nichte machen *tamba;* zu sein *yibi*, das Haus ist zu *ndab yibi;* zu sich kommen, wieder zu sich kommen (beim Tod) *pahe̱*.
zubereiten *koba*.
Zubereitung = Vorbereitung *ṅkòba*.
zucken *wis, tik*, s. dort.
Zucker *bo̱mbo̱* (eingeführt).
Zuckerfliege *titiga, bi-*.
Zuckerrohr *ṅkoko, mi-;* — ausputzen *sǎ ṅkoko*.
zudecken *hǒ*, s dort; — *le̱g* (zuhalten, z. B. die Augen); —, Passiv *hobna*, von *hǒ;* — *kinde̱;* — mit einem Deckel *ho kindne̱;* —, daß man den Weg nicht sieht *kode̱ = wise̱;* —, umstürzen *búdê̱;* eine Grube — *húe̱ bé̱*, auch *jé̱ bē̱*.
zudringlich sein *nyam, á nyam, a ye mud linyám;* — sein *nyemes* (v. *nyam*), *a nyemeh me̱ nyu* er liegt mir immer in den Ohren.

zudrücken, die Augen — *sude mis.*
zuerst etwas tun, — sein *bā;* — sein, — tun *bog,* er ging — ins Baden *a mbogo ke jogob* oder *a mba ke j.;* — *ndugi (ndugu);* — sein, — etwas tun *lond,* s. dort; vorher etwas tun *nya, ma nya eme ndugi* ich will — darüber träumen (schlafen).
Zuflucht *lisol* und *lisolbene.*
Zufluchtsort *lisolbene.*
zufrieden sein, nichts mehr begehren *yoǧob, mi yogi;* — sein, er ist — *a ṅheb be.*
Zufriedenheit *yoǧob, liyoǧobag.*
zufügen, sich selbst Boses — (kochen) *lembel, a bi lembel nyemede, a bi lembla.*
zugänglich *ṅjangēn,* für jedermann — sein *kwo ṅjaṅgēn.*
Zugesandte, das —, *maomla.*
zuhalten *lèg;* er hat ihm die Augen — *a bi leg nye mis* (bei *lèg*), zugehaltene Augen *bilega bi mis.*
zuhören *ambile* oder *embile* (v. *amb).*
zujubeln, einander, *sèba,* Jubel *maseba.*
zuknöpfen *kob;* — (ein Kleid) *hemb,* s. dort, häufiger *kob.*
zukorken, eine Flasche — *leg pos.*
zulegen (Feuer) *suhe hie.*
zumachen *sude; yib.*
Zündhütchen *ṅkā ṅga*
Zündnadel *nsoho ṅga*
Zündöffnung *nsoho ṅga.*
Zuneigung *libǒ* (v. *bo).*
Zunge *hilèmb,* s. dort; er hat eine böse — *a gwe nyo minyena mi mam.*
züngeln *lèheṅge.*
zunicken mit den Augen und der Stirn *nigi, a nigi nye.*
zureden = beistimmen *beges.*
zurückbleiben *yeg;* — auf der Reise *búha like* oder *tiṅha like.*
zurückbringen *tan;* — *timbis, timbhe.*
zurückgehen = heimgehen *hu;* — bei einer Geschwulst *hu,* s. dort; — vom Wasser *hundi.*
zurückgewichen *i ntin(d)ba.*
zurückhalten, anhalten *hemb,* s. dort; der Regen hält mich zurück *nob a ndie me;* — *bod, a mbod man.*
zurückkehren, zurückkommen *temb.*
zurücklassen *yegela, yegele, yigile.*
zurücknehmen *tǒ; kalal* (v. *kal),* Adversat.
zurückschlagen *tan.*
zurückstellen *sugus.*
zurückverlangen *tǒ.*
zurückziehen, sich, *hendeb,* s. dort.
zurüsten *koba.*
zusammenbauen *noṅa,* wir haben zusammen gebaut *beh úe di noṅa maoṅ.*
zusammenbinden *tib hiko.*
zusammenfahren, intr., *sihila; yudub.*
zusammenfalten (Tuch) *hoa.*
Zusammenfassung *biedél.*
zusammengewachsene Pisang *liáda* od. *libobol li likondo*
zusammenkauern *bemeb, bemi.*
zusammenkleben *kambe* oder *kame.*
zusammenlaufen, es läuft ihm das Wasser im Mund zusammen *a ṅmil matai.*
zusammenlegen *hod.*
zusammennehmen, sich, *komha,* v. *koma, a ṅkomha nyemede;* — *amb nyú* (cf. *amb).*
zusammenpacken (etwas in *mutete* hinein), *lonol,* Hauptw. *nloṅol.*
zusammenschieben, das Feuer, *kod hie,* s. *koda.*
zusammenschnüren, s. schnüren; — *bǒgde.*
zusammenschnurren, eingehen *humba, nuga i ṅhumba.*
Zusammentun der dürren Sachen im Garten *hiolol,* s. dort; *lihiólol* (v. *hiǒl), mi ṅke* —; zusammenfügen, zusammenfassen *ad* (adv. Ergänz. *tahatas);* Zusammenfassung (einer Predigt z. B. *biedél).*
zusammenzählen *soṅgol.*

zusammenziehen, refl., *bayab;* sich — *hińg,* s. dort; — *sude.*
zuschließen *kwes,* Hauptw. *makwiha.*
zustopfen *lèg.*
zustoßen *gwel, libe li ńgwel me leu.*
Zuversicht *lisol* und *lisolbene, masolbene.*
zuziehen *nitis, sude, hiko hi nid.*
zwanzig *mom mā.*
zwei *à,* — Männer *bod bà,* — Schafe *mintomba mà* (richtet sich nach der Klasse des Hauptworts).
Zweifel *pena;* da ist kein — *u 'tabé.*
Zweig *libui, ma-.*
Zweige *hikàha, di-.*
Zweikampf *masiń* (v. *siń*).
Zwerg *ńkò, ba-.*
zwicken *kogol.*
Zwiebel *dilāń, ma-* (v. *làń*); oder *lilań ma-.*
Zwiebelart, eine — ist *mbás.*
Zwillinge *lihás, ma-, a bi gwal mahas.*
Zwillingsbanane *ńada makube* (*ńada, mi-,* v. *ad*).
zwinkern, blinzeln *ligina mis;* — mit den Augen *kweńe mis.*
zwischen *pom,* — zwei Quellen *pom maleb;* — darin *panda, panda ndab.*
Zwischenraum *panda mbai;* — zwischen den Zähnen *njàń* (v. *sàń, sańal*).

BIBLIOLIFE

Old Books Deserve a New Life
www.bibliolife.com

Did you know that you can get most of our titles in our trademark **EasyScript**™ print format? **EasyScript**™ provides readers with a larger than average typeface, for a reading experience that's easier on the eyes.

Did you know that we have an ever-growing collection of books in many languages?

Order online:
www.bibliolife.com/store

Or to exclusively browse our **EasyScript**™ collection:
www.bibliogrande.com

At BiblioLife, we aim to make knowledge more accessible by making thousands of titles available to you – quickly and affordably.

Contact us:
BiblioLife
PO Box 21206
Charleston, SC 29413

Printed in Germany by
Amazon Distribution
GmbH, Leipzig